Meine liebe, gute Freundin!

Zu diesem Buch

Dreißig Jahre lang schrieb Kaiser Franz Joseph regelmäßig seiner »lieben Freundin« lange Briefe, der Burgschauspielerin Katharina Schratt. Es sind persönliche Briefe, manchmal humorvoll, manchmal melancholisch, mit vielen Stoßseufzern über die Politik der Donaumonarchie, aber auch voll Sorge und Freude über Familienereignisse in der Wiener Hofburg. Franz Joseph schrieb die Briefe ohne den geringsten Gedanken an eine spätere Veröffentlichung – sie bilden daher eine schonungslose und ungekünstelte Selbstdarstellung des sonst so unnahbaren und verschlossenen Kaisers. Die Historikerin Brigitte Hamann erhielt als erste die Genehmigung, diese Briefe aus der Österreichischen Nationalbibliothek vollständig einzusehen und uneingeschränkt zu veröffentlichen.

Brigitte Hamann, geboren in Essen, Studium der Geschichte und Germanistik in Münster/Westfalen und Wien. Zahlreiche Veröffentlichungen zur österreichischen Geschichte des 19. Jahrhunderts, insbesondere die Biographien der Kaiserin Elisabeth (1981) und des Kronprinzen Rudolf (1978). Zuletzt erschien: »Hitlers Wien« (1996).

Meine liebe, gute Freundin!

Die Briefe Kaiser Franz Josephs an Katharina Schratt
aus dem Besitz der Österreichischen Nationalbibliothek

Mit zahlreichen Abbildungen

Herausgegeben und kommentiert von
Brigitte Hamann

Piper München Zürich

Von Brigitte Hamann liegen in der Serie Piper außerdem vor:
Rudolf (800)
Bertha von Suttner (922)
Elisabeth (990)

Unveränderte Taschenbuchausgabe
R. Piper GmbH & Co. KG, München
August 1996
© 1992 Verlag Carl Ueberreuter, Wien
Umschlag: Büro Hamburg
Simone Leitenberger, Susanne Schmitt, Andrea Lühr
Umschlagabbildung: Christian Brandstätter Verlag
Foto Umschlagrückseite: Kurier Foto, Wien
Druck und Bindung: Clausen & Bosse, Leck
Printed in Germany   ISBN 3-492-22228-5

Inhalt

Vorwort

»Auch diese Zeilen werden einer strengen Censur nicht entsprechen und wenn Sie dieselben verbrennen würden, wäre es gewiß das beste; wenigstens versprechen Sie mir, sie gut zu verwahren, damit nie ein fremdes Auge sie erblickte.« Das schrieb Kaiser Franz Joseph am 14. Februar 1888 der Burgschauspielerin Katharina Schratt.

Es bräuchte nicht dieser Mahnung, um zu erkennen, wie anfechtbar eine Veröffentlichung solch höchst privater Briefe ist. Franz Joseph schrieb der »Freundin« ja in vollem Vertrauen auf ihre Diskretion und ohne den leisesten Gedanken an eine spätere Veröffentlichung – und das drei Jahrzehnte lang. Die Briefe bilden somit eine unfreiwillige und schonungslose Selbstdarstellung des sonst so unnahbaren und verschlossenen Kaisers, der hier seine Ängste und Unsicherheiten eingesteht, seine Schwächen wie seine Stärken offenbart – und seine emotionelle Abhängigkeit von der Freundin.

Die Briefe sind aber auch Zeugnisse des kaiserlichen Alltags und Ersatz für einen entspannenden wienerischen Plausch bei Gugelhupf und Kaffee – mit dem dabei üblichen Gemisch von Wichtigem und Unwichtigem, Alltäglichkeiten neben hoher Politik, Theater- und Familientratsch, Freuden, Sorgen, Eifersüchten und Unpäßlichkeiten. In einem Federzug werden darin (zum Beispiel am 2. April 1897) die monarchiebedrohenden Nationalitätenkrawalle der Badeni-Zeit und die Wirkung des Abführmittels erörtert, das die Freundin eingenommen hatte, nach dem Motto: »Eigentlich wollte ich Ihnen nur kurz schreiben, allein wenn ich ins Plauschen komme, höre ich nicht auf. Ich denke mir dabei, daß ich wirklich mit Ihnen spreche« (Cap Martin, 4. März 1894). (Bevor der Leser allerdings den Autor wegen der durcheinandergewürfelten Themen verurteilt, möge er sich fairerweise ausmalen, was und worüber wohl Politiker anderer Zeiten mit ihren Frauen oder Freundinnen zur Entspannung reden.) Jedenfalls sind die Briefe über politische, biographische und psychologische Belange hinaus auch von großem Wert für unsere Kenntnis vom Alltag um 1900 in allerhöchsten Kreisen.

Katharina Schratt war sich über den Wert der Briefe[1] ihres kaiserlichen Verehrers im klaren und verwahrte sie gut. Unerschütterlich blieb auch, trotz verlockender Angebote, ihre Diskretion. Sie gab niemandem Einblick in die Briefe.

Nach ihrem Tod 1940 war der einzige Schratt-Sohn, Baron Anton Kiss von Ittebe, Alleinerbe. Er erlaubte dem Historiker Jean de Bourgoing, die Briefe zu sichten und 1949 in Auswahl herauszugeben.[2]

Mit dieser ersten Edition handelte Bourgoing Franz Josephs Wunsch nach Diskretion zuwider – den eingangs zitierten Satz sucht man folglich in seinem Buch vergebens. Trotzdem kann man dem habsburgtreuen Historiker kaum Sensationslust oder mangelnde Loyalität vorwerfen. Im Gegenteil: Sein Ziel war es, das Bild Kaiser Franz Josephs durch diese höchst privaten Briefe menschlicher und sympathischer zu machen. Dies hat Bourgoing zweifellos erreicht, was auch die Fülle der wohlwollenden Rezensionen beweist. Bis dahin mußten ja vor allem Memoiren, diplomatische Berichte oder Aktenstücke als Quellen zur Person des Kaisers dienen. Privatbriefe dieser Größenordnung waren unbekannt. (Erst später erschien die zweibändige Ausgabe der Briefe Franz Josephs an Kaiserin Elisabeth.[3])

Die Originalbriefe an Katharina Schratt blieben weiter unter Verschluß. Eine Überprüfung der Edition war nicht möglich.

Anton Kiss starb 1970 kinderlos. Die Kaiserbriefe wurden von seiner Haushälterin und Erbin verkauft und gelangten schließlich über Umwege und in Teillieferungen in den Besitz der Österreichi-

---

1 Der Bestand in der Handschriftensammlung der österreichischen Nationalbibliothek beläuft sich auf 900 Briefe mit insgesamt 3798 Seiten. Einige Briefe, die nicht in die Nationalbibliothek gelangt sind, sind nur durch die Bourgoing-Edition bekannt. Einige kamen in den Autographenhandel, andere müssen als verloren gelten. Wahrscheinlich wurden auch einige von Katharina Schratt aussortiert und vernichtet.

2 Jean de Bourgoing (Hg.), Briefe Kaiser Franz Josephs an Frau Katharina Schratt. Wien 1949.

3 Georg Nostitz-Rieneck (Hg.), Briefe Kaiser Franz Josephs an Kaiserin Elisabeth. 2 Bände. Wien München 1966.

schen Nationalbibliothek in Wien. Hier wurden sie in der Handschriftensammlung mustergültig geordnet und der Herausgeberin
erstmalig, ohne jede Beschränkung und ohne jede Auflage, zugänglich gemacht.

Schon bei der ersten Durchsicht beantwortete sich die Frage,
warum nicht einfach die Bourgoing-Edition neu aufgelegt, sondern
eine aufwendige Neuausgabe erarbeitet werden müsse:

Erstens war Bourgoing durch den privaten Besitzer der Briefe zu
Rücksichtnahme auf die Familie Schratt-Kiss verpflichtet. Die meisten Hinweise auf die Schulden des Schratt-Ehemanns und die (für
den Kaiser sowie den jeweiligen k.u.k. Außenminister) mühevolle
Stellungssuche für ihn fehlen zum Beispiel ebenso wie die gewaltigen
Finanztransaktionen des Kaisers zugunsten der ständig geldbedürfti-
gen, verschwenderischen und spielsüchtigen »Freundin«. Die
Freundschaft der Schratt für den Kaiser wurde dadurch weit idealisti-
scher dargestellt, als es die unzensurierten Briefe ergeben.

Zweitens bemühte sich Bourgoing nach Kräften, das Bild Kaiser
Franz Josephs so positiv und so unproblematisch wie möglich erscheinen zu lassen. Hinweise auf Gesundheitsprobleme (von Franz
Joseph »Geistesstörungen« genannt) wurden ebenso unterdrückt wie
negative politische Äußerungen über freiheitliche Demonstrationen
in Wien (die entsprechenden Bemerkungen über Demonstrationen in
Ungarn wurden freilich nicht unterdrückt), Studenten oder Christlichsoziale.

Weiters fehlen bei Bourgoing sämtliche mißverständlichen Äußerungen über Juden, so bei der Schilderung der Gasteiner Kurgesellschaft 1890 oder im Zusammenhang mit Baron Königswarter oder
Moriz Szeps, dem politischen Mentor des Kronprinzen Rudolf. Im
Brief vom 7. Februar 1887 änderte der Herausgeber das ursprüngliche
Wort »Preßjuden« in »Pressehyänen« ab. Bei allem Verständnis für
die schwierige Situation nach 1945 kann ein solches Verfahren nur als
unkorrekt bezeichnet werden. (Die naheliegenden Mißverständnisse
machen freilich auch heute eine Erklärung nötig. Denn der Gebrauch
solcher – heute sehr befremdlichen, um 1900 aber im Wiener Um-
gangston gebräuchlichen – Redewendungen macht Franz Joseph
nicht zum Antisemiten. Er war es tatsächlich keineswegs, was nicht

nur seine Haltung gegenüber dem Wiener Bürgermeister Dr. Karl Lueger beweist.)

Drittens unterdrückte Bourgoing alles, was den Kaiser moralisch in ein schiefes Licht setzen konnte. Natürlich fehlt die ganze Geschichte mit Marie Pospischil. Es fehlen zum Beispiel Erwähnungen, daß Franz Joseph während der »stillen Woche« am Bett der Freundin sitzen durfte und dies als beglückende Intimität empfand. Daraus erwuchsen dann bald die Gerüchte, daß Bourgoing angeblich schockierende Bettgeschichten des Paares unterdrückt habe. Die so harmlose Erklärung scheute der offenbar recht prüde Bourgoing und ging in seinem moralischen Übereifer so weit, daß die Phantasie der Leser über den so offenkundig moralisch gesäuberten Texten erst recht Kapriolen schlug – und damit weit über die Realität hinausschoß. Denn intim sind Franz Josephs Briefe keineswegs in bezug auf etwaige erotische Enthüllungen, sondern in viel differenzierterem, sehr emotionellem Bereich. Eine nüchterne, weniger geheimnistuerische Herausgabe bringt meiner Ansicht nach ein klareres Bild.

Um den Charakter der Briefe zu wahren, wurde in dieser Ausgabe die Originalschreibweise beibehalten und so viel wie eben möglich zur Gänze abgedruckt. Bei der Fülle der oft sehr, sehr langen Stücke war dieses Verfahren freilich nicht durchzuhalten. Deshalb eine Bemerkung zur Auswahl: In den Anfangsjahren und in den letzten etwa zehn Jahren wurden fast alle erhaltenen Briefe abgedruckt. In der mittleren, der intensivsten Briefphase (zwischen Mayerling und dem Tod der Kaiserin) mußte stärker gekürzt und häufiger Interessantes herausgefiltert und auszugsweise zitiert werden. Es steht natürlich jedermann frei, die Kürzungen in der Handschriftensammlung zu kontrollieren und sich zu vergewissern, daß die Herausgeberin weder moralische noch politische noch sonstige Zensur hat walten lassen. Eine vollständige, wissenschaftliche Ausgabe in mehreren Bänden soll in Zukunft erscheinen.

Kommentare wurden bewußt knapp gehalten. Es schien mir sinnvoller und reizvoller, statt dessen Tagebuchzitate der engsten Betroffenen heranzuziehen und damit die Perspektiven zu variieren: also

Aussagen der Ehefrau Elisabeth, der Tochter Marie Valerie, der Freundin Anna Nahowski, des Burgtheaterkollegen Hugo Thimig und – um auch die politische Seite nicht zu vernachlässigen – die Aussagen des deutschen Botschafters in Wien, Graf Philipp Eulenburg.

Die Gegenbriefe der Schratt sind nicht im Original bekannt. Die wenigen im Schratt-Nachlaß erhaltenen undatierten Briefkonzepte (die Bourgoing nicht kannte) sind – soweit von irgendeinem Interesse – in diese Edition einbezogen.[1] Diese Konzepte erwiesen sich bei erster Durchsicht als reichlich verwirrend, sind sie doch in drei verschiedenen Handschriften verfaßt. Erst langwierige Schriftenvergleiche ergaben die Lösung: Als wenig geübte und alles andere als begeisterte Briefschreiberin ließ Katharina Schratt immer wieder ihre beiden engsten Freunde, Eduard Palmer und Dr. Paul Schulz, Briefe an den Kaiser aufsetzen, die sie dann meist noch umschrieb, ergänzte, schließlich ins reine schrieb – und dem Kaiser schickte. Dieses Verfahren galt nicht nur für den Beginn ihrer Beziehung zum Kaiser, sondern auch noch Jahre später. Heikle Briefe wie der in der Vermögensangelegenheit ihres Schwagers Elemér Kiss, Gratulationsschreiben zu Festtagen wie dem 40jährigen Regierungsjubiläum, aber auch ihr Kondolenzbrief zum Tod des Kronprinzen Rudolf stammten von Schulz oder Palmer. Dementsprechend unterschiedlich fallen diese Briefe aus (wobei die von der Schratt selbständig konzipierten dem Kaiser in ihrer recht deftigen Ursprünglichkeit wohl am besten gefallen haben dürften).

Ein Buch wie dieses braucht in seiner komplizierten Organisation tatkräftige Helfer. Mein Dank für kollegiale, sehr großzügige und unbürokratische Hilfe gebührt an erster Stelle Frau Dr. Eva Irblich von der Handschriftensammlung der Österreichischen Nationalbibliothek, die meine oft recht mühsame Arbeit geduldig und mit Wohlwollen begleitet hat. Der Direktor der Sammlung, Herr Hofrat Prof. Dr. Otto Mazal, gab mir die Genehmigung zur erstmaligen und

---

1 ÖNB, Handschriftensammlung, Autographen 969/Mappe 5–10.

völlig freien Benützung des Gesamtbestandes der Briefe. Burgschauspieler Peter Schratt stellte mir uneigennützig und äußerst hilfsbereit das gesamte Material zur Verfügung, das er über seine Großtante besitzt. Er und Schratts Großnichte, Frau Johanna Ingalls-Cooper, erzählten mir manche Einzelheiten aus dem Schrattschen Familienleben und ließen sich auch durch hartnäckige und kritische Fragen in ihrer Freundlichkeit nicht beirren. Zu danken habe ich auch der Alban-Berg-Stiftung, vor allem dem verehrten Herrn Prof. Gottfried von Einem, für die freundliche Erlaubnis, Abbildungen aus dem Nachlaß Anna Nahowskis abzudrucken. Der Leiter der Musiksammlung der österreichischen Nationalbibliothek, Herr Hofrat Dr. Günter Brosche, erleichterte meine Arbeit ebenso wie die stets hilfsbereite Frau Dr. Birgitta Zeßner-Spitzenberg von der Porträtsammlung.

Schließlich Dank an meine Tochter Sibylle, die einen Großteil der Schratt-Briefe vom Original in die Maschine tippte, und an Frau Dr. Marion Pongracz, Cheflektorin des Ueberreuter-Verlages, die die Idee zu diesem Buche hatte.

Noch einige Hinweise: Um den ohnehin großen Anmerkungsapparat nicht noch mehr aufzublähen, wurden die Erläuterungen zu den Personen im Register konzentriert. Der Leser möge bitte die Mühe nicht scheuen, Namen dort nachzuschlagen. Im Register ist auch die korrekte Schreibweise der Namen zu finden, die im Original oft in recht abenteuerlicher und unterschiedlicher Form erscheinen.

Die Signaturen der zitierten Franz-Joseph-Briefe der Nationalbibliothek sind in einem eigenen Verzeichnis im Anhang zu finden. Briefe, die nicht im Original, sondern nur bei Bourgoing erhalten sind, tragen die Bezeichnung: (B). Die in den Briefen unterstrichenen Stellen wurden kursiv gesetzt.

Wien, im November 1991   Brigitte Hamann

Kaiser Franz Joseph

Als er der Schratt 1886 den ersten Brief und das erste Schmuckstück schickte, war Kaiser Franz Joseph 55 Jahre alt. 37 Regierungs-
jahre hatte er bereits hinter und noch 30 Jahre vor sich. Er stand auf
dem Höhepunkt seiner Popularität.

Diese Popularität gründete nicht etwa auf sonderlichen politischen
Erfolgen, ganz im Gegenteil: Österreich war unter seiner Regierung
nicht größer und mächtiger, sondern kleiner und machtloser geworden. Kaiserliche Fehlentscheidungen hatten ihr gerüttelt Maß dazu
beigetragen, so auch bei den unglücklich begonnenen und geführten
Kriegen 1859 (die Lombardei ging verloren) und 1866 (Venezien ging
verloren). Die Niederlage von Königgrätz gegen Preußen 1866 beendete Österreichs Vorrangstellung in Deutschland. Dieses Debakel
führte innenpolitisch endlich zum Durchbruch liberaler Kräfte. Der
Kaiser, in der Revolution von 1848 als »Reaktionär« und im Prinzip
des Gottesgnadentums auf den Thron gelangt, mußte in den Rang
eines konstitutionellen Herrschers zurücktreten, seinen Völkern Mitsprache und Verfassung gewähren.

Ungarn allerdings verlangte viel größere Zugeständnisse für seine
Bereitschaft, weiterhin beim Haus Habsburg zu bleiben. Es pochte,
nun, da die Wiener Zentrale geschwächt war, auf alte Sonderrechte
und setzte im »Ausgleich« von 1867 eine Neuordnung des Reiches
durch: Aus dem Kaisertum Österreich wurde das k.u.k. Reich
»Österreich-Ungarn« – bestehend aus zwei gleichberechtigten Lan-
desteilen mit zwei Hauptstädten (Wien und Budapest), zwei Parla-
menten, zwei Ministerpräsidenten und einem höchst komplizierten
System von gemeinsamen und separaten Ministerien, Zuständigkeiten
und Finanzierungen, die in den jährlichen »Delegationen« (den gemeinsamen Sitzungen von Abordnungen des »cisleithanischen« und
des ungarischen Parlamentes) immer wieder mühsam neu ausgehan-
delt werden mußten. Von 1867 an regierte Franz Joseph als König
von Ungarn jährlich mehrere Wochen von Budapest aus. (Wie widerwillig er dies tat, zeigen seine Briefe an die Freundin.)

Böhmen bekam im Gegensatz zu Ungarn keinerlei Selbständigkeit und war weiterhin Wien unterstellt. Franz Joseph brach außerdem sein Versprechen, sich zum König von Böhmen krönen zu lassen. Diese krasse politische Benachteiligung Böhmens gegenüber Ungarn beflügelte den böhmischen Nationalismus und vergiftete die einstmals so freundliche Atmosphäre zwischen Wien und Prag. Franz Joseph besuchte die böhmische Hauptstadt höchst selten: Aus Prag stammt nur ein einziger Brief an die Freundin, der die Nationalitätenkonflikte deutlich dokumentiert (28. September 1891).

Den einzigen, allerdings problematischen Gebietszuwachs holte sich Österreich-Ungarn 1878 mit der Okkupation des unter türkischer Herrschaft stehenden Bosnien und der Herzegowina (1908 Annexion). Innenpolitisch brachte das eine weitere Verstärkung der Nationalitätenkämpfe und Religionskonflikte durch den nun höheren Anteil an Moslems. Außenpolitisch geriet Österreich-Ungarn in Gegensatz zum Zarenreich und in kaum zu bewältigende, andauernde Balkanwirren, die schließlich zum Ausbruch des Ersten Weltkrieges führen sollten.

Franz Joseph hatte allmählich gelernt, die Verminderung seiner Macht zu akzeptieren. Sein übersteigertes Selbstbewußtsein der ersten Jahre hatte nach ständigen Mißerfolgen einer politischen Unsicherheit Platz gemacht und dem Gefühl, ein »Pechvogel« zu sein. Er arbeitete nun für den Frieden, bemühte sich in dem komplizierten Vielvölkerstaat nach Kräften um Gerechtigkeit und verschaffte sich dadurch Respekt.

Seit 1854 war Franz Joseph mit der Wittelsbacherin Elisabeth verheiratet und hatte mit ihr drei Kinder: Die Älteste, Gisela, war, als Franz Joseph die Schratt kennenlernte, 29 Jahre alt und lebte als Gattin des Prinzen Leopold von Bayern mit vier Kindern in München; Kronprinz Rudolf, 27 Jahre alt und wegen seiner liberalen Ansichten von der Politik ferngehalten, war mit Stephanie von Belgien verheiratet und Vater einer zweijährigen Tochter Elisabeth (»Erzsi«); und Marie Valerie schließlich, das Lieblingskind ihrer Mutter und (zum Glück für die Historiker) eifrige Tagebuchschreiberin, war eben 18 Jahre alt geworden.

Kaiserin Elisabeth, einst die schönste Monarchin ihrer Zeit, war mittlerweile eine melancholische Frau Ende vierzig, die nach mehr als dreißig Ehejahren die Hoffnung auf bessere Zeiten aufgegeben hatte. Sie mied die Wiener Hofburg ebenso wie das Familien- und Eheleben, war viel auf Reisen, suchte die Einsamkeit in schöner Landschaft und dichtete heimlich:

»Lass' mich allein, lass' mich allein,
Für mich ist's jetzt das Beste;
Das Ganze kann's doch nie mehr sein;
Zu wenig sind mir Reste« (Elisabeth, 135).

Kaiser Franz Joseph, seiner Frau in großer Anhänglichkeit und geradezu demütiger Verehrung ergeben, litt unter Einsamkeit und machte der durch die Ferne schweifenden Gemahlin in seinen Briefen vorsichtige Vorwürfe, so am 29. Oktober 1887: »Doch wenn du glaubst, daß es für Deine Gesundheit notwendig ist, will ich schweigen, obwohl wir heuer seit Frühjahr nie länger als einige Tage beisammen waren.« Und am 7. Oktober 1888: »Meine Gedanken sind viel und mit Sehnsucht bei Dir. Du denkst wohl seltener an mich.«

Elisabeths Verweigerung traf den Kaiser vor allem deshalb so hart, weil er von Natur und Erziehung aus überaus kontaktarm war. Zu groß war sein Majestäts-, sein Auserwähltheitsgefühl und damit seine Distanz zu anderen Menschen, sogar zu Familienmitgliedern. Kronprinz Rudolf, der ein geselliger, kontaktfreudiger Mensch war und dies auch politisch für wichtig hielt, schrieb 1881 über den Vater: »Unser Kaiser hat keinen Freund, sein Charakter, sein Wesen lassen dies nicht zu. Er steht verlassen auf seiner Höhe, mit seinen Dienern spricht er über die Berufsgeschäfte jedes einzelnen, doch ein Gespräch vermeidet er ängstlich, darum weiß er wenig über das Denken und Fühlen der Leute, über die Ansichten und Meinungen des Volkes... Er glaubt, wir sind jetzt in einer der glücklichsten Epochen Österreichs, offiziell sagt man es ihm, in den Zeitungen liest er nur die rot-bezeichneten Stellen, und so ist er getrennt von jedem rein menschlichen Verkehr, von jedem unparteiischen, wirklich gesinnungstüchtigen Ratschlag.«

Die Kaiserin, ihrem trockenen, biederen Ehemann an Intelligenz und Phantasie überlegen, erkannte diese Probleme sehr wohl. Sie war aber nicht bereit, in der Wiener »Kerkerburg« und ihrem inhaltslosen Eheleben auszuharren. Gelegentlich wurde sie von Schuldgefühlen geplagt und dichtete:

»Deine früh ergrauten Haare
Stillen Vorwurf sprachen sie;
Und die Treue langer Jahre
Ich verdiente sie wohl nie« (Elisabeth, 209).

Elisabeths Glaube an die Treue ihres Ehemannes freilich war eine Illusion. Zumindest eine jahrelange außereheliche Beziehung Kaiser Franz Josephs ist bewiesen: die zu der verheirateten Wienerin Anna Nahowski in der Zeit von 1875 bis 1889. Wie unsicher auch immer die Vaterschaft von Annas Kindern sein mag (immerhin bezog sie für drei ihrer Kinder eine hohe Abfertigung aus dem kaiserlichen Familienfonds), so sicher ist, daß sich der Reichtum der Familie (Franz Nahowski war Angestellter einer Eisenbahngesellschaft) auf Annas Beziehung zum Kaiser gründete.

Der knapp 45jährige Kaiser lernte die damals 16jährige, seit kurzem verheiratete Anna im Juni 1875 gegen 6 Uhr früh beim Morgenspaziergang im Schönbrunner Schloßpark kennen. (Anna, geboren 1859, war um sechs Jahre jünger als Katharina Schratt.) Von nun an trafen sie einander öfter, freilich noch früher, um niemandem zu begegnen – der Kaiser stand zeitlebens um ¼4 Uhr früh auf. Sie plauderten, gingen schließlich in den abgesperrten Teil des Parks, den Tiroler Garten, zu dem nur der Kaiser einen Schlüssel hatte. Dort kamen sie einander näher. Anna: »Ein Glück, daß alle zum so früh aufstehen zu faul sind, ist es einmal ¼6 Uhr früh ist keine Gefahr mehr, für diesen Tag ist das Märchen vorbei.«[1]

Die Beziehung, zunächst auf den Sommer und den abgesperrten Teil des Schloßparks beschränkt, festigte sich, als Anna 1878, inzwischen geschieden, ein Sommerhaus in Hetzendorf (Schönbrunner Allee 8) unweit Schönbrunns mietete, wo der Kaiser sie besuchen konnte – meist zwischen 4 und 5 Uhr und immer kurz.

Zumindest Annas zweiter Ehemann Franz Nahowski war über die

---

1 ÖNB Musiksammlung, Nachlaß Alban Berg. Notizbuch der Anna Nahowski

*Offizielle Darstellung der Kaiserfamilie 1888: rechts Kronprinz Ru-
dolf mit Stephanie und der kleinen Erzsi; hinten links: Gisela und
Leopold von Bayern und Marie Valerie*

Beziehung nicht nur informiert, sondern trotz gelegentlicher Eifersuchtsanfälle auch einverstanden. Anna lieferte das Geld, das sie vom Kaiser bekam, an ihren Ehemann ab. 1884 kauften die Nahowskis um 15.000 Gulden die Hietzinger Villa Maxingstraße 46, gegenüber der Schönbrunner Schloßmauer, mit großem altem Park (hier steht heute die Residenz des Amerikanischen Botschafters), und ließen sie um weitere 15.000 Gulden renovieren und auf das teuerste ausstatten: »Es liegt mir schon lange im Sinn, dieses Haus zu kaufen, da ich es für die Besuche des Kaisers sehr geeignet finde, da doch der Weg nach Hetzendorf sehr weit ist, besonders wenn Regenwetter, und der Kaiser bis auf die Haut durchnäßt kommt« (Nahowski, 91).

Hier waren nun auch tagsüber kaiserliche Besuche möglich. Für Diskretion sorgten zwei nur mit Sonderschlüsseln zu öffnende Geheimtüren, die eine in der Schloßmauer, die andere in der Gartenmauer der Nahowskis. Der Kaiser blieb jeweils nur zu eindeutigem Zweck – eine eher armselige Beziehung, die mit Liebe weder bei ihm noch bei ihr zu tun hatte. Auch für Annas Kinder (deren Vater er möglicherweise war) zeigte der Kaiser kein Interesse.

Im Februar 1886 notierte Anna erstaunt, daß der Kaiser sie um besondere Vorsicht im Schönbrunner Park bat: »Ich gehe jetzt häufig mit der Kaiserin spazieren, und wenn wir uns zu zweien begegnen, ich würd mich sicher verraten.« Darauf Anna: »Majestät keine Sorge, ich bin zu viel mit meinen Kindern und im Häuslichen beschäftigt und habe zum spazieren gehen keine Zeit. Überhaupt, um diese Zeit bin ich nie außer Haus, da wir um ½ 2 Uhr speisen« (Nahowski 106). Bald nahm der Kaiser seine Schönbrunner Spaziergänge mit Katharina Schratt auf: Die beiden trafen einander stets um Punkt 13 Uhr und gingen etwa eine Stunde – während Anna mit ihrer Familie beim Mittagessen saß.

Laut Annas Tagebuch besuchte der Kaiser sie im ersten Halbjahr 1886 (sehr viel seltener als früher) am 11. Februar, 3., 15. und 29. März, 12. April, 1. und 26. Juni. Dann begann im Sommer 1886 die Freundschaft mit Katharina Schratt. Die Beziehung zu Anna schleppte sich noch mehr als zwei Jahre dahin.

Katharina Schratt

Katharina Schratt wurde am 11. September 1853 als Tochter eines wohlhabenden Kaufmanns in Baden bei Wien geboren. Ihre schauspielerische Neigung zeigte sich schon früh, und nach der Ausbildung an einer privaten Theater-Akademie in Wien nahm sie im Alter von 18 Jahren ein mit 1 200 Talern jährlich gut dotiertes Engagement am Berliner Hoftheater an. Nach kaum einem Jahr jedoch brach sie ihren Vertrag (was ihr einen jahrelangen Prozeß mit hohen Kosten einbrachte) und nahm 19jährig ein Engagement am Wiener Stadttheater bei ihrem großen Förderer Heinrich Laube an. Ihr Debut war das »Käthchen von Heilbronn«. Dann spielte sie das Käthchen in »Der Widerspenstigen Zähmung« – und zwar auch bei einer Galavorstellung anläßlich des 25jährigen Regierungsjubiläums Kaiser Franz Josephs im Dezember 1873 in Anwesenheit des Kaiserpaares. Es war das erstemal, daß Kaiser Franz Joseph Katharina Schratt sah. Sie war damals 20 Jahre alt.

Nach einem Abstecher zum Deutschen Hoftheater in St. Petersburg spielte die Schratt am Wiener Stadttheater eine Glanzrolle nach der anderen, die wachsende Popularität ihrem großen komischen Talent verdankend. Sie forderte und bekam hohe Gagen, lebte auf viel zu großem Fuß und litt unter ständigem Geldmangel.

1879 gab sie bei der Heirat mit dem Ungarn Nikolaus Kiss von Ittebe ihre Karriere auf, sehr zum Bedauern ihres Publikums. Schon in den Flitterwochen allerdings wurde das Paar von Gläubigern des jungen Ehemanns verfolgt. Die Schratt mußte bald erkennen, daß sie, statt eine reiche Partie gemacht zu haben, mit einem verschuldeten Lebemann verheiratet war, von dem sie nichts erwarten konnte, noch nicht einmal den Lebensunterhalt für sich und den 1880 geborenen Sohn Anton. Das Paar trennte sich, ließ sich aber nicht scheiden. Frau von Kiss trat unter ihrem Mädchennamen wieder als Schauspielerin auf und absolvierte Gastspiele, unter anderem am Deutschen Theater in New York.

Karikatur von Theo Zasche: »Herr Kiss läuft davon.«

Da Kiss keinen Beruf hatte und auch keine Versuche machte, sparsam zu werden, finanzierte er sein Leben mit dem Geld seiner Ehefrau. Da aber auch sie nicht sparen konnte, wuchsen die Schulden des Paares in schwindelnde Höhen.

An diesen hohen Schulden der Schratt drohte 1883 ihr Engagement an das kaiserliche Hofburgtheater in Wien zu scheitern. Denn eine Burgschauspielerin mußte einen guten Leumund haben und schuldenfrei sein. Auf der Suche nach einem Retter und Geldgeber geriet die Schratt an den Industriellen Eduard Palmer, der als Junggeselle in seinem prächtigen Ringstraßenpalais gerne junge Schauspielerinnen oder (wie Erich Graf Kielmannsegg berichtete) »auch nur diesen Titel mißbrauchende Dämchen empfing, sich von ihnen erzählen ließ« – und sie großzügig mit Geld unterstützte. Kielmannsegg: »Man kann sich denken, daß sein Salon viel besucht war; sogar wildfremde Damen kamen hin.«

Die Schulden der Schratt (Kielmannsegg, der sich auf Palmer selbst berief, nannte die Summe von rund 30.000 Gulden – das wären nach heutiger Währung mehr als drei Millionen Schilling oder 430.000 DM) überstiegen freilich auch die Möglichkeiten Palmers, »da er ja doch eine starke Klientel hilfsbedürftiger Damen hatte«. Palmer organisierte aber eine Sammelaktion bei wohlhabenden Freunden und zeichnete selbst einen stattlichen Betrag.

Trotz aller Bemühungen fehlten schließlich noch 7000 Gulden. Kielmannsegg: »Nun wandte sich Palmer an seinen guten Bekannten, Baron Mayr, den Generaldirektor der kaiserlichen Familienfondsgüter, damit eine interessante Schauspielerin für das Burgtheater gewonnen werde.« So wurde die Schratt (für kurze Zeit) schuldenfrei und zum 1. November 1883 kaiserliche Hofburgschauspielerin (Kielmannsegg, 116 f.).

Ihre Bezüge waren beträchtlich (jedenfalls verdiente sie mehr als ein vergleichbarer Burgschauspieler heute) – und doch stets zu gering: Zum Gehalt von jährlich 2500 Gulden kam eine »fixe Renumeration« in derselben Höhe, dazu ein Garderobegeld von jährlich 2000 Gulden (die Schauspieler mußten ihre Bühnenkostüme selbst bezahlen) und ein Spielgeld von zehn Gulden pro Abend (Holub, 54).

Ihr Burgtheater-Debut gab die 30jährige Schratt als »Lorle« in der wenig anspruchsvollen Komödie »Dorf und Stadt« von Charlotte Birch-Pfeiffer. Der Schauspielerkollege Hugo Thimig bemerkte in seinem Tagebuch am 10. November 1883: »Nach vielem Zeitungsgeschrei und von Laube geschürtem Drängen der Blätter wurde Frau Schratt engagiert. Sie ist was man sagt ein lieber Kerl. Gar zu jung nicht mehr. Einige dreißig. Ein tiefliegendes, rauhes Organ. Manchmal drollig. Keine Vertiefung und Innerlichkeit.« Die 15jährige Kaisertochter, Erzherzogin Marie Valerie, notierte in ihrem Tagebuch: »Eine Neue namens Schratt machte die Lorle, sie ist wunderschön, aber nicht so lieb wie die Wessely.« (Gemeint ist Josefine Wessely, die das Rollenfach der Naiven hatte.)

Als neue k.k. Burgschauspielerin mußte sich Katharina Schratt beim Kaiser vorstellen, denn das Hofburgtheater wurde ja aus der kaiserlichen Privatschatulle finanziert. Um diese erste persönliche Begegnung ranken sich einige Legenden, deren Wahrheitsgehalt schwer festzustellen ist. Der Sohn des Burgtheaterarztes und lebenslange Schratt-Vertraute Paul Schulz erzählte dem Historiker Heinrich Benedikt, Katharina Schratt habe ihn um Rat gefragt, wie

sie sich bei einer kaiserlichen Audienz benehmen müsse – und so
habe er mit ihr in seinem Büro im Patentamt den Auftritt ge-
probt:

»Sie setzte sich in einen Fauteuil und sprach die Worte nach:
Euer Majestät geruhen...

Schulz unterbrach sie: Die Beine darfst nicht wie jetzt kreuzen,
du darfst dich überhaupt nicht setzen, sondern mußt stehen und
nach dem Hofknicks dein Sprüchlein sagen.«

So vorbereitet, in das vorgeschriebene schwarze, lange hochge-
schlossene Audienzkleid gehüllt, mit einem Hut ohne Schleier und
Krempe und weißen Glacéhandschuhen betrat die Schratt den kaiserlichen Audienzsaal in der Hofburg.

»Katharina: Euer Majestät geruhen...

Der Kaiser: Gnädige Frau, wollen Sie sich nicht setzen.

Katharina: Danke Majestät, Euer Majestät geruhen...

Der Kaiser: Ja, warum wollen Sie sich nicht setzen?

Katharina: Der Paul Schulz hat mir's verboten.

Bis in den Vorraum soll das Lachen des Kaisers zu hören gewesen sein« (Benedikt, 90f.).

Erich Graf Kielmannsegg wiederum erzählte, die Schratt habe
bei dieser Audienz vor Verlegenheit vergessen, die Worte des
Dankes zu sprechen (Redlich II, 50).

Übereinstimmen die verschiedenen Berichte darin, daß Katharina Schratt einen eher komisch-naiven Eindruck auf den Kaiser
machte, ganz ihrem Bühnentyp entsprechend. Viele Jahre später
noch spielte Franz Joseph auf diese erste Begegnung an und
schrieb am 26. Juni 1896: »Unter den 128 Audienzen, die ich gestern hatte, war das Burgtheater stark vertreten, lauter Bedankende, Sonnenthal, Robert, Thimig, Frau Lewinsky und Frl. Kallina. Letztere war sehr liebenswürdig und gesprächig, gar nicht
befangen, wie jemand Anderer bei dieser ersten Audienz.«

Danach kam es zwei Jahre lang zu keiner persönlichen Begegnung mehr. Die Schratt scharte (neben ihren Getreuen Eduard
Palmer und Paul Schulz, die beide Junggesellen blieben) Bewunderer um sich, darunter einen der begehrtesten und reichsten Aristokraten der alten Monarchie, den um zwanzig Jahre älteren Hanns

Bemerkung der 25jährigen Katharina Schratt zu dieser Photographie: »Daumen halten!!! Daumen halten! Daumen halten!!! Wer wird meine Schulden zahlen? K. Schratt. 1878«

Graf Wilczek, und den um acht Jahre jüngeren, lebenslustigen Prinzen Ferdinand von Coburg.

Für eine Schauspielerin war es, neben der Aufbesserung ihrer stets zu knappen Geldmittel, eine Erhöhung des Prestiges, eine (möglichst bekannte) Beziehung zu einem prominenten Mitglied eines Herrscherhauses oder der hohen Aristokratie zu haben. Manche Rivalitäten zwischen Schauspielerinnen hatten ihren Grund nicht nur in Kämpfen um die besten Rollen, sondern auch um die vornehmsten und reichsten Verehrer. Einen Aristokraten zu heiraten gelang freilich nur wenigen Kolleginnen der Schratt: Charlotte Wolter wurde eine Gräfin O'Sullivan, Ilka von Palmay eine Gräfin Kinsky, Hermine Albrecht eine Gräfin Nyáry.

Der Ruf von Schauspielerinnen (vor allem natürlich bei kleineren Bühnen) war sehr schlecht. Nach den Moralkriterien des 19. Jahrhunderts verkörperten sie eine erotische Freiheit, die für bürgerliche Frauen als verwerflich galt, von deren Ehemännern aber insgeheim geschätzt wurde. Arthur Schnitzler notierte in seinem Tagebuch am 19. September 1890, daß »die Offiziere seit Jahren gewohnt sind, das Theater als ihr Bordell zu betrachten«.

Die kaiserliche Hofoper und das kaiserliche Hofburgtheater galten als entsprechende Jagdgründe der Hocharistokratie und des Kaiserhauses. (Erzherzog Otto, der Vater des späteren Kaisers Karl, hatte eine bekannte jahrelange Liaison mit einer Balletteuse der Hofoper, Marie Schleinzer. Erzherzog Johann, der spätere Johann Orth, bezog von der Hofoper seine Freundin Milli Stubel. Der blutjunge Kronprinz Rudolf wurde laut zeitgenössischer Fama von der Burgschauspielerin Johanna Buska zum Mann gemacht. Die Beispiele wären beliebig zu vermehren.)

Kaiser Franz Joseph sah als eifriger Burgtheaterbesucher die Schratt in allen ihren Rollen. Mit der Zeit wurde sie so etwas wie seine Lieblingsschauspielerin, wobei ihre große komische Begabung wohl maßgebend war. Denn für tragische Rollen hatte Franz Joseph zeitlebens wenig übrig. Er liebte das Derb-Volkstümliche.

Beim Industriellenball 1885 fiel den Ballbesuchern (darunter

Gräfin Nora Fugger, die ihre Beobachtungen niederschrieb) auf, daß die Schratt »besonders hübsch ausgesehen und der Kaiser sich besonders lange mit ihr unterhalten« habe.

Die nächste Begegnung folgte recht bald: Am Vorabend des Kaisergeburtstages im August 1885 wurde in Ischl Raimunds »Verschwender« aufgeführt. Die Schratt glänzte als Rosel an der Seite ihres zeitweise allerbesten Freundes Alexander Girardi als Valentin. Die 17jährige Erzherzogin Marie Valerie notierte darüber am 17. August 1885 in ihrem Tagebuch, sie sei mit dem Vater, dem Schwager Prinz Leopold von Bayern und dem Kronprinzenpaar Rudolf und Stephanie in der Vorstellung gewesen: »Aufführung großen Aufwand erfordernd, etwas primitiv.« Das Stück hatte den Charakter eines Geburtstagsgeschenkes für den Kaiser. Wer dieses Geschenk angeregt hatte, wissen wir nicht. Durchaus kann schon hier Kaiserin Elisabeth ihre lenkende Hand im Spiel gehabt haben.

Eine Woche später gab es einen weiteren außergewöhnlichen Auftrag für die Schratt abseits des Wiener Burgtheaters – diesmal im erzbischöflichen Schloß von Kremsier in Mähren, wo sich der Kaiser mit dem Zaren zu politischen Gesprächen über die Balkanpolitik traf. Beide Herrscher waren in Begleitung ihrer Gemahlinnen und ihrer Kronprinzen, und zur Entspannung gab es am Abend des 25. August ein théâtre paré mit Harfenmusik, einer Szene aus Grillparzers Sappho und als krönenden Abschluß Szenen aus einem Lustspiel, gespielt von Adolf Sonnenthal, Bernhard Baumeister und »Frau Schratt, die einen wirklichen Triumph feierte«, wie es im Illustrirten Wiener Extrablatt am nächsten Tag hieß. Adolf Sonnenthal schrieb seinen Kindern am 28. August 1885 aus Kremsier: »Es wurde noch nie so viel und so laut gelacht, wie an jenem Abend, und zwar so, daß wir oben Pausen machen mußten, um die Lachsalven vorübertönen zu lassen. Die beiden Majestäten wischten sich immer wieder die Augen« (Sonnenthal I, 332 f.).

Nach der Vorstellung bat der Kaiser die Künstler zum gemeinsamen Souper mit der Zarenfamilie – ein für höfische Bräuche ungeheurer Vorgang, der nur abseits von Wien möglich war. Der 27jährige Kronprinz Rudolf schrieb seiner Frau Stephanie verwirrt: »Um acht Uhr Theater, dann Souper mit Wolter, Schratt und Fräulein Wessely;

es war merkwürdig« (Stephanie, 152). Sonnenthal schwärmte seinen Kindern vor: »Das Charakteristikon dieser Festtage war nicht etwa die Pracht oder große historische Eindrücke, nein, nichts anderes als echte unverfälschte Gemüthlichkeit. Jeder und jedes fühlte sich wohl und behaglich. Wir waren Alle, Groß und Klein, Hoch und Niedrig, Czar und Schauspieler, des Kaisers Gäste, und er war als Wirt von solch bezaubernder hinreißender Liebenswürdigkeit, daß sich Jeder zu Hause fühlte.«

An diesem Abend lernte auch Kaiserin Elisabeth die Schratt, diesen laut Karl Kraus »schauspielerischen Urtypus primitiver Gesundheit« (Die Fackel, 28. Oktober 1903), persönlich kennen. Und spätestens jetzt ist nicht mehr daran zu zweifeln, daß die Kaiserin sehr geschickt und diskret ihre Fäden zog, um dem offensichtlich verliebten Ehemann in seiner höchst komplizierten Herzensangelegenheit behilflich zu sein.

Zu schaffen eine Wienerin
Wie Dichter sie besungen,
Versucht' es Gott mit Kathi Schratt —
Das Werk ist ihm gelungen.

Katharina Schratt in dem populären Büchlein »Wiener Schattenbilder« von Hans Schließmann

Teil I:
Schwieriger Anfang (1886–1889)

Im Frühjahr 1886 wurde Kaiserin Elisabeth aktiv: Durch ihre Vertraute Ida von Ferenczy bat sie den Maler Heinrich von Angeli, auf ihre Kosten ein Porträt der Schratt zu malen, aber über den Auftraggeber zu schweigen. Um die Schauspielerin zu den nötigen Sitzungen in sein Atelier zu bekommen, erfand Angeli eine Geschichte von einem englischen Adeligen, dessen eben verstorbener Frau die Schratt so ähnlich sehe. Da der Ehemann ein Porträt seiner Frau »für sein ewiges Andenken« wünsche, bat Angeli die Schratt, ihm »gewissermaßen in Vertretung« Modell zu sitzen. Die Schratt willigte gutmütig ein.

Als das Bild fast fertig war, schrieb Kaiser Franz Joseph dem Maler am 20. Mai 1886: »Mit Erlaubniß der Kaiserin möchte ich morgen um 1 Uhr in Ihr Atelier kommen, um das Bild der Frau Schratt zu sehen, welches Sie in ihrem Auftrage für mich malen. Ich bitte mich nur mit einer Zeile wissen zu lassen, ob ich um diese Stunde kommen kann. Franz Joseph.« (B)

Angeli bat daraufhin die Schratt um dieselbe Zeit in sein Atelier, damit sie die »Auftraggeber« kennenlernen solle. Die Ahnungslose wirkte laut Angelis Aussage ziemlich verschüchtert, als sie so unerwartet dem Kaiser gegenüber stand.

Der Maler tröstend: »Warum fürchten Sie sich denn, Seine Majestät wird Ihnen ja nix tun.«

Darauf die Schratt: »Ich fürcht mich gar nicht, ich hab nur ein bißl Angst.« Wieder einmal brachte ihr komisches Talent den Kaiser zum Lachen (Markus, 32 ff.).

Mit diesem Treffen am 21. Mai 1886 war die Situation klar: Die Schratt wußte, daß der Kaiser ihr Verehrer war – und daß die Kaiserin nichts gegen eine Beziehung einzuwenden hatte, ja sie förderte und unterstützte. Man verabredete ein Treffen im Sommer, den die Schratt am Wolfgangsee, die Kaiserfamilie im nahen Ischl verbrachte.

Auch Graf Hanns Wilczek war sich über die Bedeutung dieses Treffens im klaren, schrieb er doch an »mein geliebtes geliebtes Weib«: »Katherl wenn Dir bei Angeli nur nicht doch etwas geschah – zwar Dir nicht – aber mir, ich muß immer daran denken – und frage mich – was denkt mein Katherl darüber? – wird mir das nicht etwas

Visitkarte aus dem Besitz Katharina Schratts

von ihr nehmen? – Schau Katherl ich bin ja eifersüchtig auf jedes Wort – welches Du mit einem Anderen sprichst – auf jeden Buchstaben den Du anderen schreibst – auf jeden Gedanken der einem Anderen gilt – also kannst Du Dir klar sein was ich gerade diesem Mann gegenüber fühle – wenn Du ihn auch nicht so gerne hast wie mich! – ... Kathi wenn ich glauben könnte daß Du mich nicht mehr gern hast – ich könnte nicht mer essen nicht trinken nicht gehen nicht athmen – mit einem Wort – Deine Liebe ist für mich das Leben. Katherl bedenke es wohl und thue mir nicht weh – ich bitte bitte bitte Du mein Schutzengel – Du mein mein mein Weib Dein Hans«.

Zwei Tage nach der Begegnung im Maleratelier erhielt die Schratt vom Kaiser einen kostbaren Smaragdring und den ersten Brief.

»den 23. Mai 1886

Meine gnädige Frau,
ich bitte Sie, beifolgendes Andenken als Zeichen meines innigsten Dankes dafür anzunehmen, daß Sie sich der Mühe unterzogen haben, zu dem Angelischen Bilde zu sitzen. Nochmals muß ich wiederholen,

29

daß ich mir nicht erlaubt hätte, dieses Opfer von Ihnen zu erbitten, und daß daher meine Freude über das theure Geschenk nur umso größer ist.   Ihr ergebener Bewunderer« (B)

»den 6. Juni 1886
Meine gnädige Frau,
Verzeihen Sie, daß ich mir erlaube wieder einige Zeilen an Sie zu richten. Allein da ich nicht weis, wann Sie Wien verlassen, da ich doch gerne genau wissen möchte, wo ich Sie bei Wolfgang finden kann und da ich ungeschickter weise mir den Namen des Hauses, in welchem Sie die Sommermonate zubringen werden, den Sie neulich bei Angeli nannten, nicht gemerkt habe, so bitte ich mir auf ein Stückerl Papier die Antwort auf folgende Fragen zu schreiben:
Wie heißt das Haus oder Villa?
Wie lange geht man zu Fuß von Wolfgang dahin?
Werden Sie Anfang Juni schon dort sein oder erst später hinkommen?
Ich bitte, die Antwort dem Überbringer dieses Schreibens zu übergeben oder wenn es Ihnen bequemer wäre, lasse ich dieselbe Morgen bei Ihnen abholen.
Nochmals bittet um Verzeihung wegen seiner Zudringlichkeit
                                    Ihr ergebener Franz Joseph«

»Wien, den 17. Juni
Meine gnädige Frau,
Innigsten Dank für Ihre freundlichen Zeilen, die mich von Ihrer Abreise nach Karlsbad in Kenntniß setzen. Es freut mich, daß Ihnen der Urlaub bewilligt worden ist und Sie daher Ihre Gesundheit pflegen können. Ich werde auch kaum vor Ihnen in Ischl eintreffen, da ich in den ersten Tagen Juli die Kaiserin in Gastein besuchen und erst von dort nach Ischl gehen will. Von dort werde ich mir erlauben, Sie in Kenntniß zu setzen, wann ich Ihnen meine Aufwartung in Frauenstein machen kann. Wie ich mich freue, Sie in den schönen Bergen wiederzusehen, können Sie sich denken.
Ihnen recht glückliche Reise wünschend in aufrichtiger Freundschaft   Ihr ergebener Franz Joseph« (B)

Meine gnädige Frau,
Da ich nach Ihrem letzten Briefe vermuthe, daß Sie Heute bereits in Frauenstein sind, so erlaube ich mir zu melden, daß ich, wenn Sie nichts dagegen haben, Übermorgen den 9., ungefähr um ½9 Uhr Früh zu Ihnen kommen werde. Diese für eine Visite bei einer Dame ungehörig frühe Stunde werden Sie vielleicht damit entschuldigen, daß ich ja weis, wie früh Sie oft auf sind und daß meine Geschäfte mich um diese Zeit weniger hindern von hier abzukommen.

Ich werde um 7 Uhr Früh von hier nach Wolfgang fahren und mich von dort zu Fuß durchfragen, bis ich Frauenstein gefunden habe.

In der frohen Erwartung baldigen Wiedersehens, bleibe ich
Ihr ergebener Franz Joseph«

Dieser Brief versetzte die Schauspielerin in nicht geringe Bedrängnis. Immerhin war dies der erste Besuch, den der Kaiser ihr machte. Sie war gerade aus Karlsbad am Wolfgangsee eingetroffen, »stand mitten unter unausgepackten Koffern« – und hatte kaum Zeit zum Einkaufen und zur Bereitung eines ganz besonderen, »kaiserlichen« Frühstücks. Außerdem bewohnte sie die Villa Frauenstein in diesem Jahre zum erstenmal und kannte sich noch nicht sehr gut aus. Das Haus lag am äußersten Ende des Wolfgangsees, etwa eine Stunde Wegzeit vom Ort St. Wolfgang entfernt, in einem Waldgebiet.[1] Bauern und Fischer der Umgebung und eine zum Haus gehörende Meierei sorgten für Lebensmittel. Dienstboten, vor allem die berühmt gute Köchin der Schratt, waren – ebenso wie Hausrat, Wäsche und die zahlreichen Haustiere – aus Wien gekommen. Katharina Schratt beabsichtigte ja nicht, im Sommer ein zurückgezogenes Leben zu führen, sondern im Gegenteil ein geselliges Haus mit vielen Gästen zu

---

1 Das Haus gehörte laut Chronik, verfaßt vom späteren Besitzer Karl Haiser, der ehemaligen Soubrette am Linzer Stadttheater, Betty Weiß. Sie hatte es als Abfertigung von einem reichen Liebhaber bekommen (außerdem blieben ihr ein Kind und 80.000 Gulden in bar). Dann hatte sie den Chevalier Arthur de Colins Tarsienne bei sich aufgenommen und geheiratet, was dem Vermögen schlecht bekam. Schließlich sah sie sich gezwungen, das schöne Haus im Sommer zu vermieten (Archiv des Ferienhortes Ried/Wolfgangsee).

haben. Laut Chronik bewohnten zeitweise mehr als zwanzig Personen in dieser Zeit die Villa: »Es muß einen fast Wunder nehmen, wo man so viele Leute unterbrachte.« Das Haus war nur für sechs Personen gemietet – und zwar »complett eingerichtet, mit Seebad, Kielboot, Tisch- und Glas-Service und Kücheneinrichtung für 6 Personen um 700 Gulden für die Saison.«[1]

Katharina Schratt schilderte später ihrer Wiener Nachbarin Gräfin Nora Fugger diesen ersten Besuch des Kaisers und wie sehr sie die aufgeregte Köchin beruhigen mußte: »Er wird ja so nichts nehmen, richten S' halt, was wir haben« (Fugger, 121 f.).

Als der Kaiser in Frauenstein ankam, fragte ihn Katharina Schratt, die ungewohnt früh hatte aufstehen müssen, »sehr bescheiden und zaghaft«: »Kann ich Euer Majestät etwas anbieten?« – und erschrak, als er leutselig antwortete: »Freilich, freilich, ich freue mich schon sehr aufs Frühstück. Die Kaiserin sagte mir, man bekäme viel Gutes bei Ihnen zu essen.«

Über dieses erste Rendezvous gibt es viele Anekdoten. So habe die Schratt auch keine guten Zigarren vorrätig gehabt und gerufen: »Jessas, und jetzt hab ich nix anderes als eine schlechte Kaiserliche (wie die Zigarren der k. k. Tabakregie im Volksmund hießen) im Haus.« Dies allerdings dementierte die Schratt gegenüber Nora Fugger. Sie habe »Regiezigarren« gesagt und nichts anderes.

Die Aufregung der Schauspielerin ist durchaus begreiflich. Denn so idyllisch die gemietete Sommervilla auch war, so wenig repräsentativ schien sie doch für kaiserliche Besuche. Der spätere Besitzer klagte in der Chronik über die Gefahr, »daß die Regentropfen bei dem arg verwahrlosten Zustand des Daches bis auf den Frühstückstisch herabsickerten«. »Gesundheitswidrig« sei vor allem der Zustand der alten Brunnenstuben gewesen: In den vermoderten Holzrohren hätte »allerlei Gethier, von Insecten und Würmern bis zu Salamandern und Eidechsen ein friedsam ungestörtes Dasein«

---

1 Laut Telegramm von Hauptmann Colins an die Schratt vom 7. März 1886 (Archiv Peter Schratt). Die Summe entspricht heute etwa 70.000 Schilling oder 10.000 DM.

geführt: »Und so trank man dann Frösch- und Krötenlaich zum Champagner und ließ die Salamander mit den Eidechsen da droben Csardas tanzen.«

Ohne Zweifel aber war der Kaiser von der Atmosphäre im Hause Schratt sehr angetan und bat, bald wiederkommen zu dürfen. Kurz darauf sagten sich auch die Kaiserin und Erzherzogin Marie Valerie zu einem Besuch in Frauenstein an – eine ganz außergewöhnliche Ehre.

Die 18jährige Kaisertochter schrieb über diesen Besuch am 14. Juli 1886 in ihr Tagebuch: »Nachmittags fuhren Mama und ich nach Wolfgang, von wo wir nach Frauenstein gingen. Die schöne junge Schratt wohnt dort; sie zeigte uns das hübsche Haus, das sie gemietet... herzig und natürlich und sprach sehr unburgtheaterlich furchtbar wienerisch. Mit Geld, das wir von Frau Schratt ausgeliehen, fuhren wir zum Dampfschiff zurück.« Gegen ihre Gewohnheit und offenbar aus Gründen der Diskretion hatte sich die Kaiserin also diesmal nicht von Hofdamen oder Kavalieren begleiten lassen, die für alle finanziellen Dinge zuständig waren – Kaiser wie Kaiserin hatten gewöhnlich kein Geld bei sich.

Durch diesen und ähnliche ganz private Besuche bei der Schauspielerin nahm Elisabeth dem kaiserlichen Kontakt alle Pikanterie. Denn die Schratt galt damit von Anfang an als gemeinsame Freundin des Kaiserpaares und nicht des Kaisers allein.

Was die Kaiserin allerdings – abgesehen von solch öffentlichen Demonstrationen – wirklich von »der Freundin« und deren Umgang mit dem Kaiser dachte, vertraute sie ihrem geheimen privaten Tagebuch an (das auch Franz Joseph nicht kannte). In diesem Sommer 1886 schloß sie zum Beispiel eines ihrer schwärmerischen Gedichte über die Bergwelt des Salzkammergutes in Heinescher Manier abrupt mit den Zeilen:

»Da weckt sie lautes Rasseln
Im Thal aus ihrer Ruh';
Der König Wiswamitra
Kehrt heim von seiner Kuh.
O König Wiswamitra,
O welch' ein Ochs bist du.«

(Damit spielte sie auf den legendären indischen König Wiswamitra an, der sich in eine Kuh verliebte.)

Und auch der Name des Berges »Hohe Schrott« forderte sie zu
einem naheliegenden Wortspiel und einem keineswegs freundschaftlichen Ausruf heraus:

»Auf der hohen Schrott
Auf schmaler Felsenkante
Des hohen Berges Schneid',
Wo heiss die Sonne brannte,
Gestein nur weit und breit,
Wo, meine Beine suchend,
Die Kupfernatter droht,
Da dachte ich mir fluchend:
Zum Teufel Hohe Schrott!« (Elisabeth, 116 und 129)

Schriftzug der Kaiserin Elisabeth als »Titania«

Das Leben Katharina Schratts in Frauenstein war recht glanzvoll –
und ging ganz sicher über ihre Verhältnisse. Die Chronik verzeich-
net: »Über die Aera Schratt ist die eingeborene Bevölkerung aufs
beste zu sprechen, denn die Gefeierte warf das Geld mit vollen
Händen weg, und das ist der einzige Weg, um sich diese biederen
Herzen zu erobern... Der Fischermeister von Wolfgang hatte an
Frau Schratt seine beste Kundschaft; im größten Hotel brauchte man
nicht so viel Forellen und Saiblinge wie hier; daß es da, wenn der
Wein seine Wirkungen zeigte, mitunter ziemlich laut zuging, ist wohl
glaubhaft.«

Der Kaiser nahm an diesen lauten Festen freilich nicht teil: Er kam
(ein- bis zweimal wöchentlich) ausschließlich zu einem Frühstück zu
zweit, das bei schönem Wetter in einer urigen Almhütte mit pracht-
vollem Blick über den Wolfgangsee, bei schlechtem Wetter in der
Bauernstube der Villa Frauenstein eingenommen wurde. Es war

selbstverständlich für ihn, ihren zusehends üppiger werdenden Lebensstil zu finanzieren.

Allerdings störte er damit wieder einmal die Kreise des Grafen Hanns Wilczek, der ältere Rechte hatte und der Angebeteten in dieser Zeit schrieb: »Mein Katherl – wenn ich Dir heute nebst diesen Zeilen noch etwas übergebe – so betrachte ich das als mein *Recht* – denn Du liebst mich und hast mir versprochen mich immer zu lieben immer an mich zu halten, mir immer treu zu sein! – Wenn daher irgend Jemand in dieser Welt das *Recht* hat, einen Einfluß auf Dein Leben zu haben und auf den Kampf ums Dasein, welchen Du so hart führen mußt – so bin ich es! *Dein* Hans ist es!«

Der Kaiser scheint über die Beziehung zu Wilczek informiert gewesen zu sein, denn in einem Briefkonzept der Schratt heißt es: »Zum Schluß muß ich Euer Majestät noch gestehen, daß mich die Äußerung wegen der Villa, den Grafen Wilczek betreffend, sehr, sehr glücklich gemacht hat. Ich selbst will ja auch auf der ganzen Welt Niemandem als Euer Majestät etwas zu danken haben.«

(Es ging wahrscheinlich darum, welcher der beiden Verehrer das Glück genoß, der Schratt die Miete zur Villa Frauenstein schenken zu dürfen. Aus der späteren Zeit liegen keine Briefe Wilczeks vor. Die Beziehung war aber keineswegs zu Ende und sorgte in den nächsten Jahrzehnten für ständige Eifersucht Franz Josephs.)

Die Ausflüge des Kaisers zum Wolfgangsee zogen viele Neugierige an, die sich an seine Fersen hefteten. Er wich ihnen aus, indem er sich vom Schiffmeister Mayrhofer oder dessen Tochter Anna mit einem Boot über den See bringen ließ. Wie Anna Mayrhofer später erzählte, gab es sogar mitten auf dem See Probleme: »Einmal fuhr ich den Kaiser wieder im Boot, als gerade das Dampfschiff, welches des Kaisers Namen trägt, über den See fuhr. Die Schiffsgäste erkannten den Kaiser und bestürmten den Kapitän, an das Boot heran zu fahren, tatsächlich fuhr das Schiff so nahe an das Boot, daß wir fast gekentert hätten. Ich war voll Angst, der Kaiser aber nahm still lächelnd die stürmischen Grüße der Schiffsgäste entgegen« (Archiv des Ferienhortes Ried/St. Wolfgang).

Als ausdauernde und trainierte Wanderer trafen der Kaiser und die Schratt einander auch zu Spaziergängen. Von ferne sah man sich bei der Sonntagsmesse in der Ischler Pfarrkirche – oder an Theaterabenden im Kurtheater, wo die Schratt wie jeden Sommer gemeinsam mit Burgtheaterkollegen wie Alexander Girardi in heiteren Stücken spielte. (In dieser Ischler Zeit wohnte sie meist in der Villa Felicitas, die sie später als Sommervilla mietete.)

»Den 14. August 1886

Meine gnädige Frau,

Wenn Sie mich Heute Abend nicht im Theater sehen, so nehmen Sie mir es nicht übel. Allein ein Trauerfall in unserer Familie gestattet mir leider nicht, Sie zu bewundern, wie ich es so sehr gewünscht habe, doch tröste ich mich für diese mir entgangene Freude mit der Aussicht, Ihnen Morgen in der Villa Felicitas aufwarten zu können.

Wenn Sie erlauben, werde ich Ihnen auch übermorgen einen Besuch, leider zum Abschied, in Frauenstein abstatten.

Sehr beruhigt war ich, aus Ihrem Erscheinen in der Kirche am vorigen Sonntage zu ersehen, daß Ihnen unsere letzte, nasse Promenade nichts geschadet hat.

In aufrichtiger Freundschaft Ihr ergebener

Franz Joseph«

Bald nach seiner Rückkehr nach Wien besuchte der Kaiser am 23. August 1886 wieder Anna Nahowski, die ihm – wohl in Erwartung, daß die Beziehung sich ihrem Ende zuneigte – ein Bittgesuch ihres Mannes übergab: »Nicht wahr, Majestät, Sie werden etwas tun für ihn, geben Sie ihm eine Anstellung, denn er hat sie meinetwegen verloren, da ich von hier nicht fort wollte, um von Ihnen nicht getrennt zu werden.«

Beim nächsten Besuch, am 23. September, klagte er, »daß er schon alt werde und nicht mehr so häufig kommen werde«. Anna darauf: »Und endlich nicht mehr kommen werde.« »O nein, das wird so schnell nicht sein, meint Er. Wenn ich auch alt und zu Nichts mehr bin, bleiben wir doch gute Freunde.« Anna bemerkte in ihrem Tagebuch: »Es ist wahr, Er besucht mich in diesem Jahr auffallend wenig ... Da Er jetzt seltener kommt, muß ich immer den Kalender zu Hilfe nehmen, damit wir uns gut verständigen können.« Der nächste Besuch war am 13. Oktober (Nahowski, 111).

»Ischl den 4. Oktober 1886

Meine gnädige Frau,

Innigsten Dank für Ihr freundliches Schreiben, das mir Staatsrath Braun Heute übergab und für Ihre guten Wünsche zu meinem Namenstage. Ich denke, dieselben müssen mir Glück bringen. Wie unendlich Ihre lieben Zeilen mich gefreut haben und wie viel ich an die schönen Stunden in Frauenstein und in der Villa Felicitas zurückdenke, brauche ich Ihnen nicht zu sagen, denn das wissen Sie ohnedieß.

Daß Ihr Brief mich gerade hier erreicht hat, wo so Vieles mich an Sie erinnert, hat meine Freude noch erhöht. Am frühen Morgen habe ich Heute bereits vom Jainzen gegen Wolfgang ausgeschaut, doch der See lag, trotz des herrlichen Wetters im dichten Nebel und nur das Bürgel sah aus demselben hervor. Das neuliche Wiedersehen im Burgtheater hat mich recht wehmüthig gestimmt, obwohl ich mich auf dasselbe gefreut hatte. Welcher Unterschied mit den vergangenen, für mich so schönen Tagen!

Ich habe Ihnen mündlich nicht genug für Ihre viele Güte für mich gedankt, gestatten Sie daher, daß ich es jetzt aus vollem Herzen schriftlich thue und indem ich Sie bitte, Toni bestens von mir zu grüßen, bleibe ich mit der Versicherung aufrichtigster Freundschaft und innigster Verehrung Ihr ergebener

Franz Joseph«

»Gödöllö den 23. Novbr. 1886

Meine gnädige Frau,

Zum Festtage aller Kathis erlauben Sie mir wohl, mich Ihnen wieder in Erinnerung zu bringen und Ihnen schriftlich, da es mir leider mündlich nicht möglich ist, meine innigsten Glück- und Segens Wünsche auszusprechen.

Der Himmel mache Sie so glücklich, wie Sie es verdienen, das heißt sehr, sehr glücklich. Mir aber wünsche ich, daß Sie mir auch ferner Ihre Freundschaft und Güte bewahren. Mein Namenstag Geschenk wird Ihnen gleichzeitig mit diesen Zeilen überbracht werden. Nehmen Sie es freundlich an und möchte es Sie manchmal an mich erinnern. Ihre Bilder mit dem vierblätterigen Klee schmücken mein

37

Schlafzimmer in Wien, der Kalender mit der Aufschrift: Dieu Vous garde liegt hier vor mir auf meinem Schreibtische und das Cigaren Etui habe ich bei meinen Gebirgsjagden im Herbste benützt und es brachte mir Jagdglück. Hier habe ich es auch mit, benütze es aber nicht, aus Angst es zu verlieren. Und so erinnern mich Ihre Geschenke immerwährend und überall an die liebe Geberin.

Anfang des nächsten Monates hoffe ich, Sie nach langer Zeit, wenn auch leider nur von Weitem, wiederzusehen, da wir nach Wien einrücken wollen. In ›Schach dem König‹[1] habe ich Sie als Matrose sehr bewundert und mich über das unendlich decente Männer Costume gefreut. Ich bin neugierig, wie Sie das in der nächsten Novität, in welcher Sie ja, wie ich in der Zeitung gelesen habe, einen Kadeten geben, eben so mit der Uniform durchführen werden. Ich sehe Sie viel lieber in Damen Toilette spielen[2] und die liebste Ihrer Rollen bleibt mir immer die Claire im Hüttenbesitzer[3]. Sie sehen ich komme ins Plauschen, als ob wir zusammen im heimlichen Zimmer in Frauenstein sitzen würden und bitte Sie deshalb um Verzeihung, habe aber doch noch eine schöne Bitte. Wenn Sie einmal zum schreiben aufgelegt sind und Zeit haben, so schreiben sie mir, um mir zu erzählen, wie es Ihnen geht, ob Sie zufrieden sind, ob Sie Sorgen und Ärger haben, wie dem Toni das Studieren anschlagt, Alles interessirt mich, was Sie betrifft. Doch jetzt habe ich Sie mit meinem dummen Geschwätz schon zu viel gelangweilt und ich schliesse daher mit der erneuerten Versicherung aufrichtigster Freundschaft. Ihr ergebener

Franz Joseph

Bitte Toni von mir zu grüßen.«

»den 25. Dezember 1886

Meine gnädige Frau,

Als ich Gestern Abend in mein Zimmer kam, fand ich zu meiner freudigsten Überraschung auf meinem Schreibtische Ihren lieben Brief und die hübschen Weihnachts Geschenke. Herzlichst danke ich

---

1 Lustspiel von H. A. Schauffert
2 Auf diesen Brief hin sagte die Schratt die geplante Hosenrolle ab.
3 Schauspiel von Georges Ohnet

Ihnen für dieselben, besonders aber dafür, daß sie an mich dachten, was mich unendlich freut. Ihrem Wunsche gemäß, werde ich Ihre Gaben benützen und dabei mit Dankbarkeit Ihrer gedenken. Ich benütze diese Gelegenheit, um Ihnen für Ihren langen, interessanten Brief vom 27. Novbr. innigst zu danken, der meine unbescheidenen Fragen so erschöpfend beantwortet und mich sehr freut. Hoffentlich geht es Ihnen immer gut und hat auch Ihr Einschreiten bei Direktor Wilbrandt[1] Erfolg, so daß wir die Freude hätten, Sie wieder in einer großen Rolle zu bewundern. Indessen freue ich mich immer, wenn ich Ihren Namen auf dem Zettel[2] lese oder durch die Austheilung weis, daß Sie spielen werden. Ersteres war neulich zu meiner frohen Überraschung der Fall, als ich in Rosenmüller und Finke[3] Ihren Namen fand. Ich wußte nicht, daß Sie in diesem Stücke spielen und wie zart und elegant haben Sie den Schwips gespielt!

Ich möchte Ihnen noch lange vorschwätzen, doch habe ich zu arbeiten und fürchte auch, Sie zu langweilen, daher schließe ich, meinen Dank wiederholend und mit der Versicherung aufrichtigster Freundschaft. Ihr ergebener

Franz Joseph

Schönste Grüße an Toni.«

»Den 1. Jänner 1887.

Meine gnädige Frau,

Meine erste Beschäftigung im neuen Jahre ist Ihnen für Ihre gestrigen, lieben Zeilen und Ihre guten Wünsche innigst zu danken. Ich erwidere dieselben von ganzem Herzen und wünsche Ihnen Glück und Segen und Zufriedenheit, überhaupt Alles, was Sie sich nur selbst wünschen können. Gott gebe, daß das beginnende Jahr ein ruhiges werde, wozu leider jetzt wenig Aussicht vorhanden ist.[4] Dann könnte ich hoffen, daß die schönen Zeiten des vorigen

---

1 Bei Burgtheaterdirektor Adolf Wilbrandt hatte sich die Schratt beschwert, zu kleine Rollen zu haben.
2 Zirkular mit der Rollenverteilung der nächsten Stücke
3 Lustspiel von Karl Töpfer
4 In Bulgarien hatte eine russenfreundliche Militärrevolte Fürst Alexander gestürzt. Die politische Lage war auch für Österreich-Ungarn gefährlich.

Sommers, sich auch in diesem Jahre erneuern werden und ich die ersehnte Freude haben werde, mich Ihnen wieder nahen zu können, Sie wieder zu sprechen. In diesen Zeiten schwerer Sorgen und vieler Arbeit sind die Erinnerungen an die vergangene schöne Zeit und die Hoffnung auf Wiederkehr derselben wahre Lichtblicke für mich.

Toni danke ich herzlich für seine Wünsche. Gott segne und beschütze auch ihn in diesem Jahre. Er hat ja in sehr kurzer Zeit schreiben gelernt und muß sehr fleißig gewesen sein. Wenn Sie mir wieder einmal schreiben, könnten Sie einige Zeilen von ihm beilegen, die mich sehr freuen würden.

In 2 Stunden hoffe ich Sie in der Kirche zu sehen, wenn man das in der dort herrschenden Finsterniß so nennen darf. Ich bewundere Ihre Frömmigkeit und Ihre Ausdauer in dieser Jahreszeit und bei dem jetzigen Wetter. Heute Abend werde ich Sie mit Schnur- und Knebel Bart im Theater sehen. Leider spielen Sie jetzt recht selten und Gestern habe ich in der Zeitung gelesen, daß Sie die Rolle in dem neuen Stücke, das nächstens gegeben werden soll, auch aufgegeben haben. Sie hat Ihnen wohl nicht convenirt. Nun leben Sie wohl und auf baldiges Wiedersehen, leider nur von Weitem. Meinen Dank wiederholend, bleibe ich Ihr aufrichtiger ergebener

Franz Joseph«

»Wien den 18. Jänner 1887.

Meine gnädige Frau,

Verzeihen Sie mir, daß ich Ihnen erst Heute für Ihren lieben Brief und für die Übersendung von Tonis Zeilen innigst danke, allein ich hatte in diesen Tagen so viele Arbeit, daß ich erst jetzt einen freien Augenblick finde, um Ihnen zu schreiben. Wenn ich Ihren so schönen, fließenden und éleganten Styl lese, so wird mir um meine Antworten unendlich bange, denn im Briefschreiben habe ich keine Übung und da fällt die Sache recht holperig aus. Ich muß daher sehr auf Ihre Nachsicht und Freundschaft bauen.

Ich bitte Sie, danken Sie doch auch Toni bestens für die Mühe, die er sich gegeben hat, um mir Freude zu machen. Ich war erstaunt, daß er es in der kurzen Zeit im Schreiben schon so weit gebracht hat. Ich bedauere sehr, daß Ihr Ansuchen bei Wilbrandt noch keinen Erfolg hatte. Ich wollte schon neulich, wo ich Gelegenheit hatte, Baron Bezecny zu sprechen, ihm ein Wort in Ihrer Angelegenheit sagen, allein ich getraute es mich nicht, da ich bis jetzt mich principiell nie in die Eintheilung der Stücke und in die Vertheilung der Rollen mischte, von der Ansicht ausgehend, daß das Theater für das Publikum, aber nicht für mich da ist und ich mir viel zu wenig Verständniß in diesen Sachen zutraute. Auch fürchtete ich, Sie durch meine Protektion in ein falsches Licht zu bringen und Ihnen eher zu schaden, als zu nützen. Nun will ich aber, Ihnen zu lieb, doch die nächste Gelegenheit, wo ich den General Intendanten sehe, benützen, um ihm Ihren Wunsch vorzutragen.

Übrigens hatten wir die Freude, Sie jetzt wiederholt in großen, wenn auch nicht neuen Rollen zu sehen. Besonders freute ich mich, Sie Vorgestern als Lorle[1] bewundern zu können, denn in dieser Rolle sah ich Sie einst zum ersten Male spielen. Und wie lieblich, wie schön durchdacht und wie rührend haben Sie diese Rolle wieder gegeben. Valérie weinte gegen Ende unaufhörlich, so ergriffen war sie. Da ich von Valérie spreche, muß ich Ihnen doch erzählen, daß sie neulich eine ganze Sammlung von Photographien von Ihnen aus dem Atelier Adèle entdeckt und mir geschenkt hat. Dieselben werden jetzt in Rahmen zum Aufstellen hergerichtet und zwar diejenigen in Balltoilette, in Matrosen Costume und eine in Promenade Anzug vereinigt in einem großen Tableau, mit der Bestimmung für unsere Villa im Thiergarten, während ich mir das Brustbild mit aufgesetztem Hut, Morgen Toilette und dem bekannten Engel am Halse extra einrahmen lasse, um es hier zu behalten und immer ansehen zu können. Dieses unendlich ähnliche Bild erinnert mich am meisten an die unvergeßlichen Stunden in Frauenstein und Felicitas.

Gott gebe, daß Ihre Hoffnungen und Wünsche nach Sonnenschein im Frühjahre in Erfüllung gehen. Niemand wäre glücklicher als ich, wenn nach den vielen Sorgen des Winters, ein ruhiger Sommer käme, der mir die sehnsüchtig erhoffte Freude werden ließe, Sie nach so unendlich langer Zeit wieder in der Nähe begrüßen und sprechen zu können. Es sind schon 5 Monate vergangen, seit wir am Kreuzwege

---

1 Im Volksstück »Dorf und Stadt«

vor Wolfgang Abschied nahmen! Wenigstens ersehe ich aus Ihren Zeilen, daß Sie die Absicht haben, nach Ischl oder Umgebung zu kommen und diese Gewißheit gereicht mir zur großen Freude.

Verzeihen Sie die Länge dieses Schreibens, allein ich komme immer ins Plauschen, und seien Sie versichert von der aufrichtigen Freundschaft Ihres ergebenen   Franz Joseph«

»Den 2. Februar 1887.

Meine gnädige Frau,

Nur einige Worte, um Ihnen mitzutheilen, daß ich Gestern in Ihrer Angelegenheit mit dem Baron Bezecny gesprochen habe. Ob es etwas nützt, weis ich zwar nicht, aber er ist Ihnen wenigstens wohl gesinnt und scheint die Absicht zu haben, Ihre Wünsche zu fördern. Er klagte sehr über den harten Kopf und die Stützigkeit des Direktors (diese Bemerkung bleibt aber unter uns) und meinte, daß in einigen Stücken aus dem ehemaligen Stadttheater, welche zur Aufführung kommen sollen, für Sie geeignete große Rollen sein werden. Ich kann nur wünschen, daß meine Intervention Erfolg habe und daß auch mir dadurch die Freude werde, Sie in neuen Rollen zu sehen.

Erlauben Sie mir bei dieser Gelegenheit mein Compliment über: Wenn man nicht tanzt[1], auszusprechen. Sie haben wieder ebenso vorzüglich gespielt, als wunderschön ausgesehen. Auch Frau Schwerdtner[2] hat sich ausgezeichnet. Ich bin immer glücklich, wenn ich sehe, daß Ihnen meine Diamant Schleife nützlich ist, oder wenn Sie mit elegantem Griffe das bracelet am linken Arme in die richtige Lage bringen. Heute kann ich Sie leider nicht als Claire sehen, da ich um diese frühe Stunde keine Zeit habe, allein Valérie wird der Vorstellung beiwohnen.

Nun leben Sie wohl meine gnädige Frau und denken Sie manchmal in Freundschaft an Ihren aufrichtig ergebenen

Franz Joseph

Toni grüße ich herzlich.«

---

1 Lustspiel von Sigmund Schlesinger
2 Friseurin im Burgtheater

Meine gnädige Frau,

Gott gebe, daß es Ihnen Heute besser gehe und daß Sie Sich bald wieder ganz erholen. Wie ich mich ängstige und wie ich Gestern erschrocken bin, können Sie Sich denken.[1]

Wie konnten Sie, trotzdem Sie schon unwohl waren,[2] zu dieser frühen Stunde und bei dem kalten Wetter doch in die Kirche kommen: Sie muthen Sich überhaupt zu viel zu. Vorigen Mittwoch zu Fuß in die Kirche und wieder zurück, dann dreistündiger Triumph mit Blumenregen und Abends noch der heiße Ball! Sie sollten wirklich in dieser Jahreszeit nicht so früh in die Kirche kommen und so glücklich ich immer bin, sie dort zu wissen, denn sehen kann man es bei der herrschenden Finsterniß nicht nennen, so liegt mir doch viel mehr an Ihrer Gesundheit, die Sie schonen sollen. Verzeihen Sie mir, daß ich Gestern nicht länger bei Ihnen in der Kirche geblieben bin, aber nachdem ich mich überzeugt hatte, daß Sie, Gott lob, wieder auf den Beinen und bei Bewußtsein waren, wollte ich das Aufsehen vermeiden und dachte auch, daß die Kirche nicht der Ort zu einer längeren Conversation sei. Ich schickte sogleich meinen Kammerdiener hinunter, um zu sehen, ob Sie noch etwas brauchen und um Ihnen einen Wagen zu holen, allein er kam zu spät, Sie waren bereits weggefahren.

Innigst danke ich Ihnen für Ihren lieben, herzlichen Brief vom 3., der mir eine besondere Freude und Beruhigung war. Ich war nemlich gerade üblen Humors. Erstlich hatte ich erfahren, daß Sie am 1. mit Frau Bauer in Schönbrunn waren und gerade an diesem Tage kam ich nicht hinaus. Wie glücklich wäre ich gewesen, Sie endlich wieder einmal sprechen zu können. Zweitens ärgerte ich mich, daß ich nicht die Courage hatte, Sie am Balle anzusprechen. Allein ich hätte müssen die Sie umringenden Leute durchbrechen, während man von allen Seiten mit und ohne Operngucker beobachtet wird und überall

---

1 Die Schratt war am Vortag bei der Frühmesse in der Hofburgkapelle ohnmächtig geworden.

2 Die Daten des »Unwohlseins« oder der »stillen Woche« waren bei Schauspielerinnen kein Geheimnis, da sie als Begründung für Absagen dienten.

Preßjuden[1] stehen, die jedes Wort aufschnappen, das man spricht. Ich habe mich halt nicht getraut, so sehr es mich auch zu Ihnen hinzog.

Übrigens was hätten wir dort sprechen können! Ich bin durch Ihre Güte gewohnt mit Ihnen so vertraulich plauschen zu dürfen und das war im Redoutensaale doch nicht möglich. Ich fürchtete, Sie könnten mir zürnen, daß ich mich Ihnen nicht genähert habe und erst Ihr Brief beruhigte mich, es fiel mir ein Stein vom Herzen.

Nun schliesse ich mit der dringenden Bitte, daß Sie mir nicht antworten, ehe Sie vollkommen hergestellt und ganz bei Kräften sind. Mit dem innigen Wunsche, daß dieses bald der Fall sei und mit erneuerten Grüßen an Toni bleibe ich Ihr aufrichtig ergebener

Franz Joseph«

»Wien, den 17. Februar 1887

Meine gnädige Frau,

Der Fasching naht seinem Ende, derselbe erfordert schöne Kleider, diese sind theuer, Sie sollen und dürfen keine Schulden machen und so wäre ich Ihnen zu innigstem Danke verpflichtet, wenn Sie beiliegenden kleinen Beitrag zu den Kosten Ihrer Toilette in Freundschaft annehmen wollten. Ich halte Sie für eine ausgezeichnete und talentvolle Frau, aber von Ihren finanziellen Talenten bin ich noch nicht ganz überzeugt und das mag mir zur Entschuldigung dienen. Auch kann ich Ihnen zu Ihrer Beruhigung sagen, daß ich meinen Kindern ihre Geburts- und Namenstags Geschenke in Geld gebe. Sie finden

---

1 von Bourgoing, 55, umgeändert in »Pressehyänen«

das praktischer. Ich bin also auch Ihnen, meine gnädige Frau, gegenüber aufrichtig und praktisch und hoffe, daß Sie es mir nicht übel nehmen. Übrigens bleibt diese Finanzoperation nur ganz unter uns und wenn Sie mich wieder einmal mit einem Brief erfreuen, so dürfen Sie der Sache nicht erwähnen und mir nicht etwa danken, denn der Dank ist an mir... Als ich Sie Vorgestern im Hüttenbesitzer nach langer Zeit wieder sah, bin ich über Ihr ubles, angegriffenes Aussehen so erschrocken, daß ich schon Heute diese Zeilen an Sie schreibe, um Sie dringendst zu bitten, nächsten Sonntag noch nicht in die 7 Uhr Messe zu kommen. Ich fand Ihre schönen Augen, deren Ausdruck ich so genau kenne, so gedrückt, Sie sahen so müde aus, daß es nicht blos die Folgen des Concordia-Balles gewesen sein können, sondern ein Zeichen, daß Sie noch gar nicht wohl sind. Darum schonen Sie Sich, besonders bei der jetzigen Kälte. Warum brauchen Sie denn schon so lange die Kaltwasser Kur, die Sie gewiß sehr angreift? Ich wäre Ihnen sehr dankbar, wenn Sie mir darüber, so wie überhaupt über Ihre Gesundheit, Auskunft geben würden. Sie sagen mir in Ihrem letzten, lieben, langen und interessanten Briefe vom 9., für welchen ich Ihnen innigst danke, daß Sie darüber nachsinnen, mir eine Freude zu machen. Sie sollten Sich deßhalb nicht den Kopf zerbrechen, denn Ihre Güte und Freundschaft für mich, ist meine größte Freude und mehr verlange ich nicht. Ich gebe die Hoffnung nicht auf, Sie einmal in Schönbrunn zu begegnen. Diese Tage war ich nicht dort, da ich einen starken Schnupfen habe...

Hat meine Einwirkung auf den General Intendanten noch keinen Erfolg gehabt?...«   (B)

Am 1. März 1887 (wie von nun an jedes Jahr an diesem Tag) sandte Katharina Schratt dem Kaiserpaar als kleinen Frühlingsgruß ein prachtvolles Veilchenbouquet, das mit Entzücken entgegengenommen wurde. Erzherzogin Marie Valerie schrieb an diesem Tag in ihr Tagebuch: »Auf unserer Promenade in Schönbrunn begegneten wir der herzigen coeur dame, die Mama und mir Veilchen gebracht hatte, weil es Glück bringen soll, am 1. 3. Veilchen zu bekommen. Um ihr Dankbarkeit zu beweisen, gingen wir in den 1. Akt des Hüttenbesitzers und zwinkerten vom Bankerl aus der schönen Claire zu.«

An diesem sehr kalten 1. März beobachtete Elisabeth das »liebende Paar« beim Spaziergang im Schönbrunner Park und ließ die beiden Park-Statuen Ceres und Perseus in einem Gedicht sagen:

»Pst!« ruft plötzlich freudig Ceres,
»Sieh das Paar, das sich dort naht,
Soviel Glut, beim Zeus, ich schwör' es,
Ein verliebtes Aug' nur hat.

Liebe leiht dem Alter Schwingen,
Ist das Haupt auch glatt und kahl;
Amors Pfeile tiefer dringen
In ein altes Herz zumal...« (Elisabeth, 170)

»Ofen den 21. März 1887.

Meine gnädige Frau,
Es sind bereits 3 Wochen vergangen seit ich Sie das letzte Mal sah und da erlauben Sie mir wohl einige Zeilen an Sie zu richten, um Ihnen anzuzeigen, daß ich nächsten Samstag Früh in Wien eintreffen will und Ihnen zu sagen, wie sehr ich mich freue, Sie wieder zu sehen. Wenn Sie noch immer manchmal mit Frau Bauer in Schönbrunn spazieren gehen, so bin ich vielleicht wieder so glücklich, Sie dort zu begegnen. Da ich wegen meinen Geschäften nicht täglich hinaus fahren kann, so könnten Sie meinem Glücke mehr Sicherheit verleihen, wenn Sie mir in einigen Zeilen den Tag angeben wollten, an welchem Sie nach Schönbrunn gehen. Ist Ihnen das aber nicht recht oder unangenehm, so thun Sie es nicht und wir überlassen es wie bisher dem Zufalle, ob und wann wir uns begegnen. Von den schönen Veilchen, welche Sie am 1. März der Kaiserin und Valérie schenkten, habe ich auch meinen Antheil bekommen, denn Valérie schickte mir einige in Papier getrocknet, die noch hier den frischesten und herrlichsten Geruch verbreiteten. Schon am Nachmittage des 1. wußte ich durch ein Telegramm der Kaiserin, in welchem Sie mit einem anderen, nur uns verständlichen Namen bezeichnet waren,[1] das Überrei-

---

1 Der Deckname war »Kriegsminister«.

chen der Bouquets. Die Geschichte des Namens erzähle ich Ihnen bei unserer nächsten Begegnung. Vor einigen Tagen habe ich in der Presse in dem Inhaltsverzeichnisse des 6. Heftes ›der schönen blauen Donau‹ entdeckt, daß Sie Schriftstellerin sind. Ich habe mir sogleich durch Valérie das Heft verschafft und dasselbe Gestern erhalten. Zweimal las ich Ihren reizenden Aufsatz und Sie können sich denken, wie mich die Mittheilungen aus Ihrer frühen und allerfrühesten Jugend interessirten.

Sonst habe ich in dieser langen Zeit gar nichts von Ihnen erfahren, obwohl ich täglich in der Zeitung Ihren Namen suche. Die Austheilung im Burgtheater gab Ihnen auch wenig zu thun, was für mich persönlich das Angenehme hatte, daß ich in diesen 4 Wochen nichts versäumt habe. Hoffentlich wird es besser, wenn ich wieder mein liebes Burgtheater besuchen kann. Hier war ich nicht ein einziges Mal im Theater, habe überhaupt sehr ruhig und einförmig gelebt.

Die Kälte hört nicht auf und die ganze Gegend ist mit Schnee bedeckt. In Wien soll es übrigens noch ärger sein. Hoffentlich bekommen wir einen um so schöneren Sommer und dazu ruhigere politische Zeiten, so daß ich Sie in Ischl oder Umgebung recht oft besuchen kann. Nun muß ich schliessen, um zu frühstücken und zu arbeiten, es ist nemlich erst ½6 Uhr Früh. Leben Sie daher recht wohl und auf hoffentlich baldiges Wiedersehen. Mit den herzlichsten Grüßen an Toni, bleibe ich Ihr in Freundschaft ergebener

Franz Joseph«

In der Zeitschrift »An der schönen blauen Donau« (1887, 128 f.) war ein launiger Artikel der Schratt erschienen: »Meine künstlerischen Anfänge«. Darin schilderte sie, wie sie, blutjung, auf Engagement-Suche ging und sich von Direktor Ascher vom Carl-Theater verstören ließ: »Während ich spielte, erhob er sich plötzlich und forderte mich kategorisch auf, ihm einen… Kuß zu geben. Diese unerwartete Wendung verwirrte mich derart, daß ich in einen Tränenstrom ausbrach und sagte: Ich bitt', ich möcht' fortgeh'n! Vergeblich suchte mich der über mein konvulsivisches Schluchzen ganz desperate Direktor zu beruhigen. Er schwur, daß ihn mein Spiel zur Bewunderung hingerissen habe und daß er im Übermaß der Freude,

Meine künstlerischen Anfänge.

Von

eine so ausgezeichnete Künstlerin zu gewinnen, sich zu diesem beim Theater nicht ungewöhnlichen Zeichen der Verehrung habe hinreißen lassen; er habe es ja nicht böse gemeint etc. Ich konnte mich trotzdem nicht fassen und rief unter Tränen: In *das* Engagement geh' ich nicht. Ich bitt', ich möcht' aussi! – Und ich verließ mit meiner schreckens-starren Begleiterin das Haus des zur Bewunderung so hinneigenden Directors. Nachträglich erinnerte sich Ascher oftmals lachend dieser originellen Szene und versicherte mir, daß er einen so dalkerten, unwiderstehlich komischen Gesichtsausdruck, wie ich ihn damals zeigte, weder vorher nach nachher jemals gesehen habe.« Das Schratt-Zitat »Aussi möcht i« wurde fortan beim Kaiser zum geflügelten Wort (zum Beispiel in den Briefen vom 4. Oktober 1890 und 28. September 1891).

In diesem Winter wartete Anna Nahowski vergeblich auf einen kaiserlichen Besuch. Ihre Eifersucht auf Katharina Schratt wuchs, als sie hörte, daß der Kaiser sehr viel häufiger als sonst im Burgtheater war. Sie hatte keinen brieflichen Kontakt mit dem Kaiser, war monatelang ohne Nachricht, fürchtete, kommentarlos aufgegeben worden zu sein, und schrieb wütend in ihr Tagebuch: »Mir wird sehr unbehaglich... Es wäre abscheulich niederträchtig, wenn nach 12 Jahren dies mein Lohn wäre, daß man mich einfach stehen läßt, ohne ein Wort des Abschieds.«

Um den Kaiser auf sich aufmerksam zu machen, beschloß sie, mit ihrem Mann das Burgtheater zu besuchen, natürlich eine Vorstellung, in der die Schratt spielte (es war der »Landfrieden« von Eduard Bauernfeld).

Der Plan gelang. Der Kaiser war in der Vorstellung, bemerkte Anna – und besuchte sie kurze Zeit später, am 30. März, nach einer Pause von fast einem halben Jahr. Anna konnte ihre Eifersucht nicht verbergen und machte eine Szene. Überall spreche man von einem »Verhältnis« mit der Schratt: »Im Gasthaus beim Lothringer erzählten es die Schauspieler vom Burgtheater ungeniert. Beim Greißler, Fleischhauer, in jedem Gesellschaftswagen hört man ähnliche Dinge, und da soll ich ruhig bleiben?« Und: »Wenn Sie mich nicht auffallend vernachlässigt hätten und jetzt fast ein halbes Jahr nicht besucht hätten, ich hätte noch nicht daran geglaubt.« Und, unter Tränen: »Ich weiß ja, ich bin ein zu einfaches Weib, verstehe nichts wie die Erziehung meiner Kinder und meinen Haushalt, und bin nicht im Stand, Sie zu unterhalten wie die andere.«

Dann gab sie ihm wütend sein einziges Schmuckgeschenk, eine Busennadel, zurück. (Dies könnte eine Reaktion auf die Gerüchte gewesen sein, daß der Kaiser der Schratt sehr teuren Schmuck schenkte, was Anna natürlich tief kränken mußte.)

Der Kaiser reagierte (laut Annas Tagebuch) ratlos: »Aber beruhigen Sie sich doch, es ist ja nichts.« Und: »Glauben Sie nicht das dumme Geschwätz, Frau Schratt ist eine sehr anständige Frau, und ich versichere Sie, es ist nichts wie Freundschaft.« Er dementierte auch, die Schratt jemals besucht zu haben, und versprach Anna, am 20. April wieder zu ihr zu kommen.

Er kam wirklich. Annas mißtrauischer Kommentar: »Er ist liebenswürdig und gerade dadurch schloß ich, daß er etwas verbergen will. Er entschuldigt sich, daß er alt werde, und der heutige Besuch nur den Zweck mich zu sehen habe... Dies bestätigt mich in meinem Glauben, daß es nicht nur Freundschaft ist zur Schratt...«

Da sie das Ende der Beziehung (und damit des Geldstroms) fürchten mußte, erinnerte sie den Kaiser daran, daß ihr Ehemann dringend eine Anstellung brauche. Franz Joseph jedoch erklärte, keine Stelle für ihn zu haben. Anna in ihrem Tagebuch: »Unglaublich. Er findet es nicht der Mühe wert, da Ihm bereits ein anderes Weib im Kopf steckt. Ich sagte: Also nichts, Majestät? Leider, sagte Er und fing zu tändeln und scherzen an, als wenn nichts vorgefallen wäre.« Immerhin nahm Franz Joseph, wenn auch nur etwa einmal im Monat, seine Besuche wieder auf. Anna: »Die Zeit von einem Besuch zum andern wird immer länger« (Nahowski, 112–115).

»Wien, den 21. April 1887

Meine gnädige Frau,

Innigsten Dank für Ihren lieben Brief von Gestern, der mich, wie alles, was von Ihnen kommt, sehr freute und diesmal auch besonders rührte durch die Angst, die Sie haben, vor mir in ungünstigem Lichte zu erscheinen. Wie können Sie Sich in solche Skrupeln und Besorgnisse künstlich hinein reden und denken! Um Sie gleich vollkommen zu beruhigen, beeile ich mich, diese Zeilen an Sie zu richten, für deren Unkorrektheiten ich um Verzeihung bitte, denn ich habe keine Zeit zum Ausbessern, eine Arbeit, der Sie Sich in Ihren Briefen an mich auch nicht unterziehen sollten, denn sonst muß Ihnen ja das Schreiben zur wahren Plage werden. Ich schreibe auch deßhalb gleich, da ich leider Sonntag nicht in der Lage sein werde, Ihnen ein freundliches Gesicht zu machen. Ich komme nemlich zu spät an, um noch um 7 Uhr in die Kirche gehen zu können und werde erst die 8 Uhr Messe hören.

Doch nun zur Sache. Sie haben weder Vorgestern, noch je sonst zu viel geplauscht, im Gegentheile, ich kann Ihnen nur dankbar sein, wenn Sie mit mir über Alles recht offen und von der Leber weg sprechen. Wenn man so manche Arbeit, Sorge, so manchen Kummer

Anna Nahowski, die langjährige Geliebte des Kaisers

hat, wie ich, so ist ein zwangloses, offenes und heiteres Aussprechen eine wahre Freude und deßhalb sind mir die Augenblicke, die ich mit Ihnen zubringen darf, so unendlich werth. Meine Freundschaft für Sie ist eine so feste und aufrichtige, daß Sie jede Besorgniß, vor mir nicht in hinreichend günstigem Lichte zu erscheinen, überhaupt endlich jede Befangenheit aufgeben sollten.

Verzeihen Sie mir, daß ich Sie mit meinen Ansichten über unser Freundschafts Verhältniß und über das Gerede der wohlwollenden Nebenmenschen beunruhigt habe. Es war mir ein wahres Bedürfniß, mich Ihnen gegenüber einmal auszusprechen, nur habe ich es wohl nicht gut gemacht, denn ein Stegreif Redner bin ich auch nicht, wie Sie wohl schon oft bemerkt haben werden, und dann bin ich mitunter in meinen Ausdrücken zu scharf. Ihre Ehre und Ihr Ruf sind mir vor Allem heilig und ich wollte Ihnen sagen, wie ich bestrebt bin, unsere Freundschaft, in der ich nichts unrechtes sehe, auch vor der Welt in ihrem richtigen Lichte erscheinen zu lassen und hören, wie Sie darüber denken, daß mir das nicht gelungen ist. Was Sie mir Vorgestern sagten und Gestern schrieben, beruhigt mich und ist mir ein neuer Beweis Ihrer Güte und Nachsicht für mich. Daß mein Erscheinen im Kaufmann von Venedig Sie im Spielen gestört hat, thut mir sehr leid; gemerkt hat man davon nichts und Shakespeare braucht sich deßhalb nicht im Grabe zu beunruhigen. Ich hatte eigentlich nicht die Absicht, ins Theater zu gehen, allein es zog mich doch wieder hinunter in das liebe Haus, um Sie zu sehen. Die Kaiserin wird sich freuen, wenn ich ihr melde, daß Sie den Opal benützt haben. Kaum war ich Vorgestern von Schönbrunn zurück, erhielt ich einen Brief von ihr, in welchem sie mich beauftragte, Ihnen für Ihren hübschen Brief zu danken und dann sagte sie: Hätte ich nur die Nadel früher entfernt.[1] In der ersten Vorstellung der Nixe[2] brauchen Sie Sich nicht vor mir zu fürchten, denn ich kann leider nicht kommen, da ich an diesem Abende beim Eh. Albrecht dem Zapfenstreiche beiwohnen muß, welcher zur Feier seines Jubi-

---

1 Die Schratt haßte Nadeln an Schmuckstücken, da sie sich einmal an einer verletzt hatte.
2 Die Premiere dieses Lustspiels von F. G. Triesch war am 17. April 1887.

läums vor seiner Wohnung stattfindet.[1] Zur zweiten Vorstellung komme ich aber gewiß.

Auf Wiedersehen am Mittwoch. Bis dahin leben Sie wohl und denken Sie manchmal in Freundschaft an Ihren aufrichtig ergebenen
Franz Joseph« (B)

»Wien den 27. April 1887.

Meine gnädige Frau,

Herzlichen Dank für Ihre gestrigen Zeilen und für die Mittheilung wegen der heutigen Probe.

Ich werde jedenfalls Heute um 2 Uhr nach Schönbrunn fahren, bitte Sie aber dringend, Sich wegen mir nicht hinaus zu bemühen, denn wenn ich Sie Heute nicht finde, so bin ich Morgen um 1 Uhr wieder in Schönbrunn. Heute thäten Sie wirklich besser nicht zu kommen, denn die Ermüdung nach der langen Probe und vor der Première der Nixe könnte doch zu groß werden. Zur heutigen Vorstellung sollten Sie bei voller Kraft sein, um recht zu glänzen. So sehr ich mich freue, Sie endlich wieder zu sehen und zu sprechen, so bin ich ja doch jedenfalls so glücklich, Sie Heute Abend wenigstens vom Weiten bei der Vorstellung zu sehen. Überlegen Sie Sich daher die Sache gut und muthen Sie Ihrer Kraft nicht zu viel zu.

Freitag könnte ich nicht nach Schönbrunn gehen, da ich Morgen Abend mit meinem Schwiegersohne[2] und einigen Herrn nach Neuberg auf die Auerhahn Jagd fahre und erst Samstag Vormittag zurückkomme. Von Ischl, wo ich zwei herrliche und angenehme Tage zubrachte und von einem Ausfluge, den ich von dort unternommen habe, habe ich Ihnen einiges zu erzählen. Sie können sich vielleicht denken, wo ich war.[3]

---

1 Erzherzog Albrecht, Feldmarschall und Generalinspekteur des Heeres, feierte seine 60jährige Zugehörigkeit zur Armee.

2 Prinz Leopold von Bayern, der Gatte der ältesten Kaisertochter Gisela

3 Der Kaiser meinte einen Ausflug an den Wolfgangsee zur (leerstehenden) Villa Frauenstein, die er sich hatte aufsperren lassen. Die Kaiserin war darüber informiert und dichtete:
»Wallfahrt. Wolfgangsee, 23. April:
Ja, vorwärts ist das Losungswort

In der frohen Erwartung Sie Heute oder Morgen wieder zu sehen, bleibe ich Ihr in Freundschaft ergebener

Franz Joseph«

»Ischl den 19. Mai 1887.

Meine gnädige Frau,

Da ich hier in den frühen Morgenstunden einen ganz freien Augenblick habe, benütze ich denselben, um meinen Brief N. 18 an Sie zu richten.

Sie werden fragen, warum ich Ihnen schon wieder schreibe und darauf kann ich eigentlich keine ganz genügende Antwort geben, denn ich habe Sie diesmal um nichts zu bitten, ich habe nicht einmal viel zu fragen und fragen ist doch eine meiner übelsten Gewohnheiten, wie Sie schon oft zu bemerken Gelegenheit hatten. Nein diesmal ist es nur das Bedürfniß Ihnen zu zeigen, daß ich mit Ihnen beschäf-

---

An diesem Nachmittage;
Vom Hügel winkt ein Häuschen dort,
Idyllisch ist die Lage.

Die Liebe ist der Führer heut'
In einem blauen Röckchen;
Zum Hohn dem Alter und der Zeit,
Springt sie noch wie ein Böckchen.

Den Gärtner schnell, die Schlüssel her,
Zeigt ihm nur jedes Plätzchen;
Denn steh'n sie jetzt auch öd und leer,
Einst weilte dort sein Schätzchen.

Nur Vorsicht, teuerster Cousin,
Du könntest dich verkühlen.
Gar sonnig war der lange Chemin,
Im Haus ist Frost zu fühlen.

O, zügle deine Efusion,
Lass erst die Bäume sprossen!
Dein dicker Engel kommt dann schon
Im Juni mit den Rosen« (Elisabeth, 184 f).

tigt bin, die Hoffnung, durch einige Zeilen Antwort zu hören, wie es Ihnen geht, was Sie machen. Die Zeit, seit ich das letzte Mal das Glück hatte, Sie in Schönbrunn zu sprechen, scheint mir so entsetzlich lang, daß ich schon Heute trachte, wenigstens auf schriftlichem Wege mit Ihnen zu verkehren.

Sie werden erstaunt sein, daß wir in Ischl sind und ist es auch nur die Folge einer, nach meiner Ansicht, übertriebenen Besorgniß Wiederhofers vor einer Scharlach Ansteckungs Gefahr für Valérie, die so komplicirt ist, daß deren Explication zu lange wäre. Sie soll erst in 8 Tagen in unsere neue Villa[1] kommen und da haben wir uns entschlossen, sie hier zu besuchen. Ich fahre schon Heute Abend nach Wien zurück, gedenke Samstag das neue Stück im Burgtheater anzusehen und bin vielleicht so glücklich Sonntag die 7 Uhr Messe mit Ihnen zu hören, da ich von Samstag auf Sonntag in der Stadt übernachten werde. Hier ist es wunderschön grün, aber recht kalt, Gestern wechselte Regen mit Sonnenschein ab, Heute scheint es schön werden zu wollen.

Unsere neue Villa im Thiergarten befriedigt uns sehr, sie ist gut und bequem zu bewohnen und die Umgebung ist jetzt im Frühjahr frisch grün. Ihr Portrait von Angeli schmückt mein Schreibzimmer und muß mich bis zu den ersehnten Tagen von Frauenstein trösten.

Jetzt komme ich doch mit Fragen, denn ohne denen läuft es einmal bei mir nicht ab. Warum haben Sie neulich bei der Jubiläums Vorstellung nicht die Melitta[2] gespielt? So sehr die Vorstellung darunter gelitten hat, so froh war ich, Sie im Parterre zu sehen und ein freundliches Lächeln von Ihnen zu erhaschen. Wie haben Sie Sich bei dem Bankete mit dramatischer Vorstellung und Ball unterhalten? Ist es wahr, daß Sie die Jungfrau von Orléans gesprochen haben? Ich höre, daß die jugendliche Jubilarin[3] bis 4 Uhr Früh getanzt hat und um 10 Uhr war sie bereits bei mir, um sich zu bedanken und sah nach aller der Anstrengung frischer aus, als wie als Sapho. Wirklich bewunderungswürdig!

---

1 Hermesvilla im Lainzer Tiergarten
2 in Grillparzers »Sappho«
3 Charlotte Wolter feierte ihr 25jähriges Bühnenjubiläum.

Ich habe sehr bedauert, Sie neulich nicht in Ihrer Lieblingsrolle als Miss Lucy[1] gesehen zu haben, allein der Thiergarten ist so weit, daß es mir jetzt leider schwer wird, in mein liebes Burgtheater zu kommen. Sie spielen diese kleine Rolle so ausgezeichnet und blonde Perrücke und Brille stehen Ihnen so gut, daß ich das nach langer Zeit sehr gerne wieder einmal gesehen hätte.

Unser letzter Spaziergang in Schönbrunn ist mir eine besonders liebe Erinnerung. Obwohl Sie den Tag vorher sterben wollten, waren Sie doch so heiter und gnädig und was Sie mir à propos des Coquettirens der Frln. Hohenfels sagten, hat mich sehr glücklich gemacht. Nun habe ich länger und mehr geplauscht als ich sollte und indem ich Sie deßhalb um Verzeihung bitte, schliesse ich mit den herzlichsten Grüßen für Toni und mit der Versicherung aufrichtigster Verehrung und Freundschaft

Ihr ergebener
Franz Joseph«

»Villa bei Lainz den 30. Mai 1887.

Meine gnädige Frau,

Für Ihren lieben, langen und interessanten Brief vom 20. danke ich Ihnen erst Heute von ganzem Herzen, da ich Sie nicht zu oft mit meinem Gekritzel belästigen wollte und ich Ihnen auch nichts besonderes mitzutheilen hatte. Ihr letzter Brief hat mich unendlich gefreut und ich habe Ihre Erklärung des Festspieles beim Jubiläums Bankette ganz gut verstanden, denn sie war dieses Mal ebenso klar wie ausführlich.

Ich bin schon sehr neugierig auf Ihre Erzählung in Frauenstein über die aufrichtigen Gesinnungen der Anwesenden und wie ich denke, besonders der lieben Collleginen. Ich hatte keine Ahnung, daß Frln. Hohenfels bei der Vorstellung der Sapho auch im Parterre war. Ich kann mir nicht denken, wo sie gesessen sein kann, denn ich habe sie nicht gesehen. Neulich begegnete ich sie zu Wagen, als ich von einer Truppen Inspicirung im Prater über die Ringstrasse nach Haus fuhr. Sie grüßte mich zwar herablassend, aber mit einem theils ungnädigen, theils melancholischen Ausdrucke, wie am Theater. Es hätte Sie gewiß amusirt, wenn Sie es gesehen hätten.

---

1 in Paillerons Lustspiel »Die Welt, in der man sich langweilt«

Eigentlich hat mir großen Theils die Besorgniß Heute die Feder in die Hand gedrückt. Ich mache mir nemlich schon seit einiger Zeit Skrupeln, daß Sie wegen mir früher nach Frauenstein kommen wollen und dadurch eine Ihnen gewiß nothwendige Kur in Karlsbad oder in einem anderen Bade versäumen, was Ihrer Gesundheit schaden könnte. Meine Besorgniß steigerte sich noch, als ich Sie neulich beim Wettrennen, freilich leider nur von Weitem sah und Sie blaß fand. Ich bitte Sie daher dringend, ja eine Ihnen etwa nothwendige Kur nicht zu unterlassen und lieber etwas später nach Frauenstein zu kommen, um so mehr, daß ich auch nicht vor 7. oder 8. Juli in Ischl sein kann.

Wie ich mich auf das Wiedersehen freue, können Sie Sich denken, denn die 3 Wochen seit ich Sie gesprochen habe, scheinen mir eine Ewigkeit. Von hier aus komme ich Abends so schwer in die Stadt, daß ich Sie jetzt nicht einmal mehr im Burgtheater sehen kann und eben in diesen Tagen haben Sie wieder einmal öfter gespielt. An solchen Abenden denke ich an das alte liebe Haus am Michaeler Platz und seit dem Brande der Opéra comique in Paris ängstige ich mich sehr für Sie, was eigentlich sehr thöricht ist, denn nach einem solchen Ereignisse ist die Aufmerksamkeit und Vorsicht gewiß verdoppelt.

Hier wäre es ganz hübsch und das Haus sehr gut zu bewohnen, wenn das Wetter etwas günstiger wäre, allein so ist es meistens recht kalt, der häufige Regen macht den Boden feucht und außerdem bläst meistens ein recht heftiger Wind. In den frühen Morgenstunden habe ich jetzt oft Truppen Besichtigungen. Vorgestern auf der Schmelz goß es fast die ganze Zeit und wir wurden recht naß, ein echtes Frauensteiner Wetter! Wie hat Ihnen denn der Revisor[1] gefallen? Das Spiel fand ich sehr gut, besonders war Thimig wieder ausgezeichnet. Wenn ich wüßte, daß Sie in dem Stücke, das übermorgen zum ersten Male gegeben wird, spielen, käme ich jedenfalls hinein, vielleicht gehe ich aber auch, wenn Sie nicht spielen, besonders wenn das Wetter schlecht ist.

Nun muß ich schliessen, um zu frühstücken und dann zur 7 Uhr Messe in die Stadt zu fahren. Leben Sie daher recht wohl, meine gnädige Frau, grüßen Sie Toni herzlich von mir und denken Sie manchmal in Freundschaft an Ihren aufrichtig ergebenen

Franz Joseph«

»Villa bei Lainz den 6. Juni 1887.

Meine gnädige Frau,

Sie werden mich, wie ich fürchte, unausstehlich finden, daß ich Sie schon wieder mit einem Schreiben belästige und ich habe auch keine andere Entschuldigung als das Bedürfniß von Zeit zu Zeit wenigstens auf dem Papiere mit Ihnen zu sprechen, nachdem es mir mündlich leider jetzt nicht vergönnt ist. Auch möchte ich meinen herzlichsten Dank für Ihren lieben, guten und so interessanten Brief vom 31. Mai nicht zu lange verschieben, der mir wieder eine große Freude bereitete. So sehr ich bedauerte Sie am Pfingstmontage nicht in der Kirche zu sehen, so froh bin ich doch, daß Sie den freien Augenblick benützten, um die stärkende Gebirgsluft einzuathmen. Etwas ermüdend muß aber der Ausflug doch gewesen sein und besonders das Spielen am Abend.

Wie gerne hätte ich Sie wieder im Matrosen Kleide[2] gesehen und wie oft haben Sie jetzt überhaupt gespielt, ohne daß ich dabei war. Ich habe leider so wenig Zeit und von hier ist es so weit in die Stadt. Aber

---

1 Die Komödie von Nikolaus Gogol hatte am 24. Mai 1887 Premiere.
2 In »Schach dem König« von Hippolyt Schauffert

in Gedanken war ich viel im Burgtheater und am Donnerstag hatte ich ja doch die große Freude, Sie nach langer Zeit wieder zu sehen und Ihr vortreffliches Spiel zu bewundern. Heute habe ich ein Diner in der Stadt und gerade Heute spielen Sie nicht! Ich werde aber doch vielleicht einen Augenblick ins Theater gehen, um die gastirende Schauspielerin anzusehen.

Im Laufe der Woche will ich aber jedenfalls im Theater von Weitem von Ihnen Abschied nehmen, da ich Samstag für höchstens 8 Tage nach Ischl gehe, wo ich in der Abgeschiedenheit mir eine kleine Talggeschwulst, die Sie auf meiner Stirne bemerkt haben werden und noch einige andere Auswüchse in meinem Gesichte wegschneiden lassen will. Ich hoffe dann viel schöner zu werden!! Der vorgestrige Blumencorso im Prater war recht hübsch, doch da Sie nicht dort waren, ich Sie wenigstens nicht sah, ging für mich das Interesse verloren. Und was hätte ich eigentlich auch davon gehabt, wenn Sie im Prater gewesen wären. Ein flüchtiger Gruß beim Vorbeifahren. Da warte ich lieber auf Frauenstein und so bin ich Ihnen eigentlich dankbar, wenn Sie nicht beim Corso waren. Jetzt sollte ich auch Ihr theueres Bild fragen, ob ich so schreiben darf und ich bin nicht ganz überzeugt, ob es Ja sagen würde. Für Ihre Absicht, beim Exerziren auf der Schmelz ein großes Paraplui über mich zu halten, bin ich Ihnen sehr dankbar;[1] leider ist es nicht ausführbar. Vorgestern wurden wir zwar nicht naß, dafür aber beim scharfen Reiten in dem bodenlosen Kothe von Oben bis Unten angespritzt. Auch hier ist es recht naß und unser, sonst sehr angenehmer Aufenthalt, vom Wetter nicht begünstigt. Neulich hagelte es so stark, daß in einem Augenblicke der ganze Boden weis war.

Jetzt habe ich nichts mehr zu erzählen und ich schliesse daher mit einem herzlichen Gruße für Toni und mit der erneuerten Versicherung aufrichtigster Freundschaft. Ihr ergebener

Franz Joseph«

---

1 In einem Briefkonzept der Schratt heißt es: »Ich dachte jedesmal, wenn ich den Regenschirm aufmachte, daß mich der Regen gar nicht geniren würde, ja, dass es ein Genuss wäre, wenn ich das Glück hätte, Euer Majestät mit meinem Paraplui beschirmen zu dürfen.«

Meine gnädige Frau,

Sie würden lachen, wenn Sie mich sehen könnten, wie ich mit schwarz verbundenem Kopfe am Schreibtische sitze und aussehe wie ein Kaminfeger, oder wie ein alter Spitalsbruder. Im Übrigen geht es mir vortrefflich, ich fühle keine Schmerzen und ich erwarte nur mit Sehnsucht den Augenblick, wo ich den lästigen Verband ablegen und mich wieder frei bewegen darf. Die Operation ging gut, dauerte 2 Stunden und that nur theilweise weh und jetzt habe ich noch vier kleine zugenähte Wunden, die hoffentlich bald geheilt sein werden, so daß ich wo möglich Samstag oder Sonntag nach Wien zurückkehren möchte. Bei dem herrlichen Wetter, dessen wir uns hier erfreuen, und bei der Heuer besonders frischen und üppigen Vegetation ist es hart an das Zimmer und die allernächste Umgebung des Hauses gefesselt zu sein.[1] Herzlichsten Dank für Ihren wieder so lieben Brief vom 7., der mich sehr beglückte. Als ich an jenem Tage aus der Stadt in unsere Villa fuhr, begegnete ich Netti[2] mit einem kleinen, weißen Pakete auf der Ring-straße und dachte gleich, daß es der erhoffte Brief sei und richtig brachte man mir denselben noch am selben Nachmittage hinaus. Für Ihre freundschaftliche Absicht, die Operation auf sich zu nehmen, bin ich Ihnen sehr dankbar, aber, glauben Sie mir, es war so besser. Ich hoffe, daß Ihr Ausflug nach Frauenstein Sie befriedigt hat, daß Sie sich mit dem Hausherrn gut verständigt haben und daß Sie wirklich dieses Mal kein fatales Abentheuer hatten. Das Wetter wird wohl am Donnerstage günstig gewesen sein; wenigstens wir hatten in Wien bei der Frohnleichnams Prozession sehr schöne und nicht zu heiße Witterung. Sollten Sie mich wieder mit einigen Zeilen beglücken, so beschreiben Sie mir vielleicht Ihre Frauensteiner Reise. Sie machen das so schön und mich interessirt es unendlich. Ist denn Toni schon dort?

---

1 Anna Nahowski (117 f.) notierte in ihrem Tagebuch nach einem Besuch des Kaisers am 20. Juni: »Ich finde, daß der Kaiser anfängt, etwas eitel zu werden, es befremdet mich, da ich dies an Ihm nicht gewöhnt bin. Er ließ sich in Ischl eine Talggeschwulst an der Stirne wegnehmen und gleichzeitig die Warzen beim Auge und am Nasenflügel. Er besuchte mich gleich danach, als Er noch das schwarze Heftpflaster über den Wunden hatte ... Bei jedem Besuch klagt Er über sein Alter.«

2 Anna (Netti) Hrabe, Haushälterin der Schratt

Ich bin sehr erfreut, daß ich gerade diese Woche im Burgtheater nicht viel versäume. Nur den Hexenmeister[1] am vorigen Samstage hätte ich gerne wieder gesehen, denn seit ich Sie in demselben zum ersten Male ohne Ohrringe sah, ist es eines meiner Lieblingsstücke. Auch hätte es mich interessirt, Frl. Reinhold in der Rolle unserer *Freundin*?? Hohenfels zu sehen. In der Zeitung las ich, daß in dieser Vorstellung eine Zisch Claque wirkte, welche ziemlich deutlich dem Einfluße der Letzteren zugeschrieben wird. Das wäre doch recht gemein. Im Kätchen von Heilbronn gefiel mir der jugendliche Gast recht gut. Sie war sehr herzig und einfach, nur muß sie noch Vieles lernen. Samstag hat es ja während der Vorstellung im gegenüber liegenden Hause gebrannt. Sind Sie sehr erschrocken? Ich ängstige mich jetzt schon so, daß ich mich über jeden Abend freue von dem ich aus dem Repertoire weis, daß Sie nicht spielen. Ist denn neulich die Probe mit dem Fensteraufmachen in der Garderobe vollkommen gelungen und würden Sie im Nothfalle schnell genug auf den Michaeler Platz hinaus springen können?

Verzeihen Sie die zahllosen Fragen dieses Briefes und wollen Sie darin in gewohnter Güte nur ein Zeichen sehen, daß ich mich in Gedanken oft mit Ihnen beschäftige. Und so leben Sie denn recht wohl und auf hoffentlich baldiges Wiedersehen. Das ist der innigste Wunsch Ihres in Freundschaft ergebenen   Franz Joseph«

»Wien den 21. Juni 1887.

Meine gnädige Frau,

In Eile, denn ich habe Heute viel zu thun, nur wenige Zeilen, um Ihnen mitzutheilen, daß ich so eben die Verleihung des Dekretes[2] an Sie und Ihre 3 Collegen unterschrieben habe. Spät, aber endlich doch

---

1 Lustspiel von Gustav Triesch. Daß er Ohrringe nicht leiden konnte, gab Franz Joseph der Freundin recht offen zu verstehen, so auch am 1. Oktober 1887: »Eine gute Eigenschaft hat sie, sie hat keine Ohrringe.« Außerdem kritisierte er »die prachtvollen Toiletten, vom rein praktischen Standpunkte fast zu prachtvoll, seien Sie mir nicht böse, daß ich das sage«. Und: »Ihre einfache neue Frisur im 3. Akte ist Ihnen ganz besonders gut gestanden, sie erinnerte mich an längst vergangene Zeiten, als die Kaiserin in ihren Jugendjahren die Haare ähnlich trug.«
2 Die Schratt war zur Hofschauspielerin ernannt worden.

und so wird mir vielleicht das Glück, Sie nach so langer Zeit bei der Audienz, wenn auch nur kurz, sprechen zu können. Selbst von Weitem habe ich Sie seit einer Ewigkeit nicht gesehen!

Innigsten Dank für Ihren letzten guten und langen Brief, der mir während meiner Ischler Kranken Gefangenschaft eine doppelte Freude war.

Ich erlaube mir auch in diesem Jahre eine praktische Sendung zur Einhaltung Ihres finanziellen Gleichgewichtes beizulegen. Ich dachte, daß es Ihnen vielleicht lieber ist, wenn ich diesen Weg benütze, statt Ihnen das Paket persönlich nach Frauenstein zu überbringen. Und nun auf hoffentlich baldiges Wiedersehen. Verzeihen Sie Schleuderhaftigkeit, Eile und Kürze dieses Schreibens. Ihr in Freundschaft ergebener   Franz Joseph«

Den Ischler Sommer 1887 verbrachte der Kaiser in stetigem Kontakt zu Katharina Schratt, von der Kaiserin spöttisch beobachtet. In ihrem Gedicht »Legende vom Pürgelstein« höhnte Elisabeth über die Hartnäckigkeit der Schauspielerin. Ihren Ehemann stellte sie diesmal als heiligen Wolfgang dar, der auf dem (740 Meter hohen, zwischen St. Wolfgang und Strobl gelegenen) Pürgelstein allein wandern wollte, aber von der Schratt überrascht wurde:

>»Hier‹, so sprach der Heilige,
›Kommt kein Weib mir in die Näh!‹ –
Ach! er hatte keinen Dunst
Von des Weibes schlauer Kunst!...
Längst in heisse Lieb entbrannt,
War ihr Herz ihm zugewandt;
Dacht, sie hätt' auf ihn ein Recht,
Fand ihn schliesslich auch nicht schlecht.
Drum, wie er sich auch verkroch,
Leichten Fusses kam sie doch.
Mocht' wo immer hin sich dreh'n,
Musst ihr liebend Aug' er seh'n...« (Elisabeth, 171 f.)

Trotz aller Spötterei gab sich Elisabeth aber andererseits Phantasien hin, ausgerechnet bei der Schratt Trost und Ruhe zu finden. »Vergiftet durch Cyclamen«, habe sie im Traum einen nächtlichen Besuch in der Villa Frauenstein gemacht (»Denn krank und voller Kummer / Mein Hirn, mein Haupt heut' sind«) und die Schratt aus dem Schlaf gerissen: »O fürcht' Dich nicht vor mir, / Ich thu Dir nichts zum Harme / Nur helfen sollst Du mir!«

Die Schratt habe (so Elisabeths Phantasie) die Hände gerungen und ausgerufen: »O Jesus und Marie! / Naht denn der Welt ihr Ende? / Solch' Schrecken hatt' ich nie!«

Darauf Elisabeth: »Ich thu Dir nichts zuleide, / Nur komme schnell hieher; / Leg mir die Hände beide / Aufs Haupt, es brennt so sehr. / Das wird mir sicher kühlen / Da drin die wilde Gluth...«

Und dann, jeden Zweifel an der Identität der Angesprochenen ausschließend: »Sind Dir auch gram die Vielen, / Ich bin Dir dennoch gut; / Denn geht, das Haupt voll Sorgen, / Zu Dir mein Eh'gemahl, / Zurück kehrt er am Morgen, / Erfrischt, verjüngt ins Thal« (Elisabeth, 276 f.).

»Ischl den 31. Juli 1887.

Meine gnädige Frau,

Herzlichsten Dank für Ihre freundlichen Zeilen, die mich sehr freuten, denn wenngleich ich jetzt öfter das Glück habe, Sie zu sehen und zu sprechen, so war ich doch entzückt, Ihre liebe Schrift wieder einmal zu sehen. Ich bin désperat, daß der unterdrückte Satz, der mich, nebenbei gesagt, gewiß sehr erfreut hätte, Ihnen so viele Sorge gemacht hat, Ihnen aber zugleich sehr dankbar, daß Sie sich dieses Druckes durch Ihren mir so werthen Brief entledigt haben. Übrigens sollten Sie mich doch schon genug kennen, um zu wissen, daß ich weder mißtrauisch, noch so leicht zu kränken bin, wie der dicke Springer[1] und daß Sie daher mir gegenüber nicht so ängstlich zu sein brauchen. Die Aussicht, daß Sie am 9. den enormen Muth haben werden, auszusprechen, was Sie mir sagen wollten, macht mich ganz glücklich, denn ich muß Ihnen gestehen, daß ich wirklich neugierig bin und daß ich Gestern im Laufe des Tages noch oft an die Sache gedacht habe. Wie sehr ich mich auf den 9. freue, brauche ich Ihnen nicht zu sagen, denn Sie wissen es.

---

1 Baron Springer, einer der reichen »Kurschatten« der Schratt in Karlsbad

Erlauben Sie, daß ich die Gelegenheit benütze, um Sie um eine Gefälligkeit zu bitten. Ich war nemlich Gestern so ausschließlich mit dem Abschiednehmen von Ihnen beschäftigt, daß ich vergaß unserer kräftigen Ruderin[1] etwas zu geben. Vielleicht hätten Sie die Güte, ihr beiliegende Banknote zukommen zu machen.

Auf hoffentlich frohes Wiedersehen. In treuer Freundschaft Ihr ergebener   Franz Joseph«

                                        »Ischl den 21. August 1887.
Meine gnädige Frau,

In früher Morgenstunde erhielt ich Ihre lieben Zeilen, die mich ebenso freuten, wie das hübsche Geschenk. Für Beides meinen innigsten Dank. Sind auch die Kleeblätter nicht so schön, wie im vorigen Jahre, so werden sie mir doch gewiß Glück bringen.

Den vielen Glück bringenden, mir so theueren Gegenständen, mit welchen Sie mich beschenkt haben, kann ich es wohl zuschreiben, daß das vergangene Jahr gegen manche begründete Erwartung ruhig und friedlich abgelaufen ist und so hoffe ich, daß diese Talismane, nebst Ihrem Gebete, uns auch im kommenden Jahre, trotz der Unternehmungen Ihres bulgarischen Freundes,[2] vor Krieg und Unglück bewahren werden. Die hübschen ›Vergißmeinnicht‹ oder dem Bouquet, sind eine freundliche Erinnerung, doch dieser Aufforderung bedarf es bei mir nicht, denn meine Gedanken sind ja immer mit Ihnen beschäftigt.

Ich bin désperat, daß bei dem Bracelet doch Nadeln und gleich drei waren und mache mir die größten Vorwürfe, daß ich nicht genauer nachgeschaut habe und dadurch Schuld an der Zerfleischung Ihrer lieben Hände bin. Ich begreife gar nicht, wo diese Nadeln steckten und zu was sie eigentlich bestimmt sind. Hoffentlich ist durch das

---

1 Die Tochter des Schiffsmeisters von Ried/St. Wolfgang, Anna Mayerhofer

2 Der 26jährige Prinz Ferdinand von Sachsen-Coburg (aus dem in Wien ansässigen katholischen Zweig des Hauses) hatte am 7. Juli 1887 unter dem Hohngelächter Europas die Würde eines Fürsten von Bulgarien angenommen. So gut wie niemand (außer seiner energischen Mutter Clementine) traute dem jungen Mann zu, die seit Jahren schwelende bulgarische Krise lösen zu können. Ferdinand war und blieb ein glühender Verehrer Katharina Schratts.

Blut, das Sie vergossen haben, jede Besorgniß beseitigt und es findet mein Geschenk wieder Gnade vor Ihren Augen.

Ich war glücklich, Sie Heute in der Kirche zu sehen und nur betrübt, daß der letzte Abschied vor derselben, ein stummer sein mußte. Auf diese Zeilen bitte ich mir nicht zu antworten, denn bis mein Bote zurückkommt, bin ich und sind meine Leute kaum mehr hier in der Villa und es könnte Ihr Schreiben in falsche Hände gerathen. Sollten Sie Lust haben, mir während meiner Abwesenheit von Wien zu schreiben, so bitte ich den Brief nur in der Burg einem meiner zurückbleibenden Kammerdiener übergeben zu lassen, der mir denselben dann nachschicken wird. Ich bin sehr glücklich, daß Ihnen unsere vorgestrige naße Promenade nicht geschadet hat, möchte Ihnen aber meine dringende Bitte ans Herz legen, im kommenden Winter bei schlechtem Wetter ja nicht in die 7 Uhr Messe zu kommen, denn das muß Ihnen endlich doch einmal schaden. Denken Sie an Toni, dem Sie Ihre Gesundheit zu erhalten verpflichtet sind und, wenn ich es sagen darf, denken Sie an meine Angst, wenn Sie krank würden. Ich schliesse dieses Schreiben, indem ich der Hoffnung Ausdruck gebe, Sie im Winter im stillen Schönbrunner Garten wieder sprechen zu können. Bis dahin leben Sie recht wohl und glücklich. Gott sei mit Ihnen und denken Sie manchmal freundlich an Ihren in aufrichtiger Freundschaft ergebenen

Franz Joseph«

»Schönbrunn, den 30. August 1887

... Es sind nicht viel mehr als 8 Tage, daß ich Sie nicht gesehen habe und doch scheint diese Zeit mir eine Ewigkeit, so gewöhnt man sich an das Glück. Beiliegend schicke ich Ihnen ein Programm meiner Manöver Reisen, damit Sie, wenn es Sie interessiren sollte, immer wissen können, wo ich bin...«   (B)

»Töke Terebes den 13. Septbr. 1887.

Meine gnädige Frau,

Aus dem Orte, den Sie so schwer auf der Karte finden konnten und wo ich beim früheren Minister Grafen Andrássy ganz vortrefflich und was die Hauptsache ist, kühl untergebracht bin, richte ich in Eile, vor dem heutigen Manöver diese Zeilen an Sie, um Ihnen für Ihren lieben, interessanten und unterhaltenden Brief vom 8. innigst zu danken. Über Ihre Beschreibung der romantischen Idee der Frau Bauer im Selbstmörder Park, ihr prosaisches Niesen und die tapferen Entschlüsse, die Sie dann Beide faßten, lachte ich sehr.[1] Es freut mich, daß meine Reise Ihnen die Gelegenheit zur Erweiterung Ihrer Kenntniße der Geographie unserer Monarchie gibt. Daß Sie auch ein Gutachten in landwirtschaftlichen Fragen zu geben verstehen, hätte ich kaum gedacht, jedenfalls hatten Sie Gelegenheit eine schöne Landparthie zu machen, was für Ihre Gesundheit nützlich ist und Ihr Urtheil, daß die Pachtung nicht günstig ist, ist gewiß das richtige, denn in solchen Sachen kann man nicht vorsichtig genug sein.

Was Sie über die Familie meines Hausherrn in Laschkau gehört haben, ist nur theilweise richtig. Der Herr war nicht im Frack, sondern in Husaren Uniform, da er Reserve Offizier ist, die Frau war wirklich roth angezogen, aber ich glaube nicht, daß es ein Schlafrock war, der Sohn, der viel kleiner wie Ihr Toni ist, war richtig im Parforce-Jagd Costüme, rother Frack, weiße enge Hosen, hohe Stiefel und einen Cylinder, der so groß war, wie der ganze Bub. Was dieser Anzug bedeuten sollte, ist mir nicht klar geworden.

Was Sie mir vom Burgtheater schreiben, freut mich sehr. Wenn Sie nur zufrieden sind, das ist mir die Hauptsache und doch konnte ich so wenig dazu wirken. Da hat ein Minister schon mehr Einfluß, denn wie ich in der Zeitung lese, ist Frau Albrecht engagirt.[2] Sie spielt zwar sehr gut, aber ich hätte gedacht, daß für ihr Rollenfach bereits genug Kräfte vorhanden sind. Heute spielen Sie wieder im Hüttenbesitzer

---

1 Laut eigenhändigem Konzept hatte die Schratt geschrieben: »Vor einigen Tagen waren wir im Selbstmörder-Park. Es fing an sehr dunkel zu werden und Frau Bauer äußerte den kühnen Wunsch in einer Hängematte dort zu übernachten. – Plötzlich kriegte sie das Niesen – in der Entfernung antwortete als Echo eine Männerstimme und – aus war es mit dem Muth – wir flohen und während der Flucht beschloßen wir, falls man uns anpackt, *alles* herzugeben, was wir bei uns haben; nur uns selbst wollten wir geschont wißen. Trotz der Angst lachten wir aber fortwährend. Sonst habe ich nicht viel erlebt.«

2 s. S. 71

und da werde ich in Gedanken im Burgtheater sein. Wann werde ich Sie wieder wirklich spielen sehen? und wann wieder mit Ihnen sprechen können? In der Zeitung las ich, daß die ›Goldfische‹ schon am 21. gegeben werden. Wenn sich das Stück nur am Repertoire erhält, damit ich Sie in demselben sehen kann, wenn ich endlich einmal wieder in Wien sein werde.[1]

Mir geht es, unberufen, sehr gut und die Strapazen schlagen mir vortrefflich an. Im Schloß Ujvár bei Csákathurn war es schon weniger heiß, wie in Neutra und ich war dort bei dem zweiten Bruder des Grafen Tassilo Festetics sehr angenehm bewohnt. Die Manöver der Cavallerie Division waren gelungen nur war am ersten Tage der Staub so enorm, daß man mitunter von Regimentern gar nichts sah. In der Nacht darauf kam ein Gewitter mit Regen, so daß es am zweiten Übungstage kaum mehr staubte. Hier hat es am Tage vor meiner Ankunft sehr stark geregnet, so daß die Luft bei reinem Himmel abgekühlt ist und wir Gestern früh nur 6° und Heute 9° hatten, auch staubt es gar nicht. Gestern war das erste Manöver des hier vereinigten 6. Corps, das besonders schön ausfiel und Morgen nach dem 3. Manöver reise ich nach Déva dem von Wien entferntesten Orte meiner Reise.

Haben Sie etwas von Ihrem bulgarischen Freunde[2] gehört und hat er noch immer Ihren Ring? Er scheint sich übrigens besser zu bewähren, als ich ihm je zugetraut hätte. Mit der Bitte, die schlechte Schrift dieses Briefes mit der großen Eile zu entschuldigen, mit herzlichen Grüßen für Toni, der ja bald bei Ihnen sein muß und mit der Versicherung treuester Freundschaft Ihr aufrichtig ergebener

Franz Joseph«

Trotz aller Verehrung aber wehrte der Kaiser energisch alle Versuche Katharina Schratts ab, ihn auf Reisen zu treffen, schon gar nicht in seinem steirischen Jagdrevier in Mürzsteg:

1 Das Lustspiel von Franz von Schönthan hatte am 21. September 1887 Premiere.
2 Dazu am 20. September 1887: »Daß Sie den Bulgaren so lange auf Antwort warten lassen, mir aber immer so fleißig schreiben, macht mich ganz stolz.«

K. K. Hof- 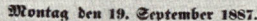 Burgtheater.

Montag den 19. September 1887.

Ein Glas Wasser

Lustspiel in fünf Aufzügen von Scribe.

Anna, Königin von England	Fr. Schratt.
Herzogin von Marlborough	Fr. Gabillon.
Henry Saint John, Vicomte von Bolingbroke	Hr. Sonnenthal.
Masham, Fähndrich im Garderegiment	Hr. Devrient.
Abigail, eine Verwandte der Herzogin	Frl. Hohenfels.
Marquis von Torcy, Gesandter Ludwigs XIV.	Hr. Arnau.
Lady Albermale	Fr. Wagner.
Ein Mitglied des Parlaments	Hr. Altmann.
Thomson, Thürsteher der Königin	Hr. Bayer.
Ein Beamter des Palastes	Hr. Fiala.

Damen, Herren, Gefolge der Königin, Diener.

Unpäßlich: Herr Baumeister. Frl. Walbeck.

Dinstag 20. **Was ihr wollt.** Mittwoch 21. Zum ersten Male: **Goldfische.**

Donnerstag 22. **Goldfische.** Samstag 24. **Goldfische.**
Freitag 23. **Haus Fourchambault.** Sonntag 25. **Götz von Berlichingen.**
Montag 26. **Der Probepfeil.**

Preise der Plätze:

Eine Loge Parterre 1. und 2. Rang	fl. 15.—	Ein Sitz im Parterre	fl. 2.—
Ein Logensitz Parquet, 1. und 2. Rang	„ 3.50	Ein Sitz im 3. Stock 1. Reihe	„ 2.—
Eine Loge im 3. Rang	„ 12.—	Ein Sitz im 3. Stock 2. Reihe	1.50
Ein Logensitz 3. Rang	„ 2.50	Ein Sitz im 4. Stock	„ 1.—
Ein Sitz in der Fremdenloge	„ 2.50	Ein numerirter Sitz im 4. Stock	„ —.70
Ein Sitz im Parquet 1. bis 4. Reihe	„ 4.—	Eintritt in das Parterre (nur Herren gestattet)	„ 1.—
Ein Sitz im Parquet 5. bis 9. Reihe	„ 3.50	Eintritt in den 3. Stock	„ —.60
Ein Sitz im Parquet 10. bis 15. Reihe	„ 3.—	Eintritt in den 4. Stock	„ —.40

Zu jeder im Wochenrepertoire angekündigten Vorstellung erfolgt zwei Tage vorher die Ausgabe der Stammsitze und Tage vorher der allgemein Vorverkauf der restirenden Sitze und zwar gegen Entrichtung einer Vorkaufsgebühr von je 50 Kreuzern für Sperrsitze und Logensitze und von je 30 Kreuzern für numerirte Sitze.

Die Tageskassa ist von 9 Uhr Früh bis 5 Uhr Abends geöffnet.

Kassa-Eröffnung 6 Uhr. Anfang 7 Uhr. Ende vor 10 Uhr.

K. t. Hoftheater-Dru...

»Mürzsteg den 5. Oktober 1887.

Meine gnädige Frau,

In Eile nur wenige Zeilen, um Sie zu bitten, nicht nach Eisenerz zu kommen, auch wenn Sie einen Urlaub bekommen sollten, was Sie übrigens selbst nicht für möglich halten. Die Herrn meiner Begleitung kennen Sie, auch wird es wohl in Eisenerz Preßjuden geben, um über die Jagden etc. zu berichten. Man wird sagen, daß Sie mir nachgereist sind und da gibt es einen Mord Tratsch. Auch wäre es mir sehr schmerzlich, so nahe von Ihnen zu sein und Sie nicht sprechen zu können. Verzeihen Sie diese Bemerkung und seien Sie mir nicht böse.

Innigsten Dank für den Glücks Klee und für Ihren lieben Brief. Ich werde denselben ordentlich und ausführlich beantworten, sobald ich mehr Zeit habe. Leben Sie recht wohl und seien Sie versichert von der Anhänglichkeit Ihres in Freundschaft ergebenen

Franz Joseph

Heute Abend werde ich an die Claire denken.«

Weiterhin unterstützte die Kaiserin die Beziehung ihres Mannes zu Katharina Schratt. Am Katharinentag, dem 19. November 1887, schrieb Franz Joseph aus Gödöllö an die Freundin: »...An diesem Tage speiste ich mit der Kaiserin und Valérie allein und war sehr erstaunt Champagnergläser auf dem Tische zu sehen, da wir uns gewöhnlich den Luxus dieses Weines nicht gönnen. Die Kaiserin klärte mich auf, daß sie den Champagner bestellt habe, damit wir auf Ihr Wohl trinken können, was denn auch in der herzlichsten Weise geschah. Das war eine gelungene und hübsche Überraschung...« (B).

Zur Jahreswende wurden Geschenke ausgetauscht. Im Gegenzug zu den Juwelen, die sie vom Kaiser bekam, schenkte die Schratt bescheidene Glücksbringer für die kaiserliche Familie, besonders Blumen, für den Kaiser einen Schutzengelanhänger für die Uhrkette, ein Zigarrenetui mit einem Edelweiß, ein Tintenfaß und ähnliche Kleinigkeiten, versicherte auch stets, für die kaiserliche Familie zu beten. Franz Joseph zu Silvester 1887: »...Ihr Gebet wird *gewiß*, die verschiedenen mehr oder weniger abergläubischen Mittel, die Sie mir weihen und die mich als Beweis Ihrer Freundschaft beglücken, werden *vielleicht* dazu beitragen, uns ein ruhiges, friedliches Jahr zu erhalten, in dem es mir vergönnt sein möge, Sie recht oft zu sehen und zu sprechen...« (B).

Auch die 19jährige Erzherzogin Marie Valerie wußte, wie sie dem Vater eine Freude machen konnte. Franz Joseph am 6. Januar 1888: »...Valérie hat mir nachträglich als Weihnachtsgeschenk Ihre neueste Photographie gegeben, die sehr ähnlich ist und mich natürlich sehr gefreut hat. Sie sind genau in dem Anzuge dargestellt, den Sie an hatten, als ich Sie das letzte Mal am 1. Jänner über den Burgplatz gehen sah, nemlich der bekannte Pelzmantel und ein hoher Hut mit Federn...«

Zu Beginn des Jahres 1888 erkrankte der Schratt-Sohn Toni an Keuchhusten, was Kaiser wie Kaiserin zu großer Anteilnahme bewegte. Franz Joseph am 6. Januar: »...Als ich Gestern Früh vor 6 Uhr die Kaiserin begrüßte, übergab sie mir gleich Ihr Telegramm an Frau von Ferenczy, das mich sehr beruhigte. Die Anfrage der Kaiserin bei Ihnen freute mich sehr und bewies mir neuerlich ihr gutes Herz und ihre Liebe zu mir...«

Die Kaiserin war allerdings auch wegen der Ansteckungsgefahr besorgt, und die Schratt mußte nun jeden Kontakt mit dem Kaiser meiden. Franz Joseph am 11. Januar 1888: »...Wegen Valérie muß ich die strengen ärztlichen Vorschriften einhalten, denn ich persönlich würde mich nicht abhalten lassen, mit Ihnen zusammen zu kommen, um so mehr, als ich mich vor Ansteckung gar nicht fürchte...« Da die Schratt auch nicht am Burgtheater auftreten durfte, berichtete ihr der Kaiser ausführlich, was es dort Neues gab: »...Als ich Frln Tondeur auf dem Theaterzettel in Ihrer Rolle las, war ich eigentlich bei dem Gedanken beleidigt, daß sie im Stande sein solle, Sie zu ersetzen und erst bei der Vorstellung beruhigte ich mich, als ich sah, daß Sie an der Rolle nicht viel verloren haben. Nur wunderschön ausgesehen hätten Sie in dem Costume. Ueberhaupt war die Vorstellung hauptsächlich durch die prächtigen, historisch treuen Costume und Dekorationen glänzend und gespielt wurde im Ganzen sehr gut. Frau Albrecht und Robert waren vortrefflich, erstere sah in den schönen Costumen sehr gut aus und Sie wären mit ihr zufrieden gewesen, denn sie sah nicht ein einziges Mal in unsere

Loge herauf. Rührend war es zu sehen, mit welcher Andacht Gemahl und Courmacher sie bewunderten und eine Zeit lang saßen Beide sogar vereint in der Intendanten Loge.[1] Unsere theuere Freundin Hohenfels spielte, wie gewöhnlich, vortrefflich, sah jugendlicher und hübscher aus wie sonst und sang eine Romance ganz entsetzlich. Die Stücke sind beim Fürsten Hohenlohe[2] in Ungnade gefallen und scheinen vom Repertoire abgesetzt zu werden, was nach meiner Ansicht eine zu strenge Behandlung ist. Neulich war ich auch in ›Unsere Freunde‹,[3] welches Stück ich schon so lange nicht gesehen hatte, daß ich mich an dasselbe gar nicht mehr erinnerte. Die Vorstellung war eine ›schlampete‹ und ich war eigentlich wegen dem Nimbus in dieselbe gegangen. Sonst war ich gar nicht im Theater, denn wie Sie wohl denken können, übt das jetzige Repertoire keine Anziehungskraft auf mich aus. Hoffentlich wird das bald anders werden!...« (B)

Daß die Freundin ihm wegen der Ansteckungsgefahr nicht einmal Briefe schreiben durfte, betrübte den Kaiser sehr. Wien, den 15. Januar 1888: »...Es ist mir so schrecklich, so wenig von Ihnen zu erfahren und so lange Ihre Briefe missen zu müssen, die mich immer so glücklich machen und deren ich jetzt 40 besitze. Ich habe neulich die letzten drei in die Sammlung einrangirt und numerirt und da bin ich bis 40 gekommen. Wenn Ihre Freundschaft und Güte für mich nicht mit der Zeit erkaltet, so hoffe ich es zu einer ansehnlichen Bibliothek von Briefen zu bringen...«

Um so größer war dann die Freude über das Ende der Quarantäne: Wien, den 20. Januar 1888: »...Wenn ich nicht so alt wäre und nicht den Husten hätte, so könnte ich bei dem Gedanken juchezen, daß ich Sie hoffentlich Morgen wiedersehen werde. Bis zu diesem herrlichen Augenblicke leben Sie wohl und seien Sie überzeugt von der treuen Freundschaft Ihres ergebenen   Franz Joseph«

---

1 Hermine Albrecht war im Vorjahr durch Intervention ihres »Courmachers«, des Handelsministers Marquis von Bacquehem, ans Burgtheater engagiert worden und zwar für dasselbe Fach wie die Schratt. Sie stellte also eine direkte Konkurrenz dar.

2 Obersthofmeister Fürst Konstantin Hohenlohe-Schillingsfürst

3 »Unsere Freunde« von Max Ring

Meine gnädige Frau,

Es ist wieder so lange her seit wir unsere nächste Schönbrunner Promenade besprochen haben, daß ich zur größeren Sicherheit diese Zeilen an Sie richte, um zu melden, daß ich, wenn Sie mir nichts anderes wissen lassen, Morgen um ½1 Uhr auf dem Parterre sein werde. Ich habe zwar Skrupeln, daß Ihnen der Spaziergang zu viel werden könnte, da Sie morgen Abend spielen und wollte Ihnen bereits schreiben, ob Ihnen ein anderer Tag nicht lieber wäre, dann dachte ich aber, daß Sie wohl jetzt täglich Proben von Galeotto[1] haben und so schwieg ich.

Die Zeit seit vorigem Samstag ist mir recht lang geworden und ich freue mich unendlich auf Morgen.

Das Repertoire des Burgtheaters war auch nicht für mich gemacht und den einzigen Abend, an dem Sie spielten, mußte ich am Balle zubringen, meine Gedanken waren aber im Veilchenfresser[2]. Im Hüttenbesitzer war ich, um zu sehen, wie man die Claire nicht spielen soll und doch einen großen Applaus erhalten kann, eigentlich aber, weil ich die stille Hoffnung hatte, daß Sie Sich vielleicht einmal Ihre Glanzrolle aus dem Parterre ansehen würden. Da ich mich täuschte, ging ich nach dem zweiten Akte weg.

In der Luft war ich seit Samstag nur einmal, nemlich Vorgestern, wo ich bei ziemlicher Hitze mit der Kaiserin im kleinen Garten in Schönbrunn spazieren ging. An den anderen Tagen hatte ich theils keine Zeit, theils war mir das Wetter zu schlecht. Ich benützte indessen meine freien Augenblicke, um Ihre ganze Correspondenz von Anfang an wieder durchzulesen, was für mich die angenehmste Beschäftigung ist, da Ihre lieben Briefe so hübsch geschrieben sind und in ihrer historischen Reihenfolge so schöne Erinnerungen erwekken.

In der freudigen Erwartung baldigen, ersehnten Wiedersehens und mit den herzlichsten Grüßen an Toni, bleibe ich Ihr in treuer Freundschaft ergebener   Franz Joseph«

---

1 Das aus dem Spanischen übersetzte Vers-Drama hatte am 30. Januar 1888 Premiere.
2 Lustspiel von Gustav von Moser, in dem die Schratt die Hauptrolle spielte

Meine gnädige Frau,

Nur wenige Worte, um Ihnen zu sagen, daß Sie in Galeotto wieder sehr gut gespielt haben. Ihre Haltung war vornehm und élégant, alle Bewegungen plastisch schön, die Ohnmacht im 3. Akte bezaubernd. Aber schwer und ermüdend muß die Rolle sein, wie ich das ganze Stück zwar interessant, aber mühsam und trotzdem es eigentlich kurz ist, doch zu gedehnt, besonders im 3. Akte fand. Man hat immer das Gefühl, daß man mithelfen möchte, um die geschraubte und mitunter unnatürlich verwickelte Situation aufzuklären. Die Spitzer[1] hat sich auch ausgezeichnet und ist mit der zweiten Toilette auch noch zu rechter Zeit gekommen, obwohl das etwas riskirt war, denn sie war noch kurz vor Beginn der Vorstellung bei der Kaiserin und ist, wie ich höre, erst dann nach Haus und mit Ihrer Toilette ins Theater gefahren. Mit Dank und Freude hat es mich erfüllt, daß Sie meine kleinen Gaben in so geschmackvoller Weise benützt haben. Da Sie mir erlauben mitunter als Ihr Finanz Minister zu fungiren, so werde ich mir gestatten bei unserer nächsten Begegnung in Schönbrunn wegen Ihrer Toilette einige Fragen, aber erschrecken Sie nicht, durchaus keine Vorwürfe, an Sie zu stellen, welche ich Sie bitten werde mir bestimmt und mit jener Aufrichtigkeit zu beantworten, die zwischen uns bestehen soll und hoffentlich auch besteht...« (B)

»Wien den 2. Febr. 1888.

Meine gnädige Frau,

Heute wirklich nur einige Worte, denn ich habe keine Zeit zum schreiben, um Ihnen für Ihren lieben, guten Brief zu danken und zu melden, daß ich Morgen um ½1 Uhr in Schönbrunn sein werde. Wenn es aber zu kalt wäre, oder Sie zu müde oder nicht ganz wohl wären, so kommen Sie nicht und ich käme dann am Sonntag wieder hinaus.

Ich danke Ihnen auch, daß Sie Gestern am Balle so geschickt manövrirt haben und mir dadurch die große Freude ermöglicht haben, mit Ihnen zu sprechen. Ich war aber in der glänzenden

---

1 Besitzerin des führenden Wiener Modesalons

Gesellschaft so befangen, daß ich gewiß einen rechten Unsinn gesprochen habe. Auszanken muß ich Sie in der Eile auch noch, daß Sie Sich so gar nicht schonen. Zwei Abende angestrengt spielen, alle Tage Proben, weis Gott wie lange auf dem Balle bleiben, dann bereits *vor* 7 Uhr in der Kirche sein, zur Erholung Mittags durch 3 Akte weinen;[1] dann noch ein großes Diner, das hält am Ende Niemand aus.

Verzeihen Sie meine entsetzliche Schrift, aber ich bin sehr gehetzt. Auf Wiedersehen. Ihr ergebener   Franz Joseph«

»Wien den 6. Februar 1888.

Meine gnädige Frau,

Herzlichsten Dank für Ihren lieben Brief, den ich wirklich so keck war Gestern Abend zu erwarten, so wie für die beglückende Aussicht, Sie Morgen sprechen zu dürfen. Ich werde um ½1 Uhr auf dem Parterre sein. Leider ist es ein Abschied für lange Zeit! Meine Neugierde ist auf das höchste gespannt auf das was Sie mir über die Art der Briefe, die ich in Ofen erhoffen kann, sagen werden, so wie auf die gewiß sehr klare Erzählung der Schauergeschichte Ihres Haus Inspectors.

Die Ohnmacht im Galeotto war Gestern wieder reizend und gespielt haben Sie, wo möglich, noch schöner, wie das erste Mal. Auch das Stück gefiel mir Gestern besser. Ich war glücklich, Sie so glänzen zu sehen und bin nur traurig bei dem Gedanken, daß ich diese Freude jetzt so lange entbehren muß und daß ich gerade in der nächsten Zeit, wo Sie viel beschäftig sein werden, nur in Gedanken im Burgtheater sein kann. Die Nixe, der verarmte Edelmann[2] und, wie ich in der Zeitung lese, auch noch ein seliger Paul, wie viel Schönes versäume ich da.

Beiliegend erlaube ich mir die besprochene Summe mit der erneuerten, dringenden Bitte zu senden, mir ja gewiß zu schreiben, wenn dieselbe nicht ausreicht, da Ihnen schreiben vielleicht weniger schwer ist, als reden. Verzeihen Sie mir meinen neulichen sehr mangelhaften

---

1 Die Schratt war in einer Wohltätigkeitsmatinee im Theater an der Wien in Galeotto aufgetreten.
2 Dieses Schauspiel von Octave Feuillet sollte am 16. Februar 1888 Premiere haben.

Vortrag, allein die dauernde Ordnung Ihrer Finanzen liegt mir so sehr am Herzen, daß ich in dieser Frage mitunter unangenehm und zudringlich werde. Sie dürfen keine Schulden haben und was dem sehr nahe kommt, nicht zu lange unbezahlte Rechnungen. Nun denke ich mir, daß die in diesem Winter bereits nothwendig gewesenen, so wie die für die bevorstehenden Rollen noch nothwendigen Toiletten, jene für den Industriellen Ball und jedenfalls eine für Heute Abend eine hübsche Summe ausmachen werden und daß sie schwer auskommen können.

Ich wäre Ihnen daher *von ganzem Herzen dankbar*, wenn Sie mir nach Ofen eine schriftliche Mittheilung machen würden und das Erforderliche stünde Ihnen sogleich zu Diensten. Jetzt werden Sie sich denken: ›Das ist doch ein unausstehlicher Kerl.‹ Dieses Urtheil muß ich über mich ergehen lassen, da ich aber weis, daß Sie mir dennoch gut bleiben, so schliesse ich diese Zeilen doch mit einer gewißen Beruhigung und mit dem freudigen Ruf: auf Wiedersehen Morgen!

In treuer, wenn auch nicht immer angenehmer Freundschaft Ihr aufrichtig ergebener   Franz Joseph«

Kaum in Ungarn eingetroffen, schrieb er am 11. Februar 1888: »Da bin ich schon wieder mit einem Briefe, nur um Ihnen zu sagen, daß ich mich nach Nachrichten von Ihnen sehne.« Und: »Vorgestern Abend hat mich die Kaiserin damit aufgezogen, daß ich statt als König in der hiesigen Burg zu sitzen, lieber Bellac in der Nibelungen Gasse wäre und so ganz unrecht hatte sie nicht...« (Bellac war ein großer, von Franz Joseph auch »Bauernköter« genannter Hund, an dem die Schratt sehr hing.)

Aus dieser gefühlsträchtigen Zeit verwahrte Katharina Schratt das eigenhändige Konzept eines ganz besonderen (auch besonders langen) Briefes, das leider nur in Bruchstücken vorliegt: »Seit Donnerstag früh begleitete ich Euer Majestät in Gedanken nach Ofen. Dort war ich einmal in der Burg und wenn ich nicht irre, so gehen die Fenster Euer Majestät auf die Donau hinaus – ich möchte das aber doch bestimmt wissen sonst sehe ich immer bei falschen Fenstern hinein und das wäre mir sehr schmerzlich.« Sie erzählte von dem neuen Stück »Ein verarmter Edelmann« von Octave Feuillet: »Die Vorstellung wurde bis Donnerstag verschoben, weil die Frau Schratt etwas faul mit dem Lernen war. (Man muß immer gleich die Wahrheit sagen.) Wären Euer Majestät hier gewesen, so hätte ich mir diese Faulheit nicht zu Schulden kommen laßen, so wie ich überhaupt nur glücklich bin, wenn ich Euer Majestät mit meinem Spielen befriedigen kann. Die übrigen Urtheile existiren für mich eigentlich gar nicht.«

Dann plauderte sie, so wie es der Kaiser liebte: »Gestern wurden wir für unsere Neugierde etwas gestraft. – Es hatte sich das Gerücht verbreitet, daß der Musikvereins Saal für das Patroneßen Fest etwas noch nie Dagewesenes biete. Das wollten Frau Bauer und ich sehen. Herr Baltazzi und Udel erboten sich, uns Nachmittags hinzuführen. Abends wollte ich nicht gehen, denn sonst hätte ich die Zeit zum lernen für den ›armen Edelmann‹ verloren. Wir traten alle vier in den Saal, wollten eben bewundern, als eine einschmeichelnde Stimme rief ›Wer hat diese fremden Leute herein gelaßen; ich will das nicht‹ – dann hörten wir leise reden –, gleich darauf kam der Regierungsrath

Zellner auf mich zu und sagte, ob ich nicht Abends kommen könnte: die Fürstin Metternich[1], welche uns so lieb begrüßt hatte, ohne uns zu kennen, habe, als sie hörte, wer wir seien, geäußert, ob denn keiner von uns einen Ballanzug habe um Abends zu erscheinen. Wir wollten uns natürlich sofort entfernen, um auch Abends nicht zu kommen. Aber Fr. Bauer sagte: ›wenn wir schon da sind, so schauen wir uns doch den Saal an‹ – wir gingen also auf die Gallerie, um uns den Blicken der Fürstin zu entziehen – der zu begegnen Keiner den Muth hatte. Baltazzi fürchtete ihren Zorn, Udel mußte sie meiden, da er ihr eine Theater Vorstellung abgesagt hatte und wir Beide vom schwächeren Geschlecht hatten schon gar keine Courage. Es gelang uns auch, uns hinter Brüstung, Säulen etc. auf der Gallerie zu verbergen und so betrachteten wir das wirklich schöne Arrangement und gelangten ohne Fährlichkeiten wieder hinab. Doch siehe da – alle Ausgänge waren verschloßen bis auf den großen Saal an Paulinen vorbei. Großer Kriegsrath! Flucht unmöglich. Sie hat uns von allen Seiten umzingelt. Da auf einmal erscheint ein Verräther in der Person eines Arbeiters.« Und so weiter.

Schließlich das Wichtigste, beim letzten Treffen bereits Angekündigte: »Hier bei diesen Zeilen liegt der ›verbrecherische Brief‹, es ist zwar nicht erlaubt und die Censur würde ihn, wie so vieles was ich an Euer Majestät zu schreiben wage, streichen. Da ich es aber Euer Majestät versprochen habe, so muß ich es halten, selbst wenn es den Kopf kostet. – Wenn Euer Majestät den Verschluß um diese Worte öffnen, bitte ich nochmals um Nachsicht aber auch um Gnade, daß ich nicht ausgelacht werde. Und schließlich weil ich schon beim Bitten bin, so bitte ich auch bald um ein beruhigendes Wort, denn sonst plagen mich Tag und Nacht Skrupeln – Zweifel – Gewißensbiße und wie diese Schreckniße sonst heißen.«

In diesem nicht erhaltenen Brief, von nun an »Gedankenbrief« genannt, klärte Katharina Schratt ihre Beziehung zum Kaiser, offenbarte ihre Gefühle – und stellte auch ihr Verhältnis zum Fürsten

---

1 Der Ball wurde von Fürstin Pauline Metternich organisiert, jener höchst tüchtigen und energischen Dame, die die Wiener »Gesellschaft« dieser Zeit dominierte – und eine Intimfeindin der Kaiserin Elisabeth war.

Ferdinand von Bulgarien klar: Er sei ihr »brüderlicher Freund« – und nicht mehr.

»Ofen den 14. Februar 1888.

Meine gnädige Frau,

Heute Früh erhielt ich zu meiner großen Freude Ihren lieben, guten, langen Brief vom 12. für welchen ich Ihnen wärmstens und innigst danke. Der beigeschlossene Gedanken Brief macht mich unendlich glücklich und wenn ich nicht wüßte, daß Sie mir gegenüber immer wahr sind, könnte ich an den Inhalt desselben kaum glauben, besonders wenn ich in den Spiegel sehe und mein altes, runzliches Gesicht mich aus demselben anblickt. Auf Ihre beiden so hübsch gedachten und geschriebenen Briefe zu antworten, wird mir sehr schwer, denn ich bin im schreiben sehr ungeschickt und kann auch nicht lange nachdenken, da Sie eine baldige Antwort wünschen und es auch mich drängt, meinen Gefühlen Luft zu machen.

Auch diese Zeilen werden einer strengen Censur nicht entsprechen und wenn Sie dieselben verbrennen würden, wäre es gewiß das beste; wenigstens versprechen Sie mir, sie gut zu verwahren, damit nie ein fremdes Auge sie erblicke.

Daß ich Sie anbete wissen Sie gewiß, oder fühlen es wenigstens und dieses Gefühl ist auch bei mir in steter Zunahme seit ich so glücklich bin, Sie zu kennen.

So, jetzt haben wir uns gegenseitig ausgesprochen und das ist vielleicht gut, denn es mußte einmal heraus.

Dabei muß es aber bleiben und unser Verhältniß muß auch künftig das Gleiche sein, wie bisher, wenn es dauern soll und das soll es denn es macht mich ja so glücklich. Sie sagen, daß Sie Sich beherrschen werden, auch ich werde es thun, wenn es mir auch nicht immer leicht wird, denn ich will nichts Unrechtes thun, ich liebe meine Frau und will ihr Vertrauen und ihre Freundschaft für Sie nicht mißbrauchen. Da ich für einen *brüderlichen Freund* zu alt bin, so erlauben Sie, daß ich Ihr väterlicher Freund bleibe und behandeln Sie mich mit derselben Güte und Unbefangenheit wie bisher. Ihren Gedanken Brief werde ich als theueres Kleinod und als Beweis Ihrer Liebe aufbewahren, bewahren Sie mir den Platz, den ich in Ihrem vergrößerten Herzen einnehme. Besten Dank für mein Avancement zum *Ober*

Engel; ich werde trachten, mich dieser neuen Würde würdig zu zeigen. Auch für Ihr Gebet am vorigen Sonntage meinen innigsten Dank.

Gestern waren es 8 Tage, daß ich Sie nicht gesehen habe, die Zeit scheint mir eine Ewigkeit aber an unsere letzte Promenade denke ich mit Freude zurück und bin glücklich, daß Sie Ihnen nicht geschadet hat. Daß Frau Schratt auch faul sein kann, war mir neu und ist mir die Nachsicht, die man für Sie hat, ein erfreulicher Beweis Ihrer guten Stellung am Theater. Übrigens sind Sie jetzt so angestrengt, daß etwas Bequemlichkeit ganz natürlich ist. In der Zeitung las ich wieder von einer neuen Rolle in einem kleinen Stücke: ›Eine Lektion‹[1].

Ihre so hübsche Beschreibung des Eindringens in den Musikvereins Saal hat mich sehr unterhalten. Ich bin neugierig zu hören, ob Sie nicht noch Heute auch ohne Frau Bauer auf die Redoute gegangen sind. Hätte ich nicht den Gedanken Brief in Händen, könnte ich eifersüchtig sein, nun aber braucht mich die Eifersucht nicht mehr zu plagen, das ist auch ein Vortheil dieses Briefes. Sie wollen wissen, wohin meine Fenster hier gehen. Mein Schreibzimmer ist ein Eckzimmer und ich sitze zwischen zwei Fenstern, wovon das vor meinem Schreibtische liegende, die Aussicht auf das Ofner Gebirge hat, während das links von mir befindliche, so wie das Fenster meines anstoßenden Schlafzimmers die Aussicht auf den Blocksberg, die Donau und einen Theil von Pest bietet. Vor meinen Augen geht eben jetzt die Sonne hinter dem Gebirge unter, während ich morgens durch das andere Fenster den Sonnenaufgang auf der Ebene des Rákos sehen kann, daher Überfluß an Licht und Sonne. Der Hofball am Sonntag war der brillanteste und besuchteste, den ich hier noch sah, Hitze dem entsprechend. Während ich dem Tanze zusah, flogen meine Gedanken zu Ihnen, wo sie überhaupt viel öfter sind, als es meine Zeit und meine Geschäfte eigentlich erlauben würden. Gestern habe ich in Gödöllö ein starkes Wildschwein erlegt. Das Wetter war sehr schön und zum ersten Male trat Thauwetter ein, welches auch Heute andauert. Bei dem massenhaften Schnee war aber die Bahn zur Schlittenfahrt vom Bahnhofe bis ins Jagdrevier noch vortrefflich. Die

---

1 Dieses einaktige Lustspiel von Girolamo Rovetta hatte am 27. Februar 1888 Premiere.

gute Luft that mir sehr wohl. Heute ist der costumirte Ball bei uns bereits um 6 Uhr, da wegen des Aschermittwoches um 12 Uhr mit dem Tanze aufgehört werden muß. Ich bin neugierig, wie die jungen Damen aussehen werden. Im Ganzen gibt es hier sehr wenige hübsche, dagegen besonders viele auffallend häßliche Damen. Ihren Ehren Rabbiner[1] werde ich Übermorgen besonders freundlich empfangen, ob aber sein Gesuch Erfolg haben kann, ist eine andere Frage, denn da muß ich doch erst genau wissen, ob sein Sohn wirklich so unschuldig ist, wie es Ihnen dargestellt wurde und wie es in dem Papiere steht, das ich Ihnen wegnahm. Toni, den ich bestens grüße, muß als Pierrot charmant ausgesehen haben. Daß er auf den Ball durfte, ist mir der sicherste Beweis, daß es ihm ganz gut geht.

Nun muß ich schliessen mit der Bitte, daß Sie mir wegen meiner Sprache nicht böse seien. *Ich bete Sie an,* das darf ich aber künftig nicht mehr sagen, heraus ist es aber doch und nun bitte ich, daß Sie mich auch künftig, wie bisher gern behalten und mich als Ihren treuesten Freund betrachten. Ihr treu ergebener   Franz Joseph«

Katharina Schratt antwortete am 16. Februar: »Bitte um Verzeihung, wenn dieser Brief nicht so ausfällt, wie ich es gerne möchte. Aber ich muß mich leider sehr eilen. Gestern Nachmittag und auch Abends war ich fortwährend belagert, so daß ich keine halbe Stunde allein sein konnte; sonst hätte ich mit einer Antwort nicht gezögert. Nun komme ich eben aus der zweiten Probe vom ›verarmten Edelmann‹ – heute Abend ist die Vorstellung, welcher ich natürlich, wie gewöhnlich, mit großer Aufregung entgegensehe. – Wenn Euer Majestät hier und im Theater anwesend sind, wenn ich eine Rolle das erste Mal spiele, dann ist es etwas besser mit der Angst, denn da habe ich oft während des Spielens das Gefühl, als könne mir nichts geschehen. – Diesen Abend wird es aber nicht so sein. – Daß mich der gestrige Brief Euerer Majestät namenlos glücklich gemacht hat, ist selbstverständlich und doch muß ich ehrlicher Weise gestehen, daß dieses Glück kein ganz ungetrübtes gewesen ist. Ich mache mir Vorwürfe wegen des verschloßenen Briefes, der doch wie ich befürchten muß

---

1 s. S. 82

besser ungeschrieben geblieben wäre. Nicht etwa als ob ich von dem, was ich gesagt, etwas zurücknehmen wollte, gewiß nicht, denn eine solche Zurücknahme würde nicht der Wahrheit entsprechen. Aber ich habe eine heillose Angst, daß Euer Majestät aus meinem Briefe doch etwas Anderes als den Ausdruck meiner Empfindungen heraus- gelesen haben könnten, und daß ich am Ende vor den Augen Euerer Majestät als wirkliche ›Verführerin‹ erscheine. – Diese Furcht läßt mich nicht zur Ruhe kommen und es ist auch der Grund warum ich Euer Majestät in diesen Zeilen wieder mit dem Thema sekiren muß. – Ich bin langweilig – ich weiß es... Aber ich bitte Euer Majestät flehentlich, sich durch meinen Gedankenbrief nicht zu einer unrichti- gen Vorstellung von meinen Wünschen verleiten zu lassen. – Wahr ist nur die Empfindung, welche mir den Brief dictirt hat, aber ich werde das Glück, welches das Schreiben Eurer Majestät mir bereitet hat, erst dann voll und ganz genießen können, wenn ich weiß, daß Euer Majestät mir gewiß nicht böse sind. Mein ganzes Sinnen und Trachten gipfelt ja nur in dem Einen Wunsch, daß Euer Majestät mir immer gewogen bleiben mögen«.

»Ofen den 18. Februar 1888.

Meine gnädige Frau,

Gestern Nachmittag von einem in jagdlicher Beziehung gänzlich erfolgreichen Ausfluge nach Gödöllö zurückkehrend, fand ich zu meiner großen Freude Ihren lieben Brief vom 16. Wenn ich gleich eine leise Hoffnung hegte schon Gestern wieder ein Schreiben von Ihnen zu erhalten, so rechnete ich doch kaum darauf, daß mir bei Ihren vielen Beschäftigungen der letzten Tage und bei dem Lampen- fieber vor dem verarmten Edelmann, dieses Glück so bald zu Theil werden würde.

Ich danke Ihnen daher ganz besonders innig, daß Sie sich nach der langen Probe und vor der anstrengenden Vorstellung, statt zu ruhen und langsam zu essen, die Zeit genommen haben, mir zu schreiben. Warum Sie sich aber noch immer vor einer neuen Rolle fürchten ist mir nicht recht klar, denn Sie haben, weis Gott, keine Ursache dazu.

Daß ich übrigens Vorgestern Abend, wie eigentlich immer, viel an Sie dachte, können Sie Sich denken. Und Skrupeln machen Sie Sich auch wieder und haben eine *heillose* Angst, daß ich Sie als Verführerin ansehen und Ihnen böse sein könnte. Letzteres ist nie möglich und was ersteres anbelangt, so sind Sie allerdings so schön und so lieb und gut, daß Sie mir gefährlich werden könnten, allein ich werde immer stark bleiben und seitdem ich Ihren Gedanken Brief besitze und Ihre Gefühle kenne, bin ich ebenso glücklich, als beruhigt. Klarheit ist immer das beste und wenn es vielleicht auch nicht ganz korrekt ist, so ist es doch gut so und dann bin ich auch jetzt von der dummen Eifersucht bewahrt, die mich oft plagte. Sie dürfen Ihren Gedanken Brief nicht bereuen, denn er hat mich unendlich glücklich gemacht und ich habe in demselben nur Ihre guten, lieben Gefühle und sonst nichts anderes gefunden. Jetzt werden Sie hoffentlich beruhigt sein, schreiben Sie mir aber zu *meiner Beruhigung,* ob Sie es sind.

Wenn Sie gerade viel Zeit haben und es Sie nicht langweilt, so würden Sie mich durch die Erzählung der Handlung des neuen Stückes ›Eine Lektion‹ sehr erfreuen, um so mehr da ich leider gar nicht weis, wann ich Sie in dieser Rolle werde bewundern können, denn die Zeitungs Notiz meiner Fahrt nach Wien ist nicht begründet und vor der Hand weis ich nicht, ob und wann sich vor Beendigung unseres hiesigen Aufenthaltes ein Anlaß zu einer solchen ergeben wird. Daß ich mich unendlich danach sehne Sie wieder zu sehen, brauche ich Ihnen wohl nicht zu sagen.

Vorgestern, wo ich über 100 Audienzen hatte, war richtig Ihr Rabbiner auch da, begleitet von seinem Sohne, der ganz gut deutsch spricht. Besonders ehrwürdig und vertrauenerweckend fand ich den Alten eben nicht aussehend. Das wird ihm aber nicht schaden, denn ich habe mir, wie immer in ähnlichen Fällen, über die Angelegenheit einen Bericht erstatten lassen und werde nach Einlangen desselben nach Gerechtigkeit entscheiden.[1]

---

1 Dazu am 30. April 1888: »Die Angelegenheit Ihres Ehren-Rabiners ist mir vor einigen Tagen in einem langen, sehr erschöpfenden Vortrage vorgelegen und ich habe sie genau studirt. Ich mußte mich leider überzeugen, daß die beiden Söhne ihres Protegés so große Gauner sind, daß eine Begnadigung derselben unmöglich ist. Ich bedauere sehr, daß ich nicht anders entscheiden konnte und hoffe, daß Sie mir deßhalb nicht böse sind.«

Der costumirte Ball am Faschingdinstag war sehr animirt und einige Costume waren recht hübsch. Valérie war in Rokoko mit gepuderten Haaren, zu deren Reinigung sie zwei Tage mit gründlichem Kopfwaschen brauchte. Stéphanie sah in Toilette aus dem Anfange dieses Jahrhunderts sehr gut aus. Gestern bin ich, wie gesagt, 7 Uhr Früh nach Gödöllö gefahren, wo Schlittenbahn und ziemlich warme Luft recht angenehm waren, wir aber gar kein Wildschwein antrafen.

Heute schneit es den ganzen Tag und ist recht melancholisch; wie heiter wäre dieser Schneefall zu einer Schönbrunner Promenade und wenn der Berg zum Tiroler Garten wieder glatt wäre, dürfte ich Sie vielleicht am Arme führen! Bis ich so glücklich bin Sie wieder zu sehen, ist vielleicht schon Frühling und bis dahin sind Ihre lieben Briefe mein Trost und meine Freude. Wie oft ich den *gefährlichen Brief* schon gelesen habe, weis ich gar nicht. Mit der Bitte, daß Sie auch diesen meinen Brief zu dem Letzten *extra* verschliessen möchten und mit der Versicherung treuester Freundschaft, bleibe ich Ihr aufrichtig ergebener   Franz Joseph

Wie ist denn die Vorstellung des verarmten Edelmann ausgefallen und wie waren Sie mit Sich zufrieden? Haben Sie vom brüderlichen Freunde nichts mehr gehört? Ich verfalle wieder in meine üble Gewohnheit des Fragens; darin bin ich unverbesserlich. Ich bitte um Verzeihung und nicht böse zu sein und nun wirklich Adieu.«

Der Brief aus Ofen, den 23. Februar 1888, läßt auf den Inhalt des vorhergehenden (verlorenen) Schratt-Briefes schließen: »... Wie kann ich Ihnen genug danken, daß Sie Sich die Mühe gegeben haben, die Vorstellung des ›verarmten Edelmann‹ und das Sujet des neuen Stückes so genau zu beschreiben. Ich konnte mich lebhaft ins liebe Burgtheater denken und bedauerte von Neuem unendlich, daß ich der Vorstellung nicht beiwohnen konnte. Besonders schön muß der Moment gewesen sein, als Sie Ihren Hut auf die nicht vorhandene Rasenbank stellten. Ich wußte nicht, daß Sie Sich Frau Albrecht im Schnüren zum Muster nehmen, aber das Malheur mit der platzenden Taille läßt darauf schliessen. Hoffentlich bekomme ich dieses Stück noch zu sehen, nur wird es bis dahin eine solche Musterleistung sein, daß leider keine amusanten Zwischenfälle mehr vorkommen werden. Die Beschreibung der ›Lektion‹ ist diesmal so *vollkommen klar* und dabei so hübsch ausgefallen, daß ich, wenn ich so glücklich sein werde Sie in dem Stücke zu bewundern, ich das Sujet desselben bereits auswendig wissen werde. Aber schwer und anstrengend muß es sein, so einen ganzen Akt unausgesetzt sprechen zu müssen und dann bin ich nicht ganz sicher, ob Devrient auf der Höhe der Situation sein wird ...«

Die Geschäfte in Ungarn verlängerten den kaiserlichen Aufenthalt in der Ofner Burg, und Franz Josephs Briefe an »Meine gnädige Frau« wurden immer ausführlicher. Jener vom 28. Februar 1888 zum Beispiel hatte acht Seiten, darunter: »... Der Parfum Tropfen in Ihrem Gestern erhaltenen Briefe verbreitete einen köstlichen Duft, den ich mit Entzücken aufsog.

Ich bin déspérat, daß die Photographien Ihnen eine Enttäuschung bereiteten, aber leider kann ich keine neueren Bilder von mir zu Füßen legen, denn es gibt keine und zum Photographen zu gehen entschliesse ich mich so schwer, da es sehr langweilig ist und da man, wenn man in die Hände eines solchen Menschen fallt, nie auskommt, ehe nicht eine ganze Menge Aufnahmen gemacht sind. Aber amusirt haben Sie die Bilder des brüderlichen Freundes doch und Ihre Bemerkungen machten mich sehr lachen. Etwas gekränkt war ich über Ihre Besorgniß wegen der Theater in Pest. Sie können es doch nicht im Ernste glauben, daß ich mich dort besser unterhalten könnte und wissen ja, daß ich immer und *immer nur* an Sie denke ...

Ich tröste mich jetzt damit, daß ich Ihren lieben Gedanken Brief sehr oft und die anderen Briefe, welche Sie mir seit meiner Abreise von Wien schrieben, oft lese und zwar immer mit der gleichen Befriedigung.« Bei der Jagd »könnten Sie mich in Gedanken begleiten, denn ich glaube, daß Sie mir gewiß eher Glück, als Unglück bringen. Jedenfalls begleitet mich Ihr kleiner Engel an der Uhr und Ihr Cigarren Etui mit dem Edelweis.

Diese Zeilen sollen also wirklich das Glück geniessen meinen letzten Brief als Unterlage unter Ihrem Kopfkissen abzulösen! Ich bin tief gerührt von diesem Beweise Ihrer, um mich erlaubt auszudrükken, Freundschaft. Mit der erneuerten Versicherung meiner unwandelbaren, treuesten Freundschaft, bleibe ich Ihr aufrichtig ergebener

Franz Joseph«

Die Freundin wurde nicht müde, dem Kaiser ihre Zuneigung zu zeigen: »Ich hoffe zu Gott, daß Euer Majestät sehr wohl sind und auch daß die Delegierten Euer Majestät nicht zu sehr plagen; ich möchte jeden Menschen, der Euer Majestät eine Unannehmlichkeit oder einen Aufschub verursacht mit einer kleinen Zungen Lähmung das Reden vertreiben, wenn ich zaubern könnte. Am liebsten aber möchte ich jetzt in Ofen, im Arbeitszimmer Eurer Majestät neben dem Schreibtisch sitzen, mit oder auch ohne Tarnkappe und ich würde gewiß nicht stören oder lästig fallen, sondern blos umblättern oder das Geschriebene abtrocknen und dabei Euer Majestät in die lieben, guten Augen schauen...«.[1]

Aus Ofen, den 5. März 1888, schilderte Franz Joseph seinen Tagesablauf: »...öfter muß ich Diners geben, was nicht sehr amusant ist. Heute eines zu Ehren des neuen chinesischen Gesandten, der mir um 1 Uhr seine Aufwartung machen wird. Die Conversation wird etwas

---

1 Ihrem jungen Verehrer, Fürst Ferdinand von Bulgarien, schrieb die Schratt (laut leider undatiertem) Konzept, sie sei »in Gedanken oft in Sofia und möchte für mein Leben gerne, einen Weihnachts- oder Oster-Urlaub benützen, um bis dahin meinen Gedanken zu folgen. Aber, da es keine Tarnkapperln mehr gibt, als was könnte ich dort erscheinen, ohne Sie und mich zu compromittiren? Vielleicht wird ein Hoftheater gegründet und ich bekomme ein Gastspiel?... Oder wollen Sie mich, lieber Freund, etwa unter einer Verkleidung kommen lassen? Bitte mir nur früher sagen zu lassen, in welcher Rolle.« Anrede: »Euer königliche Hoheit! Liebster Freund!« Unterschrift: »Ihre treu ergebene Freundin Kathi«.

mühsam sein und nur mittels Dolmetsch geführt werden können, da der brave Mann, obwohl ein chinesischer Gelehrter und Schriftsteller nur seine Muttersprache spricht.

Heute soll ich auch zum ersten Male ins Opernhaus gehen, wo zum Besten der hiesigen Rettungsgesellschaft eine Vorstellung von Mitgliedern der drei ungarischen Theater stattfindet. Ich hatte bereits mein Erscheinen abgesagt, allein Valérie hat mich nachträglich doch dazu persuadirt und so überwinde ich meine Faulheit und meinen Mangel an Interesse für ein anderes Theater als mein liebes Burgtheater und opfere mich fürs Vaterland. Ich diene ja doch nur als Réclame für den wohlthätigen Zweck. Ach wie gerne hätte ich statt dessen Stahl und Stein[1] gesehen, wenn Sie Gestern wirklich gespielt haben...«

Am 12. März kehrte der Kaiser endlich nach Wien zurück, unternahm gleich am nächsten Tag seinen ersehnten Spaziergang mit der Freundin – nachdem er frühmorgens Anna Nahowski besucht hatte.

Der Tod des deutschen Kaisers Wilhelm I. brachte dann Terminschwierigkeiten. Franz Joseph am 15. März 1888: »Ich kann nicht vor 1 Uhr auf dem Parterre sein, weil ich morgen um 11 Uhr einem Trauer Gottesdienste für Kaiser Wilhelm in der Gumpendorfer protestantischen Kirche beiwohnen muß und da ich noch nie einen solchen mitgemacht habe, so weis ich nicht wie lange die Sache dauern wird, aber kurz dürfte es nicht sein.«

An den Abenden eilte er ins Burgtheater. Um nicht aufzufallen, setzte er sich gelegentlich nicht auf seinen angestammten Platz, wo ihn das Publikum sah und begrüßte, sondern auf das »Bankerl« in der Dunkelheit der Kaiserloge, wohin sich auch die Kaiserin stets flüchtete, um unbemerkt zu bleiben. Franz Joseph am 15. März 1888: »...Ich weis nicht, ob Sie bemerkt haben, daß ich auf dem Bankel sitzend, der ganzen Vorstellung des Fechter[2] beigewohnt habe... Sie haben wieder sehr gut gespielt, trotz confusmachen durch Gabillon

---

1 Dieses Volksstück von Ludwig Anzengruber wurde am 4. März 1888 in einer Wohltätigkeitsvorstellung aufgeführt.

2 Am 7. März 1888 hatte Friedrich Halms Stück »Der Fechter von Ravenna« Premiere.

und die Wolter. Ihr Costume war höchst anständig aber nicht schön...«

Diese Kritik war von einer stattlichen Geldsumme zum Ankauf neuer Bühnengarderobe begleitet. Die Schratt dankte und entschuldigte sich gleichzeitig, weil sie wieder einmal über den Burgtheaterdirektor – inzwischen war es Adolf von Sonnenthal – geschimpft hatte. (Das Konzept stammt von der Hand des treuen Verehrers Eduard Palmer): »Ich habe mir gestern fortgesetzt Vorwürfe gemacht, daß ich in meinen Auslassungen über die Verhältnisse im Burgtheater mich etwas zu sehr von meiner momentanen Stimmung beeinflussen ließ, und daß ich am Ende bei Euer Majestät den Gedanken erweckt habe, ich sei eine recht unzufriedene Natur... Nur möchte ich um Alles in der Welt in den Augen Eurer Majestät nicht als eine ›Unzufriedene‹ dastehen! – Wie wäre es auch möglich? Es hat sich in meiner Existenz eine so tiefgehende Wandlung vollzogen, es hat sich Alles um mich her total verändert, daß es mir wie traumhaft vorkommt und daß ich mich manchmal frage, ob Alles das auch ›Wirklichkeit‹ ist. – Auch wenn ich den ganzen Tag unausgesetzt dem lieben Gott und meinem Oberengel danken würde, es wäre noch immer nicht genug. – Also, nicht böse sein.«

»Wien am 4. April 1888

Meine gnädige Frau,

Als ich Gestern aus der italienischen Oper nach Hause kam, war ich eben so erstaunt, als freudig überrascht Ihren lieben Brief auf meinem Schreibtische zu finden. Ich danke Ihnen herzlichst für denselben, so wie für die erfreuliche Mittheilung, daß Ihr Conflikt mit Sonnenthal wegen der Streitrolle glücklich gelöst ist. Hoffentlich werden Sie Sich künftig über ähnliche Unannehmlichkeiten nicht so sehr ärgern und aufregen und recht vernünftig sein, so weit werden die Kräfte schon reichen. Auch sollten Sie Sich mit Sonnenthal wieder ganz aussöhnen, um so mehr als Sie recht behalten haben. Er ist, wie mir scheint, doch ein guter Mensch und meint es eigentlich gut mit Ihnen. Die Vorwürfe, welche Sie Sich machen, mir die ganze Angelegenheit so ausführlich erzählt zu haben, sind ganz unbegründet, denn nichts macht mich glücklicher, als wenn Sie mir alle Ihre großen und kleinen Schmerzen recht genau mittheilen, da ich darin ein Zeichen Ihres Vertrauens sehe.

Der Dank, den Sie in Ihrem Schreiben wiederholt zum Ausdruck bringen, hat mich innigst gerührt, denn ich weis, daß er vom Herzen kommt, aber Sie hätten Sich doch die Mühe sparen sollen, ihn nieder zu schreiben, denn wie ich Ihnen schon oft sagte und schrieb, ist es an mir zu danken, daß Sie das so freundlich entgegen nehmen, was ich mir erlaube Ihnen zu Füßen zu legen, hauptsächlich um meine nervöse Angst wegen Ihrer Finanzen zu beruhigen, denn auch ich habe Nerven. Ich handle also hauptsächlich aus Egoismus.

Der Tod des armen Bukovics wird Ihnen gewiß leid gethan haben. Er war ein guter Schauspieler und ein sehr braver Mann. Auch wieder ein Opfer der Entfettungs Kur! Indem ich der Hoffnung Ausdruck gebe, Sie Samstag wieder zu sehen und indem ich mir erlaube mit dem Titel zu zeichnen, den Sie mir verliehen haben und auf den ich stolz bin, bleibe ich Ihr treu ergebener

Ober Engel

Herzliche Grüße für Toni«

»Wien den 15. April 1888.

Meine gnädige Frau,

In meiner Angst und in aller Eile nur wenige Zeilen. Sind Sie unwohl oder gar krank? Sie waren Heute nicht in der Kirche und da foltert mich die entsetzliche Besorgniß und meine Phantasie malt die schwärzesten Bilder, vielleicht und hoffentlich ganz umsonst, denn Sie haben vielleicht nur eine Landparthie oder eine Wallfahrt unternommen oder nur meinen wiederholten Bitten nachgegeben und sich einmal Morgens ausgeruht und geschont. Bitte nur um eine kurze Antwort, entweder mündlich oder schriftlich, aber möglichst bald, denn ich verzehre mich in Angst, wovon Ihnen meine miserable Schrift ein Beweis sein kann. Einen kleinen Trost und einige Beruhigung schöpfe ich daraus, daß Heute ›Goldfische‹ noch auf dem Répertoire sind.

In treuer Anhänglichkeit Ihr aufrichtig ergebener

Franz Joseph«

Am 17. April 1888 passierte, was bisher nur durch großes Glück verhindert worden war: Anna Nahowski beobachtete den Kaiser (ja ging ihm sogar nach), wie er im Schönbrunner Park eine ihr angeblich nicht bekannte Dame traf und mit ihr im (versperrten) Tirolergarten verschwand, eben dort, wo sie selbst so viele heimliche Zusammenkünfte mit dem Kaiser hatte.[1]

Zwei Tage später bestellte der Kaiser Anna für ein Treffen zum Jägerhaus im Schönbrunner Park. »Er kam mir aber nicht wie sonst entgegen, sondern ging noch weiter in den Wald hinein« – und machte ihr Vorwürfe: »Nun Sie laufen mir ja nach, sagte Er. Ich habe Ihnen doch gesagt, es ist nichts. Es sei nur Freundschaft.«

Jetzt erst will Anna verstanden haben, daß die Dame niemand anderer als Katharina Schratt gewesen war. »Nahe trat Er an mich heran, hob drohend den Finger bis an mein Gesicht und sagte mir eindringlich: Kommen Sie mir ja nie wieder nach Schönbrunn!« Anna beteuerte weinend ihre Unschuld: Sie habe gemeint, der Kaiser wolle mit ihr sprechen und sei ihm deshalb nachgegangen. Nach einer langen Szene lenkte er ein. Anna schrieb nachher wütend in ihr Tagebuch: »Wo hätte ich mir um Alles in der Welt träumen lassen, daß der Mann mit einer Schauspielerin öffentlich spazieren geht.«

Am 27. April besuchte der Kaiser Anna »freundlich, als ob nichts vorgefallen«. Die eifersüchtige und tief gekränkte Anna machte ihm erneut eine Szene, bat um ihren Abschied, den er nicht annahm: »Fällt mir gar nicht ein, fällt mir noch lange nicht ein, rief Er. Sie werden sich beruhigen. Ich schwöre Ihnen, daß es nur Freundschaft ist zu der Frau. Glauben Sie, daß ich Sie belüge? Daß ich ein gemeiner Lügner bin? ... Sind Sie doch vernünftig, bat er sanft, indem Er sich mir näherte und mich umfassen wollte.«

Sie wehrte zornig ab: »Pfui, rief ich, und ein Schauer durchlief

---

1 Auch neugierige Verwandte spürten dem Kaiser nach. Am 20. Januar 1888 zum Beispiel bat Franz Joseph die Freundin um eine Terminänderung: »Mein Bruder Carl hat nemlich die üble Gewohnheit angenommen, zu unserer gewöhnlichen Promenade Zeit mitunter in Schönbrunn spazieren zu gehen und auch meine Schwiegertochter ist um diese Zeit schon dort gewesen. Eine Begegnung würde uns stören und wäre unbequem.«

mich. Wer weiß von wo Sie kommen, vor einer halben Stunde haben Sie vielleicht eine andere geküßt.«

Darauf der Kaiser: »Sie können ruhig sein. Ich küsse niemand.« Und nach einigem heftigen Hin und Her (die Szene ist hier stark gekürzt): »Ich habe diese Frau noch niemals nur mit einem Finger berührt, und Er tupfte mich dabei leise mit dem Zeigefinger am Oberarm.«

Der Besuch ging nun seinen üblichen Gang, von Anna unfreundlich kommentiert: »Und so gebe ich mich in mein Schicksal, denkend, Alles hat ein Ende« (Nahowski, 124–137).

Katharina Schratt lag derweil wieder einmal mit den Burgtheater-»Göttern«, dem Direktor und prominenten Schauspieler-Kollegen, in heftiger Fehde. Franz Joseph am 4. Mai 1888: »Ich dachte, daß es selbst für die ›Götter‹ oft schwer sein muß, mit allen Damen gut auszukommen.« Am 9. Mai 1888: »Meine neuliche Bemerkung über die Schwierigkeiten der Götter mit den Damen sollte nur eine allgemeine sein und war *durchaus nicht* als ›Sticherl‹ für Sie gemeint. Haben Sie es aber so aufgefaßt, so schadet es nichts.«

Und am 15. Mai 1888: »...Was Sie mir von den Göttern schreiben, hat mich sehr unterhalten. Ich wußte gar nicht, daß Sie einen ganzen Olymp haben und finde die Namenvertheilung sehr gelungen, besonders die Diana[1] amusirte mich. Haben Sie die Namen ausgetheilt oder von wem stammt diese Erfindung? Jupiter[2] wird Heute bei einem größeren Diner bei mir speisen. Vielleicht stimmt ihn das sanfter für Sie. Eigentlich bin ich über seinen andauernden Zorn nicht gar so böse, denn er ist nicht so zärtlich mit Ihnen. Nicht wahr, das ist wieder einmal recht egoistisch von mir?...«

Franz Joseph ärgerte sich vor allem, daß es anderen Männern sehr viel leichter fiel, Kontakt mit der Schratt zu halten, während er sich oft wochenlang bemühte, um nur einen Blick auf sie zu werfen.

Wien, den 15. Mai 1888 »...Wie glücklich war ich, Sie in der letzten Zeit doch mehrmals zu sehen, wenn leider auch nur von

---

1 Diana – Stella Hohenfels
2 Jupiter – der jeweilige Burgtheaterdirektor

Weitem und wie sehne ich mich darnach, Sie endlich wieder sprechen zu können. Und doch hatte ich eigentlich Pech, denn auf der Ring-straße, wo meine Augen Sie suchten, in der Hoffnung, Sie, trotz der späten Stunde, vielleicht bei Ihrer Rückkehr aus dem Prater zu begegnen, sah ich Sie nicht, als ich in russischer Uniform[1] glänzte und das andere Mal war ich in der Blumenausstellung und Sie draußen. Auch bei der Monuments Enthüllung[2] war es mir nicht möglich, Sie auf der Tribüne Nr. 1, die Sie die Güte hatten, mir zu bezeichnen, wegen der Entfernung und wegen der Menge Leute die dieselbe besetzt hatten, zu erkennen, obwohl ich, wie Sie vielleicht bemerkt haben, genau hinschaute. Ich mußte mich mit dem Gefühle begnügen, Sie dort und in der Nähe zu wissen...«

Villa bei Lainz, den 20. Mai 1888: »...Dinstag Nachmittag hatte ich Glück. Da ich dachte, daß Sie um diese Zeit ins Theater fahren würden, so paßte ich sehr auf und als ich Ihre magnifique Equipage[3] mit den feurigen Pferden, dem éleganten Kutscher und voll von unglaublich großen Körben hinter denen Sie ganz verschwanden, von Weitem kommen sah, war ich meiner Sache ziemlich gewiß. Bis vor die Mariahilfer Linie lachte ich im Stillen theils aus Freude über Ihren freundlichen Gruß, theils über den Anblick Ihres Vehikels. Mittwoch habe ich denselben Weg nur um einige Minuten früher nach einem Diner gemacht, das ich dem Könige von Serbien gab und Sie sind wohl auch in den Fechter, wo Sie ja Anfangs nicht beschäftigt sind, viel später gefahren. Nicht einmal der schöne Wagen stand noch in der Niebelungen Gasse. Ich hatte also wieder Pech ebenso wie im Prater, wo ich an beiden Tagen nach allen Seiten ausschaute in der Hoffnung, Sie wären vielleicht in der Nähe, Alles umsonst. Ebenso bei meiner Rückfahrt aus dem Prater in der Jägerzeile und auf der Ringstraße. Ich muß besonders ungeschickt gewesen sein! Vielleicht bin ich Dinstag oder Mittwoch glücklicher...«

---

1 Der Kaiser hatte eine russische Großfürstin besucht und ihr zu Ehren seine russische Uniform angezogen.

2 Das Maria-Theresien-Denkmal zwischen den Hofmuseen war am 13. Mai sehr feierlich enthüllt worden.

3 Als Mitglied des kaiserlichen Hofburgtheaters hatte Katharina Schratt einen eleganten Zweispänner als »Dienstwagen«.

Villa bei Lainz, den 24. Mai 1888: »...Die beiden letzten Tage waren für mich Glückstage, denn nach vollen 8 Tagen habe ich Sie endlich Vorgestern von Weitem wiedergesehen und ich bin Ihnen sehr dankbar, daß Sie so geschickt manövrirt haben, um es möglich zu machen und erst Gestern, wo ich Sie auf der Ringstraße noch von größerer Nähe sah! Und doch ist das so wenig bei meiner Sehnsucht Sie wieder einmal sprechen zu können. Vielleicht wird es doch noch möglich, ehe ich Wien verlassen muß...«

Wieder einmal kam die Kaiserin ihrem melancholisch werdenden Mann zu Hilfe. Sie lud die Schauspielerin in die Hermesvilla ein – eine ganz ungewöhnliche Auszeichnung. Franz Joseph an die Schratt in »rosiger Stimmung« am 28. Mai 1888 aus Bruck an der Leitha: »Ich möchte juchezen, wenn ich daran denke.« Immerhin hatte er die Freundin fünf Wochen lang nicht sprechen können.

Wie groß die Nervosität der Schratt bei diesem Besuch war, ist aus Franz Josephs Brief aus der Hermesvilla, den 1. Juni 1888, zu schließen: »...Daß Sie nach Ihrem vorgestrigen Besuche bei uns eine schlaflose Nacht hatten, bedauere ich innigst. Ich schlief trotz Thee und Eiskaffee besser als seit langer Zeit. Über den Eindruck, den Sie hier hinterlassen haben, können Sie Sich vollkommen beruhigen. Die Kaiserin hat sich seitdem wiederholt auf das günstigste und liebevollste über Sie ausgesprochen und ich kann Ihnen die Versicherung geben, daß sie Sie sehr lieb hat. Wenn Sie diese herrliche Frau näher kennen würden, würden Sie gewiß von gleichen Gefühlen erfüllt werden...«

Weiterhin wurde der Kontakt mit großer Mühe und großer Hartnäckigkeit aufrechterhalten. Schönbrunn, den 7. Juni 1888: »...Herzlichen Dank, daß Sie Vorgestern in der Ausstellung waren. Das war die schönste Belohnung für die Mühe, die ich mir mit dem wiederholten Besuche derselben auferlegt habe. Als ich von Weitem einen mir bekannt scheinenden weißen Federbusch über die Menge hervorragen sah, wagte ich kaum an die Möglichkeit zu denken, daß Sie es wirklich sind und erst als ich näher kam sah ich zu meiner Freude, daß ich mich nicht getäuscht hatte und da wäre ich am liebsten auf Sie losgestürzt, um Sie zu begrüßen, aber der böse Nimbus hielt mich zurück.

Gestern als ich um ½ 8 Uhr Früh bei der Niebelungen Gasse vorbei in die Burg fuhr, hielt vor Ihrem Hause ein offener Fiacker in welchem eine Dame saß und ich dachte mir, daß es Frau Bauer oder eine andere Dame wäre, welche Sie zur Morgen Promenade abholt und wartet, bis Sie mit Ihrer Toilette fertig sind. So beschäftigen sich meine Gedanken mit Ihnen und wahrscheinlich combinire ich dabei oft den größten Unsinn.

Sie haben wieder einmal in meinen Worten etwas gelesen, an das ich wirklich nicht dachte und das hat Sie unnöthig gedrückt. Bei meiner Frage, ob Sie Frau Baltazzi[1] kennen, hatte ich gar keine Hintergedanken, aber nachdem Sie entschlossen scheinen, nicht mit ihm regelmäßig spazieren zu reiten, so kann ich Ihnen eben so offen sagen, daß mir das lieber ist, denn erstens bin ich gar nicht darüber beruhigt, ob die Pferde, die er Ihnen zu reiten geben würde, hinreichend sicher sein würden, wenigstens bei seiner Frau war das nicht immer der Fall und dann ist noch etwas, was ich Sie aber bitte gewiß für sich zu behalten. Hector Baltazzi hat, obgleich ich selbst mitunter mit ihm spreche und auch die Kaiserin in früherer Zeit mit ihm und seiner Frau verkehrte, keinen guten korrekten Ruf in Renn- und Geldangelegenheiten, so daß er vor Zeiten auf den englischen Rennbahnen nicht mehr erscheinen durfte. Genau kenne ich diese Verhältnisse nicht und ich möchte ihm nicht schaden und so bitte ich Sie daher dringend ja keinen Gebrauch von meiner Bemerkung zu machen. Ich könnte ihm, selbst im Halbdunkel des frühesten Morgen, keine Satisfaktion geben...«

Im Juni folgte wieder eine längere Trennung, denn der Kaiser übersiedelte für einige Wochen nach Ungarn, und die Schratt machte in Karlsbad eine Abmagerungskur. Erfreut kommentierte Franz Joseph aus Ofen, den 21. Juni 1888, die schmeichelhafte Wendung der Schratt, sie wäre am liebsten dem Briefträger, der einen kaiserlichen

---

1 Katharina Schratt nahm zeitweise Reitunterricht bei Baron Hector Baltazzi und war auch mit seinen drei Brüdern gut bekannt. Welche Rolle die 16jährige Baltazzi-Nichte Mary Vetsera inzwischen beim Kronprinzen Rudolf spielte, war dem Kaiser noch unbekannt.

Brief brachte, um den Hals gefallen: »...Hätte ich nur an Stelle des Briefträgers sein können! Vielleicht wären Sie mir dann wirklich um den Hals gefallen und das wäre nicht so übel gewesen. (Diese unpassende Bemerkung hätte ich eigentlich nicht schreiben sollen und bitte um Verzeihung)...«

Mit Tratschgeschichten aus der Karlsbader Kurgesellschaft wußte die Freundin den Kaiser zu unterhalten: »Seit das Ballett Ferien hat, ist auch wieder Dumba und der kleine dicke Oberlieutenant Levi hier. – Dumba ist etwas ärgerlich, weil er nicht recht laufen kann, daher nicht leichter wird und deßhalb von der Sorge gequält wird, für den Winter nicht genügend aufnahmsfähig zu werden... Die Herren gehen fast jeden Abend ins Theater und unterstützen auch hier die Kunst... Den reichen Pariser Hirsch[1] sehe ich sehr selten und nur von Weitem, vielleicht hat er eine Ahnung, daß ich eine von seinen Millionen möchte und geht mir deßhalb aus dem Wege.«

Gerne schilderte sie auch (nach ihren Angaben selbstverständlich erfolglose) Annäherungsversuche von Verehrern und stachelte damit Franz Josephs Eifersucht an: »Der kleine schwarze Gesandte, wegen welchem ich von Euer Majestät ungerecht verdächtigt wurde, ist auch da. Einigemale versuchte er sich mir zu nähern, da ich aber für seine schönen Reden und seine Gewandtheiten unempfindlich blieb, so hat er mich wieder aufgegeben und läßt mich allein laufen, ein Los welches ich gerne trage. Aber wenn er wirklich tausendmal schöner und gescheiter wäre, so könnte ich mich doch nicht für ihn intereßiren, da alles Intereße von mir nur bei Euer Majestät ist.«

Für einen Brief dankte sie (laut Konzept): »Für den Verlauf meiner Kur sind solche gütigen Beweise von Euer Majestät Gnade natürlich das Aller-allerbeste und weitaus heilkräftiger als aller Sprudel oder Schloßbrunnen der Welt. Die Sehnsucht Euer Majestät endlich wieder sehen zu können, nimmt jetzt schon jeden Tag fürchterlich stark zu, so daß ich das Ende meiner Kur kaum erwarten kann... Jeden Tag gilt mein erster Blick dem bewußten Bilde (von welchem nur fünf Exemplare existiren) und mein erster Gedanke gehört dem lieben

---

1 Es handelte sich um den internationalen Bankier Baron Moritz Hirsch, den väterlichen Freund und Geldgeber des Kronprinzen Rudolf.

gnädigen Original des Bildes. – Damit habe ich den Tag auf das Beste begonnen und ich eile zum Brunnen, wo ich den verordneten Becher schlürfe.«

Nach ihrer Ankunft am Wolfgangsee erhielt sie freilich gleich den Besuch ihres alten Freundes Hanns Wilczek. Auf Einwände des Kaisers antwortete sie: »Graf Wilczek war richtig hier gewesen und hatte außer dem verwundeten Bellac auch einen kranken Bauern und den Graf Schaffgotsch in Ischl besucht, zu welchem ich übrigens auch morgen gehen werde. Den kleinen Hieb wegen Wilczek [gestrichen: daß ich in der Theorie brouillirt[1] und ihn doch praktisch zu verwenden weiß] habe ich dankend empfangen; ich fühlte, wie ich beim Lesen roth wurde und wenn ich mein Gewissen prüfe, so kann ich nur sagen, daß Euer Majestät, wie immer, Recht haben. Bös habe ich es eigentlich nicht gemeint. – [gestrichen: Ich habe mich wieder einmal schlecht benommen.]«

Am 1. Juli 1888 kündigte der Kaiser der Freundin eine Einladung in die Ischler Kaiservilla an und warnte sie vor, daß sie bei der Gelegenheit ein Gedicht in das Stammbuch der Kaiserin schreiben müsse: »Bereiten Sie Sich daher auf eine hervorragende poetische Leistung vor« (B).

Nach einem eigenhändigen, von Paul Schulz korrigierten Konzept antwortete die Schratt in großer Aufregung: »Für die Freuden-Nachricht, daß Ihre Majestät die Kaiserin so gnädig sein will, mich auch in Ischl zu empfangen, danke ich herzlichst: ich werde mir alle mögliche Mühe geben, möglichst vernünftig zu sein und nicht zu viel Angst zu haben. Wenn es nur etwas nützt!? Aber ich bitte jetzt schon um die höchste Nachsicht, wegen der poetischen Leistung, die Ihre Majestät die Kaiserin von mir verlangt. Euer Majestät schreiben ich soll mich vorbereiten. Ja – wenn das nur so leicht wäre – ich fürchte das Ärgste: – denn ich finde das Dichten ungeheuer schwer.«

Vier Wochen lang plagte sie sich nun mit dem Dichten ab und schrieb dem Kaiser vorsorglich: »Jedenfalls werde ich das ganz improvisirte Gedicht vorher in Frauenstein zur allerhöchsten Censur

---

1 brouilliert: entzweit

vorlegen (wenn ich mich wegen der sicheren Blamage nicht allzu
genire). Aber bei dem ersten Besuch am Mittwoch noch nicht: da will
ich keine Sorge ausstehen, sondern mich nur freuen, Euer Majestät
endlich wieder einmal wirklich sehen und sprechen zu dürfen.«

Mehrere Fassungen des Gedichtes sind in der Schratt-Handschrift
erhalten und dokumentieren ihre Dichterpein. Schließlich kam die
Erlösung in Form einer ungenierten Anleihe bei Wilhelm Busch:

»Wie wohl ist dem, der dann und wann
Sich etwas Rechtes dichten kann
Und bei der schönen Aussicht hier,
Dies bringen darf gleich aufs Papier!
Ich bin leider sehr kummervoll
Und weiß nicht, was ich schreiben soll.
Ihr Prinzeßin, von der Mus' geküßt
Ahnt nicht, wie schwer mirs Dichten ist. (nach Busch)«

»Ischl den 1. August 1888.

Meine gnädige Frau,

Vor Allem meinen innigsten Antheil an dem Tode Ihres ältesten
Freundes und Verehrers[1], der Ihnen gewiß recht nahe gegangen ist.
So geht eben einer nach dem anderen und wenn man in der Zahl Ihrer
Verehrer zu den an Jahren alten zählt, so denkt man: bald kommt
auch die Reihe an mich. Aber bis dahin bleibe ich unwandelbar Ihr
treuester und anhänglichster Freund. Daß Sie eine Abnahme meiner
Gefühle bemerkt zu haben glauben, begreife ich nicht und ich habe
über Ihre diesfällige Äußerung noch viel, aber umsonst nachgedacht
und nachgegrübelt.

Nun komme ich aber zum eigentlichen Grunde dieses meines
Briefes.

Die Kaiserin, welche Gestern um 5 Uhr glücklich und, Gott lob,
im besten Wohlsein angekommen ist, bittet Sie, Sie möchten sie
nächsten Samstag besuchen. Ich habe diesen Tag, der übrigens auch
uns sehr gut paßt, in Vorschlag gebracht, weil er Ihnen wohl der
bequemste ist, da Sie wahrscheinlich ohnedem wegen des sonntägli-

---

1 nicht zu ermitteln

chen Kirchenganges nach Ischl gekommen wären. Sie werden daher gebeten Samstag um 4 Uhr zum Baron Nopcsa[1] zu kommen, der Sie zur Kaiserin führen wird. Dann kommt die Besteigung des Jainzen die, nach Ansicht der Kaiserin ungefähr 3 Stunden in Anspruch nehmen dürfte, nemlich die ganze Promenade, und dann erst folgt ein gouter, daher es doch gut wäre, wenn Sie früher etwas essen würden, denn sonst könnten Sie während des Gehens doch hungrig werden. Vor oder nach dem gouter, das in der Villa statt finden wird, werden Sie gebeten werden, das hübsche Gedicht in das Jainzenbuch einzutragen. So, das ist das Programm und nun wäre nur zu wünschen, daß wir Samstag vom Wetter begünstigt wären, denn wenn auch das Parapluie manchmal sehr, sehr angenehm ist, so wäre in diesem Falle, besonders wegen der Dachstein Aussicht, Sonnenschein besser.

Valérie ist Gestern bereits vor 11 Uhr hier eingetroffen, sehr befriedigt von ihrem, vom Wetter begünstigten Ausfluge, den sie bis zum Wörther See ausgedehnt hat. Jupiter und Mars waren noch nicht in Gastein, wenigstens hat die Kaiserin sie nicht gesehen.

Und nun Adieu meine liebe gnädige Frau und auf baldiges Wiedersehen. Mit der Bitte Toni herzlichst von mir zu grüßen, bleibe ich Ihr treu ergebener   Franz Joseph«

Dieser Schratt-Besuch in der Ischler Kaiservilla hatte solche Bedeutung, daß sowohl die Kaiserin als auch die zwanzigjährige Kaisertochter Marie Valerie ihr Tagebuch bemühten. Valerie am 4. August 1888: »Nachmittags zeigten Mama, Papa und ich der Frau Schratt den Garten... Sie ist wirklich einfach und sympathisch, aber doch habe ich eine Art Groll, obwohl sie ja nichts dafür kann, daß Papa diese Freundschaft für sie hat, aber die bösen Menschen reden davon und können nicht glauben, wie kindlich Papa diese Sache auffaßt, wie rührend er auch hierin ist. Aber von ihm sollte man eben nicht einmal reden – das tut mir leid und ich finde, Mama hätte darum diese Bekanntschaft nicht so unterstützen sollen.«

Elisabeth dagegen dichtete als Feenkönigin Titania über Franz Joseph als Oberon, frei nach ihrem Lieblingsdichter Heinrich Heine:

---

1 Obersthofmeister der Kaiserin

»Was Ob'ron treibt, das kümmert nicht Titanien,
Ihr Grundsatz ist: Einander nicht genieren.
Frisst Einer Disteln gerne und Kastanien,
Sie selber will sie ihm sogar off'riren« (Elisabeth, 360).

»Bad Kreuth den 29. August 1888.

Meine gnädige Frau,

Gestern Vormittag bin ich glücklich hier angekommen und Heute
benütze ich die frühesten Morgenstunden, um Ihnen Nachricht von mir
zu geben und Ihnen zu sagen, daß meine Gedanken viel im lieben
Frauenstein sind. Die freien Augenblicke benütze ich, um die Erinnerung an die schönen dort und am Jainzen verbrachten Stunden revue
passiren zu lassen. Nochmals tausend Dank für Alles Liebe und Gute,
das Sie mir wieder erwiesen haben.

Die Kaiserin und Valérie habe ich, Gott lob, im besten Wohlsein
angetroffen, auch schönes Wetter und so kann ich hier ganz zufrieden
sein. In Tegernsee sammeln sich bereits eine Menge Schwäger und
Schwägerinen, Neffen und Nichten zum morgigen Festtage,[1] einige
hatten wir bereits Gestern Abend hier auf Besuch und so gibt es ein so
bewegtes Leben, daß die 3 Tage schnell vergehen werden. Mit Rudolph
und Stéphanie, die Heute in Tegernsee eintreffen, gedenke ich Morgen
Abend nach Wien zu reisen. Das wäre hier in Kreuth eine Luft für Sie! Sie
ist so rein und scharf, als wenn man beständig auf Ihrem Hausberge
wäre. Vielleicht haben Sie einen der schönen Tage benützt, um ihn
wieder zu besteigen. Hoffentlich ist Ihre neuliche Parthie zur Eiskapelle
gut ausgefallen und haben Sie Sich nicht zu sehr ermüdet. Bei meiner
Rückfahrt von Wolfgang war ich so glücklich Ihre Mutter mit Frau
Dahn[2], leider nur im schnellen Vorbeifahren zu sehen. Sie benützten
richtig, wie ich mir gedacht hatte, die bekannte Muli Equipage.

Gestern Nachmittag waren wir hier auch bei einer Art Eiskapelle am
Ende der sehr romantischen, sogenannten Wolfsschlucht, doch ist
dieselbe nur Heuer in Folge des vielen Schnees entstanden.

---

1 Der 80. Geburtstag der Mutter der Kaiserin, Herzogin Ludovika in Bayern
2 Bertha Dahn, Gattin des Münchner Hofschauspielers Ludwig Dahn, war eine Freundin
  der Schratt.

In München habe ich bei Gisela drei sehr angenehme, aber ziemlich bewegte Tage zugebracht. Am ersten derselben war ich drei, am dritten drei ein halb Stunden in der Kunstausstellung, die wirklich schön, aber nur zu groß und dadurch etwas ermüdend ist und sich dadurch auszeichnet, daß fast gar keine wirklich schlechten Bilder aufgenommen wurden. Am zweiten Tage besuchte ich die Kunstgewerbe Ausstellung ziemlich oberflächlich, deren Emplacement an der Isar sehr hübsch ist und die einige recht schöne Sachen enthält, sich aber eigentlich nicht vortheilhaft von dem unterscheidet, was man in letzter Zeit so viel zu sehen bekam.

Den ersten Abend war ich mit Tochter und Enkelinnen im Circus Wulf und am zweiten Abend mit Gisela im Residenz Theater, wo Ferréol[1] gegeben wurde. Ich weis nicht, ob Sie das Stück kennen; es ist eine Criminal Geschichte und ziemlich interessant. Da ich dachte, daß es Sie vielleicht interessiren könnte, habe ich den Theaterzettel mitgenommen und lege ihn hier bei. Die berühmte Frln. Dandler sah ich zum ersten Male und begegnete sie merkwürdiger Weise noch zweimal auf der Gasse. Sie ist recht hübsch, hat recht schöne Augen, aber gar was besonderes fand ich nicht an ihr. Frln. Heese war wieder ganz hingebende Frau, wie Frau Dahn so richtig sagt und wieder ganz Heese, dabei sehr en beauté und sehr gut angezogen. Beim Sprechen die gewohnte Überstürzung und Undeutlichkeit, in welcher Beziehung der Darsteller der Hauptrolle, Herr Keppler noch hervorrenderes leistete, denn den verstand ich absolut gar nicht. Für diese Leute wäre der Erfinder des Taktes, Demetrius Stimmung, angezeigt.[2] Überhaupt wenn man unser Burgtheater kennt und liebt, soll man nicht ins Residenztheater gehen. Diese Bemerkungen theilen Sie aber nicht der Frau Dahn mit, sonst bin ich bei den Münchner Hofschauspielern ein verlorener Mensch. Ihr Gemahl scheint ein schöner Mann zu sein und spricht deutlich.

Doch nun muß ich meinen Tratsch abschliessen, um beim wundervollsten Morgen mit der Kaiserin spazieren zu gehen, oder wahrscheinlich zu steigen. Leben Sie daher recht wohl, meine liebe,

---

1 Stück von Victorien Sardou
2 nicht zu ermitteln, wer gemeint ist

gnädige Frau. Wenn Sie Lust und Zeit haben, so beglücken Sie mich mit einigen Zeilen und schreiben Sie mir, wie es Ihnen geht und was Sie treiben, wenigstens denken Sie manchmal an Ihren, die Tage bis zum hoffentlichen Wiedersehen in Schönbrunn zählenden, in treuer Freundschaft ergebenen   Franz Joseph Herzliche Grüße an Toni.«

Ischl, den 1. September 1888: Den »Geburtstag meiner Schwiegermutter brachten wir fast ganz in Tegernsee im größten Familiengewimmel zu. Um 11 Uhr war eine ziemlich lange Messe und um ½2 Uhr ein Familiendiner mit 37 Personen, darunter viele Kinder. Ich sprach einen kurzen Toast. Können Sie sich das vorstellen? Nachmittag wurde Kegel geschoben und dazu excellentes Tegernseer Bier getrunken, dann, da ein starkes Gewitter ausgebrochen war, in strömendem Gußregen von der Kegelbahn ins Schloß gewatet und um 8 Uhr Abends bin ich abgereist...«

Die Schratt antwortete laut Konzept: »Der Toast von Euer Majestät hätte ich natürlich sehr gern gehört. Euer Majestät haben gewiß sehr lieb und schön gesprochen; für mich giebt es nur eine Art und Weise zu sprechen, die mir gefällt, welche mich entzückt: die Eurer Majestät.« Dann berichtete sie über einen Ausflug am Wolfgangsee: »Gestern Nachmittag fuhren wir trotz Regen alle nach St. Gilgener Kirtag und dort wurde ich gegen meinen Willen zum Tanzen verführt. Als Dankbarkeit spuckte mein Tänzer fortwährend aus, trat auf meine Füße, fiel einmal mit mir leicht hin – sagte mir aber immer ›Sie tanzen fein‹ – und zum Schluß bekam ich einen freundschaftlichen Schlag am Rücken und wurde entlassen.« Franz Joseph dazu aus Pisek, den 4./5. September 1888: »Den Kir-Tag in St. Gilgen hätte ich gerne mitgemacht, nur um

Sie tanzen zu sehen. Das muß sehr hübsch gewesen sein. Sehr fein haben Sie gewiß getanzt« (B).

Inzwischen mußte sich die Freundin eine neue Sommervilla suchen, denn Frauenstein war verkauft worden, und der neue Besitzer, Karl Haiser, lehnte Katharina Schratt als Mieterin ab. Er warf ihr vor, sie habe das schöne Haus verfallen lassen. Der Kaiser schlug die Villa Felicitas in Ischl vor.

Pisek, den 4. September 1888: »...Gleich Ihnen thut es mir um das liebe, friedliche Frauenstein unendlich leid, wo ich, Dank Ihrer Güte, so viele glückliche Stunden zubrachte. Der neue Besitzer muß eine Art Ungeheuer sein. Ich dachte, daß die Villa Felicitas jedenfalls zu Ihrer Verfügung steht, aber wenn Sie etwas schöneres und bequemeres finden, ist es um so besser. Mich beruhigt Ihre Versicherung, daß Sie der Ischler Gegend nicht untreu werden, und wo immer Sie wohnen, werde ich *immer* glücklich sein...« (B).

Von den Herbstmanövern in Kroatien, an denen auch der britische Thronfolger (der spätere König Eduard VII.) teilnahm, berichtete er aus Gödöllö, den 16. September 1888: »...Ihre guten Wünsche haben mir Glück gebracht, denn meine Reise ging sehr glatt, der Empfang von Seite der Bevölkerung in Croatien war ein besonders herzlicher und schöner, die Manöver fielen bei herrlichem, nicht zu heißem Wetter vortrefflich aus und ich hatte viele Freude an den schönen und gut ausgebildeten Truppen. Geritten wurde viel und lange. Ich gab mir Mühe durch anhaltenden Trabb und Galopp den Prinzen von Wales aus meiner Nähe abzuschütteln, es gelang mir aber nicht; der dicke Mann war immer mit und hielt unglaublich aus, nur recht steif ist er geworden und seine rothe Husaren Hose hat er sich zerrissen und da er nichts darunter an hatte, so war das für ihn ziemlich unangenehm. Hier war er Gestern Abend bereits auf der Pirsche, schoß aber nur einen Hirsch an und jetzt ist er wieder draußen. Heute um 5 Uhr reist er zu Tassilo Festetics nach Keszthely...«

Zurück in Schönbrunn, schrieb er am 1. Oktober 1888: »...Ganz besonders muß ich Ihnen auch dafür danken, daß Sie Vorgestern Abend die Schwalben im Haare trugen. Ich fand zu meiner Freude, daß sie sich sehr gut machten und war überhaupt mit der Leistung der

Schwertner, so wie mit Ihrer Toilette sehr zufrieden[1]. Sie waren wieder wunderschön und élégant und ich hatte einen still frohen Abend, nur fürchte ich, daß Diana böse auf mich sein wird, denn ich ging während ihrer ersten Scene im letzten Stücke weg, doch das ist mir, um recht gewählt zu sprechen, Wurst. Sie können mir schon auch künftig vom Theater vorlamentiren, denn mich interessirt ja Alles was Sie betrifft und thut das Aussprechen Ihnen gewiß gut...«

Zu Franz Josephs Namenstag am 4. Oktober 1888 schrieb die Freundin einen langen Gratulationsbrief, der von Paul Schulz konzipiert war (und entsprechend feierlich klang): »Vor den anderen Feiertagen des Jahres hat der Namenstag Manches voraus: zuerst macht er Einen nicht gleich ungalanter Weise auf das Alter aufmerksam wie der Geburtstag, dann ist er nicht ein allgemeiner Festtag, wie das neue Jahr, sondern ein spezieller, dem Namensträger eigenthümlicher usw. Für mich natürlich ist der vierte Oktober der allerbesonderste, allermächtigste Namenstag im ganzen Jahr und was ich an ihm, nach meiner Empfindung, auszusetzen habe, ist nur, dass er nicht viel öfter im Kalender vorkommt. Ja eigentlich ist für mich seit den Jahren, da mich Euer Majestät durch die allerhöchste Huld und Gnade auszeichnen kein einziger Tag der in meinem Innersten nicht ganz und gar Euer Majestät gewidmet wäre und verdiente danach benannt zu werden... Ich... rechne auf Euer Majestät gnädige Nachsicht mit meinem schwachen Styl, auf die ich schon so oft gesündigt habe, dass ich eigentlich eine besondere Absolution dafür dringendst benöthige und faße meine ganze, aufrichtige, innige, aus vor Dankbarkeit und Hingebung glühenden Herzen kommende Gratulation in zwei – leider *heute* nur Gedanken-Küsse auf Hand *und* Mund!«

Diese letzte Wendung ist für die Schratt ungewöhnlich. Wahrscheinlich änderte sie sie in ihre »Stricherln« um. Jedenfalls dankte Franz Joseph nicht für diese Zärtlichkeit, zeigte sich aber beeindruckt vom eleganten (Schulz-)Stil:

---

1 Die Burgtheaterfriseurin Schwertner hatte die Schwalbenbrosche, ein Geschenk des Kaisers, in die Bühnenfrisur der Schratt eingebaut.

Meine liebe gnädige Frau,

Ihr gestriger Brief hat mich sehr gefreut, aber nicht überrascht, denn da ich Sie kenne und weis wie engelsgut Sie für mich sind, so war ich so unbescheiden, Ihre lieben Zeilen zu erwarten. Tausend innigsten Dank für dieselben, für Ihre Glückwünsche und für den Glücks Klee. Die Letzteren müssen mir Gluck und Segen bringen, da sie von Ihnen kommen.

Ihr Schreiben ist wieder so hübsch und so lieb stylisirt, daß ich nur wieder mit Beschämung erkennen muß, daß ich so etwas nicht zu Stande bringe und Sie nur bitten kann, bei meinen Briefen nicht so sehr auf die mangelhafte Form, als auf den Inhalt zu sehen und immer überzeugt zu sein, daß die Gefühle und Gesinnungen, die ich auszudrücken versuche, echt und aufrichtig sind. So, jetzt werden Sie lachen und denken, daß dieser lange Satz doch nicht so schlecht ausgefallen ist.

Die Festlichkeiten dieser letzten Tage sind glücklich überstanden, meinen Toast beim gestrigen Diner, auf den ich mich enorm fürchtete, habe ich ohne stecken zu bleiben gesprochen und zwar ohne Souffleur und es bleibt mir nur noch, meine Gäste Heute Nachmittag nach Mürzsteg zu begleiten und zwar, wie es scheint, bei demselben abscheulichen Wetter, das uns seit einigen Jahren bei unseren Herbst Gebirgsjagden verfolgt.

In einer halben Stunde kommt mein Schwiegersohn aus München in Schönbrunn an und gegen 9 Uhr empfange ich den König von Sachsen am Nordwestbahnhofe, um ihn auch nach Schönbrunn zu führen. Um ½2 Uhr haben wir daselbst großes Déjeuner und um 3 Uhr reisen wir ab. Daß während den Festen meine Gedanken viel in der Niebelungen Strasse waren und daß ich auch im Gebirge die Stunden zählen werde die mich von der Rückkehr nach Schönbrunn und von einer dann vielleicht möglichen gemeinschaftlichen Promenade trennen, brauche ich Sie nicht zu versichern, denn das wissen Sie hoffentlich. In letzterer Beziehung werde ich mir erlauben, Ihnen meine Vorschläge gleich nach meiner Rückkehr zu unterlegen. Vor dem 12. oder 13. wird es aber leider nicht möglich sein.

Die Kaiserin grüßt Sie herzlichst und dankt Ihnen, daß Sie die

Angelegenheit mit Herrn Robert[1] so gut geordnet haben, auch laßt Sie Ihnen sagen, daß ihr neulich im verarmten Edelmann wegen der Hitze und der schlechten Luft unwohl wurde und daß sie deshalb zu ihrem Leidwesen das Theater während des ersten Aktes verlassen mußte. Sie blieb noch längere Zeit im Logengange in der Hoffnung, daß es ihr doch möglich würde, in die Loge zurück zu kehren, um Sie zu sehen, allein es ging nicht. Ich war glücklich, Sie den ganzen Abend bewundern zu können und danke herzlichst für den freundlichen Blick aus der rückwärtigen Coulisse.

Gestern war ich mit Kaiser Wilhelm im neuen Burgtheater und sah den schönen, sehr gelungenen Vorhang von Fuchs. Ihr Portrait ist nicht zu kennen, aber Toni scheint mir besser getroffen. Jupiter war auch anwesend und affektirter wie je, aber das darf ich Ihnen eigentlich nicht sagen, denn es ist gegen die Disciplin und die Hochachtung die Sie Ihrem Chef schuldig sind, auch bleibt hoffentlich meine ungehörige Bemerkung unter uns. Sehr erfreut war ich die Bekanntschaft des Barons Berger[2] zu machen, denn er gehört ja zu Ihren Freunden.

Nun leben Sie wohl, meine liebe gnädige Frau und auf hoffentlich nicht gar zu fernes Wiedersehen. Bis dahin denken Sie manchmal an Ihren treu ergebenen   Franz Joseph
Herzliche Grüße an Toni.«

»Mürzsteg den 10. Oktober 1888.
Meine liebe gnädige Frau,
Ich bin recht trübe und traurig gestimmt und wenn auch das entsetzliche Wetter zum Theile daran Schuld ist, so liegt doch die Hauptursache in dem gänzlichen Mangel an Nachrichten von Ihnen. Von einem Kurier zum anderen hoffte ich auf einen Brief und ersehnte denselben als einen Lichtblick in meiner hiesigen recht gehetzten und ungemüthlichen Existenz, allein jeden Morgen wurde ich enttäuscht.

---

1 Der Burgschauspieler Emmerich Robert hatte bei der Kaiserin einen Rezitationsabend gegeben.
2 Der Schriftsteller Baron Alfred von Berger war seit November 1887 »artistischer Sekretär« an der Seite des »Jupiters« Sonnenthals.

Bin ich bei Ihnen in der Strafe, oder sind Sie oder Toni gar unwohl, darüber zerbreche ich mir umsonst den Kopf und doch ist die Lösung hoffentlich ganz einfach, daß Ihnen das schreiben vielleicht mühsam war, was ich ganz begreiflich fände, oder glauben Sie, mich in meinem Jagdvergnügen nicht stören zu sollen, was ich weniger begreiflich fände, denn Sie könnten bereits wissen, daß mir Ihre lieben Briefe über Alles werth sind. Und wenn Sie dieses Jagdvergnügen hätten mit ansehen können, hätten Sie schon aus Mitleid geschrieben. Schnee bis ins Thal, strömender Regen, Sturm wechselten mit consequenter Ausdauer und dabei jagten wir täglich. Am frühesten Morgen, als noch Alles schlief, mußte ich bei Lampenschein arbeiten und Abends beim Diner und nach demselben liebenswürdig sein.

Daß die Jagden bei dem schlechten Wetter nicht brillant ausfallen konnten, ist wohl natürlich und doch wurden über 70 Stücke erlegt. Ich schoß wieder schlecht, habe aber *sehr sehr viel* an Sie gedacht, jetzt werden Sie mich, wie ich fürchte auslachen, und brachte, freilich bei schlechtem Anlaufe, nur zwei Thiere, zwei Gemsen und einen Rehbock auf die Strecke. Die für Heute Morgen bestimmte letzte Jagd, ein Gemstrieb, mußte wegen gar zu entsetzlichem Wetter abgesagt werden und so benütze ich die Zeit, die wir hier bleiben müssen, weil Kaiser Wilhelm erst um 1 Uhr von Mürzzuschlag abreist, um diesen Schmerzensschrei an Sie zu richten. Um 2 Uhr verlasse ich mit den anderen Jagdgästen genannten Ort und treffe um 5 Uhr in Schönbrunn ein. Nun erlaube ich mir noch zu melden, daß ich hoffentlich Samstag den 13. Früh zu einer Promenade im Schönbrunner Garten Zeit finden könnte. Ich bitte Sie aber wieder dringend nur zu kommen, *wenn Sie vollkommen wohl sind* und nicht von den Festlichkeiten des Vorabendes zu spät nach Hause kommen, denn schlafen müssen Sie vor Allem genug. Deßhalb würde ich auch ½8 Uhr vorschlagen, was zwar noch immer unverschämt früh, aber doch um eine halbe Stunde später wäre als bisher. Später kann ich leider nicht, da ich in die Stadt fahren muß und ich leider den Prinzen von Wales und den König Milan als Gäste zu erwarten habe. Wie gerne hätte ich Sie bereits um 12 wieder gesehen, aber da wird noch der König von Sachsen in Schönbrunn sein.

Die Kaiserin ist, Gott lob, Gestern glücklich und beim schönsten Wetter in Corfu angekommen, nach einer stürmischen und regnerischen Seereise. Da ich durch Telegramm wußte, daß die See sehr bewegt war, habe ich mich natürlich entsprechend geängstigt. Ich habe von der Kaiserin noch keine Nachricht darüber, wie ihre Unterredung mit Robert ausgefallen ist. Vielleicht können Sie mir etwas darüber mittheilen. Valérie kommt am 12. nach Wien, um den Burgtheater Festvorstellungen beizuwohnen und kehrt dann wieder in ihr liebes Ischl zurück.

Mit Sehnsucht sehe ich Ihrer Antwort entgegen, ob Sie kommen können oder nicht und mit der leisen Hoffnung baldigen Wiedersehens, bleibe ich Ihr herzlichst und treu ergebener   Franz Joseph«

Am 14. Oktober 1888 wurde das neue Burgtheater am Ring feierlich eröffnet. Die Schauspieler, an der Spitze der prominente Joseph Lewinsky (»Feldwebel«), hatten Schwierigkeiten, sich in dem großen Prachtbau der Ringstraße zurechtzufinden, und informierten – auf dem Weg über Katharina Schratt – auch den Kaiser über manche Mängel. Schon am 24. Mai 1888 hatte Franz Joseph der Freundin geschrieben: »...Gestern habe ich mir das neue Burgtheater wieder angesehen. Es ist künstlerisch wunderschön, was aber das praktische betrifft, dürfte Lewinsky mit seinen übel aufgenommenen Bemerkungen in mancher Beziehung recht haben. Besonders die Künstlerlogen sind entsetzlich, denn sie liegen zu hoch und man sieht aus denselben gar nichts. Dagegen fand ich meine Loge dieses Mal bequemer und mit besserer Aussicht auf die Bühne als bei meiner ersten Besichtigung...« Wie unglücklich die Schauspieler über das neue Haus waren,[1] ersieht man daraus, daß der Kaiser am Eröffnungstag der Freundin geradezu kondolierte:

1 Die Proteste der Schauspieler hielten monatelang an. Franz Joseph am 11. November 1888: »Über das neue Burgtheater wird, wie ich höre, leider viel raisonnirt und es scheint der Theater Feldwebel nur die allgemeine Meinung der Mitglieder des Theaters zum kräftigen Ausdruck gebracht zu haben. Dieselben haben mich sehr unterhalten.« Nach einer Audienz der Tragödin Charlotte Wolter bemerkte er am 3. November 1888: »Übrigens war die Unterredung kurz, aber doch lang genug, um etwas über das neue Burgtheater zu schimpfen.« Am 31. Dezember 1888: »Bezeczny hielt mir einen langen Vortrag über die Mängel des neuen Burgtheaters und die Mittel zur theilweisen Behebung derselben.«

Die letzten Reste des alten Burgtheaters.

Abbruch des alten Burgtheaters am Michaelerplatz

Katharina Schratt als heitere Muse, Detail in der unteren rechten Ecke des Burgtheater-Vorhangs von Josef Fux. Der Vorhang verbrannte 1945.

Ofen, den 15. Juni 1888: »Die Photographie von Fux sende ich Ihnen auch mit bestem Danke zurück. Wenn ich richtig verstanden habe, soll die Dame im Nachthemd in der etwas mühsamen Stellung, Sie vorstellen und der Knabe ist Toni. Erkannt hätte ich Sie nicht, aber ich finde, daß die Figuren sehr schön gezeichnet sind.«

»Wien den 14. Oktober 1888.

In Eile nur einige Zeilen, meine arme, liebe gnädige Frau, um Ihnen beiliegenden Brief der Kaiserin mit der Bitte um baldige Rücksendung zu schicken. Er ist wohl eigentlich nicht für Sie geschrieben, betrifft Sie aber doch zum Theile und ich dachte mir, daß er Ihnen in Ihrer trüben Stimmung vielleicht doch einige Zerstreuung und Erheiterung gewähren könnte.

Besten Dank, daß Sie heute in der Kirche gesessen sind und auf Wiedersehen von sehr Weitem Heute Abend. Hiemit Gott befohlen und werden Sie mir nicht zu traurig, grantig oder gar krank. In treuer Freundschaft Ihr ergebener   Franz Joseph«

»Wien den 24. Oktober 1888.

Meine liebe gnädige Frau,

Für den Fall als Sie es nicht schon wissen, beeile ich mich, Ihnen zu melden, daß Dr. Förster die Direktion des Burgtheaters angenommen hat und daß er dieselbe bereits in der nächsten Zeit antreten wird. Die liebe Diana[1] hat sich also umsonst bemüht. Ich hoffe daß Förster ein für Sie zwar nicht liebevoller, denn das mag ich nicht, aber gütiger und bereitwilliger Chef sein wird. Auch habe ich gestern vergessen Ihnen zu sagen, daß ich Heute nicht zu den Goldfischen kommen kann, wie es meine angenehme Pflicht wäre, allein ich muß Blasel[2] zu lieb dem 100jährigen Jubiläum des Josephstädter Theaters beiwohnen. Die Kisten aus Corfu sind bereits angekündigt und ich erwarte sie jeden Augenblick. Sobald sie da sind, werde ich mir erlauben, sie Ihnen gleich zu schicken.[3]

Hoffentlich geht es Ihnen fortgesetzt besser und bin ich Samstag so glücklich, Sie ganz wohl wieder zu sehen, das heißt sehen werde ich Sie bereits Morgen in den Goldfischen, aber leider nur von Weitem.

Und nun in Eile Adieu und meinen besten Dank für Alles Liebe, das Sie mir Gestern sagten. Ihr treu ergebener   Franz Joseph«

---

1 Stella Hohenfels hatte sich für (ihren späteren Mann) Alfred von Berger als Direktor eingesetzt.

2 Der Komiker Karl Blasel war Direktor des Josefstädter Theaters.

3 Die Kaiserin hatte aus Korfu Orangen geschickt.

Darauf antwortete Katharina Schratt, nach einem vorliegenden Konzept von der Hand Palmers: »Nachdem die erste Nachricht über den neuen Direktor mir von Euer Majestät zugegangen ist, rechne ich bestimmt darauf, daß dieser neue Chef mir Glück bringen werde. Euer Majestät Zusatz, daß Dr. Förster gütig und bereitwillig, aber ja nicht liebevoll mit mir sein solle, macht mich überglücklich und stolz und ich werde das Euer Majestät nie nimmer vergessen.«

Gödöllö, den 1. November 1888: »... Sehr neugierig bin ich schon auf Ihre Mittheilung über Försters erstes Auftreten; überhaupt, wenn Sie mir Theatertratsch schreiben, machen Sie mir eine Freude. Es ist das vielleicht nicht schön und recht von mir, aber wahr. Sollten Sie die Sarah Bernhardt spielen sehen, so bitte ich auch um ein Urtheil von Ihnen. Ich werde diese Vorstellungen ganz versäumen, doch da der Hüttenbesitzer nicht gegeben wird, so liegt mir nichts daran. Heute werden Sie wohl mit Ihrer Kinderbewahr Anstalt in ›Müller und sein Kind‹ in die Josephstadt gehen.[1] Ich vergaß neulich ganz, Ihnen zu sagen, daß Sie, als ich so glücklich war Sie zu Wagen zu begegnen, in dem großen Landauer, von den Kindern umgeben, sehr ehrwürdig aussahen ...«

Im Burgtheater kam es, bedingt auch durch die Probleme mit dem neuen Haus und dem neuen Direktor, zu endlosen Streitereien. Der Generalintendant der Hoftheater, Baron Bezecny, drohte in einem Konflikt mit Obersthofmeister Hohenlohe mit Kündigung und reiste zum Kaiser nach Budapest, um sich Rückhalt zu holen. Eduard Palmer agierte zugunsten Bezecnys und der Schratt als graue Eminenz des Burgtheaters und hatte das Ohr des Kaisers.

Gödöllö, den 6. November 1888: »... Sehr freue ich mich, daß der Sommernachts Traum zu Ihrer Befriedigung ausgefallen ist und hoffentlich schadet es Ihnen in den Augen des neuen Jupiter nicht, daß Sie bei seiner Vorstellung nicht sein konnten. Ich habe alle Reden, die bei dieser Gelegenheit gehalten wurden, in der Zeitung gelesen und ich muß sagen, daß mir jene Försters sehr gut gefallen hat. Sie ist klar, trocken und entschieden und wenn der Mann so handelt wie er

---

1 Die Schratt führte den achtjährigen Toni und zwei seiner Schulfreunde in dieses Erfolgsstück von Ernst Raupach.

spricht, so kann eine gute Ära im Burgtheater beginnen, hoffentlich auch eine glückliche für Sie. Für die Mittheilung von Palmers Brief, den ich hier beischliesse, danke ich bestens. Ich wußte noch nicht, daß es in der Intendanz wieder kriselt und ich hoffe noch, daß sich Bezecny seinen Entschluß noch einmal überlegt, oder daß es mir gelingen wird, ihm denselben auszureden. Daß, wie Palmer meint, Sie bei einem Tausche nur verlieren können, ist gewiß ein Grund mehr, daß ich wünschen muß, daß dieser Fall nicht eintritt, obwohl ich bis jetzt nicht besonders viel von der Wirksamkeit der Intendanz zu Ihren Gunsten bemerkt habe. Auch im übrigen wird es ja hoffentlich möglich sein in einiger Zeit manche Aufregung in den Kreisen des Burgtheaters zu besänftigen.

Wie es in der Theater Welt oft lebhaft und eigenthümlich zugeht und wie recht Sie haben, zu behaupten, beim Theater ist fast Alles möglich, lese ich jetzt mit vielem Interesse in dem Buche Sontags[1], das Sie so gütig waren mit à deux reprises zu schicken. Hier, wo ich mehr Zeit habe, habe ich mich über diese Lektüre gemacht, sie bereits fast vollendet und viel Freude an derselben. Das Buch ist unendlich hübsch und anregend geschrieben und besonders was er vom damaligen Burgtheater sagte, erweckte in mir alte, leider sehr alte Erinnerungen und frischte in meinem Gedächtniße so manches auf, was ich längst vergessen hatte. Sein Urtheil über Personen und Verhältnisse jener Zeit ist ein außerordentlich richtiges...«

In diesen Tagen klagte die Freundin wieder einmal über zu wenige Rollen am Theater, verband die Klage aber mit Schmeicheleien: »Da Euer Majestät nicht hier sind so bin ich gar nicht spielwüthend und auch wenn Euer Majestät in Wien seien, würde ich mich nicht lange besinnen, wenn ich zu wählen hätte, was mir lieber ist, mit Euer Majestät zu sprechen oder vor Euer Majestät zu spielen – und mir das Erstere wünschen, aber da dies leider nicht so oft sein kann – so ist es, Euer Majestät während des Spielens im selben Raum zu wißen – trotzdem die Götter zuweilen diese Empfindung zu stören suchen.«

Darauf antwortete der Kaiser aus Gödöllö, den 14. November

---

1 Es handelt sich um die Bühnenerlebnisse von Karl Sonntag, »Vom Nachtwächter zum türkischen Kaiser«.

1888: »... Daß Sie Direktor Förster noch nicht gesprochen haben, thut mir leid, denn wenn es auch nicht schön ist um die Gunst der Mächtigen zu buhlen, so ist es doch mitunter nützlich, mit ihnen auf gutem Fuße zu stehen. Auch die langen Vacanzen, die Sie jetzt am Burgtheater genießen machen mich besorgt, wenngleich Ihre Auffassung der Sache für mich ebenso beglückend als schmeichelhaft ist. Sie sehen, auch ich kann mich mit schwarzen Gedanken abquälen. Erneut bewundere ich Ihren scharfen Verstand und Ihre Bühnenkenntniß in Beziehung auf Cornelius Voss[1] und bitte Sie um Verzeihung, daß ich Sie bei dieser Gelegenheit mit meinen dummen Bemerkungen sekirt habe. Ja, Sie sind halt ein Kreuzköpfel, würde die Kaiserin sagen...«

Gödöllö, den 16. November 1888: »... Gestern kam ein Brief der Kaiserin aus Corfù vom 9. an Valérie, in welchem sie folgendes schreibt, das ich übersetze, da der Brief ungarisch ist: ›Unserer guten Freundin herzlichen Dank für ihre lieben Zeilen. Wenn sie mir Freude machen will, so soll sie mir eine gute Photographie von sich mit Unterschrift ihres Namens in einem Rahmen von Rodeck[2] so bald als möglich nach Corfù schicken.‹ Wenn Sie diesen Wunsch erfüllen wollen, so schreiben Sie Ihren Namen unter die beste von Ihnen existirende Photographie, lassen Sie dieselbe in einen einfachen ledernen Rahmen von Rodeck thun und schicken Sie mir das Bild dann, damit ich es nach Corfù expediren kann...«

Wien, den 22. November 1888: »Meine liebe gnädige Frau, Schutzfrau der Theresianisten etc. etc. –

... Sie beklagen Sich, daß Sie auf meine Mittheilung wegen Ihres 100sten Briefes nicht gleich mit einer schön gedrechselten Phrase geantwortet haben und doch nahmen Sie meine Worte ebenso freundlich wie gütig auf. Mehr brauchte es doch nicht und schöne Phrasen mag ich nicht. Mir geht es übrigens ebenso wie Ihnen, denn ich sollte über Ihren Jubiläum Brief eigentlich etwas schönes schreiben und bringe es nur zu einem einfachen aber gewiß warm gefühlten, herzlichen Danke.

---

1 Die Schratt hatte, offenbar nach einer kaiserlichen Kritik, ihre Rolle im Lustspiel »Cornelius Voß« von Hans von Schönthan, zurückgegeben.
2 Galanteriewarenhandlung am Wiener Kohlmarkt

Da Sie es gestattet haben, so erlaube ich mir bereits Heute mein Namenstag Geschenk zu schicken. Unter dem Bracelet war richtig ein Gegenstand mit einer Nadel, der offenbar dazu dienen soll, die Perlen als Broche zu tragen und den ich daher zurückbehalten habe. Außerdem fand ich noch eine Art kleines Stemmeisen, das nicht zum Stechen geeignet ist und das ich daher im Etui gelassen habe. Sollte im Bracelet noch eine Nadel stecken, so bitte ich um Verzeihung wenn ich nicht im Stande war, sie herauszubrechen...«

Juwelengeschenke genügten Katharina Schratt allerdings nicht. Ende November 1888 versuchte sie, auf dem Umweg über ihren Schwager Elemer von Kiss und offiziell zugunsten ihres Sohnes Toni, zu größeren Geldsummen zu kommen. Wie wichtig ihr diese Angelegenheit war (trotz ihrer Beteuerungen, es gehe ja nur um den Schwager), zeigt die Tatsache, daß sie sowohl Eduard Palmer als auch Paul Schulz bemühte, ihr den betreffenden Brief an den Kaiser aufzusetzen. Palmers Konzept liegt unkorrigiert vor, offenbar, weil die Schratt es nicht für ihre Reinschrift verwendete: »Als ich gestern von Schönbrunn zurückgekommen war, traf ich zu meiner großen Verwunderung meinen Schwager Elemer Kiss, welcher bereits auf mich wartete. Er machte mir eine sehr lange Auseinandersetzung darüber, daß die Güter der Familie Kiss sz. confiscirt wurden, daß diese Güter ihm zwar wieder zurückgegeben, dagegen aber die Einkünfte während der Confiskationszeit nicht ersetzt worden sind; – daß für die Erstattung dieser Einkünfte ein bestimmter Fond existirt hat und daß Schritte gethan werden müßten, um diese Revenüen zu reclamiren. – Er erzählte mir weiters, daß er in dieser Angelegenheit für morgen bei EM. eine Audjenz nachsuchen wolle, und machte mir die Zumuthung, ich solle mich ihm anschließen. Ich kann ihn natürlich nicht verhindern zur Audjenz zu gehen, aber ich habe es mit aller Entschiedenheit abgelehnt mitzuthun.«

Das zweite Konzept, diesmal mit zahlreichen Korrekturen von der Hand Katharina Schratts und offensichtlich die Vorlage für die Reinschrift des Briefes, stammt vom Paul Schulz. Sehr viel langatmiger, gewollt witzig und wirrer wird die Sache geschildert, unter anderem: »Als ich nämlich gestern nach dem Spaziergange, den mir

E.M. zu schenken die Gnade hatten nach Hause komme, erwartet mich der Bruder Kiss's, den ich eigentlich früher beinahe nie gesprochen habe und sagt mir, er hätte mit mir über eine Angelegenheit zu reden, die auch den Toni angehe... Er wollte, dass auch ich wegen des Interesses, das Toni an der Sache habe in Audienz gehe – was ich natürlich sofort ablehnte; E.M. hätten mich auch, wenn ich da morgen ganz unerwartet erschienen wäre gewiß für ein Gespenst gehalten. Aber E.M. wissen ich bin keine Rednerin und an mir ist auch kein Jurist verloren gegangen und müßten jedenfalls mit seinem guten Willen vorlieb nehmen... Wenn möglich bitte seien E.M. lieb mit Elemir und bitte hören E.M. was er sagen will – er war zwar nie lieb mit mir, aber es geht ihm jetzt glaube ich wirklich schlecht...«

Ein drittes Konzept zur Sache Elemér Kiss stammt wieder von Palmer, vielleicht vom nächsten Tag, diesmal mit Schratt-Korrekturen versehen: »Der Zufall, daß ich gerade gestern von Kiss gesprochen macht mich etwas ängstlich, daß E.M. am Ende glauben könnten, es bestehe zwischen meinem Gespräch und der morgigen Audienz meines Schwagers ein gewisser Zusammenhang. Es ist dieß bestimmt nicht der Fall und der Besuch Elemirs war eine complette Ueberraschung für mich. – Wegen Kiss muß ich übrigens noch etwas aufklären, was ich in meiner Confusion falsch berichtet. – Nicht seiner Person gelten die Hoffnungen auf bessere Zeiten, sondern seinem Onkel Dancosky (?)! Ich weiß nicht wem sie gelten, weil ich's nicht recht verstanden habe«.

Kurz und gut: Die Schratt stellte sich wieder einmal dem Kaiser so dar, wie er es liebte: als »dalkert«, als tolpatschige, komische Person. Aber sie wußte, was sie wollte. Sie verpackte dieses ihr Ansuchen dann noch in eine ganze Reihe weiterer Gesuche.

Der Kaiser antwortete aus Wien, den 30. November 1888: »...Jetzt gehe ich zur Besprechung der vier Nummern Ihres Briefes über. Nr. 1 (Brady) habe ich den Vortrag des Justiz Ministers über diese Angelegenheit noch nicht bekommen. Wenn das der Fall sein wird, werde ich die Sache gründlich erwägen. Nr. 2. War die Schwester des Juden Isidor Krauß wirklich Gestern bei der Audienz. Ich habe das Gesuch signirt und werde daher einen Vortrag über diese Angelegenheit erhalten. Das sogenannte Duell scheint aber mehr eine

Rauferei gewesen zu sein, denn von einem Duell mit Messern habe ich noch nie etwas gehört.[1] Was nun Nr. 3, nemlich Ihren armen Schwager betrifft, so steht die Sache schlecht und es läßt sich nichts machen. Eben Gestern erhielt ich den Vortrag des Minister Präsidenten Tisza über Elemérs Gesuch und er sagt daß, was ich ohnehin wußte, der geträumte Fond nicht existirt und daß der Staatsschatz nicht dazu da sei, um ein großes, schönes Vermögen, welches durch Unaufmerksamkeit und schlechte Wirtschaft zu Grunde gegangen ist, wieder herzustellen. Darin hat er aber recht. Es thut mir unendlich leid, Ihnen keine tröstlichere Auskunft geben zu können.[2] Dahin führt eben Mangel an Ordnungssinn und leichtsinniges in den Tag hinein leben, ohne sich um seine eigenen Angelegenheiten und um die Zukunft zu kümmern. Die Erkenntniß kommt zu spät, wenn nicht mehr zu helfen ist. Nehmen Sie Sich ein Exempel daran!...«

Den Tag des 40jährigen Regierungsjubiläums (2. Dezember 1888) verbrachte die Kaiserfamilie auf Schloß Miramar bei Triest. Die Festlichkeiten in Wien dauerten mehrere Tage.

Die Freundin gratulierte nach einem Konzept von Eduard Palmer: »Ich weiß, daß heute die Wünsche von Millionen zum Himmel steigen um Glück und Segen für Euer Majestät zu erflehen und daß ich nichts anderes vollbringen kann, als mich diesen Millionen anzuschließen. Und doch möchte ich gern etwas Besonderes thun, – etwas, was den lieben Gott bestimmen könnte gerade *meine* Gebete gnädig aufzunehmen und gerade *meine* Wünsche zu erhören.«

---

1 Näheres über die ersten beiden Fälle konnte nicht herausgefunden werden. Das Ausmaß der Interventionen von seiten der Schratt war beträchtlich. Meistens ging es um unglückliche Soldatenbräute, die die nötige Kaution für die Heirat nicht aufbringen konnten. Die Schratt in einem Briefkonzept: »Fräulein Tobiaschek war auch wieder bei mir, in Thränen aufgelöst, da ihr Walzel im Obersthofmeister Amt gesagt hat, es werde nichts sein. Vor zwei Tagen kam auch noch die andere unglückliche Braut (Führich) deren Vater nicht einwilligen will und ich mußte wieder Hawerda holen laßen – dieser erklärte mir, wenn das so weiter geht – so ist es das Beste wenn wir Beide gleich um die Concession zu einem Vermittlungs Bureau für Militär Heirathen einkämen.«

2 Die Darstellung bei Bourgoing, 43, über die Kiss-Audienz ist damit hinfällig.

Der Kaiser antwortete am 3. Dezember 1888, bereits wieder in Wien: »...Ihre Gebete haben mich tief gerührt und werden mir Glück bringen. Auch die Art wie dieser Tag von so Vielen, ganz meinen Wünschen entsprechend, begangen wurde, war für mich eine stille, aber wahre Freude und der Lohn für manche Mühe und Sorge dieser langen Jahre...«

»Wien den 6. Dezember 1888.

Meine liebe gnädige Frau,

Im Auftrage der Kaiserin frage ich Sie, ob Sie ihr Morgen Vormittag um ½ 11 Uhr einen Besuch machen wollen. Sollten Sie aber Probe haben, oder sonst verhindert sein, so kann es auch an jedem anderen Tage, der Ihnen bequemer wäre sein. Ich bitte daher, mich nur mit einer Zeile zu benachrichtigen, ob Sie Morgen kommen, oder an welchem anderen Tage. Die Kaiserin ersucht Sie, Sich um ½ 11 Uhr bei Frau v. Ferenczy, Ballhausplatz, Nr. 6, II. Stock, einzufinden. Sollten Sie nach dieser Adresse die Wohnung nicht entdecken, so brauchen Sie Sich nur in der Burg an irgend Jemand zu wenden, der Ihnen gewiß den richtigen Weg zeigen wird. Bei Frau v. Ferenczy wird die Kaiserin Sie abholen, um Sie in unsere Wohnung zu führen. Wie freue ich mich, Ihnen meine Zimmer und das gewiße Fenster von Innen zu zeigen, auf das Sie so oft die Gnade hatten Ihre Blicke von Außen zu richten.

Ich benütze diese Gelegenheit, um Sie um Verzeihung zu bitten, daß ich Vorgestern so zuwieder, sekkant, viel fragend, mit einem Worte unausstehlich war und Sie waren wieder so gut und nachsichtig mit mir.

Heute habe ich den neuen Jupiter[1], der zur allgemeinen Audienz kommen sollte, um 1 Uhr zu mir bestellt, um länger und eingehender mit ihm sprechen zu können. Ich bin sehr neugierig. Gestern Abend war die erste Vorlesung Roberts. Die Kaiserin und Valérie waren sehr befriedigt und bereits Morgen soll wieder gelesen werden.

Jetzt Adieu und hoffentlich auf Wiedersehen. In herzlichster Freundschaft Ihr treu ergebener   Franz Joseph«

---

1 Dr. August Förster

»Wien den 24. Dezember 1888.

Meine liebe gnädige Frau,

Indem ich Ihnen von ganzem Herzen recht glückliche Feiertage wünsche, erlaube ich mir, Ihnen mitfolgendes Bracelet nebst Bonbonieren zum Christkindel zu Füssen zu legen. Ich hoffe, daß Sie diese Kleinigkeit mit gewohnter Güte als ein schwaches Zeichen meiner innigen Freundschaft annehmen werden. Die Photographie Valéries, welche Ihnen bei Frau v. Ferenczy gefallen haben soll, und die Unglück abwendende kleine Hand schickt Ihnen die Kaiserin.

Hoffentlich werden Sie den heutigen Abend recht heiter und zufrieden zubringen und sind Sie durch die Vorbereitungen für den Christbaum nicht zu sehr ermüdet. Ich war sehr glücklich Sie Gestern in der Messe zu wissen, denn von sehen kann man bei der in der Kirche herrschenden Finsterniß eigentlich nicht sprechen und ich danke Ihnen, daß Sie fleißig gesessen sind.

Sehr um Verzeihung muß ich bitten, daß ich später am bewußten Fenster nicht erschienen bin und ich bereute es innig, als ich Sie von einem der Fenster des Salons der Kaiserin aus über den Burgplatz wandeln und, wofür ich herzlichst danke, einige Male zu dem verhängten Fenster hinaufblicken sah. Zu meiner Entschuldigung kann ich nur vorbringen, daß ich, nachdem Sie mir gesagt hatten, Sie würden früher als sonst über den Platz schreiten, bis nach 8 Uhr in meinem Zimmer wartete dann aber dachte, Sie wären wegen Toni, oder weil Sie Sich vielleicht doch nicht ganz wohl fühlten, aus der Kirche directe nach Haus gegangen und da mich die Kaiserin bereits einige Zeit vorher und früher als gewöhnlich zu ihrem Frühstücke hatte rufen lassen, so bin ich hinüber gegangen und bin durch diese Übereilung um die Freude gekommen, Sie von Weitem begrüßen zu können.

Unsere Bescherung haben wir um ½5 Uhr im engsten Familien Kreise nur mit unseren Kindern und unserer kleinen Enkelin[1] und dann speisen wir zusammen. Übermorgen Früh reist die Kaiserin mit Valérie auf 8–10 Tage nach München und ich bin wieder Strohwitwer. Wenn Sie die Gnade haben sollten, mir auf diese Zeilen zu antworten,

---

1 Die fünfjährige Elisabeth, »Erzsi«, Tochter des Kronprinzen Rudolf

so bitte ich schön, mir zu sagen, wie es Ihnen geht, denn eigentlich ängstige ich mich wegen Ihrer Gesundheit noch immer. Wenn Ihnen die Promenade wirklich und ganz gewiß nicht schaden kann, hoffe ich Sie, wie besprochen, Donnerstag mit Ihren jungen Herrn begrüßen zu dürfen, worauf ich mich natürlich freue. Bis dahin leben Sie recht wohl, meine liebe, liebe gnädige Frau. Ich grüße Toni herzlichst und bleibe Ihr in treuer Freundschaft ergebener

Franz Joseph«

Zu Weihnachten erkrankte der achtjährige Toni Kiss an Masern, was für Mutter und Sohn eine wochenlange Quarantäne bedeutete:

»Wien, den 27. Dezember 1888.

Meine liebe theuerste Freundin,

Diesen Titel erlauben Sie mir wohl in einem Augenblicke zu gebrauchen in welchem Ihr Brief mit seiner Schreckensbotschaft mich wie ein Blitz aus heiterem Himmel getroffen hat und wo ich bei dem Gedanken an die bevorstehende lange Trennung wieder so recht innig fühle, wie lieb ich Sie habe. Verzeihen Sie diesen vielleicht unpassenden Gefühlsausbruch, aber ich bin sehr traurig Sie so lange nicht sehen zu dürfen und da ist mein einziger Trost, mich wenigstens Ihnen gegenüber schriftlich aussprechen zu können. Doch das sind lauter egoistische Gefühle und vor Allem ist es ja die Angst um Sie und Toni die mich erfüllt und dabei die Schwierigkeit so oft Nachricht von Ihnen zu bekommen, als ich es wünschen würde. Hoffentlich hat Toni die Masern nur in leichtem Grade und übersteht sie rasch, aber wenn nur auch Sie Sich bald ganz erholen könnten! Schonen Sie Sich wenigstens so viel, als es Ihnen die Pflege Tonis erlaubt. Eigentlich ist es ein Glück, daß Toni während der Ferien bei Ihnen erkrankt ist, wo er eine sorgfältigere Pflege findet, als im Spitale im Theresianum und Ihnen ist es gewiß auch eine Beruhigung ihn zu Hause zu haben. Ich bin so beschämt, daß ich Ihnen gerade in diesen, für Sie so schweren Augenblicken von gar keinem Nutzen sein kann, daß ich, statt Ihnen beizustehen, getrennt von Ihnen sein muß und doch geht es leider nicht anders. Ich muß mich den strengen und selbst den übertriebenen ärztlichen Anordnungen unterwerfen, der

Kaiserin zu lieb, die sich sonst entsetzlich ängstigen würde. Ich werde mir erlauben, Wiederhofer zu Ihnen zu schicken, vor Allem um Nachricht von Ihnen und von Toni zu bekommen, dann aber auch, um von ihm zu erfahren, wie ich mich zu verhalten habe und wie lange die entsetzliche Trennung dauern soll. Wenn er nur nicht gar zu strenge ist und wenigstens einige Milderungen eintreten ließe! Aber da habe ich wenig Hoffnung. Durch Wiederhofer, der mit Ihrem Arzte bekannt ist, hoffe ich doch öfter Nachricht von Ihnen zu bekommen und dann wird Frau v. Ferenczy vielleicht so gut sein manchmal eine telegraphische Anfrage an Sie zu richten. Mit meinen Briefen werde ich mir erlauben, Sie oft zu belästigen, ich kann es jetzt mit besserem Gewissen thun, denn mein Geschreibsel wird Ihnen vielleicht in Ihrer theilweisen Haft einige Zerstreuung verschaffen und egoistisch wie ich immer bin, werde ich vor Allem schreiben, um mich bei Ihnen in Erinnerung zu bringen, denn der Gedanke, daß Sie mich in dieser langen Zeit vergessen könnten, ist mir schrecklich.

... Verzeihen Sie mein beständiges Lamentiren in diesem Schreiben, allein meine Stimmung ist eben eine sehr trübe...«

Am 29. Dezember 1888 besuchte der Kaiser Anna Nahowski. Später schrieb Anna in ihr Tagebuch (139): »Christbaum und Spielzeug von den Kindern lag noch im Salon. Wir wünschten uns gegenseitig glückliches Neues Jahr, nicht ahnend, wie viel Leid das neue Jahr bringen wird.«

Anna hatte im Sommer eine Fehlgeburt erlitten und war lange krank gewesen. Im Herbst und Winter hatte der Kaiser sie laut Tagebuch noch einige Male besucht.

Zu Silvester 1888 schrieb Franz Joseph an Katharina Schratt: »... Alle Ihre Wünsche sollen in Erfüllung gehen und an Toni sollen Sie nur Freude erleben. Wenn ich auch von mir sprechen darf, so wünsche, hoffe und bitte ich, daß Sie mir auch im Jahre 1889 Ihre Freundschaft bewahren, daß Sie so unendlich gut für mich bleiben, wie bisher und auch künftig so nachsichtig mit mir seien, wenn ich zuwider bin, vor Allem aber, daß Sie mich ein bisserl lieb haben.« Und voll Eifersucht auf Hanns Wilczek: »Heute kommt der Präsident der Rettungsgesellschaft zu mir zur Audienz. Der macht sich gewiß nichts aus Masern und kann Sie sehen, so viel er will! Es ist doch oft recht hart ein Megaliotis[1] zu sein!!«

Der Kaiserin schrieb er am selben Tag: »Edes, szeretett lelkem [meine süße geliebte Seele], Zum Morgen beginnenden neuen Jahre wünsche ich Dir, dem lieben Brautpaare[2], Gisela, den Enkeln, Mama und Allen von ganzem Herzen Glück; vor Allen aber Dir mein geliebter Engel. Gott beschütze und segne Dich. Ich wünsche Dir auch, daß alle Deine Wünsche, die praktisch erfüllbar sind und mich nicht zu sehr geniren, in Erfüllung gehen und bitte Dich, mir Deine Liebe, Nachsicht und Güte zu erhalten. Ich habe mit heißestem Danke das beseeligende Gefühl, daß Deine Liebe mit den zunehmenden Jahren auch zunimmt, statt zu erkalten und das macht mich unendlich glücklich.« Katharina Schratt wird kurz erwähnt: »Von der Freundin kam gestern beiliegendes Telegramm. Dort geht es, unberufen auch besser und es bleibt nur die langweilige Quarantaine.«

Wien, den 7. Januar 1889: »...Sie glauben gar nicht wie traurig es ist, mit allen Nachrichten nur auf die kurzen Telegramme angewiesen zu sein und nicht einmal einen Brief bekommen zu dürfen... Jetzt habe ich Sie bereits über 14 Tage, eigentlich bald 3 Wochen nicht gesehen und die Zeit der Trennung wird mir schon sehr lang...

Ich bin in einer Menge Sachen nur auf Combinationen, die dann natürlich meistens unrichtig sind, angewiesen und möchte Sie so Vieles nach meiner üblen Gewohnheit fragen, besonders über Ihre Gesundheit, wegen der ich mich nicht beruhigen kann...«

Wien, den 11. Januar 1889: »...Ich kann die Freude kaum erwarten, Ihre lieben Schriftzüge wieder zu sehen. In einem Momente von Melancholie habe ich neulich den Gedankenbrief wieder gelesen und er verfehlte seine Wirkung nicht, denn ich wurde ruhiger und zufriedener. Neues kann ich Ihnen wenig berichten, da wir ziemlich einförmig leben...«

Wien, den 14. Januar 1889: »...Meine liebe Freundin, Endlich geht

---

1 griechischer Ausdruck für »hoher Herr« oder »Majestät«, als Deckname benützt
2 Die Kaisertochter Marie Valerie und Erzherzog Franz Salvator

die entsetzlich lange Zeit der Trennung zu Ende und der glückliche Augenblick des Wiedersehens naht. Vorgestern hoffte ich mit Ungeduld und Sehnsucht auf einen Brief von Ihnen, allein der strenge Wiederhofer hat auch das nicht erlaubt und obwohl ich es in meinem Laienverstande eigentlich einen Unsinn finde, so muß man sich wegen der Besorgniß der Kaiserin für Valérie doch diesem Ausspruche fügen. Gestern kam er zu mir, um mir über seinen letzten Besuch bei Ihnen zu berichten und da sprach er endlich das Erlösungswort und meinte, daß Ihnen Morgen eine Promenade in Schönbrunn nicht schaden würde. Ich bitte Sie aber recht schön, fragen Sie doch noch Ihren Arzt, ob er Ihnen den Spaziergang erlaubt und wenn das Wetter schlecht wäre, so kommen Sie nicht, denn auch Wiederhofer meinte, daß Sie bei schlechtem Wetter nicht ausgehen sollten. Ich wäre ja untröstlich, wenn Ihnen das Wiedersehen Schaden brächte!

Ich werde Morgen, Dinstag den 15. um 1 Uhr auf dem Parterre sein und zähle die Stunden bis dahin...«

Dieses so lange und sehnsüchtig erwartete Treffen mußte wegen einer Verkühlung der Schratt verschoben werden.

»Wien den 15. Jänner 1889

Theuerste Freundin,

Obgleich ich sehr traurig, eigentlich unglücklich bin, Sie Heute nicht wiedersehen zu dürfen, so ist doch recht gut, daß es Ihnen nicht gestattet ist nach Schönbrunn zu kommen, denn bei dem eingetretenen Schneefalle hätten Sie nasse Füße bekommen und hätten sich wieder verkühlt. Ich hätte Ihnen wahrscheinlich, auch wenn Widerhofer nicht mit dem Verbote zu mir gekommen wäre, geschrieben, um Sie zu bitten, Heute wegen dem schlechten Wetter zu Hause zu bleiben. Er verkündete mir den Befehl, daß die Quarantaine erst Übermorgen zu Ende sein darf. Ich finde, daß er ein Tyrann ist, aber hoffentlich wird Ihr neuer Schnupfen, der den Anlaß zu seiner Entscheidung gab, bis dahin vollkommen überstanden sein und ein besseres Wetter es möglich machen, daß ich mich wegen eines Spazierganges für Sie nicht zu ängstigen brauche. Ich werde Donnerstag den 17. um 1 Uhr auf dem Parterre sein und vielleicht ist bis dann das Pech, welches mich verfolgt zu Ende. Selbstverstandlich bitte ich Sie nur zu kommen, wenn Sie ganz wohl sind.

Gestern wäre ein ruhiges, mildes und angenehmes Wetter gewesen, das ich in Schönbrunn mit der Kaiserin genoßen habe.

Über die gestrige Vorstellung der Fremden werde ich Ihnen hoffentlich mündlich berichten können.

Und nun in Eile Adieu. Ich traue mich schon gar nicht mehr zu sagen: auf Wiedersehen und bleibe Ihr zwar recht trauriger, aber immer gleich treu ergebener   Franz Joseph«

»Wien den 26. Jänner 1889.

Meine liebe Freundin,

Die Kaiserin laßt Sie bitten, Montag um 11 Uhr zur Frau von Ferenczy zu kommen. Ich hoffe, daß es auch mir möglich sein wird, Sie dort zu begrüßen, wenigstens werde ich trachten, meine Audienzen so sehr als möglich zu beschleunigen. Sehr glücklich war ich, Sie Gestern nach der langen Unterbrechung wieder so frisch und prächtig spielen zu sehen. Sie schienen mir sehr gut disponirt und wohl. Hoffentlich habe ich mich nicht getäuscht. Sehr stolz war ich auch, daß Sie Ihre schönen Arme mit meinen beiden letzten Bracelets geschmückt haben und innigst dankbar, daß Sie, als die Hufe meiner Roße auf dem Pflaster klapperten, am offenen Fenster Ihrer Garderobe erschienen. Jetzt kenne ich dieses Fenster und künftig werden sich meine Blicke oft zu demselben empor richten. An frischer Luft muß es Ihnen Gestern Abend nicht gefehlt haben und ich kann nur die gute Constitution bewundern, welche diese Kälte in einfachem Kleide aushält. Heute Abend hoffe ich Sie wieder bewundern zu können und ich bitte nochmals, mir es nicht übel zu nehmen, wenn ich etwas spät komme, allein mein Fest Diner zu Ehren des morgigen Geburtstages des Deutschen Kaisers dürfte etwas lange dauern. Morgen muß ich zur Feier dieses Tages eine Soirée bei Reuß[1] mitmachen, was mich, wie Sie denken können, weniger freut.

---

1 Bei diesem Fest zu Ehren Kaiser Wilhelms II. beim deutschen Botschafter Prinz Reuß am 27. Januar 1889 erschienen neben Kaiser Franz Joseph auch das Kronprinzenpaar, die allererste Wiener Gesellschaft – und die 17jährige Mary Vetsera. Rudolf hatte zu diesem Zeitpunkt bereits Verabredungen mit seiner Geliebten getroffen, nach Mayerling zu fahren – und dort gemeinsam Selbstmord zu verüben. Das Kaiserpaar war ahnungslos.

Auf Wiedersehen Heute Abend von Weitem und Montag und Dinstag von Nahem. Dann folgt die für mich so traurige Zeit der langen Trennung. Grüßen Sie Morgen Toni bestens von mir und bleiben Sie freundlich gesinnt Ihrem treu ergebenen

Franz Joseph«

»Wien den 27. Jänner 1889.

Theuerste Freundin,

Sie sind wirklich gar zu gut und liebevoll, daß Sie, obwohl unwohl und ermüdet, mir doch noch in der Nacht geschrieben haben, nur damit ich mich über Ihr Nichterscheinen in der Kirche nicht ängstige. Schon vor ¾7 Uhr hatte ich Ihre lieben Zeilen in Händen und ich danke Ihnen von ganzem Herzen für Ihre Fürsorge, für Ihre beiden Briefe und für die interessante Photographie, die mich sehr freut. Netti danke ich auch bestens für die Mühe, welche sie hatte, mir Ihre Sendung zu so früher Stunde zukommen zu machen...

Nun zur Hauptsache. Die Kaiserin laßt Sie bitten, oder eigentlich Ihnen *befehlen,* daß Sie morgen nicht zur Frau v. Ferenczy kommen, sondern erst Mittwoch um 11 Uhr, aber auch dann nur, wenn Sie hinreichend wohl sind. Wenn Sie diesem Befehle, wie es Ihre Pflicht ist, gehorchen, wäre mir, abgesehen von der Sorge um Ihre Gesundheit, auch darum gedient, weil ich Morgen gegen meine Erwartung so viele Audienzen habe, daß es mir kaum möglich wäre rechtzeitig fertig zu werden.

Natürlich dürfen Sie auch Dinstag nicht nach Schönbrunn kommen, denn so glücklich ich gewesen wäre mit Ihnen spazieren gehen zu dürfen, so bin ich doch *viel glücklicher* und beruhigter, wenn Sie Sich schonen, um Ihre mir so theuere Gesundheit vollkommen herzustellen. Frau von Ferenczy ist von der Abänderung des Besuch Tages in Kenntniß.

Verzeihen Sie das Schleuderische dieses Briefes, allein ich bin ziemlich gehetzt und habe wenig Zeit.

Adieu und schonen Sie sich um eine rechte Freude zu machen Ihrem in treuer Freundschaft ergebenen

Franz Joseph«

Als die Freundin am Mittwoch, dem 31. Januar 1889, um 11 Uhr, wie verabredet, in der Wohnung Ida Ferenczys in der Hofburg eintraf, war gerade die Nachricht vom Tode des Kronprinzen Rudolf eingelangt. Die Kaiserin war die erste, die informiert wurde, und sie übernahm es, unter vier Augen ihrem Ehemann die Nachricht zu überbringen. Ida Ferenczy beobachtete ihn: »Elastisch tritt er ein, gebrochen, gesenkten Hauptes, verläßt er das Zimmer.«

Die Eltern, die Witwe Stephanie und die Tochter Erzsi am Totenbett des Kronprinzen Rudolf – in der Phantasie des Zeichners

Elisabeth ging mit Ida in deren Wohnung, wo die ahnungslose Freundin wartete. Marie Valerie: »Sie ist Mama willkommen. Mama führt sie selbst zu Papa« – und überließ es der Schratt, dem Kaiser in seinem ersten Schmerz beizustehen.

Zwei Tage später machte die Schauspielerin wieder einen Besuch in der Hofburg. Sie versuchte Trost zu spenden, indem sie den Kaiser auf die Liebe seiner Familie hinwies: Er habe »drei Engel um sich, die ihn bewachen, lieben und trösten«. Erzherzogin Valerie vermerkte am 1. Februar 1889 stolz in ihrem Tagebuch: »Sie meinte, Mama, Gisela und mich.« Franz Josephs Antwort zur Schratt: »›Ja, Sie haben recht‹, sagte Papa, indem er Mamas Hand nahm, ›das sind wirklich drei Engel.‹«

Die Freundschaft zwischen dem Kaiserpaar und Katharina Schratt wurde in diesen schweren Tagen entscheidend vertieft. Die Schratt hielt über Ida Ferenczy, die Vertraute der Kaiserin, ständigen Kontakt mit der Hofburg, bat auch immer wieder sehr taktvoll um Informationen, so am 4. Februar, als sie an Ida schrieb: »Bin trostlos – Bitte um ein Wort... Es ist mir das umso peinlicher, als ich mich recht geängstigt darüber fühle, daß unter den vielen Gerüchten auch Dinge besprochen werden, die ich unbekannt geglaubt... Herr Baltazzi war bei mir – es war eine fürchterliche Stunde.«[1]

Schon in den ersten Tagen nach dem Selbstmord des Kronprinzen, jedenfalls noch vor seiner Beisetzung, war also die (streng geheim gehaltene) Nachricht von einer zweiten Leiche, nämlich der der 17jährigen Mary Vetsera, der Baltazzi-Nichte, durchgesickert. Katharina Schratt, die seit Jahren mit der Familie Baltazzi befreundet war, hatte in dieser Situation eine wichtige Aufgabe als Vermittlerin von Nachrichten zwischen der kaiserlichen Familie und der Familie Baltazzi-Vetsera. Sie erwarb sich unschätzbare, diskrete Verdienste, war in die schaurigen Details der Tragödie von Mayerling völlig eingeweiht – im Gegensatz zu Anna Nahowski, die in ihr Tagebuch klagte: »Wie gerne möchte ich Ihm nur ein einziges tröstendes Wort sagen! Sagen, wie innigen Anteil ich nehme! Unmöglich. So nahe wir uns stehen, so himmelweit sind wir entfernt voneinander« (140).

---

1 zitiert nach dem Autographenkatalog des Dorotheums Wien am 26. April 1982

Theuerste Freundin,

Heute nur wenige Zeilen, denn Sie dürfen und sollen nicht lesen, um Ihnen zu sagen, daß ich in meinem unsagbaren Schmerze, viel und mit den Gefühlen innigsten Dankes an Sie denke. Ihre treue Freundschaft und Ihre wohltuende, ruhige Theilnahme waren uns ein großer Trost in diesen letzten, entsetzlichen Tagen. Die Einladung zum Besuche für Gestern war von der Kaiserin ausgegangen, die Sie so gerne sieht; ich hätte mich kaum getraut, Sie wieder zu belästigen, aber unendlich dankbar war ich ihr für ihre Absicht. Nun kann ich aber nur die Bitte, eigentlich Befehl, wiederholen, mit welchem bereits Frau von Ferenczy beauftragt war, daß Sie sich vollkommen schonen, den Ärzten genauestens gehorchen und gewiß nicht früher ausgehen, als es diese gestatten. Hoffentlich werden Sie bald wieder ganz hergestellt sein und wir die ersehnte Freude haben, Sie bei uns zu sehen. Frau von Ferenczy hat uns ausführlich über den Besuch bei Ihnen berichtet und täglich hoffen wir durch die unvergleichliche Netti Nachricht von Ihnen zu bekommen.

Heute wird mir noch eine schwere Aufgabe: den besten Sohn, den treuesten Unterthan in die letzte Ruhestätte zu geleiten. Der liebe Gott, vor dessen Wille und Gnade ich mich dankbar beuge, der mich bisher aufrecht erhalten hat, wird mir auch dazu die Kraft geben. Da ich weis, daß es Sie freuen wird, kann ich Ihnen übrigens melden, daß es mir körperlich gut geht. Auch die drei Engel, die mich mit ihrer unendlichen Liebe, mit ihrer bewunderungswürdigen Kraft, mit ihrer innigen Sorgfalt umgeben, sind wohl. Wie kann ich der erhabenen Dulderin, der wahrhaft großen Frau anders gedenken, als mit einem Dankgebete zu Gott, der mir so viel Glück beschieden hat.

Der Brief ist doch länger geworden, als ich wollte, allein es thut wohl, das Herz in ein treues Herz auszuschütten und ich hoffe nur Ihren Augen nicht zu schaden. Ich *verbiete* Ihnen, mir zu schreiben und *befehle* Ihnen nochmals, Sich zu schonen. Das ist die größte Freude, die Sie mir jetzt machen können. Und nun leben Sie wohl, theuere, liebe Freundin und beten Sie für den armen Rudolph.

Ihr dankbarer, treu ergebener

Franz Joseph«

Der lange Kondolenzbrief der Schratt an den Kaiser war laut Konzept von Eduard Palmer verfaßt: »Es ist gewiß nicht Ungehorsam gegen den directen Befehl, wenn ich heute zur Feder greife ... Ich will es nicht verhehlen, daß mich eine fieberhafte Unruhe verzehrt, so zur Unthätigkeit verurtheilt zu sein, und so gar nichts thun zu können, um das bittere Leid meines Kaisers etwas mildern zu helfen. – Ich hab mich gestern NM. abgesperrt, um ungestört zu bleiben und mit meinen Gedanken geleitete ich EM. auf dem schweren Gange zur Kirche. Ich hörte das Glockengeläute von Allen Richtungen und mein Gebet vereinigte sich mit den Gebeten All der Tausende, die gestern dem armen Kronprinzen das Geleite gegeben. – Aber mit meinem Gebete für die ewige Ruhe des Dahingeschiedenen sendete ich noch ein anderes Gebet zum Himmel, damit der Gütige Gott EM. erhalte, ungebrochen und in voller Stärke, lange, lange, lange.«

Und: »Es gibt Momente, wo Trostesworte nichts sind als ein leerer Schall, – ich weiß das nur zu gut, und ich würde den Versuch, EM. mit Worten trösten zu wollen, auch gar nicht wagen. – Ich will auch nicht von der allgemeinen Theilnahme sprechen, die ausnahmslos heute alle Herzen erfüllt. – Aber das herbste Leid verliert von seiner Bitterkeit wenn wir *weinen* können und so will ich mit EM. weinen über die schwere Schicksalsfügung, die Gott in seinem unerforschlichen Rathschlusse über uns alle verhängt hat, – ich will EM. sagen, daß in diesen schweren Stunden All mein Denken und all mein Fühlen unausgesetzt bei EM. verweilen, und daß ich unglücklich bin über meine Ohnmacht, daß ich so gar nichts thun kann als weinen und den lieben Gott bitten, er möge EM. die Kraft verleihen, auch dieses Unglück zu tragen. Wenn diese meine Bitte Erhörung findet, so werde ich auf den Knien dafür danken.«

Gleich nach der Beisetzung (Rudolfs Opfer Mary Vetsera war mittlerweile unter Polizeibewachung und grausigen, unwürdigen Umständen heimlich in Heiligenkreuz nahe Mayerling begraben worden) reiste das Kaiserpaar nach Ungarn. Die Tumulte gegen die von der Regierung geplante Wehrgesetznovelle drohten dort in eine Revolution gegen Wien auszuufern. Die Lage war so ernst, daß die Polizei noch kurz vor dem Eintreffen des Kaiserpaares mit Gewalt eine Demonstration vor der Ofener Burg zerstreuen mußte.

Meine liebe Freundin,

Da ich denke, daß Sie es vielleicht freut, Nachricht von uns zu bekommen, so benütze ich schon Heute die freie frühe Morgenstunde, um Ihnen zu melden, daß wir Gestern zur festgesetzten Stunde hier eingetroffen sind und daß wir uns, dank der Gnade Gottes, körperlich wohl befinden. Vorgestern Abend war noch der Abschied von Leopold und Gisela recht schmerzlich, deren Anwesenheit und Liebe uns vielen Trost gewährt hatte. Gestern Früh um ½9 Uhr verließen wir die Burg und um 9 Uhr dampften wir vom Bahnhofe ab. Die Kaiserin und Valérie frühstückten erst im Waggon, wobei ich auch eine Tasse Thee nahm und um Mittag erhielten Valérie und ich durch die Fürsorge der Kaiserin eine Guljás Suppe, die wir mit großem Appetit verzehrten, denn trotz meines Schmerzes fühle ich fast beständig einen außergewöhnlichen Hunger. Die übrige Zeit brachte ich theils mit meinen beiden Damen, theils arbeitend und rauchend zu. Die Ankunft in Pest fiel besser aus, als ich gefürchtet hatte. Es waren zwar eine Menge Herrn am Bahnhofe, die uns aber nur still begrüßten und auf den Strassen eine Masse Leute, doch waren sie nicht ganz so lärmend, wie sonst und wir konnten im Trabb durchkommen, so daß die Fahrt ins Schloß nicht zu lange dauerte. Das Éljen Rufen that wohl der Kaiserin wehe, aber ich bin doch froh, daß die Leute im Ganzen anständiger und rücksichtsvoller waren, als man es hier von ihnen gewöhnt ist.

Das ziemlich milde und nicht gar zu windige Wetter benützte die Kaiserin, um gleich nach der Ankunft mit Valérie im Garten spazieren zu gehen, während ich den Commandirenden GdC Graf Pejacsevich zu mir kommen ließ und dann arbeitete. Um 5 Uhr speisten wir drei zusammen und dann gingen wir in den Salons der Kaiserin auf und ab. Die Kaiserin schlief hier, Gott lob, endlich gut und ich auch besser, als in den letzten Nächten in Wien.

Die politische Situation fand ich hier eher gebessert und so hoffe ich daß wir das Wehrgesetz im Reichstage, wenn auch nicht ohne Kämpfe und ohne Strassenkrawalle, doch durchbringen.

Ich denke mit den Gefühlen innigster Liebe und Dankbarkeit viel an Sie und oft sprechen wir von Ihnen. Die Kaiserin war sehr erfreut zu hören, daß Sie beabsichtigen im Frühjahre nach Hietzing zu kommen, denn, wie Sie sagte, sind Sie dann näher von uns.

Nochmals danke ich Ihnen vom ganzen Herzen für Ihre Absicht nach Lourdes zu gehen. Beten Sie dort vor Allem für den armen, theuern Rudolph, für den besten Sohn und bei der heiligen Mutter Gottes, der Schmerzensreichen, auch für die arme Mutter welcher der Himmel den denkbar größten Schmerz auferlegt hat.

Eine große Beruhigung ist es mir, daß ich Sie Vorgestern zum ersten Male in der Stimmung fand, endlich und ernstlich Ihrer Gesundheit zu leben. Bleiben Sie diesem Vorsatze treu und beschäftigen Sie Sich die nächste Zeit nur mit Ausruhen. Das ist Ihnen vor Allem nothwendig. Ich habe Förster die Weisung ertheilen lassen, Ihnen einen so langen Urlaub zu gewähren, als Sie brauchen und wünschen.

Wenn Sie so gut sein wollen, mir manchmal aus dem Süden zu schreiben, so wäre es, denke ich, am besten, wenn Sie die Briefe«

An dieser Stelle endet der Text: eine Seite des Doppelbogens mit dem Schluß des Briefes wurde abgerissen.

»Ofen den 16. Febr. 1889.

Meine liebe Freundin,

Ihr lieber, guter Brief vom 13., den ich Vorgestern Früh erhielt, gereichte mir zur innigsten Freude und zu wahrem Troste. Herzlichsten Dank für denselben. Gott vergelte Ihnen Ihre Liebe und Güte. Sehr froh bin ich, daß Sie mit Ihrer Gesundheit nicht unzufrieden sind und daß Sie bereits übermorgen Wien verlaßen, um wärmere Gegenden aufzusuchen, was bei dem jetzt eingetretenen strengen Winter doppelt nothwendig ist. Hoffentlich werden Sie Ihren Urlaub bis zu Ende ausnützen und wenn es kalt bleiben oder Ihre Gesundheit noch nicht vollkommen hergestellt sein sollte, auch überschreiten oder verlängern. Die etwaigen dienstlichen Unannehmlichkeiten würde ich auf mich nehmen. Meine Gedanken werden Sie in den Süden begleiten, mit Ihnen in Venedig, Mailand und endlich am Ziele Ihrer Reise in Mentone oder Nizza weilen. Mit Ungeduld werde ich Nachrichten von Ihnen entgegen sehen und mit unendlicher Sehnsucht mich auf das endliche Wiedersehen freuen, das Sie aber nicht etwa aus Güte für mich beschleunigen dürfen, denn die Herstellung Ihrer Gesundheit ist für mich die Hauptsache und das Ziel meiner Wünsche. Meinen nächsten Brief werde ich der Frau Marie[1] übergeben lassen, damit sie denselben, sobald sie Ihre Adresse bekommt, gleich absenden kann. Später wird es vielleicht schneller sein, die Briefe von hier directe unter Ihrer Adresse zu schicken. Heute hoffe ich durch Wiederhofer etwas von Ihnen zu erfahren, der zu einem ärztlichen Consilium in Pest auf einen Tag hieher kommt.

Die Kaiserin ist vorigen Sonntag wegen dem Unwohlsein des kleinen Festetics[2] gar nicht erschrocken. In ihrer damaligen Stimmung fiel ihr die Möglichkeit einer Ansteckungsgefahr nicht einmal ein. Sie brauchen Sich daher keine Skrupeln zu machen und ich bin Ihnen sehr dankbar, daß Sie doch zu Frau v. Ferenczy gekommen sind, denn eine so lange Trennung ohne Abschied wäre ja zu traurig gewesen.

Mit Ihrer Absicht, die Villa Felicitas zu miethen, bin ich vollkommen einverstanden, vorausgesetzt, daß Ihnen dieselbe convenirt.[3] Frauenstein war freilich hübscher, dafür hat die Villa Felicitas den Vortheil der Nähe, welches es mir ermöglicht, Sie mit Ihrer Erlaubniß viel öfter zu besuchen, auch will die Kaiserin Ihnen den Schlüssel zu einer kleinen Thüre geben, durch welche Sie in unseren Garten gelangen können, ohne durch eine Gasse von Ischl gehen zu müssen. Ich fürchte nur für Sie den Abgang der frischen Seeluft und die vielen Gelsen, auch mit dem Schwimmen wird es schlecht aussehen.

---

1 Laut Bourgoing, 142, die frühere Kinderfrau von Toni Kiss
2 Der Schulfreund von Toni Kiss war ebenfalls an Masern erkrankt.
3 Die Verhandlungen zogen sich hin. Ofen den 20. März 1889: »Es wäre schrecklich, wenn Sie die Villa Felicitas Heuer nicht bekommen könnten und wieder eine andere Wohnung suchen müßten. Eine schönere wäre zwar leicht zu finden, aber wo.« Zwischen der Kaiservilla und der Villa Felicitas lag immerhin ein halbstündiger Fußweg. Als die Schratt allerdings ein näheres Haus in Erwägung zog, wehrte Franz Joseph am 27. April 1889 ab und meinte, »daß es vielleicht doch besser ist, wenn Sie die Felicitas nehmen, wenngleich die Nähe der Villa Hanke mir sehr bequem gewesen wäre. Weniger unnöthigen Tratsch der lieben Nebenmenschen gibt es so gewiß. Wenn Sie auch etwas weiter wohnen werden, so werde ich Sie, mit Ihrer Erlaubniß, doch erreichen und das ist die Hauptsache.«

Ach! wäre es schon Sommer und wären wir schon im lieben Ischl! Oder gäbe es jetzt schon einen Ort, wo man vergessen könnte!

Doch den gibt es nicht und so muß man sein Leid in Geduld und Ergebung in Gottes Willen tragen.

Von hier kann ich Ihnen nicht viel erzählen. Wir sind körperlich ganz wohl. Die Kaiserin hat ihre Lektionen mit dem kleinen, schreienden Griechen wieder aufgenommen und sie obliegt dem Studium des Neugriechischen mit gewohntem Eifer sowohl im Zimmer als bei ihren Spaziergängen im Garten. Es ist das für sie eine nützliche Zerstreuung und Abends, ehe wir zur Ruhe gehen, liest ihr Valérie vor, wobei ich regelmäßig in einem sehr bequemen Lehnstuhle einschlafe. Äußerlich ist die Kaiserin ruhig und nur mit ihrer Sorge um mein Wohlbefinden und meine Erheiterung beschäftigt, aber ich merke es doch, wie ganz der tiefe, stille Schmerz sie erfüllt. Es ist eine große, seltene Frau! Valérie wird, Gott sei Dank, von Tag zu Tag heiterer. Die Jugend behauptet eben ihr Recht. Heute Abend kommt ihr Bräutigam, um den morgigen, dienstfreien Sonntag hier zuzubringen.

Mir lassen die jetzt besonders vielen Arbeiten und der Ärger über die momentanen hiesigen Zustände keine Zeit, mich viel mit meinem Schmerze zu beschäftigen und das ist eigentlich gut. Nur die Zeit nach dem ins-Bett gehen, bis es mir gelingt einzuschlafen, ist bös, ebenso das Erwachen Früh Morgens. Die ersten 3 Tage bin ich um 1 Uhr herum durch 1½ Stunden mit der Kaiserin im Garten spazieren gegangen, Gestern hatte ich dazu keine Zeit, habe aber nicht viel dabei verloren, denn es schneite, nachdem wir Morgens 8° Kälte gehabt hatten. Heute sind nur mehr 1½°. Um 5 Uhr speisen wir 3 zusammen und Abends gehen wir gewöhnlich in den Salons der Kaiserin auf und ab, worauf Valéries Vorlesung folgt.

Auf meinem Schreibtische liegt der 1889er Kalender mit Dieu vous garde, den ich Ihrer Güte verdanke und den ich von Wien mitgebracht habe, damit er mich beständig an die angebetete Geberin erinnere, was eigentlich nicht nothwendig ist, denn meine Gedanken sind ja ohnehin immer in Dankbarkeit bei Ihnen.

Die Kaiserin grüßt Sie schönstens und ich wünsche Ihnen vom ganzen Herzen eine recht glückliche und erfolgreiche Reise. Mit herzlichen Grüßen an Toni und mit den Gefühlen innigster Liebe und Freundschaft bleibe ich Ihr   Franz Joseph«

Ofen, den 20. Februar 1889: »...Ich bin täglich mit der Kaiserin über eine Stunde im Garten spazieren gegangen, während sie viel länger in der Luft bleibt. Sie ist, Gott lob, wohl, aber mit der traurigen Stimmung will es nicht besser werden. Das kann wohl auch nicht anders sein. Es geht mir auch eben so und die gegenwärtigen hiesigen Zustände sind nicht zur Aufheiterung geeignet. Valéries Bräutigam war richtig von Samstag Nachmittag bis Sonntag Abend hier und brachte etwas Abwechslung in unser einförmiges Leben. Montags gab ich wieder zum ersten Male Audienzen, deren Zahl ziemlich groß war. Gestern speisten die Erzherzoge Albrecht und Wilhelm mit uns, welche ich nebst einigen anderen Generalen zu Sitzungen hierher berufen habe, die ich alljährlich um diese Zeit in militärischen Personal Angelegenheiten abhalte. Heute werde ich sogar an einem etwas zahlreicheren Herrn Diner Theil nehmen. So kommt man nach und nach wieder in die früher gewohnte Lebensweise...

In der Zeitung las ich, daß das neue Stück ›Die wilde Jagd‹[1] wegen Ihnen bis zur nächsten Saison aufgeschoben wurde. Wenn es wahr ist, so zeigt das von einer Rücksicht, die mich freut. In der Rezension des ›Bruder Hanns‹[2] wird die Diana gar nicht genannt. Auch das freute mich, wenn es vielleicht auch nicht christlich von mir ist. Sie sehen, daß ich mich wieder mit dem Burgtheater beschäftige, auch ein Fortschritt zum gewohnten Leben. Warum ich es thue, wissen Sie ja am besten...« (B)

»Ofen den 24. Febr. 1889.

Meine liebe Freundin,

Eigentlich habe ich Ihnen nichts zu sagen, als daß ich mich unendlich nach Nachrichten von Ihnen sehne und doch fürchte ich, daß es noch einige Tage dauern wird, ehe ein Brief von Ihnen eintrifft. Hoffentlich schreiben Sie mir recht genau über Ihre Gesundheit, Ihre

---

1 Lustspiel von Ludwig Fulda
2 Lustspiel von C. Karlweis

Laune, Ihre Reise und Ihren jetzigen Aufenthalt. Ich denke viel an Sie und male mir dabei Mentone sehr angenehm und besonders recht warm aus. Die Sehnsucht nach warmer Luft wird um so größer, wenn man, wie wir hier, wieder ganz in den strengen Winter zurückgefallen ist. Nach einigen ziemlich warmen Tagen mit ausgiebigen Kothe, ist es seit Vorgestern wieder recht kalt und fest gefroren bei heiterem Himmel. Auch jetzt scheint der abnehmende Mond ganz hell bei 7° Kälte. Dabei blast meistens ein recht scharfer Wind. Interessantes oder gar amusantes kann ich nichts melden, denn wir leben in stiller Trauer ruhig weiter. Mit der traurigen Stimmung will es halt nicht besser werden. Besonders der Kaiserin wird es recht hart sich aus dem Schmerze etwas heraus zu reißen. Gestern hatte sie wieder einen recht melancholischen Tag und weinte bei unserem kleinen Diner zu 3 Personen recht viel und da fing natürlich auch Valérie gleich zu weinen an.

Körperlich geht es uns, Gott sei Dank, immer unglaublich gut, wozu bei der Kaiserin wohl die einige Stunden dauernden Promenaden im Garten beitragen. Auch ich war Gestern und Vorgestern wieder im Garten, nachdem ich Mittwoch und Donnerstag nicht aus dem Zimmer gekommen war, da mir die militärischen Sitzungen zu viel Zeit nahmen. Nach Beendigung derselben, verließen uns Donnerstag Abend und Freitag Früh die beiden Erzherzoge und die anderen von Wien gekommenen Generale und hier verfiel wieder Alles in die gewohnte Stille. Mittwoch und Donnerstag habe ich mit den Erzherzogen, den Herrn vom Hause und am ersteren Tage auch noch einigen Generalen gespeist. Es war für mich nicht heiter.

Gestern spät Abends sollte Valéries Bräutigam hier eintreffen, da es jetzt 5 Uhr Früh ist, so habe ich ihn noch nicht gesehen. Er bleibt den heutigen Sonntag hier, der sich wohl bis Morgen Nachmittag verlängern dürfte. Was wird denn Heute Toni ohne Sie in Wien treiben? Er dürfte etwas schwer zu unterhalten sein. Hier gehe ich um 8 Uhr in die Messe, bete aber ebenso für Sie, wie in Wien um 7 Uhr.

Seit 8 Tagen war keine Gassendemonstration mehr in Pest, aber im Abgeordneten Hause geht es noch recht stürmisch zu und die Berathung des Wehrgesetzes geht, dank der endlosen Reden, verzweifelt langsam vom Fleck. Da heißt es Geduld und unerbittliche Festigkeit haben. Hoffentlich werden Beide mich nicht im Stiche lassen. Wenn der berühmte § 25[1] zur Berathung kommt, was in wenigen Tagen der Fall sein dürfte, ist vielleicht wieder Spektakel auf der Strasse zu erwarten. Nun wir werden, wenn es nothwendig ist, auch zum dreinschlagen bereit sein. Alle diese Sachen sind im jetzigen Augenblicke besonders wiederlich und ein Beweis großer Rohheit, ärgern mich sehr, beschäftigen und zerstreuen mich aber auch ganz nützlich.

Ich glaube Sie könnten Ihre Briefe auch ganz gut directe an mich hierher adressiren. Ich werde schon dafür sorgen, daß sie nicht im Cabinete geöffnet werden und ich bekäme sie doch schneller. Nun leben Sie wohl, meine innigst geliebte Freundin und schreiben Sie manchmal, nach Zulaß Ihrer Augen und Ihrer Gesundheit, Ihrem treu ergebenen   Franz Joseph
Die Kaiserin grüßt Sie herzlichst.«

»Ofen den 28. Febr. 1889.
Meine liebe Freundin,
Der langersehnte erste Brief aus Mentone ist endlich Vorgestern eingetroffen. Eigentlich konnte er gar nicht früher hier sein und Sie waren ja so gut, gleich den Tag nach Ihrer Ankunft zu schreiben, aber ich konnte es eben nicht erwarten Nachricht von Ihnen zu bekommen und wollte Ihnen schon unter dem Namen Megaliotis telegraphiren, um zu erfahren wie es Ihnen geht.

Tausend innigsten Dank für Ihr gar so liebes Schreiben, das schon etwas heiterer klingt und in dem Sie Sich so freundlich bemühen, auch mich aufzurichten. Ich hätte Ihnen gerne schon Gestern geantwortet, allein Gestern und Vorgestern hatte ich den Staatsrath Braun und den General Direktor Baron Mayr hier, mit denen ich mein neues Testament entworfen habe und da war ich sehr in Anspruch genommen. Nun bin ich mit dieser Arbeit fertig, die beiden Herrn sind nach Wien zurückgereist, von wo sie mir die Reinschrift zum Unterfertigen schicken werden. Wenn das geschehen sein wird, werde ich erst

---

1 Der umstrittene Paragraph 25 der Wehrgesetznovelle hielt strikt an der deutschen Kommandosprache der gemeinsamen Armee auch in Ungarn fest und mobilisierte die Opposition der magyarischen Unabhängigkeitspartei.

beruhigter sein, denn man kann ja nicht wissen, was einem jeden Augenblick passiren kann. Ich habe Sie so bedacht, daß Sie auch nach meinem Tode von Sorgen frei sein können. Das Nähere werde ich Ihnen mündlich mittheilen.[1]

Ich bin sehr froh, daß Sie Ihre Reise glücklich und ohne Abentheuer zurückgelegt haben und bedauere, daß Sie auch im schönen Süden Kälte gefunden haben. Hier ist dieselbe noch immer recht empfindlich und Gestern schneite es auch wieder. In der alten Presse las ich Gestern eine Beschreibung der Riviera und besonders von Mentone, nach welcher die Gegend ein Paradies und der Aufenthalt eine Reihe von Unterhaltungen und Genüssen sein muß. Vielleicht ist es aufgeschnitten, aber jedenfalls muß Mentone ganz angenehm sein und ich hoffe, daß Sie mit Ihrem Séjour zufrieden sein werden, vor Allem aber, daß Ihre mir so theuere Gesundheit hergestellt werde. Da Sie dazu den besten Willen haben und recht brav sein wollen, so habe ich die beste Hoffnung und denke, daß auch Dr. Cubé das seinige zum glücklichen Erfolge beitragen wird. Hoffentlich sind Sie mit ihm zufrieden. Mir hat er sehr gut gefallen. Ich bin neugierig von Ihnen mündlich zu hören, welches Geheimniß Roberts Aufenthalt in Mailand umgibt. Daß er in Italien war, wußten wir. Die Kaiserin ließ ihn nemlich telegraphisch durch Frau von Ferenczy bitten, ihr ein ihr gehörendes Buch, welches er von den Vorlesungen her noch in Händen hatte, zurückzuschicken. Es kam weder Antwort noch Buch und erst vor wenigen Tagen ein Brief an Frau v. Ferenczy sammt dem Buche und da entschuldigt er sich damit, daß er eben erst am selben Morgen nach Wien zurückgekehrt ist und daß er sein hiesiges Gastspiel wegen Halsleiden unterbrechen und directe auf Weisung des Arztes nach Venedig reisen mußte, von wo er mit Umwegen nach Wien zurückkehrte. Einer dieser Umwege war also Mailand.

Weil schon von unserem lieben Burgtheater die Rede ist, so muß ich Ihnen sagen, daß ich erstaunt war, daß die Gräfin Nyáry Ihre Rolle in der letzten Liebe bekommen hat, denn wenn sie keinen besonders glücklichen Toilettentag gehabt hat, muß sie jedenfalls nicht jung genug ausgesehen haben, auch sonst scheint sie mir für

---

1 s. S. 154 f.

diese Rolle nicht geeignet. Sie sehen, daß ich mich auch schon mit heitereren Gedanken beschäftige und doch kann ich Ihnen eigentlich von hier nur Trauriges berichten. Die trübe Stimmung dauert an und nimmt eigentlich noch zu. Nur Valérie wird heiterer und gibt sich alle Mühe uns zu zerstreuen. Mich beschäftigen auch meine Arbeiten und doch verfalle ich immer wieder in dieselben trüben Gedanken und Erinnerungen, sobald ich nichts zu thun habe.

Aber die Kaiserin fängt an mir Sorge zu machen. Sie wird von Tag zu Tag trauriger und stiller und kann sich gar nicht entschliessen, irgend Jemanden zu sehen, so daß sie viel zu viel mit ihren trüben Gedanken allein bleibt. Dazu haben sich seit der zunehmenden Kälte ihre rheumatischen Schmerzen in den Beinen wieder ziemlich heftig eingestellt, welche ihr natürlich die Nerven angreifen. Ihr Schlaf ist auch schlecht und aufgeregt. Das Einzige was ihr etwas gut thut, sind die Spaziergänge im Garten und die griechischen Lektionen.

Ich hoffe, daß Sie meine beiden Briefe vom 20. und vom 24. bekommen haben. Sollten Sie einmal eine dringende Mittheilung zu machen haben, so bitte ich Sie zu telegraphiren: à Madame Ida Ferenczy à Buda-Pest Château Royal und nun beende ich diesen langen, schlecht geschriebenen und nicht heiteren Brief indem ich Ihnen wiederhole, wie unendlich ich mich auf das Wiedersehen freue und mit wie inniger Liebe und Freundschaft ich bleibe Ihr treu ergebener

Franz Joseph

Hoffentlich haben Sie immer gute Nachrichten von Toni. Die Kaiserin grüßt Sie herzlichst.«

»Ofen den 2. März 1889.

Theuerste Freundin,

Verzeihen Sie mir, daß ich Sie schon wieder mit meiner Schrift langweile; ich getraue mich kaum Sie oft mit Briefen zu belästigen, die so wenig interessant sein können, aber Ihnen zu schreiben ist mir Freude und Trost und da werden Sie Nachsicht üben. Auch wollte ich Ihnen nochmals auch schriftlich von ganzem Herzen für die doppelte Veilchensendung danken, die uns so sehr gefreut hat. Meine beiden mit Megaliotis unterfertigten Danktelegramme, von Vorgestern und von Gestern werden Sie wohl erhalten haben. Da ich aus Ihrem Telegramme an Frau von Ferenczy ersah, daß man mit Mentone auch deutsch telegraphiren kann und daß die in meinem letzten Briefe angegebene französische Adresse ganz unnöthig war, so telegraphirte ich auch deutsch und hoffe nur, daß meine Telegramme auch lesbar in Ihre lieben Hände gelangten. Innigsten Dank auch für Ihre guten Zeilen vom 18. Februar, welche die Veilchen Sendung aus Wien begleiteten.

Es ist so lieb und gut von Ihnen, daß Sie auch in diesem Jahre und auf so weite Entfernung an den 1. März dachten und mit solcher Sorgfalt dafür sorgten, daß wir jedenfalls Veilchen bekommen. Hoffentlich bringen sie uns Glück, wenn bei uns noch von Glück die Rede sein kann, aber jedenfalls haben sie uns wahre Freude bereitet und nach dem Eintreffen der Sendung aus Nizza, welches gerade vor unserem Essen am 28. erfolgte, herrschte bei unserem Diner zu dreien und dann den ganzen Abend zum ersten Male seit langer Zeit wieder eine heitere Stimmung. Das ist keine Phrase, sondern pure Wahrheit und vielleicht gereicht es Ihnen zur Befriedigung zu wissen, welches gute Werk Sie gethan haben. Schon den Tag vorher sprach ich mit der Kaiserin davon, ob Sie wohl auch Heuer uns zum 1. März Veilchen schicken würden; ich kenne Sie so gut und da sagte mir eine innere Stimme, daß Sie an uns denken würden.

Am 28., als ich vor dem Essen zur Kaiserin kam, fand ich in ihrem Salon auf einem großen Cabaret die übergroße Menge der herrlichen, frischen, prächtig riechenden Veilchen von drei Farben. Ich hatte recht gehabt, Sie haben uns auch in der Ferne nicht vergessen, aber daß Sie die Veilchen von so weit schicken würden, hatte ich nicht erwartet. Ich dachte nur an Wiener Veilchen, die ja auch am 1. mit meinem Kuriere pünktlich eintrafen und auch sehr schön und frisch waren. Die Kaiserin theilte beide Sendungen unter uns und ich erhielt dabei den Löwenantheil mit welchem ich mein kleines Eckschreibzimmer schmückte.

So eben, es ist ½6 Uhr, ist die Kaiserin erwacht und sie beauftragt mich, Ihnen für die Veilchen innigst zu danken und sie herzlichst zu grüßen. Gott lob geht es ihr seit zwei Tagen mit den Beinen besser und auch ihre Stimmung scheint mir weniger trüb. Wenn nur bald Frühjahrswetter eintreten wollte!...«

Meine liebe Freundin,

Vorgestern habe ich endlich über Wien Ihren Brief vom 25. und 26. Februar und bereits Gestern zu meiner freudigen Überraschung jenen vom 1. directe durch die Post erhalten. Das waren zwei Glückstage und die beiden Briefe sind so lang und interessant, Sie sagen mir in denselben so viel Liebes, Gutes und Trostreiches, daß ich Ihnen nicht innig und herzlich genug danken kann.

Daß Sie mir trotz Ihres neuen Leidens, den Schmerzen im Arme, doch so lang geschrieben haben, hat mich sehr gerührt, aber, wenn Sie mir im zweiten Briefe nicht mittheilen würden, daß es mit diesem Leiden besser geht, so müßte ich Sie eigentlich recht auszanken, daß Sie Sich nicht mehr schonen und nicht lieber Netti dictirt haben. Gott sei Dank und unberufen scheint es Ihnen mit Ihrer sonstigen Gesundheit wirklich besser zu gehen und Sie scheinen sogar die Anordnungen des Dr. Cubé zu befolgen. Wie mich das freut, können Sie Sich denken und wie glücklich wäre ich erst, wenn ich Sie in Wien ganz hergestellt wiedersehen könnte. Wann das sein wird, kann ich noch gar nicht bestimmen, denn wir sind über unsere künftigen Projekte noch nicht im Reinen, obwohl die Kaiserin von der Villa im Thiergarten für April und von Charwoche und Ostern in Ischl spricht. In ihrer unendlichen Güte für mich redet sie mir zwar zu, ich solle, wenn Sie zurückkommen, für einige Tage nach Wien gehen, um mich in Ihrer Gesellschaft bei Schönbrunner Promenaden zu erheitern, allein ich möchte sie doch nicht verlassen und dann weis ich auch nicht, ob bis dahin die hiesigen Zustände mir schon gestatten werden, mich von hier zu entfernen.

Eigentlich wäre es für die Kaiserin am besten, wenn sie auf einige Zeit in den Süden könnte, wo ihre Schmerzen in den Beinen, welche in den letzten, kalten Tagen wieder zugenommen haben, Linderung finden würden, allein auch dazu kann sie sich nicht entschliessen. Sie beschreiben die warme Sonne, das blaue Meer so schön und einladend, daß man sich ganz dahin gezogen fühlt und doch sind das nur Fantasien, wie Sie sehr richtig bemerken. Daß ich mich sehr darnach sehne, Sie bald wieder zu sehen, brauche ich Sie nicht zu versichern und ich hoffe, daß es bis dahin nicht zu lange dauern wird.

Sehr gerührt und geschmeichelt bin ich von der Ehre, welche meinen Briefen zu Theil wird, Sie auf Ihren Ausflügen begleiten und unter Ihrem Kopfpolster liegen zu dürfen, so wie von den Zwiegesprächen, welche Sie Abends und Nachts mit mir halten. Nur ersehe ich daraus mit Leidwesen, daß Sie noch immer nicht so gut schlafen, wie Sie sollten. Es freut mich, daß Sie so viele Bekannte, theils an der Riviera gefunden haben, theils solche Ihnen nachgefolgt sind. So sind Sie von einem Kreise Ihrer Verehrer umgeben, die Sie zerstreuen und zur Besserung Ihrer Laune beitragen werden.

Das ist für die Nerven und daher für die Gesundheit gut. Weniger gefreut hat es mich, daß Sie so oft in Monte Carlo gespielt haben, ich bin Ihnen aber innigst dankbar und bin gerührt, daß Sie Ihre Sünden so offen beichten. Sie haben zwar nicht viel verloren und wollen aus Rache längere Zeit nicht mehr hingehen, aber dann fangen Sie doch wieder an und comme l'appétit vient en mangeant, so werden Sie höher spielen und nach und nach recht viel Geld anbringen. Sie sind eben in Finanzsachen unverbesserlich leichtsinnig. So, jetzt habe ich Sie gehörig geputzt, Sie werden Sich über mich ärgern und dann natürlich doch thun was Ihnen beliebt und da haben Sie eigentlich recht, denn ich bin nicht Ihr Hofmeister und mische mich in Sachen, die mich nichts angehen.

Von hier kann ich wieder nicht viel erzählen. Trotz der Prügel, die Sie den hiesigen Abgeordneten zudenken, geht die Verhandlung des Wehrgesetzes nicht vorwärts und der Zustand ist kein erfreulicher. Die Kaiserin meinte, daß Ihre Prügel den entgegengesetzten Effekt haben müßten, da es den Leuten nur angenehm sein könnte, von einer so schönen Frau geprügelt zu werden.

Wir haben jetzt hier sonnige, aber recht kalte Tage. Morgens immer 6–7 bis 8° Kälte und noch ziemlich viel Schnee auf dem Boden und den Dächern. Trotzdem geht die Kaiserin täglich im Garten spazieren, wohin ich Samstag und Sonntag auch auf eine Stunde kam, während ich Gestern keine Zeit dazu fand. Samstag Abend kam Valéries Bräutigam wieder von Wien herunter und bleibt bis Donnerstag, da er wegen der letzten Faschingstage dienstfrei ist. Er leistet uns im Garten und beim Essen Gesellschaft und ist unter Tags viel mit Valérie.

Gestern waren Rudolphs ehemalige Herrn und Wiederhofer bei der Audienz, um sich für die erhaltenen Auszeichnungen zu bedanken. Letzterer war dann noch Nachmittag über eine Stunde bei mir und da sprachen wir wieder die ganzen traurigen Ereignisse durch, suchten sie in einen Zusammenhang zu bringen, suchten nach den Ursachen. Das nützt eigentlich Alles nichts und hat auch keinen rechten Zweck aber man kann eben an nichts anderes denken und das Besprechen gibt doch eine scheinbare Beruhigung. Da bin ich wieder bei dem traurigen Kapitel. Verzeihen Sie mir, ich weis, daß Sie mich verstehen und lassen Sie Sich dadurch nicht abhalten, mir Heiteres zu schreiben. Einmal muß man doch auch auf andere Gedanken kommen. Und nun leben Sie wohl, nochmals innigsten Dank für Ihre Güte und Freundschaft.

In treuer Liebe und Anhänglichkeit Ihr herzlichst ergebener

Franz Joseph

Die Kaiserin grüßt Sie herzlich.«[1]

Aus dieser Zeit stammt auch ein Brief, dessen erste Seite (und damit die Datierung) fehlt. Der Kaiser schildert darin »eine Produktion des Phonographen, welcher seit einigen Tagen in Buda-Pest gastirt. Ich war nicht dabei, weil ich das Instrument bereits in Wien gesehen und gehört hatte und weil ich besorgte gezwungen zu werden, meine Stimme durch Hineinreden in den Apparat zu verewigen und durchaus nicht auf einen geistreichen Satz, den man bei solchen Gelegenheiten zum Besten geben muß, vorbereitet war. Die Produktion fiel zur Befriedigung aus, es sprachen Diana, Robert und einige Andere, die Schläger sang, dann spielte eine Militär Musick etc. Mir war es ein Trost und eine Freude, daß es die Kaiserin interessirte und erheiterte...«

---

1 Bourgoing war nur Anfang und Ende dieses Briefes zugänglich, die er getrennt (152f. und 134f.) abdruckte. Seine Spekulation, daß die Schratt »den fehlenden, nur für sie bestimmte Mitteilungen über das Drama von Mayerling enthaltenden Teil vernichtet hat« (134), erwies sich als falsch. Vielmehr ging es in dem unterdrückten Brieftteil wieder um Finanzen und die Spielsucht Katharina Schratts.

»Ofen den 10. März 1889 ½5 Uhr früh

Meine liebe Freundin,

Obwohl ich noch keine Antwort auf meine gestrige telephonische Anfrage erhalten habe, so beginne ich doch mit diesen Zeilen mit deren Absendung ich, wo möglich, warten werde, bis Ihr Telegramm an Frau von Ferenczy kommt. Innigst danke ich Ihnen für Ihren lieben, guten Brief vom 5., den ich erst Gestern erhielt und den ich bereits seit 2 Tagen sehnlichst erwartete. Die Post geht auf diese Entfernung gar so langsam und unregelmäßig. Ich wollte Ihnen schon Gestern Früh schreiben, dachte aber dann doch, es wäre besser, wenn ich Ihren Brief abwarte, um zu antworten, da ich Ihnen von hier eigentlich gar nichts oder nur trauriges zu melden habe und so kommt es, daß ich so lange nicht geschrieben habe. Ich bin durch die Mittheilung Ihrer so baldigen Abreise von Mentone ganz überrascht worden und da Sie am 23. in Wien eintreffen wollten, so kann ich mir nicht recht vorstellen, wo Sie in der Zwischenzeit herumreisen. Hoffentlich gibt mir Ihr nächster Brief, den Sie so gütig waren, mir bereits anzukündigen, darüber Aufschluß und hoffentlich lassen Sie mir auch während Ihrer Reise Nachricht über Ihr Befinden zukommen. Unendlich freue ich mich, daß es mit diesem, unberufen, besser geht und ich hoffe nur, daß die abnehmende Ruhe in Mentone Ihnen nicht schaden, sondern eher zu Ihrer Zerstreuung und Erheiterung beitragen wird. Die Beschreibung des Carnevalszuges in Nizza hat mich sehr interessiert. Es muß sehr unterhaltend gewesen sein, aber Sie beschreiben so genau die Costume Ihrer Begleiter und erzählen nicht das Interessanteste, nemlich Ihre eigene Adjustierung. Daß Baron Königswarter bei seinem Besuche sehr, sehr liebenswürdig war, lautet fast bedenklich. Wollten Sie mich nur eifersüchtig machen, was ja, wie Sie wissen, so leicht ist oder war der Jude wirklich liebenswürdiger, als er durfte? Die Aufklärung werden Sie mir in Wien mündlich geben.[1]

Von hier ist, wie gesagt, wenig zu berichten. Wir leben ruhig und

1 Am 19. März bedankte sich Franz Joseph »für die lange, beruhigende Explikation wegen des dicken, guten Königswarter; (da war ich wieder einmal recht lächerlich und habe mich gründlich blamirt)«.

traurig weiter und die Stimmung will und kann eigentlich nicht heiterer werden. Mir geht es sonst gut und einige Nächte habe ich viel besser geschlafen. Die Kaiserin leidet oft und be«

[Hier fehlt eine Doppelseite. Im nächsten Brief vom 12. März dankte der Kaiser, »daß Sie meine Lektion wegen des Spielens so gnädig aufgenommen haben«. Der Brief endet:]

»9 Uhr Vormittag.

Nach der Messe erhielt ich Ihr Telegramm an Frau von Ferenczy und expedire daher diesen Brief nach Mentone. Hoffentlich sind Sie nicht krank und die Ursache der Verlängerung Ihres Aufenthaltes nur ein natürliches Unwohlsein. Da ich in diesem Briefe vom 23. gesprochen habe, so bitte ich Sie inständig sich dadurch in Ihren Plänen ja nicht stören zu lassen und Ihre Rückkehr so lange hinaus zu schieben, als Ihre Gesundheit und Ihre Bequemlichkeit erfordert und dieses um so mehr, als es mir kaum möglich scheint, daß ich bis zum 23. in Wien sein kann. Mit welcher Ungeduld ich Ihrem unterwegs befindlichen Briefe entgegen sehe, brauche ich Ihnen nicht zu sagen.

Gott sei mit Ihnen   FJ«

»Ofen den 12. März 1889.
pardon [wegen zweier Tintenflecke]

Theuerste Freundin,

Bereits Gestern Mittag erhielt ich Ihren gar so lieben und guten Brief vom 8. Herzlichsten Dank für die Freude und Beruhigung die Sie mir durch denselben gewährt haben. Gott sei Dank, daß Sie nicht krank sind und daß nur der Rath des Arztes die Ursache der Verlängerung Ihres Aufenthaltes in Mentone ist. Welcher erfreuliche Fortschritt auch, daß Sie die Weisungen des Arztes befolgen und endlich ernstlich an Ihre Gesundheit denken. Sehr gerührt und doch auch unterhalten hat mich Alles was Sie schreiben, um mich wegen Ihres Spielens in Monte Carlo zu beruhigen, oder vielmehr Sich rein zu waschen. Alle möglichen Gründe geben Sie an und endlich bin ich sogar wieder einmal ein Ober Engel und doch spielen Sie eigentlich nur, weil es Sie unterhaltet und gegen dieses Argument kann ich, nachdem auch Dr. Cubé einverstanden ist, nichts besonders einwenden, in der Hoffnung, daß Sie nicht gar zu leichtsinnig spielen. Auf die Geschichte aus Monte Carlo, die Sie mir in Wien erzählen werden, freue ich mich schon sehr.

Sie haben sehr recht gehabt an die Fabel von meiner Incognito Reise, welche Sie in einer französischen Zeitung lasen, nicht zu glauben. An so etwas denke ich nicht, denn erstens will ich jetzt die Meinen nicht verlassen, zweitens habe ich zu Zerstreuungen keine Zeit und drittens gehe ich, wenn ich endlich hier weg kann, am liebsten nach Wien. Warum, wissen Sie am besten. Jetzt weis ich aber noch gar nicht, was in der nächsten Zeit mit uns geschieht.

Die Verhandlung des Wehrgesetzes geht gar nicht vorwärts und es gibt kein Mittel die Herrn zu besserem Willen und mehr richtigem Patriotismus zu zwingen. Ich halte meine Gegenwart hier so lange doch für nützlich und vielleicht nothwendig, bis es endlich zu einer Entscheidung kommt und so kann ich über meine Übersiedlung nach Wien gar nichts bestimmen. Dabei gelingt es mir gar nicht die Kaiserin zur Reise nach Wiesbaden zu überreden und doch würde ihr die Luftveränderung und die Hoffnung, vielleicht nur Einbildung daß ihr Dr. Metzger helfen kann, gewiß gut thun. Sie will mich durchaus nicht allein lassen. Ihr Antrag, auf einen Tag hierher zu kommen hat mich sehr gerührt, ich weis aber noch nicht, ob ich Ihnen die Hetze der Reise werde zumuthen können und hoffe noch immer vor Ihnen in Wien zu sein.

Für Ihre Absicht an Frau von Ferenczy zu telegraphiren, wie lange Briefe Sie noch in Mentone erreichen können, bin ich Ihnen sehr dankbar und so werde ich mit Beruhigung fortfahren, Sie mit meinen Schreiben zu bombardiren und wie ich doch fast fürchten muß, zu ennuyiren. Ich kann eben leider so gar nichts Interessantes und noch weniger Unterhaltendes berichten. Da sind Sie doch besser daran an der schönen Riviera und ich bin Ihnen so dankbar, daß Sie sich so viele Mühe geben, mich in Ihren lieben Briefen zu erheitern. Das Eintreffen und das wiederholte Lesen eines solchen dicken Schreibens ist immer ein Lichtblick in meiner recht trüben Existenz. Die beiden letzten Tage waren wieder melancholisch, der Himmel umzogen und nieblig, der Boden kothig, Gestern Früh regnete es auch bei viel wärmerer Luft und der Schnee verschwindet. Heute ist der Himmel hell und so hoffe ich endlich auf einen Tag mit Frühlingsahnung.

Gestern war die Kaiserin wieder besonders traurig gestimmt. Es kann ja wohl auch nicht anders sein und man muß Gott danken, daß sie den namenlosen Schmerz noch so ertragt. Indem ich Ihnen für Ihren so besonders lieben Brief und auch dafür nochmals innigst danke, daß Sie meine Lektion wegen des Spielens so gnädig aufgenommen haben, bleibe ich in Liebe und Freundschaft Ihr treu anhänglicher   Franz Joseph«

»Ofen den 12. März 1889. Nachmittag
Meine liebe Freundin,
Sie werden etwas erstaunt sein, daß ich Ihnen an einem Tage zweimal schreibe, allein ich habe eine große Bitte an Sie. Ich besprach Heute Vormittag mit Valérie die Mittel die wir anwenden sollten, um die Kaiserin dazu zu bringen, nach Wiesbaden zu gehen. Bei ihrem mitunter recht besorgnißerregenden Zustande der Nerven sind wir nemlich der Ansicht, daß vielleicht doch eine Luftveränderung nebst dem Vertrauen zu Doktor Metzgers Kunst einige Besserung und Beruhigung herbeiführen könnten.

Alle unsere Überredungskunst die wir versuchten, um sie zu dem Entschluße der Abreise zu bewegen, scheiterten bisher an ihrem hartnäckigen Vorsatze mich nicht verlassen zu wollen, so lange Sie nicht in Wien zurück sind, weil sie dann darüber beruhigt wäre, daß ich dort nicht ganz allein wäre und zeitweise in Ihrer Gesellschaft Erheiterung fände. Alle Vorstellungen, daß ich in Wien viele Arbeit die mich zerstreuen wird und viele Leute finde, mit denen ich zu reden haben werde und daß Sie ja ohnehin bald kommen würden und daß ich die erste Zeit recht gut allein bleiben könnte, nützen nichts. Da haben Valérie und ich gedacht, daß es nur ein Mittel gäbe. Wenn Sie so gut wären, gleich nach dem Sie diesen meinen Brief erhalten, in Erfüllung Ihres mir geschriebenen und der Kaiserin bekannten Versprechens (den Tag Ihrer Abreise von Mentone rechtzeitig bekannt zu geben) an Frau von Ferenczy zu telegraphiren, daß Sie am so und so vielten von Mentone abreisen und am 1. April in Wien eintreffen werden. Auf meinen Brief dürfen Sie Sich aber in Ihrem Telegramme nicht berufen, denn die Kaiserin darf von unserer Kriegslist nichts erfahren. Die Kaiserin wollte nie vor dem 23. von hier fortreisen, früher wäre es mir auch kaum möglich und wenn sie die Aussicht hätte, daß Sie am 1. April nach Wien kommen, so hoffe ich, daß wir sie am 23. wegbringen. Ist das gelungen, so ist es durchaus nicht nothwendig, daß Sie wirklich bereits am 1. April in Wien eintreffen, wenn dieser frühe Zeitpunkt Ihrer Gesundheit schaden könnte, oder Dr. Cubé es Ihnen wiederrathet. Ist die Kaiserin einmal glücklich in Wiesbaden, so ist die Hauptsache erreicht und ich kann in der frohen Erwartung Ihrer späteren Rückkehr schon einige Zeit allein aushalten.

Verzeihen Sie, daß ich mich mit dieser Bitte an Sie gewendet habe, allein ich bin so besorgt um die Kaiserin und ich dachte, daß Sie uns vielleicht gerne helfen werden. Ich wiederhole aber noch einmal: telegraphiren Sie, daß Sie am 1. kommen, thun Sie es aber ja nicht wirklich, wenn es Ihrer mir so theueren Gesundheit schaden könnte. Wegen mir und meiner Stimmung brauchen Sie nicht besorgt zu sein, denn mir geht es gut und meine Nerven sind schon beruhigt, besonders wenn ich mich um die Kaiserin nicht mehr so sehr zu sorgen brauche.

Leben Sie wohl, theure Freundin. Ihr treu ergebener

Franz Joseph«

Dieser Plan gelang freilich nicht, weil eine Tochter des Arztes an Keuchhusten erkrankte und die Kaiserin Angst vor Ansteckung hatte. Wie schlecht Elisabeths Zustand war – und wie dringend Katharina Schratt gebraucht wurde –, enthüllt eine Tagebucheintragung der Erzherzogin Marie Valerie vom 12. März 1889: »Papa kam, mich zu fragen, ob ich nicht auf Mama wirken könne, daß sie doch nach Wiesbaden reist ... Mama will davon nichts hören, ehe nicht Frau Schratt, die auf Urlaub ist, nach Wien zurückkommt ... Mama sagt, sie sei es der Welt schuldig – sich selbst vor der Welt –, Papa nicht ganz allein zu lassen und wird es nicht tun, auch wenn sie durchs Bleiben verrückt würde – denn Papa geht ihr so auf die Nerven, was ich trotz aller Liebe für ihn, Mamas Charakter und seinen Mangel an Verständnis für denselben kennend, begreife, und mir wird wirklich oft bang für Mama, wenn sie vor lauter Aufregung zu lachen anfängt, vom Narrenhaus spricht und dergleichen. Wenn ich sie dann be-

schwöre, etwas für ihre Gesundheit zu tun, sagt sie wozu? Für Papa
wäre es eine Erleichterung, wenn ich stürbe, und Du wirst dann im
Glück mit Franz durch den Gedanken an mein trauriges Leben nicht
gestört.«

Von Budapest aus beendete der Kaiser seine Beziehung zu Anna
Nahowski. Für den 14. März 1889 erhielt sie eine Vorladung[1] zum
kaiserlichen Vermögensverwalter Baron Fridrich Mayr: »Er habe den
Auftrag vom Kaiser erhalten, mir ein Geschenk zu überreichen,
welches ich selbst bestimmen möge. Es dürfte in der Höhe sein, wie
ich bereits eines erhalten habe.«

Anna: »Werde ich den Kaiser nicht mehr sehen?... Er hat mir
doch gesagt, daß Er es mir selbst sagen wird, sobald Er mich nicht
mehr zu sehen wünscht.«

Der Baron darauf, laut Annas Tagebuch: »Verlangen Sie es nicht...
Der Kaiser ist von dem Unglück ganz gebrochen. Er wünscht Nie-
manden mehr zu sehen.«

Die tief gekränkte Anna versuchte aufzubegehren: »Aber bitte, was
sagen Sie zur Schratt, was halten Sie von dem Verkehr?

Ich?, sagte der Baron und zog die Achsel hoch. Mir sagt Er, es sei
nur Freundschaft. Er sagt, ich weiß nicht, was die Leute haben? Ich
bin ja nicht verrückt in Sie. Verrückt ist die Kaiserin in die Schratt, ich
nicht! Die Leute sehen doch, daß ich mein unschuldiges Kind [ge-
meint war Erzherzogin Marie Valerie] hinführe, und doch spricht
man so dummes Zeug.«

Der Baron fragte Anna, wieviel Kinder sie habe. »Also sagte er,
jedes Kind 50 macht 150.000 fl.« Anna steigerte die Summe erfolgreich auf 200.000 (über 20 Millionen Schilling). Das Geld wurde ihr
sofort bar in einem Couvert ausgezahlt – gegen eine schriftliche
Erklärung, »daß ich über die Begegnung mit Seiner Majestät jederzeit
schweigen werde« (Nahowski, 142f.).

In Annas Nachlaß fand sich ein letzter Brief an den Kaiser, der

---

1 In dem im Original erhaltenen Briefchen, »Ihrer wolgeboren Frau Anna von
Nahowski«, bat der Baron »um einen gütigen Besuch in seinem Büro (Hofburg
Schweizerhof) zu einer amtlichen Besprechung zwischen 11 und 3 Uhr«.

allerdings nicht abgeschickt wurde: »Allergnädigster Herr! Aus treuem Herzen sage ich hiermit meinen innigsten Dank für die Hochherzigkeit und Gnade, welche mir zu Theil wurde. Ich hätte diesen meinen Dank gerne persönlich abgestattet, doch besorgte ich aufdringlich zu erscheinen. Zum Schlusse bitte ich noch um die Erhaltung der allergnädigsten Gewogenheit« (Berg, 174).

Gegen ein Geschenk von tausend Gulden schwor bald darauf auch Annas Vertraute, ihr Dienstmädchen Karoline Lechner (»Lini«), das nun gekündigt wurde, »gegen Jedermann und immer über die Privat-

Voll Stolz bemerkte Helene Berg, geb. Nahowski, auf diesem Foto der Ruine im Schönbrunner Schloßpark: »Hier hat S(eine) M(ajestät) Mama angesprochen.«

und sonstigen Verhältnisse der genannten Frau Anna Nahowski unverbrüchlich zu schweigen. So wahr mir Gott hilft. Amen!« (Berg, 176). Freilich konnte eine so lange Beziehung bei Annas Nachbarn nicht unbemerkt bleiben. Später machten die Nahowski-Kinder gar keinen Hehl mehr aus ihrer (möglichen) kaiserlichen Abstammung, erzählten ihren Freunden davon[1] und waren so stolz darauf, daß Helene Berg ausdrücklich die Veröffentlichung des Tagebuches ihrer Mutter in ihrem Testament bestimmte.

Während Kaiserin Elisabeth mehr und mehr in tiefe Melancholie versank, nahm Franz Joseph, beschwingt durch seine Liebe zu Katharina Schratt, bald nach dem Tod des Sohnes seine alten Interessen wieder auf. Auch der Theatertratsch interessierte ihn wieder. Ofen, den 16. März 1889: »...Dann las ich, daß Frau Lewinsky-Precheisen vom 1. Mai an engagirt ist, was ich dem Gemale, da er es gewünscht hat, gönne und daß dem Schauspieler Nötel[2] die linke kleine Zehe amputirt wurde, wieder die Folge einer Hühneraugen Operation. Darum leide ich oft recht unangenehme Schmerzen an meinen Hühneraugen, da ich mir dieselben, wegen der damit verbundenen Gefahr, nie schneiden lasse. Ich bin sehr neugierig wer im Fechter von Ravenna das Blumenmädchen spielen wird. Sie sehen, daß ich schon einiges Interesse am Tratsche nehme, immerhin eine kleine Besserung meiner traurigen Stimmung. Den größten Fortschritt wird hoffentlich das Wiedersehen mit Ihnen, das nun nicht mehr gar so entfernt ist, bewirken. Nun leben Sie wohl, meine liebe, liebe Freundin, schonen Sie Ihre Gesundheit und kommen Sie nicht zu früh in den rauhen Norden. Die Kaiserin grüßt Sie herzlich und ich bleibe in Liebe und Freundschaft ihr treu ergebener

Franz Joseph«

---

1 Auch dokumentiert bei Alma Mahler-Werfel, Mein Leben, Hamburg 1960, 145. Die Legenden wurden im Laufe der Zeit immer phantastischer. So schied zum Beispiel Annas jüngster Sohn, der im Dezember 1889 geborene Franz Josef, entgegen Helenes Behauptung sicher als Kaisersproß aus. Denn laut Tagebuch war es am 29. Dezember 1888 zur letzten Begegnung des ungleichen Paares gekommen.

2 Louis Nötel, geb. 1837, starb einige Tage später. Franz Joseph am 23. März 1889: »Der arme Nötel ist also doch, trotz abgeschnittener Zehe und abgeschnittenem Fuße, an seinem Hühnerauge gestorben. Welches Glück, daß Sie keine Hühneraugen besitzen!«

Wegen der andauernden Wirren um die Wehrgesetzvorlage zog sich der Aufenthalt des Kaiserpaares in Ungarn in die Länge. Ofen, den 16. März 1889: »... Niemand weis, wann die Berathungen des Wehrgesetzes zu Ende gehen werden, nicht einmal wann über den berühmten § 25, über welchen schon seit Wochen verhandelt wird, abgestimmt werden kann. Es ist eine Schmach und dabei unendlich langweilig. Viele Leute thun mir die Ehre an, mich zu versichern, daß wenn ich nicht hier wäre, die Sache noch schlechter ginge und so halte ich es für meine Pflicht hier auszuhalten und wenn es nothwendig ist, noch einmal hieher zurück zu kommen ... Die gestrige große Studenten Demonstration zur Feier des 15. März[1] ist unschädlich verlaufen, wozu auch der eisige Wind beigetragen hat, der das längere Verweilen auf der Gasse ziemlich ungemüthlich machte. Nächster Tage erwarte ich hier den Besuch des Königs Milan, der sich selbst in den Ruhestand versetzt hat,[2] auf einige Tage nach Wien gehen und dann eine längere Reise unternehmen will ...«

Ofen, den 23. März 1889: »... Neues kann ich Ihnen von uns nicht melden, wir leben einen Tag wie den Anderen und die einzige Abwechslung besteht in dem größeren oder geringeren Ärger über den hiesigen Reichstag und die Pester Zustände. Mit Geduld und Ausdauer geht es aber doch und heute soll endlich über den berühmten § 25 abgestimmt werden, wobei man wieder einigen Strassen Spektakel erwartet. Diese Skandale auf der Gasse sehen aber in der Nähe nicht so arg aus, wie man nach den Zeitungen glauben sollte und werden nur von einer verhältnißmäßig geringen Anzahl Menschen gemacht ...«

Ofen, den 28. März 1889: »... Die Abstimmung über den berühmten § 25 hat endlich Vorgestern stattgefunden und derselbe ist mit großer Majorität angenommen worden und zwar ohne Krawall, aber Gestern sind bei den folgenden Paragraphen neue Schwierigkeiten aufgetaucht und wenn diese nicht mit Sicherheit behoben werden

---

1 Gedenktag der Verkündigung der ungarischen Verfassung im Revolutionsjahr 1848
2 König Milan von Serbien hatte abgedankt und seinem zwölfjährigen Sohn Alexander Krone und Regierung überlassen. Ofen, den 20. März 1889: Milan »sieht blaß und angegriffen aus und ist in einer recht elegischen Stimmung«.

können, so traue ich mich nicht weg, denn wenn ich nicht selbst immer aufpasse und hinter den Herrn Ministern drein bin, so bin ich bei den jetzigen hiesigen Zuständen nie beruhigt, daß doch noch eine Dummheit geschieht. Es ist ein hartes Leben, das ich hier führe...«

Ofen, den 29. März 1889: »...Ja wiedersehen! wenn ich nur wüßte, wann dieser glückliche Augenblick endlich kommen wird. Morgen komme ich wieder nicht von hier weg, wie ich gehofft hatte, denn wenngleich Gestern die Sitzung im Abgeordneten Hause gut gegangen ist und dasselbe in der Abstimmung bis § 49 kam (Das Gesetz hat 80 Paragraphen) so möchte ich doch vor meiner Abreise einige Sicherheit haben, daß das Vorgestern verdorbene wieder in die Ordnung kommt und dann habe ich noch mit der Zusammenflickung, eigentlich Ergänzung des Ministeriums zu thun, was bei dem entsetzlichen Mangel an brauchbaren Menschen nicht leicht geht...« (B).

Ofen, den 31. März 1889: »...Ich bin hier wie auf Nadeln, von einem Tage zum Anderen hoffe ich fertig zu werden und reisen zu können und immer ist wieder Etwas, was mich hier zurückhält. Jetzt ist es die Fabrikation neuer Minister, die nicht so schnell gehen will als ich wünschte. Auch die Kaiserin redet mir täglich zu, ich solle doch fort, da sie hofft, daß der Ausflug mich zerstreuen werde und Ihre Gesellschaft mich erheitern...«

Ofen, den 8. April 1889: »...Ich... bin mit der Neuzusammensetzung des Ministeriums glücklich zu Stande gekommen...«

Am 11. April 1889 meldete der Kaiser aus Ofen, daß »das berühmte Wehrgesetz endlich Gestern, durch Votirung desselben auch im Oberhause, nach 3 monatlicher Verhandlung zu Stande gekommen ist und ich auch bereits die neuen hiesigen Minister ernannt habe«.

Ganz sicher mit Einverständnis und Willen der Kaiserin und mit einer größeren Geldsumme versehen, machte sich Katharina Schratt inzwischen auf die Suche nach einem repräsentativen Haus in der Nähe des Schönbrunner Parks, um den Kaiser leichter – und auch ohne die Vermittlung der Kaiserin – treffen zu können. Ausgerechnet das prächtige Nahowski-Haus erschien ihr, ahnungslos, wie sie war, passend. Anna schrieb wütend in ihr Tagebuch: »Die Schratt läßt anfragen, ob wir das Haus nicht verkaufen. Ich bin empört, auch das

Schönbrunner Schloßgarten
mit den Häusern der
Anna Nahowski und Katharina Schratt

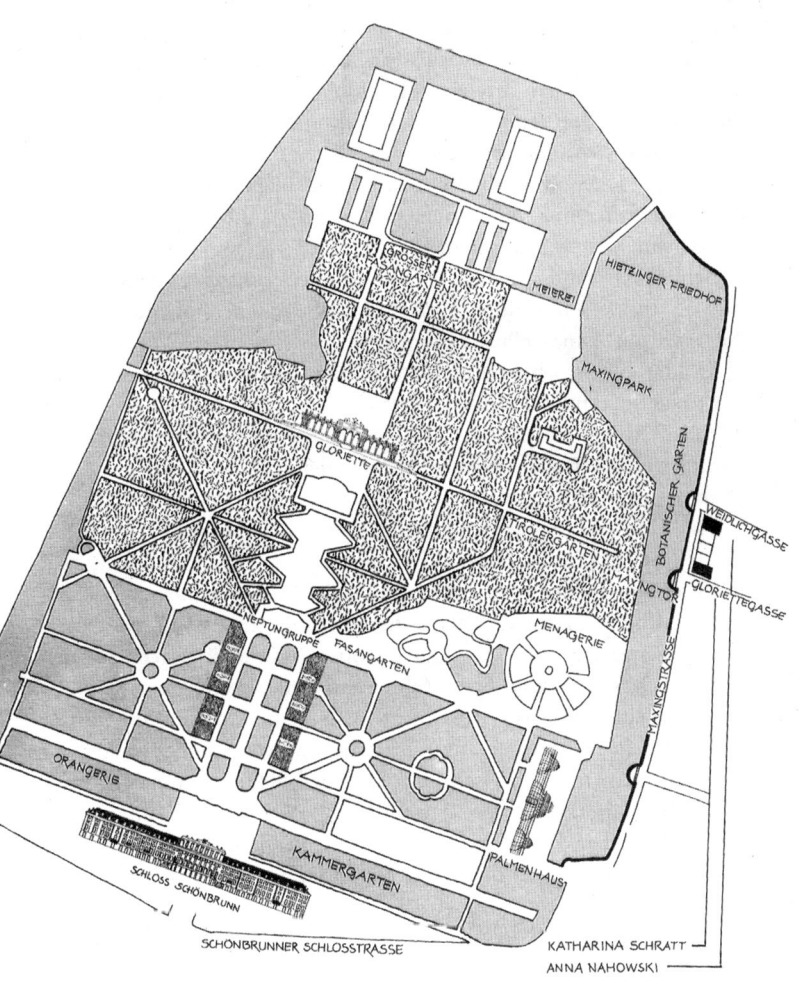

noch. Er würde im selben Zimmer sitzen, mit einer andern« (Na-howski, 148).

Die Burgtheaterkollegin Charlotte Wolter half bei der weiteren Suche. Franz Joseph aus Ofen, den 31. März 1889: »...Ich bin etwas darüber erschrocken, daß Sie sagen, Sie würden Sich gleich um eine Unterkunft in Hietzing umsehen. Sie hatten mir mitgeteilt, daß Frau Wolter Ihnen ein Haus daselbst angetragen habe und auf das hin sprach ich in meinem Briefe von Ihrem Aufenthalte in Hietzing. Nun habe ich die Besorgniß, daß es vielleicht mit dem Anerbieten der Wolter nichts ist und daß Sie glauben wegen mir doch nach Hietzing ziehen zu sollen, was Ihnen vielleicht gar nicht erwünscht ist. Ich kann Sie daher nur sehr bitten, ja nur das zu thun, was Ihnen das Angenehmste und Bequemste ist...«

Schließlich fand Katharina Schratt das Eckhaus Maxingstraße/Gloriettegasse 9 mit altem Park und großem Innenhof, nur wenige Schritte von Annas Haus entfernt.

Unklar bleibt, ob und wann die Schratt von der Existenz ihrer Vorgängerin erfuhr. Jedenfalls kaufte ihre Köchin bald in denselben Geschäften ein wie Annas Dienstmädchen, und in der Hietzinger Nachbarschaft wurde recht offen von dem »Kaiserliebchen« Anna Nahowski getratscht (Berg, 169).

Am 11. April 1889 schrieb der Kaiser aus Ofen freudig, »daß Sie eine Villa in Hietzing fast schon genommen haben und sich mir dadurch die Aussicht auf öftere Promenaden im Schönbrunner Garten eröffnet«. Hatte er sich bisher meist gegen Mittag zu diesen Spaziergängen mit der Freundin getroffen (und dafür eigens aus der Stadt nach Schönbrunn hinausfahren müssen), so verlegte er sie nun, da er Störungen durch Anna nicht mehr befürchten mußte, auf die Morgenstunden – freilich aus Rücksicht um zwei Stunden später, als er Anna getroffen hatte. Ischl, den 21. April 1889: »...Von Mittwoch an werde ich täglich von 7 bis gegen ½9 Uhr Früh im Garten spazieren gehen. Leider kann ich nur zu dieser unverschämt frühen Stunde Zeit finden, da mich später in der Stadt viel Arbeit und viele Audienzen erwarten...«

Anfangs benützte er aus alter Gewohnheit noch den Eingang gegenüber Annas Haus, ging also mit Katharina Schratt an den

Anna Nahowskis Haus Ecke Weidlichgasse/Maxingstraße 46

Außenansicht der Schratt-Villa, Gloriettegasse 19/Ecke Maxingstraße

Fenstern seiner ehemaligen Geliebten vorbei. Anna: »Das Vorbeigehen an meinem Haus peinigt mich. Ich mache ein Ende, indem ich als
Er mit Ihr kam auf den offenen Balkon hinaus trat, ruhig, gerade
stehen blieb, die Hände an der Brüstung die Augen auf Ihn gerichtet,
hinab sah! Ein leichter Ruck und ein rascher Schritt über die Strasse,
und nie mehr ging Er mit Ihr über Maxing hinauf, sondern in der
Strasse beim Fürstentürl hinein« (Nahowski, 147). Diese Tür befand
sich unterhalb der Gloriettegasse, dem Hietzinger Platz zu, also in
der entgegengesetzten Richtung von Annas Haus. (Anna sah den
Kaiser noch ein paarmal von weitem, erlebte im November 1916
seinen Tod, besuchte auch einmal seinen Sarg in der Kapuzinergruft.
71jährig starb sie 1931 in Wien.)

Katharina Schratt, die in diesen Wochen viel Bargeld für den
Ankauf und die Einrichtung ihrer neuen Villa in Hietzing bezog,
wurde, wie der Kaiser am 28. Februar angekündigt hatte, auch in
seinem Testament bedacht, und zwar in folgendem Legat, dessen
Wortlaut er eigenhändig für sie abschrieb: »Der Hofschauspielerin
Frau Katharina von Kiss geborene Schratt mit welcher mich die
innigste und reinste Freundschaft verbindet und welche der Kaiserin
und mir in der schwersten Stunde unseres Lebens mit treuer Anhänglichkeit beigestanden ist, ist nach meinem Tode die Summe von
fünfmal hunderttausend Gulden zu übergeben.

Ich ersuche den General Direktor Stellvertreter der Alp. Montan-
gesellschaft Eduard Palmer sich ihrer und ihres Sohnes anzunehmen
und ihr in der Verwaltung und Verwendung ihres Vermögens mit
Rath und That beizustehen.

Demgemäß haben Sie die genannte Summe in meiner Handkasse in
einem abgesonderten Pakete nebst dieser Widmungsurkunde aufzu-
bewahren. Die Zinsen dieses Kapitales sind jedoch während meiner
Lebensdauer in meine Handkasse Rechnung aufzunehmen. FJ«

Auf den Dankbrief der Freundin antwortete der Kaiser aus Ofen,
den 11. April 1889: »... Eigentlich sollte ich böse sein, daß Sie mir
wieder eine lange Danksagung schreiben, allein Sie thun es in so
schönen, zum Herzen dringenden Worten, daß mich dieselbe innigst
freute und zwar um so mehr, als ich sehe, daß Sie meine Absichten

Helene Nahowski, die spätere Ehefrau Alban Bergs, im Salon des Hauses Maxingstraße 46, um 1913

vollkommen verstanden haben. Ja, es war mir ein Herzensbedürfniß Sie über Ihre und Tonis materielle Zukunft einiger Massen zu beruhigen. Da Sie selbst von Ihrem Tode sprechen und sogar den Wunsch aussprechen vor mir zu sterben, was ein Frevel ist und ein Fall der aller Wahrscheinlichkeit nach und so Gott will und mir gnädig ist nicht eintreten wird, so möchte ich Ihnen nur mittheilen, was ich mich in Schönbrunn nicht so deutlich zu sagen traute, daß ich, für den Fall, als ich Sie überleben sollte, das Vermächtniß sogleich auf Toni übertragen würde, so daß er jedenfalls gesichert wäre...«

So war schließlich alles bestens geordnet. Katharina Schratt war zu Geld gekommen und familiär entlastet: Ihr Sohn Toni war durch kaiserliche Protektion im Herbst 1888 in die Eliteschule Österreich-Ungarns, das Theresianum in Wien, aufgenommen, das als Internat geführt wurde. Ihr Ehemann, dessen Schulden der Kaiser von nun an ohne weitere Diskussionen bezahlte, war (ohne entsprechende Ausbildung und Qualifikation) als Vizekonsul in Tunis in den Diplomatischen Dienst übernommen und quälte sie nur selten mit seiner Anwesenheit. Mit ihren beiden neuen Villen in Wien und in Ischl war sie als quasi offizielle »Freundin des Kaiserpaares« auch räumlich und für alle sichtbar in die Nähe Franz Josephs gelangt.

Exkurs über hohe und niedere Liebe

Franz Josephs Beziehung zu Anna Nahowski ist geeignet, auch die Beziehung zur Schratt klarer zu sehen, sowohl was die Gemeinsamkeiten, als auch was die Unterschiede betrifft.

Beide Damen standen außerhalb der höfischen Gesellschaft, waren nicht »von Stand« und nicht verwandt mit hohen Funktionären des Staates. Eine Geliebte von hohem Adel etwa hätte selbst für einen Kaiser nicht nur moralische Probleme ersten Ranges ergeben (weil ihre Verwandten Forderungen hätten stellen können, die mit Geld nicht abzulösen gewesen wären), sondern ihn auch in ein Gewirr von mächtigen Beziehungen und in nicht absehbare politische Konsequenzen gezogen. Die Einflußmöglichkeiten einer solchen Dame wären am Hof mannigfaltig gewesen und hätten überdies die Interessen der Kaiserin empfindlich treffen können, was ganz und gar nicht im Sinne Franz Josephs war.

In beiden (und wahrscheinlich auch weiteren, unbekannten) Beziehungen war der Kaiser geradezu ängstlich auf äußerste Diskretion bedacht – und unterschied sich darin von den meisten seiner Amtskollegen, aber auch von seinem in dieser Hinsicht sehr sorglosen Sohn Rudolf. Der Satz: »Ich habe mich nicht getraut« ist sowohl im Zusammenhang mit der Schratt (er traute sich nicht, sie beim Ball anzusprechen) als auch mit Anna (er traute sich anfangs nicht, sie in ihrem Sommerhaus zu besuchen) dokumentiert. Franz Joseph hielt sich an die wichtigste Moralvorschrift seiner Zeit: zwar zu sündigen, aber heimlich. Diese Haltung allein mit Heuchelei abzutun, träfe nicht den Kern. Denn sie zeigt ja gleichzeitig auch Hochachtung vor den »christlichen« Spielregeln, ganz abgesehen von Familienrücksichten. In Kreisen der Hocharistokratie dieser Zeit herrschte jedenfalls weit größere Ungeniertheit, als sie der Kaiser an den Tag legte.

Das Bild eines christlichen, untadeligen Herrschers mußte in der Öffentlichkeit ebenso ungetrübt bleiben wie seine Vorbildfunktion – das entsprach habsburgischer Tradition, im Gegensatz etwa zu der der Bourbonen. Erzherzog Albrecht, der Theoretiker der Familie und mächtige »graue Eminenz«, formulierte die sittlichen Grundsätze eines habsburgischen Herrschers 1877 so: »Bei feierlichen Gelegenheiten sah das Volk und sieht heute es noch den Pomp und den Glanz der Majestät, aber nicht als unnahbaren *Halbgott*, sondern gleichzeitig als Gott bekennenden und sich vor Gott demütigenden *Christen*. Daher nehmen unsere Völker freudig Antheil am reinen Familienleben des Herrscherhauses und interessiren sich an Allem, was diese – *ihre* – *Familie* angeht.« Im Gegensatz zu den Bourbonen hätten die Habsburger die Liebe ihrer Untertanen erwerben können: »Neben der Sittenreinheit und dem Nichtüberschreiten der herkömmlichen Schranken und Gebräuche zu Gunsten der eigenen Leidenschaft, verdankt das Haus Habsburg diess Resultat der würdigen Einfachheit seines häuslichen und Familienlebens, der Leutseligkeit und Menschenfreundlichkeit seiner Mitglieder.«[1]

Alle diese Rücksichten, vor allem aber der Grundsatz, ein habsburgischer Herrscher stehe zwar kraft seines Amtes über dem Gesetz, sei aber um so mehr seinen christlichen Grundsätzen verpflichtet, machte dem Kaiser das Sündigen äußerst schwer und trug zu seinem verkrampften Verhalten bei.

Bei beiden Frauen hielt der Kaiser eine gewisse Distanz, blieb immer »Majestät«. Weder Anna noch Katharina Schratt wäre es in den Sinn gekommen, diese Distanz durchbrechen zu wollen. Selbstverständlich blieb das »Sie« und die Anrede »Majestät« auch in vertrautesten Situationen.

Andererseits besaß der Kaiser so viel Feingefühl, auch die beiden Damen nie mit »Du« anzusprechen – und auf diese Art wenigstens ein gewisses Gleichgewicht zu halten. Anna Nahowski faßte dies ausdrücklich als Zeichen von Wertschätzung auf: »Es ist Ihm nie eingefallen, mir ›Du‹ zu sagen, und ich danke Ihm dafür. Es wäre mir wie eine Beleidigung vorgekommen, weiß ich doch, daß Männer minderwertigen Weibern Du sagen. Wir Kinder mußten auch den Eltern ›Sie‹ sagen, und ich habe niemals Bekannten erlaubt, mir Du zu sagen.« (Wozu eine Anmerkung nötig ist: Anna spricht von »Bekann-

---

1 Brigitte Hamann, Erzherzog Albrecht – die graue Eminenz des Habsburgerhofes. In: Festschrift für Rudolf Neck, Wien 1981, 1. Band, 76

ten«. Unter Liebespaaren war das »Du« auch im 19. Jahrhundert selbstverständlich.)

Anna weiter: »Vergessen habe ich nie, daß Er der Kaiser ist, und dieser himmelweite Unterschied hat mir täglich gezeigt, wie gut Er mir ist, mich achtet und als Dame behandelt. Wäre unser Verkehr anders gewesen, ich hätte Ihn mir nicht so lang erhalten.« Und: »So einfach der Kaiser in allem und jedem ist, hält Er viel auf gute Sitten und anständiges Benehmen. Alles Ordinäre und sich gehen lassen ist Ihm verhaßt.«[1]

Auch Katharina Schratt wurde vom Kaiser lebenslang mit »Sie« angesprochen. Zunächst sagte er »liebe gnädige Frau«, später »liebe, teure Freundin« und ähnliches. Nie sprach er sie mit ihrem Vornamen an, wie es ihre anderen Verehrer, Graf Wilczek und Fürst Ferdinand von Bulgarien, selbstverständlich – und mit Du – taten. Sie titulierte den Kaiser stets mit »Euer Majestät«, in den Briefen als »Mein allergnädigster Herr und Kaiser!« und verabschiedete sich mit devoten Floskeln wie etwa »Euer Majestät untertänigste Dienerin«.

Mit zunehmender Intensität der Beziehung allerdings empfand sie diese Distanziertheit als Diskriminierung. Die Schratt-Nichte Katharina Hryntschak: »Das hat sie gekränkt bis zum Schluß, daß sie für ihn immer die Bürgerliche war« (Kindermann).

Beide Damen bezogen sehr viel Geld vom Kaiser, der ansonsten darauf Wert legte, ein äußerst sparsamer Mensch zu sein.[2] Anna nannte selten eine Summe, schrieb von einem regelmäßigen »Geldgeschenk« in unbekannter Höhe zweimal jährlich, also einer Art Apanage. Dazu kamen außerordentliche Zuwendungen: Anna erwähnte 50.000 Gulden nach der Geburt ihrer 1883 geborenen Tochter He-

---

1 ÖNB Musiksammlung, Nachlaß Alban Berg. Notizbuch der Anna Nahowski

2 Geradezu sprichwörtlich wurde Franz Josephs eisernes Feldbett in der Hofburg, und auch der Schratt gegenüber betonte er stets seine Sparsamkeit, so zum Beispiel am 17. Juli 1889: »Der Morgen war schön aber kalt und ich fror ziemlich da ich meinen Paletot nicht anzog. Mein Kammerdiener hatte mir aus Irrung einen ganz neuen Waffenrock gegeben und um diesen zu schonen, wollte ich keinen Paletot darüber anziehen, da die Stickerei an Kragen und Aufschlag durch die Reibung zu viel leidet.«

lene, ein anderes Mal 100.000 Gulden.[1] Dazu kam eine mehrmalige Entschuldung ihres ersten Ehemannes in unbekannter, sicherlich nicht geringer Summe und die Abfertigung 1889 von 200.000 Gulden.

Zum Vergleich: Die Geldgeschenke, die der Kaiser seinen Enkelinnen machte, bewegten sich in ähnlicher Höhe. Franz Joseph informierte seine Frau am 26. Januar 1893 darüber, »daß ich Ella [der ältesten Tochter der Erzherzogin Valerie] und den Töchtern Giselas Schenkungen von je 300.000 fl. machte.«

Ein weiterer Vergleich: Kronprinz Rudolf setzte in seinem ersten Testament einer Freundin 20.000 Gulden aus, legte schließlich vor seinem Selbstmord in Mayerling seiner Geliebten Mizzi Caspar die Summe von 30.000 Gulden in bar bereit. Auch diese Summen waren beachtlich in einer Zeit, als ein Universitätsprofessor auf ein Jahresgehalt von etwa 2000 Gulden kam.

In weit höheren Dimensionen bewegten sich die Beträge für Katharina Schratt in der immerhin dreißig Jahre währenden Beziehung. Auch sie erhielt eine feste halbjährliche Zahlung, über die Kielmannsegg berichtet: »Baron Mayr und Palmer vereinbarten nun eine vom Kaiser ihr auszuwerfende Jahresapanage von – wenn ich nicht irre – zirka 30.000 Gulden.« Diese Summe sei mehrmals erhöht worden (118 f.). Außerdem erhielt sie immer wieder hohe Extrasummen für aufwendige Bühnengarderobe, Ankauf von Möbeln, den Ausgleich von Spielschulden, den Kauf von wertvollen Liegenschaften und die regelmäßigen teuren Entschuldungen des Ehemannes. Ihre Abfertigung von 1911 betrug allein 2,5 Millionen Kronen[2] (etwa 200 Millionen Schilling oder 28 Millionen Mark).

Große Finanztransaktionen besorgte Eduard Palmer als ihr Treuhänder, kleinere Summen schickte Franz Joseph häufig bar in seinen Briefen mit feinfühligem Kommentar, so als er zum Beispiel am 4. April 1888 ihren Dank abwehrte: »... denn wie ich schon oft sagte und schrieb, ist es an mir zu danken, daß Sie das so freundlich

---

1 Laut Angabe des Statistischen Zentralamtes 1991 muß heute für einen Gulden von 1889 109,98 Schilling (ca. 15,70 DM) gerechnet werden. Der Wert steigerte sich im Lauf der nächsten Jahre bis auf fast das Doppelte kurz vor dem Ersten Weltkrieg.
2 Nach der Währungsumstellung von 1900 galt ein alter Gulden wie zwei Kronen.

entgegen nehmen, was ich mir erlaube Ihnen zu Füßen zu legen, hauptsächlich um meine nervöse Angst wegen Ihrer Finanzen zu beruhigen, denn auch ich habe Nerven. Ich handle also hauptsächlich aus Egoismus.« Oder am 22. Januar 1897: »Beiliegend erlaube ich mir, Ihnen die gewohnte Ergänzung Ihrer durch so viele Wohlthaten so sehr in Anspruch genommenen Kasse zu Füßen zu legen.«

Diese gewaltigen Geldflüsse spielten bei beiden Damen zweifellos eine entscheidende Rolle, die Beziehung aufrechtzuerhalten.

Für reiche Männer war es selbstverständlich, ihren wenig begüterten Freundinnen Geld zu schenken. Denn fast immer mußten die Damen ihre Wohnungen wechseln und repräsentativ ausgestalten, um ihre vornehmen Liebhaber dort luxuriös empfangen zu können. Sie brauchten mehr Dienstpersonal, auch teure Garderobe. In einer Zeit, als berufliche Selbständigkeit für Frauen kaum erreichbar war (Schauspielerinnen bildeten da eine große Ausnahme), hing ihr gesellschaftlicher wie finanzieller Aufstieg meist von Männern ab – entweder mittels einer Ehe oder eben einer Liebschaft. (Die Schratt hätte zwar finanziell unabhängig sein können, hatte aber ständig Schulden und brauchte deshalb schon vor ihrer Bekanntschaft mit dem Kaiser immer wieder reiche Gönner: Graf Wilczek ist da ebenso ein Beispiel wie Eduard Palmer. Ohne diesen ständigen Finanzfluß wäre sie gesellschaftlich und künstlerisch abgestiegen, denn das Hofburgtheater duldete keine verschuldeten Mitglieder.)

Am Beispiel der Eisenbahnersgattin Anna Nahowski ist der gesellschaftliche Aufstieg einer großen Familie durch einen (vom Ehemann geduldeten) reichen Liebhaber zu sehen. Annas Kinder erhielten eine vorzügliche Erziehung. Die Familie wohnte in einer prachtvollen Villa mit Park, besaß ein großes Sommerhaus (in Trahütten in der Steiermark, wo Schwiegersohn Alban Berg später viel komponierte) und all die vielen Dinge, die zu einem finanziell sorgenlosen Leben gehören.

Die beiden Beziehungen unterschieden sich grundsätzlich in zwei Punkten. Erstens: Katharina Schratt erhielt vom Kaiser überaus viel Schmuck. Anna dagegen mußte sich mit Geldgeschenken begnügen. In ihrem Tagebuch erwähnte sie ein einziges Schmuckstück, eine

Busennadel – die sie sich beim Kaiser ausdrücklich als »Erinnerungsstück« einmahnte, ihm dann in einem Eifersuchtsanfall 1887 zurückgab und schließlich, nach dem Ende der Beziehung, vom kaiserlichen Vermögensverwalter wieder erbat. Anna beschrieb die Nadel so: »Hufeisenform, darauf schwarze, weiße und rote Perlen« – also ein relativ bescheidenes Schmuckstück (Nahowski, 144).

Die Schratt dagegen erhielt gleich mit dem ersten Brief des Kaisers als Zeichen seiner Verehrung einen kostbaren Smaragdring. Hunderte von Schmuckstücken sollten in den nächsten Jahrzehnten folgen, eines kostbarer und teurer als das andere, stets mit galanten Worten zu allen möglichen Gelegenheiten überreicht, zum Beispiel ein Brillanten-Armband am 15. Dezember 1888: »Ich hoffe, daß Sie diese Kleinigkeit mit gewohnter Güte als ein schwaches Zeichen meiner innigen Freundschaft annehmen werden.«

Eine Schratt-Vertraute berichtete, daß die Schratt einmal all diese Juwelen dem Fürsten Ferdinand von Bulgarien zeigte, »daß der große Salon damals ausgeräumt und vier Tische darin aufgestellt wurden – ein Einfall der Schratt. Sie wollte einen Diamanten-, einen Rubin-, einen Smaragd- und einen Saphirtisch decken. Ferdinand von Coburg erklärte, er habe eine so vollendete Sammlung noch selten gesehen« (Zuckerkandl, 111). Die Großnichte der Schratt, Frau Johanna Ingalls Cooper, erzählte der Autorin zum Beispiel, ihre Mutter habe einmal eine Brillant-Brosche, ein Geschenk der Schratt, in den dreißiger Jahren verkauft – und mit dem Erlös dieser einen (im Vergleich zu anderen Kaisergeschenken gar nicht besonders kostbaren) Brosche eine riesige Wiener Altbauwohnung auf das eleganteste herrichten und ausstatten können. Teure Schmuckstücke zu schenken galt und gilt traditioneller Weise als besonderes Zeichen von Verehrung und Zuneigung. Diese Verehrung brachte der Kaiser aber nicht Anna, sondern nur der Schratt gegenüber auf.

Zweitens schrieb Franz Joseph keine Briefe an Anna und ließ sich nicht in vertrauliche Gespräche mit ihr ein. Er besuchte sie zu eindeutigem Zweck und verließ das Haus stets rasch danach. Für Annas Kinder (von denen er nicht wissen konnte, ob nicht doch das eine oder andere sein eigenes war) interessierte er sich nicht.

Wie groß war dagegen seine Fürsorge für den weder besonders hübschen noch besonders intelligenten Schratt-Sohn Toni Kiss!

Diese Unterschiede zeigen die unterschiedliche Wertschätzung des Kaisers und weisen Anna die Position einer (nach den moralischen Kriterien des 19. Jahrhunderts) »niederen« Liebe, Katharina Schratt dagegen einer »hohen« Liebe zu. Der »hohen« Liebe ziemte Huldigung und menschliche Kommunikation – in Briefen, vertrauten Gesprächen wie kostbaren Schmuckgeschenken. Sie stand unnahbar auf einem Podest, als die »Edle«, die »Reine«, die der Mann nicht mit Sexualität zu beschmutzen wagte. Die »niedere«, »gewöhnliche« Liebe dagegen diente der Erfüllung sexueller Bedürfnisse. Der Mann hatte dafür mit Geld zu bezahlen, auch etwaige Kinder großzügig zu bedenken – und brauchte sich nicht weiter zu kümmern. Der bezeichnende zeitgenössische Ausdruck für eine solche Beziehung: »Dienstmädelei«.

Diese zweigeteilte Moral, typisch für das »bürgerliche« 19. Jahrhundert, wurde von vielen aufgeklärten Frauen der Zeit schon angeprangert, so von Irma Troll-Borostyáni in ihrem Buch »Die Gleichstellung der Geschlechter«: »Der Mann, und zwar derjenige, den die öffentliche Meinung als sittlich anerkennt, geht ... von dem Grundsatze aus: Die Befriedigung meiner Begierden ist notwendig; anständige Frauen darf ich nicht zum medium dieser Befriedigung wählen, denn das wäre ein Eingriff in die Rechte eines Anderen; – junge Mädchen aus guter Familie darf ich nicht verführen, da dies leicht kompromittierende Folgen nach sich ziehen könnte; mithin bleibt mir nichts anderes übrig, als irgendein schönes Weib, das keinen Rang in der Gesellschaft einnimmt, das keinen Schutz an seiner Familie hat, das arm ist und hilflos mit Not und Entbehrungen kämpft, zu erkaufen. Das sind die Grundsätze der sittlichsten unter den Männern.« Auch der Kaiser verfuhr nach diesem Muster. Anna Nahowski stieg als Engelt für ihre Dienstleistungen mit ihrer Familie zu fast großbürgerlicher Wohlhabenheit auf.

Der »hohen Liebe« dagegen wurde das Recht, ja eigentlich die moralische Pflicht zugestanden, sich dem bittenden Mann zu versagen und die Liebe »rein von niederen Trieben« zu halten. Dies war die Haltung der Kaiserin Elisabeth gegenüber dem stets demutsvol-

Katharina Schratt, von Männern umschwärmt und bedient. Karikatur der Schauspielerin in ihrem Dienstwagen mit Alexander Girardi als Kutscher und Franz Tewele als Kofferträger.

len, ja bettelnden Ehemann, der seine Briefe mit »Dein armes Männe-
ken« oder »Dein Kleiner« unterschrieb. Katharina Schratt nahm beim
Kaiser eine ähnliche Position ein, und das, obwohl ihr Beruf als
Schauspielerin und ihr ständiger Geldmangel sie eigentlich für die
Position einer »niederen« Liebe prädestiniert hätte. Aber, wie sich im
Laufe der Jahre immer mehr herausstellte, war es ja gar nicht Sexualität, die in ihrer Beziehung zum Kaiser das wichtigste war, sondern
eindeutig die menschliche Zuwendung, das vertraute Gespräch. Und
da es außer der Freundin keinen anderen Vertrauten im Leben des
alten Kaisers gab, da er sie zu seinem Wohlbefinden wirklich dringend brauchte, war er ihr gegenüber ebenso unterwürfig wie gegenüber der Kaiserin in früheren Jahren, als es um andere Probleme ging.
Die Haltung aber war die gleiche: der um Zuwendung geradezu
bettelnde einsame Franz Joseph und die sich verweigernde, selbstbewußte, »hohe« Frau.

Eigensinn und Willenskraft (Eigenschaften, die man den Frauen
des 19. Jahrhunderts gemeinhin selten beimißt und die sich eine
»niedere« Liebe gar nicht leisten konnte) besaß Katharina Schratt in
hohem Maße – was selbst einer ihrer Hauptgegner, der Burgtheaterdirektor Dr. Paul Schlenther, anerkennend vermerkte, als er 1901
dem Historiker Heinrich Friedjung zu Protokoll gab: »Ob früher ein
intimer Verkehr stattgefunden, weiß Schlenther nicht; aber er fand
gewiß nur statt, wenn die Schratt am Kaiser Gefallen fand; denn sie ist
ein Charakter, der frei über sich verfügt.« Mehrmals beklagte der
Kaiser scherzhaft den »harten Kopf« oder das »Kreuzköpfel« der
Freundin. Im Laufe der jahrzehntelangen Beziehung war *sie* es, die
den Ton angab.

(Daß sie freilich bei anderen Männern eine andere Position als die
der »hohen Liebe« einnahm und durchaus moderne Beziehungen
hatte, die abseits dieser verklemmten Begriffe von »hoch« und »niedrig« und »rein« und »schmutzig« standen, ist als sicher anzunehmen,
aber nicht Thema dieses Buches.)

Teil II
Freundschaft zu dritt (1889–1898)

Katharina Schratt hatte nun eine klare Aufgabe. Sie sollte den einsamen Kaiser mit Plauderei zerstreuen, ihm menschliche Wärme und Gemütlichkeit in ihrem immer eleganter werdenden Haus geben, mit ihm Spaziergänge machen, auf seine Gesundheit und Bequemlichkeit achten – und so die ehemüde Kaiserin entlasten, die nun getrost auf Reisen gehen konnte.

Franz Joseph zeigte seine Dankbarkeit: »Sie glauben gar nicht, wie wohl Sie mir thun und daher sind und bleiben Sie für mich der erste Oberengel« (19. März 1892). Der Kaiserin schrieb er: »Deine Güte und Fürsorge und die Freundschaft der Freundin sind die einzigen Lichtpunkte in meinem traurigen Leben« (26. Dezember 1893). Und: »Ich lebe so monoton dahin, daß es wirklich höchste Zeit ist, daß die Freundin mich etwas aufheitert« (3. März 1895). Er klagte, daß »ich von Arbeit erdrückt bin und mit Ausnahme der Stunde, die ich mit der Freundin zubringe, von Früh bis abends am Schreibtische sitze oder Leute empfange« (23. März 1897).

Die Schratt-Nichte Katharina Hryntschak, die Jahrzehnte bei ihrer Tante wohnte, erzählte später über die intimen Diners in der Gloriettegasse: »Die alte Köchin war fantastisch, da ist er zum Essen gekommen und ist selig in seinem großen Fauteuil gesessen und hats genossen.« In der Hofburg habe man die Speisen aus der großen Küche durch viele Zimmer tragen und dann hinter einem Paravent noch einmal aufwärmen müssen, so daß das Essen nie richtig warm war. Aber bei der Freundin sei »es von der Küche direkt hergekommen, und das hat er genossen«. Quintessenz der alten Dame: »Der war ein armer Teufel, der Kaiser. Völlig isoliert« (Kindermann).

Um ihre Aufgabe als »Freundin des Kaisers« zu erfüllen, mußte die Schauspielerin ihren gewohnten Lebensstil ändern. Zwar besuchte Franz Joseph sie nicht (wie Anna Nahowski) um vier Uhr früh, sondern aus Rücksicht erst um sieben Uhr zu seinem (zweiten) Frühstück. Aber auch dies war nach einem langen Abend im Theater sehr früh, mußte sie doch dazu schon gegen fünf Uhr aufstehen, komplizierte Toilette machen, während die Köchin den stets frischen Gugelhupf herstellte (zur Sicherheit, falls dieser mißglückte, wurde ein zweiter vom Bäcker geliefert). Kinder der Nachbarschaft brachten frische Milch und Obst der Saison, das Dienstmädchen arrangierte die

Blumen und bereitete den Salon für das Kaiserfrühstück vor. Selbstverständlich mußte Katharina Schratt ausgeschlafen wirken, fröhlich und gemütlich, wie der Kaiser es liebte – und sie mußte ihre launigen Geschichterln parat haben, um den nicht gerade redseligen Kaiser zu unterhalten.

»Wenn ich von der Anekdote, welche ich in Karlsbad gehört nicht die Pointe vergesse, so kann ich Euer Majestät hoffentlich zum Lachen bringen, was mir immer so unendlich viel Freude bereitet«, heißt es in einem frühen Briefkonzept der Schratt noch wohlgemut. Hartnäckig mahnte Franz Joseph immer wieder neue Geschichten ein, so am 23. Februar 1890: »Wie dankbar bin ich Ihnen, daß Sie Sich die Mühe geben, Notizen über verschiedenen Tratsch zu machen, den Sie mir erzählen werden. Das wird herrlich werden und ich freue mich schon sehr auf alle diese interessanten Mittheilungen, unendlich mehr aber natürlich auf das endliche Wiedersehen. Schreiben Sie nur Alles genau auf und bringen Sie es schriftlich nach Schönbrunn, denn sonst könnten Sie doch Einiges vergessen.« Und am 2. September 1890: »Sehr neugierig bin ich schon auf Ihre mündliche Erzählung des Pantscherl mit Sickingen und der ganz kleinen Bandelei Ihres Herrn Gemahls. Was werden Sie mir überhaupt alles zu erzählen haben nach einer so interessanten Reise?«

Alle Freundinnen und Freunde der Schratt berichteten von der Mühsal, immer wieder neue Geschichterln für den Kaiser zu finden. Mit nichts konnte man sich bei der Schratt mehr einschmeicheln als mit amüsanten Anekdoten. (Der deutsche Botschafter Graf Philipp Eulenburg gelangte auf diese Art zu einer Vertrauensstellung im Hause Schratt, was auch politische Auswirkungen hatte.)

Wenn persönliche Treffen unmöglich waren (also sehr häufig), wünschte der Kaiser als Ersatz launige Briefe der Freundin. Die Schratt jedoch haßte Briefschreiben (was auch Ferdinand von Bulgarien zu jammervollen Klagen wegen ausbleibender Post veranlaßte), war sich ihres Stils ebenso wenig sicher wie ihrer Rechtschreibung und ließ sich noch nach Jahren gelegentlich von ihren Freunden Schulz und Palmer Briefe aufsetzen, die sie dann umarbeitete und für den Kaiser abschrieb.

Die Mühsal des Briefeschreibens: Konzept von Paul Schulz, Korrekturen von Katharina Schratt, die den Brief dann ins reine schrieb

Der Kaiser überschüttete sie zur Ermutigung mit Komplimenten, so am 28. Februar 1888: »Es thut mir sehr leid, daß Sie sich noch mit den sogenannten Fehlern Ihres letzten Briefes geplagt haben. Ich habe denselben charmant gefunden und bin ja so froh, wenn Sie Ihre Briefe an mich nicht wie Schüler Aufgaben behandeln. Jedenfalls sind Ihre Briefe, was Styl, Geist und Schrift betrifft weit über die meinen erhaben, was ich täglich mit Beschämung erkenne.« Wenn sie ängstlich war, »zu keck« zu sein, versicherte er ihr, so am 1. Januar 1887, »daß Sie nach meinem Geschmacke mir nie keck genug schreiben können, denn diese sogenannte Keckheit ist ja meine größte Freude. Ich begreife deßhalb nicht, wie Sie Sich wegen Ihres vorletzten Briefes wieder Skrupeln machen konnten. Das muß von den Nerven kommen.«

Was mit erstem Elan noch gelang, wurde im Lauf der Jahre immer mühsamer. Und wenn Katharina Schratt sich über den Kaiser ärgerte, strafte sie ihn, indem sie statt langer Briefe nur noch Telegramme schickte – worauf er sich ängstlich bemühte, ihre Gunst durch teure Geschenke zurückzuerobern.

Diese Geschenke und riesige Geldsummen waren drei Jahrzehnte lang Dank und Gegenleistung des Kaisers an die Freundin, die damit (trotz verlustreichen Roulette-Spieles in Monte Carlo) zu einer wohlhabenden Frau wurde. Zusätzlich befreite sie der Kaiser von ihrer größten Sorge, ihrem Ehemann. Denn Nikolaus von Kiss, der keinen Beruf hatte, wurde als Diplomat fern von Wien angestellt. Er wurde außerdem regelmäßig entschuldet und fiel seiner Frau kaum noch zur Last. Sohn Toni und ihre Freunde hatten Protektion in allen möglichen Lebenslagen – was der Schratt nicht unbeträchtliche Macht verlieh. Denn immerhin wurden an ihrem Frühstückstisch Karrieren gemacht.

In den ersten Jahren war also die Beziehung ziemlich ausgewogen: Wärme und Heiterkeit gegen Geld und Einfluß. Nach einigen Jahren traten Probleme auf: Die Schratt war eine selbständige und (aufgrund ihres Berufs, aber auch aufgrund der beträchtlichen Anzahl mächtiger und reicher Verehrer) selbstbewußte Frau, die auf die Dauer die Einengung ihrer gewohnten Freiheit (und sei es auch durch den Kaiser persönlich) als bedrückend empfand. Und so schmeichelhaft auch anfangs Franz Josephs Eifersucht auf alle Männer der Schratt-Umgebung sein mochte, so unangenehm wurde seine hartnäckige, ja penetrante Anhänglichkeit in Augenblicken, wo sie sich erlaubte, einen Rest von Privatleben zu haben, und etwa verreiste, ohne eine Adresse zu hinterlassen. Je älter Franz Joseph wurde, umso mehr kehrte sich das Verhältnis um, umso mehr wurde er von der Freundin abhängig, während sie ihre Freiheit suchte. Einige Unstimmigkeiten des Paares wurden bezeichnenderweise von der Kaiserin Elisabeth beigelegt, die ihrem verzweifelten Ehemann zu Hilfe kam und die Freundin mit ihm versöhnte.

Die öffentlich demonstrierte Freundschaft der Kaiserin für sie war der ganze Stolz der Schauspielerin. Sie legte ihr ganzes Leben lang großen Wert darauf, »Freundin der Kaiserin« genannt zu werden, und sah in der glühend verehrten Elisabeth ihre unbestrittene, absolute Autorität – ebenso, wie es Kaiser Franz Joseph tat. Beide wußten nur zu gut, daß ihre Beziehung vom Schutz der Kaiserin abhängig war, und waren ihr in tiefer Dankbarkeit ergeben.

Wie sehr die Kaiserin in die Beziehung des Paares einbezogen war, beweisen die Briefe, die Franz Joseph seiner Frau schrieb. In fast jedem erwähnte er »die Freundin«. Er berichtete über ihr Aussehen, ihre Bergtouren, ihre neuen Rollen, ob sie Kopf- oder Bauchweh oder Krämpfe wegen der »stillen Woche« hatte, ab- oder zugenommen hatte. Er berichtete von gemeinsamen Spaziergängen, von Besuchen im Schönbrunner Tierpark und vom Essen, das sie ihm auftischte, zum Beispiel am 2. Dezember 1892: »Das Wildschwein... schmeckte, ganz so zubereitet wie bei uns, sehr gut. Außerdem war noch ein Hühner Ragout mit einer vortrefflichen Sauce und Faschingskrapfen.«

Gewissenhaft führte er die oft seltsamen Aufträge der Kaiserin aus und berichtete ihr zum Beispiel am 29. September 1895: »Gestern waren wir im Tiroler Garten, wo wir die beiden neuen Kühe, Deinem Befehle gemäß, ansahen, die mir sehr gut gefielen. Auch kosteten wir kuhwarme Milch von der Kuh aus Aix les Bains, die ich besonders gut fand. Es war keine Zeit, auch noch die andere Kuh melken zu lassen, da ich in die Stadt mußte, aber heute nach der 7 Uhr Messe kommt von jeder der beiden Kühe eine kleine Flasche Milch zur Freundin, um daß wir kosten können.«

Elisabeth zeigte der Freundin ihre Gunst mit Geschenken, oft recht kostbaren. So erwähnte die Schratt-Nichte, daß Elisabeth einmal vier Solitäre verschenkte: je einen an ihre beiden Töchter, einen an die Enkelin Erzsi Windischgrätz – und den vierten an Katharina Schratt (was diese voll Stolz noch Jahrzehnte später erzählte).

Meistens aber schenkte Elisabeth Reiseandenken. So schickte sie zu Weihnachten 1893 aus Algier ein Paket mit »zwei schwarzen Madonnen und ein Glasgefäß mit einer Art Sirup oder Honig«, wie der Kaiser am 23. Dezember bestätigte, eine für Valerie, »während ich die andere Statuette, Deiner Weisung gemäß, der Freundin übergab, welche Handküssend vielmals dankt. Leider kamen beide Statuetten, in Folge schlechter Verpackung und durch das Glasgefäß zerdrückt, gebrochen an. Die besser erhaltene wurde für Valerie recht gut zusammengeleimt, die andere will die Freundin selbst zusammenleimen, was aber kaum gelingen dürfte.« Drei Tage später, am 26. Dezember 1893, gab es schon wieder ein Geschenk: »Den Broncekopf mit der Lyra werde ich morgen, Deiner Weisung gemäß, der Freundin übergeben und ich bin recht froh, daß er nicht für mich bestimmt ist, da ich ihn sehr unheimlich finde.«

Elisabeth versorgte die Schratt mit Süßigkeiten von der Riviera, Obst aus Korfu und allen möglichen Spezialitäten für gemütliche Diners zu zweit. Franz Joseph dankte seiner Frau nach einem solchen Essen im Hause Schratt: »Der kalte Kopf des von Dir gespendeten Frischlings war vortrefflich« (1. Dezember 1896). Ein anderes Mal dankte er für zwei Flaschen Champagner, »die bei einem Déjeuner, welches ich mit der Freundin haben soll, eingekühlt getrunken werden sollen« (Wien, 18. Januar 1896). Den Briefen an die Freundin legte der Kaiser häufig Geschenke Elisabeths bei, so aus Gödöllö, den 16. Oktober 1892: »Die Kaiserin, welche so eben erwacht ist, grüßt Sie herzlichst und hat Ihnen den durch mich angekündigten Honig, den Sie hoffentlich in dieser Cholera Zeit nur mit größter Vorsicht genießen werden und einige Gödöllöer Fasanen geschickt, die wegen der hiesigen Äsung besonders schmackhaft sein sollen.« Die Freundin dankte mit Kleinigkeiten: Blumen und Glücksbringern, die der abergläubischen Elisabeth Freude machten.

Briefe wurden zwischen der Kaiserin und Katharina Schratt nicht gewechselt. Alles, was Elisabeth der »Freundin« zu sagen hatte, ließ sie ihr über den Kaiser ausrichten – was dieser mit großem Vergnügen und sehr gewissenhaft tat.

Wenn die Kaiserin nicht in Wien war – also die meiste Zeit –, hielt sie auch über ihre engste Vertraute Ida Ferenczy mit der Freundin Kontakt. Elisabeth bestimmte, daß sich das Paar in der Privatwohnung Ida Ferenczys in der Hofburg treffen konnte – meist bei einem einfachen Essen oder einem Glas saurer Milch, Franz Josephs Lieblingstrank. Damit löste die Kaiserin das Dilemma des Paares, im Winter keinen diskreten Treffpunkt zu haben: Franz Josephs Räume in der Hofburg waren für die Freundin ohne die Kaiserin tabu, er wiederum konnte sie in ihrer Stadtwohnung nicht besuchen, da das zu viel Aufsehen erregt hätte. (Im Sommer war der Weg durch den Schönbrunner Park bis zur nahen Schrattschen Sommervilla in der Gloriettegasse viel unkomplizierter.) Außerdem behielt Elisabeth so eine Art Kontrolle über die Beziehung ihres Ehemannes, wofür schon Ida Ferenczy sorgte.

Offensichtlich gefiel dem Kaiser diese Situation mit »meinen beiden Schutzengeln« gut. Sehr gerne (und sehr fürsorglich) beklagte er sich zum Beispiel brieflich bei der einen über die andere, zum Beispiel schrieb er seiner Frau über die Freundin: »Natürlich klagte ich ihr mein Leid wegen Deiner Gesundheit und da meinte sie, Du solltest nach Lourdes gehen und Deine Beine in die dortige Quelle tauchen, welchem bedenklichen Rate ich mich durchaus nicht anschließe« (17. Dezember 1896). Dann wieder berichtete er seiner Frau: »Die Freundin hat jetzt wenig ruhige Momente, ist auch nervös, sieht aber gut aus« (24. Dezember 1896).

Freilich: wenn er sich über die Freundin ärgerte (so als sie gegen seinen Willen eine Gletschertour unternahm), war seine äußerste Drohung, die Kaiserin über die Missetat zu informieren, um dann zu beruhigen: »Ich habe auch der Kaiserin nichts von der Sache geschrieben und werde es ihr auch nicht erzählen, um sie nicht zu betrüben« (20. September 1895). Auch seine Kritik an der Spielsucht der Freundin hüllte Franz Joseph in einen lobenden Vergleich mit der Ehefrau: »In Monte Carlo verspielte sie einen Franc, fand aber keinen Gefallen an der Spielhölle. In dieser Beziehung ist sie solider als Sie« (2. Dezember 1890).

Der Kaiser war ein gewissenhafter und eifriger Briefschreiber. Manchmal gingen gleichzeitig Briefe und Telegramme an beide Damen aus. Ein Beispiel gibt Franz Josephs Leibkammerdiener Eugen Ketterl in seinen Erinnerungen (73):

TELEGRAMM
Frau Katharina von Kiss-Schratt in Wien, Hietzing, Gloriette Gasse N. 9

Begrüße Sie herzlichst bei der Rückkehr in die Gloriette Gasse. Haben Sie mein heutiges Telegramm aus Salzburg erhalten? Wetter bessert sich. Habe heute früh nichts geschossen. Wie geht es Ihnen? Franz Joseph
In Abschrift genommen 17/IX 97 3 Uhr

TELEGRAMM
Der Kaiser und König an I.M. die Kaiserin und Königin in
Meran, Tirol, Hotel Kaiserhof.
Heute früh nichts geschossen. Fahre Abends auf das Dampf-
schiff und pirsche noch morgen früh und Abend, worauf ich
nach Buda-Pest reise. Wetter bessert sich. Es geht mir sehr gut.
Bin hier nicht zum Schreiben gekommen. Auf baldiges Wieder-
sehen.   FJ
In Abschrift genommen 17/IX 97 3 Uhr

Bald ging auch die Freundin auf Reisen wie die Ehefrau, und der
Kaiser machte sich Sorgen um beide, wartete sehnsüchtig und oft
vergeblich auf Post und klagte gegenüber der Kaiserin: »Ich bin recht
traurig, daß ich von meinen beiden Schutzengeln so gar nichts
erfahre« (14. September 1895).

Gelegentlich trafen die beiden Damen einander auf Reisen, so 1895
an der Riviera. Franz Joseph, einsam in Wien, am 23. Februar 1895 an
seine Frau: »Gestern erhielt ich ein Telegramm der Freundin... mit
der Mitteilung, daß sie gestern um ½2 Uhr nach Cap Martin bestellt
war. Das wird ein frohes Wiedersehen und eine Fragerei gewesen
sein! Hätte ich nur auch dabei sein können!« Er war dankbar, daß er
über die Freundin Nachrichten über seine (sehr schreibfaule) Frau
bekam: »Gottlob gute, denn sie fand Dich zwar mager, aber gut
aussehend. Sie will früher, als ich erwartete, zurückkommen, was
mich freut, denn ich fühle mich jetzt ganz besonders einsam und bin
sehr melancholisch gestimmt« (1. März 1895).

Schon einen Tag später gab es wieder ein Treffen. Die Freundin
habe ihm mitgeteilt, so Franz Joseph am 2. März 1895 an seine Frau,
»daß sie auf die Miramar zum Frühstück geladen ist. Ich kann mir
denken, wie geschmeichelt sie war.«

Am 6. März 1895 berichtete der Kaiser der Kaiserin von einem
Brief der Freundin, »in welchem sie mir eine Menge Aufträge von Dir
mitteilt und mir das Déjeuner auf der Miramar beschreibt. Sie ist sehr

dankbar und entzückt von dem Schiffe, die Hauptsache ist aber, daß sie Dich frisch und zufrieden aussehend fand und daß Du, wie sie melden sollte, sehr viel gegessen hast, was sie aber nicht fand.«

Die Verehrung der Freundin für die Ehefrau nahm Elisabeth voll Spott zur Kenntnis und dichtete wenig freundlich als »Titania«:

»Dein dicker Engel kommt ja schon
Im Sommer mit den Rosen.
Gedulde Dich, mein Oberon!
Und mach nicht solche Chosen!

Sie bringt sich mit ihr Butterfaß,
Und läßt sich Butter bereiten,
Sie macht mit Cognac die Haare naß
Und lernt am End noch reiten.

Sie schnürt den Bauch sich ins Korsett,
Daß alle Fugen krachen.
Hält sich gerade wie ein Brett
und ›äfft‹ noch andre Sachen.

Im Häuschen der Geranien,
Wo alles so fein und glatt,
Dünkt sie sich gleich Titanien,
Die arme dicke Schratt.«[1]

Ganz wie die Kaiserin, unternahm auch die Freundin lange Bergpartien. Ganz wie sie hungerte sie für ihre schlanke Linie (freilich mit weit weniger Erfolg) und war stets auf der Suche nach der idealen Abmagerungskur. Jahrelang war der Kaiser damit beschäftigt, in seinen Briefen an Frau und Freundin die Kurerfolge der beiden auszutauschen. 1891 ging es um eine Seewasserkur und Heublumenbäder, 1893 um eine Schwitz- und Hungerkur.

Der Kaiser aus Gastein, den 3. Juli 1893 an die Freundin: »Die Kaiserin würden auch die Kilos und Grammes interessiren, mich aber

---

1 Dieses Gedicht befindet sich nicht im Nachlaß der Kaiserin, sondern wurde von Marie Larisch, vielleicht nicht ganz korrekt, aber sinngemäß richtig, überliefert. Marie Louise von Wallersee, vormals Gräfin Larisch: Kaiserin Elisabeth und ich. Leipzig 1935, 309.

Schratt-Porträt von Heinrich von Angeli, das Geschenk der Kaiserin an den Kaiser 1886 und Beginn einer jahrzehntelangen Freundschaft.

Kaiserfotos aus dem Album Katharina Schratts

»In Kreuth wurde ich von einem dortigen Photographen gezwungen mich nach der Jagd, bei welcher ich einen Hirsch so ungeschickt fehlte, photographiren zu lassen.
Das Produkt schicke ich Ihnen unter Einem zum beliebigen Gebrauche.
Ich finde, daß ich mit den gegen Himmel erhobenen Augen unendlich dalket aussehe.« (26. September 1888)

»... Endlich kann ich Ihnen beiliegend meine Photographien von Angerer, die ich erst vorgestern erhielt, schicken und zwar nur weil Sie dieselben gewünscht haben und um Ihre Sammlung meiner photographischen Portraits komplet zu machen. Bei der Aufnahme des kleineren Bildes saß ich auf einem Holzblock, der ein Pferd ersetzen sollte, da der Zeichner für welchen die Photographien gemacht wurden, für seine Illustrationen mich zu Pferde machen will und daher meine Stellung im Sattel brauchte...«
(24. November 1888)

In dieser Rolle fiel Katharina Schratt dem Kaiser auf: als »Lorle« in dem Volksstück »Dorf und Stadt«.

Franz Joseph zur Niobe-Rolle am
29. Januar 1894: »Hoffentlich werden Sie nicht zu echt antik costumirt, denn ich halte Sie so hoch und
habe Sie so unendlich lieb, daß ein
nicht vollständig anständiges
Costume mich kränken und sehr
eifersüchtig machen würde.«

Als Königin in Schillers
»Don Carlos« (Fotos aus dem
Schratt-Nachlaß)

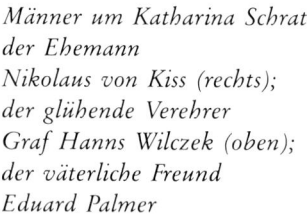

Männer um Katharina Schratt:
der Ehemann
Nikolaus von Kiss (rechts);
der glühende Verehrer
Graf Hanns Wilczek (oben);
der väterliche Freund
Eduard Palmer

Der »brüderliche Freund«, Prinz Ferdinand von Sachsen-Coburg, seit einigen Monaten Fürst von Bulgarien. Franz Joseph schickte der Freundin am 23. Februar 1888 sieben Fotos, »die ich hier gefunden und aus 25 verschiedenen Aufnahmen, als die Interessantesten, für Sie ausgesucht habe, da ich mir dachte, daß dieselben Sie unterhalten könnten. Bemerkenswerth ist das Bild, wo der große Staatsmann sinnend am Schreibtische sitzt, dasjenige, wo der Feldherr seinem Adjutanten Befehle ertheilt und die unglaubliche Menge Orden, welche auf der Galla Uniform angebracht sind.« (Fotos aus dem Schratt-Nachlaß)

Kaiserin Elisabeth, Gemälde von Julius Benczur.
Ofen, den 23. Oktober 1899: Ich »... fuhr vor 2 Uhr zum Maler
Benczur, um das Bild unserer theueren Verklärten zu sehen, welches
er für Frau von Ferenczy in meinem Auftrage gemalt hat. Dasselbe ist
sehr gelungen und jedenfalls das beste Portrait, welche von der
Kaiserin gemalt wurde. Es ist ein wunderschönes Bild, die Gestalt
vorzüglich und auch das in jugendlicherem Alter gedachte Gesicht
ähnlich und mit sehr angenehmem Ausdrucke ...«

gar nicht, denn ich betrachte die Wage als Unsinn und als Unglück.«
Aus Ischl, den 17. Juli 1893, berichtete er dann seiner Frau, die
Freundin »scheint wirklich etwas magerer geworden, hat bei der
letzten Wägung in Hietzing ein Kilo abgenommen, glaubt aber jetzt
bereits 2 Kilo leichter zu sein, konnte sich aber hier nicht wägen
lassen, da die Wage noch nicht angekommen war. Die Schwitz- und
Abmagerungskur hat sie nur mit Maß genommen, da ihr im Schwitz-
kasten schwindlig wurde und da sie wegen beständigen Spielen und
Proben ihre Kräfte nicht zu sehr herabbringen wollte.«

1894 ging es um eine Massagekur (die Schratt probierte den Mas-
seur der Kaiserin aus), 1895 um eine »Sonnenätherkur«, 1896 um eine
Sandkur, die beide Damen gleichzeitig versuchten. Franz Joseph an
seine Frau am 27. März 1896: »Es ist wirklich merkwürdig, wie ihr
beide immer dieselben medizinischen Experimente unternehmt und
Gottlob, ohne bisher besonderen Schaden genommen zu haben.«

Mitten in den Wirren der Badeni-Krise mit Straßenkämpfen und
Parlamentstumulten schrieb der Kaiser am 11. Juni 1897 über die
Freundin: »Sie hat zur Abwechslung gestern eine Milchkur begonnen, bei welcher sie immer 3 Tage nur Milch ohne Brot und Marienbader Wasser genießen und am 4. Tage ordentlich essen will und so
fort in dieser Einteilung. Auch will sie fleißig Bycicle fahren, alles zur
Abmagerung, da sie seit letztem Herbste 6 Kilo zugenommen hat.«
Am 14. Juni berichtete er, daß die Freundin »durch die Milchkur
1½ Kilo abgenommen« habe.

Am 8. September 1897 zeigte er sich seiner Frau gegenüber überrascht »von Deiner Absicht, in der Villa Hermes zwei Badekabinen,
eine für Dich und eine für die Freundin bauen zu lassen, in welchen
Ihr geröstet oder abgebrannt werden sollt. Es wäre doch schrecklich,
wenn Du, nach den traurigen Erfahrungen, welche Du mit den
Dampfbädern gemacht hast, wieder eine neue ähnliche Kur unternehmen und auch die Freundin, die jeden medizinischen Unsinn mit-
macht, mit ins Verderben stürzen würdest!«

Wenige Monate vor Elisabeths Tod noch wurde lang über eine Kur
Katharina Schratts in Kissingen diskutiert, die sie auf den Spuren der
Kaiserin – und bei demselben Arzt machte. Der Kaiser aus Ischl, den
21. Juli 1898, an seine Frau über die Freundin: »Die Kissinger Kur

scheint ihr gut getan zu haben, obwohl sie Sotiers Weisungen nicht genau befolgte, viel zu viel Bewegung machte und zu wenig aß. Auch machte ihr Sotier in dieser Beziehung viele Vorwürfe, fand, daß sie ebenso wenig folgsam sei wie Du und sagte, daß sie eine Kaiserin Nro. 2 sei.« Am 8. August 1898 ließ er die Freundin Teile von einem Brief Elisabeths lesen, bereute es aber, »da sie von den in dem Schriftstücke entwickelten Ideen entzückt war und sie im Stande ist, wieder eine neue, unsinnige und ihre Nerven aufregende Kur zu versuchen«.

Nicht der geringste Zweifel kann in der Frage bestehen, welche der beiden Frauen die erste Stelle im Herzen Franz Josephs einnahm: Es war eindeutig die Kaiserin. Auch ein Vergleich der Briefe beweist dies: Franz Josephs Briefe an seine Frau waren (selbst in der Zeit des besten Einverständnisses mit der »Freundin«) liebevoller als die an die Schratt, im Ton sehr respektvoll, manchmal geradezu unterwürfig und bettelnd. Anrede meistens: »Edes, szeretett lelkem« (»meine süße, geliebte Seele«). Unterschrift stets: »Dein Kl«(einer).

Die Liebe und Verehrung Franz Josephs für seine Frau wurde sogar durch Katharina Schratt noch bestärkt: Denn wenn der Kaiser sich bei der Freundin wohlfühlte, so verdankte er dies seiner Ehefrau, die diese Beziehung unterstützte – was er nicht müde wurde, dankbar anzuerkennen. So schrieb er zum Beispiel am 10. September 1893 an Elisabeth: »Habe auch im kommenden Jahre Nachsicht mit meinem Alter und meiner zunehmenden Vertrottelung. Deine Güte und Fürsorge und die Freundschaft der Freundin sind die einzigen Lichtpunkte in meinem traurigen Leben.«

Die in Zeiten der Monarchie so leidenschaftlich diskutierte Frage, ob zwischen dem Kaiser und seiner Freundin intime Beziehungen bestanden oder nicht, ist auch hier kaum zu umgehen. Bei aller Unsicherheit, die die Beantwortung solcher Fragen in sich hat, muß eines festgehalten werden: Einen Beweis für ein intimes Verhältnis gibt es nicht – auch in den nun vorliegenden Briefen nicht. Es gibt nur Tratsch.

Gibt man sich die Mühe, sich mit diesem (zeitgenössischen) Tratsch näher zu beschäftigen, fällt eine Besonderheit auf: Die Leute, die weder den Kaiser noch die Schratt persönlich kannten, also das »Publikum«, konnten sich gar nichts anderes als ein solches »normales« Verhältnis vorstellen. (Unvergeßlich ist mir der Ausspruch des 1886 geborenen Historikers Heinrich Benedikt: »Ich laß auf unseren alten Kaiser nichts kommen: Natürlich hat er ein Verhältnis mit ihr gehabt!«)

Jene freilich, die die beiden gut kannten (wie ihre Nichte Katharina Hryntschak, ihr Vertrauter Graf Philipp Eulenburg, ihre Freundin Gräfin Nora Fugger und andere), schworen Stein und Bein, daß sich zwischen ihnen nichts »abgespielt« habe (außer den in den Briefen erwähnten mehr oder weniger ausgiebigen »Stricherln«, womit Küsse gemeint waren). Die Loyalität gegenüber der Kaiserin habe ein »Verhältnis« undenkbar gemacht, denn nie und nimmer hätte die Schratt Elisabeths Freundschaft, den größten Stolz ihres Lebens, riskiert. Katharina Hryntschak: »Ein intimes Verhältnis wäre ja praktisch nicht möglich gewesen, wie hätte man denn das bei so viel Personal geheimhalten sollen. Schon in Wien haben die Dienstleut' von der Tante in Hietzing und am Hof immer die Informationen ausgetauscht: ›Also, bei uns is nix passiert, bei euch?‹ Da haben dann die Kammerdiener vom Kaiser gesagt: ›Nein, bei uns is auch nix g'wesen.‹ Die Leute hätten sicher gern darüber getratscht – aber es war halt leider nichts!« (Markus, 125).

Der jahrzehntelange Tratsch allerdings machte vor allem der jüngsten Kaisertochter Marie Valerie zu schaffen, die am 27. Mai 1889 noch anerkennend in ihr Tagebuch schrieb: »Frau Schratt speiste mit uns und ging mit uns spazieren. Sie ist eine so gute Seele, daß Mama sie wirklich gern hat; und welch ein Glück, daß Papa doch eine Zerstreuung, ein Interesse hat.« Am 2. Juni aber klagte sie unter dem Einfluß ihres Bräutigams, Erzherzog Franz Salvators, in ihr Tagebuch: »O, warum hat Mama die Sache selbst so weit getrieben! Wir beklagten es zusammen... aber ändern kann und darf man jetzt natürlich nichts daran, ich muß, obwohl es Franz peinlich ist, wieder mit ihr zusammen kommen und darf mir nichts merken lassen.«

Valeries Unbehagen wuchs im Sommer 1889 in Ischl: »Ich wollte, ich bräuchte nie mehr mit der guten Frau zusammenkommen und

Papa hätte sie nie gesehen« (21. Juli 1889). Am 4. November 1889: »Verkehr mit Papa immer schwerer, Schratt steht bis zu einem gewissen Grad doch zwischen Mama und Papa. Daß ich Papa nicht mehr wie ehmals im innersten meines Herzens recht geben kann, das ist für mich das Bitterste – so unschuldig die Sache ja auch ist. O, warum hat Mama diese Bekanntschaft herbeigeführt, und wie kann sie noch sagen, daß ihr dieselbe eine Beruhigung ist!... Daß zwei so edle Charaktere wie meine Eltern so irren und einander oft gegenseitig so unglücklich machen können.«

Die ältere Kaisertochter Gisela, nicht übermäßig glücklich verheiratet, hatte Verständnis für die Eltern, während Marie Valerie auf ihrer Ablehnung beharrte, sah sie doch voll Schmerz, wie Elisabeth die Schratt als Anlaß benützte, um den Kaiser mehr denn je allein zu lassen. Marie Valerie schrieb am 5. November 1889 in ihr Tagebuch: »Umgang mit Papa lastet auf Mama, ihr Los ist gerade am schwersten, wenn sie mit Papa ist. Opfer ihres Beisammenseins mit ihm verliert an Notwendigkeit in dem Maße, als die ungleiche Freundschaft zur Schratt zunimmt.«

Jedenfalls mußte Katharina Schratt in der jungen Erzherzogin bald ihre mächtigste Feindin sehen. Freilich traute sich Marie Valerie zu Lebzeiten ihrer Mutter Elisabeth nicht, offen gegen die »Freundin« aufzutreten.

Das sollte sich nach Elisabeths Tod ändern.

Meine liebe Freundin,

So bald werden Sie wohl keinen Brief von mir erwartet haben und ich erlaube mir die idyllische Ruhe, welche Sie mit Frau Bauer Heute vor dem übermorgigen Theresianisten Tage noch genießen, nur in hohem Auftrage zu stören. Die Kaiserin ladet Sie nemlich für Montag den 27. um 3 Uhr zu uns zum Essen ein, und laßt Sie bitten in Promenade Toilette zu kommen, da die Absicht besteht Sie nach Tisch auf einen längeren Spaziergang zu schleppen. Ich bitte Sie beim nemlichen Thore, welches Sie voriges Jahr nicht gefunden haben, in den Thiergarten herein und von da gleich weiter bis zur Villa zu fahren. Wir freuen uns sehr auf Ihren Besuch und ich bitte mir nur mit einigen Zeilen bekannt zu geben, ob Sie kommen. Vielleicht erlauben Sie mir, Ihnen Montag Früh um ½8 Uhr auf meiner Fahrt in die Stadt einen Besuch zu machen, denn nach der lieben Gewohnheit der letzten Zeit wird es mir recht schwer, Sie mehrere Tage nicht zu sehen. Sie glauben gar nicht, wie wohl Sie mir durch Ihre viele Güte gethan haben und wie Sie mein Gemüth getröstet und erheitert haben. Aus ganzem Herzen sage ich: Vergelts Gott tausend Mal. Jetzt können Sie ruhig ausschlafen und mit aller Bequemlichkeit Toilette machen ohne der Gefahr Ihre Strumpfbänder zu verlieren.

Die Kaiserin und Valérie sind, Gott lob, ganz wohl und ohne von dem durchgemachten Eisenbahn Schrecken angegriffen zu sein, angekommen. Ich finde die Kaiserin im Ganzen besser; ruhiger und mitunter heiterer als ich sie beim Abschiede in Ischl verließ: Das frische Grün der hiesigen Wälder und die jetzt wirklich frische und gute Luft wird ihr hoffentlich gut thun.

Daß meine Gedanken viel bei Ihnen sind, brauche ich Ihnen nicht erst zu sagen und indem ich Sie bitte, Frau Bauer schönstens von mir zu grüßen, bleibe ich in der frohen Erwartung baldigen Wiedersehens und in innigster Freundschaft Ihr treu ergebener

Franz Joseph«

Im Sommer 1889 bewohnte Katharina Schratt zum erstenmal die Villa Felicitas am Ortsrand von Ischl und traf den Kaiser zu häufigen Spaziergängen.

»Pawlosiów den 5. Septbr. 1889.

Meine liebe Freundin,

Leider erst Heute kann ich Ihnen mit diesen Zeilen den Beweis liefern, daß ich immer an Sie denke. Die frühesten Morgenstunden sind die einzigen, die ich in Ruhe benützen kann und Gestern mußte ich dieselben verwenden, um der Kaiserin zu schreiben. Die kurze Schilderung meiner Erlebnisse seit wir uns trennten, wird Ihnen beweisen, daß ich auch sonst keine freie Zeit hatte. Montag war ich nach einer im Waggon auf der Fahrt von Ischl ausgezeichnet geschlafenen Nacht, den ganzen Tag in der Burg, arbeitend und Leute sehend. Ich war an diesem Tage besonders melancholisch, denn die Trennung von Allen die mir lieb und theuer sind, ging mir sehr nahe. Der einzige frohe Augenblick war der, wo ich Sie am Burgplatze sah und doch auch wehmüthig bei dem Gedanken, den letzten Abschied für so lange Zeit nur von Weitem nehmen zu können. Ich sprach eben mit General Direktor Baron Mayr, als ich den bekannten rothen Sonnenschirm und Ihre liebe Gestalt erblickte. Ich verabschiedete Mayr schnellstens und stürzte zum Fenster, um noch den letzten Gruß mit Ihnen auszutauschen.

Um 8 Uhr verließ ich Wien, hatte von Krakau an in allen Stationen, wo gehalten wurde, einen feierlichen Empfang durchzumachen, auch in Jaroslaw, wo wir rechtzeitig eintrafen und von wo ich zu Wagen in einer viertel Stunde hierher fuhr. Auch hier erwartete mich eine zahlreiche Deputation des galizischen Adels, daher Anrede, Antwort und lange Gespräche. Vorgestern und Gestern um 6 Uhr Diner mit einigen 20 Personen, mehr haben nicht Platz. Gestern bin ich um 7 Uhr Früh von hier weg gefahren, um das Manöver Terrain und meine Reitpferde zu erreichen, was in einer halben Stunde der Fall war. Das Manöver war sehr befriedigend und machte mir wirklich Freude.

Seit ich in der Hetze der Reise und der Manöver mitten drinn bin, bessert sich meine Stimmung etwas, da mir die Zeit mangelt mich mit trüben Gedanken zu beschäftigen.

Mit Sehnsucht denke ich aber an die Ischler Tage zurück und mit innigem Danke an die schönen, guten Stunden, die ich in Ihrer Nähe zubringen durfte. Vom Manöver kam ich um 1 Uhr zurück, dann kam der Kurier aus Wien und ich arbeitete bis vor dem Diner. Heute fahren wir schon um 6 Uhr zum Manöver. Hier bin ich in einem kleinen Schloße des Grafen Seminsky sehr gut untergebracht. Ich wohne zu ebener Erde mit der Aussicht auf einen kleinen, hübschen Garten und habe zwei gute, lichte Zimmer. Die Anwendung des Zacherl Pulvers[1] war, obwohl sie aus Vorsicht statt fand, nicht nothwendig, dafür ergoß sich, als ich Gestern Früh, wegen der hier herrschenden Kälte den Ofen in meinem Schreibzimmer heitzen ließ, ein solcher Regen von Ruß, daß ich und alle Gegenstände im Zimmer ganz schwarz wurden. Ich mußte mich lange und gründlich waschen, um wieder präsentable zu sein.

Ich sehne mich sehr nach einem Briefe von Ihnen und hoffe auf gute Nachrichten von Ihrer Gesundheit und vom Schwunge ins Künstler Leben. Besonders neugierig bin ich zu hören, wie Sie mit Förster ausgekommen sind. Hoffentlich haben Sie für Ihre Sicherheit vor nächtlichen Überfällen gesorgt und nehmen Sie den Kettenhund auf Ihren einsamen Promenaden in der unsicheren Umgebung mit.

Haben Sie von Ihrem Sohne, dem Oberlieutenant[2], und seinen Heiraths Aussichten etwas Neues gehört? Von Ihrem Sohne Toni haben Sie hoffentlich immer gute Nachrichten und Frau Dahn, die ich schönstens grüße, hat sich wohl in dem trockeneren Hietzing wieder ganz erholt und hat wieder ihr regelmäßiges Gesicht.

Nun muß ich schliessen, um zu frühstücken und mich dann zum Ausrücken anzuziehen. Ich sage Ihnen daher Lebewohl und Gott sei mit Ihnen und beschütze Sie. Denken Sie manchmal an Ihren in Freundschaft und Anhänglichkeit treu ergebenen

Franz Joseph«

Und wieder einmal beschwerte sich Katharina Schratt über angeblich schlechte Behandlung am Burgtheater. Direktor Förster gebe ihr

---

1 Insektenpulver
2 Bemerkung in anderer Handschrift: »Mit dem Sohne, dem Oberstleutnant, ist Paul von Schey gemeint, der ohne Caution heirathen wollte. Da Frau Schratt ihn wärmstens protegierte, so nannte S.M. ihn spasshalber Sohn.«

zu wenig gute Rollen. Sie wehrte sich energisch, aber ohne viel Erfolg und war deshalb übler Laune.

Leitomischl, 10. September 1889: »...Auch was Sie mir über Ihre Stellung im Theater schreiben, klingt nicht erfreulich und ich hoffe nur, daß Ihre große Rede an Direktor Förster die erwünschte Wirkung habe. Daß Sie den geraden Weg einschlagen wollen, ist gewiß das beste und entspricht ihrem noblen Charakter. Keine Intriguen, kein Courmachen beim Sekretär und bei den Regisseuren ist viel edler, wenn es vielleicht auch langsamer zum Ziele führt...«

Gödöllö, den 23. September 1889: »... Ich bin schon sehr neugierig, aus Ihrem nächsten Briefe zu erfahren, was für einen Erfolg Ihre Unterredung mit Förster hatte. Indessen haben Sie ja doch eine neue Rolle bekommen, da Sie mir von einer Leseprobe der wilden Jagd[1] schreiben und in der Zeitung sah ich, daß Sie nächsten Montag wieder spielen, denn ich denke, daß Sie die Claire nicht wieder dem Frln. Colà überlassen werden. Also alle acht Tage werden Sie beschäftigt, das ist freilich nicht viel und nicht anstrengend, aber das muß anders werden und liegt vielleicht auch an der zufälligen Eintheilung des Repertoires...«

Visegrád, den 26. September 1889: »... Ich bedaure unendlich, daß Sie mit Ihrer Besprechung mit Förster nicht zufrieden sind. Sehr zuvorkommend scheint er allerdings nicht gewesen zu sein, er ist eben ganz Direktor...«

In Gödöllö, den 29. September 1889, vermutete der Kaiser, es sei »doch wohl das Theater und der bisher geringe Erfolg Ihrer Unterredung mit Förster und weniger Ihre Gesundheit der Anlaß des nicht ganz heiteren Humors. Ich finde es auch fatal, daß Sie jetzt im Theater so wenig beschäftigt sind, denn das Sprichwort sagt: Müßiggang ist aller Laster Anfang. Nun bei Ihnen besteht, Gott sei Dank, das Laster vorerst nur darin, daß Sie Sich in Baden in ein stinkendes Bad setzen. Ich bin wirklich neugierig zu hören an welcher neuen Krankheit Sie leiden, bin aber vorläufig gar nicht besorgt; *Gedächtnisschwund* ist es nicht, denn Sie merken Sich ganz gut die hübschesten und interessantesten Sachen, um mich durch Mittheilung derselben zu erfreuen...«

---

1 Lustspiel von Ludwig Thoma

»Schloß Trauttmannsdorf den 20. Oktober 1889

Meine liebe Freundin,

Die frühen Stunden des ersten Morgens den ich hier zubringe, will ich benützen, um Ihnen zu melden, daß ich Gestern pünktlich und glücklich in Meran eingetroffen bin. Am Bahnhofe erwartete mich mein künftiger Schwiegersohn nebst einiger Behörden und in den Straßen waren eine Menge Menschen. In der langen Zeit seit ich das letzte Mal hier war, hat sich Meran und Obermais so verändert, daß ich mich auf dem Wege, den wir vom Bahnhofe nach Trauttmannsdorff fuhren, kaum mehr auskannte. Es sind eine Menge Hotels, Villen und andere Häuser entstanden, die nicht zur Verschönerung der Gegend beitragen.

Die Kaiserin und Valérie, welche mich hier im Schloße erwarteten, fand ich, Gott lob, sehr wohl und gut aussehend. Ihres Auftrages entledigte ich mich gleich und wurde viel über Sie ausgefragt: wie es Ihnen geht, ob Sie dicker geworden sind, wie lange Sie in Hietzing bleiben etc –, dann erzählte ich, daß Sie Vorgestern und Gestern in der wilden Jagd spielten. Sie sehen, daß man sich auch hier viel mit Ihnen beschäftigt, daß aber Jemand am meisten an Sie denkt und besonders auch an den beiden letzten Abenden während Ihres malerischen Wirkens im Burgtheater dachte, brauche ich nicht erst zu sagen.

Ich bin schon sehr neugierig, aus Ihrem nächsten Briefe, den ich mit Sehnsucht erwarte und aus der Zeitung zu erfahren, wie die erste Vorstellung ausgefallen ist.[1] Etwas Gutes hat meine gegenwärtige Abwesenheit von Schönbrunn, nemlich, daß Sie nach den anstrengenden Theaterabenden in Hietzing ordentlich ausschlafen können. Ich

---

1 Freudig registrierte Franz Joseph eine Rezension, »die sehr günstig lautete und Ihr ganzes Wesen so wie Ihren Charakter sehr hübsch und richtig schildert. Ich konnte nicht unterlassen, das Zeitungsblatt zur Kaiserin zu bringen, wo Valérie den von Ihnen sprechenden Abschnitt vorlas. In Ihrer Bescheidenheit haben Sie mir gar nicht gesagt, wie schwierig die Rolle ist und welche Leistung Ihnen da wieder zugemuthet war« (23. Oktober 1889). Auch der Burgtheaterdirektor schien zufrieden: »...Daß Sie Förster liebenswürdig fanden, freut mich. Wenn er ein halbwegs gescheidter Mensch ist und etwas von Schauspielkunst versteht, so muß er den Werth Ihrer künstlerischen Leistungen erkennen und Sie endlich darnach würdigen und behandeln« (26. Oktober 1889).

185

hätte zwar auch versucht es von Ihnen zu erreichen, wenn ich da gewesen wäre, allein ich fürchte daß meine Bemühungen kaum von Erfolg gewesen wären.

Vorgestern war mein Tag in der Stadt noch ziemlich ausgefüllt. Es kamen mehrere Herrn zu mir, mit denen ich zu sprechen hatte, dann war die Ministerberathung, in welcher die berühmte und dumme Angelegenheit wegen k.k. und k.u.k.[1] in die Ordnung gebracht wurde, wenn man eine fast lächerliche, gewiß nicht erfreuliche, leider aber nothwendige Verfügung so nennen will, nebenbei beendigte ich meine laufenden Tagesarbeiten fast ganz, so daß ich bis zu dem Heute Abend erfolgenden Eintreffen meines ersten Kuriers frei über meine Zeit verfügen kann. Leider ist diese Vacanz nicht vom Wetter begünstigt, denn es regnet seit Gestern Abend und die Witterungs Aussichten sind nichts weniger als hoffnungsvoll.

Auf der Fahrt zum Bahnhofe musterte ich jeden zweispännigen geschlossenen Wagen, den ich begegnete, in der Hoffnung Sie auf Ihrem Wege ins Theater noch zu sehen, aber leider umsonst. Entweder war es noch zu früh, oder fuhr mein Kutscher zu rasch an den anderen Wägen vorbei oder war es zu frühzeitig finster geworden, kurz ich sah nichts!

In Innsbruck, wo ich um 6 Uhr Früh bei Nebel und ziemlich kalter Luft ankam und 15 Minuten blieb, frühstückte ich am Bahnhofe und sprach den Statthalter, den Corps Commandanten, den Landeshauptmann und den Bürgermeister. Bei der Fahrt auf den Brenner heiterte sich der Himmel auf, die Gebirge, welche ziemlich tief herunter beschneit waren, wurden sichtbar und waren theilweise von der aufgehenden Sonne beschienen, auf dem Brenner und herunter bis Goßensaß wieder dichter Nebel und dann bis hierher mitunter Sonnenschein, mitunter umzogener Himmel, die Berge meistens umhüllt. Gegen Botzen machte sich die südliche wärmere Luft bereits recht

---

1 Ungarn hatte verlangt, daß die gemeinsame Armee und Marine nicht mehr als »k.k.« (kaiserlich-königlich), sondern »k.u.k.« (kaiserlich und königlich) bezeichnet werden müsse, um die Gleichberechtigung Ungarns zu dokumentieren. Dem betreffenden Armeebefehl vom 17. Oktober 1889 fügte der Kaiser die Bemerkung bei, die Einheit der Armee werde damit in keiner Weise beeinträchtigt.

angenehm fühlbar, hier konnte ich ohne Paletot fahren, bei offenem Fenster im Zimmer sitzen und in einfacher Blouse spazieren gehen. Die Vegetation ist im Vergleiche von Wien noch üppig, viele Bäume sind noch grün und die Gärten, in denen südliche Bäume und Pflanzen wachsen, noch wunderschön, aber die Berge sind voll frischem Schnee. Bei schönem Wetter könnte es hier recht angenehm sein, aber Heute bei Regen und Nebel ist es sehr melancholisch.

Gestern Nachmittag machte ich noch eine ziemlich lange Promenade mit der Kaiserin. Wir besuchten die hübsche St. Valentins Kapelle, ganz nahe von hier, verschiedene bekannte Wege und Plätze in Obermais, den schönen Garten meines Bruders Carl in Schloß Rottenstein und frischten die Erinnerungen an frühere, glücklichere Zeiten auf.

Um 6 Uhr speiste ich mit Valérie, ihrem Bräutigam und den Herrn und Damen unseres Gefolges und ziemlich früh legte ich mich schlafen. Heute haben wir die Messe um 10 Uhr im Hause und da werde ich, wie immer, Ihrer gedenken. Und nun, da das Papier sowohl, als auch meine, ohnehin nicht sehr geistreichen Gedanken zu Ende sind, sage ich Ihnen Lebewohl und auf Wiedersehen und bin mit den herzlichsten Gefühlen innigster Freundschaft und Anhänglichkeit Ihr treu ergebener   Franz Joseph«

Im November 1889 erkrankte die Freundin an Scharlach – und war in wochenlanger Quarantäne:

»Schönbrunn den 3. Novbr. 1889.

Theuerste Freundin,

Sie können Sich denken, wie mir zu Muthe ist. Heute Früh hoffte ich Sie zu besuchen und nun muß ich wieder zur Feder greifen, um mit Ihnen zu verkehren. Seit Vorgestern habe ich eine recht traurige Zeit durchgemacht und mich viel wegen Ihnen geängstigt. Schon die Antwort Vorgestern Abend, als ich mich um Ihr Befinden erkundigen ließ: daß es Ihnen nicht besser gehe, beängstigte mich und nun gar, als ich Gestern bei meiner Rückkehr von Maierling erfuhr, daß Sie richtig einen Ausschlag haben, erschrack ich sehr und erwartete Wiederhofer mit Sehnsucht, der mir Aufklärung bringen sollte. Gott

lob, beruhigte er mich vollkommen über Ihr Befinden und meinte
nur, daß der Verlauf der Reconvalescenz, Abschuppung etc – ziemlich lange dauern wird und wie ich erwartete, erfolgte gleich das
Verbot weiterer Besuche. Ich bin doch wirklich ein rechter Pechvogel. Ich hatte mich schon so gefreut, Heute und Morgen zu Ihnen
kommen zu können und nun eine so lange Trennung! In solchen
schmerzlichen Augenblicken fühle ich es erst recht, *wie lieb ich Sie*

habe und ich komme mir so feig vor, daß ich den Befehlen des Arztes
gehorche, Sie gerade jetzt im Stiche lasse und Ihnen von gar keiner
Hilfe sein kann, wo Sie doch wegen Toni und wegen doppelter
Wohnung viele Sorge und Schererei haben werden. Wenn es nicht
wegen Valérie und der Angst der Kaiserin wäre, hätte ich mich auch
nicht abhalten lassen, Sie zu besuchen. Von ganzem Herzen bitte ich
Sie, Sich ja recht zu schonen, recht sorgfältig vor Verkühlung in acht
zu nehmen, nicht aufzuregen, nicht zu viele Leute zu sehen, überhaupt recht ruhig zu bleiben und genau die Anordnungen der Ärzte
zu befolgen. Sie sind so gut für mich, daß ich mir erlauben kann, Sie
zu bitten: seien Sie mir zu lieb eine *recht brave Kranke.* Wiederhofer
hat, wovon ich mich überzeugt habe, eine so große Verehrung für Sie,
daß er alle Sorgfalt anwenden wird. Ich werde indessen viel, sehr viel
an Sie denken und von der Erinnerung an die Stunden zehren, welche
ich durch Ihre Güte an Ihrem Bette sitzen durfte in Ihre lieben,
schönen guten Augen blickend, während Sie mich gar so lieb anlä-
chelten.

Wiederhofer wird mir täglich Nachricht von Ihnen geben, Heute
und Morgen mündlich oder schriftlich und dann telegraphisch nach
Gödöllö. So oft es mir möglich sein wird, werde ich Ihnen schreiben.
Sie dürfen mir aber erst antworten, wenn Sie ganz hergestellt sind,
denn ich habe immer gehört, daß man nach einem Ausschlage die
Augen ganz besonders schonen muß.

Wiederhofer sagte mir, daß der Bulgare[1] Vorgestern noch einmal bei Ihnen war und daß er so erschrocken ist, daß er sich gleich Dr. Braun kommen und von diesem ein Mittel verschreiben ließ. Auch mir hat Wiederhofer etwas gegeben, was das Wasser violett rosenroth färbt, recht schlecht schmeckt und mit dem ich mich gurgeln muß. Das ist nur, um kein Halsweh zu bekommen, denn vor dem Ausschlage bin ich, wie er sagt, gesichert. Ich erzähle Ihnen das nur, damit Sie Sich nicht etwa in Ihrer Güte der Besorgniß wegen einer Ansteckungsgefahr für mich hingeben.

Vorgestern erhielt ich zu meiner großen Beruhigung die Meldung der glücklichen Ankunft der Kaiserin mit Valérie und dem Bräutigam in Miramar. Gestern haben sie zu Schiff einen Ausflug nach Pola gemacht, um Valéries künftige Schwägerin, die Frau des Eh. Carl Stephan zu besuchen und Heute Nachmittag sollen sie wieder in Miramar eintreffen. Morgen reist die Kaiserin nach Corfu und Valérie nach Gödöllö, wo ich übermorgen Früh mit ihr zusammentreffe, da ich Morgen Abend von Wien abfahre. Vorgestern war ich in der Stadt bei Frau von Ferenczy, welche unendlich gesprächig war und mir mit Enthusiasmus von Ihrem Spiele im verarmten Edelmann sprach. Sie fand Sie besonders schön und schlank und *magerer* geworden. Das wird Sie freuen, obwohl Sie über diesen Punkt jetzt nach Ihrer Krankheit und der durchgemachten Hungerkur wohl beruhigt sein können.

Gestern war ich richtig in Maierling und kam befriedigt, wenn auch traurig gestimmt zurück. Das Kloster ist gut ausgefallen und die

---

1 Über Ferdinand von Bulgarien am 5. November 1889: »Wissen Sie, daß der brüderliche Freund in den letzten Augenblicken vor seiner Abreise noch in höchster Aufregung und Besorgniß war und zu keinem Entschluße kommen konnte, welche Reiseroute er zur Rückkehr einschlagen und unter welchem falschen Namen er reisen solle. Er besorgte Attentate in Serbien, Aufreissen der Schienen etc. – ist aber doch auf dem Wege nach Serbien glücklich angekommen und hat noch am selben Nachmittage seine recht gute Thronrede, wie es scheint, ohne der befürchteten Heiserkeit gehalten. Ich bin neugierig, ob er auch ohne Scharlach durchkommt.« Und am 16. November 1889: »Daß der brüderliche Freund sich: ›Der Fürst‹ unterschreibt, hat mich amusirt. Wie beruhigt wird er sein, daß die gefährlichen 14 Tage vorüber sind, ohne daß er erkrankte.«

Kapelle ist wirklich sehr hübsch. Über dem Ganzen ruht in der freundlichen, beim gestrigen schönen Wetter besonders hübschen Gegend, ein wohlthuender beruhigender Frieden. Ich hörte zuerst die Messe in der Kapelle und besichtigte dann das Kloster und alle Nebengebäude. Die Nonnen sind zufrieden und ihre Zellen mit der unendlich einfachen und ärmlichen Einrichtung haben eine freundliche Aussicht in die Gegend und gute Luft. Es sind auch einige junge, hübsche Novizinen da. Welcher Entschluß, sich für das ganze Leben in diesen strengen Klostermauern zu begraben. In jeder Zelle und auch auf dem Speisetisch der Nonnen steht ein Todtenkopf. Dabei sehen die Klosterfrauen sehr zufrieden aus und beten werden sie viel, so daß die Absicht meiner Stiftung erfüllt werden wird.

Ich habe eigentlich nicht recht gethan, Ihnen so viel zu schreiben und dadurch Ihre Augen anzustrengen, wenn ich aber mit Ihnen schwätze, so kann ich nicht aufhören. Nun schliesse ich aber wirklich, indem ich Sie bitte, mich in der langen Zeit nicht zu vergessen und überzeugt zu bleiben von der treuen Anhänglichkeit Ihres Sie innigst liebenden, recht betrübten

Franz Joseph«

In häufigen, fürsorglichen Briefen suchte Franz Joseph die kranke Freundin abzulenken, so aus Gödöllö, den 5. November 1889: »... Um 11 Uhr producirte mir ein Herr Wagemann den berühmten Edisonschen Phonograph, der ebenso erstaunlich, als interessant ist. Ich hörte ganz deutlich Bismark sprechen, ein in Berlin auf mich ausgebrachtes Hurrah und anschliessend unsere auch dort von der Musik des Eisenbahn Regimentes gespielte Volkshymne und den Radetzky Marsch, eine Deklamation Sonnenthals in seiner affektirtesten Ausdrucksweise, machte mich lachen, ein Lied von Frau Papier war besonders deutlich und schön wiedergegeben, ebenso ein vor Kaiser Wilhelm von einem Offizier gespieltes Klavierstück und ein vor dem Großherzoge von Baden geblasener Trompeter Aufzug. Um 12 Uhr war ich im historischen Hofmuseum, um die neuaufgestellte Hof Waffensammlung, die jetzt endlich auch dem Publikum zugänglich sein wird, anzusehen. Ist schön und sehenswerth...«

Im selben Brief mahnte er zu Geduld: »In dieser Beziehung klagte

Wiederhofer sehr, daß Sie sehr leichtsinnig und, pardon de l'expression, kindisch sind... Wiederhofer sagte mir, daß sehr leicht ein Leiden der Halsdrüsen (denken Sie Sich mit einem Kropfe) und besonders der Nieren entstehen können...

Ich kann gar nicht sagen, wie hart es mir ankommt einen ganzen Tag so nahe von Ihnen zu sein, ohne Sie sehen zu dürfen. Sie wissen es gewiß nicht, wie lieb ich Sie habe...«

Gödöllö, den 12. November 1889: »...In den freien Augenblicken zwischen meinen Arbeiten werden meine Gedanken in Hietzing Gloriette Gasse N. 9 sein. Wäre ich nicht so brav, nicht so gehorsam dem ärztlichen Ausspruche und nicht so besorgt wegen Valérie, so würde ich durch die Glasthüre bei Ihnen eindringen, um Sie, wäre es auch nur eine Minute lang, wieder zu sehen...«

Gödöllö, den 16. November 1889: »...Um 1 Uhr war ich bei Frau v. Ferenczy und um diese Stunde müssen Ihnen die Ohren geklungen haben, denn wir sprachen fast nur von Ihnen und überboten uns im Lobe Ihrer Eigenschaften, Ihrer Herzensgüte und Ihres so noblen Charakters. Es war wirklich eine Freude zu hören und that mir unendlich wohl. Um ½9 Uhr Abends verließ ich Wien mit der Westbahn und schaute in der Richtung von Hietzing mit großer Sehnsucht, es war aber stockfinster...

Um 10 Uhr waren wir in Innsbruck, wo ich über eine Stunde am Bahnhofe wartete, bis der Train mit den deutschen Majestäten über den Brenner eintraf. Als sie kamen, stieg ich zu ihnen in den Waggon und wir conversirten angesichts des sehr neugierigen und offenbar von diesem Einblicke in die wichtigsten politischen Fragen sehr befriedigten Publikums, durch einige Zeit und setzten uns dann in einem Speisewaggon zum Déjeuner, das wir auch angesichts des Publikums zu verzehren begannen. Zum Glück fuhren wir während des Essens ab und ich begleitete die Majestäten bis Rosenheim, wo wir nach ½4 Uhr eintrafen. Das Déjeuner war bös, aber da ich sehr hungrig war, so aß ich mehr als nützlich, außerdem wurde in Kufstein ein Faß frischen baierischen Bieres in den Train gebracht und angezapft und so habe ich mir etwas den Magen verdorben. Es geht mir aber schon wieder fast ganz gut. Die deutschen Majestäten waren sehr gut aufgelegt und erzählten viel von ihrer Orientfahrt. Auch die politischen Gespräche mit dem Kaiser befriedigten mich vollkommen...«

Gödöllö, den 18. November 1889: »...Seit einigen Tagen habe ich das Rauchen ganz aufgegeben, da ich offenbar auch an Nikotin Vergiftung leide. Sonst fehlt mir aber nichts, ich habe kein Kopfweh, kein Halsweh, bekomme also keinen Scharlach und so konnte Ihnen Wiederhofer von Megaliotis Wohlbefinden melden, um so mehr, als er mich vor der verhängnißvollen Reise sah... Die Kaiserin freut sich des schönen Wetters, der milden Luft, der wundervollen Aussicht und geht viel spazieren. Nachdem sie Nikos, unseren bekannten Griechen, bei der Ankunft in Corfù in Gnaden und mit dem Franz Joseph Orden geschmückt, den sie ihm selbst überreichte, entlassen hatte und er weinend ihre Hand küssend und an seine Stirne legend Abschied genommen hatte, setzt sie jetzt ihre griechischen Studien mit einem gelehrten Professor aus Corfù fort und geht außerdem, zur Übung der Conversation in der Sprache der noblen Leute, mit einem Gutsbesitzer, oder so Etwas dergleichen, spazieren. Wenigstens zerstreut sie das und gibt ihren Gedanken, welche sich sonst immer im selben traurigen Geleise bewegen, eine andere Richtung...«

Gödöllö, den 20. November 1889: »...Die Kaiserin lernt fleißig griechisch. Ihr neuer Professor behauptet, daß Nikos ihr ein viel zu ordinäres Griechisch gelehrt habe. Das ist der Dank für so viele Mühe, für so viele im Schweiße des Angesichts durchlaufene und erkletterte Meilen...«

Gödöllö, den 24. November 1889: »...Mein Namenstag Geschenk erlaube ich mir mit diesem Briefe zu schicken und hier eine vom Juwelier mitgegebene Gebrauchsanweisung beizuschliessen. Nadeln sind leider wieder dabei, allein Schmuck ohne solche ist kaum möglich und so hoffe ich mit Zuversicht von Ihrer Einsicht und Weisheit, daß Sie Sich dieses Mal nicht mehr stechen werden. Ich denke, daß unsere Freundschaft so felsenfest und sicher begründet ist, daß ein Paar Nadeln ihr gewiß nicht schaden können...«

Gödöllö, den 29. November 1889: »...Nikos, der verabschiedete Grieche, schrieb bereits an Dr. Kerzel, an die Kammerdienerin der Kaiserin und jetzt auch an Gräfin Kornis die verzweifeltsten Briefe. Er behauptet es in seiner Heimath nicht mehr auszuhalten und dort

Eines von Hunderten Schmuckgeschenken Kaiser Franz Josephs an Katharina Schratt: Brillantlibelle mit Saphiren, angefertigt vom k.k. Hofjuwelier A. E. Köchert, in Originalgröße

nicht existiren zu können und hat das größte Heimweh hinaus und zu uns. Es sollte mich wundern, wenn er nicht auch bereits den Herrn General Consul mit seinen Klagen bestürmt hätte...«

Amelie, eine bayrische Nichte der Kaiserin, komme zu Besuch: »Begleitet ist sie von ihrer Hofdame, Baronin Redwitz, einer Tochter des berühmten Dichters und Schriftstellers Oskar Redwitz und selbst Schriftstellerin und Schöngeist. Ich bin über diesen Besuch anfangs etwas erschrocken, da man sich einer solchen Dame gegenüber sehr zusammennehmen muß, um geistreich und gebildet zu erscheinen, allein es ging Alles besser als ich gefürchtet hatte, denn sie ist natürlich, gesprächig und amusant und weis sich in alle Verhältniße zu finden...«

Franz Josephs Sehnsucht nach der Freundin war inzwischen so groß, daß er sie am 2. Dezember 1889 um Erlaubnis fragte, zu einer bestimmten Zeit auf der Straße vor ihrem Haus eine Promenade machen zu dürfen in der »Hoffnung, daß es ihnen nicht gar zu unangenehm wäre, wenn Ihr alter Verehrer das Glück hätte, Ihre lieben Züge wenigstens von Weitem nach so langer Zeit wieder zu sehen«. Die Kaiserin war allerdings mit dieser Fensterpromenade ganz und gar nicht einverstanden – und Franz Joseph gab mit Bedauern, aber sofort seinen Plan auf.

»Wien den 6. Dezember 1889.

Meine liebe Freundin,

Für Ihre beiden letzten lieben Telegramme danke ich Ihnen herzlichst, noch mehr aber für Ihre Güte und Geduld mit welcher Sie Sich Zwang anthun und noch in Ihrem gläsernen Kerker aushalten werden. Es wird aber gewiß zu Ihrem Besten sein, denn wie mir Wiederhofer gestern sagte, dauert die Abschuppung doch noch immer in ziemlichem Maße an – und da könnte eine Unvorsichtigkeit von den nachtheiligsten Folgen sein. Ich begreife Ihre graue und jetzt sogar auch grüne Stimmung und Ihre Ungeduld, besonders da Sie Sich eigentlich wohl fühlen müssen und kann mir denken, wie Sie Sich langweilen und wie die Sehnsucht nach Luft sich steigert, obwohl das Wetter jetzt zu einer ersten Promenade nicht einladend ist. Die grauen Tage und der viele Schnee drücken auch auf die Stimmung, die auch bei mir eine recht traurige ist. Dabei sehe ich wie schwer der Kaiserin der Eintritt in die alten Räume und Verhältnisse wird, die doch so trostlos Andere geworden sind und auch in mir beständig so traurige Erinnerungen erwecken. Ich kann gar nicht sagen, wie ich mich nach Ihnen sehne und ich zähle die Tage die mich noch von dem endlichen Wiedersehen trennen und die ja doch, Gott lob, nicht mehr gar so viele sind. Da ich sehe, daß der Kaiserin meine Fenster Promenade in Hietzing unangenehm ist, so gebe ich dieses Projekt auf und warte in Geduld, bis ein Spaziergang im Schönbrunner Garten erlaubt sein wird. Recht hart kommt es mir aber an und ich bitte Sie um Verzeihung, daß ich Sie mit meinem Vorschlage des Wiedersehens am Fenster belästigt habe.

Die Kaiserin ist richtig vorgestern um ½9 Uhr früh am Südbahn-
hofe wohlbehalten angekommen. Ich erwartete sie dort und fand sie
sehr gut aussehend und befriedigt von ihrer Reise, die bis auf die
letzten Tage, wo Bora herrschte, vom schönsten Wetter begünstigt
war. Mittags fuhr sie bereits nach Schönbrunn, wo sie mit Valérie im
kleinen Garten auf den Brettern spazieren ging. Ich machte in Penzing dem Könige von Dänemark eine Visite, der dort bei Cumberland
wohnte. Um 5 Uhr speisten wir mit Valéries Bräutigam und mit
meiner Nichte Amélie, welche dann um 8 Uhr nach München reiste.
  Gestern hatte ich über 90 Audienzen, auch Ihre Freunde Wlassack
und Schemfiel kamen, um sich zu bedanken.[1] Außer einer Visiten-
fahrt zu Nassau und zu meiner Schwägerin Marie Therese kam ich
nicht in die Luft, die mir bereits abgeht, so daß ich vielleicht Heute
mit der Kaiserin in Schönbrunn spazieren gehen werde.[2] Gestern
blieb sie auch den ganzen Tag zu Hause, da großes Kopfwaschen war.
Da ich nichts mehr zu melden weis, auch arbeiten muß, so schliesse
ich indem ich in Gedanken und Sehnsucht Ihre lieben Hände küsse.
Ihr Sie innigst liebender   Franz Joseph
  Ich freue mich innigst, daß es Toni wieder ganz gut geht.«[3]

Wien, den 10. Dezember 1889: ».. . Heute kommt um 11 Uhr eine
japanesische kaiserliche Hoheit[4], Vetter des Kaisers, zu mir, der mit
Gemahlin und zahlreicher Suite im Hotel Impérial abgestiegen ist. Er
ist 27 Jahre alt und die Prinzessin ist die größte Beautée Japans. Sie ist
an einer Bronchytis erkrankt und Widerhofer, der gerufen wurde, soll

---

1 Auf Fürsprache der Schratt hatten die beiden hohen Hof-Beamten, als Dank für
  manche Gefälligkeit, Orden bekommen.
2 Noch am selben Tag berichtete er über diesen Spaziergang, der wegen des hohen
  Schnees nicht im großen, sondern im kleinen Garten von Schönbrunn stattfand, »wo
  die Wege ganz rein geputzt sind und theilweise auch Bretter liegen. Die Kaiserin
  meinte auch Gestern, daß wenn Sie nach Schönbrunn kommen, Sie auch nur im
  kleinen Garten spazieren gehen sollten, um eine Verkühlung Ihrer gewiß noch sehr
  empfindlichen Füße zu vermeiden.« (B)
3 Anton Kiss war wegen einer Erkältung von seiner Mutter ferngehalten worden.
  10. Dezember 1889: »Wie freue ich mich für Sie, daß Sie Toni Vorgestern wiedergesehen und ihn ganz wohl gefunden haben, aber sogar auf ihn bin ich eifersüchtig.«
4 laut Bourgoing, 189, handelte es sich um Prinz Arisugawa Takehito.

sie auf einige Tage ins Bett gesteckt und sehr hübsch gefunden haben. Vielleicht erzählt er Ihnen von ihr. Morgen gebe ich dem Prinzen ein Diner, das erste grössere, welches ich seit langer Zeit wieder einmal hier gebe...«

Wien, 12. Dezember 1889: »...Die Trennung wird so ziemlich 7 Wochen gedauert haben, eine schrecklich lange Zeit, um so größer wird für mich die Freude des Wiedersehens sein, leider wieder nur für kurze Zeit, da wir für die Weihnachtsfeiertage nach Miramar gehen wollen. Der Kaiserin ist die Erinnerung an den letzten hier noch im frohen Familienkreise zugebrachten Weihnachtsabend zu schmerzlich... Vorgestern war richtig der japanesische Prinz im 11 Uhr bei mir. Er ist ein unendlich kleines, aber recht nettes und intelligentes Mandl, mit dem ich mich mittels seines Hofmarschalls, der gut italienisch kann und dolmetschte, recht gut unterhielt...

Um 6 Uhr gab ich dem Japanesen ein ziemlich großes Diner bei dem es von seinen Landsleuten wimmelte, da außer seinem Gefolge noch die japanesische Gesandtschaft und 3 japanesische Offiziere, welche hier militärische Studien machen, geladen waren...«

»Wien den 14. Dezember 1889.
Theuerste Freundin,
Herzlichsten Dank für Ihre lieben Telegramme mit den, Gott lob, so guten Nachrichten von Ihrem Befinden. Das Vorgestrige machte mich besonders glücklich durch die Mittheilung, daß Sie Megaleotis auf der Mariahilferstrasse gesehen haben. Sie waren es also doch, jubelte es in mir, als ich Ihr Telegramm durch Frau v. Ferenczy Abends erhielt und die bange Frage, die mich den ganzen Nachmittag beschäftigte: sie war es, sie war es nicht? war gelöst. Mein Kutscher fuhr so schnell und die Begegnung war so kurz, daß ich nur einen großen grauen Hut, einen mir bekannt vorkommenden Pelz und eine rosige Gesichtsfarbe sah, aber Ihre lieben Züge leider nicht erkennen konnte. Ich hatte eben wieder einmal Pech. Ich dachte zwar, so freundlich kann mich nur Eine grüßen, dann zweifelte ich aber doch, da ich nicht glauben konnte, daß Sie schon in die Stadt gefahren wären, auch machte mich Ihre gute Farbe irre, da Widerhofer mir gesagt hatte, daß Sie sehr *blaß* seien, ein inneres Gefühl sagte mir aber

doch: Sie war es und so war es auch und tausend Dank dafür, denn ich bin so keck mir einzubilden, daß Sie vielleicht die Stunde Ihrer Rückfahrt aus der Stadt absichtlich gewählt haben. Ich habe auch bis in die Vorstadt hinein jeden zweispännigen geschlossenen Wagen aufmerksam gemustert, aber in der Nähe der Stadt hat meine Aufmerksamkeit nachgelassen, da ich dachte, daß Sie dort nicht fahren würden und so geschah das Unglück, über das ich mich nicht trösten kann, daß ich Sie eigentlich nicht gesehen habe, nach so langer, langer Trennung!

Doch die Hauptsache ist, daß es Ihnen fortschreitend besser geht, daß die frische Luft Ihnen, wie es scheint, gut thut und daß die Fahrten und Spaziergänge, welche Sie vielleicht mit Überschreitung des ärztlich gestatteten, unternehmen, Ihnen nicht schaden. Nun wird doch hoffentlich die Abschuppung bald ein Ende nehmen und Widerhofer ein Erbarmen haben. Ich predige Ihnen immer Geduld und bin eigentlich selbst viel ungeduldiger, aber schonen müssen Sie Sich doch und den Rath der Ärzte befolgen, denn ein Scharlach und seine Folgen ist eben kein Spaß und wenn Sie Sich jetzt wieder verderben würden, so wäre die Trennung unabsehbar.

Verzeihen Sie mir, daß ich Sie immer mit allen meinen Klagen langweile und Ihnen, wie ich mit Beschämung einsehe, so entsetzlich dumme Briefe schreibe, aber ich kann Ihnen bei meinem einförmigen Leben so gar nichts Interessantes berichten und dann bin ich immer in einer so traurigen Stimmung, die in Allem zum Ausdrucke kommt. Die beste Zeit im Tage ist der Spaziergang in Schönbrunn, denn da bin ich in Gesellschaft der Kaiserin und in der Nähe Ihrer Behausung.

Ich war auch Gestern wieder draußen, nachdem ich auf dem Wege meinem Bruder Ludwig, der zum Winteraufenthalte hier eingerückt ist, einen Besuch gemacht habe. Die milde Luft war wohlthuend und es ist ein großes Glück daß dieselbe eben jetzt eingetreten ist, wo sie Ihre Reconvalescenz befördert.

Vorgestern hatte ich nur 50 Audienzen, die schnell zu Ende waren. An beiden Tagen speisten wir nur zu dreien, aber Heute gebe ich ein größeres Militär Diner und Montag eines für Herrn vom Civil, zu welchem auch Bezecny kommt, dem ich ein Wort über Sie sagen werde. Nützt es nichts, weil er sich nicht einzugreifen traut, so kann es wenigstens nichts schaden. Mit Beruhigung habe ich gesehen, daß die Vorstellung am nächsten Dinstag bereits abgeändert ist und Sie der Gefahr entgehen, Sich zu verkühlen. Heute werde ich kaum nach Schönbrunn fahren können, da ich um 11 Uhr dem Bildhauer Natter zu einer Büste sitzen muß, welche der Fürst von Hanau bestellt hat, um sie in seinen Werken in Horowitz gießen zu lassen. Es ist doch eigentlich sehr gut von mir, daß ich mich dazu hergebe.

Gestern waren es 6 Wochen, daß ich Sie in Ihrem Bette verließ, in der sicheren Hoffnung, zwei Tage darauf wieder an demselben sitzen zu dürfen und was ist daraus geworden! Doch jetzt muß die traurige Zeit endlich ein Ende nehmen und es kommt das herrliche Wiedersehen. Die Kaiserin, die so eben erwacht ist, grüßt Sie herzlichst und indem ich mich diesen Grüßen anschliesse, bleibe ich Ihr Sie innigst liebender

Franz Joseph«

»Wien, den 16. Dezember 1889: »...Daß Sie gestern in der Stadt waren und mit Toni einen Spaziergang gemacht haben, wußte ich bereits, da ich Sie mit Ihrem Herrn Sohne und noch einem Jüngling in Civil über den Burgplatz gehen sah. Es gehörte wieder das Pech dazu, welches mich jetzt unausgesetzt und in Allem verfolgt, daß gerade in dem Augenblicke, wo ich Sie, bei meinem Stehpulte stehend erblickte, der Landesvertheidigungs Minister bei mir war und ich daher nicht, dem Zuge meines Herzens folgend, ans Fenster stürtzen konnte, um Sie zu begrüßen, aber meine Augen folgten Ihnen und von dem was der Minister mir vortrug, hörte ich gar nichts. Mit Freude und Dank konnte ich bemerken, daß Sie öfter zu dem bekannten Fenster herauf sahen und das war mir ein großer Trost in meiner so traurigen Stimmung, denn sollten Sie es glauben, ich quäle mich oft mit dem Gedanken, daß Sie mich nicht mehr ein bischen lieb haben und daß Ihre Güte und Freundschaft für mich nicht mehr die Alte ist. Das macht die lange Trennung und das Beschränktsein auf Ihre lieben Telegramme, die ja nicht sagen können und dürfen, was ein Brief enthalten könnte.«

Das so lang erwartete Wiedersehen mit der Freundin fiel nur knapp

Wien, 16. Dezember 1889: »*In der letzten Nummer des Floh sind Sie als Kapuziner in Wallensteins Lager dargestellt. Dieses Blatt hat Ihnen schon lange Ruhe gelassen und dieses Mal ist es keine Bosheit.*«

aus. Denn schon am 21. Dezember verließ die Kaiserfamilie Wien, um die Feiertage in Schloß Miramar bei Triest zu verbringen.

Miramar, den 23. Dezember 1889: »...Meine Gedanken werden viel bei Ihnen sein, um so mehr, als wir, in schmerzlicher Erinnerung an unseren letzten glücklichen Weihnachtsabend, einen recht traurigen Tag zubringen werden. Für uns gibt es keine Bescherung und keine Weihnachtsfeier mehr...«

»Miramar den 25. Dezember 1889.

Theuerste Freundin,

Als ich Ihnen Vorgestern schrieb, habe ich mich in der Zahl der Tage verrechnet und nicht bedacht, daß ein Heute abgehender Brief Sie noch einen Tag vor dem erhofften Wiedersehen erreichen kann und so belästige ich Sie halt doch noch mit diesen Zeilen und zwar um so mehr, als ich Ihnen doch so bald als möglich für Ihren lieben, guten, reizenden Brief ohne Datum und für die schönen, sinnreichen Weihnachtsgeschenke so recht von ganzem Herzen danken möchte. Wie mich das Alles gefreut hat, kann ich Ihnen gar nicht sagen und das Lesen Ihres Briefes, so wie das Auspacken und Besichtigen Ihrer Gaben war der einzige frohe Augenblick in dem gestrigen, sonst so traurigen Tage. Besonders gefreut habe ich mich, als beim Aufspringen des Fensters der Alpenhütte, welches Dank Ihrer schriftlichen Anweisung bald gelang, mich Ihr liebes Bild als Nandl anlächelte. Innigsten Dank auch für Ihre Glückwünsche und für die vielen Glück bedeutenden Wahrzeichen, mit welchen Sie Ihre Geschenke besäet haben. Wenn dieselben mir so weit Glück bringen, daß sie mir Ihre Freundschaft erhalten, die mein Trost und meine Freude ist, so haben sie ihre Schuldigkeit gethan.

Die kleine Madonna hat die Kaiserin sehr gefreut und sie dankt Ihnen herzlichst für dieselbe. Für sie war Gestern ein besonders harter Tag schmerzlicher Erinnerungen. Gott lob war herrliches, warmes Wetter und so machte sie Nachmittag mit dem Brautpaare einen längeren Ausflug auf dem Meere an Bord des Komet, was sie zerstreute. Abends vor dem Schlafengehen zog sie ein lichtes Kleid an, um dem Brautpaare zur selben Stunde, wo vor einem Jahre beim Weihnachtsbaume in damals so froher Stimmung die Verlobung stattfand, zu gratuliren.

Vorgestern war die Flottenrevue sehr befriedigend, nur fehlte der Wind, der zum Manövriren unter Segel nothwendig gewesen wäre. Es herrscht vollkommene Windstille bei schönem, warmen Wetter und so mußten die Bewegungen unter Dampf ausgeführt werden. Der Empfang als wir uns der Flotten Division näherten mit den Schiffen in Flaggengalla, den Hurrah schreienden Matrosen auf den Raaen und dem Kanonensalut, gefiel Valérie, für welche das etwas Neues war, besonders gut. Ich besichtigte die Saida und die London im Détail und blieb dann bis Schluß der Manöver auf letzterem Schiffe. Besonders zufrieden war ich mit dem Aussehen der Saida und ihrer Bemannung, denn Schiff und Matrosen sahen nach 15 monatlicher Reise in Amerika so nett und rein aus, als wenn sie aus dem Schachterl kämen. Unmittelbar vor dem hiesigen Schloße verließ ich zum Schluße unter Kanonensalven die Flotte und fuhr im Ruderboote ans

Land. Gestern Früh waren die Görzer und italienischen schneebe-
deckten Berge, von der aufgehenden Sonne beleuchtet, besonders
schön und klar zu sehen, ein wundervoller Anblick. Um 10 Uhr
hatten wir zu Ehren des Geburtstages der Kaiserin eine Messe in der
Schloßkapelle und um 12 Uhr fuhr ich zu Wagen nach Triest, um die
neuen Hafenbauten anzusehen und dann einen kurzen Ausflug auf
der neuen, mir noch unbekannten Eisenbahn nach Herpelje zu ma
chen. Es ist eine Art kleine Semmeringbahn mit starker Steigung in
felsiger Gegend mit schöner Fernsicht auf das Meer. Wir fuhren nur
den halben Weg und dann wieder zurück nach Triest, da die ganze
Strecke mir zu viel Zeit genommen hätte und ich noch zu Hause zu
arbeiten hatte. Zu Wagen durch die Stadt fahrend kam ich vor 3 Uhr
wieder hierher.

Ihr Brief gab mir die erste Nachricht von Försters Tod und erst
später las ich die Détails in der Zeitung. Wie lieb und gut sprechen Sie
Sich wieder über ihn aus, obwohl Sie keinen Grund hatten, Sich
seiner zu beloben. Sie sind doch der eigentliche Oberengel! Eigentlich
ist es doch ein Verlust für das Burgtheater und vielleicht auch für Sie,
denn ich bin überzeugt, daß Förster doch bald Ihren Werth erkannt
und zu würdigen gelernt hätte und jetzt stehen wir wieder vor dem
Ungewissen. Das Nächste wird wohl eine Republick mit dem alten
Jupiter als Präsidenten werden und viele Intriguen und ein Herumsu-
chen nach einem Ersatze. Wird es möglich werden eine Direktion
Baron und Baronin Diana zu umgehen? Ich hoffe es für Sie.

Jetzt erlaube ich mir, Sie nochmals zu erinnern, daß Sie übermorgen nur dann nach Schönbrunn kommen dürfen, wenn es Ihnen
ganz gewiß nicht schaden kann und wenn Sie wirklich bereits Heute
oder Morgen den Tag im Bette zugebracht haben werden. Ich kann
ja auch erst Samstag nach Schönbrunn kommen, oder wir könnten
uns, wenn es Ihnen bequemer wäre, bei Frau v. Ferenczy begegnen.
Ich bitte mich nur von Ihrem Entschluße in Kenntniß zu setzen.
Wenn Sie mich nichts wissen lassen, so bin ich Übermorgen um
1 Uhr auf dem Parterre. Mich unendlich auf das Wiedersehen
freuend und mit tausend herzlichen Grüßen Ihr Sie innigst liebender, dankbarer

Franz Joseph«

Am Burgtheater brach nach dem plötzlichen Tod Direktor Försters das (laut Thimig) »alte Chaos« aus. Der logische Nachfolger, Alfred von Berger, wurde zwar am 27. Dezember neben dem »alten Jupiter« Sonnenthal zum provisorischen Leiter ernannt, aber wenige Tage später wieder gekündigt – wie man munkelte, auf Betreiben der Schratt, die energisch einen Machtzuwachs der Rivalin »Diana« Stella Hohenfels (seit Mai 1889 verheiratete Baronin Berger) verhindern wollte. Am 11. Januar 1890 schrieb Hugo Thimig in sein Tagebuch: »Eine Ahnung von mir hat heute ihre Bestätigung erfahren: Die Schratt, die eigenthümliche Freundin des Kaisers, ist der Stein, über den die Direction Berger stolperte. Es ist begreiflich, daß sich die Schratt die Hohenfels als Directorin nicht ersehnt.« Und am 12. Januar: »Berger hat sich den Weg zum Directions-Throne durch seine Heirath verrammelt. Denn eine Schauspielerin von dem unsinnigen, neidischen Ehrgeize der Hohenfels ist als Frau des Burgtheaterdirectors unmöglich.«

Die Ernennung eines krassen Außenseiters, des 35jährigen Juristen Dr. Max Burckhard, zunächst zum »artistischen Sekretär« des Burgtheaters, schließlich am 13. Mai 1890 zum neuen Burgtheaterdirektor erregte zunächst Unverständnis. Hugo Thimig: »junger Mann, schöngeistig veranlagt, der nie mit dem Theater in Berührung war« (102). Auch der Kaiser kannte den neuen Direktor offenbar nicht (was mancherlei Tratscherei über Franz Josephs Anteil an gerade dieser Berufung Lügen straft). Er meinte am 13. Februar 1890 gegenüber der Schratt, Dr. Burckhard scheine »mehr durch Selbstvertrauen, als durch Bescheidenheit zu glänzen und so wollen wir abwarten, ob er nach dem per Kopf Trampolin Sprunge auch frei schwimmen oder sich am Stricke führen lassen wird. An Schwimmeistern und Meisterinnen würde es gewiß nicht fehlen. Behält er sein Selbstvertrauen, beweist er Sachkenntniß, was eher zweifelhaft sein könnte und ist er für Sie gerecht und liebenswürdig, Letzteres aber nicht zu sehr, so können wir mit ihm zufrieden sein.« Und am 6. März 1890: »Es freut mich, daß der neue Theater Sekretär einen günstigen Eindruck auf Sie gemacht hat. Vielleicht gelingt es ihm doch unser liebes Burgtheater richtig zu führen und auch Ihre Wünsche zu befriedigen. Dann ist er ein braver Mann!«

Die Schratt freundete sich bald eng mit Burckhard an und hielt durch ihn (und den Kaiser) mehr und mehr die Fäden am Burgtheater in der Hand – zum verständlichen Ärger des damit ausgebooteten Ehepaares Berger-Hohenfels. Die achtjährige Direktion Burckhard wurde die große Zeit Katharina Schratts am Burgtheater, wie bald auch der deutsche Botschafter Graf Philipp Eulenburg bemerkte: »Im Theater herrscht sie natürlich unumschränkt, und man kriecht auf allen Vieren, wenn sie kommt, der Intendant nicht ausgeschlossen« (II, 205).

Dr. Max Burckhard, Burgtheaterdirektor von 1890 bis 1898

»Wien den 1. Jänner 1890.
Meine liebe, gute Freundin,
Ihr lieber, lieber Brief und die schönen Blumen waren eine freudige Überraschung. So trüb der erste Morgen des neuen Jahres auch für mich begonnen hat, so verwandelten Ihre lieben guten Worte denselben in einen glücklichen. Könnte ich nur auch so schön schreiben und meinen Gefühlen den rechten Ausdruck geben, so aber kann ich meinen innigsten Dank nur in die Worte kleiden, die auch nur eine Wiederholung sind: daß ich Sie unendlich, ganz entsetzlich lieb habe.

Wie kann ich Ihnen genug danken für die Güte und den Trost in dem traurigen Jahre, das nun zu Ende ist. Die schweren Augenblicke, die Sie mit uns durchlebt haben sind ein unauflösliches Band fürs Leben und so lassen Sie mir der Zuversicht Ausdruck geben, daß unsere Freundschaft eine treue und feste bleiben wird. Ich wiederhole Heute meine herzlichsten Glückwünsche. Gott segne und beschütze Sie und gebe Ihnen alles Gute, das Sie Sich nur wünschen können und das Sie so sehr verdienen, vor Allem, daß Toni Ihnen nur Freude mache. Den drei lieben Engerln[1] meinen herzlichsten Dank für die hübschen Glückwünsche. Toni hat eine sehr schöne Schrift bekommen. Ich muß schliessen, um zu arbeiten, da ich sonst vor meiner Abreise nicht fertig werde. Ihr Brief begleitet mich ins Gebirge, da ich ihn noch einige Male lesen muß. Auch auf der Jagd werden meine Gedanken bei Ihnen sein. Meinen innigsten Dank wiederholend und auf baldiges Wiedersehen hoffend, Ihr Sie innigst liebender

Franz Joseph«

»Wien den 6. Februar 1890.

Meine liebe Freundin,

Ehe ich Wien verlaße, erlaube ich mir beiliegenden Beitrag zum Concordia Ball und anderen nothwenigen neuen Toiletten[2] mit der Bitte zu senden, denselben in gewohnter Güte und Freundschaft entgegen nehmen zu wollen. Auch den Tribut meiner Dankbarkeit für Netti lege ich bei, meiner Dankbarkeit für die Mühe, welche ich ihr verursache, so wie für die vorttrefflichen Dienste, welche sie Ihnen leistete.

Und nun sage ich Ihnen recht wehmüthigen Herzens nochmals lebe wohl für eine leider so unendlich lange Zeit; aber auch aus der Ferne werden meine Gedanken beständig bei Ihnen sein.

Innigsten Dank, daß Sie auch in dieser letzten Zeit wieder so

---

1 Toni Kiss und zwei zu Weihnachten eingeladene Schulfreunde
2 Nach dem Ball fragte der Kaiser am 16. Februar 1890 an: ».. . im Tagblatte stand, daß Frau *von* Schratt eine Brokat Robe weiß mit Gold trug... Meiner schlechten Gewohnheit gemäß, frage ich gleich ob die Toilette neu war, ob von der Spitzer, ob Sie mit derselben zufrieden waren und ob Sie von meinem Schmucke etwas benützt haben?«

unendlich gut für mich waren, daß Sie so oft nach Schönbrunn gekommen sind, mich so oft durch Ihre liebe Gesellschaft beglückt und erheitert haben.

Mit der Hoffnung auf ein glückliches Wiedersehen und mit der Bitte, mich nicht zu vergessen, bleibe ich Ihr Sie innigst liebender, aber trauriger   Franz Joseph«

Inzwischen war in Sofia eine Verschwörung gegen den Fürsten Ferdinand aufgedeckt worden. Franz Joseph aus Ofen, 12. Februar 1890: »...Ich vergaß neulich Ihnen zu schreiben, daß Ihre diplomatischen Quellen aus Bulgarien besser sind, als die meinen, denn die Verschwörung scheint wirklich ernster gewesen zu sein, als ich dachte, jedoch nach den letzten autentischen Nachrichten, welche ich aus Sofia habe, ist der brüderliche Freund und seine Regierung vollkommen Herr der Situation und das Land ganz ruhig...«

Ofen, den 13. Februar 1890: »...Die Verschwörung scheint wirklich ziemlich ernst gewesen zu sein und der Brüderliche viel Muth und Ruhe bewiesen zu haben. Bei dem Hofballe, während welchem die Sache zum Ausbruche kommen sollte, was aber durch die unmittelbar vorher erfolgte Verhaftung des Majors Panitza vereitelt wurde, trugen der Fürst und sein Gefolge geladene Revolver in den Taschen ihrer Kleider...

Eben jetzt, wo wir uns wieder mehr mit Bulgarien beschäftigen, kommt der frühere Fürst dieses Landes, der gewesene Fürst von

205

Battenberg, jetziger Graf Hartenau,[1] hierher, um sich mir als neuer österreichischer Staatsbürger vorzustellen, was er seit kurzer Zeit in Graz geworden ist. Sie werden Sich erinnern, daß er voriges Jahr um diese Zeit in Mentone eine Sängerin geheirathet hat, mit welcher er sich in Graz établirte. Er wollte mir schon vor einiger Zeit in Wien seine Visite machen, verschob es aber bis nach glücklicher Beendigung des Wochenbettes seiner Frau und so wird er Heute zu mir kommen und dann bei mir speisen. Hoffentlich wird der Brüderliche aus dieser ganz unpolitischen und unverdächtigen Visite keinen Verdacht schöpfen...

Freilich wäre es herrlich, wenn Sie einmal hierher kommen könnten, allein ein plausibler Vorwand wird sich leider schwer finden lassen und die lieben Nebenmenschen würden sagen, daß Sie mir nachgereist sind und wohl noch manchen anderen Tratsch dazu erfinden. Ich bin Ihnen schon für Ihren Gedanken dankbar und muß mich schon gedulden, bis die langen Wochen um sind, wenn es auch nicht leicht ist...«

Statt der Freundin kamen die Kaiserin und Erzherzogin Valerie nach Ofen. Das Familienleben gestaltete sich wieder einmal sehr schwierig, zumal Elisabeth Regungen von Eifersucht zeigte.

Valerie klagte in ihr Tagebuch am 11. Februar 1890: »Momente tiefster Bitterkeit, die ich bei meinen Eltern oft miterleben muß. Aber wenn mir selbst etwas verletzend erscheint in Papas Art gegen Mama, dann kann ich kaum einen förmlichen Groll bezwingen gegen ihn – mehr aber gegen die Schratt, die eben doch zwischen meinen Eltern steht. O, warum hat es Mama so weit kommen lassen, daß sie nun sagen kann, er hat mehr Rücksichten für sie als für mich... Diese

---

1 Der ehemalige Fürst Alexander von Bulgarien war 1886 gestürzt worden und inzwischen durch eine bürgerliche Heirat zum Grafen Hartenau geworden. Ofen, den 16. Februar 1890: »...Graf Hartenau war wirklich ungefähr eine halbe Stunde bei mir, da er mich ganz gut unterhielt... Die halbe Stunde müssen die Zeitungsreporter notirt haben, welche hier den früheren Bulgaren so verfolgten und belagerten, daß er sich den ganzen Tag nicht aus seiner Wohnung im Wirtshause heraus traute. Diese Reptilien sind hier noch ärger, wie in Wien. Graf Hartenau möchte allerdings gerne activirt werden, allein damit werde ich mir doch noch Zeit lassen...«

Reibungen waren wohl immer – und doch, wie eigen! Ich fühle sie erst so lastend... seit Rudolfs Tod. Von da an hat es sich über uns gelegt wie ein dumpf lastender Druck, der eher zu- als abnimmt.«

Elisabeths Nerven waren durch die schwere Krankheit und den Tod ihres »einzigen Freundes« Gyula Andrássy zusätzlich angegriffen, jenes Mannes, mit dem gemeinsam sie die Neuordnung der Habsburgermonarchie 1867 durchgesetzt hatte, der als ungarischer Ministerpräsident das Königspaar gekrönt hatte und von 1871 bis 1879 Außenminister gewesen war. Ofen, den 19. Februar 1890: »...Zur Vermehrung der trüben Stimmung trug auch die Gestern Früh eingetroffene Nachricht von dem Tode des Grafen Andrássy bei, der ein großer Verlust für mich und für die hiesigen Verhältnisse ist, da er in der Stellung war, um den Leuten zu imponiren und ihnen die nothwendigen Wahrheiten zu sagen. Die Kaiserin, welche eine wahre Freundschaft und ein besonderes Vertrauen zu dem Verstorbenen hatte, hat dieser Todesfall wieder sehr angegriffen. Für ihn war übrigens der Tod eine wahre Erlösung von den entsetzlichen Schmerzen, die er schon so lange gelitten hat...«

»Ofen den 21. Februar 1890.

Meine liebe Freundin,

Nochmals innigsten Dank für den besonders lieben, guten, langen und interessanten Brief vom 18. und die in Aussicht gestellte Erfüllung des unverschämten Gedankenstriches. Ach wäre die schöne Zeit schon da! Daß Sie am Schluße Ihres Briefes sagen, daß meine Augen lieb sind, so ist das sehr gnädig von Ihnen, daß sie gut sind, so ist das eine Ansichtssache, daß sie aber auch schön sind, so ist das überhaupt und besonders bei meinem Alter eine bloße Schmeichelei, deren Sie Sich nicht schuldig machen sollten. Ich fürchte jetzt beständig, daß Sie wegen meiner Klage über das etwas längere Ausbleiben Ihres letzten Briefes böse sein könnten, denn es war eigentlich eine Ungezogenheit von mir, welche Sie aber mit meiner Sehnsucht nach Nachrichten entschuldigen müssen. Ihr letztes Schreiben ist so heiter, daß ich aus dieser guten Stimmung mit Freude sehe, daß Sie trotz des *Jammerns* eigentlich, Gott lob, recht wohl sein müssen und daß Ihnen die so rasch auf einander folgenden Bälle nicht geschadet haben.

Es hat mich befriedigt, daß ich Ihren Besuch der Pagenstreiche und des Künstlerhausfestes richtig errathen habe und es ist interessant, daß wir in unseren letzten Briefen Beide von dem nemlichen sprechen: Besuch Valéries im Theater, Jagd in Gödöllö, Palmer, Monte Carlo, Rouge et Noir. Nach Ihrem Briefe scheint es, als ob Palmer noch nicht in Wien wäre und die Bombe Unrecht hätte.[1] Ich wollte Sie fragen, was für ein Costume Sie am Gschnasfeste hatten und auch meine Damen, denen ich erzählte, daß Sie dort waren, waren sehr neugierig es zu erfahren. Gestern las ich in einer Zeitung, daß Sie altdeutsch waren und Frau Bauer eben so. Könnten Sie mir schreiben, ob es richtig ist und vielleicht mit einigen Worten Ihr gewiß wunderschönes und Sie reizend kleidendes Costume beschreiben? Auch würde es mich interessiren zu wissen, wie Frln. Schlesinger costumirt war. Ich bin wieder einmal unglaublich indiscret mit Fragen, doch das sind Sie schon gewöhnt und dann sind Sie halt so gut und nehmen mir es nicht übel.

Wenn Devrient und Frln. Reinhold sich heirathen würden, was ja doch der korrekte Abschluß des einander gerne sehens wäre, so gäbe es ein sehr hübsches Paar und gewiß wunderschöne Kinder. Mutter und Tochter Fuhrich sind wirklich recht liebe Leute. So ein Disputir Abend muß Anfangs ganz unterhaltend, aber auf die Länge doch recht langweilig sein. Mir scheint immer, daß am Ende aus dieser Heirath doch nichts wird.

Von hier kann ich wieder sehr wenig melden. Der Tod des armen Grafen Andrássy und sein Leichenbegängniß beschäftigt jetzt natürlich ausschließlich alle Leute und es ist erfreulich zu sehen, daß man ihm Gerechtigkeit widerfahren läßt und den erlittenen Verlust einsieht. Die Leiche ist Gestern gekommen und wurde in der Halle des Akademie Gebäudes aufgebahrt. Auch die Familie, die unendlich angegriffen sein soll, ist hier eingetroffen. Heute um 11 Uhr wird die Kaiserin einen Kranz auf den Sarg legen und dort beten und um 3 Uhr werde ich zur Einsegung gehen, an welcher eine ganz enorme Menge Leute Theil nehmen wird.

---

1 Die Zeitschrift »Die Bombe« hatte berichtet, Eduard Palmer sei aus Monaco nach Wien zurückgekehrt.

Vorgestern Abend ist der Erzherzog Eugen von Wien, Madrid und Lissabon gekommen und reist Heute Früh wieder nach Wien. Er speiste Gestern mit der Kaiserin, Valérie und mir und erzählte uns viel von seiner Reise, was auch die Kaiserin sichtlich interessirte und erheiterte. Gestern Nachmittag ist auch endlich der Bräutigam Taxis[1] hier eingetroffen, ich habe ihn aber noch nicht gesehen. Er konnte nicht früher kommen, weil er noch einen costümirten Ball in Regensburg mitmachen mußte. Zu meiner Zeit pflegte man ohne Rücksicht auf Bälle und Feste augenblicklich herbei zu fliegen, wenn man wußte daß einem die geliebte Braut erwartet. So ändern sich die Anschauungen. Mir gefallt die damalige, vielleicht zopfige besser.

Der Kaiserin geht es mit dem Husten, unberufen, wirklich besser und sie geht jetzt täglich mit dem Griechen lange im Garten spazieren, auch Gestern war sie dort, obwohl zum ersten Male nach langer Zeit recht unfreundliches Wetter mit etwas geringem Schneefalle war, ohne daß der Schnee liegen geblieben wäre. Heute werde ich viele Besuche haben, da einige Minister zum Leichenbegängnisse aus Wien gekommen sind und Morgen gebe ich wieder einmal ein größeres Herrn Diner.

Nun muß ich schliessen und indem ich Sie bitte Toni übermorgen schönstens von mir zu grüßen, bleibe ich Ihr Sie innigst liebender und beständig an Sie denkender

Franz Joseph«

Über das Begräbnis Gyula Andrássys berichtete der Kaiser aus Ofen, den 23. Februar 1890: »...Das vorgestrige Leichenbegängniß war sehr würdig, die Theilnahme eine enorme. Auch die Rede, welche Herr v. Szlavy nach der Einsegnung in der Halle der Akademie hielt, war schön und kurz. Nach derselben fuhr ich nach Haus und dann begann erst der Zug zum Bahnhofe, der so lange dauerte, daß es ¾ auf 6 Uhr war, als wir nach unserem Essen die Kanonen Schüsse hörten, welche die ausgerückten Batterien beim Central Bahnhofe gaben. Die Kaiserin war, nachdem sie beim Sarge gebetet hatte, bei

---

1 (Der spätere Fürst) Albert von Thurn und Taxis heiratete 1890 Erzherzogin Margarethe, die Tochter des ungarischen Habsburgers Joseph.

der Witwe, welche ganz entsetzlich angegriffen sein soll. Ich wollte sie in diesen ersten Augenblicken des größten Schmerzes nicht belästigen. Ich wußte gar nicht, daß Sie den verstorbenen Grafen kannten und kann mir denken, daß er Ihnen sympathisch war, denn er war ein ebenso außergewöhnlich begabter und guter Mensch, als wie ein angenehmer Gesellschafter...«

Ofen, den 26. Februar 1890: »...Seit einigen Tagen geht es wieder im hiesigen Abgeordneten Hause sehr lebhaft zu; die Herrn Deputirten von der Opposition sagen dem Minister Präsidenten die ausgesuchtesten Grobheiten und der Spektakel ist mitunter kolossal. Doch bleibt jetzt nichts übrig, als ruhig zuzuschauen und abzuwarten. Ich will Sie aber nicht länger mit Politik langweilen...«

Da seine Stimmung immer trüber wurde, nahm der Kaiser schließlich das Angebot der Freundin an, ihm einen kurzen Besuch in Ungarn zu machen. Ofen, den 3. März 1890: »...Ich denke beständig an die glücklichen Stunden, welche ich Vorgestern in Ihrer lieben Gesellschaft zubrachte, meine Stimmung ist eine gehobenere und mit doppelter Sehnsucht, aber doch ruhiger zähle ich die Tage die mich noch vom nächsten Wiedersehen trennen...«

Ofen, den 6. März 1890: »...Sehr erfreut bin ich, daß Ihre Rückreise doch programmäßig gelang und daß Sie mit Ihrem hiesigen kurzen Aufenthalte zufrieden waren, aber daß Sie mit Ihrem Benehmen nicht zufrieden waren, finde ich großartig. Sie waren so graziös, so liebenswürdig wie immer, mit einem Worte entzückend und Sie können Sich daher vollkommen beruhigen. Jetzt weis ich aber nicht, ob Sie eigentlich Marie oder Kathi heißen, oder ob Sie auf beide Namen getauft sind. Die Einschreibung in die Fremdenliste zur Wahrung des Incognito ist jedenfalls genial...«

Ofen, den 9. März 1890: »...Die Minister Präsidenten Krisis, welche ich Ihnen mündlich und schriftlich andeutete, ist richtig ausgebrochen. Tisza geht, die anderen Minister bleiben, aber die definitive Konstituierung des Ministeriums und alle bei so einer Gelegenheit hier zu Lande erforderlichen Förmlichkeiten dürften noch einige Zeit in Anspruch nehmen, so daß ich kaum hoffe am 15. von hier abkommen zu können. Sie können Sich denken, wie unangenehm mir das ist und mein einziger Trost ist, daß mein hiesiger Aufenthalt sich höchstens um einige Tage verlängen kann. Ich treibe nach Möglichkeit, aber rasch und glatt kann hier nichts gehen und so heißt es halt wieder einmal Geduld haben...«

Ofen, den 11. März 1890: »...Hier geht es mit der Minister Krisis doch endlich vorwärts und ich hoffe, daß wir so weit sind, um die Angelegenheit jetzt ohne weitere Schwierigkeiten zu Ende führen zu können. Ob ich aber schon am 15. von hier wegkomme, muß ich leider noch immer bezweifeln, wenngleich ich nicht alle Hoffnung aufgegeben habe, daß es doch möglich wird. Es sind eben noch gar so viele Förmlichkeiten durchzumachen und dann ist der Freitag, an dem man, wenn es vermieden werden kann, doch nicht gerade eine neue Aera beginnen möchte. In dieser Beziehung werden Sie mit mir einverstanden sein, denn dieser Skrupel entspricht Ihren Ansichten und Lehren. Gestern habe ich den bisherigen Minister Präsidenten v. Tisza, den künftigen Minister Präsidenten Grafen Szapáry und als Unparteiischen den Minister Grafen Csáky bei mir gehabt, um die Schwierigkeiten, die noch wegen des Überganges bestanden zu begleichen, was endlich zur beiderseitigen Befriedigung gelang und so kann ich der nächsten Zukunft mit einiger Beruhigung entgegen sehen...«

»Wien den 4. April 1890.

Meine liebe gute Freundin,

Obwohl ich Ihnen gar nichts Interessantes zu melden habe, so will ich Sie doch an den Ufern des lieben Wolfgangsees mit einigen wenigen Zeilen belästigen, um Ihnen zu zeigen, daß ich immer an Sie denke. Besonders Heute begleiten Sie meine Gedanken auf Ihrem Marsche und der Kahnfahrt zu den drei Kirchen des Seeufers und ich bin so kühn zu hoffen, daß Sie in Ihrem Gebete auch meiner gedenken werden. Hoffentlich ist Ihre Reise glücklich gewesen, leiden Sie nicht zu sehr von der Kälte, geht es mit Ihren lieben, schönen Augen besser, sind die beiden theresianischen Engerln brav und haben sich dieselben in bloßen Knieen nicht verkühlt. Die Lust zum Schwimmen dürfte Ihnen bei der jetzigen Temperatur vergangen sein und so hoffe ich, daß Sie Sonntag Abend ganz wohl in der Nibelungen Gasse einrücken werden.

Gestern habe ich Frau von Ferenczy meine Aufwartung gemacht. Sie ist wohl und war wieder sehr gesprächig. Sie äußerte die Absicht, Sie zu besuchen, um Sie aufzuhetzen, daß Sie mich durch Sekiren dazu bringen sollen die morgige Prozession wegen der Kälte nicht im Freien abzuhalten in der Angst, ich könnte mich verkühlen. Nun hätte das nichts genützt, denn erstens geht die Sache Frau v. Ferenczy gar nichts an und zweitens bin ich nicht unter Curatel und vernünftig genug, um zu beurtheilen, was möglich und nützlich ist und darnach zu handeln. Übrigens kommen, unberufen, meine durch die Auerhahnjagd gestörten geistigen Fähigkeiten nach und nach wieder ins regelmäßige Geleise. Ich klärte Frau v. Ferenczy darüber auf, daß sie umsonst zu Ihnen gehen würde, da Sie in Strobel sind und kündigte ihr Ihren Besuch für Montag 11 Uhr an, worüber sie sehr erfreut war.

Die Kaiserin ist Gestern mit dem Brautpaare glücklich in Heidelberg angekommen und kehrt am 8. nach Wiesbaden zurück. Gestern erhielt ich auch einen Brief von ihr, in welchem sie mich beauftragt, Sie herzlichst zu grüßen und sich befriedigt über ihre Kuren ausspricht, obwohl sie behauptet, noch immer nicht mager genug geworden zu sein. Die Ceremonien der Charwoche nehmen jetzt einen großen Theil meiner Zeit in Anspruch, so daß ich leider gar nicht in die Luft kommen kann, auch erwecken dieselben wieder recht traurige Erinnerungen in mir, da ich gewohnt war an diesen Tagen unseren theueren, unvergeßlichen Rudolph an meiner Seite zu sehen. Ich bin wieder melancholisch und freue mich unendlich und mit Sehnsucht auf Montag.

In treuester Anhänglichkeit und mit herzlichen Grüßen an die jungen Herrn Ihr Sie innigst liebender

Franz Joseph«

In den nächsten Wochen sah sich das Paar häufig, auch im Familienkreis, worüber Erzherzogin Marie Valerie am 7. Mai 1890 in ihrem Tagebuch klagte: »Frau Schratt dinierte mit uns (zu viert), machte mit uns einen Spaziergang und blieb bis Abend. Ich kann nicht sagen, wie peinlich mir solche Nachmittage sind, wie unbegreiflich, daß Mama dieselben eher gemütlich findet.«

Zu einer ersten, sehr ernsten Verstimmung des Kaisers kam es, als die Schratt gegen seinen Willen eine aufsehenerregende Ballonfahrt mit den beiden prominenten sportsmen Victor Silberer und Baron Alexander von Baltazzi unternahm. Villa Hermes, den 6. Juni 1890: »... Ich kann es mir nicht versagen, Ihnen durch beiliegenden Ausschnitt aus der alten Presse[1] den Beweis zu liefern, daß ich in Beziehung auf das Schweigen der Zeitungen doch recht hatte. Auch sind Sie nicht um 7 Uhr sondern auf Ihr Andringen und eigentlich gegen Silberers Wunsch, erst um ¾ 8 Uhr in die beginnende Nacht hinein gefahren!! Wie leichtsinnig! und an Ihre auf dem festen Boden zurückgelassenen Freunde haben Sie gar nicht gedacht. Doch ich habe kein Recht zu klagen und Ihnen Vorwürfe zu machen und daher will ich Sie mit denselben nicht länger langweilen...

In recht trauriger Stimmung und mit vielen Gedankenstricherln Ihr treu ergebener   Franz Joseph
Palmer ist ein braver Mann, aber das nützt leider nichts.«

»Ofen den 7. Juni 1890. Abends

Meine liebe, gute Freundin,

Es ist eigentlich unverschämt, daß ich schon Heute mit dem Briefbombardement beginne, allein da Sie Haverda an zwei aufeinander folgenden Tagen gnädig aufgenommen haben, obwohl er Ihnen nichts zu sagen hatte, so werden Sie in Ihrer Güte gestatten, daß ich schon jetzt wieder ein wenig mit Ihnen plaudere, da meine Gedanken, wie Sie wohl wissen, beständig bei Ihnen sind und ich Einiges auf dem Herzen habe, was ich Ihnen zur Erleichterung desselben gerne beichten möchte.

Die Ballonfahrt will mir nicht aus dem Kopfe. Seit den nun schon einigen Jahren, daß Sie mich mit Ihrer Freundschaft beglücken, ist es das erste Mal, daß ich auf Sie böse sein könnte, doch da es das nicht

---

1 Beginn des langen Artikels: »Die Hofschauspielerin Katharina Schratt unternahm heute eine Auffahrt mit dem ›Vater Radetzky‹. Diesem Schauspiel wohnten außerhalb der aeronautischen Anstalt viele Hundert Menschen bei, und kleine Jungen erkletterten die hohen Bäume der Umgebung, um Zeugen der Auffahrt sein zu können...«

gibt und nicht geben kann, so bin ich nur gekränkt (aber nicht beleidigt). Daß die Luftfahrt ein großer Leichtsinn war, habe ich Ihnen schon gesagt und selbst die Kaiserin, die doch gewiß keine Gefahr scheut, fand die Sache gefährlich und nicht zu billigen. Auch habe ich Ihnen gleich die Besorgniß ausgesprochen, daß die Zeitungen gewiß nicht schweigen werden, wovon ich Ihnen den ersten Beweis bereits Gestern schickte. Als ich Gestern hier eintraf fand ich im Morgenblatte des Pester Lloyd vom 6. beiliegendes Telegramm aus Wien vom 5. also noch vom Abende der Ballonfahrt. Im neuen Wiener Tagblatte vom 6., das Sie nicht lesen, ist die Beschreibung, die ich ebenfalls beilege; nur die Freie Presse behandelt die Sache kurz und trocken, gewiß nicht aus Takt, sondern um nicht zu Ihrem Nimbus als kühne Luftseglerin beizutragen. Ich kenne Sie zu gut, um nicht zu wissen, daß es Ihnen nur um eine einfache Unterhaltung und um Befriedigung Ihrer Wißbegierde zu thun war, die Art aber, wie sich die Zeitungen der Sache bemächtigten, das Telegramm, welches die Leser von Buda-Pest so eilig mit dem großen Ereignisse bekannt macht, gibt dem in Ihren Augen unschuldigen Vergnügen einen Anstrich, der einer Réclame und einem Streben nach Berühmtheit auf einem Ihnen fremden Felde ähnlich sieht, welche weder Ihrem Charakter noch Ihrem, mir die größte Hochachtung einflößenden, einfachen Wesen entsprechen.

Noch einen Punkt möchte ich berühren, um Ihnen mein ganzes Herz auszuschütten, aber das kann ich nur weil ich gewohnt bin Alles offen mit Ihnen zu besprechen und weil ich auf Ihre mir oft bewiesene Freundschaft zähle. Ich habe nie etwas gegen Ihren Umgang mit Alexander Baltazzi eingewendet, weil das ein Unsinn gewesen wäre, im Gegentheile ich war dankbar, daß ich dadurch in einer schweren Zeit so Manches von Ihnen erfuhr, was mir zu wissen wichtig war.

Daß Sie die Luftfahrt unter seinen Auspicien unternommen haben, ist mir auf Ehre einerlei, aber in den Augen der bösen Welt wird Ihnen dieses, von den Zeitungen besonders hervorgehobene Faktum schaden, da die Familie Baltazzi seit unserem Unglücke nicht in allen Kreisen gerne gesehen ist.[1] Überhaupt drückt mich bei der ganzen

---

1 Alexander Baltazzi war Sprecher der Familie Vetsera gegenüber dem Hof.

Luftschifferei nur der Gedanke, daß Ihre falschen Freunde und Ihre offenen Feinde aus derselben Waffen gegen Sie schmieden könnten. So, meine Beichte ist zu Ende und nun dürfen Sie Sich über den alten Raunzer ärgern so viel Sie wollen, ich erlaube Ihnen sogar recht böse auf mich zu sein in der Hoffnung, daß Sie nicht unversöhnlich sein werden.

Zu meiner Entschuldigung kann ich nur anführen, daß ich Sie halt gar so lieb habe, daß ich dachte, daß ein väterlicher Freund (im Gegensatze zum brüderlichen) sich manches erlauben darf und daß ich jetzt besonders trübe und melancholisch gestimmt bin. Etwas beängstigt mich nur der Gedanke, daß Sie von Bewunderung und Huldigung wegen Ihrer Bravour beräuchert sein und in dieser Stimmung meine kecken Bemerkungen doppelt ungnädig aufnehmen werden und doch möchte ich noch die Bitte an Sie richten, mir, wenn Sie wieder einmal einen dummen Streich machen wollen, es früher zu sagen. Ich werde dann versuchen, Ihnen denselben auszureden. Vielleicht nützt es doch und wenn nicht, so können Sie ja noch immer machen, was Sie wollen.

Den 8. Früh ½5 Uhr Guten Morgen! Jetzt schlafen Sie hoffentlich süß im lieben« [Hier bricht der Brief ab. Die letzte Seite ist – aus welchen Gründen auch immer – herausgerissen.]

Schon am 10. Juni lenkte der Kaiser wieder mit »einem ganz normalen Brief« ein, dankte für die Post: »Die theuern Schriftzüge dieses 200sten, also eigentlich einer Art Jubiläumsbriefes haben mich sehr gefreut und mir wohl gethan in meiner trüben Stimmung und mit Sehnsucht erwarte ich Ihr 201stes Schreiben und hoffentlich noch manche Andere.« Er gestand: »Hier fühle ich mich entsetzlich einsam und melancholisch«, und schloß: »Leben Sie daher recht wohl und denken Sie manchmal ohne Groll an Ihren Sie innigst liebenden, treu ergebenen Franz Joseph«

Katharina Schratt ließ den Kaiser zunächst einmal geraume Zeit auf eine Antwort warten. Schließlich zeigte aber auch sie sich versöhnungsbereit und schrieb: »Bitte um Verzeihung, daß ich erst heute schreibe – ich bin in diesen Tagen keine Viertelstunde allein gewesen, aber im ›Glaspalaste‹ geht es wieder – wie beim seligen Leidesdor-

Briefkopf Katharina Schratts mit dem »Glaspalast« im Innenhof der Hietzinger Villa

fer[1] in Döbling zu – ich bin wirklich froh bald in die Karlsbader Ruhe zu kommen. Dazu sind auch jeden Tag Proben ... Wegen der Predigt bin ich aber gar nicht ungehalten – sie war ja verdient – nur wenn ich einmal unschuldigst gestraft würde – das könnte ich nicht vertragen – Und wenn ich gedacht hätte, daß Euer Majestät wegen mein Ausflug auch nachträglich verstimmt sein könnte – so hätte ich es gewiß nicht

1 Dr. Max Leidesdorf war Direktor der Irrenanstalt in Döbling bei Wien gewesen.

216

gethan – oder um aufrichtig zu sein – ich wäre um vier Uhr früh mit Frau Bauer aufgeflogen – da hätte uns gewiß Niemand gesehen und ich hätte es Euer Majestät erst nach einiger Zeit gemeldet das wäre entschieden beßer – Um Eines möchte ich bitten (– wenn ich schon wieder so weit in der Gnade bin um etwas erbitten zu dürfen) – Daß Euer Majestät nicht väterlicher Freund schreiben – das ist so so   ich finde nicht den Ausdruck – aber es ist – – ... Wie viel ich an Euer Majestät und was ich alles denke traue ich mich diesesmal noch nicht zu schreiben – weil ich dem Frieden noch nicht ganz traue...«

»Ofen, den 13. Juni 1890

Meine liebe, gute Freundin,

Mit Schmerzen und Sehnsucht erwartete ich täglich ein Schreiben und in meiner trüben Stimmung malte ich schwarz in schwarz, ich quälte mich mit dem Gedanken, daß Sie recht böse auf mich sind. Um so glücklicher war ich, als ich Gestern Ihren prächtigen, langen Brief erhielt, Ihre lieben Zeilen verschlang und aus denselben ersah, wie gnädig, wie lieb Sie meinen bösen Brief und meine kühnen Bemerkungen aufgenommen haben. Tausend innigsten Dank. Jetzt ist Alles wieder gut und ich hatte endlich wieder einmal einen frohen Tag. Sehr amusirt hat mich, daß Sie, obwohl Sie zugeben, daß die Inscenirung der Luftfahrt keine ganz entsprechende war, doch dabei blieben, daß Sie vielleicht (soll wohl heißen *jedenfalls*) im Geheimen aufgeflogen wären. Daran erkenne ich Ihren lieben, lieben, harten Kopf. Also sich in Lebensgefahr stürtzen, Ihre Freunde in Angst versetzen, das muß sein! Da nun doch wieder vom Ballon die Rede ist, so lege ich einige Verse aus dem Kikeriki bei, für den Fall, als sie Ihnen nicht unter die Augen gekommen wären. Der Gedanke ist hübsch und es ist keine Bosheit darin und hiemit wollen wir nun wirklich das Kapitel der Luftschifferei definitiv beenden, der Friede ist geschlossen und wenn Sie erlauben, bleibt zwischen uns Alles beim Alten...« (B).

Villa Hermes, den 16. Juni 1890: »... Ihre Briefe sind ja jetzt meine einzige Erheiterung. Ihre Bitte, daß ich recht oft an Sie denken soll, war eigentlich unnöthig (obwohl sie mir geschmeichelt hat) denn Sie wissen recht gut, daß meine Gedanken beständig, eigentlich mehr als es der Gründlichkeit und dem Ernste meiner Arbeiten zuträglich ist, bei Ihnen sind und daß die Sehnsucht nach dem Wiedersehen in Ischl mich ganz erfüllt...« Er machte ihr Komplimente: »In den Zeitungen las ich mit Entzücken, wie vortrefflich Sie wieder am Donnerstag gespielt, wie rührend Sie geweint haben. Die Kaiserin erzählte mir, daß auch Frau von Ferenczy Sie sehr bewundert hat...«

Aus der Villa Hermes, den 18. Juni 1890, dankte er »von ganzem Herzen für Ihre liebe Beichte. Sie ist kurz, klar und beglückend. Mit dem riesengroßen endloslangen Stricherl werde ich Sie beim Worte nehmen. Ob Ihnen das dann nicht doch lästig sein wird? Wenn der Augenblick der Ausführung nur schon bald da wäre, aber bis dahin ist leider noch eine entsetzlich lange Zeit.« Denn die Schratt fuhr zur Kur nach Karlsbad – zur selben Zeit wie Ferdinand von Bulgarien: »Wissen Sie schon vom Brüderlichen, daß er Ende des Monats nach Karlsbad kommen will? Wenn Sie es nicht von ihm erfuhren, so bitte sagen Sie nichts, denn es ist ein Staatsgeheimniß. Da werden Sie unterhaltende Gesellschaft haben und ich hoffe, daß ich ruhig sein kann und mich nicht mit Eifersucht plagen muß. Aber beneiden werde ich ihn dennoch um das Glück, Sie so viel sehen zu können, während ich auf den schriftlichen Verkehr beschränkt bleiben muß...«[1]

---

1 Die Eifersucht auf den jüngeren Rivalen hielt an. Ofen, den 22. Juni 1890: »...Daß Sie dem Bulgaren ausweichen werden, glaube ich nicht, denn er wird Ihnen doch viel zu interessant und unterhaltend erscheinen, als daß Sie nicht seine Gesellschaft wünschen sollten und wegen der Briefe, die er nicht bekommen hat, wird er gewiß nicht unversöhnlich sein. Auch wird es ihm, trotzdem Sie in Karlsbad offiziell als Herr Kiss figuriren, nicht schwer werden, Sie zu entdecken. Ich bin schon neugierig auf Alles was Sie mir von ihm erzählen werden...«

Ofen, den 28. Juni 1890: »...Gestern sah ich in der Zeitung, daß der Bulgare bereits in Widdin eingetroffen sei und da er von dort nach Europa reisen wollte, so wird er wohl bald in Karlsbad sein. Beneidenswerther Fürst! Wenn die Zeit der längeren Briefe während Ihres Badeaufenthaltes noch eintreten sollte, so berichten Sie mir vielleicht Einiges über den Brüderlichen...«

Meine liebe, gute Freundin,

Das war wieder ein lieber, langer, prächtiger Brief, den ich Gestern Vormittag hier zu meiner größten Freude erhielt und bereits wiederholt gelesen habe. Sie schreiben so fleißig, daß ich nicht herzlich genug danken kann und Sie nur bitten muß, Sich nicht zu sehr anzustrengen, besonders wenn die Kur Sie einmal angreifen wird.

Innigsten Dank auch für die genaue Beschreibung Ihrer Lebensweise und Zeiteintheilung. Wenn Sie dieselbe fortgesetzt genau einhalten, so können Sie wirklich eine wohlthuende und ausgiebige Ruhe genießen, die Ihrer Gesundheit gewiß sehr gut thun wird. Die Zahl Ihrer Bekannten ist nicht so zahlreich als ich dachte und wird wohl noch anwachsen, genügt aber, um Ihnen eine angenehme Zerstreuung zu verschaffen. Daß ich die Herrn beneide, können Sie Sich denken. Die Mittheilung, daß Sie Ihre Kur am 12., daher früher als ich dachte, beenden, freut mich sehr und ich werde trachten um diese Zeit in Ischl zu sein, um keinen Tag des ersehnten Zusammenseins zu versäumen.

Die Kaiserin, der ich Ihren Handkuß ausgerichtet habe, grüßt Sie herzlich. Valérie habe ich Ihren Auftrag noch nicht melden können. Beide sind, Gott lob, wohl. Die Geschichte der hohen Abstammung der Hohenfels hat mich sehr interessirt, obwohl ich den Zweifel nicht unterdrücken kann, daß Alles nur ein Schwindel ist. Daß aber noch immer für eine Berger Hohenfelssche Theaterdirektion gearbeitet wird, hätte ich doch nicht gedacht, doch das kann nicht sein und die Mühe der Intrigue wird umsonst sein.

Vorgestern war ich richtig im Burgtheater. Erst als ich in der Stadt den Theaterzettel ansah, bemerkte ich, daß Frln. Reinhold in Emilia Galotti spielt, was ich nur melde, damit Sie nicht etwa glauben, daß ich wegen ihr ins Theater gegangen bin. Auch glaube ich, daß der genaueste Beobachter mir nicht den geringsten Vorwurf in meiner Haltung der Bühne gegenüber machen könnte, was Palmer und Frau Bauer bestätigen können. Ersterer saß auf seinem Stammsitze, Letztere, die spät kam, in der Künstlerinnen Loge, die sehr voll war. Frln. Reinhold kümmerte sich, wie gewöhnlich, gar nicht um mich, sah aber in einem weißen Kleide mit bis zu den Schultern entblößten, wirklich schönen Armen, dieses Mal hübscher aus, als ich es sonst finde. Ihr Spiel war ganz gut, genügte aber nicht für diese Rolle. Überhaupt ließ die Rollenbesetzung, nach meiner Ansicht, einiges zu wünschen übrig. Frau Lewinsky[1] paßt nicht ins Burgtheater und Herr Arndt war als Mörder fürchterlich, Hartmann spielte sehr gut, aber leider maniérirt, wie meistens; dagegen war es ein Labsaal Lewinsky, Baumeister und Robert zu sehen und zu hören. Die böhmische Tragödin hat viel Talent, viel Applomb, ist nicht schön, hat ein prächtiges Organ, spricht klar und deutlich ohne Accent, hat ihre Rolle sehr durchdacht, hat einen auffallend häßlichen Gang und mitunter recht unschöne Bewegungen, ist aber doch eine hervorragende Künstlerin, die bei richtiger Anleitung großes leisten könnte. Wo ist aber diese Anleitung? Im Parterre saßen Frau Wolter, Frau Gabillon und Frln. Barsescu. Wohlwollend schienen sie nicht gestimmt, wenigstens betheiligten sie sich ebenso wenig wie die Künstlerinnen Loge an dem stürmischen Applause mit wiederholtem Hervorrufe. Aus Rücksicht für die Damen im Parterre applaudirte ich auch nicht, doch bereute ich eigentlich meine Schwäche, denn Frln. Pospischill sah, als sie an die Rampe trat, um sich zu verneigen, so sehnsüchtig nach der Hofloge und es war eigentlich recht garstig von mir, daß ich ihr keinen Beifall spendete. Als ich ins Theater fuhr, sah ich aus alter Gewohnheit nach den bekannten Fenstern, aber statt dem lieben Antlitze grüßte nur aus einem Fenster des 1. Stockes eine Garderoberin sehr freundlich.

Vorgestern war ich mit den Husaren recht zufrieden. Der Boden auf der Schmelz war entsetzlich hart und es staubte selbst als gegen Ende der Übungen ein ausgiebiger Regen auf uns niederging. Um

---

1 Zu Olga Lewinsky schrieb er aus Ofen, den 22. Juni 1890: »Mein Urtheil über das Spiel der Frau Lewinsky ist Ihnen nun auch bekannt. Es lautet so hart, daß es unmöglich ist, es dem Gemahle mitzutheilen und so bleibt mir wohl nichts anderes übrig, als Sie zu einer Lüge zu verführen, was mir schrecklich ist, denn die Wahrheit halte ich vor Allem hoch und besonders von Ihnen möchte ich, daß Sie immer so wahr seien, wie es in Ihrem Charakter liegt. Ich glaube, daß wohl nichts Anderes zu thun ist, als daß Sie Lewinsky antworten, daß ich Ihnen über das Spiel seiner Frau nichts geschrieben habe, was er vielleicht um so eher glauben wird, als in seiner Anfrage selbst eine Art Zweifel darüber zu liegen scheint.«

Franz Joseph beim Manöver, gemalt von Thadeus Ajdukiewicz, dem der Kaiser im Schloßhof von Gödöllö Modell saß: »Er malt nemlich zu seinem Vergnügen und ohne Bestellung mein Portrait zu Pferde und nachdem ihm die zahlreichen Moment Photographien, welche er während der Manöver in Galizien, die er zu Pferde mit seinem kleinen Apparate mitmachte, von mir aufnahm, nicht genügen, so muß ich ihm hier noch eine Sitzung zu Pferde geben. Wird ein etwas kühler und windiger Spaß werden...« (10. November 1889)

1 Uhr war ich im Künstlerhause, um die wirklich sehr schöne Gemäldesammlung Königswarters anzusehen und um 6 Uhr speiste ich in der Stadt allein. Gestern Früh fuhr ich von der Stadt nach Schönbrunn, von wo ich auf die Schmelz ritt, um die Dragoner zu inspiciren, die ganz vorzüglich waren. Vom Regen des vorhergehenden Tages war der Boden angenehm aufgeweicht und während der Ausrückung das Wetter schön, doch regnete es im weiteren Laufe des Tages oft und ausgiebig. Heute haben wir endlich wieder einen wunderschönen Morgen. Von der Schmelz ritt ich nach Schönbrunn und fuhr von dort hierher, wo ich einen ruhigen Tag zubrachte. Stéphanie kam mit ihrer Kleinen und speiste mit uns. Morgen Abend werde ich richtig nach Ofen reisen und dort einsam und mit möglichster Geduld dem Ende der Delegationen entgegen sehen.« [Der letzte Teil dieses Briefes ist abgetrennt.]

Die erwähnte »böhmische Tragödin« war die 26jährige Pragerin Marie Pospischil, die am 18. Juni 1890 als Gast zum erstenmal im Burgtheater auftrat. Sie erregte beim Kaiser eine auffällige, ganz außergewöhnliche Aufmerksamkeit. Immer wieder erwähnte er sie der Freundin gegenüber, so aus Ofen, den 22. Juni 1890: »...Daß ich Frln. Pospischil nicht applaudirt habe, wissen Sie bereits. Ob es liebenswürdig war, ist eine andere Frage.« Über eine abfällige Bemerkung Lewinskys schrieb er im selben Brief: »Sein Urtheil über Frln. Pospischil ist jedenfalls zu hart, denn unbedeutend ist sie nicht. Auch war das Königreich Böhmen nicht ausgerückt, sondern mir schien ziemlich das gewöhnliche Burgtheater Publikum anwesend. Was hat denn Palmer gesagt?«

Offensichtlich erkundigte er sich auch beim Obersthofmeister und beim Burgtheaterintendanten über die Schauspielerin, die in Engagement-Verhandlungen stand. Aus Ofen, den 25. Juni 1890, schrieb er der Freundin: »...Von Frln. Pospischil muß ich Ihnen einiges erzählen, was aber theilweise böser und wie in so vielen ähnlichen Fällen, wohl nur unwahrer Tratsch ist. Fürst Hohenlohe sagte mir, daß als neulich Sonnenthal noch vor dem ersten Auftreten der Pospischil bei ihm speiste, er ihm ganz enthusiasmirt erzählte, er habe sie gesehen, finde sie zum Niederknien schön (das habe ich gar nicht gefunden) und daß, wenn sie so gut spielt, als sie schön ist, man über diese Aquisition sehr glücklich sein könne. Fürst Hohenlohe, der auch in Emilia Galotti war, will an Frln. Pospischil eine sehr verdächtige Körperfülle entdeckt haben, was ich aber auch nicht bemerkt habe, obwohl ich sie überhaupt nicht zu stark fand. Er theilte hier Bezecny seine Besorgniß mit Rücksicht auf das bevorstehende Engagement mit, worauf Graf Taaffe, der dem Gespräche beiwohnte, bemerkte, daß die Sache ganz wahrscheinlich scheint, nachdem Frln. Pospischil eben erst von Kaiser Wilhelm abgefertigt wurde. Bitte behalten Sie diesen garstigen Tratsch für Sich, denn ich möchte nicht zu einer vermuthlichen Verläumdung mithelfen...«

Aus Ofen, den 28. Juni, fragte er »zum zweiten Male, was Palmer für ein Urtheil über Frln. Pospischil gefällt hat. Diese scheint sich der Gunst des Publikums in hohem Maße zu erfreuen und wird wohl engagirt werden. Das wird wieder Feindschaften unter den Damen geben!...«

Am 30. Juni: »...Das Urtheil Palmers über die Pospischil hat mich sehr interessiert und stimmt so ziemlich mit meinem. Es laßt sich sehr richtig in den wenigen Worten zusammenfassen, welche Sie schreiben: sie gefällt ihm nicht besonders – *aber sie gefällt ihm doch.* Daß Frau Bauer und auch andere Leute sie sehr hübsch finden, begreife ich nicht, außer sie sieht außer dem Theater ganz anders aus, als auf der Bühne, was oft vorkommt...« (s. weiter S. 230–235).

Über die Delegations-Verhandlungen in Budapest verlor der Kaiser nur wenige Sätze, so am 13. Juni 1890: »...Mit der Delegation geht es nicht mehr so glatt, wie Sie in den Zeitungen lasen. Die Ungarn sind wieder recht kleinlich und sekiren den Kriegsminister mit Vorliebe...« (B). Am 22. Juni berichtete er, er gebe ein Diner für die Abgeordneten: »Dürfte recht heiß und minder lustig werden und geistreich sprechen soll man auch mit den Leuten, denn all' der Unsinn kommt in die Zeitung.« Die Verhandlungen seien noch nicht abgeschlossen, »denn obwohl die Österreicher fertig sind, tandeln und nergeln die Ungarn entsetzlich«. Am 25. Juni meinte er, »daß die ungarischen Delegirten die vielleicht doch einsehen, daß es weder freundlich noch höflich ist, ihre österreichischen Collegen so lange unbeschäftigt hier zurückzuhalten, ihre Arbeiten schon Morgen oder Übermorgen beenden wollen«. Am 28. Juni: »...Die Delegationen sind endlich Gestern wirklich fertig geworden und man kann im Ganzen zufrieden sein. Bewilligt haben sie alle Anforderungen...« Am 30. Juni, inzwischen nach Wien zurückgekehrt: »Es thut mir leid, daß Sie Sich die Mühe gegeben haben die Zeitungsberichte über all' den Unsinn zu lesen, den ich nach den Delegations Diners wirklich gesprochen habe, oder der mir in den Mund gelegt wird. Ich weis übrigens nicht, was die Zeitungen enthielten, denn diese Stellen überschlage ich meistens, um mich nicht zu ärgern...«

»Gastein den 4. Juli 1890.
Theuerste Freundin,
Vorgestern brachte mir der Kurier Ihren lieben, langen Brief vom 29. Juni, für welchen ich Ihnen nicht herzlich genug danken kann. Ich hatte hier nicht so bald auf ein Schreiben gehofft und bin Ihnen daher doppelt dankbar, daß Sie so freundlich an mich denken und Sich so oft, trotzdem Sie noch nicht vollkommen wohl sind, der Mühe unterziehen, mir zu schreiben. Und doch hätte ich eigentlich Ihren lieben Brief noch viel früher bekommen können, wenn Netti, wie Sie es berechnet hatten, mich noch in Wien erreicht hätte. Eigentlich sollte ich böse auf Sie sein, denn die Lobhudelei, die Ihr Brief über mich enthält, ist wirklich schon unerlaubt und dazu diese Litanei von guten Eigenschaften, welche Sie mir zumuthen. Da ich glaube, mich genau zu kennen, könnte ich mit einer viel längeren Liste von Fehlern antworten, welche mir anhaften und welche leider meine wenigen guten Eigenschaften mehr als beeinträchtigen. Die gute Meinung, welche Sie von mir haben, wurzelt nur in Ihrer Herzensgüte, Nachsicht und vielleicht in der Freundschaft mit der Sie mich beglücken. Wie froh bin ich, daß Sie mit Ihrem Befinden zufrieden sind; hoffentlich werden Sie bis zur Ankunft in Ischl vollkommen wohl und heiter sein. Die Trennung naht doch ihrem Ende, Morgen in acht Tagen ist Ihre Kur aus und dann kommen Sie ja gleich in die Felicitas. Ich werde am Platze sein und kann den herrlichen Augenblick des Wiedersehens kaum mehr erwarten. Ihre Beschreibung der Karlsbader Kurgesellschaft und Ihrer Spaziergänge hat mich sehr interessirt,

was würden Sie aber erst zu den hiesigen Kurgästen sagen! Da sind die Karlsbader gewiß noch weit éléganter. Hier ist ein unendlich minderes Publikum in den gewöhnlichsten Anzügen, viele alte und gebrechliche Leute, sehr viele Juden, wie Heut zu Tage überall und bis jetzt habe ich nur zwei hübsche, élégante Damen begegnet, die sind aber sehr hübsch, so daß ich bedauere jede nur einmal flüchtig gesehen zu haben. Sie brauchen Sich aber nicht zu ärgern, es ist gar nichts dahinter, was Ihnen meine aufrichtige Erzählung beweist. Mir geht es bald schon, wie dem dicken Dumba, obwohl ich doch ein wenig schlanker und auch nicht heiser bin. Mit dem Steigen und selbst mit dem längeren Gehen geht es mir bis jetzt recht mühsam und wenn ich mich auch nicht auf die Bänke setze, so thäte ich es oft recht gerne, da ich so schnell müde werde. Vielleicht ist es auch nur Faulheit und jedenfalls sorgt die Kaiserin für meine Trainirung, so daß ich hoffentlich in Ischl für unsere Morgenpromenade in einer besseren Condition sein werde. Regen wechselt immer mit Sonnen-schein ab, welcher ziemlich warm ist, während der Wind oft recht kalt bläst. Um größere Parthien zu unternehmen, ist das Wetter doch zu unsicher, besonders weil es meistens Nachmittag regnet und so gehen wir in der Nähe herum, wo freilich wenig Abwechslung ist. Vorgestern sind wir nach Böckstein gefahren, eigentlich der schönste Punkt in der Gegend und von dort auf einem neuen, noch theilweise im Bau begriffenen Wege zu Fuß zurückgegangen und Gestern waren wir wieder im Kötschach Thale, nachdem ich früher mit Valérie dem Herzoge und der Herzogin von Cumberland eine Visite gemacht hatte, welche mit ihren Kindern seit einiger Zeit hier sind. So wie Sie esse auch ich zu viel, um so mehr als mich die Kaiserin ausgezeichnet füttert und so kann ich nicht magerer werden. In Ischl, wo ich in Ihre vortrefflichen Hände komme, wird es leider auch nicht besser werden und so hoffe ich nur noch auf die Manöver Zeit, wo keine liebe Fürsorge mich umgibt.

Bei der Beschreibung der Kurgäste vergaß ich zu melden, daß ich neulich Steinmetz Meyer begegnete, der recht alt aussieht und der gewiß bald in Ischl die Zahl Ihrer Verehrer ergänzen wird. Und hiermit schliesse ich diesen wieder sehr inhaltsleeren Brief indem ich noch besonders für die vielen Stricherln danke. Wenn ich Alle, die Sie so unendlich gütig waren mir in der Theorie zu schicken, ins Praktische übersetzen könnte, so würde dieses herrliche Geschäft gar kein Ende nehmen. Mit dieser unpassenden Bemerkung und mit tausend herzlichen Grüßen bleibe ich Ihr Sie innigst liebender

Franz Joseph«

Gastein, den 7. Juli 1890: »...À propos Orient, so ist Ihnen ja aus jener Weltgegend wieder ein Verehrer in der Person des Finanz Ministers Ghermani aus Bukarest zugewachsen, wenigstens las ich es in der Zeitung. Wie und warum Sie Mittrowsky verloren haben, bin ich sehr neugierig von Ihnen in Ischl zu hören. Ich kann gerade nicht sagen, daß ich böse darüber bin, denn ich beneidete ihn schon enorm um das Glück täglich einige Stunden in Ihrer Gesellschaft zubringen zu dürfen.« Dann kündigte er seine baldige Ankunft in Ischl an und bat um Nachricht, »um wie viel Uhr ich Sonntag in die Felicitas kommen darf. Da ich um 7 Uhr, wie gewöhnlich, in die Messe gehe, so stehe ich um 8 Uhr an zur Disposition. Da Sie aber von der Reise ermüdet sein werden, auch die stille Woche noch kaum vorüber sein wird, so müßen Sie ausruhen und ausschlafen und ich kann zu jeder, Ihnen bequemen späteren Stunde erscheinen. Sollten Sie liegen bleiben wollen, so erwarten Sie mich zu Bette, was freilich das Schönste wäre...«

Solche gemütliche Plauderstunden am Bett der leidenden, in elegante Negligés gehüllten Freundin bildeten den Höhepunkt der Intimität, für die sich Franz Joseph nach seiner Abfahrt aus Ischl, »nach der guten Zeit, in der ich Sie täglich sehen und sprechen durfte«, eigens bedankte, so am 31. August 1890: »...Meine Gedanken richteten sich Gestern auf die Berge in dem Gedanken, daß Sie hinter denselben weilen, ich dachte, daß Sie wohl in der Felicitas im Bette liegen, um sich für die Strapazen der Reise zu stärken, ich erinnere mich dabei des herrlichen Nachmittages an welchem ich an Ihrem Bette sitzen durfte...«

Teschen, den 5. September 1890: »...Von der Kaiserin erhielt ich Gestern einen Brief aus Arcachon vom 1. Es gefällt ihr dort sehr gut und sie wünscht, daß ich Ihnen beiliegende Karten schicken soll, da sie meint, der Anblick derselben könnte Ihnen Lust machen, nach

Arcachon zu gehen, *aber nur nicht jetzt,* setze ich dazu. Die Yacht der Kaiserin ist leider bereits in Bordeaux eingetroffen und so beginnt wieder die Seefahrt und für mich die beständige Angst und Sorge...«

Die Reiseberichte der Freundin konnten dem Kaiser nicht ausführlich genug sein, so schrieb er am 11. September 1890 aus Székelyhid: »...Die Beschreibung Ihrer kalten und nassen Reise hat mich sehr interessirt, nur ist mir nicht ganz klar, warum Sie den Namen Ihres Reisebegleiters von Schuls bis Davos verschweigen. Ich zerbrach mir den Kopf, um ihn zu errathen, hatte auch Anwandlungen von Eifersucht, besonders von dem Augenblicke an, als das Pferd an Ihrem Wagen sterben wollte, muß aber mit der Auflösung des Räthsels bis zu unserem endlichen Wiedersehen warten. Daß Sie in Basel in der Kirche waren, obwohl der 6. kein Sonntag war, ist sehr verdienstlich, der angeschwollene und Schneewasser geschwängerte (wie poetisch ausgedrückt!) Rhein, in den Sie sich stürtzten, muß entsetzlich kalt gewesen sein und was Sie in der Apotheke suchten, ohne, Gott lob, krank zu sein, kann ich mir nicht recht denken...«

Er berichtete seinerseits eingehend über Manöver, Besuche und Diners, so aus Székelyhid, den 14. September 1890: Der Empfang in Debrezin sei »ein unbeschreiblich enthusiastischer« gewesen, »was mich in dieser stockungarischen Stadt, dem Hauptsitze der Calviner, sehr freute... Von dem Volksfeste zurück, fuhr ich durch die Stadt, zum ersten Male in meinem Leben, in einer Dampftramway...«

Schönbrunn, den 21. September 1890, konnte der Kaiser endlich »in froher Erwartung des morgigen Jubeltages« seinen Besuch bei der Freundin ankündigen: »Hoffentlich finde ich Sie nicht gar zu ›hin‹. Jedenfalls wird es ein Wettstreit sein, wer ›hiner‹ ist.«

Im Oktober 1890 trafen Kaiser Wilhelm II. und König Albert von Sachsen in Wien ein, um mit Kaiser Franz Joseph einige Jagdtage in Mürzsteg in der Steiermark zu verbringen. Katharina Schratt wünschte Jagdglück und: »Ich bitte daher auch darum, wenn es nicht zu keck ist, an meine Wenigkeit hie und da, auf dem Anstand stehend, gnädigst zu gedenken, aber ja nicht die kostbare Zeit, die Euer Majestät durch den hohen Gast ohnedem gering genug bemeßen ist, um sich auszuruhen etwa zu einem Brieferl an mich zu verwenden...

Für den gnädigen Blick, den ich bei der Einfahrt am Mittwoch so unverschämt war für mich in Empfang zu nehmen danke ich unterthänigst. Ich habe mich sehr geärgert, daß ich nicht rechtzeitig bei Dumba[1] war, um Euer Majestät auf die Nordbahn fahren zu sehen. Aber, obwohl ich ausnahmsweise *wirklich* pünktlich war, so ließen uns die Wachleute nirgends durch, überall hieß es ›Zurück!‹ und so kamen wir gerade zwei Minuten später an, als Euer Majestät das erste Mal vorbeifuhren... Mündlich werde ich Euer Majestät erzählen, um wie viel schöner Euer Majestät waren als der deutsche Kaiser. Neues weiß ich leider nichts – wenn Euer Majestät gestatten sende ich auch zahllose Stricherln.« Dem Brief war ein Topf mit vierblättrigem Klee zum Namenstag des Kaisers am 4. Oktober beigegeben.

»Mürzsteg den 4. Oktober 1890.

Meine liebe, gute Freundin,

In Eile nur einige Zeilen, um Ihnen für den lieben Brief vom gestrigen Tage, welchen mir der Kurier um 4 Uhr Früh brachte, für Ihre guten Wünsche und für den Glücksklee innigst zu danken. Daß Ihre Glückwünsche vom Herzen kommen weis ich, daß sie zum Herzen gehen, brauche ich Sie nicht zu versichern. Meine Gedanken sind in Sehnsucht und Wehmuth bei Ihnen und ich kann den Augenblick kaum erwarten, wo ich Sie wieder in der Gloriette Gasse besuchen kann.

Meine Wünsche koncentriren sich in dem einzigen Satze: ›Aussi möcht i‹, nemlich aus dem Jagd Séjour mit meinen hohen Gästen, gegen die ich zwar nicht klagen kann, denn sie sind gut aufgelegt und eigentlich charmant, aber recht gemüthlich ist die Sache doch nicht und dabei fallen die Jagden nicht nach Wunsch aus, da es fast beständig stürmt und recht schlecht geschossen wird. Dabei ängstigt mich dieser Sturm namenlos wegen der Kaiserin, die mir am 1. telegraphirte, daß sie an diesem Tage Algier bei *unsicherem Meere* verlassen wollte. Sie schwimmt daher jetzt und bis ich nicht die Nachricht ihrer Ankunft in irgend einem Hafen erhalte, habe ich keine Ruhe.

---

1 Der Industrielle und Sammler Baron Nikolaus Dumba bewohnte eines der prächtigsten Ringstraßenpalais am Parkring.

Gestern erhielt ich einen Brief der Kaiserin vom 28. Septbr. aus Algier, wo sie an diesem Tage um ½5 Uhr Früh eingetroffen war. Sie schreibt von Ihnen: ›Heute Nacht träumte ich von der Freundin. Ich hatte sie zum Thee eingeladen und als sie kam, hatte ich vergessen ihn zu bestellen. Ich grüße sie herzlich. Nun ist sie längst wieder in Hietzing, wo Du einige angenehme Morgen zugebracht haben wirst.‹ Wie glücklich wäre ich, wenn ich meine Angst für die Kaiserin mit Ihnen besprechen und Trost bei Ihnen finden könnte.[1] So aber bin ich hier ganz allein und während den langen Trieben habe ich, auf dem Stande sitzend, so recht Zeit über Vergangenheit und Gegenwart nachzudenken und mich meinen trüben Gedanken hinzugeben, um so mehr als mir nichts zum Schuße kommt. Ich habe erst 3 Schüsse gemacht, mit denen ich einen Hirsch und einen Fuchs anschoß und eine Gemse fehlte.

Innigsten Dank für Ihre Absicht Heute für mich zu beten, das wird mir gut thun. Auch ich werde in der Messe, die um 9 Uhr stattfindet recht für Sie und Toni beten.

Den drei Jünglingen danke ich herzlichst für ihre Glückwünsche. Ich war sehr glücklich Sie Mittwoch am Balkon zu erblicken und Ihre schönen Buckerln[2] zu bewundern. Das war für mich der schönste Moment des Einzuges, welcher übrigens ganz nach Wunsch ausfiel und mich sehr befriedigte, denn die Wiener haben sich wieder einmal gut producirt. Sie haben vollkommen recht, daß mein Blick nach dem Balkon nur Ihnen galt und schon auf der Hinfahrt suchte ich Sie dort, jedoch leider umsonst, denn ich hatte recht Ihnen vorherzusagen, daß

---

1 Die Mittelmeerreise der Kaiserin zog sich in die Länge. Am 10. November 1890 berichtete der Kaiser, er sei glücklich, seine Frau »seit Gestern in Neapel zu wissen. Die Nachricht des glücklichen Einlaufens im dortigen Hafen nach sehr stürmischer Reise, erhielt ich Gestern Nachmittag, nachdem ich mich die letzten Tage wieder sehr geängstigt hatte, denn ich wußte daß die Kaiserin Livorno verlassen hatte und las in der Zeitung von Stürmen und Gewittern im Mittelländischen Meere...« (B). Und am 13. November: »Von der Kaiserin erhielt ich Gestern ein Telegramm aus Neapel, wo sie das Schiff Miramar erwartet, welches sie, Gott lob, von Corfu dahin kommen ließ, welches aber, wegen Sturm in Brindisi einlaufen mußte. Ich bin so froh, daß sie die Reise auf diesem größeren Schiffe fortsetzt, das bei der stürmischen Zeit doch sicherer ist.«

2 Wienerisch für »Verbeugungen«

Sie nicht so leicht zum Dumbaischen Hause gelangen würden. Doch jetzt muß ich schliessen und ich bitte Sie daher nur noch 1000 Grüsse und so viele Stricherln, als Sie gestatten in Empfang zu nehmen von Ihrem, Sie innigst liebenden

Franz Joseph«

Über den Besuch des russischen Thronfolgers, des späteren Zaren Nikolaus II., berichtete Franz Joseph aus Gödöllö, den 8. November 1890: »... Vorgestern ist der Aufenthalt des russischen Thronfolgers programmgemäß abgelaufen. Das schöne, warme, sonnige Wetter war zur Ankunft und für den ersten Eindruck von Wien günstig. Der Großfürst ist, seit ich ihn das letzte Mal sah, etwas gewachsen, aber noch immer nicht groß und sehr verlegen, dabei ein ganz gescheidter und freundlicher Mensch« (B).

Mitte November 1890 schrieb die Freundin (nach eigenhändigem Konzept) einen langen Brief aus Wien an den Kaiser nach Gödöllö und erwähnte zum Beispiel, der Bär im Schönbrunner Tiergarten sei »jetzt nicht mehr so lieb ... als zur schönen Zeit da ich ihn in Begleitung Euer Majestät jeden Morgen sah – er tanzt nicht mehr auch wenn ich ihm den schönsten Zucker bringe – auch ist er sentimental weil er den Eigenthümer nicht erblickt – Die anderen Bären sind – das muß ich schon melden – nicht so gefühlvoll, vielleicht sind sie gekränkt, weil sie noch immer so wenig Platz haben.«

Außerdem gab die Freundin, wenngleich widerwillig, die so dringend erwünschte Auskunft über Marie Pospischil, die inzwischen am Burgtheater engagiert war und als Eboli im Don Carlos (neben der Schratt als Königin) debütierte: »Über Frl. Pospischil kann ich nicht viel schreiben, da ich sie was ihr Spiel anbelangt noch nicht aufmerksam anhören konnte, weil die lieben Collegen mich immer mit ihren Bemerkungen störten. – Ich finde sie hübsch aber nicht schön. – Sonst ist sie liebenswürdig. Nächstens mehr.«

Das war dem Kaiser zu wenig. Er fragte bereits am Tag nach der Premiere des »Don Carlos«, am 16. November 1890, nach: »... Sehr neugierig bin ich auch schon auf das, was Sie mir über Frln. Pospischil schreiben werden. Warum Sie dieselbe in Ihrem Briefe ›Nawratil‹ nennen, ist mir nicht ganz klar.«

Marie Pospischil mit verhülltem Décolleté

Drauf die Schratt: »Frln. Pospischil – und nicht Nawratil, wie ich dummer Weise geschrieben, hat im Theater ziemlich starken Beifall gefunden. – Merkwürdiger Weise hat sie Allen jenen Herren, mit denen ich darüber gesprochen, nicht sehr gefallen. Man fand sie kalt und nicht vornehm. – Ich selbst habe noch kein Urtheil, ich war zu aufgeregt und dachte nur an meine Rolle.«

»Gödöllö den 19. Novbr. 1890.

Meine liebe, gute Freundin,

Zu meiner großen Freude und mit innigstem Danke erhielt ich Sonntag nach der 8 Uhr Messe Ihren lieben, langen und interessanten Brief vom 14. In demselben beantworten Sie bereits im Voraus die meisten der Fragen, welche ich in meinem letzten Briefe so unverschämt gestellt habe. Ich weis jetzt, daß Sie unsere Bären besuchen, kann aber eigentlich nicht glauben, daß unser Hauptfreund nur mir zu Ehren getanzt haben soll, denn alle Wohlthaten erhielt er ja immer nur von Ihnen; ich weis nun auch, daß keine Einquartierung mehr in Hietzing ist, kann mir aber gar nicht vorstellen, was das für ein

Nebelhorn ist, durch welches Sie jetzt um ½7 Uhr aufgeweckt werden. Also nur um eine halbe Stunde haben Sie Ihren Schlaf verlängert, was zu wenig ist, denn jetzt, wo ich Ihre Morgenruhe nicht störe und wo Sie den ganzen Tag so gehetzt sind, sollten Sie Sich wirklich mehr Schlaf gönnen. Ich kann mir denken, daß Ihnen Ihre Stadtwohnung viele Sorgen macht und fürchte, daß die Arbeiten in derselben Sie länger in Hietzing zurückhalten werden, als es nicht nur Frln. Netti, sondern am Ende Ihnen selbst lieb sein wird.

Haben Sie sich denn schon endlich der Arbeit des Briefschreibens an den Bulgaren unterzogen? Der Arme dauert mich eigentlich doch. Wenn ich Ihre Antipathie gegen das schreiben sehe, bin ich Ihnen immer doppelt dankbar, daß Sie in Ihrer Güte für mich eine Ausnahme machen. Hoffentlich schreiben Sie mir, wie der Don Carlos ausgefallen ist und wie Sie nach den vielen entgegengesetzten Rathschlägen der Regisseure gespielt haben, auch auf das versprochene: ›nächstens mehr‹ über Frln. Pospischil rechne ich mit Sicherheit. In den Zeitungen konnte ich nichts über die Don Carlos Vorstellung finden, nur in der Sonn und Montags Zeitung stand eine Recension über Devrient, sonst war Niemand genannt. Warum ist der Direktor wegen der Vorstellung der Ehre im Opernteater verstimmt? Ist das gegen seinen Willen geschehen? Mit Befriedigung sah ich aus der Zeitung, daß Sie in dieser Vorstellung nicht mitwirken werden.

Vorgestern erhielt ich einen langen Brief der Gräfin Festetics aus Neapel, der vom 9. bis zum 14. geschrieben ist und, Gott lob, gute Nachrichten enthält, nur über die entsetzlich stürmische Reise von Livorno nach Neapel und über fortgesetzten, strömenden Regen in letzterem Orte klagt. An einem späten Abende fiel in der Nähe der Chazalie[1] im Hafen von Neapel ein Mann von einem Bote ins Wasser, wurde aber von den Matrosen der Chazalie gerettet. Sein Geschrei soll entsetzlich gewesen sein und hat alle Bewohner des Schiffes allarmirt. Als die Kaiserin in einem Hôtel auf der Chiaja Maccaroni aß, trat der Bürgermeister von Ischl ein, machte ein sehr dummes Gesicht, als er die Kaiserin erkannte und erzählte, daß er seit mehreren Tagen in Neapel sei und nun nach Palermo ginge, seine bessere

---

1 Jacht der Kaiserin

Hälfte aber (jedenfalls ist diese nach der Art mit der er erzählte die strengere Hälfte) bliebe in Neapel zurück, denn er sei zu besorgt, sie könne von der Seekrankheit befallen werden und das wäre doch schrecklich unangenehm. Ich citirte wörtlich die Erzählung der Gräfin Festetics. Der Brief ist wieder amusant geschrieben und wie glücklich wäre ich gewesen, wenn ich Ihnen denselben, vielleicht an Ihrem Bette sitzend, hätte vorlesen können, denn an einem dieser Tage hätten Sie wohl die Gnade gehabt, mich im Bette zu empfangen, hoffentlich ist aber dieses Mal ohne die von Ihnen erwarteten Krämpfe abgelaufen[1] und haben Sie noch Gestern in der Umkehr[2] vollkommen wohl spielen können. Hätte ich den Brief der Gräfin nicht gleich meinen Töchtern schicken müssen, so hätte ich ihn diesem meinem Schreiben für Sie beigelegt.

Sonntag ist die Jagd, zu welcher wir um ½ 12 Uhr fuhren, beim schönsten, sonnigen und nur etwas windigen Wetter, sehr gut ausgefallen, denn wir erlegten 416 Stück, darunter 10 Rehe. Vorgestern bin ich um ½ 6 Uhr Früh in die Stadt gefahren und bin um 7 Uhr Abends zurückgekommen. Ich hatte viele Audienzen und eine längere Unterredung mit dem Cardinal Primas, den ich von Gran nach Ofen hatte bitten lassen. Mein Schwiegersohn pirschte und erlegte ein Thier, während er eines anschoß und ein ziemlich starkes Schwein fehlte. Gestern war wieder Schießjagd bei sehr schönem Wetter, die auch gut, aber nicht so ergiebig ausfiel, wie die letzten Jagden. Es wurden aber doch über 200 Stücke geschossen. Seit 2 Tagen ist es bei schönem Wetter kälter geworden, Gestern Früh zeigte der Thermometer Gefrierpunkt und Heute einen Grad Wärme. Da es ziemlich trocken geworden ist, so fürchte ich, daß die heutige Reitjagd, die ich wahrscheinlich mitmachen werde, nicht sehr gut ausfallen wird. Nach der ersten Jagd bin ich zwar ziemlich steif geworden, aber von Schmerzen blieb ich verschont. Jetzt muß ich arbeiten und dann wegen des

1 Franz Joseph aus Gödöllö, den 22. November 1890: »Die gefürchteten Krämpfe sind also doch wieder eingetreten und in diesem Zustande mußten Sie in dem anstrengenden Stücke mit den vielen Umzügen spielen. Ich hoffte, das Repertoire des Burgtheaters wäre diesesmal so gemacht, daß Sie die stille Woche wirklich als solche zubringen könnten und nun hat die Sache doch nicht geklappt.«
2 Das Stück von Leroy und Reignier hatte am Burgtheater am 9. November Premiere.

Namenstages der Kaiserin in die Kirche gehen, ich schliesse daher mit
so vielen Stricherln, als Sie gestatten und mit der zwar unnöthigen
aber doch herzlichsten Versicherung treuester Anhänglichkeit.

Ihr Sie innigst liebender   Franz Joseph«

Über die Neapelreise des Ischler Bürgermeisters wußte Katharina
Schratt Einzelheiten. Nach einem von Eduard Palmer verfaßten
Konzept schrieb sie: »Die Nachricht hat mich sehr interessiert, weil
ich mir ungefähr denken kann, wie das bürgermeisterliche Ehepaar
nach Neapel gekommen ist. Ein College und Concurrent, der Hotelier vom ›Kreuz‹ in Ischl ist nämlich sammt Gattin nach – Indien
gereist und das ließ Herr und Frau Koch nicht schlafen. – Sie waren
jedenfalls um ihr Ansehen besorgt, und haben ihren Geiz überwun-
den, um nach Italien zu gehen; – Vielleicht ist nach der Ansicht
Koch's die Reise nach Sicilien überwältigender als die Reise nach
Indien.« Und: »Die Jagdresultate habe ich mit Interesse gelesen, aber
nachdem jeden Tag mehr gemordet wird, kann ich die Besorgniß
nicht unterdrücken, daß am Ende fürs nächste Jahr nichts mehr übrig
bleibt.«

Der Kaiser freilich interessierte sich für anderes und insistierte am
22. November 1890: »Ist es denn richtig, daß Frln. Pospischil gar so
stark decolletirt war?« Darauf die Schratt sehr kühl: »Nun ist noch
über Fräulein Pospischil zu berichten: ich glaube sie war als Eboli
stark decolletirt – ob es aber wirklich *so* arg war wie die Zeitungen
geschrieben, weiß ich wahrhaftig nicht.« Und: »Meine Bemerkung
über die Pospischill war recht leichtsinnig, ich weiß nämlich nicht
mehr, als was ich schon geschrieben und ich bitte vielmals um
Entschuldigung.«

Wahrscheinlich nahm die Schratt die vom Kaiser so auffällig ho-
fierte Schauspielerin unter ihre Fittiche und vermittelte auch eine
persönliche Bekanntschaft in ihrem Haus. Eine lange, gedichtete
Widmung Marie Pospischils auf einem Rollenfoto für Katharina
Schratt vom 25. November 1892 endete enthusiastisch: »Nie anders
wird dein Nam' genannt. Als Schutz-Engerl mit dem guten Herz!«
Franz Joseph erwähnte die Pospischil am 25. März 1893 noch ein-

mal: »Frln. Pospischill hat eine, für sie passende, weniger anständige Rolle, die sie ausgezeichnet gibt und sie sieht in mehr oder weniger vollständigen Toiletten sehr schön aus.« Kurz darauf schied Marie Pospischil aus dem Burgtheater aus.

Daß der Kaiser im Haus der Schratt manchmal junge Schauspielerinnen traf, berichtete Graf Eulenburg am 4. Februar 1897 in einem Privatbrief an Kaiser Wilhelm II.: »An den kleinen Essen bei Frau Kathi mit Sr. Majestät nehmen neuerdings bisweilen die beiden hübschen Schauspielerinnen, Frau Reinhold-Devrient und Fräulein Kallina, teil, pour varier les plaisirs. Frau Kathi ahnt nicht, welche Schlangen sie an ihrem Freundschaftsbusen pflegt! Beide jungen Damen waren, ehe sie an die Hofbühne kamen, also fast noch Kinder, Geliebte von Greisen. Sie müssen für die hohen Jahre eine besondere Anziehungskraft haben... Bei den kleinen Diners denke ich sie mir wie zwei junge Katzen, während Frau Kathi als eine etwas alternde, edle, englische Hühner-Hündin dabei sitzt« (II, 208).

> »Gödöllö den 23. Novbr. 1890
> So eben von der Jagd zurückgekehrt, in Eile nur einige Zeilen um einen wilden Pokerl [Truthahn], den ich erlegt habe, bei Ihnen einzuführen. Es ist kein Hausthier und ein guter Braten und der erste Vogel dieser Gattung, den ich geschossen habe. Hier wurden erst in letzter Zeit einige derselben eingesetzt. Vielleicht können Sie das Vieh bei Ihrem Namenstag Diner verwenden. Zu diesem hohen Tage meine innigsten Wünsche wiederholend und mit tausend herzlichen Grüßen, bleibe ich, liebe, theuerste Freundin,
> Ihr sich nach Ihnen sehnender   Franz Joseph«

Laut eigenhändigem Konzept antwortete die Freundin: »Heute Abend spiele ich wieder und bin auf die neuesten Neuigkeiten, welche ich in der Musenbude erfahren werde, sehr gespannt. Mit wehmüthigem Gefühl werde ich heute während der ›Umkehr‹ wieder die leere Hofloge Euer Majestät betrachten. Bitte bitte bald aber wirklich *bald bald* kommen Ja? Eben erhielt ich das wilde Pokerl und die lieben Zeilen. Danke bestens für beides.«

Gödöllö, den 25. November 1890: »...Ich sehe überhaupt nicht

Zeitgenössische Karikatur über das Burgtheater

ein, warum Sie jetzt durchaus immer ernste Rollen spielen sollen. In der Zeitung las ich die Besetzung von zwei neuen Stücken und fand Ihren lieben Namen nicht. Ist Ihnen das recht, oder ärgern Sie Sich?...«

Die Streitigkeiten im Burgtheater strebten einem neuen Höhepunkt zu. Der Generalintendant Joseph von Bezeczny drohte mit Rücktritt. Katharina Schratt (immer die »graue Eminenz« Eduard Palmer als Verstärkung an ihrer Seite) setzte sich für Burckhard und gegen das Ehepaar Berger/Hohenfels ein.

Gödöllö, den 26. November 1890: »...Im lieben Burgtheater muß es ja hübsch zugehen und wenn es nicht so traurig und für die Zukunft des uns Allen am Herzen liegenden Institutes bedenklich wäre, könnte man die Hetze und das beständige Intriguiren ganz unterhaltend finden. Die Verzweiflung des armen General Intendanten kann ich mir lebhaft vorstellen und besonders wenn ihm der Rath und der beruhigende Einfluß Palmers fehlt. Hoffentlich ist dieser nicht bedenklich erkrankt...«

»Wien den 24. Dezbr. 1890

Theuerste Freundin,

Gleichzeitig mit diesen Zeilen erlaube ich mir, Ihnen meine bescheidenen Gaben zum Christkindl mit der Bitte zu Füßen zu legen, daß Sie dieselben mit gewohnter Güte und Nachsicht entgegen nehmen wollen. Die Diamanten sollen sich an die früheren anreihen und wenn ich noch einige Jahre lebe, so wird vielleicht doch endlich ein Collier zu Stande kommen. Die Madonna und das kleine Bild können Sie vielleicht in Ihrer vergrößerten Wohnung benützen, obwohl Sie schon so viel Grafelwerk (schöne Sachen) besitzen, daß Ihnen eine Vermehrung derselben eher zur Last werden muß.

Ich hoffe, daß Sie Sich Heute nicht zu sehr abhetzen werden und daß der Weihnachtsabend für Sie heiter und befriedigend sein wird. Ich werde an Sie und an Ihre Bescherung denken und indem ich Sie bitte, Ihre Mühen ja nicht durch eine Antwort an mich zu vermehren, so wie in freudiger Erwartung des morgigen Wiedersehens um 1 Uhr, bleibe ich Ihr Sie innigst liebender

Franz Joseph

Für alle Fälle melde ich, daß ich Morgen nicht um 7 Uhr in die Messe gehe, da ich die Kirche mit der Kaiserin besuchen werde.«

Auf die Nachricht, daß die Freundin sich verkühlt habe, schrieb der Kaiser aus Wien, den 30. Dezember 1890: »...Die Kaiserin ist sehr bekümmert wegen Ihnen, sie behauptet sogar mehr wie ich, was aber positiv nicht wahr ist. So oft ich ihr Zimmer betrete, fragt sie mich nach neuen Nachrichten von Ihnen und da kann ich allerdings nicht immer mit solchen dienen, da ich doch nicht so unbescheiden und zudringlich sein kann, beständig bei Ihnen fragen zu lassen.« Der behandelnde Arzt mußte ihm täglich über den Fortgang der Krankheit berichten und mit dem kaiserlichen Leibarzt Dr. Widerhofer konferieren, der seinerseits seine schriftlichen Diagnosen abgab, so über die Ursache der Verkühlung: »Ganz im Geheimen liegt der Verdacht vor, daß die gnädige Frau ganz im Stillen ›Pfarrer Kneippt‹ unter ihrer eigenen Anleitung, es wäre nicht unmöglich, daß darin die Ursache der Erkrankung lag, denn gar vorsichtig wurde dabei sicher nicht vorgegangen; es ist aber tiefes Geheimniß!«

Diesen Brief gab Franz Joseph der Freundin am 30. Dezember 1890 mit dem Kommentar weiter: »Damit, daß Kneipp die Ursache Ihrer Erkrankung ist, hat er vielleicht nicht Unrecht. Ich habe Sie immer pflichtmäßig vor allen den vielen, selbst verordneten Kuren gewarnt, aber Erfolg hatten meine Worte nie.«

Wien, den 1. Januar 1891: »...Ich habe Gestern im Geiste eine Recapitulation des abgelaufenen Jahres vorgenommen und da erkannte ich wieder so lebhaft, wie viele gute, glückliche Tage und Stunden ich Ihnen zu verdanken hatte, welcher Lichtstrahl Ihre Freundschaft in meinem, mitunter recht trüben Leben ist. Heißesten Dank für alles Liebe und Gute, das Sie mir erwiesen haben und die innigste Bitte, mir Ihre Freundschaft auch im beginnenden Jahre zu bewahren...«

Meine liebe Freundin,

Verzeihen Sie, daß ich Sie Heute wieder mit einem Briefe belästige, allein Ihnen zu schreiben ist mein einziger Trost während der langen Trennung und ich bilde mir, während ich meine wenig geistreichen Gedanken auf das Papier bringe, ein, mit Ihnen zu schwätzen. Heute sind es bereits 14 Tage seit ich Sie das letzte Mal in der Kirche und über den Burgplatz gehen sah und Gestern war es eben so lang seit ich Sie das letzte Mal sprechen durfte und ich von Ihnen in Schönbrunn Abschied nahm, in der Erwartung baldigsten Wiedersehens und ohne zu ahnen, welch lange Trennung mir bevorstand. Und leider fürchte ich, daß die Reconvalescenz noch lange dauern und das ersehnte Wiedersehen nicht so bald stattfinden wird, dabei bitte ich aber wieder, ja nicht zu früh das Zimmer zu verlassen, denn ein Rückfall in Ihr Leiden wäre schrecklich. Wie freue ich mich, daß Sie aufstehen konnten, und daß es Ihnen, wie Sie mir sagen ließen, besser geht. Hoffentlich ist letzteres ganz richtig, denn von ärztlicher Seite höre ich seit meiner Rückkehr von der Jagd gar nichts. Widerhofer hatte die Absicht, Sie zu besuchen und wollte mir dann Nachricht geben, aber bis jetzt habe ich ihn nicht gesehen. Ich bitte Sie aber zu glauben, daß ich an diesem Besuche unschuldig bin, den Widerhofer schon früher abstatten wollte, um Ihnen für ein schönes Weihnachtsgeschenk zu danken, von dem ich ihn aber bisher abhielt, da ich dachte, daß er Ihnen unbequem sein würde.

Im Repertoire ist für Montag ›Bürgerlich und romantisch‹ angesetzt, ich kann mir aber nicht denken, daß Sie bis dahin werden spielen können, auch naht die stille Woche, während welcher Sie Sich dieses Mal wohl besonders schonen sollten. Hohenlohe zeigte mir an, daß am 20. Don Carlos gegeben werden soll, aber auch das darf nur sein, wenn Sie bis zu dieser Zeit ganz wohl sind.

Vorgestern war ich wieder einmal im Burgtheater, theils um Valérie Gesellschaft zu leisten, theils aus Neugierde, um Frau v. Hochenburger zu sehen. Eigentlich eine schöne, blonde Frau, aber welches Spiel!! So etwas habe ich im Burgtheater noch nicht gesehen! Unnatürlich, affektirt, immer in Bewegung, herumtrippelnd, falsch aussprechend, lamentirend, schreiend, dabei wenigstens für meine tauben Ohren fast ganz unverständlich, es war wirklich eigenthümlich. Die ganze Vorstellung, die vor leeren Bänken stattfand, war überhaupt böse und manchmal war man sich nicht klar, ob ein Trauerspiel oder eine Posse gegeben wird. Es war eigentlich ganz amusant und mitunter zum lachen.

Heute werde ich mich wahrscheinlich von Valérie zum ersten Male ins Volkstheater führen lassen. Ich bin neugierig wie es mir gefallen wird. Leopold, der neulich in der dortigen Nachmittagsvorstellung war, gefiel das Haus sehr. Spazieren war ich noch immer nicht, was vielleicht jetzt auch besser ist, da ich ein wenig verschnupft bin, aber nicht moralisch. Nur recht trübe gestimmt war ich wieder Gestern und voll zunehmender Sehnsucht nach Ihrer lieben Gesellschaft. Vielleicht tragt auch das trübe Wetter zu meiner Melancholie bei.

Gestern hatte ich nach längerer Unterbrechung wieder einmal Audienzen und zwar ziemlich viele und um ½6 Uhr gaben wir ein Diner für Diplomaten mit ihren Frauen. Ich saß neben der englischen Botschafterin[1], die mir viel von den Kuren erzählte welche sie an sich, an ihren Nebenmenschen und an Thieren, besonders Hunden und Pferden, unternimmt. Jede neue Kur muß sie erproben und jetzt ist sie besonders von der Kneippischen enthusiasmirt, welche sie selbst braucht, obwohl ihr nichts fehlt und zu welcher sie ihren armen Mann und noch andere Leute zwingt. Sie geht sogar im Schnee blosfüßig herum und zieht nasse Strümpfe und über diese trockene, dicke an, wenn sie ins Bett geht. Sie hätten Ihre Freude an ihr gehabt, hoffentlich wird aber der glänzende Erfolg, den Sie mit dieser Kur erzielt haben, Sie künftig vorsichtiger machen.

Wenn ich Ihnen das, was ich da schreibe, mündlich vortragen könnte, wie würden wir da disputiren und wie würden Sie Sich ärgern. Ach wäre es nur schon so weit! Jetzt dürfen Sie aber nur an Schonung und Ruhe denken. Mit dieser dringenden Bitte und mit den innigsten, herzlichsten Grüßen schließe ich diese Zeilen. An Stricherln darf ich Heute wegen meinem Schnupfen nicht einmal denken. Ihr treu ergebener

Franz Joseph«

---

1 Lady Walburga Paget

Vor Franz Josephs Abreise nach Ungarn kam es zu einer Aussprache mit der Freundin über deren Beziehung zu Graf Hanns Wilczek, die gerade in einer Krise war. Ofen, den 5. Februar 1891: »...Die Offenheit mit der Sie mir die Geschichte mit Wilczek erzählten, versetzte mich wieder einmal in die richtige Stimmung, um die lange Trennung ruhiger ertragen zu können. Ich zweifle zwar nicht, daß die brouille nicht lange dauern wird und daß Sie in Ihrer Engelsgüte den reuigen Sünder Wilczek bald wieder in Gnaden aufnehmen werden, aber ich bin doch glücklich, daß Sie mir gegenüber kein Geheimniß mehr aus der Sache machten, obwohl mich dieselbe eigentlich nichts angeht und ich kein Recht habe, mich in Ihre Angelegenheiten zu mischen...«[1]

Ofen, den 8. Februar 1891: »...Ihr für mich sehr schmeichelhafter Wunsch, daß ich nie fortreisen sollte, oder, daß Sie wenigstens meinem Gefolge eingereiht werden müßten, ist leider nicht ausführbar, da ich ja, wenngleich mit schwerem Herzen, reisen muß und ich die sogenannten Unterhaltungsausflüge ohnehin so sehr als möglich abkürze und weil Ihre Einreihung in meine Suite den lieben Nächsten den Anlaß zu unendlich liebevollem Geschwätze, Tratsche und Skandale gäbe. Es bleibt also leider nichts anderes übrig, als wieder einmal in möglichster Geduld den herrlichen Augenblick des Wiedersehens abzuwarten, den ich mit Sehnsucht gerade Heute in 3 Wochen erhoffe...«

Die Schratt, die die Zwischenzeit in Monte Carlo verbringen wollte, versprach einen kurzen Besuch in Budapest Anfang März.

---

1 Ofen, 14. Februar 1891: »Weniger bekümmert, oder vielmehr gar nicht bin ich darüber, daß es auch mit Wilczek noch nicht gut steht, ich bin sogar so wenig menschenfreundlich, mich darüber zu freuen; obwohl ich weis, daß die Spannung, wie gewöhnlich, nicht lange dauern wird und ich vermuthe, daß der reuige Sünder Ihnen an die Riviera nachreisen wird.« Die Beziehung zu dem höchst temperamentvollen Grafen Wilczek blieb auch in den nächsten Jahren spannungs- und abwechslungsreich. Denn auch er blieb eifersüchtig und kontrollierte sogar gelegentlich die eingehende Post der Schratt. Der Kaiser bat die Freundin jedenfalls am 16. Januar 1892, einen bestimmten Brief zurückzuschicken: »Er könnte sonst vielleicht bei einer erneuerten Revision ihrer Correspondenz in die Hände des Grafen Wilczek fallen.«

Franz Joseph aus Ofen, den 14. Februar 1891: »...Vergessen Sie auch gütigst nicht von Burkardt die Erlaubniß zum Ausfluge hierher zu erwirken, denn sonst könnte ein störendes Repertoire festgesetzt werden und das wäre schrecklich. À propos Burkardt las ich in der Zeitung, daß er zum Justiz Ministerium in eine höhere Stellung kommen soll. Ist etwas Wahres an dieser Nachricht? Es thäte mir wegen Ihnen leid, denn er ist der erste Machthaber des Burgtheaters, der Sie gerecht und rücksichtsvoll behandelt und das freut und beruhigt mich...«[1]

Und über die Kaiserin: »Auch soll ich Ihnen erzählen, daß sie von München einen sehr unangenehmen Ausschlag im Gesichte, besonders an der Nase, und am Halse mitgebracht hat, der sie sehr brennt und juckt und sie in der Nacht am schlafen hindert. Da derselbe in den letzten Tagen viel ärger geworden ist, ließ sie Dr. Kaposi von Wien kommen, der Gestern eintraf und eine Salbe verordnete. Die Kaiserin ist nun mit derselben eingeschmiert, außerdem mit einem weißen Pulver eingestäubt und hat eine Binde unter der Nase über das Gesicht. Sie können Sich denken, wie sie aussieht. Wenn es nur bald hilft, denn wir sollten Damen Diners geben und auch einen großen Raout abhalten, was nicht möglich ist, so lange die Kaiserin so verunstaltet ist.«

Daß die Freundin inzwischen an der Riviera Seebäder nahm, fand der Kaiser (Ofen, den 23. Februar 1891) »aber doch etwas leichtsinnig«: »...selbst die Kaiserin, die gewiß auch gerne pritschelt, war ganz entsetzt, als ich es ihr erzählte.« Außerdem mußte er der Freundin Geld schicken: »...Sehr beehrt bin ich, daß Sie zweimal von mir träumten und sehr dankbar, daß Sie meinen Brief vom 11. so liebevoll in Monte Carlo spazieren führten. Ich bedaure, daß er Ihnen Unglück im Spiele brachte, aber dafür kann ich nichts. Sie scheinen aber dieses Mal wirklich *arg* gespielt zu haben und diese Leidenschaft

---

[1] Ofen, den 20. Februar 1891: »Aus einem Briefe Besecnys an Hohenlohe... ersah ich, daß Burckhard auf Reisen ist, um neue Talente zu entdecken, als wenn wir deren beim Burgtheater nicht schon genug hätten. Daraus und aus einem Vortrage, den mir Minister Graf Schönborn erstattete, der Dinstag hier war, ist es klar, daß Burckhard seinem jetzigen Berufe treu bleiben will, was wohl nur erwünscht sein kann..«

im Zunehmen zu sein. Wenn ich richtig zwischen den Zeilen lese, so haben Sie Ihr Reisegeld verspielt und werden daher welches pumpen müssen, um die Heimath wieder erreichen zu können... Gestern oder Heute werden Sie Sich recht schwer von diesem Paradiese, das auch noch in Monte Carlo eine so verlockende Hölle hat, getrennt haben, um wieder zu Schnee und Eis zurück zu kehren. Und doch wie glücklich macht *mich* diese Rückkehr...«

Zum 1. März 1891 war die Schratt vom Kaiserpaar in der Budapester Burg eingeladen, vom Kaiser vorgewarnt: »...Die Kaiserin, welche Sie herzlichst grüßt, laßt Sie bitten, am 1. nicht zu viel zu frühstücken, damit Sie um fünf Uhr einen guten Appetit haben. Sie hat, wie alle Hausfrauen, die Passion ihre Gäste so voll zu stopfen, als möglich.«

Ofen, den 4. März 1891: »...Dank, Dank, und wieder Dank, vor Allem, daß Sie hierher gekommen sind, um uns zu besuchen, dann für die wunderschönen Veilchen, die endlich wirklich Gestern Abend angekommen sind und zum Schluße dafür, daß Sie in den zwei Tagen Ihres hiesigen Aufenthaltes wieder so besonders gut für mich waren und mir so viele Zeit widmeten. Ich zehre jetzt von der Erinnerung an diese herrlichen Tage bis mir das Glück des Wiedersehens in Wien wird... Hoffentlich ist Ihre Rückreise glücklich von statten gegangen und hat die Plunzen[1] keine störende Wirkung hervorgebracht, wie es die Kaiserin prophezeit hatte?...«

Ofen, den 7. März 1891: »...Auf den versprochenen Tratsch in Ihrem nächsten Briefe bin ich schon sehr neugierig und besonders auf die Mittheilung der Beschuldigung welche die bösen Götter wieder gegen Sie aufgebracht haben. Das ist doch ein infamer Olymp!... Gestern habe ich das Gewerbe Museum sammt Schule in Pest in einem neuen Gebäude in der Nähe des Volkstheaters untergebracht, angesehen und dann das neue, sehr praktisch gebaute und sehr reine Institut für gerichtliche Medicin sammt Morgue[2]. Da dachte ich an Ihren Besuch der Pariser Morgue. Zum Glücke waren aber Gestern die Leichen, mir zu Ehren, zugedeckt...«

---

1 Blutwurst
2 Leichenschauhaus

Meine liebe, gute Freundin,

Innigsten, herzlichsten Dank für Ihren lieben, langen interessanten Brief vom 7., den ich Vorgestern Früh zu meiner großen Freude erhielt. Daß Sie mir, trotz Ihrer vielen Beschäftigung, doch so regelmäßig und so ausführlich schreiben, rührt mich sehr und ich hoffe nur, daß Ihnen die Briefstellerei nicht gar zu unangenehm und zu mühsam ist.

Die Kaiserin dankt Ihnen, nebst herzlichen Grüßen, schönstens für die Rumpelmayerischen Schachteln. Den Brief an Palmer sende ich beiliegend zurück. Daß Ihr Schnupfen noch immer heftig ist, ist doch recht fatal und gerade jetzt können Sie Sich so wenig schonen, da Sie so viele Proben mit allen möglichen Temperaturen haben und auch, wie ich in der Zeitung las, Gestern und Heute Vormittag im Volkstheater Billetten verkaufen.

Wie so die ungerechten, eigentlich niederträchtigen Vorwürfe, die Ihnen von Ihren lieben Collegen und Colleginen gemacht werden, mit dem Director in Verbindung sind, ist mir nicht recht klar geworden, da Sie über denselben und seine jetzige Stellung nichts sagen. Es handelt sich wohl um den Einfluß, den Sie bei Rollenbesetzungen auf ihn ausüben sollen. Nicht wahr? Übrigens ist der Vorwurf, daß Sie die Pospischill protegiren, vielleicht nicht ganz unbegründet, denn über diese sprechen Sie Sich immer sehr wohlwollend und günstig aus. Ich bin schon sehr neugierig, alle Détails dieser schwarzen Theater Verschwörung bei unserer ersten Promenade mündlich von Ihnen zu hören. Ich hoffe noch immer, daß das Sonntag sein wird, weiß aber noch nicht gewiß, ob ich an diesem ersten Tage meines Wiener Aufenthaltes, an dem ich wohl sehr überlaufen sein werde, nach Schönbrunn kommen kann.

Für alle Fälle bitte ich mich wissen zu lassen, ob Ihre Gesundheit und Ihre Zeit es Ihnen erlauben würden, Sonntag in Schönbrunn spazieren zu gehen und um wie viel Uhr, denn Sie haben vielleicht auch Sonntag Probe, haben wohl auch die Theresianisten auf Besuch und sind gewiß müde von der ersten Vorstellung der Kleinen Mama, deren zweite Aufführung ich so glücklich sein werde, ansehen zu können, worauf ich mich schon sehr freue.

Die Schratt im Lustspiel »Die kleine Mama« von Meilhac/Halevy

Montag muß ich um 11 Uhr die Jahresausstellung im Künstlerhause eröffnen und weis daher nicht, ob es mir an diesem Tage noch möglich wäre nach Schönbrunn zu fahren. Die Geschichte mit dem jungen Taaffe[1] ist recht traurig und ich höre, daß der Vater sehr angegriffen und seine Krankheit großtentheils dem Kummer und Ärger zuzuschreiben ist. Die Gräfin soll wieder unausstehlich sein. Alles sehr fatal in einem Augenblicke, wo es so viel zu thun gibt.

Samstag war ich mit dem hiesigen Theresianum recht zufrieden. Die bis jetzt nur 34 jungen Leute sehen gut und anständig aus, sind fast zu élégant untergebracht und essen sechsmal des Tages, was nach der Abmagerungstheorie der Kaiserin und auch nach Ihren Principien jedenfalls zu viel ist.

---

1 Nicht aufgeklärt. Heinrich, geb. 1872, der einzige Sohn des ehemaligen Ministerpräsidenten Eduard Taaffe, führte insofern ein für einen Aristokraten untypisches Leben, als er Jus studierte, mit dem Doktorat abschloß und 1897 eine Bürgerliche, Maria Magda Fuchs, heiratete (s. S. 365).

Vorgestern war ich in Gödöllö wieder glücklich, denn ich erlegte mit anpirschen eine mittelstarke Bache. Große Strecken sind schon Schneefrei und selbst im Walde sind die Sonnenlehnen theilweise aper, wie man im Gebirge sagt, auch fuhr ich bereits im Wagen. Hier ist der Eisstoß bei sehr hohem Wasserstande theilweise abgegangen, staut sich aber unter der Stadt, so daß man nicht ganz ohne Besorgniß ist. Gestern hatte ich wieder wenige Audienzen und dann war ich mit Valérie in einer recht gelungenen Fächerausstellung, wo uns eine Menge Damen und Herrn empfingen. Heute will ich die Cadettenschule in Pest visitiren und Abends mit Valérie in die Oper gehen. Wir speisen jetzt täglich zu dreien, was nach den vielen Diners eine angenehme Erholung ist, umsomehr als Valérie in heiterster Stimmung ist.

Die Arbeit aus dem Cabinete ist schon wieder da, ich muß daher schliessen. Meine Gedanken sind viel bei Ihnen und mit Sehnsucht und Freude sehe ich dem baldigen Wiedersehen entgegen. In treuester Freundschaft Ihr Sie innigst liebender　　　　Franz Joseph«

Die Burgtheaterintrigen dauerten an. Freilich war Katharina Schratt als Freundin des Kaisers in einer besseren Position als ihre Rivalin Stella Hohenfels. »Einstweilen kurz schriftlich« informierte sie in diesen Tagen den Kaiser: »Fr. Hohenfels hat wieder, durch ihrem Herrn Gemahl bei Bezecny ihre Entlaßung verlangt, weil sie findet, daß sie schlecht behandelt wird. Sie will durchaus gehen und wenn B[urckhard] ihr die Entlaßung nicht bewilligen wollte, so will sie sich an Euer Majestät wenden. Ob es wirklich Ernst oder Scherz ist – weiß man nicht, indeß glaubt man sie will durch diesen Schritt ihrem Herrn Gemahl den Directions-Weg ebnen, wenn Burckhart sich nicht sollte halten können, denn Director *muß* der Gemahl werden, weil Speidel[1] es ihr versprochen hat.«

Der Kaiser aus Ofen, den 13. März 1891: »...Daß die alte Wolter sich bemüßigt fühlt, auch unzufrieden zu sein und die olympische Confusion noch zu vermehren, habe ich auch in der Zeitung gelesen und ich denke dabei, daß wenn ich nicht Kaiser wäre, ich nicht Burgtheater Direktor sein möchte...«

---

1 Der Theaterkritiker Ludwig Speidel

... mich in der Zeitung gelesen und ich dachte dabei, daß wenn ich nicht Kaiser wäre, ich nicht Burgtheaterdirektor [werden] sein möchte.

Wien, den 24. März 1891: »...Gestern erzählte mir Fürst Hohenlohe bei der Jagd, die er auch mitmachte, er wisse jetzt, woher die Hetze gegen Burkhart komme. Dieselbe gehe nemlich von Baron und Baronin B... aus, welch Letztere auf Speidel besonderen Einfluß ausübe. Ich hörte diese *Neuigkeit* andächtig an und dachte mir: ›eh schon wissen‹. Er sagte mir noch, daß Diana viele Schulden habe, welche der Herr Gemahl zahlen müsse und daher brauche er um jeden Preis eine Anstellung, er wäre auch mit einer Professur zufrieden und Hohenlohe meint, daß wenn er versorgt wäre, dann Ruhe würde. Gestern hatte ich wieder eine Menge Audienzen, die ziemlich lange dauerten und später war der Gesandte in Bucarest Graf Goluchowski bei mir, der mir nebst vielem politischen auch von Carmen Silva erzählte, die ihm eine Menge Aufträge, Manoli[1] betreffend, an Bezecny gab. Sie hat noch manche Wünsche, auch die Costume betreffend, die sie wegen der historischen Genauigkeit in Rumänien zu bestellen wünscht, ist aber ganz bereit sich etwaigen noch nothwendigen Änderungen des Textes zu fügen. Was mir die Hauptsache war und mich beruhigte ist die Versicherung Goluchowskis, daß die Königin zur Aufführung nicht hierher kommen wird...« (B).

Wien, den 26. März 1891, über einen Spaziergang mit der siebenjährigen Enkelin Elisabeth, der Tochter des verstorbenen Kronprinzen, im Schönbrunner Tiergarten: »...Ich begleitete sie zu dem kleinen schwarzen Bären, zu Ihren drei Bärenfreunden, deren Haus

---

1 Königin Elisabeth von Rumänien, als Dichterin Carmen Silva, hatte für das Burgtheater ein Trauerspiel, »Manoli«, verfaßt, das erst nach manchen Änderungen angenommen werden konnte.

eben vergrößert wird, zu unserem tanzenden Bärenfreunde, der aber schlecht aufgelegt war und nur an Ihren Besuchen Freude zu haben scheint. Alle wurden mit Semmeln gefüttert, wobei die Kleine den drei Bären die Brodstücke mit besonderer Geschicklichkeit in die offenen Rachen warf. Dann bekam noch der arme Gemsbock, der erbärmlich aussieht, Brod und endlich wurden die schönen Mähnenschafe mit Brod und Papier betheilt, welch' Letzteres sie zur minderen Befriedigung unseres Freundes Krauß,[1] mit Vorliebe fressen. Ich dachte natürlich immer an die Fütterungen, bei denen ich Sie begleiten durfte und die ja hoffentlich bald wieder beginnen werden...«

Gastein, den 4. Juli 1891, über einen Ausflug der Kaiserin auf den »Gamsbartkogel, einem sehr hohen Berge mit berühmter Aussicht«: »Sie hatte Vorgestern bei der entsetzlichen Hitze mit Gräfin Mikes und dem Griechen und nur von einem Führer begleitet um 11 Uhr Vormittag den Aufstieg begonnen und wollte Abends zurückkehren. Oben wurden sie vom Gewitter überrascht und mußten die Nacht in einer Alpenhütte auf dem Heu zubringen. Als Nahrung hatten sie den ganzen Tag nur Milch. Der Grieche bekam sein Nachtlager auf dem Heuboden angewiesen und die Almerin wollte durchaus dasselbe mit ihm theilen, so daß alle möglichen Berechnungen und Vorsichtsmaßregeln nothwendig waren, um seine Unschuld zu retten« (B).

Inzwischen traf die Schratt in Wien mit dem Fürsten von Bulgarien zusammen. Der Kaiser war informiert. Gastein, den 7. Juli 1891: »...Sollte das ›an mich schreiben‹ zu einer knechtlichen Arbeit werden, so wäre ich sehr betrübt. Ich kann ja warten und warte ja noch immer nicht so lange, wie der Bulgare gewartet hat, bis er einen Brief bekommen hat. Da von diesem interessanten Wesen die Rede ist, so bitte ich Sie recht schön, beim nächsten Wiedersehen und Abschiede *nicht zu vertrauensselig* zu sein. Seien Sie nicht böse auf mich, ich bin aber, besonders in der Entfernung, entsetzlich eifersüchtig und plage mich wieder mit den schwärzesten Gedanken.« Und etwas später im selben Brief: »Doch an diesen Tagen wird wohl

---

1 Alois Krauß, Direktor des Tiergartens

der Bulgare in Wien sein und dem gönne ich wirklich die Freude, Sie noch einmal zu sehen, ehe er in seine langweilige Existenz nach Sofia zurückkehrt.«[1]

Über Karlsbad, wo sie eine Abmagerungskur mit Heublumenbädern versuchte, reiste die Schratt nach Ischl, begleitet von ihrer Gesellschafterin Rosa Schlesinger, dem Dienstmädchen und einigen ihrer Tiere. Gastein den 8. Juli 1891: »...Die Heublumenbäder waren für mich eine vollkommene medizinische, oder eigentlich Kneipische Überraschung. Das haben Sie mir ganz verschwiegen, obwohl, wie die Kaiserin durch Frau von Ferenczy wußte, Sie bereits mit dieser Kur beschäftigt waren. Den Zweck dieses neuen Experimentes kann ich mir nicht recht erklären und mir nur denken, daß der Heugeruch einen an Rappel gränzenden Zustand der geistigen Fähigkeiten herbeiführen muß, wenigstens in England ist die sogenannte Heukrankheit ein Stadium der durch Dr. Kraft-Ebbing[2] zu behandelnden Leiden. Bis jetzt hatte ich nur von den Heubädern in Tirol gewußt, wo die Bauern sich im paradisischen Costüme in einen Heuschober vergraben, so daß nur der Kopf heraussieht und in dieser Situation den ganzen Tag zubringen, sich auch mitunter zur Verstärkung der Kur noch schröpfen lassen. Vielleicht bringt Sie Ihre Passion für Experimental Medizin dazu, auch diese ländliche Kur einmal zu versuchen. Die Wiese bei der Felicitas würde sich dazu eignen. Übrigens kann ich, wie bei der Kaiserin, auch bei Ihnen nur meine freudige Bewunderung über die kräftige Natur aussprechen, die alle diese Bäder, Wässer, Tranklen, Pulver, kalte und warme Behandlung aushält. Gott erhalte Sie! Ich habe noch kein Gasteiner Bad genommen, werde aber vielleicht Morgen Früh dieses Wagniß versuchen.

Trotz eifriger Rechnung, kann ich die *neun* lebenden Geschöpfe

---

1 Wie berechtigt Franz Josephs Eifersucht war, zeigen die wenigen erhaltenen Briefe Ferdinands, so vom 27./28. Juni 1891: »Bin um 4 Uhr in Wien und erwarte Deine Befehle; Kathi, ich bitte Dich, sei gut mit einem armen unglücklichen gebrochenen Menschen, lass mich bei Dir Kraft und Muth schöpfen und mein Herz bei Dir ausschütten!«

2 Prof. Dr. Richard Krafft-Ebing war der damals prominenteste Nervenarzt und Sexualforscher.

nicht zusammen bringen, welche Heute nach Ischl reisen, es müßten denn auch einige Vögel dabei sein. Die beiden Hunde habe ich gezählt, oder kommt der große Hund auch mit, oder jetzt schon einige Mitglieder der Schlesingerischen Völkerschaft?

Die Vermiethung oder Verkauf der Malfatti Villa hat mich betrübt, da wir nun den zauberhaft schönen Garten und das unheimliche Haus nicht mehr sehen können, denn ich habe nicht das geringste Verlangen, die Bekanntschaft des Juden Szeps,[1] eigentlich Schöps, zu machen. Schade, daß wir die Gelegenheit zu dieser Besichtigung versäumt haben.«

Gastein, den 11. Juli 1891: »...Hoffentlich geht es Ihnen wirklich, trotz des an Rappel gränzenden Zustandes gut, und geben Sie die stärkenden Heubäder bald wieder auf, um irgend eine neue, außerordentliche Kur zu versuchen. Jetzt wird eben hier auf den Wiesen das besonders schöne Gras gemäht und da macht beim Vorbeigehen die Kaiserin immer die Bemerkung, daß das famose Heublumen zum Bade geben würde...

Mein erstes und letztes Gasteiner Bad habe ich richtig Vorgestern Früh um fünf Uhr genommen. Nach der mir von der Kaiserin mündlich und schriftlich ertheilten Instruction hatte das Wasser 26½ Grad, ich nahm Umschläge von frischem Brunnenwasser auf den Kopf, sie waren mir aber zu kalt und thaten meinem kahlen Schädel wehe. Ich sollte 10 Minuten im Bade bleiben, blieb aber nur 7 Minuten, da mir das Wasser zu heiß war. Beim Verlaßen des Bades wurde ich aus einer Gießkanne mit Gasteiner Wasser von 20 Grad begossen, dann abgetrocknet und dann lag ich eine halbe Stunde im Bette, in welchem ich so fror, daß ich nach eingenommenem Morgenkaffee, durch eine halbe Stunde mit Paletôt auf der Kaiser Promenade herumlief, um mich zu erwärmen. Ich muß zugeben, daß das Wasser wunderschön klar und rein ist, anfangs einen ganz angenehmen Eindruck macht, auch sind die Wannen, eigentlich Bäder, geräumig und sehr nett ganz mit Porcellan belegt, allein ich habe das Gefühl,

---

1 Moriz Szeps, Chefredakteur des »Wiener Tagblatt«, einer der führenden liberalen Journalisten Wiens, war politischer Berater des Kronprinzen Rudolf gewesen. »Schöps« war der Schimpfname, den ihm die antisemitische Presse gab.

daß bei wiederholtem baden, die Erhitzung und das Eingenommensein des Kopfes doch zu groß wäre. Vielleicht bin ich doch noch zu jugendlich für Gastein...«

»Ischl, den 16. Juli 1891.

Heute, theuerste Freundin, wirklich nur ein paar Zeilen, um Ihnen für Ihren lieben, guten Brief vom 13. innigst zu danken, den ich Vorgestern hier erhielt und zu melden, daß ich, wenn Sie erlauben, Morgen um 9 Uhr Früh hoch, oder vielmehr niedrig zu Roß, denn es ist nur ein Ponny, vor der Felicitas, Einlaß bittend, erscheinen werde. Ich hoffe, daß die Stunde keine zu frühe ist, da ich denke, daß die lieben Jünglinge Ihnen leider nicht lange Zeit zum Ausschlafen lassen werden. Gestern Früh habe ich bereits den neuen Übergang über die Ischl von rückwärts inspicirt und bin bis zum versperrten Thürl vorgedrungen. Es ist mehr ein Rialto als ein Steg und gefiel mir sehr gut. Über das Pfandl auf der Poststraße zurückkehrend, sah ich das neue gegen Räuber, Mörder und sonstige Zudringliche bestimmte Gitter und die neuen Einfahrtsthore auf der Vorderseite des Hauses. Von den Bewohnern war Niemand zu sehen, nur auf dem offenen Fenster des Bubenzimmers standen Gimpel und Kanari.

Wie ich mich auf das morgige Wiedersehen freue, können Sie wohl denken und indem ich Ihnen eine recht gute, wo möglich ruhige Nacht wünsche und in Gedanken unzählige Stricherln sende, bleibe ich Ihr treu ergebener

Franz Joseph«

»Ischl, den 4. August

Ich bitte um Nachsicht, wenn ich Heute um 7 Uhr nicht komme, allein das Wetter ist zu entsetzlich und ich möchte auch Walter[1] nicht zu lange im Regen stehen lassen. Ihr

Franz Joseph« (B)

Von den Herbstmanövern berichtete Franz Joseph aus Cilli, den 31. August 1891: »...Hier wurde ich herzlich und lärmend empfan-

---

1 Walter war der kaiserliche Leibkutscher

gen und ich weihte den gestrigen Tag der Arbeit und der hiesigen Bevölkerung. Nach der Messe dauerte die Aufwartung der Behörden etc. – nicht lange, dann arbeitete ich und von 2 Uhr an besuchte ich das neue, schöne Civil Spital, die Pfarrkirche und das städtische Museum, wo einiges Grafelwerk Sie interessirt hätte und endlich den wirklich sehr hübschen und großen Stadtpark, wo Singen und Evolutionen der Schulkinder stattfand, Musick spielte und viele Leute waren. Ich mußte in einem offenen Pavillon, angesichts des Publikums, von weißgewaschenen Damen kredenzte Erdbeeren essen, aber nicht so gute, wie bei Ihnen. Wie hätten Sie mich bei diesem Anblicke ausgelacht! Dann mußte ich noch einen im Parke gelegenen, ziemlich hohen Berg oder Hügel erklimmen, von dem eine hübsche Aussicht auf die Umgebung ist. Das war gesund, aber warm und bei weitem nicht so angenehm, wie unser Herumkraxeln im Walde an den beiden letzten Ischler Tagen, besonders mit der – – – – – – Zugabe, die ich mit gewohnter Frechheit erbat und die Sie mit viel zu großer Gnade bewilligten.

In dem Parke und auch an anderen Punkten sind Flußbäder im Sann, die einen prächtigen Wellenschlag und im Sommer bis zu 23° Wärme haben sollen. Das wäre etwas für Sie. Um 6 Uhr war Diner in einem großen Saale des Wirthshauses zum Elephanten, da hier im Hause kein entsprechender Raum ist und dann ließ ich mich bei einer Fahrt zur Besichtigung der Illumination und bei der darauf folgenden Serenade anjubeln. Das beste war, daß ich bereits um 9 Uhr im Bette lag...«

In Schwarzenau im Waldviertel nördlich von Wien nahm Kaiser Wilhelm II. an den Manövern teil. Das Gebiet war die Hochburg des Deutschnationalismus rund um den »alldeutschen« Politiker Georg Ritter von Schönerer. Allzu stürmische Sympathiekundgebungen für den deutschen Kaiser (und gegen Österreich) mußten hier stets befürchtet werden. Um so größer war Franz Josephs Erleichterung, als er am 4. September 1891 aus Schwarzenau schrieb: »...Der Empfang im Waldviertel, dem Reviere Schönerers, war besonders herzlich und patriotisch, die Städte und Ortschaften sind sehr hübsch geschmückt, so daß wir uns vor den Fremden gut produciren. Wir wohnen in dem hiesigen großen und luxuriös eingerichteten Schloße famos und Gestern Abend nach dem Diner lag ich bereits um 9 Uhr im Bette!! Wenn das so fort geht, laßt sichs ertragen. Kaiser Wilhelm ist besten Humors, kann ganz gut gehen, muß sich aber beim Reiten noch schonen, auch ist er Gestern während einem Theile des langen Manövers gefahren...«

Schwarzenau, den 6. September 1891: »...Die beiden Tage fielen, ich kann es wirklich sagen, glänzend aus, was auch die Fremden anerkennen und ich hatte große Freude. Meine Gäste sind besten Humors und Gestern ritt Kaiser Wilhelm schon mehr, ohne daß es ihm geschadet hat. Er ist immer so rücksichtsvoll, mich um 9 Uhr Abend zu entlassen und dann kneipt er noch mit den Herrn bis 11 Uhr und noch länger. Dafür schläft er bei Tag nach dem Manöver...«

Wien, den 8. September 1891: »...Auch dieses letzte Manöver ging vortrefflich und gab ein lärmendes und effektvolles Schlußtableau. Ich bin so froh, daß Alles so gut ausfiel und daß die Truppen und ihre Führer das ungetheilte und diesesmal aufrichtige Lob der Fremden ernteten. Meine hohen Gäste waren besten Humors, wir Österreicher in gehobener Stimmung...«

Inzwischen unternahm die Freundin eine Gletschertour in Begleitung des Burgtheaterdirektors Burckhard und ihrer Gesellschafterin Rosa Schlesinger. Bistritz, den 14. September 1891: »...Für Ihre gute Absicht, mir viel zu erzählen, bin ich Ihnen sehr dankbar und wenn Sie wirklich manches vergessen sollten, so werde ich Ihnen mit den unbescheidensten Fragen nachhelfen, auch wie gewöhnlich. Daß Sie Roserl zur Almsee Exkursion mitgenommen haben, freut mich sehr, denn Sie allein mit dem Herrn Direktor den langen Weg wandern zu wissen, hätte mich, wenngleich ohne jeden Grund, eifersüchtig gemacht. Es ist eigentlich lächerlich, aber ich bin einmal so und genau genommen ist es doch nur ein Zeichen meiner, wie soll ich es nennen? sagen wir Anhänglichkeit...

Da ich am 19. ungefähr um 6 Uhr Früh in Schönbrunn eintreffen werde, so werde ich mir erlauben um 8 Uhr, oder etwas später, in der Gloriette Gasse zu erscheinen mit der Hoffnung, Sie den Zeitumständen entsprechend,[1] endlich wieder einmal zu Bett zu finden, was Sie mir auch halb und halb versprochen haben. Früher kann ich nicht kommen, da ich mich nach der Eisenbahnfahrt reinigen und rasiren muß, auch die Arbeiten, die ich in Schönbrunn finden werde, ein wenig ansehen möchte...«

»Prag den 28. Septbr. 1891.

Meine liebe, gute Freundin,

Heute wirklich nur wenige Zeilen, denn ich habe keine Zeit, nur um Ihnen zu melden, daß es mir gut geht und daß Alles hier bis jetzt sehr gut gegangen ist, dann Ihnen zu sagen, was Sie übrigens ohnehin wissen, daß ich sehr viel an Sie denke und den nächsten Samstag mit Ungeduld erwarte. Ein wenig müde bin ich, denn die Hetze war ziemlich groß und verspricht es laut Programm beinahe noch mehr zu werden.

Der Empfang war herzlich und lärmend, dabei überall viel Ordnung, die Stadt, in der ich viel Fortschritt fand, ist besonders schön und nur in korrekten Farben[2] decorirt, das Wetter war Vorgestern

---

1 Gemeint ist die »stille Woche«, die die Schratt nach Möglichkeit im Bett liegend verbrachte und während der sie – im eleganten Negligé – gerne Gäste zur Unterhaltung empfing. In mehreren Briefen weist der Kaiser auf die Intimität und Gemütlichkeit dieser Besuche am »Krankenlager« der Freundin hin. Sie sind ganz und gar nicht als »Beweis« für eine intime Beziehung zu werten (wie es Schratt-Biograph Markus, 75, deutet). Ähnliche Anspielungen auf die »stille Woche« sind in Franz Josephs Briefen sehr häufig zu finden, so am 9. November 1891: »Wenn Sie erlauben, besuche ich Sie jedenfalls am 12. Früh um ½8 Uhr. Sollten Sie bereits unwohl sein, so erwarten Sie mich wohl zu Bette. Ihnen wäre es gesund und mich würde es freuen. In der Zeitung las ich ein Repertoire, aus welchem ich ersah, daß die löbliche Direktion auf Sie Rücksicht genommen und Ihnen für die nächsten Tage keine Vorstellungen zugedacht hat. Das ist brav!« Und am 13. Dezember 1891: »Ich weiß jetzt doch, daß Sie Sich, mit Ausnahme der Zeit der Proben schonen und im Bette liegen. Ach könnte ich an diesem Bette sitzen und Ihnen Gesellschaft leisten.« Sogar die Kaiserin wurde gelegentlich vom Verlauf der »stillen Woche« der Freundin informiert, so am 7. Februar 1893: »Die Freundin mußte wegen der stillen Woche, welche diesmal wieder von Krämpfen begleitet war, vorgestern und gestern im Bett bleiben.« Und am 26. Juli 1893 berichtete Franz Joseph seiner Frau, daß er »mit der Freundin, die Deine Hände küßt, wegen stiller Woche im Zimmer saß«.

2 d. h. die »österreichischen« Farben, nicht die der Panslawisten

wunderschön, aber der Thermometer an meinem neuen Waggon zeigte bei Sonnenaufgang 1° Kälte und das Land war ganz weiß vom Reife. In der Stadt war bei meinem Einzuge Nebel, der aber bald vor der Sonne wich. Gestern regnete es mitunter. Heute scheint es aber wieder schön werden zu wollen. Die Ausstellung[1], von der ich aber erst die Hälfte durchwanderte, ist großartig und schön und Gestern Abend machte die Fontaine lumineuse durch die großen Wassermassen einen schönen Effekt, dabei füllten unglaubliche Menschenmassen in gehobener Stimmung den ganzen Ausstellungsraum. Wenn man die patriotische Begeisterung dieses Volkes sieht, bedauert man doppelt, daß es sich jetzt auf Irrwegen bewegt, man kann aber die Hoffnung nicht aufgeben, daß es besser werden wird. Gestern habe ich im Musick Conservatorium die Volkshymne von den Schülern und Schülerinen so schön singen und mit Orchester spielen gehört, wie ich es nie gehört hatte. Es war wirklich ergreifend und dabei sang Jeder gleichzeitig in seiner Muttersprache. Gestern habe ich bereits die erste Soirée überstanden und ich war wirklich schon um 10 Uhr wieder zu Hause. Da der ganze Adel des Landes hier versammelt ist, so waren unendlich viele Damen anwesend in deren Mitte ich mich bewegen mußte, mitunter mit dem Gefühle: Aussi möcht i. Es ging aber doch passabel und ich war sehr aimable, fand auch viele Bekannte aus alter und neuerer Zeit und machte neue Bekanntschaften, auch hübsche.

Heute Abend werde ich ans Burgtheater denken, aber nicht mit ganz freudigen Gefühlen, denn den Kuß habe ich nicht gerne, Sie wissen warum. Gestern in der 7 Uhr Messe, dachte ich an die Schönbrunner Kirche, ob Sie dort waren, weis ich freilich nicht. Da ich keine Zeit habe, Ihnen alle meine hiesigen Leistungen zu beschreiben, so verweise ich Sie auf das Programm, das bisher genau eingehalten wurde und auf die Zeitungen, vorausgesetzt, daß Sie sie lesen?? In diesem Augenblicke kommen die Arbeiten des Kuriers, daher Adieu und viele herzliche – – – von Ihrem treu ergebenen

Franz Joseph«

---

1 Die böhmische Landesausstellung, an der sich nur die Tschechen, nicht aber die Deutschen Böhmens beteiligten

Gödöllö, den 14. Novbr. 1891: »...Die arme Wallersee[1] ist also endlich von ihren langen Leiden erlöst worden und sanft verschieden, wie mir Louis Vorgestern telegraphirte. Ich habe die Nachricht für die Kaiserin nach Corfu telegraphirt, weis aber nicht, ob dieselbe sie erreicht hat, da mir unbekannt ist, ob sie sich noch dort befindet, oder ob und wohin sie etwa weiter gereist ist. Der Tod der armen Henriette wird die Kaiserin, trotz Allem was geschehen ist, doch angreifen, da sie die Verstorbene früher viel sah, und sie gerne hatte. Es war eine gute und brave Frau, deren Schicksal aber nicht beneidenswerth war...«

Ofen, den 5. Januar 1892: »...Der König von Rumänien ist Gestern mit einer Stunde Verspätung erst um 3 Uhr angekommen und um 8 Uhr nach Pallanza weiter gereist. Ich habe ihn in Galla feierlich am Bahnhofe empfangen und wieder auf den Bahnhof begleitet. Um 6 Uhr war Diner von 25 Personen. Der König war recht gut aufgelegt mit Rücksicht auf die gelungene Bildung seines neuen Ministeriums, in welchem Ihr Freund Ghermani wieder Finanz Minister ist. Er war sehr gesprächig und erzählte mir sogar viel von Carmen Silva, Frln. Vacarescu und ihren hypnotischen Umtrieben. Ich hatte nicht erwartet, daß er dieses Kapitel berühren würde...«[2]

»Wien den 11. Jänner 1892.

Theuerste Freundin,

Da der Cavallerie Inspecteur an Influenza erkrankt ist, so kann die beabsichtigte Sitzung Morgen bei mir nicht stattfinden. Sie sind für mich so unbeschreiblich gut und aufopfernd, daß ich mich kaum traue zu sagen, daß ich Morgen um 1 Uhr zu Frau von Ferenczy kommen könnte, denn es quält mich beständig das Gefühl, daß meine

---

1 Baronin Henriette Wallersee, Gattin von Elisabeths Bruder Ludwig (»Louis«) in Bayern. Die Kaiserin hatte ein enges Vertrauensverhältnis zu dieser Schwägerin, die bürgerlicher Herkunft war, und übergab ihr auch einige ihrer geheimen Schriften zur Aufbewahrung. Henriettes Tochter, Gräfin Marie Larisch, spielte im Zusammenhang mit Mayerling eine unrühmliche Rolle und war vom Wiener Hof verbannt.

2 Carol I. von Rumänien aus dem Hause Hohenzollern-Sigmaringen. Helene Vacarescu war eine Hofdame der Königin (Carmen Silva) und in einige Skandale verwickelt, die in Wien eifrig betratscht wurden.

Zudringlichkeit Ihnen doch endlich zu viel werden muß, auch denke ich, daß Sie nach der Ermüdung der letzten Tage, eigentlich Morgen im Bette bleiben sollten. Ich bitte Sie daher inständigst, ja nicht zu kommen, wenn Sie nicht wohl wären, wenn Sie ausruhen wollen, wenn Sie etwas gescheidteres vor hätten oder wenn Sie überhaupt keine Lust haben. Ich nehme es Ihnen gewiß nicht übel, denn dazu habe ich Sie viel zu lieb. Ich werde Morgen um 1 Uhr bei Frau v. Ferenczy sein und wenn Sie nicht kommen, so gehe ich einfach wieder weg.

Erlauben Sie mir noch, Ihnen zu sagen, daß Sie Gestern nicht nur vortrefflich, wie immer, sondern auch mit besonderer verve gespielt haben. Keine Spur von Müdigkeit war zu bemerken und auch nicht der mir so bekannte Ausdruck von Mattigkeit um die lieben Augen. Sie sahen wieder besonders frisch und reizend aus. Das sind keine leeren Complimente, sondern der Ausdruck meiner innigen Freude.

Herzlichen Dank für den Fenstergruß nach der Vorstellung und auf Wiedersehen von Weitem Heute Abend.

Mit tausend Grüßen Ihr treu ergebener

Franz Joseph«

»Wien den 27. Jänner 1892.

In Eile und höchster Aufregung will ich Ihnen, liebe Freundin, sogleich melden, daß Valérie um 5¾ Uhr glücklich von einem Mädchen[1] entbunden worden ist. Um 4 Wochen zu früh, aber das Kind ist lebensfähig, nicht gar klein und schreit famos. Gott helfe weiter, denn wenn es auch Valérie, Gott lob, gut geht und es eigentlich ein freudiges Ereigniß sein sollte, so gehört es in dieser Zeit, doch auch in die Kathegorie des Schneefalls aus dem theatralischen Unsinne. Auf Wiedersehen um 1 Uhr. Ihr treuer

Franz Joseph«

Ofen, den 22. Februar 1892: »... Schon Heute will ich einige Zeilen an Sie richten, nur um Ihnen zu zeigen, daß ich an Sie denke, denn zu

---

1 Erzherzogin Elisabeth, genannt Ella, das erste Kind der Kaisertochter Marie Valerie und Erzherzog Franz Salvators.

erzählen habe ich wenig und nichts interessantes und da hier keine Spielbank ist, ich auch nicht so geistreich bin, wie Oswald Thun, so werde ich nicht 6 Seiten mit meinen Schriftzügen bedecken können. Sie müssen schon Nachsicht mit mir haben und mit meinem guten Willen vorlieb nehmen...

Gestern Abend begleiteten Sie meine Gedanken nicht ohne Sorge ins Burgtheater, denn für eine so lange Rolle waren Sie noch nicht wohl genug. Da denke ich an die Proben von Griseldis[1] und nachdem ich der Kaiserin von diesem Mistère erzählt habe, so weis ich, daß Sie ihr eine Freude machen würden, wenn Sie ihr dieses Stück entweder im Deutschen oder Französischen schicken würden, vielleicht durch Vermittlung der Frau von Ferenczy...«

Im Frühjahr 1892 kam es zu einem Burgtheater-Skandal rund um die Aufführung von Ludwig Fuldas Stück »Die Sklavin«, das nach drei Abenden abgesetzt wurde. Auf einen entrüsteten Brief der Schratt wegen der Unmoral dieses Stückes (es ging darin, wie die Kritiker meinten, um eine Rechtfertigung der freien Liebe) antwortete der Kaiser aus Ofen, den 6. März 1892: »...Wie poetisch milde sprechen Sie Sich über Frau Janisch[2] und wie kraftvoll und mit Recht entrüstet über die Sklavin aus. Nach dem was mir Fürst Hohenlohe erzählte, muß das Stück ebenso langweilig als unmoralisch, jedenfalls für das Burgtheater unpassend sein und er ist um so stolzer auf sein Verbot der weiteren Aufführung, als das Urteil von Publikum und

---

1 Zu diesem Stück von Friedrich Halm am 21. März 1892: »In der Zeitung las ich, daß in Burgtheater Kreisen gesagt wird, daß Griseldis aus Censurrücksichten nicht gegeben werden kann. Das scheint mir doch kaum glaublich, denn wenn ich auch kein Bewunderer dieses Mistères bin, so fand ich doch in demselben nichts anstößiges.«

2 Antonie Janisch spielte die Titelrolle. Die Kaiserin, beeinflußt von ihrem Griechisch-Lehrer Christomanos (»der Bucklige«), war alles andere als moralisch entrüstet. Miramar, den 12. März 1892: »...Sie hat aus Wien, offenbar vom Burgtheater ein großes Buch der Sklavin mit einer Menge Tinte- und Bleistift-Korrekturen bekommen und will dieses herrliche Werk als Übung ins Griechische übersetzen. Der Bucklige, der eine Vorstellung der Sklavin sah, war so entzückt von diesem Stücke, daß er dasselbe der Kaiserin wärmstens empfahl. Der Mensch sinkt in meiner Achtung!...«

Zeitungen seiner Auffassung recht gibt. Schade um die Mühe und das gute Spiel der Darsteller. Wie bedauere ich, daß Sie von Bourgoin[1] sekirt wurden und doch eigentlich nur wieder wegen mir. Ich bin froh, daß Sie nichts zugesichert haben, denn wenn Sie natürlich thun können, was Sie wollen und was Sie freut, so darf ich es wohl sagen, daß es mich wenig freuen würde, wenn Sie in der Bretterbude im Prater die Thalia darstellen würden, zum Theile weil die Fürstin Metternich und Compagnie glauben, mich dadurch für die Ausstellung zu enthusiasmiren. Mein Bruder Carl hat mir, bis jetzt wenigstens, wegen Mitwirkung der Burgschauspieler nicht geschrieben. Dem Fürst Hohenlohe scheint auch wieder stark zugesetzt worden zu sein. Ich halte aber fest und finde die ganze Ausstellungs Hetze täglich unausstehlicher. Was glauben Sie denn, daß Bourgoin noch von Ihnen verlangt hätte, wenn Frau Bauer nicht gegenwärtig gewesen wäre? und was kann er bei seiner angekündigten nächsten Visite wollen??...«

Ende März 1892 trat die Schratt in einer Wohltätigkeitsvorstellung im Variététheater Ronacher in einer Hosenrolle, als Knieriem in Nestroys »Lumpazivagabundes«, auf. Ofen, den 26. März 1892: »...Mit noch weniger Freude denke ich an nächsten Dinstag mit seinem nächtlichen Feste. Es will mir nicht in den Kopf hinein, daß Sie den Knieriem spielen und mit der Pálmay. Ich tröste mich dann immer mit dem Gedanken, daß das zum Geschäfte gehört und daß der Zweck ein wohlthätiger ist. Seien Sie nicht böse, daß ich so dummes Zeug schreibe und denken Sie, daß es nur daher kommt, daß ich Sie eben gar so lieb habe...«

Ferdinand von Bulgarien blieb ein lohnendes Briefthema. Am 21. März 1892 berichtete der Kaiser aus Ofen, in Sofia gebe es eine »Art Minister Krisis, die in Folge einer ziemlich scharfen Meinungsverschiedenheit zwischen unserem bulgarischen Freunde und seinem

---

1 Baron Othon de Bourgoing hatte die Schratt eingeladen, bei einer Theaterausstellung im Prater als »Thalia« aufzutreten. Erzherzog Karl Ludwig, der jüngere Bruder des Kaisers, war Protektor dieser Ausstellung, die betriebsame Fürstin Pauline Metternich gab den Ton im Personenkomittee an. Die Aufführung kam nicht zustande.

Ofen, den 29. März 1892: »Gestern fand ich im Floh Ihr Portrait als Knieriem Arm in Arm mit der Pálmay. Gewiß haben Sie dieses Kunstwerk auch schon bewundert.«

Premier Minister Stambulow entstanden ist. In diesem Augenblicke wäre ein Ministerwechsel sehr fatal und so hofft Burian und auch ich hoffe es, daß der Petit Ferdinand seine Nerven und seine Gereiztheit bemeistern und sich mit seinem zwar nicht immer bequemen, aber doch noch fast unentbehrlichen Minister verständigen wird...«

In Ofen, am 26. März 1892, sah der Kaiser während einer Sitzung beim Maler Benczur »einige sehr schöne Bilder, auch ein begonnenes des Bulgaren, das enorm ähnlich wird. Er sitzt in imponirender Haltung auf dem Throne mit zahllosen Ordens Sternen und Ketten geschmückt, die Finger voll Ringen, deren jeden Einzelnen Benzur in Sofia genau skizziren mußte. Es wird ein prächtiges und sehr karakteristisches Bild. In Sofia ist übrigens die innere Ruhe wieder hergestellt und die drohende Ministerkrise vermieden worden. Unser fürstlicher Freund und Stambulow haben sich verständigt, was sehr nützlich ist.

Auch da muß man sagen: pourvu que cela dure. Dasselbe muß man von einer anderen Verständigung in Berlin sagen, deren Zustandekommen mir manche Sorge machte, die aber leider einem Flickwerke verdammt ähnlich sieht...«[1]

Im April 1892 machte die Freundin mit Sohn Toni und dessen beiden Freunden eine Italienreise. Der Kaiser besuchte die Familie seiner Tochter, Prinzessin Gisela von Bayern, und schrieb aus München, den 12. April 1892: »...Der Aufenthalt au sein de ma famille ist mir recht angenehm, nur bin ich natürlich von derselben ziemlich in Anspruch genommen, nemlich durch Liebe und Zuvorkommenheit und so bleibt mir wenig Zeit. Vorgestern war Messe im Hause, die trotz der Leidensgeschichte Christi nicht lange dauerte, da der Geistliche viel schneller ist, als Jener, der uns immer in Wien um 7 Uhr so langsam die Messe liest.

Im Laufe des Vormittags machte ich meine Visiten bei den vielen Familienmitgliedern, bereits um ½2 Uhr wurde hier im Hause mit einigen Gästen gespeist, dann fuhr ich mit meiner Enkelin Elisabeth[2] nach Biederstein und Nymphenburg, wo wir im Parke spazieren gingen, welcher des Sonntags wegen, voll Menschen war. Vorgestern und Gestern war nach dem Souper hier im Garten Kegelparthie mit einigen Gästen. Gestern war um 4 Uhr Diner beim Prinz Regenten in der Residenz, da man dort aber unendlich schlecht ißt, so hatten wir um 12 Uhr im Hause ein sehr gutes Déjeuner als Vorbereitung. Im Garten des Hauses, der sonst nichts weniger wie hübsch ist, blühen eine ganze Menge wunderschöne Veilchen von allen Farben. Ich dachte gleich, daß dieselben Ihnen gefallen würden.

Heute Früh muß ich noch mit Elisabeth und Georg in den englischen Garten reiten. Das macht den Kindern Freude und mir ist es gesund. Früher noch kommt mein täglicher Kurier und nach dem Ritte geht die Arbeit an und da kommt auch der wohlriechende Hawerda mit den Unterschriften...«

---

1 Es ging um die Verlängerung des Dreibundes zwischen Österreich-Ungarn, dem Deutschen Reich und Italien.

2 Gisela und Leopold von Bayern hatten vier Kinder: Elisabeth, spätere Gräfin Seefried, Auguste, spätere Erzherzogin Joseph, Georg und Konrad.

Meine liebe gute Freundin,

Verzeihen Sie mir, wenn ich Sie schon wieder belästige, allein ich kann es nicht unterlassen, Sie bei der Rückkehr von langer, weiter Reise zu begrüßen, Ihnen von ganzem Herzen glückliche Feiertage zu wünschen und vor Allem Ihnen innigst für Ihre beiden gar so lieben Briefe zu danken, welche ich *an zwei auf einander folgenden Tagen,* vorgestern und Gestern erhielt. Das ist noch nicht dagewesen und so viel erwartete ich wirklich nicht. Nochmals herzlichsten Dank. Ich fürchte, daß Sie sehr ermüdet von der Reise und von den vielen Kunstgenüssen sein werden, denn so beständig Kunst bewundern ist eigentlich sehr anstrengend und ich kann es den jungen Herrn nicht so ganz übel nehmen, daß sie sich endlich langweilten. Und dennoch beneide ich Sie um das Schöne, das Sie gesehen haben und auch um die wärmere Luft, die Sie genoßen haben. Hier haben wir recht kalte Tage gehabt und ich fürchte, daß der Unterschied der Temperatur und das gründlich verdorbene Wetter Ihnen recht unangenehm sein wird. Wenn Sie nur wohl sind und Sich beim Umzuge in die Gloriette Gasse nicht verkühlen. Der Gedanke, daß Sie heute Abend wieder hier sein werden und daß ich Sie Morgen um 1 Uhr wiedersehen darf, macht mich ganz glücklich, und nun gute Nacht, schlafen Sie Morgen Früh recht lange aus und bewahren Sie immer Ihre Güte und Freundschaft Ihrem, Sie innigst liebenden

Franz Joseph.«

Im Juni 1892 sorgte ein Privatbesuch des ehemaligen deutschen Reichskanzlers Fürst Otto von Bismarck zur Hochzeit seines Sohnes Herbert mit Gräfin Margarethe Hoyos in Wien für politische Probleme. Die österreichische Regierung fürchtete deutschnationale Kundgebungen, und auch die deutsche Regierung hatte keinerlei Interesse an solcherlei Huldigungen. Denn darin hätte sie angesichts der abgrundtiefen Feindschaft zwischen Kaiser Wilhelm II. und Bismarck auch Kundgebungen gegen den deutschen Kaiser sehen müssen. Wilhelm bat Kaiser Franz Joseph, Bismarck keine Audienz zu geben.

Lichtenegg, den 17. Juni 1892: »...Ich fuhr gleich in die Stadt, wo ich den Schreibebrief an Kaiser Wilhelm zu Stande brachte, kurz, klar und für den Kaiser befriedigend. Ob der alte, böse Reichskanzler ebenso zufrieden sein wird, ist freilich eine andere Frage. Ich fürchte, daß er schäumen wird. Gestern kam bereits durch Reuß das offizielle Ansuchen des Fürsten Bismarck und seines Sohnes um eine Audienz bei mir. Ich besprach Gestern mit Kálnoky, daß er dasselbe motivirt schriftlich ablehnen wird und damit ist die Sache vorläufig abgethan, aber welchen Effekt die ganze Angelegenheit weiter, besonders in Deutschland machen wird, ist eine andere Frage. Hoffentlich werden uns in Wien Schönerer und Compagnie keine zu große Schande machen. Die Polizei wird ihr Möglichstes leisten...«

Schönbrunn den 19. Juni 1892: »...Heute Abend kommt Fürst Bismarck in Wien an und ich bin neugierig, wie das ablaufen wird. Der arme Fürst Reuß ist durch Krankheit an seiner beabsichtigten Flucht gehindert und wird sich in einer recht ungemüthlichen Situation befinden...«

Die Befürchtungen wurden wahr. Es kam zu wüsten deutschnationalen Demonstrationen und lauten Huldigungen für Bismarck, die nur durch starken Polizeieinsatz eingedämmt werden konnten. Schönbrunn, den 22. Juni 1892: »...Vorgestern hatte ich nur einige 50 Audienzen, dann ließ ich mir vom neuen Polizei Präsidenten über die Skandale bei Ankunft Bismarcks berichten. Das war wieder eine Schweinerei und Sie können Sich denken, wie ich mich geärgert habe. Das einzige erfreuliche ist die Entschiedenheit, mit welcher die Sicherheitswache eingehaut hat.

Die unpatriotischen, aber leider nicht ganz zu verhindernden Demonstrationen der Schönerianer dauern noch fort und Fürst Bismarck, der Gestern Abend abreisen sollte, ist noch immer in Wien. Diese hier, bei seiner Stellung zu seinem Kaiser gefeierte Hochzeit ist doch die größte Takt- und Rücksichtslosigkeit...«

Die politischen Sorgen wurden bald von privaten verdrängt: Der 12jährige Toni Kiss bekam einen anonymen Brief, worin seine Mutter wegen ihrer Beziehung zum Kaiser angegriffen wurde. In höchster Aufregung schickte die Schratt Eduard Palmer von Karlsbad nach Wien, um den Kaiser zu informieren.

263

»Schönbrunn den 24. Juni 1892.

Meine liebe, gute Freundin.

Als ich Gestern nach den Audienzen in mein Zimmer zurückkam, fand ich auf meinem Schreibtische einen Brief mit den lieben Schriftzügen. Ich war freudig überrascht, denn erst Vorgestern hatte ich ein liebes Schreiben von Ihnen erhalten und riß sogleich das Couvert auf. Als ich aber Ihre lieben Zeilen las, war ich wie versteinert und so erschüttert, daß ich den ganzen Tag kaum an etwas anderes denken konnte und die Nacht recht schlecht schlief und mich immer mit Ihrem Schmerze beschäftigen mußte. Diese Infamie übersteigt wirklich alle Begriffe und ich begreife Ihre Verzweiflung. Es ist so viel Raffinement in der Bosheit. Der Gedanke, daß ich doch die Hauptursache bin, daß Sie bis jetzt so viele Sekaturen ertragen und jetzt auch noch diesen Schmerz erleben mußten, macht mich ganz unglücklich. Wenn ich Ihnen nur helfen könnte und wenn sich nur ein Mittel erfinden ließe, um den Autor all dieser Schändlichkeiten unschädlich zu machen. Das traurigste ist der Eindruck, den der gemeine Brief auf Toni gemacht haben wird und es wird wohl nothwendig sein, ihn mit Überlegung zu beruhigen, aufzuklären und sein Verhältniß zu Ihnen vor Trübung zu bewahren. Über alles das laßt sich aber, ohne die Détails der ganzen Niederträchtigkeit und ohne den Brief zu kennen, nicht urtheilen. Ich sehe daher mit Ungeduld der Besprechung mit Palmer entgegen, der mich hoffentlich über Alles aufklären wird und der vielleicht, als praktischer Mann, ein Mittel der Abhilfe für die Zukunft weis. Ich hielt es für besser, ihn direkte zu mir zu bestellen, statt durch den, meinen Leuten vielleicht auffallenden Umweg durch die Gloriette Gasse und Frau Mittel. Ich beauftragte daher Gestern den Staatsrath Braun, Palmer, je nach dem Zeitpunkte seiner Rückkehr aus Karlsbad, entweder Heute um 2 Uhr, oder Morgen um 10 Uhr zu mir in die Stadt zu bestellen. Hawerda, der wohl Palmers Wohnung kennt, wird diese Weisung ausführen und beide Herrn haben keine Ahnung, um was es sich handelt. Präsident Schwaiger hat sehr wohl gethan Sie an der Reise nach Wien zu verhindern, aber nicht aus dem von ihm angegebenen Grunde, sondern weil Ihnen die Fahrt und der hiesige Aufenthalt während der Kur und bei Ihrer jetzigen Aufregung gewiß geschadet hätte. Ich wäre glücklich gewesen, Sie gerade jetzt wieder zu sehen und in diesen schweren Augenblicken mit meinem schwachen Troste an Ihrer Seite zu sein.

Nun werden Sie mir vielleicht noch erlauben, Ihnen für Ihre beiden lieben Briefe so recht von Herzen zu danken, beide so verschieden in ihrem Inhalte, haben mich doch gleichmäßig beglückt, der erste noch so heitere enthält für mich so viel Liebes und Gutes und der zweite war mir eine beseeligender Beweis, daß Sie auch in Ihrem Schmerze gleich an mich dachten, mir Ihr Herz auszuschütten. Ach könnte ich nur helfen und wäre ich nur beruhigt, daß Ihnen dieser Schlag nicht in Ihrer Gesundheit schadet. Ich ängstige mich sehr und erwarte mit unendlicher Ungeduld die Nachrichten, welche mir Palmer bringen wird. Ich weis eigentlich nicht, ob ich Ihnen auch Heute von mir und von hier berichten darf, aber vielleicht gibt es Ihnen eine kleine Zerstreuung. Also mir geht es ziemlich gut, trotz manchem Ärger der letzten Tage, verursacht durch das unglaublich taktlose, lächerliche Benehmen des Fürsten Bismark und durch die unpatriotische Haltung eines, zum Glücke verhältnißmäßig kleinen Theiles der Wiener Bevölkerung. Es ist unglaublich wie ein großer Mann durch Rachsucht und Eitelkeit so tief sinken kann. Gestern Nachmittag ist er endlich in ziemlicher Ruhe abgereist. Vorgestern bin ich richtig den ganzen Tag hier geblieben ohne das Zimmer zu verlassen, Gestern Früh machte ich einen Spaziergang im Garten und besuchte Pluto, der eine sehr mäßige Freude zeigte. Seine Beschützerin fehlte aber leider. Dann war ich bis ½5 Uhr in der Stadt. Gestern habe ich der Kaiserin geschrieben, daß Sie 3 Stunden umsonst bei der Königs-Villa spazieren gegangen sind und gerade jetzt wird Ihnen vielleicht eine Begegnung mit ihr unangenehm sein. Ich wußte aber damals noch nichts von dem traurigen Zwischenfalle.

Nun muß ich aber doch diesen vielleicht zu langen Brief schliessen. Meine Gedanken sind in Sorge und Schmerz beständig bei Ihnen und mit der Versicherung treuester, unauslöschlicher Freundschaft bleibe ich Ihr Sie innigst liebender   Franz Joseph«

»Schönbrunn den 25. Juni 1892.

Meine liebe, gute Freundin,
Eigentlich wollte ich Ihnen Heute nicht schreiben, da ich vor

meiner morgigen Abreise wenig Zeit habe und um Sie nicht gar zu oft mit meinem Geschreibsel zu belästigen und so ersuchte ich Palmer, Ihnen über unsere gestrige Unterredung zu berichten. Sie müssen nicht böse sein, wenn Sie doch wieder einen Brief von mir bekommen. Ich kann eben nicht anders und muß doch einige Zeilen an Sie richten, denn meine Gedanken sind beständig in Sorge bei Ihnen und immer bin ich mit Ihnen und Toni beschäftigt.

Ich war sehr erfreut von Palmer zu hören, daß er bereits im Theresianum gewesen war und mit Pidoll gesprochen hat, denn ich wollte ihn bitten es zu thun. Dort wird wenigstens für die Zukunft acht gegeben werden.

Ebenso war es mir lieb, daß meine Ansicht mit jener Palmers und wie dieser mir sagte auch mit Pidolls Ansicht übereinstimmt, daß man Toni gegenüber der traurigen Angelegenheit nicht zu viel Wichtigkeit beilegen soll, da er sonst nur noch mehr aufmerksam gemacht und mißtrauisch würde. Palmer wird mit meiner Zustimmung mit dem Polizei-Präsidenten sprechen und versuchen, ob auf diesem Wege etwas zu entdecken ist. Der infame Brief, den ich gelesen habe, ist aber doch nur eine Sammlung der aller gemeinsten Schimpfereien und dadurch weniger gefährlich, als wenn es ein anständig geschriebenes Pamphlet wäre. Ich kann daher auch nicht mit Ihrer und Palmers Ansicht übereinstimmen und mich davon überzeugen lassen, daß der Brief von einer gebildeten Person herrührt und Schrift, Styl und Gemeinheit nur Verstellung behufs Täuschung sind. Sie sollten Sich die Sache nicht gar zu sehr zu Herzen nehmen, denn ich hoffe, daß Toni und um den handelt es sich doch vor Allem, durch ruhige Behandlung und durch Ihre liebevolle Einwirkung in Ischl leicht dahin gebracht werden wird, die Sache nur als das zu betrachten, was sie wirklich ist, nemlich eine infame Gemeinheit, oder ein Complott gegen Sie und daß er bald nicht mehr daran denken wird. In dieser Beziehung halte ich es für günstig, daß Toni, wie mir Palmer sagte, in der Gloriette Gasse einen an Sie gerichteten Schmähbrief sah und die gleiche Schrift der Adresse gleich erkannte. Daraus wird er wohl selbst schliessen, daß nur die Absicht vorliegt, Sie und ihn gemeinschaftlich auf das gemeinste zu beschimpfen und weiter nichts. Sehr erfreut war ich von Palmer zu hören, daß die Kaiserin Sie in ihrem

Schmerze getröstet hat. Sie hat wieder bewiesen, daß sie ein echter Oberengel ist.

Leider hat mir Palmer auch berichtet, daß es Ihnen wirklich schlecht geht, daß Sie entsetzlich angegriffen sind und sehr schlecht aussehen, nun kommt wohl auch die stille Woche dazu und so ängstige ich mich sehr. Da Sie jetzt nicht schreiben dürfen, so wäre ich Ihnen unendlich dankbar, wenn Sie mir entweder telegraphisch oder durch eine Zeile Nettis oder der Frln. Furich wissen ließen, wie es Ihnen geht. Innigsten Dank für Ihre schriftliche Anzeige von Vorgestern der Ankunft Palmers. Dadurch war meine telegraphische Anfrage von Gestern Früh aus Schönbrunn beantwortet, die ich in meiner Besorgniß, ich könnte Palmer verfehlen, expedirt hatte. Wegen dieser Belästigung bitte ich um Verzeihung. Und nun leben Sie wohl, theuerste Freundin. Gott sei mit Ihnen und Er gebe uns ein nicht gar zu trauriges Wiedersehen in Ischl.

In treuester Freundschaft
Franz Joseph«

Brünn, den 28. Juni 1892: »...Hier ist bis jetzt Alles sehr gut gegangen. Mein Einzug war schön, ebenso der Festzug der Schützen, Turner, Bicyclisten, Ruderer, Jäger etc – mit costumirten Reitern und Festwägen auf welchen schöne Damen in Costum hin und her gebeutelt wurden. Der Schießplatz ist hübsch gelegen und gut arrangirt und ich hatte das unerwartete Glück das Schießen mit einem gelungenen Schuße zu eröffnen. Abends war ein ganz enorm zahlreicher Fackelzug und Gestern Früh eine mich ganz besonders befriedigende Parade der Garnison. Gestern Abends war ein Fest mit Soirée im Augarten, viele Damen, mit denen ich sehr liebenswürdig war und eine Unmasse Menschen. Großer Enthusiasmus. Sie wissen, daß ich auf das Alles eigentlich nicht viel gebe, aber hier fand ich so unendlich viele natürliche Herzlichkeit, so viele Anhänglichkeit, ich möchte sagen Liebe, daß es mich wirklich freut, dabei ein so anständiges Publikum und eine seit meinem letzten Hiersein sehr verschönerte Stadt.« Der Brief endet: »...Denken Sie manchmal ohne Bitterkeit an Ihren, Ihnen so viele Unannehmlichkeit und Kummer verursachenden, aber Sie so innigst liebenden Franz Joseph«

Am 2. Juli 1892, inzwischen wieder in Schönbrunn, sorgte er sich weiter: »... leider habe ich in Ihren Zeilen noch eine nervöse Aufregung gefunden, die bestättigt, was Sie sagen, daß Sie noch immer nicht normal sind. Sie sollten Sich aber wirklich beruhigen und können es auch, denn wie mir Palmer Gestern sagte, bemüht sich der Polizei Präsident mit allem Eifer den oder die Schuldige zu entdecken und dann fand Palmer Toni, als er ihn Sonntag bei sich hatte, ganz wie gewöhnlich, ganz ruhig und gar nicht mit dem Inhalte des schändlichen Briefes beschäftigt, den er großen Theils nicht verstanden hatte und dessen Schrift er zum Theil nicht lesen konnte. Daß der Eindruck auf Toni, Gott lob, ein so geringer war, ist ja doch die Hauptsache und so sollten Sie jetzt auch weniger an die traurige Geschichte denken und Sich in möglichster Ruhe der Kur widmen. Alle beruhigenden Détails, so wie die vorläufigen Schritte der Polizei wird Ihnen Palmer mündlich berichten, der Heute Abend nach Karlsbad fahren will. Ich hatte ihn Gestern zu mir bitten lassen, um zu hören ob und was er mit dem Polizei Präsidenten gesprochen habe, den ich, Ihrem Wunsche gemäß für Heute ½2 Uhr zu mir bestellt habe. Sie sollten Ihre Absicht aufgeben, nach Wien zu kommen, denn nützen kann es nichts und es würde Sie gleich nach der Kur nur ermüden und aufregen. Sehr unnöthig finde ich, daß Palmer die Geschichte dem Grafen Wilczek erzählt hat, überhaupt wäre es gut, nicht zu viele Leute einzuweihen...«[1]

Am 4. Juli 1892 fand in Tegernsee die Hochzeit von Elisabeths Nichte, Herzogin Amelie in Bayern, mit Herzog Wilhelm von Urach statt. Das Kaiserpaar verbrachte einige Tage im Kreise der bayrischen Verwandtschaft. Tegernsee, den 5. Juli 1892: »... Obwohl in Mün-

---

1 Über den Sommer gingen die Nachforschungen weiter. Am 4. September 1892 berichtete der Kaiser über eine Besprechung mit dem Polizeipräsidenten, »von dem ich mir auch über den Stand Ihrer Abgelegenheit berichten ließ. Das werde ich Ihnen genauer mündlich erzählen. Heute nur so viel, daß der Präsident fleißig vorgearbeitet hat, jetzt aber warten muß, bis alle Betheiligten vom Lande zurückkehren. Er ist fast überzeugt, daß die Briefe nur aus dem Kreise der Frau Slowaczek stammen, glaubt aber nicht, daß sie dieselben selbst geschrieben hat und trachtet nun den eigentlichen Schreiber zu entlarven. Ich war befriedigt zu sehen, daß er mehr Daten hat, als ich erwartete.«

chen die große internationale Kunstausstellung alle gebildeten Menschen anzieht, ging ich doch Nachmittag mit Leopold, Gisela und ihren Töchtern in einen Circus, in welchem sich wilde und Hausthiere in allen möglichen Künsten produciren. Ich fürchte daß das in unseren Künstlerkreisen einen mir sehr nachtheiligen Eindruck machen wird...« (B).

Ischl, den 7. Juli 1892: »...Vorgestern Nachmittag machte ein Theil der Gesellschaft, bei dem ich auch war, eine Fahrt nach Kreuth, was ich sehr unpassend fand, da es, obwohl man nur einen Spaziergang in der dortigen Gegend machen sollte, nicht zu vermeiden war, daß wir das Neuvermählte Paar in seiner Ruhe störten und die Königin von Sachsen verfolgte eigentlich diesen Zweck, um ihre Neugierde zu befriedigen. Ich begreife nicht, wie man so indiskret sein kann. Übrigens sahen die jungen Gatten sehr zufrieden aus... Gestern Mittag ist bei der Schwimmschule in Tegernsee ein Schriftsteller aus München, namens Brachvogel im See ertrunken. Er scheint erhitzt ins Wasser gegangen zu sein und verschwand unbemerkt, wahrscheinlich in Folge eines Schlaganfalles. Erst um 6 Uhr wurde der Leichnam aus der Tiefe geholt. Wieder ein Beweis, wie vorsichtig man beim Baden sein muß, avis au lecteur oder vielmehr à la lectrice...«

Katharina Schratt befand sich zu dieser Zeit auf ihrer alljährlichen Bergtour. Der Kaiser wartete in Wien ungeduldig und besorgt auf Post und schrieb am 5. September 1892 recht vorwurfsvoll: »...Natürlich bekam ich auch nicht das versprochene Telegramm aus heiligen Blut und so weis ich gar nicht, was aus Ihnen geworden ist. Bei der eingetretenen Kälte, Heute nur 7° Wärme, sind Sie gewiß im Schneegestöber und frieren bei Ihrer mangelhaften Ausrüstung entsetzlich... Wenn ich nur im Laufe des heutigen Tages etwas erfahre und nicht mit dieser Angst abreisen muß! Sie werden mich wahrscheinlich auslachen, aber meine Stimmung ist durchaus nicht heiter...«

Auch am 11. September hatte er sich noch nicht gefaßt: »...Zur noch größeren Beruhigung liest man beständig in den Zeitungen von neuen Abstürzen von Touristen und Führern.« Als höchste Autorität führte er die Kaiserin an, die in einem Brief aus der Schweiz sehr »über das unausgesetzt schlechte Wetter klagt und wörtlich sagt: ›Für meine Reise ist es ärgerlich, für die Freundin aber eine Calamität und ich hoffe nur, sie hatte den Verstand bei diesen Nebeln nicht in Gletscherregionen zu steigen.‹ Nun diesen Verstand haben Sie nicht gehabt, doch da die Sache hoffentlich bis zu Ende gut ausgefallen ist und Sie bei solchen Gelegenheiten, *unberufen* sichtbar unter Gottes besonderem Schutze stehen, so muß man vorläufig schweigen ...«

»Schönbrunn den 17. Septbr. 1892.

Meine liebe gute Freundin,

Sie werden erstaunen in dem Glaspalaste zwei Briefe von mir zu finden, allein ich hatte Ihnen Gestern Früh in der Erwartung geschrieben, daß Sie bereits Gestern ankommen würden und hatte den Brief gleich mit der Weisung in die Gloriettegasse geschickt, daß er Ihnen nach Ihrem Eintreffen übergeben werden soll. In der Stadt erhielt ich Ihr liebes Schreiben vom 15., für welches ich innigst danke, das mich, als Beweis, daß Sie an mich denken, sehr freute, aber auch erschreckte und betrübte, da Sie von Schwindel und elend sein schreiben und die Wahrscheinlichkeit eines Aufschubes Ihrer Abreise in Aussicht stellen und richtig, als ich hierher zurückkam, fand ich Ihr Telegramm mit der Mittheilung, daß Sie nicht reisen können, aber heute jedenfalls fahren wollen. Hoffentlich sind Sie nicht wirklich krank und ist nur das gewöhnliche Unwohlsein, welches Morgen zu erwarten war, zu früh und mit unangenehmeren Nebenumständen eingetreten. Es ist offenbar die Folge der übertrieben forcirten Gletschertour in Schnee, Regen und Kälte, der Ermüdung, die Sie jetzt selbst zugeben und des vielen naß werdens. Ich war Gestern und bin Heute recht traurig gestimmt, denn ich hatte mich auf das heutige Wiedersehen so riesig gefreut und nun heißt es wieder warten und ein Tag an welchem ich Sie zu sehen und zu sprechen hoffte ist von den wenigen, die mir jetzt gegönnt sind, verloren.

Da Morgen Sonntag ist, so werde ich erst nach der 7 Uhr Messe, daher nach ¾ auf 8 Uhr zu Ihnen kommen und jetzt habe ich eine schöne, inständige Bitte: daß Sie mich Morgen im Bette erwarten. Diese Bitte könnten Sie diesesmal endlich erfüllen, denn Ihnen wird es wohl thun und gesund sein nach der Ermüdung der Reise und nach Ihrem Unwohlsein länger im Bette zu bleiben und auszuruhen und mich machen Sie glücklich, wenn Sie mir erlauben, nach so langer Zeit wieder einmal an Ihrem Bette sitzen zu dürfen. Ich hatte berechnet, daß Sie die stille Woche hier zubringen würden und hoffte mit Sicherheit, daß Sie dieses Mal meine Bitte erfüllen würden, um so mehr als während der langen Winterzeit und bis zum nächsten Aufenthalte in der Gloriettegasse keine Aussicht darauf ist. Ohnehin könnten Sie mich Morgen nicht nach Haus begleiten, da des Sonntags wegen zu viele Leute im Garten sind. Mit dieser schönen Bitte und gepeinigt vom bangen Zweifel, ob Sie wirklich werden reisen können, wünsche ich Ihnen zum zweiten Male eine recht gute, ruhige, weder durch Betrunkene, noch durch Katzen gestörte Nacht. Mit herzlichen Grüßen und – – – – –   Ihr Franz Joseph«

»Wien den 20. Septbr. 1892.

Meine liebe gute Freundin,

Die Beilage erlaube ich mir zu dem Zwecke zu senden, damit Sie Ihre versetzten Papiere wenigstens theilweise auslösen können. Sollte die Summe zu gering sein, so bitte ich Sie dringend, mir es *aufrichtig* zu schreiben. Schriftlich wird es Ihnen leichter sein *offen und klar* mit mir zu sprechen, als mündlich. Mir liegt, wie Sie wissen und wie es ja natürlich ist, sehr daran, daß Ihre Finanzen geordnet bleiben. Dazu ist aber vor Allem Aufrichtigkeit und Klarheit nothwendig und manchmal ein Gedanken an die Zukunft, die weniger rosig, als die Gegenwart sein wird und die mir oft Sorge macht. Seien Sie nicht böse, daß ich Sie mit meinem predigen und hofmeistern ärgere, aber es geht eben manchmal nicht anders und meine Absicht ist gewiß die beste, auch sind Sie viel zu gescheidt, um das nicht einzusehen.

Und nun tausend herzliche Grüße von Ihrem, sich auf Sonntag Früh unendlich freuenden und Sie innigst liebenden

                                        Franz Joseph«

Im Herbst 1892 griff eine große Cholera-Epidemie auf Ungarn über. Der Kaiser schrieb am 5. Oktober 1892 aus Gödöllö: »...Die Cholera macht in Buda-Pest Fortschritte, was auch nicht zur Erheiterung der Stimmung beitragt, obwohl wir uns hier gar nicht fürchten. Gott gebe, daß Wien und besonders Hietzing verschont bleibe! Hier fand ich schon das ganze Haus in strengem Cholera Regime. Eine Menge Speisen dürfen nicht gekocht werden, dafür wird alles Wasser gekocht und alle Gänge und Stiegen stinken nach Carbol. Nur die Kaiserin, die ich, Gott lob, sehr wohl und in guter Stimmung fand und die Sie herzlich grüßt, nimmt auf die Cholera keine Rücksicht und ißt und trinkt süße und sauere Milch.

Seit Gestern laufen beständig Telegramme über das Eintreffen der Distanz Reiter[1] in Wien und Berlin ein und obwohl ich das Ganze für militärisch zwecklos halte, so bin ich doch stolz auf die ganz außerordentlichen Leistungen unserer Herrn, die bis jetzt den Deutschen weit überlegen sind...«

Gödöllö, den 7. Oktober 1892: »...Hier wird nur von der Cholera in Buda-Pest und vom Distanzritte gesprochen. Erstere macht leider ziemliche Fortschritte und es scheinen die nothwendigen Maßregeln in landesüblicher Weise nicht mit besonderer Energie und Ordnung ergriffen worden zu sein. Der Ritt gestaltet sich immer erfreulicher, besonders durch die große Zahl unserer Herrn (bis Gestern über 60) welche Berlin erreicht haben, während es den Deutschen nicht so gut erging...«

Gödöllö, den 18. Oktober 1892: »...Ich hatte eine langen, ziemlich unangenehmen ungarischen Ministerrath und überhaupt wieder manchen Ärger. Nur die Delegationen gehen gut und rasch. Aus den hiesigen Verhältnissen heraus sehne ich mich jetzt noch mehr wie sonst nach der lieben, ruhigen Gloriette Gasse...«

Die finanziellen Sorgen der Schratt hingen wieder einmal mit ihrem Ehemann Nikolaus Kiss zusammen. Er hatte sich bisher im diplomatischen Dienst als nicht eben fähig erwiesen, hatte hohe Schulden, die seine Frau ausgleichen mußte, und verlangte von Außenminister

---

1 Gemeint war das sportliche und gesellschaftliche Großereignis eines Distanzrittes österreichisch-ungarischer und deutscher Offiziere zwischen Berlin und Wien. Sieger wurde der k.u.k. Husaren-Oberleutnant Wilhelm Graf Starhemberg, der die 680 km lange Strecke in 71 Stunden 41 Minuten bewältigte.

Kálnoky eine bessere Stelle – und den Titel eines Vizekonsuls. Um ihn außer Landes zu bringen, intervenierte seine Frau für ihn beim Kaiser.

»Wien den 21. Novbr. 1892.

Meine liebe, gute Freundin,

Ihrem Wunsche entsprechend, berichte ich Ihnen über meine gestrige Unterredung mit Kálnoky. Er war wieder sehr bereitwillig, Kiss anzustellen und ihm den Titel eines Vizekonsuls zu geben, behauptet aber, daß es nicht recht klar ist, ob Kiss wirklich die Absicht und den Willen hat eine Anstellung anzunehmen. Jedenfalls, sagte er, solle Kiss wieder zu ihm oder zu Sektions Chef Pasetti kommen. Letzterem werde ich auch meinen Wunsch bekannt geben lassen, daß die Angelegenheit bald in Ordnung komme und so hoffe ich, daß es mir endlich gelingen wird, Ihnen Beruhigung zu verschaffen.

Meine Jagd ist trotz Schneefall noch nicht abgesagt, auch steigt der Barometer und so werde ich wohl um 3 Uhr ins Gebirge fahren. Auf das Wiedersehen am Donnerstag um ½2 Uhr freue ich mich schon unendlich und indem ich Ihnen bis dahin ein herzliches Lebewohl sage, bleibe ich mit vielen – – – – – Ihr Sie innigst liebender

Franz Joseph

So eben wird die Jagd abgesagt. Ich werde daher, wenn Sie erlauben, Heute um 1 Uhr meine Aufwartung in der Gloriette Gasse machen.«

Im Januar 1893 traf Ferdinand von Bulgarien (inzwischen auf Brautschau) in Wien seine alte Freundin Schratt. Offenbar kam es aus diesem Anlaß zu einer Eifersuchtsszene des Kaisers. Jedenfalls hatte er genug Grund, um sich nachher brieflich kleinlaut zu entschuldigen:

»Wien den 21. Jänner 1893.

Zur größeren Sicherheit melde ich, daß Morgen um 7 Uhr keine Messe in der Burgkapelle ist, da der Gottesdienst wegen der Vorbereitungen zur Trauung,[1] in der Josephi Kapelle abgehalten wird. Während dem Gewurstel, das Heute bereits mächtig begonnen hat, sind meine Gedanken bei Ihnen, *liebe, liebe* Freundin, in Sehnsucht und mit immerwährenden Gewissensbissen, denn ich fühle es, daß ich Ihnen wehe gethan habe. Ich habe Sie eben fürchterlich lieb. Verzeihen Sie diesen eigentlich unpassenden Herzenserguß und denken Sie auch während der angenehmen Stunden, die Sie mit dem Bulgaren zubringen, an Ihren reuigen und treuen Freund

Franz Joseph«

»Wien den 29. Jänner 1893
Die Beilage bitte ich in gewohnter Güte entgegen nehmen zu wollen. Das geschlossene Couvert ist für Netti. Mich auf das Wiedersehen um 1 Uhr innigst freuend, bleibe ich, theuerste Freundin ihr treu ergebener

Franz Joseph«

Wien, den 31. Januar 1893: »...In der Zeitung las ich, daß der Bulgare bereits Gestern Abend mit dem Orient Expreßzuge erwartet wurde. Aus München erhielt ich leider den traurigen Bericht, daß aus politischen Gründen die Verbindung einer baierischen Prinzessin mit dem armen Herumirrenden nicht zugegeben würde...«
Wien, den 14. Februar 1893: »...Beim Erwachen erhielt ich Heute ein Telegramm des Bulgaren aus Florenz mit der Anzeige seiner Verlobung mit der Tochter des Herzogs von Parma und bald darauf die gleiche telegraphische Mittheilung des Brautvaters.[2] Unser Freund wäre also glücklich versorgt und das Weitere steht in Gottes Hand!!!«

»Den 17. Febr.
In Lichtenegg Heute 7¾ Uhr ein Bub geboren. Es geht gut. In Eile und Aufregung

Ihr Franz Joseph«

---

1 Erzherzogin Margarethe, eine Nichte des Kaisers und Schwester Franz Ferdinands, heiratete Herzog Albrecht von Württemberg.
2 Auch Katharina Schratt erhielt ein Telegramm des Bräutigams aus Florenz: »habe heute mit marie louise von parma verlobung komme donnerstag zurück. Ypsilotis.« Franz Joseph am 20. Februar 1893: »Wenn wir uns einst wiedersehen, werden Sie mir wohl vom Bulgaren erzählen«.

Franz Joseph über seinen neuen Enkel Franz Karl, das zweite Kind Marie Valeries, am 22. Februar 1893: »...Der Kleine ist ein frisches, lebendiges Kind, aber schön finde ich ihn nicht. Er hat eine große Erdäpfel Nase, die er offenbar von mir geerbt haben muß...«

Katharina Schratt, immer noch verärgert, begab sich wieder einmal auf Reisen, diesmal aber, ohne eine Adresse zu hinterlassen. Der Kaiser, der die Kaiserin in die Schweiz begleitete, reagierte hektisch und ließ in Wien Erkundigungen einziehen – was wiederum der Schratt nicht recht sein konnte.

»Territet, den 3. März

Meine Sehnsucht nach Nachricht von Ihnen wächst täglich, es ist schrecklich so gar nichts von Ihnen zu wissen und so habe ich Gestern an Januschkowetz telegraphiren lassen, er solle sich in der Nibelungen Gasse um Ihre Adresse in Meran erkundigen. Seine erste Antwort lautete, daß man nichts wisse, später telegraphirte er aber: ›Verlangte Adresse lautet: Villa Regina Meran, Adressatin fährt vielleicht Morgen von dort weg, Ziel unbekannt.‹ Darauf hin erlaubte ich mir in die Villa Regina an Sie zu telegraphiren, um mich nach Ihrem Befinden zu erkundigen und zu fragen, wohin ich schreiben kann. Nun erwarte ich mit Ungeduld, ob ich eine Antwort bekomme. Ich fürchte, daß Sie finden werden, daß das doch ein unausstehlicher Kerl ist, der immer fragen muß und daß Sie recht böse werden. Verzeihen Sie die Indiscretion mit welcher ich Ihre Spur verfolge und das Incognito so wie das Geheimnis mit welchem Sie vielleicht, gleich der Kaiserin, Ihr Reiseziel verhüllen wollen, zu lüften trachte. Ich denke mir, daß Sie an die Riviera gehen und der Sehnsucht nach dem geliebten Monte Carlo nicht widerstehen können. Das wäre schon recht, wenn der Magen bei den verschiedenen guten Diners nicht leiden würde...

Die Berge sind hier schön, besonders die Dent du Midi, aber unser Ischl ist viel schöner, denn hier sieht man, man mag hingehen, wohin man will, immer dasselbe Gebirgs- und See Bild, auch gibt es eigentlich nicht viele Promenaden. Man geht auf der Straße längs dem See, oder man kraxelt in den hinter Territet gelegenen Weinbergen und bei

Glion herum, welches steil und unmittelbar ober Territet liegt und wohin auch eine gerade Zahnradbahn, ähnlich der Ofener, nur länger, führt. Von Glion führt eine Art Rigi Bahn auf einen hohen Berg mit felsiger Spitze, wo eine schöne Aussicht auf die Berge des Berner Oberlandes sein soll, dieselbe ist aber leider wegen Schnee vor Mai nicht benützbar. Vor dem Hôtel fahrt die große Eisenbahn und noch eine elektrische Bahn vorbei, daher beständiger Lärm. Überhaupt ist mir die ganze Existenz hier viel zu städtisch und zu élégant. Das beste ist, daß mich die Kaiserin zu vielem Gehen bringt und ich dadurch magerer werden könnte, wenn ich nicht so viel und so excellent essen würde...

Mit dem berühmten Incognito ist es nicht mehr weit her, denn bereits Gestern grüßten uns viele Leute auf der Gasse und auf unserem Hotel weht neben der Schweizer auch eine schwarz-gelbe Flagge. Gestern kam mein erster Kurier, der mir Arbeit für den ganzen Vormittag brachte...

Den 4. März

...Ich habe mich doch nicht geirrt, daß Sie an die Riviera gehen, dazu kenne ich Sie zu gut und ich hoffe nur, daß die dortige, gewiß wärmere Luft und die angenehme Zerstreuung Ihnen ebenso Genesung bringen, wie das vom berühmten Oser empfohlene langweiligere Meran. Die Kaiserin läßt Sie dringend bitten, ja kein kaltes Meerbad in dieser Jahreszeit zu nehmen, dagegen empfiehlt sie Ihnen Bäder von warmem Seewasser und dann Abschütten mit kaltem...

Ich behandle Sie wirklich wie eine steckbrieflich verfolgte und es erinnert mich an den Arton[1] von der Panama Geschichte, von dessen Verfolgung durch französische Detektive in Pest, Wien und durch halb Europa jetzt die Zeitungen immer berichten, was Sie aber wohl, wie gewöhnlich, nicht gelesen haben werden...

Den 5. März

...Sehr dankbar bin ich, daß Sie mir so genau über den Ausspruch der Ärzte berichten und neugierig bin ich zu hören, welche Dinge Sie von Meran vertrieben haben, wenn es nicht die Sehnsucht nach der sonnigen Riviera und den Spielsälen von Monte Carlo war. Ich würde

---

1 Leopold Emile Arton hatte Abgeordnete bestochen.

Ihnen aber rathen, dort kein Carlsbader Wasser zu trinken, denn da Ihre Kräfte zu einer strengen Diät gewiß nicht reichen, so könnte Ihnen das Wasser nur schaden und Heuer müssen Sie doch noch nach Carlsbad zu einer ordentlichen Kur. Es ist doch schön von Ihnen, daß Sie Thimig den bulgarischen Orden verschafft haben. Da er sich, wie ich in der Zeitung las, den Fuß so verstaucht hat, daß Devrient seine Rolle in Krimhilde übernehmen mußte, so fürchte ich, daß es bei den Freudensprüngen geschehen ist, die er wegen dem Orden machte. Hat sich denn der Bulgare bereits mehr in die Rolle als künftiger Ehemann hineingefunden? Schon wieder eine Frage. Die Kaiserin findet, daß es zwar eine Ehre sein mag, meine Freundin zu sein, aber assomant, wegen meiner beständigen Nachfragen nach Ihrem Aufenthalte. Trotz dieser Bemerkung werde ich mich doch, wenn ich Heute kein Telegramm von Ihnen erhalte, in Wien nach Ihnen erkundigen. Ich bin eben unverbesserlich! und Sie sind für mich viel zu gut und nachsichtig...

Den 6. März

Gestern habe ich mich richtig in der Nibelungen Gasse nach Ihnen erkundigen lassen und als ich mich eben ins Bett legen wollte, kam die Antwort, daß Sie Gestern, Sonntag, in Mentone, Hotel Royal eintreffen sollten. Nun kann ich endlich diesen bandwurmartigen Brief absenden, von welchem ich leider beim Durchlesen finde, daß er recht stupid ist. Sie werden ihn aber hoffentlich in gewohnter Güte aufnehmen und denken, daß der Wille gut war.

Und nun herzlichste Grüße und – – – – von Ihrem Sie innigst liebenden   Franz Joseph« (B)

Territet, den 9. März 1893: »... Auch bin ich neugierig zu hören, wo Sie die Tage bis zu Ihrem verspäteten Eintreffen in Mentone zugebracht haben und nachdem ich schon wieder im fragen drinnen bin, so frage ich noch, ob Sie mit Ihrer Wohnung zufrieden sind, ob Netti nachdem die Reise nach dem heiteren Süden gegangen ist, sich doch herabgelassen hat, Sie zu begleiten, oder ob Sie Sich mit der schönen Lisi begnügen müssen und endlich ob Sie viel und mit welchem Glücke spielen? Die Kaiserin würde sagen, daß ich assomant bin, aber Sie beurtheilen mich milder und daher hoffe ich, daß Sie

meine Neugierde als Zeichen betrachten, wie sehr mich Alles interessirt, was Sie betrifft und wie sehr meine Gedanken beständig bei
Ihnen sind. Ich lege Ihr letztes Telegramm hier bei, da es Sie amusiren
wird zu sehen, daß dasselbe, wahrscheinlich durch Verstümmelung,
etwas compromettant geworden ist. Wären jedoch, die 1000 telegraphischen Stricherln *wirkliche,* ich würde mich gewiß nicht beklagen...

Fast alle Leute kennen uns schon und ich bin erstaunt, daß uns
nicht nur die zahllosen Engländer, sondern auch die eingeborenen
Republikaner freundlich grüßen, ohne uns im übrigen zu molestiren...«

Die Stimmung der Schratt war, aus welchen Gründen immer,
schlecht. Der Kaiser sorgte sich – wie so oft – um ihre Gesundheit
und schrieb aus Territet am 11. März 1893 nach Mentone: »...Wenn
nur Ihre trübe Stimmung bald aufhört und Sie mit *Energie und
Ausdauer* wirklich einmal eine ordentliche Kur beginnen und auch
durchführen würden. Ich glaube, daß es höchste Zeit ist und daß
wirkliche Beruhigung Ihrer Nerven vor Allem nothwendig wäre. Mir
hätte Carlsbad das zweckmässigste geschienen, aber ich bin kein Arzt
und verstehe es nicht, nur befürchte ich, daß die Luft von Mentone
nicht kräftig genug sein wird. Hier wäre eine vortreffliche, reine,
stärkende, gewiß unendlich gesunde Luft, wenngleich ich den Aufenthalt hier nicht besonders sympatisch finde und nicht viel Erheiterung zu finden ist.

Kefir wird Ihnen gewiß gut thun, denn ich glaube, daß es kräftigt
und dann ist es ein modernes Mittel. Ich habe einmal in Wien bei der
Kaiserin davon probirt und habe auch Brrr! gemacht, aber ich bin
überzeugt, daß man es, wie so Vieles, gewöhnt und dann sogar gut
findet. Was Sie mir über den Bulgaren schreiben, hat mich amusirt,
aber es scheint mir, daß er, statt sich in seine Zukunft nach und nach
zu finden, immer mehr in die Aversion gegen seine Braut und deren
Familie hineinredet. Das kann schön werden...

Vielleicht hätten Sie auch die Güte, Direktor Palmer in meinem
Namen zu bitten, mir es, etwa durch Frau von Ferenczy wissen zu
lassen, wann er wieder in Wien eingetroffen sein wird, denn durch ihn
könnte ich die sichersten und genauesten Nachrichten von Ihnen

erhalten und wie ich mich nach solchen sehne, können Sie denken. Ich vermuthe, daß sein Urlaub in einiger Zeit zu Ende sein muß...

Ich merke, daß ich lang und langweilig werde und Ihre Nerven angreife, daher Schluß und tausend herzliche Grüße von Ihrem Sie innigst liebenden Franz Joseph«

Auch am 13. März 1893 schrieb er einen langen besorgten Brief: »Ich möchte eigentlich täglich telegraphisch anfragen, traue mich aber doch nicht, Sie so zu belästigen.«

Beim übernächsten Brief, verfaßt am 21. März 1893, wurde die erste Seite (mit Rückseite) abgetrennt – was wohl darauf hinweist, daß die Schratt in dieser Zeit Dinge zu verbergen hatte. Der Kaiser forschte jedenfalls der Freundin weiterhin hartnäckig nach und bat auch Eduard Palmer zu sich, um Neuigkeiten zu erfahren. Aus dem Fragment vom 21. März 1893: »...Den Brief vom 17. schickte Palmer Gestern und Heute werde ich ihn um 1 Uhr bei Frau v. Ferenczy sehen. Sie können denken, mit wieviel Ungeduld ich dieser Zusammenkunft entgegen sehe und wie ich Palmer ausfragen werde. Ich hoffe, daß er mittheilsam sein wird.[1] Den Fall Wlassak werde ich mir,

---

1 Dazu am 25. März 1893: »Mit Palmer besprachen wir, daß Sie so viele Kuren beginnen und keine grundlich brauchen und zu Ende führen. Er behauptet übrigens, daß Sie an der Riviera wirklich im Essen Diät gehalten haben, was sehr erfreulich wäre.«

Ihrem Wunsche gemäß, von ihm gründlich vortragen lassen.[1] Ich denke, daß wenn es Ihnen wegen Sitzmangel auch nicht gelungen sein sollte Monsieur Coquelin in Monte Carlo spielen zu sehen, er der femme extraordinaire[2] doch gewiß einen Besuch abgestattet hat. Zu dem mäßigen Gewinne in der Spielhölle gratulire ich bestens und hoffe, daß das Glück anhaltend war und Ihnen reichlich die Mittel zum Besuche der Mutter Gottes gebracht hat.[3] Da kann man wirklich sagen: ›Der Zweck heiligt die Mittel.‹ Wenn nur die Krankheit der von mir hoch verehrten Netti nicht Ihre frommen Projekte stört. Hoffentlich geht es ihr wieder besser.

Von hier kann ich nicht viel berichten. Ich lebe sehr einförmig, habe viel zu thun, bin noch nicht an die Luft gekommen, wozu übrigens das Wetter auch nicht einladend war, habe Gestern wieder einmal Audienzen in ziemlicher Zahl gehabt und auch wieder ein Herren Diner gegeben und war erst einmal, nemlich Vorgestern im Burgtheater, um Krimhilde[4] zu sehen. Das Stück ist mühsam, wird aber so ausgezeichnet gespielt, daß es gut einmal zu sehen ist. Dem vortrefflichen Ensemble hätte es genützt, wenn Sie die Rolle der Klosterfrau übernommen hätten. Auch beleidigt ihr Kostüm nicht die religiösen Gefühle, denn es ist mehr jenes einer protestantischen Diakonissin. Die Wolter sieht in prachtvollen Toiletten merkwürdig gut aus, Frln. Reinhold producirt wieder einige neumodische Kleider ohne Taille, die sie gründlich verunstalten und Herr Bonn spielt ausgezeichnet und ohne jede Übertreibung. Der Mensch hat doch ein ausgesprochenes Talent. Gestern war die erste Vorstellung von Bern-

---

1 Der Kanzleidirektor der Generalintendanz der Hoftheater, Eduard von Wlassak, war mit dem Hofopernsänger Karl Sommer »handgemein geworden« (Bourgoing, 275). Die Schratt hatte für ihn beim Kaiser intervenirt, dieser am 18. März bemerkt: »Ich werde gewiß Gerechtigkeit walten lassen, aber versprechen, daß Wlassak nichts geschieht, kann ich jetzt nicht, denn das wäre nicht gerecht, sondern unerlaubt nachsichtig, ehe man weis, ob Nachsicht möglich ist.«

2 Der Pariser Schauspiel-Star Constant Coquelin hatte die Schratt einmal »femme extraordinaire« genannt, was der Kaiser gerne zitierte.

3 Am 22. März 1893 schrieb der Kaiser der Kaiserin, die Freundin wolle nach Rom, »wo sie ein mir bisher unbekanntes wohltätiges Marienbild entdeckt hat, das sie besuchen will«.

4 »Kriemhilde«, Stück von Wilhelm Meyer.

hard Lenz,[1] ich hatte aber keine Zeit hinein zu gehen und werde mir das Stück vielleicht heute ansehen...«

»Wien den 27. März 1893.

Meine liebe gute Freundin,

Innigsten, herzlichsten Dank für Ihren lieben, recht traurigen Brief vom 22., den ich Vorgestern erhielt und für Ihr gestriges Telegramm aus Rom, das mir Heute beim Erwachen übergeben wurde. Tausend Dank auch, daß Sie mich wegen des düsteren Inhaltes Ihres letzten Briefes zu beruhigen suchen und mich auffordern, denselben nicht zu ernst zu nehmen. Verzeihen Sie, daß ich Sie Gestern mit zwei Telegrammen bombardirt habe, allein da ich durch Palmer wußte, daß Sie Gestern Früh bereits in Rom sein sollten, so mußte ich absolut etwas von Ihrem Befinden wissen, denn trotz des Nachsatzes in Ihrem letzten lieben Briefe, ängstige ich mich doch sehr. Nachdem mein Telegramm weg war, erhielt ich durch Palmer Nachricht von Ihrer Ankunft in Rom und daß Sie nicht im Hotel Quirinal, sondern im Hotel Royal wohnen, daher mußte ich wieder mit neuer Adresse telegraphiren. Hoffentlich requiriren Sie auch meinen Brief vom 25., der Heute *im Hotel Quirinal* eintreffen muß und ebenso hoffe ich, daß Sie mein Schreiben vom 21. noch vor Ihrer Abreise in Mentone erhalten haben.

Aus Ihrem letzten Briefe ersehe ich zu meiner innigsten Betrübniß, daß es Ihnen wieder recht schlecht gegangen ist und daß besonders Ihre Nerven sehr angegriffen sind. Verzeihen Sie mir, wenn ich Ihnen sage, daß Sie mitunter recht unvernünftig sind, denn Ihnen ist, wie Sie es doch eigentlich selbst fühlen, vor Allem Ruhe nothwendig und dazu suchen Sie Sich Mentone aus, wo Sie natürlich nicht ruhig bleiben und unter Anleitung des Arztes Ihrer Gesundheit leben, sondern beständig Ausflüge machen und in der letzten Zeit täglich nach Monte Carlo gehen und statt frische Luft zu genießen, die Zeit in der dicken, ungesunden Atmosphäre der Spielsäle in beständiger Aufregung zubringen. Dazu die unglückliche Idee absolut gewinnen zu wollen, die Ihre Nerven aufregen und in beständiger Spannung

---

1 »Bernhard Lenz« von Adolf Wilbrandt

erhalten muß, auch wenn die Summen nicht groß sind, um welche es sich handelt und endlich das gewöhnliche Resultat, daß Alles Pfutsch ist. Jetzt kommt noch die Hetze in Rom, wo Sie aber hoffentlich die Buben dem Hofmeister überlassen werden und da Sie die dortigen Merkwürdigkeiten bereits kennen, möglichst ruhig bleiben und Sich hauptsächlich nur mit der Madonna beschäftigen werden. Ich glaube jetzt selbst, daß es Ihnen, wie Sie mir schreiben, zuträglicher gewesen wäre, wenn Sie hier geblieben wären und würde Ihnen rathen, nach Ihrer Rückkehr, wenn das Wetter es erlaubt, recht bald in die Gloriette Gasse zu ziehen, wo Sie verhältnißmäßig doch etwas mehr Ruhe finden. Dieser Rath ist von mir wohl auch etwas egoistisch, da ich Sie in Hietzing ungestörter und ruhiger sehen kann, aber ich bin überzeugt, daß der dortige Aufenthalt Ihrer Gesundheit zuträglich sein wird. Das Übrige muß dann eine gründliche und *ruhige* Kur in Carlsbad bewirken. Verzeihen Sie meine assomante Predigt, die ich aus acquit de conscience niedergeschrieben habe, obwohl ich aus Erfahrung weis, daß es nichts nützt.

Die Kaiserin ist Gestern endlich glücklich auf die Miramar in Genua gekommen, nachdem sie sich in Lugano, Bellagio und Mailand aufgehalten hatte und trotz Kälte vom Comer See sehr entzückt war. Hier ist es nach einigen wärmeren Tagen auch wieder kalt, jetzt 6 Uhr Früh 1° unter Null bei schönem Wetter. Trotz desselben bin ich die letzten Tage nicht ins Freie gekommen und Heute dürfte es mir auch kaum gelingen. Gestern hatte ich ein ziemlich zahlreiches Familien Diner bei meinem Bruder Carl, bei welchem auch das Brautpaar Erbgroßherzog von Luxemburg und Prinzessin Anna von Braganza, Schwester meiner Schwägerin Marie Therese, erschien. Trotzdem beide nicht mehr in der ersten Jugend sind, schienen sie sehr verliebt. Jedenfalls sind sie besser daran wie der arme Bulgare.[1]

Doch jetzt muß ich schliessen. Heute in acht Tagen sind Sie

---

1 Zu Ferdinand von Bulgarien am 25. März: »Der arme Bulgare muß doch recht krank gewesen sein und viel gelitten haben. Ärzte hat er wenigstens genug gehabt und nun kommt zur Rekonvalescenz die Hochzeit!« Am 29. März schrieb er, »daß der Bulgare am 5. April hierher kommt, was Sie übrigens wohl schon wissen werden und daß seine Vermählung um 8 oder 10 Tage verschoben ist«.

hoffentlich hier, herrlicher Gedanke, Gott beschütze Sie in der Welt-
stadt und auf der Reise. Tausend herzliche Grüße detto für Toni von
Ihrem

Franz Joseph«

»Wien den 3. April 1893.

Meine liebe gute Freundin,

Auch wenn Sie mir nicht so freundlich den Wunsch ausgesprochen
hätten, Heute in der Nibelungengasse einige liebe, gute Zeilen von
mir zu finden, hätte ich Ihnen jedenfalls geschrieben, um Sie in der
Heimath willkommen zu heißen. Ob nun meine Zeilen lieb und gut
ausfallen, weis ich nicht, aber, daß sie von ganzem Herzen kommen
und daß dieses recht traurige Herz aufjubelt bei dem Gedanken, Sie
Heute endlich wiederzusehen, nach langer Trennung, das kann ich Sie
versichern. Ich glaube, daß ich mich noch nie so nach Ihnen gesehnt
habe, wie dieses Mal und ich bin seit meiner Rückkehr aus der
Schweiz in einem so melancholischen Zustande, daß ich nur von
Ihnen Rettung erhoffe. Sie werden mit Recht finden, daß ich schon
wie der Bulgare bin, und nur von mir spreche,[1] aber ich sündige eben
auf Ihre Güte und Nachsicht, indem ich Ihnen mein Herz ausschütte.

Ihr letzter Brief aus Rom hat mich sehr glücklich gemacht, denn er
enthält für mich so viel Schönes und Liebes und ich danke Ihnen
innigst für denselben, so wie für Ihre Telegramme. Ich fürchte, daß
Sie recht elend und müde nach der langen Reise und zwei durchfahre-
nen Nächten ankommen werden, noch dazu während der stillen
Woche und da sollten Sie Sich eigentlich ausruhen und nur an Ihre
Gesundheit denken. Darum bitte ich Sie vor Allem. Sollten Sie aber
doch wohl und kräftig genug sein, um zu einem Wiedersehen kommen zu können, so melde ich, daß Frau von Ferenczy Sie von 1 Uhr
an in ihrer Wohnung erwarten wird. Da Sie aber erst um 10 Uhr

---

1 Aus einem der lamentierenden Briefe Ferdinands an die Schratt (undatiert, Ende
1893) hier ein Beispiel: »Ich weiß, ich bin schon lange für Sie nurmehr III. Classe! ein
uninteressanter Langeweiliger nicht mehr Neues bietender Mensch; es ist sehr
kränkend, wenn man weiß, wie mein Inneres ist und wie ich durch nichts eine solche
grausame Ignorirung verdient habe!«

ankommen, vielleicht mit Verspätung sogar noch später und die ein Uhr Stunde eine zu frühe sein dürfte, so wird Frau v. Ferenczy so lange warten, bis Sie kommen und mich dann gleich holen.

Machen Sie sich auf assomante Fragen gefaßt und wappnen Sie Sich in gewohnter Milde mit Geduld. Ich werde aber auch Manches zu erzählen trachten. Und nun auf hoffentlich frohes, jedenfalls mich beseeligendes Wiedersehen, aber nur wenn Sie wohl und kräftig genug sind und es Ihnen nicht schaden kann. Ich kann ja, wenn es sein muß, auch geduldig sein und warten. Mit zwischen Sehnsucht und Bangigkeit wechselnden Gefühlen und tausend herzlichen Willkommgrüßen, Ihr dankbarer

Franz Joseph«

Gastein, den 3. Juli 1893: »...Gestatten Sie mir, Ihnen auch schriftlich meinen innigsten Dank für alle Ihre Güte und Nachsicht in dieser schönen Zeit der Gloriette Gasse und der Lainzer Villa auszusprechen, ganz besonders auch für Ihre beglückende und gewiß auch nützliche Theilnahme an der Malersitzung, wobei Sie Sich durch das gute Frühstück wieder als meine Vorsehung erwiesen. Glücklicherweise kam es zu keinem Skandale, da ich es sorgfältig vermied, durch an Pochwalski gerichtete Fragen, Ihnen eine vollkommen glänzende Produktion seines Stotterns zu geben. Immerhin werden Sie Sich überzeugt haben, daß ich nicht ganz aufgeschnitten habe, *worüber ich um Ihre Ansicht bitte.*

Innigsten Dank auch für die zweimalige Begrüßung aus dem Garderobe Fenster, die mich als letzten Abschied rührte und beglückte. Bei der ersten war die ganz weiße Erscheinung originell und interessant. Die weiße Farbe auf Ihrem lieben Gesichte war wohl der Grundton für die aufzutragende Schminke. Daß Ihr Spiel mich wieder entzückte, brauche ich Ihnen nicht zu sagen.

Der ganze Abend war wieder einmal ein sehr gelungener. Beim Wegfahren sah ich längst dem Gitter des Volksgartens eine Gestalt schleichen, die ich für einen der Leute hielt, wie sie Baron Gorup[1] so zahlreich verwendet, allein bei genauerer Besichtigung erkannte ich

---

1 Gemeint sind die Polizeiagenten, von Polizeipräsident Baron Gorup eingesetzt.

Direktor Palmer, der offenbar den Augenblick erwartete, um Sie in der Garderobe zu besuchen und Sie nach Hietzing zu begleiten. Daß ich eine Anwandlung von Eifersucht hatte, ist eigentlich lächerlich, aber doch wahr. Sie kennen mich alten Esel und werden daher nicht böse sein...«

Gastein den 5. Juli 1893: »...Das Bade Publikum ist eher noch weniger schön als gewöhnlich, aber es beginnt ziemlich voll zu werden, die Bademusick ist eher besser als vor zwei Jahren. Man sieht, wie immer viele alte und decrepite Leute, Heinrich der Plapper-hafte,[1] den ich vom Fenster aus sah, erscheint unter ihnen wie ein Herkules. Die durch den Panama Proceß berühmt gewordene Ma-dame Cottu aus Paris ist mit zwei hübschen Buben hier, während ihr Mann, eine Art Gauner, in Ischl sein soll...«

Gastein den 7. Juli 1893: »...Wenigstens wegen den Möbeln haben Sie keine Sorge mehr, ihre beiden ›aber‹ scheinen aber anzudeuten, daß die Lösung der Frage ziemlich theuer war. Sehr neugierig bin ich von Ihnen mündlich zu hören, warum Sie das Maler Diner gaben, welches gewiß, wie alle Ihre Diners, charmant war.

Ich denke oft mit Freude an das behagliche Diner, welches ich à trois in Ihrem Gartensalon mitmachen durfte. Pochwalsky ist jeden-falls ein Phänomen, denn manchmal so stottern, daß er Minutenlang kein Wort heraus bringt und in Ihrer Gesellschaft fließend sprechen ist merkwürdig. Ich habe nicht aufgeschnitten und es ist offenbar Ihre wohlthuende Gegenwart, die einen so günstigen Einfluß auf ihn hat, welcher sich hoffentlich auch beim Gelingen des Bildes geltend machen wird. Haben Sie nicht auch gefunden, daß ich auf der Photographie meiner Ankunft in Gastein eine sehr unästethische Stellung einnehme? Der Grieche hat sich so eine Photographie ange-schafft, die er uns zeigte. Es ist hier ein Herr Ritter aus Mailand sammt Gemahlin, Bekannte des Gassengreises und dieser Herr stellt sich täglich vor 4 Uhr, wenn ich zum Essen in die Helenenburg gehe, mit seinem photographischen Handapparate auf dem Platze vor dem Eingang des Hôtel Straubinger auf und im Momente, wo ich aus dem Hause trete, schießt er los. Wenigstens sehr ungenirt...«

---

1 Der Bankier Heinrich Stametz-Maier, auch »Gassengreis« genannt

Gastein, den 9. Juli 1893: »...Ich habe leider doch recht gehabt, daß Hunger-Schwitz Kur und Spielen nicht zusammen geht und bin nur froh, daß die Schwäche bei der Probe sich noch mit Kneipbrod hat beheben lassen. Mit Ungeduld erwarte ich die gestrigen Zeitungen, um zu sehen, ob die vorgestrige, *nicht studirte* Rolle glücklich und ohne Unfall vorüber gegangen ist. Dasselbe hoffe ich von der Audienz, die Bezecny Gestern bei Ihnen haben sollte, ich kann mir aber lebhaft vorstellen, wie mühsam Ihnen das liebenswürdig sein gewesen sein muß.

Von der Kaiserin, welche Sie herzlichst grüßt, kann ich, Gott lob, nur günstiges berichten. Die doppelte Kur scheint ihr gut anzuschlagen und wenn sie sich das Essen gönnt, was doch manchmal vorkommt, so finde ich ihren Appetit ausgezeichnet. Sie geht viel, aber mit mehr Maß, als in früheren Jahren und strengt sich dabei nicht mehr so entsetzlich an...

Vorgestern las ich einen Bericht Burians aus Sofia, der meldet, daß es dort bestimmt heißt, daß die Bulgaren Fürstin in der Hoffnung sei und daß dieses frohe Ereigniß in zehn Tagen offiziell bekannt gegeben werden solle. Indessen hat unser Freund wieder einmal eine rechte Dummheit gemacht, indem er zwei seiner besten und treuesten Offiziere, weil sie sich der bei der berühmten Defilirkur eingeführten Etiquette und Rangordnung nicht fügen wollten, nicht nur in Arrest setzen ließ, was nichts geschadet hätte, sondern auch aus dem Dienste entlassen hat. Sie haben recht, er ist doch ein Tyrann und leider ein kleinlicher Tyrann und mit solchen oft lächerlichen Kleinlichkeiten schadet er sich. Vielleicht hat Ihnen Heinrich der Plapperhafte einen Witz berichtet, den Straubinger machte. Er nennt Königswarter[1] wegen der Mühe die er sich um mich und meine Wohnung gab, den *Kaiser*warter...«

Anfang September machte die Schratt wieder eine große Gebirgstour, während der Kaiser bei Manövern in Galizien war.

---

[1] Zu Baron Königswarter am 3. Juli 1893: »Natürlich dankte ich ihm für den mir überlassenen Salon und zwar umsomehr, als ich wieder gehört hatte, daß er sich überall dieses Aktes der Großmut rühmt...«

»Boros Sebes den 9. September 1893.

Meine liebe gute Freundin,

Vor Allem meine leider verspäteten, aber innigsten Glückwünsche zum Geburtstage. Gott segne Sie, Er erhalte Sie gesund und heiter, was am leichtesten wäre, wenn Sie im beginnenden Lebensjahre keine neuen Kuren unternehmen. Seien Sie mir auch künftig eine so treue Freundin, wie bisher, mein Glück und meine Freude!

Gestern konnte ich Ihnen nicht telegraphiren, da Sie auf schwindelnder Höhe außer aller Verbindung waren und ich erst Heute früh bei meiner Ankunft Ihr gestriges Telegramm aus dem Glocknerhause hier fand, für welches ich ebenso innigst danke, wie für jenes aus Kals. Dorthin habe ich Ihnen von Krakoviec telegraphirt und Heute von hier auf den Sonnblick. Ob Sie wohl meine Telegramme erhalten? Diesen Brief versuche ich in Wildalpen, poste restante an Sie gelangen zu machen, denn dorthin gehen Sie wohl jedenfalls. Wie glücklich mich die Nachricht Ihres Eintreffens im Glocknerhause gemacht hat, kann ich gar nicht sagen, denn ich habe mich, trotz Ihrer Mittheilung, daß Waggerl Sie begleitet, entsetzlich geängstigt, um so mehr, als ich durch Telegramm aus Ischl wußte, daß es am 7. regnete. Meine Gedanken waren beständig, auch während den Manövern, in Sorge mit Ihnen, welche durch die Ungewißheit des durch den Aufenthalt in Zell am See theilweise geänderten Programmes noch gesteigert wurde.

Sie scheinen ja auf der Adlersruhe übernachtet zu haben, gar nicht in der Salmhütte gewesen zu sein und daher den gefährlichen Weg zum Glocknerhause über die Pasterze gemacht zu haben. Das wäre gegen die Verabredung und nicht schön von Ihnen. Die Hauptsache bleibt aber, daß Sie das Ärgste überstanden haben, nun auf weniger gefährlichen Pfaden wandeln und bald wieder in Gastein die civilisirte Welt betreten. Der Himmel hat meine Gebete erhört, die ich täglich, aber besonders bei der gestrigen Messe an ihn richtete. Der Gedanke, daß Sie mir nächstes Jahr diese Angst ersparen und nur in der Umgebung des lieben, zahmen Ischl bleiben wollen, beruhigt mich schon jetzt.

Die Kaiserin ist Gestern Abend von Ischl abgereist und soll Heute um 2 Uhr in Venedig eintreffen. Von ihr und von Valérie sammt

Kindern habe ich immer die besten Nachrichten. Mir geht es auch gut und waren wir in Galizien vom besten, theils sonnigen, theils umzogenen, aber immer kühlen Manöverwetter begünstigt. Die Manöver waren interessant und lehrreich, aber anstrengend für die Truppen, die sich aber eines vorzüglichen Gesundheitszustandes erfreuten. Hier ist es viel wärmer und ich fürchte, daß es heiß wird, der Himmel ist beinahe wolkenlos. Bewohnt bin ich hier besonders gut in einem ebenerdigen Beamtenhause des Grafen Friedrich Wenkheim, welcher dasselbe auf das éléganteste herrichten ließ. Bis jetzt ging Alles auf die Minute nach dem Programme, welches Sie in Händen haben, welches auch die Cholera, von der man kaum spricht, nicht stören durfte. Hoffentlich halten Sie auch Ihr Programm ein und das ersehnte Wiedersehen kann am 15. Nachmittag stattfinden. Das wird für mich wieder einmal ein Festtag sein. Ich habe Sie eben gar so lieb und mit dieser innigsten Liebe und Freundschaft, so wie mit tausend herzlichen Grüßen und ungezählten – – – – bleibe ich Ihr

Franz Joseph«

Seiner Frau berichtete der Kaiser am 16. September 1893 von dieser »kolossalen Gletschertour« der Freundin. Sie »behauptet nie müde gewesen zu sein, sieht gut aus, ist aber entsetzlich verbrannt, mit ausgezogener, theilweise gesprungener und wunder Haut, da sie keine Gesichtsmaske trug. Geschlafen hat sie wenig, marschirt ist sie täglich 6–7 Stunden, meistens steil bergauf und bergab und nach dem, was man aus ihr herausbringt, scheinen einige Stellen doch so gewesen zu sein, daß man froh sein kann, daß sie glücklich wieder hier ist.«
Über die Reaktion der Kaiserin berichtete er der Freundin am 11. Oktober 1893: »Ihren Handkuß habe ich der Kaiserin ausgerichtet. Sie grüßt Sie herzlichst und befahl mir, Ihnen beiliegenden Zettel zu schicken, auf welchem ihr Gewicht und dessen Abnahme bei der letzten Wägung notirt ist. Natürlich wollte sie gleich Ihre Gewichtsabnahme nach der Gletschertour wissen und als ich ein Kilo meldete, fand sie das wenig. Leider fand ich die Kaiserin nicht besonders gut aussehend und in Folge von Nahrungsmangel und zu langen Fußpromenaden noch magerer als in Ischl. Zum Glück fühlt sie keine Schmerzen in den Beinen und ist sie mit den Seebädern in Venedig

sehr zufrieden. Sie war beauftragt, mir mitzutheilen, daß Valérie schon wieder in der Hoffnung ist, was mir etwas rasch nach einander vorkommt. Wenn es nur glücklich ausfällt und das Kind ebenso gesund und kräftig wird, wie die beiden älteren! Die Kaiserin ist empört und bekümmert...«

Katharina Schratt befand sich in dieser Zeit in einer Krise, war gereizt, depressiv und hatte ständig Krach am Burgtheater. Der offenkundige Grund war, daß ihre anstehende Vertragsverlängerung verzögert wurde und auch die Bemühung des Kaisers, die Prozedur zu beschleunigen, wenig nutzte. Doch kann dies nicht der einzige Grund gewesen sein. Denn die schlechte Stimmung der nun Vierzig-jährigen hielt zum Kummer des ahnungslosen Kaisers über Monate an, auch als der Vertrag längst unterzeichnet war.

Gödöllö, den 15. Oktober 1893: »... Sie thun sehr wohl daran, den Entwurf Ihres neuen Contraktes von Ihren Juristen genau prüfen zu lassen, denn bei so etwas kann man nicht vorsichtig genug sein. Es wäre doch erwünscht, wenn Bezecny bald die Courage bekäme, die Angelegenheit Ihrem Straßenfreunde[1] vorzutragen, um so mehr als Letzterer bald hierher, oder nach Ofen kommen soll und ich da Gelegenheit hätte, einen etwa nothwendigen Nachdruck zu geben...«

»Ofen den 26. Oktober 1893.
Meine liebe gute Freundin,
Ihr lieber, guter Brief vom 24., den ich Gestern erhielt, hat mich besonders gefreut, weil in demselben der Satz vorkommt, daß Sie glauben, daß es mit Ihrer Gesundheit etwas besser steht und wenn Sie das sagen, so geht es gewiß besser.
Innigsten Dank für Ihre Zeilen und für die Mühe, die Sie Sich gaben, mir trotz Ihrer vielen Beschäftigungen und Sorgen zu schreiben. Ihre Stimmung ist aber leider noch immer sehr traurig, so gewiß verzweifelt, wie sie noch nie war, seitdem ich Sie kenne. Wie angegrif-fen Ihre Nerven sind, beweist die heftige Scene, die Sie auf der Probe

---

1 Obersthofmeister Fürst Konstantin Hohenlohe

hatten. So etwas sieht Ihnen gar nicht gleich und ist nicht hübsch. Sonst sind Sie so ruhig und wenn ich Ihnen erzähle, daß ich heftig oder unangenehm war, so lachen Sie mich aus. Also werden Sie mir erlauben Ihnen zuzureden, daß Sie Sich beruhigen und Ihre Nervosität überwinden sollten, denn jeder heftige Auftritt macht Sie wieder krank. Ich kann gar nicht sagen, wie ich mich nach Ihnen sehne, wie traurig ich bin, eben jetzt von Ihnen getrennt zu sein, wo ich Ihnen vielleicht doch helfen könnte, oder wo doch wenigstens das Besprechen Ihrer Sorgen Ihnen vielleicht Erleichterung verschaffen würde. Sie haben recht, auch ich habe jetzt wieder Widerwärtigkeiten und Sorgen und es ist daher in meiner Sehnsucht nach dem Wiedersehen auch ein Stückchen Egoismus, denn Ihre liebe Gesellschaft wäre mir Trost und Erheiterung. Wenn wir jetzt so im lieben Zimmer in der Gloriette Gasse zusammen sitzen könnten, das heißt ich würde durch Ihre Güte im herrlichen Fauteuil liegen, und wir könnten zusammen schwätzen, das wäre herrlich. Sie haben recht, wenn Sie finden, daß die Tage bis zu meiner Rückkehr nach Wien zu viele sind, aber die Zahl nimmt doch ab und in vierzehn Tagen ist, so Gott will, das Wiedersehen.

Hier in der Stadt ist es noch trauriger, wie in Gödöllö, wo ich wenigstens die Jagdausflüge in guter Luft hatte. Freilich war in diesen letzten zwei Tagen nicht viel Zeit zu traurigen Gedanken und zum Trübsaal blasen, da ich durch den Vortrag des Avancements und durch den Empfang von Ministern bis Abends in Anspruch genommen war. Heute habe ich wieder Audienzen und die Beeidigung des Kriegs Ministers, auf welche bis jetzt vergessen worden war und um 6 Uhr gebe ich ein Minister Diner. Vorgestern sind wir richtig um 1 Uhr in die Stadt gekommen, worauf ich bald einen Besuch beim Eh. Joseph machte, der mit Frau, Tochter und seinem Sohne Joseph, dem Bräutigam[1], von Alcsuth hereingekommen war. Letzterer war vor Kurzem von München und Regensburg gekommen. Vor 6 Uhr kam ein indischer Fürst zu mir, der seit 8 Monaten auf der Hochzeitsreise, von Wien kommend, seit einigen Tagen in Pest war. Leider hat er

---

1 Die Braut war Prinzessin Auguste von Bayern, die älteste Tochter Giselas und somit älteste Enkelin des Kaiserpaares.

seine 15jährige Gemahlin in Wien gelassen. Er spricht außer englisch auch vorzüglich französisch, so daß ich mich sehr gut mit ihm unterhalten konnte. Nebst seinem Finanz Minister, seinem Sekretär und einem englischen Stabsoffizier, der ihn begleitete, speiste er dann bei mir.

Gestern machte die Kaiserin einen langen Spaziergang in den Ofner Bergen und nach ihrer Rückkunft ging ich noch mit ihr im Garten im Halbdunkel des Abends auf und ab. Da der Grieche Manos in der Erbschaftsangelegenheit in Bucarest bleiben muß, so hat die Kaiserin den buckligen Griechen[1], den einst Dumba empfohlen hat, von Rom kommen lassen, wo er in den Archiven beschäftigt war. Durch seinen Verstand und seine Bildung ist er ihr sehr angenehm.

Wie mir ihr Freund von der Straße geschrieben hat, hat ihm Bezecny verschiedene Auszeichnungsanträge für Künstler vorgetragen, von Ihrem Contracte schreibt er aber nichts, also hat entweder der Intendant die Sache nicht zur Sprache gebracht, oder die Angelegenheit ist in Ordnung, was ich für Sie wünsche. Jetzt habe ich Sie lange genug gelangweilt und meistens wirklich nur leeres Stroh gedroschen, daher Adieu, tausend sehnsüchtige Grüße nebst – – – von Ihrem traurigen   Franz Joseph«

Eine schwere Regierungskrise in Wien führte zur vorzeitigen Abreise Franz Josephs aus Ungarn. Am 29. Oktober 1893 mußte Ministerpräsident Graf Taaffe, ein Jugendfreund des Kaisers und seit 1879 im Amt, seinen Rücktritt erklären, weil er keine Mehrheit in der geplanten Wahlrechtsreform fand. Eine mühsame Suche nach einer neuen Regierung mündete im November in ein (kurzfristiges) Koalitionsministerium unter Fürst Alfred Windischgrätz.

Wien, den 29. Oktober 1893: »... Da bin ich und so unangenehm die Complicationen sind, die mich hierher geführt haben, so glücklich bin ich, daß ich Sie dadurch früher als erwartet wiedersehen kann. Das ist endlich einmal ein Lichtpunkt für mich und zwar ein helleuchtender. Am liebsten möchte ich gleich in die Gloriettegasse fliegen, aber das ist leider Heute nicht möglich, da ich einen Minister-

---

1 Konstantin Christomanos

rath abhalten muß und auch sonst noch in Anspruch genommen sein werde und doch sehne ich mich so unendlich nach dem Wiedersehen...«

Zum Ärger der Schratt ließ die Erneuerung ihres Burgtheater-Vertrages auf sich warten. Der Kaiser adressierte sie am 3. November 1893 aus Ofen mit: »Meine liebe gute Freundin und vacirende k.k. Hofschauspielerin« und bat um neueste Theaternachrichten: »...Ich bin schon neugierig von Ihnen Détails über den in den Zeitungen besprochenen, mit Éclat verbundenen Austritt Ihres Freundes Tewele aus dem deutschen Volkstheater zu hören. Ich las auch geheimniß-volle Andeutungen über den bevorstehenden, damit zusammenhän-genden Abgang eines anderen besonders beliebten und populären Komikers von einem anderen Theater. Ist damit Girardi gemeint und sollte das liebenswürdige Ehepaar[1] in die Angelegenheit mit ver-flochten sein?...«

Ofen, den 5. November 1893: »...Ich hoffe, daß Sie Gestern Ihren Contract mit dem Direktor, trotz des in Folge der großen Scene gespannten Verhältnißes, glücklich und zu Ihrer Zufriedenheit zu Stande gebracht haben, so daß die Zeit in der Sie vacirend waren, nur kurz war...« Auch am 7. November richtete er seinen Brief noch an die »Theuerste noch immer vacirende Freundin«.

Der schließlich geschlossene Vertrag wurde auf den 1. November 1893 rückdatiert, machte die Schratt zum lebenslänglichen Mitglied des Burgtheaters, garantierte ein Gehalt von 2625 Gulden, Gardero-bengeld von 8000 Gulden, eine Renumeration von 2275 Gulden und 140 garantierte Spielgelder von je 10 Gulden (Holub, 81) – eine insgesamt hohe Summe, die freilich für den luxuriösen Lebensstil der Schratt nicht ausreichte.

Ofen, den 21. Januar 1894: »...Mich hat wieder ein harter Schlag durch den schnellen Tod meines Kammerdieners Pachmayer getrof-fen, des einzigen den ich wirklich in jeder Beziehung brauchen konnte. Er war für mich, was Ihnen Netti ist, nur ohne ihre Fehler und Launen, ein Gentleman durch und durch, dabei findig, willig,

---

1 Alfred von Berger und Stella Hohenfels

292

unverdroßen, geschickt. Ich weis noch nicht, was ich jetzt anfangen soll, besonders auf Reisen und gar, wenn ich Civilkleider nehmen muß, die so schwer anzuziehen und passend zusammenzustellen sind. Ich war von der Nachricht, die ich Vorgestern Früh erhielt, tief erschüttert, der alte Hornung heulte wie ein kleines Kind und selbst GdC. Graf Paar hatte die Thränen in den Augen. Ich nicht, denn dazu bin ich schon zu abgestumpft, aber sehr schmerzlich hat es mich doch ergriffen...«[1]

Ofen, den 29. Januar 1894: »... Leider klagen Sie in Ihrem Briefe vom 27. wieder über Ihre Nerven und über Ihre dunkelgraue Stimmung, deren Grund ich aber nicht recht begreife, da Sie ja doch eine Menge Unterhaltung haben. Ebenso wenig begreife ich aber auch, wie Sie diese fortgesetzte Hetze auf die Länge aushalten können. Ich habe immer die Besorgniß, daß die viele Zeit, die Sie so gut sind, mir zu opfern, ein Hauptgrund Ihres anstrengenden Lebens ist, nun scheint mir aber zur Beruhigung meines Gewissens, daß es noch ärger ist, wenn ich nicht da bin. Da ich nicht in Wien bin, konnten Sie auch, ohne Sich wieder wie voriges Jahr zu ärgern, auf den Ball der Stadt Wien gehen, denn dort waren Sie wohl mit Plaperollo und Heute besuchen Sie wohl den Concordia Ball. Ach könnte ich Sie in Ihren Balltoiletten sehen! Sehr unnöthig finde ich, daß Sie wegen der Niobe mit so langen Sitzungen bei Tilgner geplagt werden, denn eine Portraitähnlichkeit der Statue ist ja doch nicht nothwendig. Hoffentlich werden Sie nicht zu echt antik costumirt, denn ich halte Sie so hoch und habe Sie so unendlich lieb, daß ein nicht vollkommen anständiges Costume mich kränken und sehr eifersüchtig machen würde. Da habe ich wieder etwas unpassendes geschrieben und Sie dürfen nicht böse sein, denn wovon das Herz voll ist, geht der Mund über und hier eigentlich die Feder durch.

Übrigens bin ich auf die Vorstellung der Niobe sehr neugierig, denke aber, daß das Stück, wie die meisten der letzten Zeit, abgelehnt

---

1 Dazu Gödöllö, 5. Oktober 1894: »Um 2 Uhr bin ich nach St. Király gefahren, wo ich im Schweiße meines Angesichtes pirschte, da meine Kammerdiener meine leichten Joppen in Wien gelassen hatten. Seit der arme Pachmaier todt ist, habe ich beständig solche angenehme Überraschungen« (B).

wird. Unvergleichlich mehr als auf diese Vorstellung freue ich mich aber natürlich auf das Wiedersehen. Heute in acht Tagen, vorausgesetzt, daß Sie am 5. bereits wieder so wohl sind und in Mitte der Hetze Zeit genug haben, um zu Frau von Ferenczy zu kommen. Ich kann es gar nicht aussprechen, wie ich mich nach Ihnen sehne, denn an manchen Tagen bin ich durch und durch melancholisch. Morgen ist auch so ein trauriger Erinnerungstag[1] für mich, den ich in Einsamkeit und Stille zubringen werde...«

Inzwischen hatte Ferdinand von Bulgarien den ersehnten Sohn bekommen, Boris, der 1918 als König Boris III. den Thron von Bulgarien besteigen sollte. Franz Joseph an die Freundin aus Ofen, den 1. Februar 1894: »...Ich denke, daß Sie Vorgestern ein ähnliches Telegramm aus Sofia erhalten haben, wie das beiliegende. Also doch und noch dazu ein *enorm* starkes Kind von der kleinen, zarten Frau! Unser Freund hat Glück, denn im Lande wird das Ereigniß sehr zur Befestigung seiner Stellung beitragen...«

In diesem Brief zitierte der Kaiser auch aus einem Brief der Kaiserin über einen geplanten gemeinsamen Aufenthalt an der Riviera. Elisabeth an Franz Joseph: »Vielleicht kann auch die Freundin auf einen Katzensprung kommen. Ihr würde es nach der großen Kälte gut thun und mir wäre es eine große Freude sie wiederzusehen.« Als die Schratt dies aber als Einladung nahm und sich in Cap Martin ansagte, gab es Schwierigkeiten.

---

1 Der fünfte Jahrestag der Tragödie von Mayerling

Meine liebe gute Freundin,

›Nicht nöthig‹ mußte ich leider Gestern telegraphiren und das war für mich sehr schmerzlich, aber es ging eben nicht anders. Als die Kaiserin den Wunsch schrieb, Sie hier zu sehen, war das nicht eine Phrase oder das Gefühl des Mitleides, wie Sie meinten, sondern die wahre Sehnsucht nach Ihnen, die sie während der ganzen Reise erfüllte. Nun besprachen wir Gestern die Sache und fanden leider, nach Erwägung der Sachlage, daß es besser wäre, wenn Ihr Besuch unterbliebe. Von einem Incognito ist hier natürlich keine Rede, man ist von einer Menge Leute beständig beobachtet, es wimmelt von Neugierigen und von hohen Herrschaften und wir fürchten, daß unsere Beziehungen zu Ihnen einer boshaften Kritik unterzogen werden könnten. Bei uns zu Hause hat man fast allgemein die Art unserer Freundschaft verstehen gelernt, hier im Auslande und an diesem leider nicht stillen, sondern sehr besuchten und bewegten Orte ist es etwas anderes. Die Kaiserin, die immer das richtigste Urtheil hat, findet, daß das Alles uns alten Leuten nichts schaden würde, aber ihr ist es vor Allem um Sie und um Toni zu thun. So, jetzt habe ich es gesagt und sie sind so gut und so gescheidt, daß Sie hoffentlich nicht böse sein werden, aber ich bin sehr traurig, daß ich Sie so lange nicht sehen werde und trotz der Freude des Wiedersehens mit der Kaiserin, trotz der herrlichen Gegend und der warmen, guten Luft, bin ich melancholisch und meine Gedanken sind beständig bei Ihnen. Mit Sehnsucht erwarte ich eine Antwort auf meine gestrige telegraphische Frage wegen Ihrem Befinden nach dem Pester Ausfluge. Dieselbe könnte schon da sein. Sie sind am Ende krank, da Sie Sich letzten Montag bei unserem Abschiede nur halbert befanden. Ich ängstige mich. Nochmals, auch schriftlich, unseren herzlichsten Dank für die ganz besonders schönen, frischen und duftenden Veilchen Körbe, die wir Gestern Vormittag durch Vermittlung Palmers erhielten. Ihn selbst habe ich Gestern Nachmittag am Meeresstrande spazieren gehen gesehen, als ich durch Monte Carlo fuhr. Daß ich auch in den Spielsäälen war, mögen Ihnen beiliegende Karten beweisen, aber gespielt habe ich nicht, denn dazu war die Situation doch zu bedenklich. Ich war mit Liechtenstein, Paar und Berzeviczy Nachmittag nach Monte Carlo gefahren, konnte noch unerkannt die schönen Gartenanlagen und die Terrasse ansehen und in die Spielsääle gelangen. Nachdem ich der Roulette und dem Trente et Quarante an mehreren Tischen zugesehen hatte, fing das zahlreiche Publikum an unruhig und neugierig zu werden. Es war die höchste Zeit abzufahren und von einer Schaar Menschen gefolgt, erreichten wir unsere Wägen und fuhren nach Monaco. Mir hat Monte Carlo und Monaco sehr gut gefallen, die Lage ist ebenso wie die von Cap Martin herrlich, aber die Spielsääle fand ich in der Architektur überladen und nicht élégant, auch das spielende Publikum war recht ordinär und meistens alt. Hübsche Cocotten und überhaupt hübsche Damen sah ich wenige. Später am Abende soll das besser sein.

Die Kaiserin, die Sie herzlichst grüßt, fand ich, Gott lob, sehr gut aussehend und heiter. Sie hatte noch im Golfe von Lyon einen besonders starken Sturm durchgemacht und war Vorgestern in Cap Martin eingezogen. Im Hause wohnen noch mein Schwager Carl[1] mit Frau und Tochter, Kaiserin Eugénie[2] und eine Menge andere Leute. Ich bin in zwei kleinen Zimmern gut bewohnt mit Aussicht auf das Meer. Mit Gräfin Mikes und den Herrn frühstücke ich um ½12 Uhr und speise um 7 Uhr. Nach der regnerischen Abreise von Wien, war meine Reise vom schönsten Wetter begünstigt, in Lichtenegg und München[3] fand ich Alle sehr wohl und an beiden Orten wurde ich vortrefflich verköstigt, beide Nächte schlief ich im Waggon ziemlich gut. Die Fahrt längs dem Zuger, dem Vier Waldstätter See und über den Gotthardt war von wolkenlosem Himmel begünstigt und vom Südende des Lago Maggiore sah ich trotz beginnender Dunkelheit und bereits getrübtem Himmel, den Monte Rosa. Längs des Vier Waldstätter Sees fuhr ich gerade um die Zeit als Sie auf der Reise nach Buda-Pest waren und in Gedanken verfolgte ich Ihre Fahrt in Udels Gesellschaft. In Mentone kam ich Gestern Früh um halb sechs Uhr an und fuhr von dort zu Wagen hierher. Jetzt werde ich frühstücken und

---

1 Herzog Karl Theodor in Bayern
2 Die Witwe Napoleons III. verbrachte ihren Lebensabend an der Riviera.
3 In Lichtenegg lebte die jüngste Kaisertochter Marie Valerie mit ihrer Familie, in München die älteste Tochter Gisela.

dann mit der Kaiserin die Morgen Promenade machen, daher Adieu und tausend herzliche Grüße nebst vielen – – – von Ihrem, Sie innigst liebenden
Franz Joseph«

Am 4. März 1894 dankte Franz Joseph der gekränkten Freundin für ihr Verständnis: »Sie sind eben immer meine liebe gute gescheidte Freundin, der wahre Oberengel.« Immerhin aber bat er Eduard Palmer, der ebenfalls an der Riviera war, zu einer Unterredung zu sich: »Daß viel von Ihnen gesprochen wurde, können Sie Sich denken und auch, daß mir das eine Freude war. Er hatte bereits Ihr Telegramm mit der Absage Ihres Herkommens und fand vom Standpunkte der zu großen Hetze, daß es so besser sei.« Er versicherte die Freundin seiner Zuneigung: »Aber trotz des blauen Himmels, des schönen Meeres und der südlichen Sonne, will meine Stimmung nicht rosig, nicht heiter werden. Ich finde eben die Gloriette Gasse und die Felicitas viel schöner, als die Riviera...«

eben die Gloriette Gasse und die Felicitas viel schöner, als die Riviera.

Nach einer Wohltätigkeitsveranstaltung in Budapest bekam die Schratt schlechte Kritiken. Cap Martin, den 6. März 1894: »... Frau von Ferenczy hat mir richtig eine Menge Ausschnitte ungarischer Zeitungen geschickt, die mich meistentheils sehr geärgert haben, durch ihre dumme chauvinistische, unartige und gemeine Beurtheilung Ihrer Leistung. Jedenfalls hätten Sie besser gethan, nicht so gut und wohlthätig zu sein und die Excursion nach Buda-Pest bleiben zu lassen... Vorgestern bin ich nach dem Déjeuner um 1 Uhr nach Monaco gefahren, um dem Fürstenpaare[1] meine Aufwartung zu machen. Ich fand die Herrschaften zu Hause, die sehr aimable waren und mir das schöne, interessante Schloß und den Garten zeigten. Die

---

1 Fürst Albert I., in zweiter Ehe verheiratet mit Alice, geb. Heine, verwitwete Herzogin von Richelieu.

Fürstin, von der Palmer behauptet, daß sie aussieht wie eine alte Cocotte, und die wirklich gelb gefärbte Haare hat, fand ich sehr angenehm und natürlich. Gestern kam der König von Neapel[1] mit seinem Bruder dem Grafen von Caserta, dessen Frau, charmanten Tochter und Schwiegermutter von Cannes zum Déjeuner zu uns, welchem auch mein Schwager Carl mit Frau und Tochter beiwohnten, so daß wir 10 Personen waren. Die Kaiserin, die sich durch längeres Fasten vorbereitet hatte, aß von allen Speisen mit dem besten Appetite. Es war wohlthuend zu sehen, wie sie sich einmal satt aß ...

Liechtenstein hat Gestern Nachmittag bei der Roulette mit zweimal 13 setzen 700 francs gewonnen ...«

Cap Martin, den 8. März 1894: »... Ich bedauere, daß Sie die Nachrichten von hier aus den Zeitungen geschöpft haben, denn so viele Telegramme und so viele Berichte in denselben, so viele Lügen ...«

Cap Martin, den 10. März 1894: »... Vorgestern ist mein Ausflug nach Cannes vom schönsten Wetter begünstigt, zu meiner großen Befriedigung ausgefallen. Ich finde Cannes bei weitem den schönsten Ort an der Riviera; die Vegetation ist dort wirklich herrlich, die zahllosen Gärten wunderbar, die Berge haben so malerische Formen und das Meer ist von vielen Schiffen belebt, was an den anderen Orten fast ganz fehlt ... Um 12 Uhr kam der Prinz von Wales, der recht alt und dick geworden ist, zu uns und frühstückte mit uns ... Mittrowsky gibt der Gräfin Mikes Unterricht im Spielen, aber mit schlechtem Erfolge, denn sie verliert immer ...«

Als der Kaiser nach Wien zurückkehrte, war Katharina Schratt auf Reisen in Italien. Franz Joseph klagte seiner Frau, die an der Riviera geblieben war, am 24. März 1894: »Ich fühle mich entsetzlich allein und bin sehr melancholisch ... Wenn die Freundin zurückkommt, werde ich wohl etwas heiterer werden.«

Zu den persönlichen Sorgen kamen massive politische: In Ungarn

---

1 Der seit 1861 im Exil lebende König Franz II. von Neapel. Sein jüngerer Bruder, Graf Alfons von Caserta, war verheiratet mit Antonia, Tochter des Grafen Trapani und der geborenen Erzherzogin Maria Isabella (Schwiegermutter). Welche von den drei Töchtern gemeint war, ist nicht zu klären.

Menu

Hors d'Œuvre

Caviar frais d'Astrakan

Huîtres Red Coast

Œufs à l'Archidue

Poularde à la d'Albugéra

Mousses de Bécasses Grand Hôtel

Selle de Bébogue à la Châtelaine

Yorkhire Pudding

Asperges Sauce Mousseline

Timbale de Fraises à l'Impératrice

Vacherin à la Chantilly

Desserts

Vins

Xérès Amontillado
Chablis Montonne
Château Margaux 1875
Moët et Chandon Gd Crémant Impérial
Saint Marceaux 1884 Ex Dry

Le Grand Hôtel – Monte Carlo

10 Mars 1894

Cap Martin, den 12. März 1894: »Vorgestern... nach Monte
Carlo... wo wir... bei Noël und Patard speisten. Beiliegend der
Speisezettel. Es war ausgezeichnet und ich kostete von allen Speisen,
aß aber viel weniger als die Kaiserin... Der Hauptlebenszweck
besteht hier eigentlich doch nur im Essen.«

brachte ein Streit um die Einführung der obligatorischen Zivilehe und andere Liberalisierungen im konfessionellen Bereich eine innenpolitische Krise hervor, die sich über Monate hinzog und den Kaiser, der mit den geplanten Gesetzen nicht einverstanden war, über Monate schwer verärgerte. Der Freundin klagte er aus Wien, den 25. März 1894: ».. . Ich habe eine sehr traurige Zeit durchgemacht, fühlte mich recht einsam und sehne mich so nach Ihnen. Daß ich mich nebenbei auch viel geärgert habe, können Sie Sich denken, wenn Sie ausnahmsweise eine Zeitung angesehen oder sonst wie über ungarische Vorgänge gehört haben. Leider muß ich bald abermals von Ihnen Abschied nehmen, da ich Mittwoch Abend nach Abbazia fahren will, aber hoffentlich wird die Trennung nicht lange dauern, denn Freitag Vormittag möchte ich wieder hier zurück sein. Und nun Adieu, liebe, liebe Freundin. Übermorgen werde ich hoffentlich wieder einmal glücklich sein! Mit 1000 herzlichen Grüßen Ihr Franz Joseph.«

Freudig kündigte er seiner Frau am 27. März 1894 an: »Heute kommt die Freundin um 10 Uhr von Venedig direkt zurück und um 1 Uhr zu Frau von Ferenczy. Das wird ein erheiternder Sonnenstrahl nach den recht trüben Tagen sein.«

Doch die Rückkehr der Freundin verzögerte sich. Franz Joseph am 27. März 1894: »Ich bedaure unendlich Ihre verspätete Ankunft in Venedig, woran gewiß wieder die italienische Eisenbahn Schlamperei Schuld ist« (B).

Als die Schratt endlich in Wien eintraf, war sie erkältet und konnte deshalb den Kaiser nicht treffen – während Ferdinand von Bulgarien durchaus zum Besuche zugelassen wurde. Franz Joseph am 30. März 1894: »Freilich sind zweistündige bulgarische Audienzen kein Mittel um die Heiserkeit los zu werden.« Er schloß den Brief mit: »In schmerzlichster Sehnsucht und mit 1000 Grüßen Ihr müder und trauriger Franz Joseph.«

Auch seiner Frau klagte er am 31. März 1894 sein Leid mit der Freundin: »Das macht mich bei meiner trüben Stimmung noch trauriger, um so mehr, als sich nicht berechnen läßt, wie lange mir meine einzige Erheiterung abgehen wird. Ich habe eben viel Pech!« Und am 2. April: »Die Freundin liegt immer noch im Bette, obwohl es ihr bereits besser geht, allein da auch stille Woche ist, so läßt sie der

Arzt erst morgen aufstehen und so wird sie morgen wieder zu Frau von Ferenczy kommen, worauf ich mich schon sehr freue, da ich wirklich etwas Erheiterung brauche.«

Die Schratt ließ sich aber von den jammervollen Briefen ihres hohen Verehrers nicht beirren – und empfing weiterhin den Besuch des Bulgaren. Franz Joseph am 1. April 1894: »...Mir geht es noch immer nur sehr halbert, ich schlafe schlecht, habe Halsweh, bin heiser und huste, auch gehe ich, trotz des schönen Wetters nicht aus. Was sollte ich auch draußen machen. Ich bin jetzt auch eine Art Schmerzenreich und lamentire beständig. Um Sie nicht länger mit meinen Klagen zu langweilen, schliesse ich diese Zeilen mit dem Ausdrucke innigster Liebe und Sehnsucht, mit unzähligen Grüßen und vielen – – – – – als Ihr treu ergebener Franz Joseph.«

Der Kaiserin gegenüber klagte er am 6. April 1894 über den Bulgaren, »der samt Frau in Ebenthal wohnt, aber viel in die Stadt kommt, wo er auch die Freundin oft mit seinem Besuche beehrt oder molestiert«.

Am 9. April endlich war es soweit:
»Juchhe! Erwarte Sie um 1 Uhr bei Frau v. Ferenczy. In Eile, 1000 innige Grüße   Franz Joseph« (B)

Mit dem Rücktritt des ungarischen Ministerpräsidenten Alexander Wekerle am 1. Juni 1894 eskalierten die Turbulenzen im Streit um die Ehegesetze in Ungarn. Der Kaiser fuhr nach Budapest und versuchte, seinen Kandidaten für das Amt des Ministerpräsidenten, Graf Karl Khuen-Héderváry, den Banus von Kroatien, durchzusetzen, was allerdings scheiterte. (Nach dem Rücktritt des umstrittenen Unterrichtsministers Graf Albin Csáky und langen Verhandlungen wurde Wekerle wieder Ministerpräsident.)

»Ofen den 6. Juni 1894.

Meine liebe gute Freundin,

Nachdem ich Gestern Früh der Kaiserin geschrieben hatte, wollte ich einige Zeilen an Sie richten, allein es kamen die Arbeiten aus dem Kabinete und ich mußte meinen guten Vorsatz aufgeben. So kann ich Ihnen denn erst Heute ein Lebenszeichen von mir geben. Es sind schon drei Tage, daß ich Sie nicht gesehen habe, mir scheint es eine Ewigkeit und eine recht traurige Ewigkeit. Indessen träume ich fleißig von Ihnen, wenn auch Unsinn, und das beweist Ihnen, daß meine Gedanken Sie umgeben.

Hier bin ich so einsam, so melancholisch, mit so unangenehmen Dingen beschäftigt, daß ich nur einen Wunsch habe: Aussi möcht i, zurück in den schönen, grünen Thiergarten, zurück in die liebe Gloriette Gasse, ja selbst zurück in die heißen Zimmer der Wiener Burg. Ich werde schon wie Ihre Freunde der Bulgare und Graf Wilczek und lamentire Ihnen über mich vor, um bedauert zu werden, gehen wir daher auf ein anderes Kapitel über.

Ich warte mit Sehnsucht auf Nachrichten von Ihnen, auf einen Brief, der mir sagt, wie Sie die letzten Tage zugebracht haben und wie es Ihnen geht. Wie lange werde ich warten müssen? Heute Abend werde ich an Dora[1] denken, nach welcher Sie Morgen recht lange ausschlafen können, da ich Sie nicht belästigen werde.

Ich kann noch gar nicht bestimmen, wann ich nach Wien und Lainz zurückkommen werde, ich hoffe aber doch, Sie noch vor Ihrer Abreise sehen zu können. Alles hängt von der Dauer der Ministerkri-

---

1 In dem Stück von Victorien Sardou spielte die Schratt die Titelrolle.

sis ab, die Heute noch nicht absehbar ist. Nachdem der Banus leider, in Folge sehr incorrecten Vorgehens der hiesigen Regierungsparthei, nicht réussirt ist und nachdem das Begehren des berühmten Pairs-schubes[1] aufgegeben ist, so habe ich Weckerle mündlich mit der Bildung eines neuen Ministeriums betraut, ihm aber meinen bestimmten Wunsch ausgesprochen, einige der jetzigen Minister nicht in dem neuen Kabinete zu sehen. Ob er nun die Kraft und die Courage haben wird, diese Herrn ihrer Portefeuilles zu berauben, darin liegt Heute die Hauptfrage. Sollte sich die Bildung des Ministeriums zu sehr in die Länge ziehen, so möchte ich auf einige Tage nach Wien gehen, wo ich eine militärische Sitzung in Personalangelegenheiten abhalten sollte, die ich im jetzigen Augenblicke und bei der falschen Ausle-gung, die Alles hier findet, nicht hierher berufen will. So könnte ich das Nützliche mit dem Angenehmen verbinden und die Kaiserin wiedersehen, so wie noch von Ihnen Abschied nehmen. Das ›Ange-nehme‹ ist hier nicht das richtige Wort, es sollte heißen: beglückende, tröstende. Selten habe ich Wien mit so schwerem, sorgenvollen Herzen verlassen, wie Sonntag Abend, wie gerne wäre ich in die Gloriette Gasse eingebogen, um Sie noch einmal zu sehen und trotz gedrückter Stimmung habe ich im Waggon besonders gut ge-schlafen.

Hier bin ich bei Sonnenschein und sehr warmer Luft angekommen, es ist auch verhältnismäßig recht grün. Vorgestern und Gestern sah ich mehrere Leute, um mich zu orientiren und um ihre Ansicht zu hören, an beiden Tagen speiste ich um 5 Uhr allein und machte kurze Spaziergänge im Garten, was aber ohne eine liebe Begleitung recht langweilig ist. Heute Nacht hörte ich bei recht schlechtem Schlafe Donner, das Gewitter hat aber nicht abgekühlt, denn um 4 Uhr Früh waren bereits 16°. Jetzt muß ich schliessen, um zu arbeiten, daher Adieu, liebe, theuerste Freundin und hoffentlich auf nicht zu fernes Wiedersehen. Denken Sie manchmal an Ihren Sie innigst liebenden, treuesten Freund   Franz Joseph«

---

1 Pairsschub: Wekerle hatte vom Kaiser vergeblich die Ernennung neuer Oberhaus-mitglieder gefordert, um eine Mehrheit zu bekommen.

Ofen, den 8. Juni 1894: »...Ich hoffe von einem Tage zum Anderen meine Abreise von hier festsetzen zu können, aber leider komme ich zu keinem Ende, was hauptsächlich an meiner Stützigkeit liegt, da ich in Personal Fragen nicht nachgeben will und Weckerle behauptet an Szilághy festhalten zu müssen, obwohl er eigentlich auch froh wäre, ihn los zu sein. Es sind hier recht traurige Verhältnisse, man hat mit unverlässlichen Leuten zu thun, jedes Wort, das man spricht, wird weiter getragen und kommt in die Zeitungen und anständige Gesinnungen nach unseren Begriffen sind hier selten. Die Existenz ist hier wirklich trostlos. Ich sehne mich unendlich weg und doch muß ich so lange aushalten, als ich noch Hoffnung habe, etwas durchzusetzen...«

Ofen, den 10. Juni 1894: »...Ihre Briefe sind Lichtmomente in meiner traurigen Existenz und dieselben richten mich immer wieder ein wenig auf. Mein hiesiger, trostloser Aufenthalt geht nun wirklich zu Ende, da ich wohl Heute das neue Ministerium ernennen werde und die neu eintretenden Minister Morgen bei mir den Eid ablegen sollen. Trotz meines Widerstandes und langer Kämpfe, blieb mir am Ende doch nichts übrig, als Szilághy anzunehmen, wenn auch hoffentlich auf nicht zu lange Zeit. Es wäre sonst kein Ministerium zu Stande gekommen. Ich bin des schlechtesten Humors...«

Lainz, den 23. Juni 1894: »Das unglückselige Ehegesetz ist also nun doch mit 4 Stimmen Majorität im ungarischen Oberhause durchgegangen, was vielleicht besser ist, aber mich doch traurig stimmt, da ich mir Vorwürfe und Skrupeln mache.«

Lainz, den 26. Juni 1894: »...Ihre Bemerkungen über die ungarischen Zustände sind wieder sehr richtig. Jetzt scheint es dort ruhiger zu werden und ich hoffe, daß ich doch vielleicht meinen Urlaub ungestört werde genießen können. Was sagen Sie zur Ermordung Carnots[1]? Abgesehen von der Scheußlichkeit war es so unnöthig, da der Ermordete so harmlos und machtlos war und Niemandem im Wege stand...« Über einen Besuch im Burgtheater: »Aus alter Gewohnheit blickte ich zu dem lieben Garderobe Fenster hinauf,

1 Der französische Präsident Sadi Carnot war am 24. Juni in Lyon von einem Anarchisten ermordet worden.

allein es war geschlossen und kein liebes Gesicht sah heraus. Die Vorstellung war nicht schlecht, Mitterwurzer spielte in gewohnter Manier und wurde von Oben viel applaudirt, Hartmann war weniger affectirt wie leider oft und sehr zärtlich mit Frln. Kallina, die besonders hübsch aussah und nicht schlecht spielte. Frln. Hruby war lebendiger, als gewöhnlich, Frau Lewinsky würdevoll und langweilig und Schöne vortrefflich wie immer. Ich lachte ziemlich viel und unterhielt mich so gut als es möglich ist, wenn Sie nicht spielen...«

Ende Juni fuhr die Schratt wieder zur Abmagerungskur nach Karlsbad, während ihr 14jähriger Sohn gleiches in Marienbad versuchte. Ischl, den 29. Juni 1894: »...Es freut mich, daß Toni die Kur genau nimmt; vielleicht wird auch er schlanker. Von Ihnen bin ich es überzeugt und ich wäre glücklich, der Kaiserin, die das so interessirt, Ihren Gewichtsunterschied melden zu können. In einem Briefe, den ich Gestern von ihr erhielt, klagt sie über Gewichtszunahme, wegen vielen und gutem Essen während der Reise...« Wieder gab es Grund zu Eifersucht: »Da ich in der Zeitung lese, daß die Bulgarenfürstin nach Wien gereist ist und nach Franzensbad gehen soll, so fürchte ich, daß der grollende Bulgare auch nicht lange auf sich warten lassen wird und daß sie seine Gesellschaft noch in Carlsbad genießen werden. Ich besorge, daß er nach dem gelungenen Sturze Stambulows[1], der doch ein Mord Kerl war, zu stark in das russenfreundliche Fahrwasser gerathen könnte und in dieser Beziehung traue ich ihm eigentlich gar nicht...«
Postskriptum: »Ist denn der zudringliche Festetics[2] wirklich nach Carlsbad gekommen?«

Der Kaiser machte inzwischen einen offiziellen Besuch in Trient und fuhr nach Madonna di Campiglio weiter, wo er die Kaiserin traf. Madonna di Campiglio, den 4. Juli 1894: »...Überhaupt ließ mein Aufenthalt in Trient nichts zu wünschen übrig, alles ging gut, schwarz gelb und trotz des großen Zusammenschlusses von Men-

---

1 Bulgarischer Ministerpräsident (1887–1894)
2 Gemeint war der reiche Graf Tassilo Festetics, geb. 1850.

schen, in musterhafter Ordnung. Die Eisenbahn brachte an einem Tage achttausend Menschen in die Stadt. Nach der Ankunft mußte ich noch um 9 Uhr ins Theater, wo die Oper Falstaff von Verdi vortrefflich gegeben wurde und wo ich bis gegen 11 Uhr blieb. Ich bitte, über diese Leistung zu staunen! Sonntag war Messe im Dome, dann lange Aufwartungen von Clerus, Militär, Behörden und Deputationen, an beiden Tagen Diner um 2 Uhr und Nachmittag Besichtigungen von Anstalten, Schulen, Kasernen etc – Sonntag Abend war ein wunderschönes Feuerwerk, das bis gegen 10 Uhr dauerte, Montag um 7 Uhr Früh eine mich besonders befriedigende Parade der Garnison, dann ziemlich weite Fahrten und Fußmärsche auf zwei Forts der Trienter Befestigung bei entsprechender Hitze...« (B).

Madonna di Campiglio, den 6. Juli 1894: Auf dem Monte Spinale »pflückte ich beiliegende Edelweisblüthen für Sie, welche die Kaiserin trocknen ließ, auch legt sie für Sie eine Postkarte als Erinnerung bei. Sie sehen daraus, daß wir an Sie denken und Vorgestern beim Herumsteigen auf dem Spinale, meinte die Kaiserin, daß zur vollkommenen Zufriedenheit nur Ihre liebe Gesellschaft fehle und daß Sie ihr so abgehen.« Er bedaure, »daß ich nicht an Ihrer Seite bin, um Ihnen, wenn auch mit schwachem Erfolge, Trost zuzusprechen. Vielleicht gelingt es dem Bulgaren, Sie zu erheitern. Ich habe auch aus Sofia Nachricht erhalten, daß er beabsichtige die Fürstin in Franzensbad zu besuchen und da dachte ich gleich, daß sein eigentliches Reiseziel wohl ein anderes böhmisches Bad sein würde...«

Landskron, den 5. September 1894: »...Jetzt habe ich noch eine große Bitte an Sie. Bei der Abreise der Kaiserin von Ischl, gab sie der Frau von Ferenczy den Auftrag, sich gleich nach Ihrem Eintreffen in Hietzing, zu Ihnen zu begeben, um von Ihnen noch genauere Instruktionen über Ihre häusliche Weinbereitung[1] zu erbitten. Ich konnte die Sache nicht verhindern, ohne mich in Explicationen und Erzählungen einzulassen, die gewiß auch Ihnen unangenehm gewesen wären und so bitte ich Sie recht schön, daß Sie mir zulieb und um einen großen Pantsch zu vermeiden, der Ihr freundschaftliches Verhältniß zur Kaiserin stören könnte, es über Sich zu gewinnen, Frau

---

1 Dazu am 21. September 1894: »Seitz macht bereits Wein nach Ihrer Angabe.«

Briefkopf des Hotels in Madonna di Campiglio. Der Hotelier, Franz Joseph Österreicher, galt im Tratsch der Zeitgenossen als vorehelicher Sohn des sehr jungen Franz Joseph.[1]

von Ferenczy so zu empfangen, als wenn Sie nicht über sie zürnen würden. Aufrichtigkeit und Offenheit ist gewiß das Schönste und Sie wissen, wie ich diese herrlichen Eigenschaften an Ihnen schätze, aber manchmal muß man im Leben ohne Falschheit doch seine Gefühle zu unterdrücken und sich Zwang anzuthun wissen. Mir geht es oft auch nicht besser (siehe mein Verhältniß zu meinen ungarischen Ministern). Also bitte, seien Sie gut und ersparen Sie mir viele Unannehmlichkeit...« (B)

Zur Eröffnung der galizischen Landesaustellung reiste Franz Joseph nach Lemberg, von wo er am 9. September 1894 schrieb:

---

1 Diese Information verdanke ich dem Historiker und wohl besten Habsburg-Kenner, Univ.-Prof. Dr. Adam Wandruszka.

».. .Der Empfang war hier besonders glänzend, herzlich und patriotisch und die Ovationen dauern noch immer ungeschwächt fort, ebenso die landesübliche Unzahl von Bittschriften, die mir bei meinen Ausfahrten in den Wagen gereicht und geworfen werden. Freund Walter muß beständig die Pferde anhalten und sein gewohntes rasches Tempo ist dadurch sehr gehemmt.

Die Ausstellung ist wirklich überrraschend schön, das Arrangement geschmackvoll, die Lage und die Aussicht auf die Stadt malerisch, aber es gibt so viel zu sehen, daß man schwindelig und müde wird. Ich war bereits zweimal dort, werde noch zweimal hingehen und werde dann Alles doch nur sehr oberflächlich gesehen haben.

Täglich gebe ich ein Diner von 66 Personen und zwei Soiréen habe ich bereits glücklich überstanden, welche wegen der großen Menge von Damen, mit denen ich aimable sein mußte und noch dazu in französischer Sprache, ziemlich mühsam waren. Die gestrige Soirée im Landhause, das wunderschöne, elektrisch beleuchtete Räume hat, war besonders glänzend. Es waren 3000 Personen eingeladen. Heute Früh nach der Messe im Dome, war ich in einer neugebauten großen Volksschule, vor welcher einige tausend Schulkinder, zuerst Mädchen, dann Knaben mit zwei Schüler-Musickbanden, in Colonne vor mir defilirten. Eine solche Parade habe ich noch nie gesehen und sie machte einen sehr hübschen Effekt. Das Wunderkind[1], das sich einmal bei Ihnen in der Gloriette Gasse auf der Violine producirte, habe ich hier in den Salons gesehen, mit ebenso langen Haaren, wie damals, aber gespielt hat er nicht. Morgen soll die Parade der Garnison sein, auf welche ich mich sehr freue...«

Die alljährliche Gebirgstour der Schratt, diesmal auf den Ortler, ängstigte den Kaiser wieder so, daß er ihr (Schönbrunn, den 13. September 1894) einen 13seitigen Brief schrieb, sie vor allen möglichen Gefahren warnte, sich aber dann beruhigte: »Vom Dachstein dürfte jetzt wohl keine Rede mehr sein, umsomehr, als Morgen die stille Woche eintreten soll. In der Zeitung las ich, daß der Bruder der Glocknerhaus Wirthin, Schober, auf der Pfandelscharte im Schnee-

---

1 Nach Bourgoing, 300, der 1882 geborene Violinist Bronislav Hubermann.

Das Schratt-Geschenk an die Enkelkinder des Kaisers: »Edisons phonographische Puppe«, die neben Kinderliedern auch die österreichische Volkshymne singen konnte. Franz Joseph am 13. September 1894: »Valérie schreibt mir: ›die schöne Puppe haben wir schon mehrmals aufgezogen und sie singt die verschiedenen Lieder ganz gut und zur großen Freude der Kinder; wenn sie aufhört, sagt Franz Carl ›noch‹. Ich habe mich also geirrt, als ich meinte, daß die Kinder Ihr schönes Geschenk noch nicht verstehen würden und daß die Kindsleute nicht im Stande sein würden, den Mechanismus der Puppe richtig zu handhaben. Wie immer, hatten Sie auch in diesem Falle recht.« Und am 8. April 1895: »Ihre Puppe hat mit der Volkshymne sehr viel Effekt bei den Kindern gemacht und hat auch schon verschiedene andere Stückeln gesungen.«

sturme erfroren ist. Es ist schrecklich zu denken, daß Sie Sich solchen
Gefahren ausgesetzt haben!...«

Gödöllö, den 9. Oktober 1894: »...Die beiden Delegations Diners
wickelten sich in gewohnter Weise ab und ich kann nicht behaupten,
daß sie sehr unterhaltend waren. Übrigens sind die Delegationen sehr
gut und glatt gegangen. Nicht dasselbe kann man von den ungarischen Verhältnissen sagen, die sehr verworren sind und nach und
nach einer Krisis entgegen gehen, die ich in Geduld abwarten muß.
Der Katzenjammer ist im Zunehmen und ich bin mit der heranreifen-
den Situation nicht unzufrieden. Es muß aber noch schlechter werden, ehe etwas Besseres und hoffentlich Dauerndes geschaffen werden kann...« (B)

Inzwischen hatte die Freundin wie so oft Ärger am Burgtheater.
Das Unangenehmste für sie aber war, daß wieder einmal ihr Ehemann
Kiss mit Forderungen nach Geld und einer besseren Stellung in Wien
auftauchte. Der Kaiser und Außenminister Kálnoky, die in Ungarn
komplizierte Verhandlungen zu führen hatten, reagierten offenbar
nicht rasch genug auf die Wünsche der Schratt. Sie war dementsprechend gereizt. Vergeblich versuchte der Kaiser, sie zu beruhigen,
zeigte aber auch gelegentlich (sehr vorsichtig) Unmut:
Gödöllö, den 12. Oktober 1894: »...Daß Sie Sich durch 5 Stunden
mit Frln. Reinhold in die Fuchtigkeit hineingeredet haben, ist zwar
nichts Neues, aber ein Unsinn, da Sie Sich gewiß wieder die Nerven
aufgeregt und den Schlaf verdorben haben. Meine Warnung hat also
wieder einmal ebenso wenig genützt, wie der Rath des weisen Palmer.

Daß Sie Kiss oft sehen wird leider Ihre Stimmung nicht verbessern. Es war mir unmöglich, bei der einzigen Unterredung, die ich in Ofen mit Kálnoky hatte und wo ich Vieles mit ihm zu besprechen hatte, die Angelegenheit Ihres Gemals zu erwähnen und so werde ich es erst thun können, wenn Kálnoky zum Empfange des Königs von Serbien[1] wieder nach Buda-Pest kommt...«

Gödöllö, den 26. Oktober 1894: »...Es freut mich, daß Sie selbst mit der Vorstellung von Minna von Barnhelm zufrieden waren, es muß daher sehr gut gewesen sein, wie ich auch aus den Zeitungen ersah, die dieses Mal im Lobe einstimmig sind. Ich freue mich schon sehr, Ihre ausgezeichnete Leistung als Franziska zu sehen. Daß Ihre Begeisterung für das Theater abnimmt, thut mir leid und darin haben Sie unrecht, denn bei Ihren Erfolgen sollten Sie Freude an ihrem Berufe haben; daß Sie für die Menschen weniger begeistert sind, begreife ich und darin theile ich Ihre Ansicht. Je älter man wird, desto mehr traurige Erfahrungen macht man mit denselben. Über die Burghardt Bergerische Freundschaft hoffe ich von Ihnen mündlich noch genaueres zu erfahren. Vielleicht kommen am Burgtheater noch andere erstaunliche Freundschaften oder Versöhnungen zu Stande!!! ...«

Gödöllö, den 28. Oktober 1894: »...Könnte ich nur dazu beitragen, daß Ihre Stimmung weniger grau würde. Ich werde mir in 8 Tagen alle Mühe geben, Sie aufzuheitern und dabei trachten, so wenig sekant als möglich zu sein. Wenn nur die Angelegenheit Kiss bald nach Ihrem Wunsche geordnet wird und Sie in dieser Richtung wenigstens Ruhe haben. Meine Stimmung ist eben auch nicht rosenfarb, denn Sorgen und Ärger hören nicht auf. Die neueste Überraschung aus Berlin mit der Demission Caprivis, der ein sicherer, ruhiger, uns besonders geneigter Mann ist, ist nicht erfreulich, besonders da man gar nicht weis, was nachkommt und Heute Früh erwarte

---

1 Über den 18jährigen König Alexander I. berichtete Franz Joseph am 18. Oktober 1894: »Den König von Serbien habe ich glücklich überstanden, es war aber recht mühsam, denn mit seinen beständigen Fragen und indem er zehnmal das Nemliche wiederholt, bringt er einem zur Verzweiflung und ich mußte mich zusammen nehmen, um nicht unangenehm zu werden.«

ich hier den Minister Präsidenten Fürsten Windischgrätz zu einer, wie ich fürchte, auch nicht angenehmen Berichterstattung. Was mir in dieser Stimmung Trost gewährt, ist die Aussicht auf das Wiedersehen in der Gloriette Gasse...«

Ofen, den 29. Oktober 1894: »...Ihre Mittheilung, daß Sie nächste Woche, nach vollendeter Milchkur, eine neue Kur wegen Ihrem Herzen beginnen sollen, erschreckte mich und machte mich recht besorgt, denn ich wußte nicht, daß Sie auch Herzleidend sind, ich sehe daher Ihrer mündlichen Explication mit Ungeduld entgegen...« (B)

»Wien den 23. Dezbr. 1894.

Theuerste Freundin,

Innigsten Dank für Ihre lieben Zeilen und für die schönen Weihnachtsgeschenke, die mich sehr freuen und die mir sehr nützlich sein werden. Eine der vortrefflichen und gewiß auch gesunden Cigaren rauche ich bereits mit Wonnegefühl, während ich diese Zeilen schreibe. Den Herrn von Hornung[1] werde ich aber lieber nicht zu Ihnen schicken, denn er ist doch schon zu Altersschwach, um die Explication des selbstschreibenden Barometers richtig aufzufassen. Ich denke, daß es besser sein wird, wenn Sie die Güte haben werden, mich selbst in dieser Beziehung Mittwoch Früh zu belehren. Auch über die Behandlung des Registrir Apparates werde ich um Auskunft bitten. Hoffentlich hetzen Sie Sich in diesen Tagen nicht gar zu sehr ab und finde ich Sie beim ersehnten Wiedersehen *ziemlich* wohl. Meinen herzlichsten Dank wiederholend, bleibe ich mit 1000 Grüßen Ihr treu ergebener

Franz Joseph«

»Ofen den 29. Dezbr. 1894.

Meine liebe gute Freundin,

Gestern mußte ich einen langen Brief an die Kaiserin schreiben, um ihr über meinen Lichtenegger Ausflug möglichst genau zu berichten und so kann ich erst Heute in frühester Morgenstunde einige Zeilen

---

1 Leibkammerdiener Joseph Hornung

an Sie richten. Viel und besonders interessantes ist eigentlich nicht zu melden, aber sagen muß ich Ihnen vor Allem, daß ich, wenn ich Zeit habe, an Sie denke, daß ich mich sehr und mit Sehnsucht auf das, leider kurze Wiedersehen freue und daß ich jede Nacht von Ihnen träume. Hoffentlich geht es Ihnen passabel und ist der Schnupfen, den ich so unglücklich war, Ihnen zu schenken, bereits vorbei, auch wünsche ich, daß die Gegenwart des Herrn Gemahls Ihnen nicht gar zu schwer falle.[1] Gestern Abend dachte ich an das Burgtheater, wo Sie hoffentlich ohne zu große Ermüdung, im Attaché[2] durch Spiel und Toilette geglänzt haben werden. Mit Sehnsucht und Ungeduld erwarte ich eine Nachricht von Ihnen; vielleicht bekomme ich bald einen Brief. Ich gedenke Montag Nachmittag in Wien einzutreffen und da an diesem Tage Valérie und ihr Mann um 9 Uhr 15 Minuten Abend von Lichtenegg kommen, so steht nichts im Wege, wenn Sie wirklich die Gnade haben wollen, mich Dinstag den 1. Jänner 1895 nach der 7 Uhr Messe zu besuchen.

Hier habe ich Alles mit Schnee bedeckt und die Temperatur kälter als in Wien gefunden. Vorgestern waren 6°, Gestern 2° und Heute sind 8° Kälte, dabei ist der Himmel meistens umzogen, also recht melancholisch. Seit ich hier bin, bin ich noch nicht aus dem Zimmer gekommen, da ich den ganzen Tag zu thun hatte. Vorgestern bin ich um 6 Uhr Früh hier im Schloße angekommen, wo mich Eh. Joseph erwartete, der von Alcsuth herein gekommen war.

Um 9 Uhr war der Corps Commandant und um ½10 Uhr Wekerle[3] bei mir und dann hörte ich von 10 bis ½3 Uhr Ansichten über die hiesige Lage und über das zu thuende. Zuerst kamen nach einander

---

1 Am 28. Dezember 1894 schrieb der Kaiser der Kaiserin aus Ofen, die Freundin »erzählte mir von ihrem Weihnachtsabend, zu welchem der Herr Gemahl aus Temesvar, wo er sich die letzte Zeit aufgehalten hatte, hier eingetroffen war. Hoffentlich wird er jetzt doch endlich auf seinen Posten nach Buenos Aires abgehen.« Der Freundin schrieb er am 14. Januar 1895: »Es freut mich zu hören, daß Kiss jetzt endlich mit seiner Abreise Ernst zu machen scheint, denn da werden Sie wenigstens eine Sorge und Aufregung weniger haben.«
2 Das Lustspiel von Henri Meilhac war seit dem 17. Dezember auf dem Spielplan des Burgtheaters.
3 Der ungarische Ministerpräsident war zurückgetreten.

die beiden Cardinäle, dann die Präsidenten und Vize Präsidenten der beiden Häuser des Reichstages. Gestern mußte ich vor Allem die aus Wien eingelangten Geschäfte erledigen und dann wiederholte sich von 11 bis ½4 Uhr das vorgestrige Schauspiel des Anhörens, nur daß auch wichtigere Leute, wie Tisza, Széll und Apponyi, freilich auch weniger wichtige, wie Tassilo Festetics kamen. Apponyi war 1½ Stunden bei mir und wir sprachen uns endlich einmal in voller Aufrichtigkeit aus. Ob es etwas nützt? Ich fürchte nein. Heute und Morgen wiederholt sich das Anhören und ich denke, daß ich am Schluße nicht viel gescheidter sein werde, wie früher. Es ist mühsam für meinen alten, verdummten Kopf all' das Gehörte zu ordnen, zu sichten und in ein gewises System zu bringen. Bis jetzt ist es doch Niemandem eingefallen, von einer Wiederberufung Wekerles zu sprechen.

Der arme König von Neapel ist also von seinen Leiden befreit. Es thut mir leid um ihn, denn er war ein guter, edler Mensch. Meine Schwägerin, die Königin,[1] soll sehr gebeugt sein. Das Leichenbegängniß findet in Arco erst am 3. Jänner statt.

Von der Kaiserin erhielt ich Gestern einen langen, interessanten Brief von 22. und 23. Sie ist zufrieden mit ihrem Aufenthalte und besonders mit der guten, starken Luft, aber bekümmert, daß sie wieder zu dick wird, da sie seit sie Carlsbader Wasser trinkt und nur von schwarzem Kaffee, kaltem Fleisch und Eiern lebt, bedeutend an Gewicht zugenommen hat. Das ist schon der höhere Rappel!

Mit dieser unehrerbietigen Bemerkung schliesse ich, da jetzt die ungarischen Arbeiten aus dem Kabinete kommen werden und da ich wirklich nichts mehr zu sagen weis, als daß Sie unendlich lieb hat

Ihr treu ergebener

Franz Joseph

Herzliche Grüße an den braven Toni.«

Die Regierungsbildung in Ungarn war schwierig und zog sich in die Länge. Ofen, den 7. Januar 1895: »...Von 11 bis 3 Uhr waren

---

1 Der seit 1861 im Exil lebende König Franz II. war mit Maria Sophia, der jüngeren Schwester der Kaiserin Elisabeth, verheiratet.

nach einander Szlávy, Bánffy, Széll und der Banus[1] bei mir. Ich fand die Situation eigentlich günstiger, als ich erwartete. Man hat sich so ziemlich drein gefunden, den Banus zu acceptiren und die Regierungs Parthei scheint im Ganzen entschlossen, ihn zu unterstützen, aber er selbst hat keine Courage die schwere und immerhin zweifelhafte Aufgabe zu übernehmen. Ich habe ihm sehr zugesetzt, denn ich sehe, trotz der Unsicherheit des Erfolges, keine andere Lösung, als die Ernennung des Banus zum Minister Präsidenten und ich hoffe, daß er endlich doch meinen Wunsch erfüllen wird. Heute werde ich mit Tisza, der noch der Schwierigste ist und mit Szapáry sprechen, in den nächsten Tagen vielleicht noch mit einigen Herrn und dann hoffe ich, daß die Entscheidung wird fallen können...«

Ofen, den 9. Januar 1895: »...Wann ich übrigens zurückkommen kann, weis ich leider Heute noch ebenso wenig, wie bei meiner Abreise von Wien. Die Häupter der liberalen, oder Regierungs Parthei sprechen sich jetzt zwar Alle für die Betrauung des Banus mit der Bildung des neuen Ministeriums aus und auch Tisza gab mir Vorgestern in bestimmtester Form dieselbe Meinung ab, aber der Banus, mit dem ich auch Vorgestern eine zweite, lange Unterredung hatte, will von den Führern der Parthei bestimmte Garantien und Zusicherungen einer aufrichtigen und dauernden Unterstützung haben, was ich ihm, bei der oft bewiesenen Unverläßlichkeit der Herrn nicht verargen kann. In dieser Beziehung finden noch Besprechungen statt und Gestern Nachmittag war eine Zusammenkunft der Parthei-führer mit dem Banus bei Wekerle, deren Erfolg ich noch nicht weis. Das Ganze ist eine mühsame Niederkunft und es kann noch immer eine Fehlgeburt werden. Dann müßte die Arbeit wieder von Vorne anfangen. Meine Stimmung ist natürlich noch immer nicht rosig, aber ruhig und die Gesellschaft Valéries trägt zu meiner Erheiterung bei... Abends war ich mit ihr zwei Stunden lang in der Oper Walküre, wo ich abwechselnd schlief...«

In diesen Tagen schrieb die Schratt nach einem vorliegenden Konzept von der Hand Eduard Palmers: »Ich weiß aus den Zeitungen wie durch mündliche Mittheilungen, daß es in der Ofner Burg zugeht wie

---

1 Der Banus von Kroatien, Graf Karl Khuen-Héderváry

Franz von Matsch, Katharina Schratt als »Frau Wahrheit« in dem Fastnachtspiel von Hans Sachs: »Frau Wahrheit will niemand beherbergen«. Das Bild, das heute in der Ehrengalerie des Burgtheaters hängt, war ein Geschenk der Kaiserin an den Kaiser.

Franz Joseph schrieb seiner Frau am 8. Januar 1895 über Matsch: »Jetzt will er die Freundin im Momente malen, wo sie auf die Bühne tritt und sich mit den Händen an die Tür anhält, eine Bewegung, die sie sehr malerisch ausführt.« Über einen Besuch im Atelier am 26. Januar 1895: »Die Freundin saß eben im Kostüm und ich blieb einige Zeit bei der Sitzung. Trotz vieler Sitzungen ist das Bild noch nicht sehr vorgeschritten, aber es kann hübsch werden.«

in einem Bienenkorb, ich kann mir also denken, daß Euer Majestät nicht gerade rosiger Laune sein werden. Leider leider kann ich nichts beitragen um die Laune Euer Majestät zu verbessern, denn ich bin – wenn auch meine Sorgen ziemlich kleinlicher Natur sein mögen – ebenfalls recht grantig und moros. Heute bin ich dem Maler Matsch zwei Stunden gesessen – der Arme wird über das Modell nicht erfreut gewesen sein.«

Der Kaiser aus Ofen, den 12. Januar 1895: »...Von hier kann ich nur melden, daß meine Wünsche und Hoffnungen nicht in Erfüllung gegangen sind. Vielleicht war es doch noch zu früh und die Situation noch nicht reif, wie Viele behaupten, auch hat der Banus nicht die nöthige Courage und Zuversicht, um das schwere Werk zu unternehmen. Es muß eben noch schlechter gehen, ehe es vielleicht besser wird. C'est à recommencer, eine traurige Aussicht in meinem Alter! Die Conferenz des Banus mit den Führern der liberalen Parthei, von der ich Ihnen neulich schrieb, hat ihm nicht die Überzeugung gegeben, daß er auf die aufrichtige Unterstützung derselben und auf die Annahme seines Programmes rechnen kann und nachdem ich am 9. durch 2 Stunden und Vorgestern wieder fast eine Stunde mit ihm gesprochen hatte, mußte ich leider seine Kandidatur aufgeben und Gestern Bánffy auffordern ein Ministerium zu bilden, wozu er, wie ich erwartet hatte, gleich bereit war. Er hofft bis Montag ein Ministerium beisammen zu haben und wenn ihm dieses gelingt, so könnte ich nach den Formalitäten der Ernennungen, der Beeidigung der neuen Minister und der späteren Beeidigung des neugewählten Kronhüters, Morgen, Sonntag in acht Tagen, wieder in Wien sein....
Daß Frln. Adele Sandrock bereits jetzt ins Burgtheater eintritt habe ich mit wenig Befriedigung in der Zeitung gelesen, denn erstens finde ich, daß *so etwas* überhaupt nicht ins Burgtheater gehört und daß wir mit einem Mitgliede dieser noblen Familie[1] vollkommen genug haben und dann thut es mir wirklich leid, wenn unsere Freundin Reinhold wieder einen Anlaß zu Ärger, Aufregung und nervöser Unvernunft bekommt...«

---

1 Adeles ältere Schwester Wilhelmine war seit 1884 Mitglied des Burgtheaters.

Ofen, den 14. Januar 1895: »...Ihre rosige und etwas leichte Auffassung der hiesigen Krise, schreibe ich Ihrer Güte für mich und dem für mich so schmeichelhaften Wunsche zu, mich bald wieder in Wien zu sehen. Ich kann die Sache nicht so leicht nehmen, bin trüb gestimmt und schäme mich, daß ich nicht im Stande war, ein besseres Resultat zu erreichen. Das Ministerium Bánffy ist noch immer nicht gebildet, aber ich denke, daß es doch Heute oder längstens Morgen beisammen sein wird. Nach dem was ich bis jetzt höre, dürfte die Zusammensetzung eine ziemlich mindere sein, denn hervorragendere Kräfte sind für ein Régime, dem Sie und auch die meisten anderen Leute keine lange Dauer zutrauen, schwer zu haben...«

Ofen, den 17. Januar 1895: »...Ihre *riesengroße* Sehnsucht (wie kann man so aufschneiden) mich wiederzusehen wird nun doch endlich bald befriedigt werden, aber leider wieder um einen Tag später als ich hoffte. Ich wollte nemlich den feierlichen Eid des Kronhüters Samstag abhalten und Sonntag Früh in Wien eintreffen. Nun braucht aber das neue Ministerium den Samstag, um sich beiden Häusern des Reichstages vorzustellen, was nicht früher stattfinden kann, weil die Minister erst über das Programm ins Reine kommen müssen, welches sie dem Reichstage mittheilen wollen und so kann die Eidesleistung erst am Sonntag um 1 Uhr vor sich gehen, so daß ich erst Montag Früh in Wien ankommen werde...

Der Bulgare ist wirklich unausstehlich und könnte endlich Ruhe geben. Jetzt kann ich es selbst nur billigen, daß Sie ihm nicht antworten wollen, denn seine jetzige Politik verdient nicht mehr Ihre Gnade...

Gestern telegraphirte mir Hohenlohe, daß bei seiner Frau wirklich ein Bruch des Oberschenkels konstatirt wurde. Die arme Frau scheint entsetzlich zu leiden. Ein neuer Beweis, wie man auf dem Glatteise, auch auf dem Wege von der Nibelungen Gasse zur Burg, acht geben muß...

Gestern war um 11 Uhr der Eid der neuen Minister, worauf ich das ganze Ministerium in Corpore empfing und dann die abtretenden Minister einzeln sah, um von ihnen Abschied zu nehmen, was bei Wekerle nicht besonders herzlich, bei Szilágy schon freundlicher und bei den Anderen recht jovial ablief...

318

»Wien den 23. Jänner 1895

Gestatten Sie mir, theuerste Freundin, daß ich Ihnen die Beilage zu Füßen lege. Ich denke, daß Sie dieselbe im gegenwärtigen Augenblicke und zu dem beabsichtigten und im Interesse Ihrer Gesundheit so nothwendigen und daher hoffentlich gewiß auszuführenden Ausfluge nach Lourdes und an die Riviera brauchen können. Die 300 fl. sind wie gewöhnlich für Netti.

In treuer Freundschaft   Franz Joseph«

Cap Martin, den 13. Februar 1895: »...Ich bin hier genau so bewohnt, wie voriges Jahr, das Hôtel soll fast ganz voll sein, meistens Engländer. Der berühmte, alte Gladstone[1] sammt alter Frau, wohnt seit einigen Tagen im Hause, gerade ober uns. Ich sah ihn bereits Gestern im Garten von Weitem. Überhaupt soll es jetzt an der Riviera sehr voll sein und auch in Ihren geliebten Spielsälen so ein Gedränge, daß man kaum an die Tische gelangen kann.«

Da der 77jährige Erzherzog Albrecht im Sterben lag, mußte der Kaiser vorzeitig nach Wien zurück und konnte die Ankunft der Freundin nicht abwarten. Er beschwor sie am 16. Februar 1895, »daß Sie in jedem Falle Ihren vierwöchentlichen Urlaub ruhig und ungestört hier zubringen, die Freuden des Spieles, der Gesellschaft und der guten Restaurants genießen mögen. Sie brauchen absolut für Ihre Gesundheit Ruhe, Beruhigung der Nerven und Erheiterung und was würde die böse Welt sagen, wenn Sie, nachdem Sie mit vierwöchentlichem Urlaube abgereist sind, auf einmal vorzeitig zurückkämen. Ich werde mich schon in Wien durchfretten und mich beständig auf das Wiedersehen Mitte März freuen...«

»Cap Martin den 18. Febr. 1895

Theuerste Freundin,

Es ist Heute Kurier Arbeitstag und nach 3 Uhr muß ich nach Wien abreisen, daher in Eile nur wenige Zeilen, um Sie an der schönen, eiskalten Riviera herzlichst zu begrüßen und Ihnen die Beilage zu

---

1 Der englische Staatsmann und viermalige Ministerpräsident William Ewart Gladstone (1809–1895)

Füssen zu legen, welche Sie gewiß werden brauchen können, wenn auch nur in Monte Carlo. Auch der gestrige Kurier brachte mir keine Zeile von Ihnen und so bin ich bereits ganz desparat so unendlich lang gar nichts von Ihnen zu wissen. Ich weis nicht, ob Sie von Wien abgereist sind, ob sie in Paris oder in Lourdes sind. Ich habe Ihnen an beide Orte geschrieben. Da ich aber nicht weis, ob Sie meine Briefe bekommen haben, so wiederhole ich heute meine Bitte, mir Ihre Ankunft in Mentone telegraphisch anzuzeigen, so wie die Aufforderung der Kaiserin, ihr Ihr Eintreffen hier schriftlich zu melden, damit sie Sie zu sich bitten kann. Hawerda hat Ihnen nach Lourdes telegraphirt, daß er endlich eine Wohnung für Sie gefunden hat, von der er behauptet, daß sie Ihnen conveniren wird. Hoffen wir es![1]

In schwärzester Stimmung, in Sehnsucht nach Ihnen und nach einem Lebenszeichen von Ihnen, sendet Ihnen herzlichste Grüße und ─ ─ ─ ─ ─. Ihr Sie innigst liebender   Franz Joseph

Ich habe den bereits gesiegelten Brief nochmals geöffnet, da ich in diesem Augenblicke Ihren guten, lieben, theuern Brief aus Paris erhielt und Ihnen noch innigst danken wollte. Ich bin beruhigt und glücklich. Diese Zeilen wird Ihnen Donnerstag der Direktor des Cap Hôtels, Ulrich übergeben. Jeden Augenblick erwarte ich die Nachricht vom Tode des Eh. Albrecht.«

Erzherzog Albrecht, Generalinspekteur der k.u.k. Armee und der nach dem Kaiser mächtigste Habsburger, ein unbeugsamer Vertreter des politischen Konservativismus, starb am 18. Februar 1895 in Arco und wurde zur prunkvollen Beisetzung in der Kapuzinergruft nach Wien überführt.

Wien, den 22. Februar 1895: »... Meine Stimmung ist, wie Sie sich denken können, die traurigste und dabei die Hetze und die Nervenaufregung groß. Abgesehen von dem schmerzlichen und so viele Veränderungen erfordernden Verluste, den ich erlitten habe, nehmen mich jetzt die Vorbereitungen zu der Leichenfeier und für den

---

1 Die Schratt bezog diese mit großen Mühen ausgesuchte Wohnung in Mentone jedoch nicht, sondern zog nach Monte Carlo, »gleich in der Nähe von Nôtre Dame de la Roulette«, wie Franz Joseph der Kaiserin am 23. Februar 1895 schrieb.

Zeitgenössische Darstellung des von Franz Joseph »Nôtre Dame de la Roulette« genannten Spielcasinos von Monte Carlo

Empfang der zahllosen fremden Gäste, die wir zu erwarten haben, die beständigen Anfragen und Anordnungen sehr in Anspruch. Es ist eigentlich doch gut, daß Sie in diesem Augenblicke nicht in Wien sind, denn ich könnte Sie kaum sehen und der Schmerz darüber, würde mich noch mehr aufregen. Der Herr von der Straße[1], der jetzt alle Augenblicke zu mir kommt, weis schon kaum, wo er alle die bereits angesagten fremden Herrschaften bewohnen soll. Bereits in Ala, wo ich auf der Herreise frühstückte, erhielt ich nebst einer großen Zahl von Condolenz Telegrammen, auch eines von Kaiser Wilhelm, worin er mir anzeigt, daß er, wenn es ihm seine Gesundheit erlaubt, selbst zur Leichenfeier kommen will, was ich mir übrigens gleich erwartete. Da er nach der Zeitung von seinem Unwohlsein hergestellt ist, so wird er gewiß kommen. Ich werde froh sein, wenn Alles überstanden ist und die vielen lieben Gäste beim Hause draußen sein werden. Das Leichenbegängniß, welches Dienstag um 3 Uhr stattfindet wird sehr feierlich, bei Ausrückung der ganzen Garnison über die Ringstrasse zu den Kapuzinern gehen. Hoffentlich erhält sich bis dahin das jetzt etwas mildere Wetter, denn sonst würden wir bei dem Marsche über die Ringstrasse etwas frieren...«

Wien, den 27. Februar 1895: »...Wenn Sie aber wirklich früher als ich erwartete, zurückkommen wollen, so jauchzt mein Herz in Entzücken auf, in dem Gedanken, daß ich Sie früher, ja eigentlich bald wiedersehen soll. Welcher Trost wird mir Ihre liebe Gesellschaft nach den durchgemachten trüben, aufregenden und ermüdenden Tagen sein, die ich übrigens passabel überstanden habe, bis auf etwas Schnupfen und recht schlechtes Schlafen. Ich kann nur wiederholen, was ich Ihnen bereits in meinem letzten Briefe, den Sie vielleicht nicht erhalten haben, schrieb, daß ich froh bin, daß Sie jetzt nicht hier waren, denn in der Hetze dieser Tage, hätte ich Sie keinen Augenblick sehen können.

Ich habe zum Empfange fremder Gäste fünf Mal auf verschiedene Bahnhöfe fahren müssen, dabei viermal ausländische und einmal österreichische Uniformen angezogen und da es Vorgestern recht kalt war, viel gefroren. Ich konnte mir bei dem beständigen An und

---

1 Obersthofmeister Fürst Konstantin Hohenlohe

Ausziehen lebhaft vorstellen, wie angenehm das bei einem Stücke mit vielem Umzügen sein muß. Außerdem mußte ich eine Menge Leute bei mir empfangen. Das Leichenbegängniß war Gestern um 3 Uhr wunderschön und wahrhaft erhebend, vom schönsten Wetter mit milder Luft, 1° Wärme, begünstigt. Die Truppen sahen vortrefflich aus und gewiß einige tausend Offiziere begleiteten den Zug. Meine Wiener haben sich wieder einmal alt wienerisch gezeigt. Massen von Menschen standen in der größten Ordnung auf den Straßen, alle Balkons und Fenster waren überfüllt, alle Köpfe entblößt, kein Laut zu hören, es war ergreifend...

Nun noch etwas, was Sie amusiren wird. Als ich neulich meine zweite einsame Promenade in Schönbrunn machte, begegnete ich den Zickzackweg von der Gloriette herunter gehend, Frln. Wilhelmine Sandrock mit einer sehr hübschen lichtblonden jungen Dame. Beide grüßten besonders freundlich und blieben dann, mir nachschauend, so lange stehen, bis ich den ganzen Weg hinunter auf das Parterre gelangt und in der zur Ménagerie führenden Allee verschwunden war. Mehr herausfordernd, als anständig!...«

Lichtenegg, den 8. April 1895: »...Von der Kaiserin erhielt ich endlich Vorgestern einen langen, heiteren und interessanten Brief vom 1. und 2. April in welchem sie schreibt: ›Die Freundin sollte in Neapel bei Stracio, Galleria Umberto und bei Frisio, Bagnole, Verlängerung der Chiaja diniren und ihre Buben bei Gambrinus mit Gefrorenem traktiren. Das beste dort ist Cremolata aus Chocolade in Gläsern. Ich grüße sie vielmals und freue mich schon durch Dich ihre Reisebeschreibung zu erhalten.‹...« (B)

Inzwischen führte der Streit um die Ehegesetze zum Krach zwischen dem ungarischen Ministerpräsidenten Bánffy und Außenminister Kálnoky, der schließlich seinen Abschied nahm. Wien, den 4. Mai 1895: »...Sonst nichts Erfreuliches, außer daß ich Gestern bei meiner Antwortrede gelegentlich der Übergabe des Marschall Stabes[1] (eigentlich Keule) nicht stecken geblieben bin. Hoffentlich bin ich beim heutigen Toaste ebenso glücklich. Im Übrigen habe ich vielen Kummer, da die Trennung von Kálnoky mir schwer wird...«

---

1 Wilhelm II. hatte Franz Joseph mit dem preußischen Marschallstab geehrt.

Im Sommer 1895 versuchte Katharina Schratt die damals modernste Abmagerungskur mit »Sonnenäther«. Die dazu nötigen Instrumente holte sie in München ab. Kaiserin Elisabeth brauchte die gleiche Kur, und dem Kaiser fiel die Aufgabe zu, die Erfahrungen der Damen in seinen Briefen auszutauschen. Aus Ischl schrieb er seiner Frau am 4. Juli 1895, daß er »die Freundin besonders gut aussehend, heiter und mit ihrem Wohlsein zufrieden fand. Sie ist von der Sonnen Äther Kur viel eingenommener wie Du und scheint sich einen Erfolg zu versprechen. Gleich nach ihrem Eintreffen in den 4 Jahreszeiten ... kam der Äther Mann ins Hotel, um ihre Befehle einzuholen und dann war sie noch am selben Tage einmal, am folgenden Tage zweimal und auch vorgestern noch vor der Abreise, daher im Ganzen viermal in seinem Etablissement. Er behandelte sie mit den Scheiben, auch mußte sie sich die Platte auf den Bauch legen, auf dieselbe ließ er sie aber weder sitzen noch stehen und sagte ihr, sie dürfe sich nur einmal in der Woche auf die Platte setzen, was sie heute versuchen will. Er versprach ihr einen glänzenden Erfolg. Bis jetzt hatte sie nur denselben Erfolg, der bei Dir nach der Orangen Kur eingetreten ist. Sie will sich jetzt ausschließlich der Äther Kur unterziehen und das Marienbader Wasser erst später beginnen. Der Mann sagte, daß ein Seiden Plumeau, wenn es nicht auf dem bloßen Leibe liegt, die Wirkung zwar nicht aufhebt, aber besser wäre es freilich ohne Plumeau. Auch sagte er der Freundin, Du seiest kerngesund. Sie hat die erste Nacht bereits unter der Ampel geschlafen und zwar recht gut ... hat, nicht ohne Mühe, die von Dir empfohlene Kuchenbäckerei gefunden und war entzückt von den Krapfen oder Nudeln, von welchen sie als Nahrung auf der Rückreise mitnahm ...«

Und am 10. Juli: »Sie braucht noch immer die Sonnen Äther Kur, die aber bis jetzt keinen besonderen Erfolg hatte, so daß sie seit einigen Tagen mit Marienbader Wasser begonnen hat, welches sie bereits um ½5 Uhr früh trinkt.«

Der Freundin wiederum berichtete er aus Schönbrunn, den 8. September 1895: »... Von der Kaiserin erhielt ich Vorgestern den ersten Brief vom 3. Auch in Aix-les-Bains schönes Wetter und Hitze. Die Gegend gefällt der Kaiserin und erinnert sie an Meran, mit der Wohnung und der vortrefflichen Milch ist sie zufrieden, auch die

Bäder findet sie angenehm. Dieselben bestehen in Massage durch Frauen während einer Douche mit heissem Wasser auf den ganz nackten Körper und zum Schluße abgiessen mit kaltem Wasser. Trotz all' dem Schönen fühlt die Kaiserin Heimweh nach der Familie, nach Ihnen und nach dem Jainzen und da Rumpelmaier[1] von der Riviera, der im Sommer in Aix-les-bains établirt ist, ihr sagte, daß die dortige Luft dick mache, so bin ich nicht überzeugt, daß sie lange dort aushalten wird...«

Schönbrunn, den 14. September 1895: »...ich bin recht betrübt und fange an, mich Bulgare zu fühlen, fürchte auch, daß Sie mich auf seinen Standpunkt degradirt haben, nemlich von Ihnen keine Antwort erhalten zu können.[2] Doch ich will nicht in seinen Fehler verfallen und so höre ich mit den Klagen auf...

Ich war unendlich glücklich und beruhigt aus Ihrem Briefe zu ersehen, daß Ihre Gletscherreise rasch und im Ganzen zu Ihrer Befriedigung abgelaufen ist, aber entsetzt über den Zwischenfall mit dem zu frühen Eintreten der stillen Woche, offenbar Folge von Überanstrengung. Das muß Ihnen sehr unangenehm gewesen sein und der Weitermarsch, sogar am zweiten Tage, war doch sehr riskirt. Hoffentlich hat es keine üblen Folgen gehabt und ist die Dachstein Parthie ein Beweis Ihres vollen Wohlseins...

Stettin[3] gefiel mir sehr gut, denn es ist eine hübsche, saubere Stadt mit vielen schönen Häusern, gut gehaltenen Gartenparthieen und sehr belebt durch die vielen Schiffe auf der Oder... Am Abend unserer Ankunft, fuhren wir von ½9 bis ¾11 Uhr per Dampfschiff auf der Oder. Es war recht kalt, aber die Beleuchtung und die

---

1 Berühmter und von der Kaiserin bevorzugter Zuckerbäcker
2 Auch bei der Kaiserin beklagte sich Franz Joseph am 14. September 1895 über ausbleibende Post: »Ich bin recht traurig, daß ich von meinen beiden Schutzengeln so gar nichts erfahre.« Am 19. September 1895 berichtete er, die Freundin folge für drei Tage der Einladung des Grafen Wilczek »auf einem alten Schlosse, das er im Salzburgischen an der Kärntner Grenze bei den Radstätter Tauern besitzt und stilgerecht herrichtet, namens Mosham«. Wie Hans Erwein Wilczek, der Enkel, der Autorin 1977 erzählte, habe die Familie lang keine Ahnung von der Existenz dieses Schlosses gehabt. Wilczek soll es für seine Treffen mit der Schratt gekauft haben.
3 Der Kaiser nahm dort an deutschen Manövern teil.

Feuerwerke waren wirklich großartig, bezaubernd; dazu schien der liebe Mond so schön vom klaren Himmel. Er war im Abnehmen. Als er zuzunehmen begann, haben wir ihn zusammen unter dem Jainzen begrüßt. Heute sind es 14 Tage, daß wir uns zum letzten Male sahen!

Die Manöver waren sehr interessant und gut, das Terrain sehr günstig mit vorzüglichem Reitboden. Ich konnte nicht erwarten, vom Publikum so herzlich und so demonstrativ aufgenommen zu werden, wie es der Fall war. Es hätte bei uns nicht anders sein können...«

Über die Gletscherpartie der Freundin kam es wieder zu einem ernsthaften Verdruß. Schönbrunn, den 20. September 1895: Er danke »für alles liebe, das Sie mir in Ihrem Briefe sagen und doch wurde ich recht traurig, als ich Ihre Zeilen las. Ich hatte geglaubt in Allem auf Ihr Wort fest bauen zu können und war auch deßhalb wegen Ihrer Dachstein Parthie ohne Sorge und nun sehe ich, daß auch das eine Illusion war. Wie muß ich mich künftig um Sie ängstigen, wenn ich nicht die geringste Sicherheit haben kann, daß Sie die gefährlichsten Stiege unternehmen, trotz Versprechen und gegebenem Worte.

Daß Sie Klausner[1] nach Hallstatt bestellt haben, beweist mir, daß Sie bereits die Absicht hatten, die Spitze des Dachsteins zu besteigen, denn für die Dachsteins Warte genügte auch der dicke Johann. Auch die Geschichte mit dem durch die nachfolgenden Touristen erzwungenen Aufstiege ist etwas faul, denn wenn Sie an mich gedacht und Ihr Wort hätten halten wollen, so hätten Sie nicht mit Klausner den schwierigen Weg besehen, das heißt den Aufstieg begonnen. Nun ist es geschehen und Sie können ja machen was Sie wollen. Il faut faire bonne mine à mauvais jeu[2], aber recht traurig bleibt es doch. Ich habe auch der Kaiserin nichts von der Sache geschrieben und werde es ihr auch nicht erzählen, um sie nicht zu betrüben. Ihre Handküsse habe ich ihr aber ausgerichtet...

Am 17. war in der Stadt der Banus von Croatien bei mir, mit dem ich meinen Besuch in Agram besprach und festsetzte. Ich werde den 14., 15. und 16. Oktober dort zubringen.

---

1 Einheimischer Bergführer
2 Man muß gute Miene zum bösen Spiel machen.

Dann besuchte ich die rumänischen Majestäten im Hôtel Munsch. Sie kommen von der Schweiz und von München, wo ihnen Gisela die honneurs machte und mit Carmen Silva eine ganze Vorstellung von Lohengrin aushalten mußte und zwar vom Stimmen der Instrumente angefangen, da die Königin so früh im Theater sein wollte, um ja nichts zu versäumen. Beide Majestäten waren mit mir sehr gesprächig und liebenswürdig, die Königin, wie gewöhnlich, etwas überschwänglich, Beide in bester Stimmung.«

Am 3. Oktober 1895 schrieb er der Kaiserin von einem Scheunenbrand in Nähe der Schratt-Wohnung: »Sie ist sehr erschrocken, lief anfangs in Hemd und bloßen Füßen in den Hof und blieb, nachdem sie sich in Eile angekleidet hatte, von ½3 bis 4 Uhr nachts beim Feuer und in ihrem Garten, in welchen Feuerwehrmänner und unberufene Leute eingedrungen waren. Das Wasser ihres Bades wurde zum Löschen benützt.« Die Schratt befinde sich »aber wohl, trotz leichter Verkühlung« und Ermüdung in Folge der Brandnacht«.

Andererseits berichtete er der Freundin über den Zustand der Kaiserin, so aus Gödöllö, den 9. Oktober 1895: »...Ich fand die Kaiserin, Gott lob, sehr gut aussehend und in guter Stimmung, entzückt von Aix-lex-Bains und von Territet. Ich finde sie, trotz Milch- und Obst-Fasttagen, eher stärker geworden, hüte mich aber natürlich, diese Ansicht zu äußern. Sie frug mich viel nach Ihnen und nach Ihrem Befinden und ich konnte melden, daß Sie magerer geworden sind. Auch erzählte ich von der Schilddrüsen Kur, die aber zum Glücke gar keinen Anklang fand, da die Kaiserin findet, daß ihr ein gesundes Herz zum Bergsteigen viel zu nothwendig ist, um mit demselben das Geringste risquiren zu dürfen. Vom Dachstein war noch nicht die Rede und ich fange gewiß nicht an von diesem Gegenstande zu sprechen...«

Gödöllö, den 11. Oktober 1895: »...Die Kaiserin läßt Ihnen sagen, daß Milch- und Obst-Tage viel besser und nützlicher sind, als Ihre Schilddrüsen Kur. Sie hatte Vorvorgestern einen Milch- und Vorgestern einen Obsttag und hat in Folge dessen 2 Pfund weniger ein Loth abgenommen. Darob großes, von mir nicht getheiltes Entzücken...

Gestern wurde der wilde Hund (Dingo aus Australien) den Sie aus der Schönbrunner Menagerie befreit haben, hier im Schloßhofe an der Leine producirt, damit die Kaiserin ihn sehen könne. Er ist sehr schön gehalten, ganz zahm und lustig, aber zu nichts zu brauchen, nicht einmal eine Race war er bis jetzt zu gründen im Stande und er hat nur eine ihm zugeführte Gemahlin zu Tode gequält. Er ist so dumm, daß er auf keine Stimme hört und immer an der Leine geführt werden muß, da er sonst einfach davon laufen würde. Spazierengehen ist seine Lieblingsbeschäftigung...«

Gödöllö, den 13. Oktober 1895: »... Interessant war mir, daß Sie Frln. Sandrock sehr gut fanden. Sie wird am Ende noch ein Stern erster Größe am Burgtheater Himmel... Vielleicht schreiben Sie mir auch, wie es Vorgestern mit dem Negligé der Eboli war. Amusirt und gerührt hat es mich, daß Sie wünschen, daß ich mich nur von Ihnen massiren lasse. Freilich wäre das viel schöner und vielleicht auch erfolgreicher, denn von Dr. Kerzels Massage spüre ich bis jetzt gar keine Wirkung, eher geht es mit meinem Arme schlechter, wozu freilich auch das lange Halten des Gewehres während der vorgestrigen Jagd beigetragen haben mag...«[1]

Am 15. Oktober 1895 gab der 32jährige Viktor Kutschera als Don Carlos sein Burgtheater-Debut – neben Katharina Schratt als Königin. Bereits vorher hatten die beiden gelegentlich gemeinsame Auftritte – so auch in Anzengrubers Erfolgsstück »Der Pfarrer von Kirchfeld« 1892 am Volkstheater. Ob die Schratt bei Kutscheras Engagement eine Rolle spielte, ist nicht bekannt, ebensowenig, ob schon in dieser Zeit eine engere Beziehung der beiden bestand und vielleicht dieser außerordentlich fesche Schauspieler mit den Geheimniskrämereien der Schratt in der letzten Zeit in Verbindung zu bringen ist. Der um zehn Jahre jüngere verheiratete Kutschera galt bald als die »große Liebe« Katharina Schratt.[2]

---

1 Handschriftensammlung Wiener Stadtbibliothek (Kopie)
2 Erste Hinweise auf die Beziehung verdanke ich der inzwischen verstorbenen Frau Ernestine Petrin, geb. Kathrein, 1981. Die Schratt-Nichte Katharina Hryntschak bestätigte und erweiterte diese Information.

Der Kaiser freilich dürfte davon keine Ahnung gehabt haben. Er besuchte die kroatische Hauptstadt Agram und berichtete aus Gödöllö, den 18. Oktober 1895: »...In der Hetze der dortigen Tage waren mir Ihre lieben Zeilen Labsaal und Trost. Diese Hetze war noch größer als gewöhnlich bei solchen Gelegenheiten und größer, als ich erwartet hatte, besonders am Tage meiner Ankunft, wo die vielen Empfänge von 10 bis ½2 Uhr dauerten, worauf bereits um 2 Uhr die drei Schlußsteinlegungen und eine lange Parade mit Defilirung von tausenden von Schulkindern folgten, die ganze Zeit in ungarischer Generals Galla Uniform mit umgehängtem Pelze bei großer Hitze, worauf Abends noch Diner, das Galla Theater und ein Fackelzug mit Serenade folgten. Bei der Besichtigung des neuen, sehr schönen Theaters, nach der Schlußsteinlegung war ich auch auf der Bühne, wo das ganze Schauspiel- und Opern Personale aufgestellt war, sehr zahlreich, die Damen recht élégant. Mein Agramer Aufenthalt befriedigte mich sehr und war leider nur zum Schluße durch einen sehr unangenehmen, aber von den Zeitungen sehr übertriebenen Exceß einiger Gassenbuben-Studenten gestört.[1] Meine Aufnahme war eine sehr herzliche, patriotische, bei großer Ordnung und korrekter Haltung des Publikums.

Die Stadt ist sehr groß, hübsch und sauber geworden mit vielen schönen, neuen öffentlichen Gebäuden und sehr gut gehaltenen Gartenanlagen. Die Gegend ist sehr freundlich und war noch sehr grün, dabei herrschte die ganze Zeit das herrlichste, sehr warme Wetter, so daß man nicht in die Lage kam einen Paletot zu benützen...

Die Kaiserin habe ich, Gott lob, recht wohl angetroffen. Gestern war Kopfwaschen und den ganzen Tag als einzige Nahrung einige Flaschen ausgepreßte Weintrauben! Glücklicher Magen, der das aushält!! Die Kaiserin läßt Sie herzlichst grüßen und Ihnen sagen, daß sie Ihnen noch kein Wildschwein geschickt hat, weil unter den Schweinen vor einiger Zeit eine Seuche geherrscht hat und sie deßhalb selbst

---

1 Zu diesen antihabsburgischen Demonstrationen bemerkte die Schratt (alias Eduard Palmer) Unfreundliches über die »Krakehler der P. T. Herren Croaten und Serben, wozu ich die meisten Ungarn noch als Zuwag zu geben so frei bin«.

noch keines ißt und auch Valérie keines geschickt hat. Wir Anderen essen ungénirt Wildschwein und wenn Sie, trotz ehemaliger Seuche, eines haben wollen, *so wollen Sie mir es schreiben...*

Auf Ihre mündliche Mittheilung über die Gährung im Burgtheater bin ich sehr neugierig. Ihr Diner mit Jauner etc – muß sehr heiter gewesen sein. Wie langweilig muß ich Ihnen dagegen vorkommen,[1] wenn ich das Glück habe, bei Ihnen zu speisen...«

Wien, den 14. Dezember 1895: »...Wie recht haben Sie, daß es herrlich wäre, wenn Sie noch in Hietzing geblieben wären. Da könnte ich ruhig und brav an Ihrem Schmerzenslager sitzen und Ihnen, ohne Ihren schwachen und blöden Kopf (nur Wiederholung Ihrer eigenen Ausdrücke) anzugreifen, eine Zeit lang vorplauschen. Es ist ein eigenes Pech, daß Sie immer in der Stadt krank sind. Damit Sie wissen, was ich treibe, melde ich, daß ich Vorgestern um 1 Uhr ins Künstlerhaus gefahren bin, um die Weihnachtsausstellung anzusehen, die aber nicht besonders schön ist, um 6 Uhr hatte ich ein politisches Diner mit Herrenhaus Mitgliedern und Abgeordneten von allen Partheien mit Ausnahme von Antisemiten.[2] Gestern war von 10 Uhr an ziemlich lange militärische Sitzung und nachdem ich um 5 Uhr allein gegessen hatte, bin ich um ¾8 Uhr nach unendlich langer Zeit wieder einmal ins Opernhaus gefahren, wo ich nach Cavalleria Rusticana, das Ballet ‚Amor auf Reisen' sah, das mir recht gut gefiel. Frl. Schleinzer sieht mit auffallend wenig Costume reizend aus, überhaupt herrscht ziemlich viel Costume Mangel, wenn man nicht Tricots als solches betrachtet, aber ich fand, da ich so selten ein Ballet sehe, das Ballet Corps angenehm aufgefrischt, verjüngt und verschönert... die Kaiserin macht große Promenaden, geht aber nicht mehr, sondern

---

1 Dazu die Schratt: »Ja nun muß ich noch melden, daß ich die Gesellschaft und die Diners mit Euer Majestät allen Anderen vorziehe – Wie können Euer Majestät nur so etwas schreiben.«

2 Gemeint sind vor allem die Christlichsozialen unter Dr. Karl Lueger, denen der Kaiser im November 1895 öffentlich seine Mißbilligung gezeigt hatte: Er weigerte sich, den zum Bürgermeister von Wien gewählten Lueger zu bestätigen. Der Kaiserin schrieb er am 30. Dezember 1895: »Der Antisemitismus ist eine bis in die höchsten Kreise ungemein verbreitete Krankheit und die Agitation ist eine unglaubliche.«

rennt, da sie in Folge der Carlsbader Kur und des Fleisch régimes um 3 Pfund zugenommen hat...«

Weiterhin vermittelte der Kaiser Nachrichten zwischen Ehefrau und Freundin. Der Kaiserin berichtete er am 27. November 1895 über die Schratt: »Die Ankündigung der Gesichtsmassage hatte sie bereits in der Zeitung gelesen, sie schien aber nicht dafür eingenommen. Von den zwei Exemplaren der Broschüre des Äther Doktors war das eine, dank der mitunter herrschenden Unordnung, mit anderen Briefen und Papieren weggeworfen worden, das andere fand sich bei der Hausmeisterin in einem so beschmutzten Zustande vor, daß es Dir nicht vorgelegt werden konnte. Die Freundin hat aber bereits in München ein neues Exemplar bestellt, welches ich Dir senden werde.«

Der Freundin schrieb er aus Cap Martin, den 25. Februar 1896: »...Der Kaiserin habe ich auch mitgetheilt, daß Ihr Gewicht gleich geblieben ist, worauf sie mich gleich frug, ob Sie das gewiße, gefährliche Mittel brauchen, was ich leider bestättigen mußte. Obwohl ich aus Erfahrung weis, daß es nichts nützt, so erlaube ich mir doch wieder, Sie dringend zu bitten, die Schilddrüsen aufzugeben. Die Kaiserin hat mich abermals aufmerksam gemacht, daß dieses Mittel nachtheilig auf das Herz wirkt. Bedenken Sie nun, wie schrecklich es wäre, wenn Ihr gutes, Thier und Menschen freundliches, edles Herz angegriffen und leidend würde!!...«

Cap Martin, den 27. Februar 1896: »...Vielleicht schreiben Sie mir einiges über Ihr Leben, über Diners, Dejeuners, Minister, Botschafter etc. – –. Meine Gedanken sind beständig bei Ihnen, und so zufrieden ich auch hier in der Gesellschaft der Kaiserin bin, so sehr sehne ich mich doch nach dem Wiedersehen im halben März. Bis dahin ist freilich noch recht lang!...

Von der Bulgarin hört man gar nichts. Sie weilt in Trauer und vollkommenster Zurückgezogenheit mit ihrer Schwiegermutter in Beaulieu. Ihr liebenswürdiger Gemahl hat die Frechheit gehabt, unserem diplomatischen Vertreter in Sofia zu sagen, daß nachdem er eine Bereisung der europäischen Höfe beabsichtigt, er gerne vor Allem in Wien seine Aufwartung machen möchte und in dieser

Beziehung nur auf einen Wink wartet, worauf ich ihm sagen ließ, daß ich nicht in der Lage sei, ihn zu empfangen...«[1]

Auf die Nachricht, daß der Hund der Freundin entlaufen war (er kehrte bald darauf zurück), schrieb der Kaiser aus Cap Martin, den 29. Februar 1896: »...ich kann mir lebhaft Ihren Schmerz und Ihre Aufregung über das Verschwinden des lieben, treuen, alten Bellacs vorstellen. Ich kann kaum glauben, daß er gestohlen wurde und ich vermuthe eher ein Liebesabenteuer, denn Alter schützt vor Thorheit nicht. Wirklich jammerschade, daß man nie etwas über seine Erlebniße erfahren kann, die gewiß sehr interessant waren. Ich wünsche Ihnen, daß es doch noch möglich würde, auf den Semmering zu kommen, vorausgesetzt, daß das Wetter in der Wiener Gegend besser wird, als es in der letzten Zeit gewesen zu sein scheint. Frische Luft wäre Ihrer Gesundheit ebenso zuträglich, wie etwas Ruhe. À propos von Gesundheit, sagte mir die Kaiserin, die Sie herzlichst grüßt, daß sie durch Frln. Schmidt den hiesigen deutschen Arzt meiner Schwägerin wegen der Schilddrüsen fragen ließ und daß dieser sagte, daß dieselben nicht vom Kalbe, sondern vom Hammel stammen, in den Apotheken nur mit Bewilligung eines Arztes gegeben werden dürfen, daß man dieselben, da sie gefährlich sind, nur unter steter Aufsicht eines Arztes nehmen sollte, daß sie zwar abmagern, aber auch *sehr entkräften*, also genau die Erscheinung, die bei Ihnen eingetreten ist, denn Sie waren die letzte Zeit besonders matt, herabgestimmt und litten an Schwindel. Obwohl ich leider nur wiederholen kann, daß ich mir bewußt bin, umsonst zu reden, so bitte ich Sie doch inständigst, das gefährliche Mittel aufzugeben, so lange es noch Zeit ist, oder wenigstens Dr. Staniek um Rath zu fragen, den Sie dann aber auch befolgen müssen...«

---

1 Fürst Ferdinand von Bulgarien hatte seinen Sohn und Nachfolger Boris, einem feierlichen Versprechen folgend, zunächst katholisch taufen lassen, am 12. Februar 1896 aber den Zweijährigen zum griechisch-orthodoxen Glauben »übertreten« lassen – zum großen Kummer der streng katholischen Ehefrau und zum Ärgernis westlicher Politiker, die in diesem sensationellen Schritt eine stärkere Bindung Bulgariens an Rußland erblicken mußten. Ferdinand wurde daraufhin vom Papst exkommuniziert.

»Cap Martin den 5. März 1896.

Meine liebe gute Freundin,

Kaum hatte ich Vorgestern meinen Brief auf die Post geschickt, so erhielt ich Ihr liebes, so besonders gutes und interessantes Schreiben vom 29., für welches ich von ganzem Herzen danke.

Meine Freude war groß, besonders aber über die Nachricht, daß Sie die Schilddrüse nicht mehr nehmen. Gott sei Dank! Hoffentlich wird die neue Massage Kur Ihr liebes Gesicht nicht verschandeln und werde ich Sie beim ersehnten Wiedersehen ebenso schön wiederfinden, als ich Sie verlassen habe. Natürlich muß die Kaiserin Ihrem Beispiele folgen und sie will nächstens auch mit dieser Massage Kur beginnen.

Ich erhielt Ihren lieben Brief gerade im Augenblicke als ich mit der Kaiserin nach Mentone zu einem Frühstücke bei Perimont Rumpelmeier gehen sollte und so konnte ich die zweite Hälfte desselben erst im Zuckerbäcker Laden lesen und da ich den Inhalt der Kaiserin, welche Sie herzlichst grüßt, mittheilte, so machte Sie gleich die Bemerkung, daß mir Graf Eulenburg gefährlich werden wird. Das fürchte ich, wie Sie wissen, schon lange, denn der Botschafter ist sehr aimable, viel geistreicher und amüsanter wie ich und wird mich nur zu bald in Ihrem Herzen verdrängt haben. So werde ich beständig von schwarzen Gedanken verfolgt und es ist höchste Zeit, daß Sie mich wieder selbst beruhigen, daß ich wieder in Ihre lieben, klaren Augen sehe. Leider ist bis dahin noch immer lang, denn ich beabsichtige den 15. Nachmittag von hier abzureisen und Montag den 16. um 8 Uhr Abend in Wien einzutreffen.

Da bis dahin die stille Woche so ziemlich vorüber sein dürfte, so hoffe ich, auf Ihre Güte rechnend, Sie Dienstag um 1 Uhr oder zu einer Ihnen sonst gefälligen Stunde wieder zu sehen. Wie wir Vorgestern zu zweien bei Perimont bei dem sehr guten und viel zu copiosen Frühstücke saßen, sagte die Kaiserin plötzlich: ›mir geht etwas ab‹ und frug mich, ob mir nicht auch etwas abgehe, was ich verneinte und auf meine Frage, was ihr denn abgehe, sagte sie: ›Die Freundin, die als Dritte mit uns hier sitzen sollte.‹ Mir ist so etwas nicht eingefallen und die Kaiserin, die in diesem Falle Ihnen gegenüber schöner dasteht, befahl mir, Ihnen unser Gespräch mitzutheilen. Ihre Ansicht, über das Vorgehen gegenüber den Wiener Wahlen,[1] hat mich als neuer Beweis Ihres klaren richtigen politischen Urtheiles, sehr gefreut. Wenn nur mehr Leute so denken würden! Ich bin neugierig, in welcher Stimmung ich die Minister finden werde und jedenfalls gehe ich in Wien schweren und anstrengenden Tagen entgegen. Da werden Sie mein Trost sein.

So eben von der Morgen Promenade mit der Kaiserin längst dem Meeresufer zurückgekehrt, setze ich mein unterbrochenes Geplauder fort. Der Morgen ist herrlich, die Sonne warm, das dunkelblaue Meer sehr bewegt, mit tosender, schäumender Brandung. Gestern war es stürmisch, mit verhüllten Bergen, Abends Regen und einige Blitze. Vorgestern bin ich zum ersten Male ohne Überrock ausgegangen.

Nach dem Frühstücke in Mentone mit der Kaiserin, bin ich mit meinen drei Herrn um 1 Uhr nach Monte Carlo und von dort mit der Zahnradbahn auf die Turbie gefahren, wo wir beim schönsten Wetter die Aussicht bewunderten. Eigentlich hatte mich die Kaiserin zu dem Wallfahrtsorte geschickt, welchen Sie voriges Jahr mit meiner Schwägerin Trani besuchten. Als wir aber auf der Corniche Straße gingen, erblickten wir die zahlreiche französische Flotte, welche den Präsidenten Faure von Cannes nach Villefranche begleitete. Nachdem Wallfahrtsorte leider auf mich nicht dieselbe Anziehung ausüben, wie auf Sie, so entschlossen wir uns, die Wallfahrt aufzugeben und auf der Corniche Straße so weit fortzugehen, bis wir einen ziemlich guten Einblick in den Hafen von Villefranche hatten und aus der Ferne das Ankern der Flotte und den Kanonen Salut beim Landen des Präsidenten beobachten konnten. Es machte sich gut. Dann gingen und fuhren wir wieder denselben Weg hierher zurück.

Gestern Früh um ½9 Uhr sah ich auf dem Platze am Meeresufer in Mentone, wo immer die Alpenjäger exerziren, eine dort ausgerückte Curassir Eskadron, die von Lyon gekommen ist, um Heute den Präsidenten von hier nach Monaco zum Besuche des Fürsten und

---

1 Mit seiner Entscheidung, nun schon zum zweiten Mal die Bestellung Dr. Karl Luegers, des Führers der Christlichsozialen, zum Bürgermeister von Wien nach gewonnener Wahl abzulehnen, forderte der Kaiser herbe Kritik in klerikalen Kreisen heraus. Katharina Schratt hielt seinen Schritt offenbar für richtig.

dann nach Turbie zum Großfürsten zu excortiren. Von dort fahrt er zu Wagen weiter nach Nizza, von wo er in diesem Augenblicke bereits per Eisenbahn in Mentone eingetroffen sein muß. Um 1¼ Uhr werde ich ihm dort im Hôtel de ville meine Visite machen und gleich darauf besucht er uns hier. Ich bin neugierig wie es gehen wird. Den ganzen übrigen gestrigen Tag brachte ich arbeitend zu Hause zu und bin nur Abends mit der Kaiserin, nach ihrer Rückkehr von ihrer täglichen großen Promenade, kurze Zeit am Cap spazieren gegangen.

In den nächsten Tagen werde ich viel an das Burgtheater denken, wo Sie sowohl Abends, als gewiß auch Vormittag durch Proben in Anspruch genommen sein werden. Vier Abende nach einander werden Sie Sich ermüden, dreimal Gewissenswurm[1] und dazwischen die lange, anstrengende Vorlesung. Wie beneide ich Eulenburg, der Sie im Meineidbauer[1] bewundern konnte, gewiß auch, Ihnen zu Ehren, in den Gewissenswurm gehen wird und vor Allem in die Vorlesung, in der Sie ja fast nur ihn lesen werden.[2] Alles was im Theater geschieht, weis ich nur aus der Zeitung, *da ich kein Repertoire bekomme.*

Nun ist es Zeit, daß ich schliesse, denn sonst rede ich noch mehr Unsinn. Adieu, theuerste Freundin und herzlichste Grüße und – von Ihrem, Sich nach Ihnen sehnenden

Franz Joseph«

Katharina Schratt war seit Monaten in überreizter Stimmung. Der Kaiser suchte vergeblich nach Ursachen. Cap Martin, den 7. März 1896: »...Ich bin unendlich betrübt, daß Ihnen wieder etwas trauriges widerfahren ist, daß Ihr liebes Herz wieder einen Schmerz zu tragen hat und meine Bestürzung macht meine ohnehin schon trübe Stimmung noch trüber. Ich zerbreche mir den Kopf darüber, was denn eigentlich geschehen sein mag, muß aber in Geduld abwarten,

---

1 In beiden Volksstücken von Ludwig Anzengruber hatte die Schratt große Rollen.
2 Der geistreiche, musikalische und dichtende deutsche Botschafter Graf Philipp Eulenburg wurde allmählich zum Hauptobjekt der kaiserlichen Eifersucht, so Cap Martin, den 11. März 1896: »Daß Sie Graf Eulenburg dreimal gesehen haben, ist nach meinem Geschmacke zu oft. Hoffentlich bleibt er auch künftig nicht gefährlich.«

bis Sie mich mündlich aufklären werden. Die Kaiserin, die auch den innigsten Antheil nimmt, glaubt, daß es wieder eine ähnliche Infamie ist, wie damals während Ihres Carlsbader Aufenthaltes. Und auch jetzt, ebenso wie damals, muß ich in diesem schweren Augenblicke von Ihnen getrennt sein und kann Ihnen, wenn auch sonst nicht nützen, nicht einmal persönlich Trost und Muth zusprechen. Gott sei mit Ihnen, er beschütze Sie und gebe Ihnen Kraft und Ruhe. Und dazu noch: die Sorge um Ihre Mutter, von deren Krankheit Sie mir bis jetzt nichts sagten. Ich habe mir erlaubt, Heute Früh telegraphisch um Nachricht zu bitten und hoffe eine günstige Antwort zu bekommen. Meine Gedanken sind beständig in Sorge bei Ihnen und ich werde erst ruhig sein, wenn ich wieder in Wien in Ihrer Nähe sein werde...

Die entrevue mit dem Präsidenten Faure ist sehr gut abgelaufen. Er ist ein sehr aimabler, natürlicher und einfacher Mann, mit nobler Haltung. Als ich zu ihm nach Mentone fuhr, stand ein Spalier von Chasseurs des Alpes vom Cap bis zum Hôtel de ville in Mentone und vor demselben paradirten die Cuirassiere und ein großer Haufen Journalisten mit Notizbüchern. Am Eingange des Hauses wurde ich von der zahlreichen Suite des Präsidenten empfangen und die Treppe hinaufgeführt. Oben erwartete mich der Präsident umgeben von seinem Minister Präsidenten, Marine Minister und einigen Generälen, die er mir Alle vorstellte. Dann blieb ich mit ihm einige 20 Minuten allein in angenehmer Conversation, worauf ich nach Haus fuhr. Bald kam er hierher gefahren, von der Cuirassier Eskadron escortirt, die vor dem Hôtel aufmarschirte, die Trompeter bliesen. Es war großartig. Der Präsident blieb mit der Kaiserin und mir 10 Minuten und fuhr dann, immer mit Cuirassier Eskorte und daher sehr langsam nach Monaco zu dem Fürstenpaare, dann nach Turbie zum Großfürsten Thronfolger und endlich nach Nizza, wo er erst in finsterer Nacht ankam. Ich bin um 7 Uhr mit meinen 3 Herrn ins Hôtel de Paris gefahren, wo wir laut beiliegendem Menu ganz ausgezeichnet und bei weitem besser, als bei Noel et Patard speisten. Es war viel voller, als vor zwei Jahren, sehr viele aber nicht viel hübsche von den gewissen Damen in den auffallendsten Toiletten mit ganz enormen Hütten...

Haben Sie in der Zeitung gelesen, daß der Bulgare mit Rescript an den Minister Präsidenten Stoiloff einen griechischen, hohen Geistlichen zum *Beichtvater* des Boris[1] ernannt hat!!...«

Das Kaiserpaar traf an der Riviera mit der Exkaiserin Eugénie von Frankreich, der Witwe Napoleons III., zusammen, dann mit dem englischen Thronfolger und schließlich auch mit Königin Victoria, außerdem mit vielen habsburgischen Verwandten, so auch Erzherzog Rainer, über den Franz Joseph aus Cap Martin am 11. März 1896 schrieb: »...Dann führte mich der Erzherzog noch in den an der Straße nach Antibes gelegenen Garten des Chocolade Fabrikanten Meunier, der das schönste ist, was man in dieser Art sehen kann. Von dem saftiggrünen Rasen, von den unglaublich großen Palmen und anderen seltenen Bäumen, von den Blumenmassen und den ganz mit den verschiedensten Pflanzen verwachsenen Felsenparthien kann man sich keine Vorstellung machen...«

Zur niedergeschlagenen Stimmung der Freundin trug die Krankheit und der Tod ihrer Mutter bei. Der Kaiser bat sie, einen Kondolenzbesuch machen zu dürfen:

»Wien, den 17. März 1896
Darf ich um 9 Uhr zu Ihnen kommen? Schmerzerfüllt
Franz Joseph«

Es war das erstemal, daß der Kaiser die Freundin in ihrer Stadtwohnung besuchte. Der Kaiserin erklärte er am 19. März: »Ich habe mir in diesem traurigen Ausnahmsfalle erlaubt, der Freundin in ihrer Wohnung einen Besuch zu machen, um ihr meine Teilnahme auszusprechen, es wird aber in der Stadt bei diesem einen Besuche bleiben... Um 9 Uhr bin ich zur Freundin gefahren, die mir auch ihre

---

1 Am 9. März 1896 erwähnte der Kaiser ein Treffen mit dem Prinzen Reuß, »und dann schimpften wir zusammen über den Bulgaren, von dessen kurzer Visite ihnen der Pabst selbst mit einem Anfluge von Spott erzählt hatte«. Seinem Brief vom 11. März 1896 legte er ein derbes Hohngedicht auf den Bulgarenfürsten bei, das im Umlauf war.

Wohnung zeigte, die recht hübsch ist, aber kleine und mit allen möglichen Gegenständen sehr angefüllte Zimmer hat. Es ist aber sehr geschmackvoll.«

»Wien den 9. April 1896
Theuerste Freundin,

Nach kurzem, aber herrlichen, wohlthuenden Sonnenschein, für mich wieder trübes Wetter und Einsamkeit. Wann wird meine Sonne wieder scheinen?

Wegen diesen geschwollenen Redensarten werden Sie mich auslachen und antworten: ›Wart‹ und ich werde in Geduld und trüber Stimmung warten, bis Sie vollkommen wohl und wieder ohne Nachtheil für Ihre Gesundheit im Stande sind zu kommen. Als ich Gestern das Couvert mit Ihrer lieben Schrift erblickte, wußte ich gleich, daß es eine Trauerbotschaft enthalte und ich war auch so traurig, daß ich sogar in den beiden ersten Akten der Maccabäer[1] war, mein erster Besuch des Burgtheaters seit meiner Rückkehr von der Riviera. Das Parterre war entsetzlich leer, die Gallerien waren sehr voll und lärmend. Am Schluße des 1. Aktes, wo Robert entsetzlich schrie, wollte der Applaus und das Gebrülle gar kein Ende nehmen und als er im 2. Akte wieder erschien, wurde er mit erneuertem Spektakel empfangen, so daß er einige Zeit nicht zu Worte kommen konnte. Was hat das zu bedeuten?

Ich hoffe, daß Ihr Unwohlsein nur die, abermals zu früh eingetretene stille Woche ist und daß Sie im übrigen nicht krank sind, auch der Schnupfen nicht ärger geworden ist. Ich ängstige mich aber doch und wäre dankbar für eine mündliche Beruhigung. Wenn Sie wieder hergestellt sein werden und Lust haben, zu kommen, so bitte ich mich davon rechtzeitig in Kenntniß zu setzen, damit ich Frau von Ferenczy avisiren kann. Nur Samstag würde ich bitten directe zu mir zu kommen, mir es aber auch gegebenen Falles wissen zu lassen, damit niemand um die Zeit Ihres Besuches bei mir sei. Die Stunde bitte ich auch nach Ihrer Bequemlichkeit zu bestimmen.

Beiliegend ein Brief der Kaiserin, den ich Heute beim Erwachen

---

1 Tragödie von Otto Ludwig

erhielt und den ich Ihnen schicke, weil ich nicht weis, ob nicht Gefahr am Verzuge ist. Trotz meiner assomanten Fragen, habe ich nemlich eine der interessantesten vergessen: ob Sie die Sandkur[1] richtig brauchen, wie Sie es beabsichtigten. Bitte mir den Brief der Kaiserin bei Gelegenheit zurück zu stellen. Nun Adieu, meine liebe, gute Freundin, schonen Sie Sich, regen Sie Sich nicht auf und haben Sie ein wenig lieb Ihren Sich nach dem hoffentlich nicht gar zu fernen Wiedersehen sehnenden und Sie herzlich grüßenden

Franz Joseph«

»Wien den 14. April 1896

Theuerste Freundin,

Für den Fall, daß Sie Morgen zur Parade fahren sollten, vorausgesetzt, daß das Wetter deren Abhaltung gestattet, schicke ich Ihnen beiliegend einen Plan der Truppen Aufstellung, nebst Reihenfolge und Namen der defilirenden Abtheilungen und deren Commandanten. Vielleicht ist Ihnen der Plan zur Orientirung von Nutzen. Hoffentlich sind Sie von der gestrigen Vorstellung nicht zu ermüdet. Leider konnte ich wegen Arbeit nicht ins Theater kommen. Auf Wiedersehen Übermorgen um 5 Uhr. Denken Sie in der langen Zwischenzeit manchmal an mich, besonders Heute zwischen 5 und 6 Uhr, wo ich den besorgnißerregenden Toast sprechen muß.

Mit 1000 herzlichen Grüßen und vielen – – – – –
Ihr treu ergebenster

Franz Joseph«

---

1 Es handelte sich wieder einmal um eine Abmagerungskur. Der Kaiser am 27. März 1896 an die Kaiserin über die Freundin: »Als ich ihr von Deiner Sandkur erzählte, erfuhr ich erst, daß sie auch das Buch des Kuhne gelesen hat und bereits aus Abbazia Sand bestellt hat, um die Kur zu beginnen. Es ist wirklich merkwürdig, wie ihr beide immer dieselben medizinischen Experimente unternehmt und Gottlob, ohne bisher besonderen Schaden genommen zu haben.« Auf einen besorgten Brief hin schrieb der Kaiser seiner Frau am 9. April, er werde »die Freundin baldmöglichst wegen dem Sande warnen«, fragte aber fürsorglich in einem PS an: »Hoffentlich hast Du mit der Sandkur keine bedenkliche Erfahrung gemacht, weil Du die Freundin warnest. Bitte um Beruhigung.«

Im April 1896 wurde die immer noch ungelöste Bürgermeisterfrage von Wien wieder akut. Da Kaiser Franz Joseph die Wahl des Führers der antisemitischen Christlichsozialen, Dr. Karl Lueger, zweimal nicht bestätigt hatte, war ein Regierungskommissär mit den Amtsgeschäften betraut worden. Die Neuwahlen vom 18. April brachten Lueger mit 96 gegen 42 Stimmen (für den liberalen Kandidaten Dr. Raimund Grübl) einen neuerlichen Sieg. Unter dem Druck lautstarker Kundgebungen für den zum Volkshelden und Märtyrer avancierten Lueger berief Kaiser Franz Joseph – der bereits wegen seiner ablehnenden Haltung von den Antisemiten als »Judenkaiser« beschimpft wurde – am 28. April 1896 den Wahlsieger in Audienz in die Hofburg, erklärte ihm, auch diesmal seine Bestätigung nicht geben zu können, und appellierte an ihn, freiwillig auf das Amt zu verzichten und einen Mann seines Vertrauens als Bürgermeister aufzustellen. Am 6. Mai wurde dann Josef Strobach, von der Presse gerne »Strohmann« genannt, bestätigt. Die Stimmung in Wien war gereizt und für den Kaiser nicht günstig.

Außerdem drohten Arbeiterdemonstrationen am 1. Mai, dem seit 1890 von den Sozialdemokraten propagierten »Tag der Arbeit«, mit Forderungen nach dem Achtstundentag. Ofen, den 30. April 1896: »... Morgen werde ich mich ängstigen, daß Sie bei der dummen 1. Mai Demonstration in irgend eine Unannehmlichkeit gerathen könnten und ich bitte Sie wieder dringend, ja vorsichtig zu sein und lieber in der Stadt zu übernachten ...«

»Ofen den 2. Mai 1896.

Meine liebe gute Freundin,

Hoffentlich sind Sie gestern Abend glücklich nach Hause gekommen, ohne mit den Arbeitern in Unannehmlichkeiten zu gerathen. Nach telegraphischer Meldung scheinen dieselben theilweise recht arg excedirt zu haben, da Truppen ausrücken mußten. Ich ängstige mich wegen Ihnen und sehne mich daher doppelt nach Nachrichten. In der Lueger Angelegenheit scheint sich die Stimmung zu beruhigen, wenigstens schreiben die Zeitungen nicht mehr so aufgeregt. Ich habe mich sehr über eine Rede gefreut, die Dr. Grübel gleich nach der berühmten Audienz Luegers in einer liberalen Versammlung gehalten hat und die sehr klar und die Situation richtig auffassend war.

Meine Stimmung läßt viel zu wünschen übrig, trotz der Freude, wieder mit der Kaiserin vereint zu sein und ich sehne mich nach dem ruhigen Thiergarten und nach der lieben Gloriette Gasse. Ich muß bis 17. hier bleiben und gedenke am 18. Früh in der Thiergarten Villa einzutreffen und hoffe Sie noch an diesem Tage besuchen zu können. Ich finde die Zeit bis dahin sehr lang! Seit ich hier bin, tauchen beständig neue Feste, Besichtigungen, Bälle etc – auf, die ich theils im Mai theils im Juni mitmachen soll. Hübsche Aussichten! Heute soll um 11 Uhr die feierliche Eröffnung der Ausstellung stattfinden. Hoffentlich wird das Wetter aushalten, das ziemlich bedrohlich aussieht, nachdem wir Gestern Abend starken Donner und Blitz mit Wind, und kurzem Regen gehabt hatten und der Barometer fällt.

Die Kaiserin ist Vorgestern Früh pünktlich beim schönsten Wetter angekommen. Sie sieht, Gott lob, gut aus und die Stimmung ist besser, als unter den momentanen Verhältnissen und bei den bevorstehenden Anstrengungen zu erwarten war. Frau v. Feifalik[1] ist bei der Abreise von Corfù wieder krank geworden und wurde hier vom Bahnhofe ins Schloß in einem Wagen der Rettungsgesellschaft transportirt, es geht ihr aber schon so weit besser, daß sie Morgen die Frisur der Kaiserin mit dem Diademe wird machen können. Es ist ein Elend, wenn man so vom Befinden, manchmal auch von den Launen einer Person abhängt!

Vorgestern und Gestern Nachmittag bin ich mit der Kaiserin im Garten spazieren gegangen, was nützlich und angenehm war. Gestern sind im Laufe des Tages die Mitglieder der kaiserlichen Familie und Abends Leopold und Gisela angekommen. Um 5 Uhr speiste ich mit den im Hause wohnenden Herrschaften sammt Gefolge. Vorgestern habe ich bei einem Besuche, den ich Auguste machte, die Bekanntschaft meines Urenkels[2] gemacht. Er ist nicht schön, aber frisch, recht stark und lebhaft. Nach Kneipp ist er immer barfuß und wenn man ihn führt, so trippelt er mit den bloßen Füßen auf dem kalten Parkette herum, auch soll er eine besondere Passion haben, ins Wasser zu

---

1 Fanny Feifalik war Elisabeths Friseurin.
2 Der einjährige Erzherzog Joseph, Sohn des gleichnamigen Vaters und der Kaiserenkelin Auguste

Der ungarische König Franz Joseph eröffnet die Milleniums-Ausstellung in Budapest am 2. Mai 1896.

steigen. Allein gehen und sprechen kann er noch nicht. Die Nachrichten von meinem Bruder Carl[1] sind leider nicht sehr günstig und ich bin ziemlich besorgt. Ich muß schon schliessen, um zu arbeiten, weis auch nicht ob und wann ich bei der bevorstehenden Hetze wieder werde schreiben können, meine Gedanken sind aber bei Ihnen. Hoffentlich denken Sie auch manchmal an Ihren Sie herzlichst grüßenden Franz Joseph«

Ofen, den 10. Mai 1896: »... Ich bin immer melancholisch gestimmt und fühle mich recht einsam, da Gestern Abend die Kaiserin mich verlassen hat und ich jetzt allein in der Burg hause. Es ist aber gut, daß die Kaiserin von hier fort ist, denn bei dem beständig kalten, feuchten Wetter fühlte sie wieder Schmerzen in den Beinen und war auch sonst nicht ganz wohl, wozu aber vielleicht auch das unsinnige Régime, die Nahrung betreffend, beigetragen hat...

... Die Kaiserin kommt Heute Früh nach Lichtenegg und will Dinstag mit dem Ostende Zuge im Thiergarten eintreffen. Ich denke, daß sie bald trachten wird, Sie zu sehen, sollten Sie aber gerade durch Spiel oder Probe verhindert sein, ihrer Einladung zu folgen, so bitte ich Sie, es der Kaiserin gleich wissen zu lassen, da es nicht in ihrer Absicht gelegen sein kann, Sie in Ihren Beschäftigungen zu stören...

Der Bulgare, General Adjutant des Sultans, ist also ohne Aufenthalt durch Wien und hier gereist, was jedenfalls das gescheidteste war. Hat er Ihnen etwas sagen lassen?...«

Ofen, den 7. Juni 1896: »... Auch innigst danken möchte ich Ihnen, was ich leider bei unserem vorgestrigen Abschiede vergessen habe, für Ihre viele Güte für mich während dieser letzten Zeit, so wie für die neue Lufterzeugungs Maschine, welche, wie ich erst im Waggon von meinem Kammerdiener Ketterle erfuhr, Vorgestern in meiner Wohnung in der Burg kam und bereits bei einem angestellten Versuche eine enorme, abkühlende Wirkung hatte. Wie viele Wohlthaten verdanke ich Ihnen! Sie sind ein Oberengel! Die frühere Maschine kommt nach Ischl[2], wo sie bei der dortigen elektrischen

---

1 Erzherzog Karl Ludwig starb im Alter von 62 Jahren am 19. Mai 1896.
2 Dieser alte Ventilator ist heute noch in der Ischler Kaiservilla zu besichtigen.

Einrichtung verwendbar sein und gute Dienste leisten wird. General Direktor Palmer war selbst in der Burg, um die Installationen zu überwachen...« (B)

Höhepunkt der ungarischen Milleniums-Feiern war der prunkvolle Festzug der Magnaten und Deputationen vor dem Kaiserpaar. Ofen, den 10. Juni 1896: »...Es ist alles vortrefflich gegangen, der Festzug war wirklich wunderschön, das massenhafte Publikum sehr anständig, die Ordnung musterhaft, die Stimmung sehr gut und patriotisch, was sich besonders bei der Huldigung im Saale des Schlosses zeigte, wo der Enthusiasmus den Höhepunkt erreichte. Freilich war auch die Hitze im ganz gefüllten Saale eine enorme. Der Vorbeimarsch des Zuges im Schloßhofe dauerte über eine Stunde, von 9 Uhr bis nach 10 Uhr, dann bewegte sich derselbe über die Margarethen Brücke zum neuen Parlamentsgebäude und er kam mit der Krone erst um 2 Uhr wieder ins Schloß, worauf erst die Huldigung im Saale stattfand; für die Mitwirkenden eine ziemliche Leistung...

Um 6 Uhr hatten wir ein sehr zahlreiches Familiendiner. Gestern war ich, nachdem ich von der Kaiserin Abschied genommen hatte, in der sehr gelungenen und zahlreichen Pferde Ausstellung. Heute habe ich um 7 Uhr Früh die ersten Truppen Inspicirung am Rákos, um 11 Uhr kommt der Kronprinz von Schweden zu mir, der Gestern um 11 Uhr Abends eintreffen sollte. Dazu muß ich eine sehr häßliche schwedische Uniform anziehen, was mich sehr genirt.[1] Um 3 Uhr ist Preisreiten von Offizieren auf Pferden der Staats Gestütt und um 6 Uhr gebe ich dem Schweden ein Diner. Morgen habe ich sehr zahlreiche Audienzen, Übermorgen wieder Truppenbesichtigung etc. etc. – und so geht das Tag für Tag fort, bis endlich der schöne Moment der Abreise nach Lainz kommen wird. Wann? weis ich aber noch immer nicht...«

Durch zahlreiche Reisen und mancherlei Widernisse war es im Jahre 1896 bisher nur zu wenigen Treffen des Paares gekommen. Um so mehr freute sich der Kaiser auf die gemeinsamen Sommerwo-

---

[1] Am 13. Juni 1896: »Ich sah in schwedischer Uniform mit Kanarien gelbem Federbusche höchst lächerlich aus.«

chen in Ischl. Und ausgerechnet in diese so sehnlichst erwartete Zeit legte die Schratt ein einwöchiges Gastspiel in München. Der Kaiser war über die Maßen enttäuscht und verärgert.

Ofen, den 13. Juni 1896: »... Nur stimmte mich recht traurig, was Sie mir von einer bevorstehenden Meldung über Sie und Thimig sagen. Ich lese darin eine Bestätigung dessen, was ich zu meinem Schrecken in der freien Presse und im Fremdenblatte las, daß Sie vom 7. bis 15. Juli mit Hartmann und Thimig im Münchner Residenz Theater spielen würden, ich Sie also nach so langer Trennung, noch um 5 bis 6 Tage später wieder sehen werde. Doch ich darf nicht klagen, denn Heuer ist einmal ein Pechjahr und dann gehen die Pflichten Ihres Berufes, Ihr künstlerischer Ruhm Allem voran, was ganz in der Ordnung ist und wenn das projektirte Gastspiel Sie freut, so muß ich auch zufrieden sein. Aber eines fürchte ich wirklich, nemlich daß das Spielen in den dumpfen, engen Räumen des Residenztheaters so unmittelbar nach der Carlsbader Kur Ihnen schaden und Wirkung der Kur vereiteln wird...

Nun muß ich schliessen, um zu arbeiten, es ist bei meiner Schreiberei ohnehin nicht viel Gescheidtes herausgekommen, woran meine zunehmende Altersverdummung Schuld ist. Seien Sie einem armen Greise auch noch künftig gnädig, der sie gar so lieb hat. Mit herzlichsten Grüßen Ihr   Franz Joseph

Sperren Sie diesen Brief gut ein.«

Ofen, den 18. Juni 1896: »... Ganz erholen werden Sie sich aber hoffentlich in Ischl, denn das Münchner Gastspiel muß Ihnen schaden, muß Sie ganz herunter bringen, Ihre Nerven aufregen, Ihnen Schwindel machen und ich hoffe nur, Sie nicht noch kranker machen. Ich bin sehr traurig und beängstigt und es thut mir weh, daß Sie mir von dem Gastspiel Projekte gar nichts gesagt haben und Alles hinter meinem Rücken abgemacht haben. Wiederholt sagte ich Ihnen in den letzten Tagen vor unserer Trennung, daß ich hoffe, Sie am 10. Juli in Ischl wieder zu sehen. Sie widersprachen nicht und stimmten bei; das war eigentlich falsch von Ihnen. Ich bin Ihnen gegenüber immer ganz offenherzig und Sie sind es nicht. Das erzeugt recht schwarze Gedanken. Doch ich habe ja eigentlich gar kein Recht zu klagen und will kein Wilczek oder Bulgare werden, schweige daher lieber. A propos vom Bulgaren, so wird derselbe nächster Tage in Carlsbad erscheinen und ich fürchte, daß die Versöhnung, trotz allen Liebenswürdigkeiten, die Sie Stanciow[1] sagten, bald besiegelt sein wird. Auf die schwache Hoffnung, die Sie mir geben, daß Sie vielleicht schon am 12. in Ischl eintreffen können, gebe ich gar nichts, da Heuer ein Pechjahr ist und ich hoffe Sie frühenstens am 16. wiederzusehen...«

21. Juni 1896: »Der Bulgare in Carlsbad liegt mir am Magen.«

Lainz, den 23. Juni 1896: »...Den Vorwurf der Falschheit nehme ich zurück. Sie haben, wie immer, recht und sind ein Engel. Aber ein Malheur bleibt das Gastspiel doch...

Liechtenstein erzählte mir, daß für die Verleihung des Hofschauspielerinnen Dekretes an Frln. Wilhelmine Sandrock eine große Agitation war. Fzm. Merkel und Admiral Sterneck setzten sich mündlich und schriftlich für sie ein und ersterer behauptete allen Ernstes und glaubte es wirklich, daß sie sich ein Leid anthuen würde, wenn ihr Wunsch nicht erfüllt wird. Sie lebt aber noch, auch ohne Dekret...«

»Lainz den 26. Juni 1896.

Meine liebe gute Freundin,

Gestern wurde ich wieder freudigst durch Ihre lieben Zeilen vom 24. überrascht, für welche ich von ganzem Herzen danke. So bald hatte ich keinen Brief erwartet und ich bin so glücklich, daß Sie, trotz der langen Trennung noch immer an mich denken. Wenn es nur mit

---

1 Die Schratt hatte den Fürsten offenbar gegenüber diesem bulgarischen Politiker kritisiert.

Ihrer Gesundheit besser ginge, aber daß wieder die stille Woche zu früh und dieses Mal noch früher, eingetreten ist, ist nicht gut und dann die ›galoppirende Fettsucht‹:

Dieser prächtige Ausdruck hat die Kaiserin, der ich ihn natürlich gleich mittheilte, sehr frappirt, dabei doch auch amusirt, sie mußte Gestern den ganzen Abend an denselben denken und sie sieht sich auch schon von galoppirender Fettsucht verfolgt. Sie, die nur mehr Haut und Knochen ist. Sie laßt Sie herzlichst grüßen und Ihnen zu Ihrem Troste sagen, daß sie auch beim Beginne der Carlsbader Kur bedeutend zugenommen hat. Neulich vergaß ich zu sagen, daß die Kaiserin auch Frln. Schmidt grüßen laßt. Vielleicht haben Sie die Gnade, es bei Gelegenheit auszurichten. Daß Frln. Schleinzer französisch lernen muß, hat mich sehr amusirt. Es kommt vielleicht daher, daß ich ihren Beschützer[1] aufgefordert habe, sich in dieser Sprache zu vervollkommnen und da muß sie wahrscheinlich mitleiden. Unter den 128 Audienzen, die ich Gestern hatte, war das Burgtheater stark vertreten, lauter Bedankende. Sonnenthal, Robert, Thimig, Frau Lewinsky und Frln. Kallina. Letztere war sehr liebenswürdig und gesprächig, gar nicht befangen, wie Jemand Anderer bei ihrer ersten Audienz;[2] ich erfuhr, daß sie bereits im Alter von 4½ Jahren am Burgtheater debutirte und daß sie jetzt 21 Jahre alt ist. Thimig sprach ich meine Befürchtung aus, daß das Gastspiel in München, Ihnen nach der Kur schaden könnte, worauf er meinte, daß *Sie* den Wunsch hatten, Ihre Kunst durch ein Spiel unter anderen Verhältnissen aufzufrischen, oder so etwas dergleichen. Ich glaube aber doch, daß Ihnen eine Besteigung des Jainzen, selbst mit blauem Gesichte, gesünder wäre, als das Spielen im Gärtner Theater, denn um dieses handelt es sich, wie mir Thimig sagte, nicht um das Residenz Theater, wie in der Zeitung stand. Nun an Schmutz dürfte Ersteres das Letztere noch übertreffen, nur ist es luftiger. *Ich bitte Sie, mir rechtzeitig zu schreiben, ob Sie wieder in den 4 Jahreszeiten,* in der Nähe des Äther Doktors und der Frau Dahn, oder wo wohnen werden, damit ich

---

1 Franz Josephs Neffe Erzherzog Otto hatte ein allgemein bekanntes Verhältnis mit der Ballett-Tänzerin.

2 Gemeint ist die erste Audienz Katharina Schratts beim Kaiser.

meine Schreibebriefe richtig adressiren könne. Weil von Theater die Rede ist, muß ich Ihnen doch erzählen, daß Vorgestern Frau v. Ferenczy nebst Liechtenstein, Gräfin Festetics, Ferdinand und Aglae Kinsky bei der Kaiserin gespeist haben. Ich kam erst später aus der Stadt, aß allein und dann zeigte mir Frau v. Ferenczy einen mit einer Schulmädel Schrift geschriebenen Brief der Adele Sandrock (kranke Laster), in welchem sie die gnädige Frau um eine Unterredung bittet, da sie wegen der Friseurin Bolmann etwas vorzutragen habe. Ich denke aber, daß es sich weniger um diese, als um Frln. Wilhelmine handeln wird. Ich war jetzt täglich ziemlich lange in der Stadt, wo ich viel in Anspruch genommen war.

Dienstag war meine Schwägerin Marie Therese[1] ziemlich lange bei mir. Sie kam von Konopischt, wo es Franz besser geht. Die Ruhe am Lande wirkt günstig auf Husten und Nerven und er schont sich sehr. Vorgestern war der Fürst von Montenegro bei mir, dem ich dann meine Visite im Hotel Imperial machte. Ich saß dann noch 1½ Stund dem Maler Horowitz in seinem Atelier, welches in der Nähe des Rathhauses im 6. Stocke liegt, ein mühsamer Stieg. Heute werde ich dieses Vergnügen wieder haben und wie oft noch, ist bei der Gründlichkeit des Malers gar nicht abzusehen. Morgen ist Barettaufsetzung und großes geistliches Diner.

Zum Glücke ist es gar nicht mehr heiß, die Luft hier im Thiergarten rein und frisch und in meinem Schreibzimmer in der Stadt, leistet mir die elektrische Windmaschine die besten Dienste. Täglich danke ich in Gedanken der lieben Geberin. Gestern war ein theilweiser Regentag und Heute stürmt es bei Sonnenscheine und kalter Luft. Mittwoch werde ich um 11 Uhr 30 M. von Penzing abreisen, um 4½ Uhr werde ich Valérie mit Familie in Traunkirchen in meinen Train aufnehmen und um 5 Uhr 15 M. werden wir in Ischl eintreffen. Die Kaiserin wird Mittwoch Abend von hier nach Hohenschwangau abreisen. Meine Stimmung ist immer trübe, ich bin müde und werde erst am 15. oder 16. Juli wieder ins Gleichgewicht kommen. Wie

---

1 Erzherzogin Maria Theresia, die Witwe von Franz Josephs Bruder Karl Ludwig, kümmerte sich hingebungsvoll um ihren Stiefsohn, den schwer erkrankten Thronfolger Erzherzog Franz Ferdinand.

lange ist noch bis dahin! Denken Sie auch während diesen langen Tagen manchmal an Ihren, Sie herzlichst grüßenden, Sie innigst liebenden   Franz Joseph«

Aus Lainz, den 1. Juli 1896, dankte der Kaiser für ein Schreiben Hugo Thimigs: »Dasselbe ist sehr amusant und so elegant geschrieben, daß es mir ein Genuß war, dasselbe zu lesen. Hoffentlich wird er in München so für Sie sorgen, wie er es verspricht und Ihnen eine gute Wohnung verschaffen. Aber die Hetze wird dort jedenfalls groß und nicht kurgemäß sein. Gott gebe, daß es Ihnen nicht schade und daß der Ischler, zwar auch nicht ruhige Aufenthalt Sie in das erwünschte Wohlsein und in heitere Stimmung versetze. Daß Ihnen das Gastspiel wirklich so dreimal fürchterlich!!!! ist, wie Sie schreiben, kann ich nach dem, was mir Thimig sagte und was etwas anders lautete, als er es Ihnen schrieb, nicht ganz glauben. Dem sei nun, wie ihm wolle, jedenfalls wird kein Wunder geschehen und Sie müssen bereits am 6. Früh in München sein, daher Karlsbad bereits in fünf Tagen verlassen, nach einer viel zu kurzen Kur. Ob da die Fettsucht doch geheilt wird? Für alle Fälle bin ich von der Kaiserin, die es mir wiederholt ans Herz legte, beauftragt, Sie dringendst zu bitten und zu warnen, ja nicht wieder zur Schilddrüse zu greifen, die so gefährlich ist. Ich schließe mich dieser Bitte *mit der größten Energie* an...

Innigsten Dank für die genaue Beschreibung Ihrer Tageseinteilung die eigentlich auch eine große Hetze mit zu wenig Schlaf ist. Bin neugierig zu hören, ob sie dem Bulgaren bis zu Ende ausweichen konnten. Das kranke Laster[1] war nicht bei Frau von Ferenczy. Die

---

1 Gemeint war Adele Sandrock. Dazu Franz Joseph aus Schloß Wagrein, den 31. August 1896: »Widerhofer, den ich wegen Frln. Adele Sandrock befragte, sagte mir, daß sie keinen Typhus hatte, aber eine Art Bauchfell Entzündung, eigentlich mehr in der Gebärmutter und daß es ihr seit einem reichlichen Eiterguß viel besser geht. Er versicherte mich, daß, trotz Allem, was die böse Welt wieder erzählte, die Krankheit eine vollkommen korrekte war. In dieser Beziehung ist in dem Blatte, welches der gewiße Journalist mit den langen Haaren redigirt, ich glaube »die Gesellschaft« ein Schandartikel erschienen, der die Sandrockischen Damen in große Aufregung versetzte. Sie hofften auf die Intervention eines Bruders, der sich von dem infamen Skribler Satisfaktion verschaffen soll. Jetzt habe ich genug getratscht...«

große Künstlerin hat den Besuch telegraphisch abgesagt, da sie krank sei...

Gestern war noch die Abschiedsaudienz des Cardinals Agliardi.[1] Glückliche Reise und auf Nimmer-Wiedersehen. Ich war dann noch im Prater in einer Tiroler Ausstellung, die bis auf einige schöne Gletscher Panoramas, nicht viel Besonderes enthält. Eine genaue Darstellung der höchsten Spitze des Großglockners mit den dort angebrachten Drahtseilen, zeigt wie gefährlich dieser Aufstieg sein muß. Was werden wir im nächsten Herbste in ähnlicher Beziehung wieder erleben und welche Angst ausstehen müssen! Sie sind zwar ein Oberengel, aber doch mitunter fürchterlich!!...

Also Heute oder Morgen in 14 Tagen sehen wir uns wieder, wenn Sie nicht vielleicht ›auf allgemeines Verlangen‹ Ihr Gastspiel verlängern. Man kann es nicht wissen...«

»Ischl, den 7. Juli 1896:
»Meine liebe gute Freundin,

Innigsten Dank für Ihren lieben Brief vom 4., den ich erst Gestern erhielt. Ich hoffte, daß sie meinen Brief aus Ischl vom 3. erhalten haben. Da ich Sie in demselben *unterstrichen* gebeten hatte, mir Ihre Abreise von Karlsbad und Ihre Münchner Adresse zu telegraphiren, Sie aber nicht die Gnade hatten, es zu thun, und da ich auch dachte, daß Sie, Thimigs Wunsche entsprechend, bereits am 5. Karlsbad verlassen würden, so war ich die letzten Tage, ohne Nachricht von Ihnen, etwas beängstigt, daher doppelt dankbar und erfreut, als Gestern Ihr liebes Schreiben eintraf. Ich habe Ihnen ausnahmsweise lange nicht geschrieben, da ich Gestern Früh auf einer Treibjagd war und dann, weil ich Ihre Münchner Adresse nicht weis und täglich hoffte, dieselbe von Ihnen zu erfahren. Dieser Brief muß deßhalb vor der Hand auch liegen bleiben. Gestern habe ich in die Felicitas geschickt, um das Hotel zu erfahren, in welchem Sie in München absteigen. Ich glaube Lisi vermuthete die 4 Jahreszeiten, aber Gewi-

---

1 Der Nuntius hatte sich in die ungarische Politik eingemischt und die Einführung der Zivilehe heftig kritisiert. In Wien war er als Befürworter Dr. Karl Luegers hervorgetreten, was der Kaiser übel vermerkte.

ßes weis man nichts, versprach aber, gleich Erkundigungen einzuziehen. Wenn das nichts nützt, so werde ich Hawerda bitten an Thimig (wie ich mich zu erinnern glaube, Hotel Bellevue) um Auskunft zu telegraphiren. Hoffentlich haben Sie die Reise gut überstanden und können Sie die Anstrengungen der Proben und Vorstellungen in einem nicht gar zu angegriffenen Zustande beginnen. In der Zeitung las ich, daß Ihre Collegen bereits seit einigen Tagen mit großem Erfolge gastiren. Da hätten Sie dieselben wirklich mit gutem Gewissen ihren Triumphen überlassen können, ohne mit dieser Nachkur Ihre liebe, theuere Gesundheit auf das Spiel zu setzen. Doch des Menschen Willen ist sein Himmelreich und so bleibt mir nur über zu hoffen, daß die hiesige Luft und die Ruhe, die Sie Sich hier gönnen müssen, Ihre Nerven und Ihr ganzes Befinden in normaleres Gleichgewicht bringen wird. Ich bedaure unendlich, daß Sie die Felicitas als Spital finden werden, denn auch Ihre Schwägerin muß, nach dem Gewichte zu schliessen, welches Sie mittheilten, sehr krank sein.

Hoffentlich haben Ihre taktischen Künste Sie bis zum Schluße Ihres Karlsbader Aufenthaltes vor den bulgarischen Annäherungsversuchen bewahrt. Wie vieles werden Sie mir da zu erzählen haben... Am Nachmittage des Sonntages machte ich einen einsamen Spaziergang am linken Ischl Ufer zum Pfandl und von dort auf der Poststrasse zurück. Bei der Felicitas vorüber gehend, sah ich in derselben kein lebendes Wesen, aber vor der Haus Thüre, vom Balkon herabhängend eine neue elegante Lampe mit mattem Glase. Noch über 8 Tage wird es leider dauern, bis ich das ersehnte Glück geniessen werde, das theuere Haus wieder betreten zu dürfen. Von der Kaiserin erhielt ich Gestern ein Telegramm aus Linderhof, wohin sie zu Fuß von Hohenschwangau gekommen war. Was sie weiter unternimmt, weis ich nicht.

Nun leben Sie wohl, theuerste Freundin, Gott sei mit Ihnen. Ich freue mich schon, in den Zeitungen von Ihren Münchner Erfolgen zu lesen. Unendlich mehr freue ich mich aber auf das endliche, ersehnte und noch so ferne Wiedersehen. Vielleicht haben Sie dieses Mal die Gnade mir mitzutheilen, *an welchem Tage und zu welcher Stunde Sie hier eintreffen werden,* damit ich meinen ersten Besuch darnach

einrichten kann. In treuer Anhänglichkeit und mit den herzlichsten Grüßen,
Ihr Sie innigst liebender   Franz Joseph

Durch Hawerda, dem es Anna gesagt hat, erfahre ich so eben, daß Sie im Hotel Continental wohnen. Ich lasse daher diesen Brief abgehen.«

Falls die Schratt in München etwas zu verbergen hatte, war dies schwierig. Die Kaiserin stieg nämlich zur selben Zeit wie sie in diesem Hotel ab. Franz Joseph an Elisabeth am 9. Juli: »Morgen abend wirst Du mit der Freundin unter einem Dache sein, da sie seit Montag abend im Hotel Continental wohnt. Da kannst Du Dich von der galoppierenden Fettsucht selbst überzeugen. Ich hoffe, daß ihr das Münchner Gastspiel als Karlsbader Nachkur nicht schaden wird und daß sie bald hier einrückt, hoffe aber zuversichtlich, daß Du noch vor ihr bei uns sein wirst. Ich fürchte nur, daß Dich der Sonnenäther Mann länger als erwünscht an München fesseln könnte.«

Die Freundin verlängerte ihr Gastspiel in München. Ischl, den 11. Juli 1896: »...Da Sie mir telegraphiren, daß Sie Vorgestern zum dritten Male den Ministerial Direktor[1] spielten und ich in der Zeitung noch eine ganze Reihe zu gebender Stücke las, so fürchte ich, daß Sie am Ende gar noch länger in München bleiben, was entsetzlich wäre, denn endlich sollte der so langen Trennung doch ein Ende gemacht werden. Seit Gestern Abend wohnt die Kaiserin mit Ihnen unter einem Dache, wenn sie nemlich wirklich bereits in München ist, wie sie beabsichtigte. Über ihr Eintreffen habe ich aber noch keine Nachricht. Wie ich sie beneide, können Sie Sich denken, da Sie meinen neidischen und eifersüchtigen Charakter kennen. Sie wird sich wohl gleich von dem Stande Ihrer galoppirenden Fettsucht selbst überzeugen wollen...«

Zum Staatsbesuch des Zaren Nikolaus II. fuhr das Kaiserpaar Ende August nach Wien zurück. Chlopy, den 1. September 1896: »...Für Ihre wunderschönen Phrasen über Wohl des Staates, Pflichterfüllung

---

1 Lustspiel von Alexander Bisson und Ferdinand Carré

etc. – danke ich schönstens, der – – – – – – – ist mir in dem langen Satze aber das Liebste...

Der russische Besuch ist sehr gut abgelaufen, die Majestäten waren gut aufgelegt und ganz à leur aise, besonders beim Blumenge-schmückten, sehr gemüthlichen Familien Diner in Lainz. A propos von Blumen empfehle ich Ihnen, von der Gloriette Gasse aus, gleich das Parterre in Schönbrunn zu besuchen, welches mit einer Fülle von Blumen ganz neu arrangirt und wirklich sehr hübsch ist.

Den Einzug hat Ihnen Frau Mittel beschrieben, Anderes gewiß auch der Plapperhafte, ich kann nur melden, daß das Theater von sehr vielen Damen mit vielem Schmucke reich besetzt und auch das Parterre, fast nur Offiziere, recht glänzend war. Die Vorstellung sehr gut aber nicht amusant, auch lang. Im Concerte spielte das Orchester ausgezeichnet, die Majestäten, denen eine Menge Leute vorgestellt wurden, waren sehr aimable, Damen in Menge, Alle vom Lande,

Galadiner zu Ehren des Zarenpaares. Wieder erschien Kaiserin Elisa beth in tiefer Trauerkleidung.

besonders aus Böhmen, gekommen. Ich war zufrieden. Das beste war aber die Parade, die am 28. wegen Regen und grundlosem Boden abgesagt werden mußte, und dann, auf Wunsch des Kaisers am 29. möglich gemacht wurde, was bei den vielen Truppen und allen für den 28. berechneten Unterkunfts- und Verpflegs-Einrichtungen, ein tour de force war, aber vollkommen gelang.

Die Parade war schöner als die für Kaiser Wilhelm und überhaupt die schönste, die ich noch in Wien gesehen habe. Das Wetter war günstig, ohne Sonne, drohend umzogener Himmel ohne Regen und empfindlich kalt. Von Schönbrunn, wo wir vom Pferde stiegen, fuhren wir directe zum Nordbahnhofe, von wo die Abreise der Majestäten um 11 Uhr stattfand. Da nahm ich auch von Fürst Lobanow Abschied, der ganz wohl war und Gestern erhielt ich hier die Nachricht seines Todes, der auf der Reise nach Kiew plötzlich stattfand. Jetzt sehr fatal und wer wird sein Nachfolger werden?...«

Über eine Rumänienreise zur feierlichen Eröffnung des neu regulierten Eisernen Tores berichtete der Kaiser aus Ofen, den 2. Oktober 1896: »...In Orsova sind die Feierlichkeiten gut und anständig abgelaufen, die Fahrt auf diesem so schönen Theile der Donau war reizend und die Parade Aufstellung einer ganzen Division längst des rumänischen Ufers und der rumänischen Flotille vor Anker, sehr interessant. Herculesbad, wo Abends das Diner war, ist ein wunderschönes enges, ganz bewaldetes, frisch grünes Gebirgsthal mit eleganten Badegebäuden und Villen, hat sich seitdem ich vor mehr als 40 Jahren dort war, sehr zu seinem Vortheile verändert. In ganz Rumänien und besonders in Bucarest war der Empfang ein ebenso glänzender, wie herzlicher, ich sah im Vorbeifahren, vom Waggon aus 3 an der Bahn an verschiedenen Punkten aufgestellte Armee Divisonen und beim Einzuge in Bukarest waren auch viele Truppen aufgestellt. Der König war der denkbar aimabelste Hausherr, Carmen Silva war lieb, fast zu lieb und mitunter etwas mühsam durch Überschwänglichkeit, die Kronprinzessin ist reizend und ritt bei der Parade sehr hübsch, der Kronprinz ist ein guter Kerl, aber unbedeutend. Bei der Parade war ein ganzes Armee Corps auf einem beneidenswerth großen und schönen Exerzierplatze ausgerückt. Man darf unseren

Maßstab nicht anlegen, aber für die dortigen militärischen Verhältnisse war es nicht schlecht, die Artillerie war sogar ausgezeichnet.

Sinaja ist namenlos schön, besonders wenn man aus der langweiligen Ebene plötzlich in diese Alpenpracht kommt. Die Berge gleichen unseren Alpen, aber der Wald mit seinen Baumriesen übertrifft unsere Wälder an Pracht. In Mitte dieser schönen Natur ist eine élégante Villenstadt entstanden und ganz vom riesigen Walde umgeben, liegt auf einer Wiese mit hübschen Gartenanlagen das königliche Schloß nebst zerstreuten Nebengebäuden. Das Schloß wäre etwas für Sie, denn was in demselben an alten und neuen Bildern, alten Möbeln, Waffen, allem möglichen Grafelwerke angehäuft ist und wie das geschmackvoll vertheilt ist, laßt sich gar nicht beschreiben. Vorgestern machten wir in zahlreicher Gesellschaft eine lange Fußpromenade auf eine Alpe, wo bei rumänischer Zigeuner Musick im Freien déjeunirt wurde. Auch wurden wir dort in einer großen Gruppe mehrere Male photographirt. Es herrschte sehr heitere Stimmung. Gleich beim ersten Déjeuner, welches wir auf der Fahrt von Orsova nach Bukarest im Speisewaggon des Königs einnahmen, sah ich unter der servirenden Dienerschaft, zu meinem Erstaunen, Ihren früheren unverläßlichen Diener in königlicher Livrée mit abrasirtem Schnurbarte. Er lächelte mir herablassend zu. In Bukarest erschien er beim großen Diner in prachtvoller Galla und auch in Sinaja war er immer gegenwärtig...«

Ofen, den 8. Oktober 1896: »...Also das haben Sie doch durchgesetzt, daß Gräfin Bubna in Wildfeuer auftritt, ein Zeichen Ihres Einflußes im Theater und der Hingebung mit welcher Sie Sich Ihrer Freunde annehmen... Am 5. war um 11 Uhr der Schluß des Reichstages mit der ellenlangen Rede, die ich ziemlich gut las und darauf folgendem Tedeum in der Schloßkirche. Die Betheilung der beiden Häuser des Reichstages war eine unanständig geringe. Es ist eben Alles theils am Lande, theils mit der Agitation für die nächsten Wahlen beschäftigt...«

Mit dem geplanten Kurzbesuch der Schratt in Ofen gab es Schwierigkeiten, weil an dem einzig möglichen Termin die Kaiserin ihre Kopfwäsche angesetzt hatte, die einen ganzen Tag dauerte und keine Besuche zuließ. Der Kaiser war betrübt, da die Freundin ihre Reise daraufhin auf »unbestimmte Zeit« verschob. Ofen, den 16. Oktober 1896: »...Ich bin auf das heutige Kopfwaschen, welches daran Schuld ist, sehr böse, aber wenn einmal für diese langmächtige Operation ein günstiger Tag festgesetzt ist, laßt sich nichts mehr machen. Könnten Sie nicht eine kleine Änderung des Repertoire zu Stande bringen und am 18. und 19. oder am 19. und 20. hier sein? Es ist ja doch einerlei, an welchem Tage der schon so oft gegebene Herr Ministerialdirektor oder Morituri gegeben wird. Ich sehne mich schon so nach einem Wiedersehen nach so langer Trennung und wenn Sie nicht bald kommen, so kommen Sie am Ende gar nicht mehr, umsomehr, als wir bereits am 29. nach Wien übersiedeln...«

Schließlich fuhr die Schratt doch nach Budapest, vom Kaiser herzlich bedankt. Gödöllö, den 23. Oktober 1896: »...Mit Vergnügen, aber auch mit Wehmuth denke ich an die Stunden, die Sie uns in Buda-Pest geschenkt haben, mit Wehmuth, weil der Besuch gar so kurz war und weil ich eigentlich so wenig Gelegenheit hatte, mich mit Ihnen so auszusprechen, wie ich es, Dank Ihrer Güte, gewohnt bin. Heute in acht Tagen wird das hoffentlich in der Gloriette Gasse besser sein. Wir haben noch viel von Ihnen gesprochen, von Ihrer Liebenswürdigkeit, von unserem gemüthlichen Diner, von Ihrer Enttäuschung über die Ausstellung etc – etc –. Ich bin schon sehr neugierig zu hören, was Sie noch Alles am Abende nach unserer Trennung und am folgenden Morgen getrieben haben, ob vielleicht doch der Park Klub Gnade in Ihren Augen gefunden hat und ob Sie das lasterhafte Ös Budavar[1] besucht haben. Jetzt werden Sie wieder im Theater sehr beschäftigt und von Besuchen überlaufen sein, daher keine Zeit zum schreiben haben. Hoffentlich schadet Ihnen die Fast-Milchkur nicht und ist Ihr Befinden mehr wie halbert...«

Im Frühjahr 1897 gab es zwischen dem Kaiserpaar lange Diskussionen, ob die Freundin zur selben Zeit an die Riviera reisen solle oder nicht. Franz Joseph setzte sich hartnäckig bei seiner Frau für die Reise der Freundin ein, so am 26. Januar 1897: »Heuer ist das Jahr, in

---

1 Nach Bourgoing, 341, befand sich dort ein Vergnügungspark im Rahmen der Milleniums-Ausstellung.

»Wegen dem Schweindel bitte ich um Verzeihung, aber nur die Feder ist Schuld« (23. Oktober 1896).

welchem sie an die Riviera zu gehen pflegt. Sie traut sich wegen uns es nicht zu tun. Ich redete ihr aber zu, sich diese Erholung zu gönnen, da ich denke, daß wenn sie entweder einige Zeit vor oder nach mir hinkommt und wenn wir sie nur selten sehen, die Sache nichts macht. Ich sagte ihr, ich würde Dir schreiben, um Deine Ansicht und Deine Entscheidung zu erbitten und bitte Dich daher mir zu sagen, was Du meinst. Wenn Du glaubst, daß es besser ist, wenn sie nicht hinunter kommt, so wird sie es gewiß ganz natürlich finden, um so mehr, als sie selbst eigentlich diesen Ausflug aufgegeben hatte.«

Am 6. Februar 1897: »Die Freundin, welche Deine Hände küßt, wird von Deiner Erlaubnis Gebrauch machen und zu wahrscheinlich nur kurzem Aufenthalte, an die Riviera gehen.« Während er noch in Wien zu tun hatte, sollte die Freundin voraus fahren, »da ihre Gesellschaft Dich erheitern wird und der Ausflug an die Riviera ihre, noch immer etwas aufgeregten Nerven beruhigen wird« (19. Februar 1897).

Der Freundin meldete er am 20. Februar 1897: »...Ich habe der Kaiserin geschrieben, daß ich Sie gebeten habe, jedenfalls nach Monte Carlo zu reisen, da Sie sie gewiß aufheitern werden und da sie sich schon so auf Ihren Besuch freut und da der kurze Ausflug zur Beruhigung Ihrer aufgeregten Nerven beitragen wird. Ich muß daher auf das entschiedendste verlangen, daß Sie am 25. abreisen. Ich werde mich während Ihrer Abwesenheit schon durchzufretten trachten und vielleicht sehen wir uns doch an der Riviera wieder...«

Das Treffen zu dritt fand wirklich statt. Cap Martin, den 3. März 1897: »...Die Kaiserin wünscht sehr, Sie wiederzusehen und läßt Sie bitten, Heute um 2 Uhr zu uns zu kommen. Die Kaiserin wird um diese Zeit auf ihrem Spaziergange sein und wenn Sie die Güte hätten um 2 Uhr in meine Wohnung zu kommen, so würde ich Sie zur Kaiserin in den Wald führen. Wenn Sie über das leider recht schlechte Aussehen derselben erschrecken sollten, so bitte ich Sie, es nicht zu zeigen, auch mit der Kaiserin nicht zu viel von Gesundheit zu sprechen, sollte das aber nicht zu vermeiden sein, ihr Muth zu machen, vor Allem aber ihr keine neue Kur und kein neues Mittel anzurathen. Sie werden die Kaiserin sehr matt, sehr leidend und besonders in unglaublich déprimirter Stimmung finden. Wie bekümmert ich bin, können Sie Sich denken. Das wird dieses Mal ein recht trauriger Aufenthalt an der schönen Riviera...«

»Cap Martin den 4. März 1897.

Theuerste Freundin,

Verzeihen Sie, daß ich Ihnen erst jetzt für Ihre lieben, lieben Zeilen danke, die ich fand, als ich vom Déjeuner bei Périmont in Mentone zurückkam, allein ich mußte dann noch nach Monaco fahren, um am dortigen Hofe meine Aufwartung zu machen.

Ihre warme Theilnahme an unserer trüben Stimmung thut so wohl und ich danke Ihnen für dieselbe von ganzem Herzen. Die Stimmung der Kaiserin ist etwas gehobener, seit Nothnagel Heute Nachmittag hier war und er begründete Hoffnung auf Herstellung gibt, wenn Alles dafür geschieht, was nothwendig ist, genug essen, weniger Bewegung und zu diesem Ende zuerst Schifffahren, dann Territet und endlich Kissingen oder Schwalbach. Da die Kaiserin in der nächsten Zeit Schiffspromenaden von hier aus machen will, denke ich, wenn die Politik mich nicht abruft, noch einige Zeit hier bleiben zu können. Ich denke beständig an Sie, hoffe aber jetzt, daß meine Sehnsucht nach Ihnen bald befriedigt werden wird, da die Kaiserin auf mein Zureden Sie sehr gerne wieder hier bei uns sehen wird. Sie traute sich darum nicht, Sie zu einem nochmaligen Besuche einzuladen, weil sie immer fürchtet, Sie in Ihrer so nothwendigen Erholung und in Ihrer Unterhaltung zu stören. Ihre armen Veilchen sind hier wirklich am 1. durch General von Berzeviczy zurückgewiesen worden, da er dachte, daß die Sendung von einer Blumenhandlung komme und eine hohe

Rechnung im Gefolge haben würde, wie dieses schon andere Male vorgekommen sein soll. Ich habe dafür gesorgt, daß eine solche Abweisung nicht mehr vorkommen wird. Der Spatz, auch Gräfin Trani genannt, hat Ihre Veilchensendung richtig erhalten. Ich bin sehr besorgt, daß Sie am Ende in Monte Carlo nicht werden ausweichen können, die Bekanntschaft meines Neffen Otto[1] zu machen, der Gestern Abend angekommen ist und Heute hier war. Das wäre mir eigentlich sehr unangenehm. Lachen Sie mich nur aus, aber ich könnte eifersüchtig werden und dann ist er und Umgebung kein Umgang für Sie, dazu sind Sie viel zu gut und lieb und hoch erhaben über solche Gesellschaft. Adieu, liebe gute Freundin und auf hoffentlich baldiges Wiedersehen. Mit 1000 herzlichsten Grüßen Ihr

Franz Joseph«

Cap Martin, den 5. März 1897: ». . . Ich hoffe sehr, daß ich Sie im Auftrage der Kaiserin recht bald wieder zu einem Besuche bei uns werde einladen können, natürlich nur, wenn es ihnen paßt und wenn Sie an dem betreffenden Tage nicht gerade einen Ausflug oder sonst ein Projekt vor haben. In Folge meiner Frage, meinte die Kaiserin, daß es doch besser wäre, wenn ich Ihnen in Monte Carlo keinen Besuch abstatte, da die bösen Leute sonst schlechtes von Ihnen reden und Sie anfeinden und herabsetzen könnten. Mit schwerem Herzen unterwerfe ich mich dieser, wahrscheinlich begründeten Ansicht, um so schwerer, als ich mich ungeheuer nach Ihnen sehne. Hoffentlich geht es Ihnen gut, beruhigen sich Ihre Nerven, unterhalten Sie sich gut und spielen Sie mit Glück. Mit herzlichsten Grüßen, Ihr Sie innigst liebender, trauriger Franz Joseph«

Cap Martin, den 6. März 1897: ». . . Mir scheint wir haben uns noch nie so fleißig geschrieben wie jetzt, wo wir so nahe von einander und leider doch so getrennt sind.« Die Kaiserin hatte »Gestern Abend wieder ziemlich geschwollene Füße und in Folge dessen ist der Gemütszustand recht deprimirt. Gott bessere es! Ich bin neug---- so weit kam ich im schreiben, als man mir Ihren heutigen lieben Brief brachte, für den ich nicht genug danken kann, liebster Oberengel. Ich

---

1 Erzherzog Otto, Vater des späteren Kaisers Karl, war als Schürzenjäger bekannt.

wollte eben schreiben, daß ich neugierig bin, ob Sie mir Heute wirklich schreiben würden. Mein Zweifel war wieder einmal unbegründet, so wie meine Besorgniß wegen Otto. Ich kann nur wiederholen: Oberengel!! Da Sie sagen, daß Sie gerne zu uns kommen, so brauche ich keine weitere Nachricht und erwarte sie Übermorgen um 2 Uhr... Daß Sie an der Bank noch kein Geld angebaut haben, ist ja sehr erfreulich, wenn es nur auch so fortgeht, wenn Ihr Mentor[1] nicht mehr da sein wird, den Sie gelegentlich von mir grüßen könnten...«

»Cap Martin den 10. März 1897.

Meine liebe, gute Freundin,

Wann reisen Sie ab? Ich deutete der Kaiserin leise an, daß Sie uns doch noch einmal besuchen könnten, worauf sie sagte: Die Arme! Sie meint nemlich immer, daß es Ihnen sehr unbequem und unangenehm sein müsse, Ihre Unterhaltung in Monte Carlo zu unterbrechen, um Sich mit uns alten Leuten hier zu langweilen. Da ich jedoch eine Ahnung habe, daß es nicht so arg ist und da ich überzeugt bin, daß es die Kaiserin sehr freuen und es ihr als Erheiterung sehr gut thun würde, eine Stunde mit Ihnen zuzubringen, so frage ich mich an, ob Sie noch einmal zu uns kommen wollen, natürlich nur wenn meine Ansicht die richtige ist und Sie dieser Ausflug durchaus nicht génirt. Wie sehr ich mich freuen würde, Sie noch einmal zu sehen, brauche ich wohl nicht zu sagen. Um 2 Uhr wären sie uns an jedem Tage willkommen und bitte ich Sie nur, mir, für den Fall, daß Sie kommen, den Tag Ihres Besuches wissen zu lassen. Nur der heutige Tag wäre weniger geeignet, da Heute der Prinz von Wales bei mir frühstückt und ich nicht weis, wie lange er bleibt.

Mein gestriges Diner im Hôtel de Paris war gut, es war voll, ziemlich élégantes Publikum, aber nichts besonders schönes. Meine Gedanken waren im Hôtel Métropole und in den Spielsälen. Um ½10 Uhr war ich wieder hier. Adieu theuerste Freundin und auf hoffentlich nochmaliges Wiedersehen. In treuester Freundschaft und mit herzlichsten Grüßen Ihr

Franz Joseph«

---

1 Eduard Palmer begleitete die Schratt in Monte Carlo.

Cap Martin, den 14. März 1897: »...Die Kaiserin erwartet mit Ungeduld Nachricht über den Erfolg des Spieles mit den von hier mitgenommenen Fünffranken Stücken... Mit betrübtem Herzen werde ich von der Kaiserin Abschied nehmen, deren Zustand und oft so schrecklich trübe Stimmung mich sehr besorgt macht...«

Cap Martin, den 16. März 1897: »...Louise Coburg[1], die ich nicht besucht habe, wird hier von allen Herrschaften gemieden und nur ihre Nichte Taxis und ihr Mann gehen mit ihr um. Um sich zu trösten hat sie einen Wiener Fiacker mit zwei Paar Pferden und zwei Wägen kommen lassen und mit diesem fährt sie mit ihrer Tochter spazieren. Der arme Philipp geht in gedrücktester Stimmung allein herum...«
(B)

Bei seiner Rückkehr von der Riviera sah sich der Kaiser einer Fülle von außen- und innenpolitischen Problemen gegenüber. In der Balkanpolitik agierte das Deutsche Reich gegen die österreichischen Interessen, als es wirtschaftlich und militärisch die Türkei unterstützte. Rußland sicherte seine Balkaninteressen mehr und mehr in Frankreich ab. Österreich-Ungarn geriet ins Hintertreffen und in die Gefahr, bald zwischen allen Stühlen zu sitzen.

Am gefährlichsten freilich entwickelte sich die österreichische Innenpolitik: Die Badeni-Krise stürzte das Land in bisher beispiellose Nationalitätenkämpfe. Es ging um die Pläne des Ministerpräsidenten Graf Kasimir Badeni, in Böhmen und Mähren die Doppelsprachigkeit bei Behörden durchzusetzen – wogegen die Deutschen aller politischen Gruppierungen nicht nur in Böhmen wütend protestierten. Wegen anhaltender Wirren war das Parlament aufgelöst worden, Neuwahlen im März brachten einen Sieg der verschiedenen nationalen und der neuen Parteien, auch der Christlichsozialen. In allen großen Städten gab es Straßenkämpfe und Krawalle.

Dazu kamen neuerliche Verwicklungen in Wien: Bürgermeister

---

1 Die Liebesaffäre der Prinzessin mit dem k.u.k. Oberleutnant Geza von Mattachich war einer der großen Gesellschaftsskandale um 1900. Prinz Philipp von Coburg, der keineswegs ein treuer Ehemann war, hatte die öffentlichen Sympathien auf seiner Seite. Die Nichte: Margarethe von Thurn und Taxis

Strobach war am 31. März 1897 zurückgetreten, Neuwahlen standen bevor. Ein triumphaler Wahlsieg des bereits dreimal vom Kaiser verhinderten Dr. Karl Lueger war absehbar, seine vierte Ablehnung als Bürgermeister von Wien kaum noch ohne große Unruhen möglich.

»Den 2. April 1897.

Meine liebe gute Freundin,

Entsetzlich, daß Sie gerade Heute Pagliani[1] geschluckt haben! Ich bin nemlich ganz besonders innerpolitisch und orientalisch melancholisch und da freute ich mich noch mehr wie sonst auf Ihre liebe, liebe Gesellschaft und auf die Erheiterung, die ich Ihnen immer zu verdanken habe. Nachdem Sie Sich nun aber so rasch und leider wohl auch ohne Dr. Staniek zu Rath zu ziehen, entschlossen haben, das gefährliche Mittel zu nehmen, so haben Sie gewiß wohl gethan nicht zu kommen. Hoffentlich bessert sich Ihr unaussprechliches Befinden bald und geht die Gewaltskur ohne nachtheilige Folgen vorüber. Sollten Sie Morgen wieder wohl genug sein, so haben Sie vielleicht die Gnade um 1 Uhr durch meine Kammer zu mir zu kommen, da Samstag ist. Es ist aber möglich, daß ich Morgen wegen dringenden Arbeiten keine Zeit haben werde, in welchen Falle ich Sie rechtzeitig in Kenntniß setzen würde und deßhalb auch schon jetzt anfrage, ob Sie Sonntag in die Kirche und zum Frühstücke zu kommen beabsichtigen.

In der trübsten Stimmung grüße ich Sie von ganzem Herzen und nicht ohne Besorgniß für Ihre Gesundheit, meine liebe, entsetzliche Freundin und bleibe, auf baldiges Wiedersehen hoffend, Ihr Sie innigst liebender   Franz Joseph«

»den 6. April 1897

Sehr schmerzlich ist es, daß Sie, liebe Freundin, Heute nicht kommen können, noch schmerzlicher und mich beängstigender die

---

1 Abführmittel. Dazu Franz Joseph an die Kaiserin am 6. April 1897: »Die Freundin hat sich rasch von den Folgen des Mittels erholt, welches sie eingenommen hatte und welches ihr nichts nützte, da es nach oben statt nach unten wirkte, dafür schlagt sie sich durch Stürze beim Bicycle Unterrichte fleißig an.«

Ursache. Ich fürchtete gleich, daß die Folgen der Erschütterung Ihres Kopfes nicht so schnell vorüber gehen würden und kann nur wünschen, daß Sie Sich Heute wirklich ruhig verhalten möchten was ich aber bei den beständigen Besuchen bezweifele. Seit einiger Zeit habe ich in Allem und Jedem noch mehr Pech wie sonst, fasse mich aber bei Sachen, die nicht zu ändern sind, in Geduld. Wenn Sie wirklich Morgen ganz wohl sind und Sie die Besuche bei mir nicht zu sehr langweilen, so erwarte ich Sie Morgen um 1 Uhr bei Frau von Ferenczy. Sollten Sie nicht kommen, so bitte ich mich in Kenntniß zu setzen. Das Bicycle fahren im stillen verfluchend und Ihnen von ganzem Herzen und auch aus Egoismus baldige Herstellung wünschend, bleibe ich mit schönsten Grüßen Ihr

Franz Joseph«

Den 7. April 1897: »...So eben erhalte ich einen im Ganzen erfreulichen Brief der Kaiserin vom 5. Sie schreibt: ›Vergesse nicht mir zu berichten, ob das radeln die Freundin wirklich entfettet. Ich grüße sie herzlichst.‹ Ich werde berichten, daß der bisherige Erfolg des Radelns ein tüchtiges Anschlagen Ihres edlen Hauptes ist...«

Kaum erholt, machte sich die Schratt auf die Reise nach Rom.

Lichtenegg, den 13. April 1897: »...so sehr ich in meinem Interesse bedauere, daß Sie wohl nicht früher zurückkommen werden, so bin ich doch nicht so egoistisch um nicht zu wünschen, daß Sie die Freude und den Trost des Stiegenrutschens in Rom genießen und dem Pabste Ihren Besuch abstatten. Ich werde Sie in Gedanken begleiten, hoffend, daß Sie Ihren leidenden Kopf möglichst schonen und daß ich Sie am 2. Mai in vollem Wohlsein wiedersehen werde. Ich komme nemlich am 1. Mai erst um 7 Uhr Abends von Petersburg zurück,[1] hoffentlich ohne bei meiner Ankunft in Wien in Arbeiter Maifeier Cravalle[2] zu gerathen, so daß ich Sie an diesem Tage nicht mehr sehen kann...

---

1 Die Verhandlungen mit Zar Nikolaus II. führten zu einem mündlichen Abkommen, der »Balkan-Entente« mit der Anerkennung des status quo am Balkan.

2 Dazu aus Wien, den 23. April 1897: »Nach abgeänderter Verordnung werde ich am 1. Mai schon um 5 Uhr Nachmittag am Nordbahnhofe eintreffen und von dort zur Verbindungsbahn nach Hetzendorf fahren, um etwaigen Arbeiter Excessen auszuweichen«

Gisela schrieb mir neulich sehr besorgt wegen Ihrem Sturze und daß Sie das Radeln aufgeben könnten, was sie sehr bedauern würde. Sie fahrt schon achter und andere Touren. Auch wollte sie wissen wie Sie beim Radfahren angezogen sind. Sie tragt, gleich Ihnen, einen Lodenrock. Das Bicyclefahren ist eine wahre Epidemie! Pflichtschuldigst war ich Samstag in der letzten Burgtheater Vorstellung, aber nur bis 9 Uhr. Es war weniger wie Halbert, eigentlich recht betrübend. Außer Baumeister spielte Niemand ganz gut, Adele Sandrock war eigentlich besser als ich erwartete, paßt aber, besonders im Aussehen nicht für ihre Rolle, ihre Schwester Wilhelmine sieht entsetzlich aus und spielte namenlos gemein, kaum in der Vorstadt möglich, Reimers war auch nicht gut, das schrecklichste aber war Frau Mitterwurzer. Die ganze Vorstellung war recht schlampet. Wo kommen wir hin, wenn das so fortgeht??!!...«

Die innenpolitische Lage war gefährlich wie zuletzt nur während der Revolution von 1848/49. Nach dem Erlaß der umstrittenen Sprachenverordnungen durch Ministerpräsident Badeni am 5. April machten Nationalitätenkrawalle das Land geradezu unregierbar. Am 8. April feierte Franz Josephs Widersacher Dr. Karl Lueger in Wien einen rauschenden Wahlsieg. Der Kaiser konnte nicht umhin, ihn am 14. April als Bürgermeister zu bestätigen. Ein zweitägiger Besuch Kaiser Wilhelms II. in Wien drohte die vergiftete Lage mit neuerlichen deutschnationalen Exzessen vollends zu ruinieren. Wien, den 18. April 1897: »...Meine Stimmung ist immer aschgrau wegen Sorge und Ärger, bevorstehendem Kaiserbesuche und baldiger auf den Magen drückender Reise nach Petersburg...«
Die Schratt ließ sich durch alle Klagen des Kaisers nicht rühren und blieb weiter von Wien fern. Ofen, den 19. Mai 1897: »...Ich fürchte, daß Sie nicht mehr an mich denken auch dieser Gedanke macht mich traurig... Der Bulgare soll sich auf der Rückreise von Paris einige Tage in Wien aufhalten und da werden Sie einem Besuche kaum entgehen...«
Ofen, den 21. Mai 1897: »...Ihre Briefe sind für mich jetzt ein Lichtstrahl in meiner schwarzen Stimmung. Es will eben gar nichts mehr zusammen und vorwärts gehen, die Menschen sind doch mitun-

ter recht schlecht und ich fange an déséprat zu werden. Doch ich sollte nicht klagen, denn Sie haben ja auch beständigen Ärger, jetzt wieder mit der anonymen Karte. Daß die bösen Menschen gar keine Ruhe geben können und Sie thuen den Leuten doch nur unausgesetzt Gutes und schaden Niemandem, außer höchstens dem Baron Rothschild und der Odilon[1], die es verdienen... Von hier kann ich eigentlich nicht viel Interessantes melden. Ich spreche mit Ministern und anderen Leuten ohne viel weiter zu kommen, seit gestern ist Goluchowski hier und Heute Früh kommt Badeni...«

Ofen, den 26. Mai 1897: »... Neugierig bin ich auf das was Sie mir vom Dahnschen Münchner Tratsch und von der Taaffischen Heirath [s. S. 245] erzählen werden, aber von der rosigen Laune, die Sie bei mir erwarten, ist nichts vorhanden, denn meine Stimmung ist dunkel und kann bei den Zuständen und der Erfolglosigkeit aller Bemühungen auch nicht anders sein...«

Ischl, den 5. Juli 1897: »... Vorgestern Früh bin ich richtig über die neue Brücke und den neuen Fußsteig zur Felicitas gegangen und da die Gitterthüre auf dem Damme, der über den Bach führt, hinter Ihrem Waschhäusl, offen war, so ging ich in die Anlagen der Felicitas hinein und bis zum Badhause. Da fand ich, daß an Ihrem Badeplatze kaum ein Schuh Wasser ist, so daß die unterste Stufe der Treppe noch trocken ober dem Wasserspiegel ist. Die Ursache liegt theils in Versandung, theils in einem neuen Weidengeflechte, durch welches der Strom abgeleitet wird. Von den Bewohnern des Hauses, von welchem ich in respektvoller Entfernung blieb, sah ich Niemand...«

Wien, den 7. August 1897: »... In Salzburg ist der Schade nicht besonders groß in Steiermark unbedeutend, in Wien ist das Hochwasser, Dank der Donauregulierung und dem energischen Zusammen-

---

1 Anspielung auf die Affäre Girardi 1895: Die Schauspielerin Helene Odilon hatte ihren Ehemann Alexander Girardi wegen angeblicher Kokainsucht ins Irrenhaus einsperren lassen wollen, um ungestört mit ihrem Liebhaber Baron Albert Rothschild zu leben. Girardi flüchtete zu seiner alten Freundin Schratt. Diese intervenierte beim Kaiser und erwirkte ein ärztliches Gutachten, das Girardis Gesundheit konstatierte. Die Ehe wurde geschieden. Girardi war damals der wohl populärste Mann in Wien.

greifen aller Organe, glimpflich abgelaufen, aber am Lande in Niederösterreich sieht es sehr schlimm aus, einzelne Ortschaften waren Vorgestern noch unter Wasser, ziemlich viele Häuser und zahllose Brücken sind eingestürzt und überhaupt vieles verwüstet, von Böhmen gar nicht zu reden, von wo die Berichte jammervoll lauten. Ich war Vorgestern Nachmittag in Nußdorf beim Sperrschiffe, welches sich wieder eben so bewährt hat, wie die im Bau begriffenen Regulierungsarbeiten und dann bei der Reichsbrücke. Das Wasser war, obgleich bereits bedeutend gefallen, doch noch imposant, der Strom von enormer Breite. Gestern Früh war ich in Kaiser Ebersdorf und Albern, wo die Dämme theilweise gelitten haben, aber gut vertheidigt wurden und das Wasser einigen Schaden verursacht hat...«

Schönbrunn, den 6. September 1897: »...In meinem letzten Briefe vergaß ich Ihnen zu melden, daß Ihr Neffe Kiss den Stiftsplatz im Theresianum erhalten hat. Gestern sagte mir Graf Goluchowski, daß er ihr Telegramm erhalten hat, aber umsonst auf Kiss gewartet hat, der bei ihm nicht erschienen ist. Der Minister bleibt aber bei seiner Absicht, Kiss bei der Gesandtschaft in Teheran zu verwenden...«

Die Herbstmanöver 1897 fanden in Ungarn in Anwesenheit Kaiser Wilhelms II. und hoher deutscher Militärs statt. Aus dem Hauptquartier, dem idyllischen Esterházy-Schloß Totis, schrieb Franz Joseph der bergsteigenden Freundin am 11. September 1897: »...Ihr Brief hat meine graue Stimmung in eine schwarze verwandelt, denn das Reise- und Kraxel-Programm, welches Sie Sich vorgenommen haben, dauert länger, als Sie ursprünglich beabsichtigten, trotzdem sind die Tagesleistungen viel zu anstrengende und dann wollen Sie wieder die Adlersruhe mit der nahen, so gefährlichen Glocknerspitze besuchen und da ich leider aus Erfahrung weis, daß ich mich nicht immer auf Ihre Versprechungen verlassen kann, so bin ich voller Angst. Dieselbe steigerte sich noch, als ich in der Zeitung las, daß eben jetzt auf dem Hochschwab ein Herr im Schneesturm ganz verloren ging und ein anderer auf dem Venediger aus Erschöpfung am Herzschlage augenblicklich tot war. Ich fürchte, daß Sie sehr schlechte Schneeverhältnisse finden und daher unendlich ermüdet werden. Sie können Sich denken, was es für mich ist, so ganz von Ihnen abgeschnitten zu sein, ohne Möglichkeit einer telegraphischen Verbindung, da ich ja nicht weis, wo Sie sind und wo Sie absteigen. Auf Telegramme von Ihnen hoffe ich auch nicht mehr und so bleibt mir nur übrig, in Gedanken an Sie, mich zu ängstigen und zu trauern. Daß Burckhardt[1] Sie begleitet, obwohl ich Sie gebeten hatte, ihn nicht mitzunehmen, kann mich natürlich auch nicht freuen und macht mich namenlos eifersüchtig. Auch wird er Sie, bei seiner Rücksichtslosigkeit in alle Gefahren hinein führen. Mit einem Wort ich bin sehr, sehr traurig!!...« (B)

»Ofen, den 22. Septbr. 1897.

Meine liebe gute Freundin,

Es ist wohl noch nie vorgekommen, daß ich Ihnen während einer Trennung so unglaublich lang nicht geschrieben habe, wie dieses Mal, aber es war mir seit meinem letzten Briefe vom 14. wirklich nicht möglich einen freien, ruhigen Augenblick zum schreiben zu finden. Erst Heute Nachmittag nach Vollendung meiner Arbeiten und nach der Gestern Abend um 10 Uhr erfolgten Abreise unseres hohen Gastes [Kaiser Wilhelm II], ist dieses der Fall und so will ich Ihnen denn, trotz überstandener Hetze, trotz Nerven, die meine Hand zittern machen und trotz wirklicher Ermüdung, so recht von Herzen für Ihren lieben vorgestrigen Brief und für Ihre vielen Telegramme danken. Jenes aus Kals vom 15. erhielt ich im Augenblicke meiner Abreise von Totis und so konnte ich die Fahrt nach Béllye, nach der Angst der vorhergehenden Tage, wenigstens mit der Beruhigung antreten, daß Sie von der Besteigung des Venedigers unversehrt zurückgekehrt waren. Volle Beruhigung trat aber erst ein, als ich am 16. nach der Rückkehr von der ersten Morgenpirsche im Jagdhause Köviserdö Ihr Telegramm vom 16. fand, welches ich mit solcher Ungeduld und in solcher Hetze las, daß ich den Aufgabsort Innsbruck übersah und nur hinter Ihrem geliebten Namen, Hôtel Europe lesend, überzeugt war, sie seien in Salzburg abgestiegen und meine

---

1 Gegen Burgtheaterdirektor Dr. Max Burckhard liefen in dieser Zeit schon mächtige Intrigen. Hugo Thimig machte sich auf die Suche nach einem Nachfolger und fand den deutschen Theaterkritiker Dr. Paul Schlenther als Garanten einer Modernisierung des Spielplans. Die Schratt kämpfte beim Kaiser für den Verbleib Burckhards.

Antwort, die sie natürlich nicht erhielten, sogleich dahin expedirte. Ich bitte Sie deßhalb um Verzeihung. Übrigens begreife ich nicht, wie Sie nach Innsbruck verschlagen worden sind, statt auf dem nächsten Wege über Villach nach Wien zurück zu kehren. Sollte ein Tandler[1] daran Schuld sein?

Ich bedauere sehr, daß Sie unwohl in der Gloriette Gasse angekommen sind, habe es aber eigentlich erwartet, da offenbar die stille Woche in Folge der zu großen Anstrengungen wieder zu früh eingetreten ist. Daß Sie aber nach der sonntäglichen Unterbrechung, Vorgestern wieder liegen mußten, erschreckt mich ein wenig. Gott lob lautet Ihr Gestriges Telegramm beruhigender, um so mehr, als sie in einer so anstrengenden und Umzüge erfordernden Rolle wie die Widerspänstige Ihren künstlerischen Beruf wieder antreten konnten.

Wie gefallt Ihnen das umgeänderte Theater?[2] Daß Ihr in Aussicht gestellter ausführlicher Brief Heute nicht kommen würde, habe ich wohl erwartet und ich übe mich weiter in Geduld. Man gewöhnt es, aber mit Sehnsucht sehe ich doch weiteren Nachrichten entgegen. Ich sehe übrigens sehr gut ein, daß Sie bei der Art wie sie Ihren Tag eingetheilt haben und bei der Güte mit welcher Sie alle Leute zu jeder Stunde vorlassen, nicht schreiben können und ich habe Sie viel zu lieb, um Sie auch noch zur Anstrengung des Schreibens zu animiren. Die Kaiserin ist schon in Meran und sie war, wie Gräfin Sztáray an Valérie geschrieben hat, leider die letzten Tage in Karersee wegen des kalten, regnerischen Wetters, weniger wohl. Hoffentlich wird die Sonne von Meran helfen. Die Kaiserin will, nach einem kurzen Besuche in Wallsee, am 1. Oktober hier eintreffen. Mein Schwiegersohn Leopold jagt seit 19. Abends in Visegrád und hat bereits einige Hirsche erlegt. Auguste war mit Mann und Kindern diese Tage hier und so hatte ich Gelegenheit meine Urenkeln zu sehen. Der Bub ist nicht sehr schön und geht nach Kneippischer Schule blosfüssig am Parkete. Er weinte bei meinem Anblicke und

---

1 Altwarenhändler

2 Nach jahrelangen Klagen über die schlechte Sicht war der Zuschauerraum des Burgtheaters gründlich umgebaut worden.

küßte mir dann beständig die Hand, was ich als seinen Wunsch auffaßte, mich bald los zu werden. Das noch ganz kleine Mädchen[1] ist eher hübsch.

Die Manöver in Totis wurden bei fortgesetzt schönstem Wetter, befriedigend beendet. Während unserer Eisenbahn Nachtfahrt nach Mohács war Gewitter und Regen und die beiden ersten Jagdtage waren eher regnerisch, der dritte Tag aber war wunderschön und warm. Die Gegend ist, in ihrer Art schön, obgleich ganz flach, viel Rohr, viel Sumpf, wunderbare Bäume, schöner Wald mit unendlich dichtem Unterwuchse, Urwaldartig, viele Gelsen und Millionen von Fröschen in allen Größen und Farben, die wenn man fahrt oder geht, nach allen Seiten davonhüpfen. Die erste Nacht brachte ich in dem neuerbauten, geräumigen und mit allem Comfort sehr élégant eingerichteten Jagdhause Kövisérdö in welchem auch Eh. Isabella wohnte, die zweite Nacht am Dampfschiffe Sophie, das zu unserer Disposition war, auf der Donau zu, während Kaiser Wilhelm im Jagdhause Karapancsa wohnte. Wir waren ausgezeichnet bewohnt und verköstigt, hatten vortrefflich bespannte herrschaftliche und zum Pirschen auch Bauernwägen zu unserer Disposition. Wegen des vielen Wassers, welches noch von der Überschwemmung zurückgeblieben ist, mußte ich auch mitunter in kleinen Boten fahren und bis gegen das Knie im Wasser waten. Erlegt habe ich einen 16, drei 14, einen 12 und einen 10 Ender, zwei Hirsche habe ich angeschossen und einige gefehlt. Kaiser Wilhelm hat 10 Hirsche geschossen, darunter einen 22, einen 20 und zwei 18 Ender. Er war rosigsten Humors. Hier ging Alles nach Wunsch und ohne die geringste Störung. Der Empfang bei der Ankunft des Kaisers war wirklich großartig, Massen von Menschen, die Ordnung geradezu musterhaft, auch bei der Beleuchtung Gestern Abends. Die Soirée hier im Schloße am vorgestrigen Abend war voll, auch genug Damen, die Hitze entsetzlich, das gestrige Theater paré war glänzend, die Vorstellung minder, der Toast des deutschen Kaiser beim gestrigen großen Diner war lang und sehr gelungen, kurz man kann mit dem ganzen Verlaufe des hohen Besuches sehr zufrieden sein.

---

1 Die beiden Urenkel: Erzherzog Joseph und Erzherzogin Gisela

Eben erhalte ich durch Valérie einen Brief der Gräfin Sztáray vom 18. mit viel besseren Nachrichten von der Kaiserin. So, jetzt werde ich endlich schliessen und noch ein wenig in den Garten gehen. Adieu theuerste Freundin. Denken Sie manchmal an Ihren, sich nach Ihnen sehnenden, Sie innigst liebenden   Franz Joseph«

Die Nationalitätenkämpfe erreichten zu dieser Zeit einen traurigen Höhepunkt. Als der aus Polen stammende Ministerpräsident der Tumulte im Parlament nicht mehr Herr wurde und Zivilpolizisten in Bereitschaft stellte, schimpfte der deutschradikale Abgeordnete Wolf lauthals über die »polnische Schufterei«. Badeni forderte ihn daraufhin zum Duell, bei dem er am Arm verletzt wurde.

Ofen, den 26. September 1897: »...Ich bin froh, daß das Duell des Grafen Badeni verhältnißmäßig so glücklich abgelaufen ist. Vielleicht bewirkt es doch einige Mäßigung in dem mehr als gemeinen Tone des hohen Reichsrathes und vielleicht tragt es bei, die sogenannten Gemäßigten, die ich die aller grauslichsten finde, zur Besinnung zu bringen und sie etwas weniger feige zu machen. Übrigens finde ich, daß Graf Badeni dem Abgeordneten Wolf zu viel Ehre angethan hat, sich mit ihm zu schlagen, denn für solche Leute gehören eigentlich nur Prügel...«

Trotz dieser politischen Zerreißprobe und der starken Nervenanspannung mußte der Kaiser in Budapest den Besuch der Königin Elisabeth von Rumänien (als Dichterin »Carmen Silva«) höflich absolvieren. Ofen, den 1. Oktober 1897: »...Der rumänische Besuch ist glücklich und programmgemäß vorüber gegangen, war aber recht ermüdend. Carmen Silva, die höchst aimable und freundschaftlich war, hat mir durch ihr überschwängliches Entzücken über den wirklich ausgezeichneten Empfang den sie hier fand, die Nerven angegriffen. Ich wurde natürlich immer kälter, fast unhöflich...«

Die Freundin hatte wieder Sorgen mit ihrem über seine Stellung unzufriedenen Ehemann. Der Kaiser meldete aus Ofen, den 12. Oktober, »daß ich Vorgestern Goluchowski ersucht habe, Kiss zu sprechen und daß er mir zugesagt hat, denselben gleich kommen zu lassen, um seine Anliegen anzuhören...«

»Gödöllö den 19. Oktober 1897.

Diese wenigen Zeilen sollen Sie, theuerste Freundin, bei Ihrem Eintreffen im Hotel Hungaria herzlichst begrüßen.

Ich schreibe schon Heute, weil ich nicht weis, ob ich Morgen in Ofen dazu Zeit finden würde. Die Kaiserin ist sehr ungeduldig Sie wiederzusehen und bittet Sie daher, wenn es Ihnen nicht unbequem ist und wenn Sie nicht zu ermüdet von der Reise sein werden, Morgen so bald als möglich von 3 Uhr an, zu uns zu kommen. Es wird am zweckmässigsten sein, wenn Sie wieder zu Frau von Ferenczy kommen, welche sie gleich zur Kaiserin führen wird. Diese wird Ihnen eine Jause, bestehend aus kaltem Fleische und Eis Chocolade antragen und dann werden Sie gebeten werden, Donnerstag um 3 Uhr mit uns zu speisen. Für Ihre lieben Briefe und Telegramme innigst dankend und mich auf das Wiedersehen riesig freuend Ihr

Franz Joseph«

Die anhaltenden Krawalle vor allem in Wien und Prag konnten auch nicht durch massiven Militäreinsatz eingedämmt werden. Am 26. und 27. November kam es zu wilden Prügelszenen im Reichsrat. Der Kaiser kapitulierte vor dem Druck der Straße und berief am 28. November 1897 seinen umstrittenen Ministerpräsidenten Badeni ab. Nachfolger wurde Freiherr Paul Gautsch von Frankenthurn, dem es freilich auch nicht gelang, der Unruhen Herr zu werden.

In dieser höchst angespannten Situation schwirrten politische Gerüchte durch Wien, die von einem gezielten politischen Einfluß Katharina Schratts gegen Badeni wissen wollten. In Wiener Vorstädten gab es nach Berichten des deutschen Botschafters Graf Eulenburg Pereat-Rufe gegen »Herrn Schrattenbach«. Eulenburg schilderte in einem Privatbrief an Kaiser Wilhelm II. die wirre Lage: Franz Joseph habe Badeni den Abschied gegeben, »weil er in starke Unruhe versetzt war – und zwar durch Frau Kathi Schratt«. Frau Schratt habe dem Kaiser Angst vor einer Revolution gemacht: Sie »saß zitternd zu Hause, während die Tumulte immer größer wurden. Sie wußte sehr wohl, daß in der Menge die Auffassung mehr und mehr Boden gefunden hatte, daß der Kaiser alt und schwach geworden und eigentlich nur noch auf sie höre. Sie sah bereits im Geiste das Volk ihre Wohnung stürmen und schielte unruhig nach den Laternen-Pfählen auf der Straße. Sie erinnerte sich vielleicht auch der Episode des Jahres 1848, wo das wütende Volk von der Kamarilla hörte, die an allem Schuld sei und in der Überzeugung, daß die ›Kamarilla‹ die Maitresse des Kaisers Ferdinand sei, einen Sturm auf die Burg unternahm. Frau Kathi hatte wohl nur den einen Gedanken: jene aufgeregte Menge zu beschwichtigen. Und ein Mittel, das augenblicklich wirken mußte, war die sofortige Entlassung Badenis.« Sie hatte, so Eulenburg, »allerdings in diesem Fall ein leichtes Spiel gegenüber dem Kaiser, weil dieser sein Leben lang die fixe Idee hatte: durch eine Revolution sein Ende zu finden – ›weil er durch eine Revolution zum Kaiser erhoben worden sei‹« (II, 211f.). (Leider sind keine Aussagen der Schratt zu diesem Thema bekannt, um Eulenburg bestätigen oder widerlegen zu können.)

>   »Wien, den 28. Novbr. 1897.
Theuerste Freundin,
Leider wird es mir in den nächsten Tagen nicht möglich sein, Sie zu besuchen und doch wäre es mir in diesen schweren Augenblicken ein großer Trost, Sie zu sehen. Sie haben neulich geäußert, daß Sie vielleicht Morgen, auf dem Wege ins Theater zu mir kommen könnten und so bitte ich Sie, es zu thun, vorausgesetzt, daß es morgen Abend auf den Straßen ruhig genug ist und Sie ohne Gefahr in die Burg gelangen können. Gott gebe, daß ich bald wieder in die Gloriette Gasse kommen können.

Auf ein baldiges Wiedersehen hoffend, mit 1000 herzlichsten Grüßen, Ihr

>   Franz Joseph«

>   »Wien den 30. Novbr. 1897.
Meine liebe gute Freundin,
Ich hatte mich schon sehr auf das gestrige Wiedersehen gefreut, als ich nach 4 Uhr von der Polizei die Meldung erhielt, daß durch Einwirkung der Studenten eine Beleuchtung der Stadt geplant werde. Die Besorgniß, daß etwa größere Menschen Ansammlungen entstehen und dieselben gegen die Burg drängen könnten, wobei Sie bei

Ihrer Fahrt zu mir, und besonders bei jener aus der Burg ins Theater in Unannehmlichkeiten gerathen könnten, brachte mich zum Entschlusse, Sie zu bitten, mich nicht zu besuchen.[1] Meine Sehnsucht nach Ihnen ist aber unendlich groß und so komme ich mit der unbescheidenen Frage, ob Sie, vorausgesetzt, daß Heute Alles ruhig bleibt, vielleicht Heute Nachmittag um 5 oder 6 Uhr zu mir kommen wollen.

Zu dieser Anfrage ermuthigt mich Ihr lieber Brief von Vorgestern, für welchen ich innigst danke und aus welchem ich zu ersehen glaube, daß Sie mich gerne besuchen würden. Natürlich bitte ich Sie, nur zu kommen, wenn es Sie gar nicht génirt, wenn Sie kein Diner haben, wenn es Ihnen überhaupt angenehm und bequem ist. Leider kann ich nur die Zeit um 5 oder 6 Uhr beantragen, da ich den übrigen Tag nie einen Augenblick vor Störung sicher bin, um 5 Uhr speise ich aber und da läßt man mich in Ruhe. Wenn sie während meinem Essen neben meinem Schreibtische sitzen wollen, wird mich das sehr glücklich machen.

Sollten Sie Heute nicht kommen können, so darf ich vielleicht Morgen auf einen Besuch bei der Fahrt ins Theater hoffen. Hoffentlich geht es Ihnen mehr wie halbert und kommen Sie oft an die Luft.

Meine Gedanken sind viel bei Ihnen und meine Sehnsucht nach der lieben Gloriette Gasse ist groß. Ich bitte mich wissen zu lassen, ob und wann ich auf Ihren Besuch hoffen darf.

Mit herzlichen Grüßen Ihr, Sie innigst liebender

Franz Joseph«

---

1 Am 1. Dezember 1897 an die Kaiserin: »Ich habe aber doch die Freundin telephonisch gebeten, nicht zu mir zu kommen, da ich fürchtete, daß vielleicht größere Menschenmassen in der Nähe der Burg versammelt sein könnten und daß sie bei der Fahrt hierher und besonders von der Burg ins Theater gehindert sein könnte. Meine Vorsicht war jedoch ganz unnötig und ich habe sie dann bedauert.« Über das Treffen am 30. November heißt es im selben Brief: »Sie kam um 5 Uhr, saß bei meinem einsamen Diner und blieb dann noch bis ¾7 schwätzend. Es war endlich ein heiterer Augenblick nach so düsteren Tagen! Sie sieht recht gut aus, war frisch, nimmt jetzt Eisen und küßt Deine Hände. Vom Namenstag Schweine hat sie schon gegessen.«

Mitte Dezember 1897 wurde Burgtheaterdirektor Dr. Max Burck-hard per Februar 1898 seines Amtes enthoben. Das bedeutete auch für Katharina Schratt eine große Niederlage. Denn ihr Einfluß zugunsten des Freundes Burckhard beim Kaiser hatte sich als unwirksam erwiesen, ihre und Burckhards Gegner am Burgtheater und in der Intendanz setzten sich zugunsten des Reformers aus Berlin, Dr. Paul Schlenther, durch. Im Ensemble herrschte Unruhe. Viktor Kutschera verließ das Burgtheater und ging ans Volkstheater zurück.

Mit dem Ende der Ära Burckhard war die große Zeit der Schratt am Burgtheater vorbei. Sie fühlte sich vom Kaiser im Stich gelassen, vor den Kollegen bloßgestellt. Die Beziehung zum Kaiser geriet dadurch in eine ernste Krise, die in den nächsten Jahren zeitweise überdeckt, aber nicht mehr wirklich bereinigt werden konnte. Vorerst strafte sie Franz Joseph, der immer abhängiger von ihr wurde, mit Abwesenheit.

Das Jahr 1898 begann – ganz abgesehen von der gefährlichen innen- wie außenpolitischen Lage – für den Kaiser mit einem privaten Schock: Gräfin Marie Larisch, die ehemalige Vertraute und Lieblingsnichte der Kaiserin, bei der Mayerling-Tragödie aufs schwerste kompromittiert und vom Wiener Hof verbannt, hatte sich gegen die angebliche Ungerechtigkeit gewehrt und ein Buch über die Kaiserin mit vielen sensationellen Details geschrieben. Um einen Druck dieses Buches zu verhindern, schickte der Kaiser die beiden Schratt-Vertrauten Eduard Palmer und Graf Hanns Wilczek nach München. Die Fäden dieser höchst geheimen Aktion liefen bei Katharina Schratt zusammen. Wien, den 18. Januar 1898: »...Heute Abend also soll Palmer nach München fahren. Gott gebe seinen Segen zu seinem Unternehmen! Ich hoffe, daß ihm seine gestrige Unterredung mit dem Buchhändler von Nutzen war...«

Die Verhandlungen zogen sich zwei Wochen lang hin. Es ging um die Höhe des Schweigegeldes, die Herausgabe des Manuskriptes, des Materials und der bereits gedruckten Bücher. Wilczek und Palmer führten diese Verhandlungen im eigenen Namen, also quasi als Strohmänner. Schließlich wurde mit Dr. Max Burckhard ein weiterer enger Schratt-Freund eingeschaltet. Er verfaßte als Jurist den Abfindungsvertrag, der am 5. Februar in Wien unterzeichnet wurde. Einige Tage später erhielt Burckhardt »die überraschend hohe Auszeichnung des Ritterkreuzes vom Leopoldorden«, wie sein Widersacher Hugo Thimig mißgünstig am 16. Februar in seinem Tagebuch vermerkte mit dem Kommentar: »Es ist dies der Intervention der Schratt zuzuschreiben.« Immerhin bewährten sich die Freunde der Schratt in dieser höchst unangenehmen Affäre als treue und diskrete Helfer des Kaisers.

Ofen, den 18. Februar 1898: »... Meine Stimmung ist natürlich trüb und die Erinnerung an meinen letzten hiesigen Aufenthalt, wo ich die Kaiserin bei mir hatte, ist recht wehmütig. Hier fand ich alle Welt in großer Besorgniß vor den comunistischen und socialistischen Bauernbewegungen im Szabolcser und Zempliner Comitate, die ernst sind, aber noch mehr übertrieben wurden. Seit dem Eintreffen des Militärs herrscht Ruhe und die letzten Nachrichten lauten günstiger. Die Leute sind jetzt überall verrückt, ebenso wie das Wetter...«

Ofen, den 22. Februar 1898: »... Unser Hofball ist sehr glänzend ausgefallen und es war nicht so voll und heiß, wie wir fürchteten, da endlich doch nur 800 Personen erschienen. Es kamen viele Damen, darunter viele schöne junge Frauen und fast gar keine hübschen Mädchen. Getanzt wurde sehr eifrig, auch Valerie betheiligte sich am Tanze. Um Mitternacht nach Haus gekommen, trank ich zwei Gläser Champagner, was ich zu Ihrer Beruhigung[1] melde...«

Ofen, den 24. Februar 1898: »... Ich hoffe zwar, daß Sie dem Bulgaren gegenüber an Ihrer Absicht, ihn nicht zu sehen, festhalten werden, bin aber doch nicht sicher, daß Sie in Ihrer Güte am Ende weich werden könnten, was mir recht unangenehm wäre. Ich bin neugierig, ob ich in Wien vielleicht doch noch mit ihm zusammentreffen werde, denn die alte Coburg[2] hat eine in ihrem Alter unglaubliche Lebenskraft und wird nicht so bald sterben...

---

1 Auf Wunsch der Schratt hatte Kammerdiener Ketterl dem Kaiser nach dem Ball Champagner statt des üblichen Wassers vorbereitet.
2 Die Mutter Ferdinands von Bulgarien, Prinzessin Clementine von Sachsen-Coburg-Gotha, war damals 80 Jahre alt und erkrankt. Sie lebte noch bis 1907.

Ich hoffe am 4. oder 5. März nach Wien zurückkehren zu können, wo mich aber, außer Ihrer lieben Gesellschaft und dem Troste, den Sie mir in Ihrer Güte gewähren, wieder viele Sorgen, viel Kummer und Ärger erwarten und wo wir vielleicht recht bewegten Tagen entgegen sehen...[1] Gestern war ich um 2 Uhr im Kunstausstellungsgebäude in Pest, um die Bilder von Wereschagin,[2] die jetzt hier sind und deren Besichtigung ich in Wien versäumt hatte, anzusehen. Der Künstler war selbst auch anwesend und explicirte mir Alles. Es ist interessant, es gibt schöne, weniger schöne und auch gar nicht schöne Bilder darunter, im Ganzen können Sie Sich trösten, dieselben in Wien nicht gesehen zu haben, aber eine Sammlung alten, russischen Grafelwerkes, welches der Künstler auch ausgestellt hat, würde Ihr Interesse und Ihr Verlangen erwecken. Eine Auktion wird er aber wohl kaum veranstalten...«

Katharina Schratt klagte in diesen Tagen wieder einmal über schwache Gesundheit, fuhr zur Erholung auf den Semmering – und war bei der Rückkehr des Kaisers aus Ungarn nicht in Wien. Der deutsche Botschafter Graf Eulenburg berichtete Kaiser Wilhelm II. über die Hintergründe dieser Krankheit: Es habe eine »ungarische Intrige« gegen die Schratt gegeben, und die Fahrt auf den Semmering sei Taktik gewesen – die sich vollauf bewährte (zumal die Schratt auch wieder die kaiserliche Eifersucht anstachelte): Franz Joseph vermißte die Freundin sehr. Eulenburg: »Das lustige Geplauder von Frau Kathi über die großen und kleinen Miseren der Kulissenwelt, über die Hunderln und die Vögerln und die Haushaltsereignisse seiner Freundin hat ihm gefehlt. Weder die Dichtungen noch die ewigen Kinderstubenangelegenheiten der Tochter fesseln ihn. Er braucht auch die Attraktion der schönen Weiblichkeit Frau Kathis, über die er in unschuldvollster Weise gebietet. Kurz und gut: es ging nicht länger ohne sie« (II, 213).

---

1 Auch die neue Regierung Gautsch war außerstande, die nationalen Unruhen einzudämmen. Eine neuerliche Regierungsumbildung galt als sicher.

2 Die realistischen Antikriegsbilder des russischen Malers und Pazifisten Wereschagin erregten in Wien wie Budapest großes Aufsehen.

Den ganzen März über ließ die Schratt sich bitten, nach Wien zurückzukehren. Sehr besorgt schrieb Franz Joseph aus Ofen, den 28. Februar 1898: »... Gewiß ist, daß Niemand die beständige Aufregung, Unruhe und Hetze aushalten kann in der Sie leben und dazu noch der wenige und schlechte Schlaf! Ich mache mir beständige Skrupeln, daß eigentlich doch ich an Allem Schuld bin, denn Ihre Freundschaft zu mir, die mich so glücklich macht, zieht Ihnen alle die Sekaturen, Zudringlichkeiten und wohl auch einen Theil der beständigen Besuche zu. Hätten Sie mich nicht kennen gelernt, so würden Sie ein ruhiges Leben führen und gewiß auch wohler sein...

Von der Kaiserin erhielt ich Donnerstag einen Brief, der auch recht traurig lautet, obwohl es ihr besser geht und sie, bei zunehmenden Kräften schon ganz hübsche Fußpromenaden macht. Sie schreibt, daß sie lebt und sich fühlt als ob sie 80 Jahre alt wäre und wie apatisch sie ist, soll für die Freundin ein Beweis sein, daß sie Gruberquelle trinkt, die durch Arsenikgehalt dick und schwer macht.

Von hier kann ich nicht viel berichten, da ich ziemlich monoton lebe, eigentlich mich in Trübsal fortfrette...«

»Wien den 6. März 1898

Meine liebe gute Freundin,

Innigsten Dank für Ihr Telegramm vom 3. und für Ihre vorgestrige telephonische Antwort auf meine telegraphische Anfrage, die leider noch immer nicht günstiger lautet. Ich ängstige mich und denke beständig an Sie. Wenn Sie Sich nur wirklich vollkommene Ruhe gönnen, nicht zu viele Besuche empfangen und wenn nur der arme Bellac Ihre Nachtruhe nicht beständig stört. Daß Sie schlecht schlafen kann auch von der scharfen Gebirgsluft kommen, denn ich weis viele Leute, die am Semmering und auf ähnlichen Höhen nicht schlafen können. Ich werde mich Heute telephonisch nach Ihrem Befinden erkundigen und Sie dürfen Sich nicht ärgern, wenn ich Sie noch manchmal telephonisch belästigen werde. Widerhofer, der bald nach meiner Ankunft bei mir war, meldete mir, daß er bei Ihnen war, was mich eigentlich wunderte, da ich weis, daß Sie eigentlich keine besondere Vorliebe für ihn haben. Er fand Sie matt, nervos, melancholisch und meinte, Sie müßten irgend einen Kummer haben, war aber nach der Untersuchung, mit Ihrem sonstigen Gesundheitszustande *vollkommen zufrieden* und das ist doch die Hauptsache. Durch ihn erfuhr ich auch, daß Lala[1] Sie begleitet hat, da er mir als Curiosum erzählte, er habe von einer Dame, die im Semmering Hotel wohnt, die telegraphische Frage erhalten, ob Bellacs Husten anstekkend sei. Die arme Frau hat nemlich ihrem Mann und ich glaube zwei Kinder an der Lungensucht verloren und fürchtet sich daher sehr vor dieser Krankheit. Widerhofer fand den armen Hund in einem entsetzlichen Zustande und abgemagert, was etwas ganz Neues ist, denn er war ja immer dick wie eine Walze.

Vorgestern war Widerhofer über den Zustand meiner Schwiegertochter Stéphanie nicht sehr besorgt, ich besuchte sie und fand sie zwar erschreckend schlecht aussehend, aber mit kräftiger Stimme sprechend und viel, aber locker hustend. In der Nacht von Vorgestern auf Gestern ist sie viel schlechter geworden und da sie seit Mitternacht nicht mehr hustete und den angehäuften Schleim nicht heraus brachte, so fürchteten die Ärzte eine Herzlähmung. Um 4 Uhr Früh beichtete sie und erhielt die letzte Öhlung und um 10 Uhr kommunizirte sie. Gestern unter Tags ging es besser, der Husten und der Auswurf stellten sich wieder ein und die Ärzte geben die Hoffnung nicht auf, wenn die Kräfte ausreichen.

Die Kaiserin ist Gestern Früh glücklich in Territet angekommen und sie telegraphirte mir: ›Regen nicht zu kalt.‹ Das Wetter scheint also nicht günstig und ich fürchte, daß der Klimaunterschied der Kaiserin schaden könnte und daß überhaupt die Übersiedelung von der Riviera in das Gebirge zu früh unternommen wurde.

Morgen um 2 Uhr wird der Bulgare zu mir kommen. Er war Vorgestern bei Goluchowski durch 1½ Stunden, bald von der höchsten Heftigkeit und recht präpotent, bald unterwürfig, besonders am Schluße der sehr lebhaften Conversation, dabei ein rechter Comö

---

1 Gemeint ist Bellac oder Lala, der Hund Katharina Schratts. Der Kaiser an die Kaiserin am 13. Februar 1898: »Die Freundin ist sehr bekümmert, weil ihr alter, schon sehr grauslicher Lieblingshund, der Bauernköter, wie ihn Du nanntest, eine Art Schlaganfall erlitten hat und sich sehr schlecht befindet.« Und am 16. Februar 1898: »Sie sah die letzten Tage etwas angegriffen aus, da ihre Nächte durch die Pflege des Bauernköters sehr gestört waren.«

diant. Das Ende war, daß er den Wunsch aussprach, von mir empfangen zu werden. Ich bin neugierig, welche Pose er mir gegenüber einnehmen wird. Ich genieße jetzt wieder das Vergnügen einer Minister Krisis[1] und habe Franz Thun mit der Bildung des neuen Ministeriums betraut, welches so ziemlich beisammen ist und wahrscheinlich Dinstag in der Wiener Zeitung erscheinen wird. Ich hätte gerne noch einige Zeit mit der Berufung Thuns gewartet, da der Augenblick für ihn sehr schwierig ist, allein Gautsch und seine Collegen haben die Zuversicht verloren und ziehen nicht mehr, wie es nothwendig ist.

Am 2. war ich richtig mit Graf Paar in Gödöllö. Auf einer Schütte verdarb mir der schlechte Wind die Sache und bei der zweiten fehlte ich wegen beginnender Dunkelheit ein Schwein. Paar kam nicht zum Schuße. Am 3. hatte ich 41 Audienzen und um 6 Uhr ein militärisches Diner, nach welchem ich um 8 Uhr auf den Bahnhof fuhr. Vorgestern war ich um 5 Uhr Früh hier in der Burg, die ich seitdem nicht mehr verlassen habe. Ich hatte diese beiden Tage viel zu thun und viele Leute zu sehen und speiste um 5 Uhr allein. Daß ich nicht heiter aufgelegt bin, können Sie Sich denken, aber das Geschäft verscheucht mitunter die schwarzen Gedanken. Nun schliesse ich, um diplomatische Berichte zu lesen und dann in die Messe zu gehen. Gott sei mit Ihnen, Er beschütze Sie und mache sie bald gesund. Mit den herzlichsten Grüßen und vielen – – – – Ihr sich nach Ihnen sehnender, Sie innigst liebender   Franz Joseph«

Wien, den 8. März 1898: »...Ich kann Sie übrigens versichern, daß Ihre lieben, guten Zeilen meine trübe Stimmung gleich aufgeheitert haben und daß ich Gestern gleich frischer und zuversichtlicher wurde. Ich besorgte gleich, daß Sie am Semmering keine Ruhe haben würden und ich hatte leider recht. Es wird wohl Wilczek, wenn er in diesem Augenblicke in der Gnade ist, oder Baron Berger, Ihr neuer beständiger Freund gewesen sein, denn Palmer ist wohl zu beschäftigt, um sich den Ausflug gönnen zu können. Wer es immer war,

---

1 Nach nur drei Monaten Amtszeit war Ministerpräsident Gautsch zurückgetreten. Sein Nachfolger, Graf Franz Anton Thun-Hohenstein, regierte mit Notverordnungen und ohne Parlament.

beneide ich den Betreffenden um das Glück, Sie gesehen zu haben, ein Glück, das mir so lange vorenthalten ist...«

Am Vortag sei Fürst Ferdinand von Bulgarien bei ihm gewesen: »Er war nur von einem Herrn begleitet und war natürlicher wie sonst, weniger Phrasen und nur das Bestreben seine Handlungen zu erklären, zu beschönigen und zu entschuldigen. Obwohl ich ihm einiges recht Unangenehmes sagte, haben wir uns doch ganz gut gesprochen. Er ist sehr dick und nicht schöner geworden...«

Wien, den 11. März 1898: »...um 7 Uhr fuhr ich mit Valerie ins Burgtheater, wo die versunkene Glocke[1] gegeben wurde. Ich blieb bis 9 Uhr, Valerie aber bis zum Schluße. Frln. Medelsky war unvergleichlich besser, als unsere Freundin Devrient Reinhold, dafür war ein Herr Löwe, der leider und ich weis nicht warum, statt Lewinsky spielte, ein entsetzlicher Frosch. Sie wissen wohl, daß das Unwohlsein der Frau Devrient darin besteht, daß sie in der Hoffnung ist. Vorgestern nahmen um 2 Uhr die abtretenden Minister von mir Abschied und dann bin ich in das Koburgische Palais gefahren, wo ich zuerst die Erzherzogin Clothilde[2] besuchte, dann beim bulgarischen Fürstenpaare war. Sie ist stärker geworden und ist à sa manière embellirt. Ich besuchte auch noch den armen Philipp,[3] der doch recht schwer verwundet ist und den Arm in der Schlinge trägt. Er ist durch alle Schweinereien seiner Frau sehr gedrückt und hat den Scheidungsproceß bereits eingeleitet...«

Wien, den 13. März 1898: »...Sie werden wohl, gleich mir, von dem so raschen Tode der armen Frau Hartmann erschüttert sein. Sie

---

1 Ein »deutsches Märchen« von Gerhart Hauptmann

2 Clothilde war eine gebürtige Prinzessin Coburg.

3 Prinz Philipp von Coburg war bei einem Duell mit dem Liebhaber seiner Frau, Geza von Mattachich, verwundet worden. Das Liebespaar wurde im Mai 1898 in Agram festgenommen, Prinzessin Louise in eine geschlossene Heilanstalt eingeliefert, der Liebhaber ins Gefängnis. Ofen, den 12. Mai 1898: »Es ist Alles über Erwarten glatt abgelaufen, wobei der Advokat Bachrach, Dr. Hinterstoisser und die Civil und Militär Behörden in Agram ein großes Verdienst haben. Nachdem Oblt. Mattachich arretirt war, fügte sich die Prinzessin nach eindringlichem Zureden in die Abreise und sie sprach selbst den Wunsch aus, in ein Sanatorium zu kommen. Mit Extrazug kam sie Abends in Wien an und fuhr vom Bahnhofe directe in die Anstalt Obersteiner in Döbling.«

soll sich bei den Proben des neuen Stückes, bei welchen sie sich mit der Abrichtung der jungen Schauspielerinen unendliche Mühe gab, überanstrengt haben und vor ihrem Tode noch entsetzlich gelitten haben. Für unser armes Burgtheater ist es ein unersetzlicher Verlust, denn sie war eine ganz ausgezeichnete Schauspielerin. Frln. Wilhelmine Sandrock kommt jetzt endlich, als unbrauchbar, weg; ein Erfolg des neuen Direktors. Gestern machte mich Staatsrath Braun auf den Feuilleton im Tagblatt vom 11., ›Die Schratt‹ von Sigmund Schlesinger aufmerksam. Mit wahrer Freude las ich diese wahre und so einfach geschriebene Darstellung Ihres lieben Wesens. Sollten Sie den Aufsatz nicht gelesen haben, so empfehle ich Ihnen denselben...«

Über den 50. Jahrestag des Ausbruchs der 1848er-Revolution, der mit großer innenpolitischer Nervosität erwartet worden war, schrieb Franz Joseph aus Wien, den 14. März 1898: »...Der gestrige Tag ist bis auf Massenzuzüge von Arbeitern, Studenten etc – zum Grabe der Märzgefallenen am Centralfriedhofe, ruhig vorüber gegangen, so daß ich Wien mit gutem Gewissen auf einige Tage verlassen kann...« Und zum Tod des »Bauernköters« im selben Brief: »...meine innigste Theilnahme an dem Hinscheiden des armen, lieben Bellac aussprechen. Für ihn ist es eigentlich ein Glück, daß er von seinem langen Leiden befreit ist, aber ich kann mir denken, wie sehr Sie um den alten, treuen Freund trauern. Sie werden es vielleicht nicht glauben, wenn ich Sie versichere, daß auch mich sein Tod sehr schmerzlich berührt hat. Ist es meine jetzige trübe Stimmung, oder ist es die Freundschaft für Sie was mich so traurig machte, es knüpfen sich an den armen Lala so viele, jahrelange Erinnerungen von Frauenstein angefangen bis auf die Jetztzeit und dann bewies mir der Verstorbene immer eine gewiße Zuneigung, oder wenigstens Achtung.«

Am 25. März 1898 meldete Graf Eulenburg nach Berlin, daß die Schratt ihren Groll aufgegeben und nach Wien zurückgekehrt sei, wohl auch auf Druck der Kaiserin, »die bereits zweimal Ärgernisse ähnlicher Art, wie die jetzt eingetretenen, ausgeglichen hat. Das Resultat ist, daß die kleinen Diners bei Frau Kathi, die Spaziergänge und das Hin und Her von Billets wieder nach alter Weise begonnen haben. Der Sturm hat sich gelegt« (11, 213).

Der Gesundheitszustand der Kaiserin besserte sich auch bei einer

Kur in Kissingen nicht. Der Kaiser besuchte sie, nachdem er in Sachsen Station gemacht hatte. Bad Kissingen, den 26. April 1898: »...In Dresden habe ich nicht einen Sonnenstrahl gesehen, der Himmel war immer grau ohne Regen, die Luft war sehr kühl. Die Hetze war groß, die Feste waren glänzend, und vortrefflich organisirt, die Ordnung auf den Straßen, trotz großem Menschen Andrange, musterhaft, die Theilnahme der Bevölkerung eine herzliche und patriotische. Die Parade am 23. war sehr schön und das Vorführen meines Uhlanenregimentes im Schritt und ein zweites Mal im Trabb ging ohne Anstand. Wir hatten am 23. ein enormes Galladiner beim Könige und am 24. einen wirklich glänzenden Hofball, nach welchem ich Dresden um 12½ Uhr Nachts verließ. Bei den Hoffesten waren eine Masse der prachtvollsten Gold und Silber Aufsätze und Gegenstände, so wie die herrlichsten Porcellane zu sehen, bei deren Anblick ich beständig an Sie dachte. Das hätte eine Auktion geben können!...«

Bad Kissingen, den 2. Mai 1898: »...Mir geht es besser, der Druck im Kopfe hat nachgelassen, nur der klare Verstand will nicht zurückkehren, dazu bin ich schon zu alt. Mir scheint, daß es auch der Kaiserin etwas besser geht, nur das Aussehen ist schlecht und das Athmen geht, besonders beim bergaufgehen, schwer, die Stimmung ist ein wenig heiterer geworden, wozu vielleicht auch das wunderschöne, warme Wetter der letzten Tage beiträgt. Sie bringt den größten Theil des Tages mit baden, Rákoczy trinken und Heilgymnastik zu und geht trotzdem nach meiner Ansicht viel zu viel...«

Im Juni machte auch Katharina Schratt eine Kur in Kissingen, während in Wien die Feiern zu Franz Josephs 50jährigem Regierungsjubiläum begannen und die Kaiserin nach Bad Nauheim fuhr. Villa Hermes, den 26. Juni 1898: »...Widerhofer hat nach meiner Rückkehr von Frankfurt die Kaiserin genau untersucht, leider das Herz wieder etwas größer geworden gefunden und schickt sie richtig nach Nauheim, wo sie unter Leitung des dortigen Arztes eine strenge vier bis sechswöchentliche Kur mit genauester Tageseintheilung, genau bemessener Bewegung und häufigem Essen, natürlich auch Brunnen Trinken und Baden durchmachen muß, und zwar so bald als möglich...

Vorgestern bin ich schon um ½8 Uhr in die Stadt gefahren, um

1898.

Das Kaiserpaar auf der Kurpromenade von Bad Kissingen. Foto aus
dem Schratt-Nachlaß

mich zum Kinderfestzuge frisiren zu lassen. Um ½10 Uhr fuhr ich zum Burgthore, wo ein großes Zelt aufgeschlagen war, in welchem ich mit den Mitgliedern der kaiserl. Familie den Zug der Kinder defiliren ließ. Das Wetter war das denkbar günstigste, das Fest sehr gelungen, wunderschön und rührend. 70.000 Kinder marschirten in breiten, gedrängten Kolonnen auf der Ringstraße in schönster Ordnung beim Klange von Militär Musicken und brachten beim Vorbeimarsche Hochrufe aus. Die Kinder waren trotz der Strapatzen des weiten und frühen Anmarsches aus den weitesten Vororten, ganz frisch und es war eine Freude zu sehen, wie sie mich anlachten und mit welcher Passion sie schrieen. Der Vorbeimarsch dauerte 1¾ Stunden. Ich blieb dann noch in der Stadt, da ich mit einigen Herrn zu sprechen hatte und kam erst um ½6 Uhr hierher zurück.

Gestern bin ich beim schönsten Wetter vor 6 Uhr auf die Simmeringer Haide gefahren, wo ich drei Artillerie Regimenter zu meiner besonderen Zufriedenheit inspicirte. Von dort fuhr ich nach Schönbrunn, wo ich mich in ein Jägergewand warf und wieder frisiren ließ. Um 11 Uhr waren über 4000 Jagdherrn und Jäger auf dem Parterre in einem großen Kreise in dichten Reihen aufgestellt in allen möglichen Jagdanzügen, am schönsten natürlich die Gebirgsjäger mit nackten Knieen. Mein Neffe Franz hielt eine Ansprache, die ich beantwortete und überreichte mir einen goldenen Bruch und dann ging ich längst der ganzen Aufstellung beim Klange der Waldhörner mit zahllosen Bekannten und vielen Unbekannten sprechend und in der Sonnenglut schwitzend. Es war sehr schön, aber etwas anstrengend und dauerte 1½ Stunden.

Mit Wilczek sprach ich auch und fand ihn noch aufgedunsener und röther im Gesicht, wie das letzte Mal. Natürlich condolirte ich ihn wegen dem Tode seiner Schwester, gerne hätte ich nach Ihnen und Nürnberg[1] gefragt, aber das wäre unpassend gewesen...«

---

1 Dazu am 30. Juni: »Wie kann ich Ihnen genug danken, daß Sie mir über Ihr Zusammentreffen mit Wilczek so ausführlich und befriedigend geschrieben haben. Ich war in dieser Angelegenheit wieder einmal recht unausstehlich, nie hätte ich mir erlaubt, Sie zu ersuchen, Wilczek nicht mehr zu empfangen und ich war eben nur wieder eifersüchtig, da ich Sie gar so lieb habe. (Zerreißen Sie gleich diesen Brief.)«

Kaiser Franz Joseph über die drei ältesten Kinder seiner Tochter Marie Valerie in Ischl, den 29. Juni 1894: »Sie sind wohl, Ella ist gewachsen und recht mager, ißt aber, seit sie hier ist, besser, Franz Carl ist auch nicht mehr gar so dick und wirklich ein sehr schöner Bub, Hubert ist schon weniger häßlich und sieht intelligent aus.« (Fotos aus dem Schratt-Nachlaß)

Die pensionierte Hofburgschauspielerin inmitten ihres »Grafelwerks«
in der Gloriettegasse. Unten: Salon im Stil des 18. Jahrhunderts.

*Villa Felicitas in Ischl
(Foto aus dem
Schratt-Nachlaß)*

*Inneneinrichtung
der Villa Felicitas
(bei der Auktion im
Dorotheum in Wien
1931)*

Spaziergang in Ischl. Über die hölzerne Brücke ging der Weg vom Park der Kaiservilla über Felder zur etwas abseits gelegenen Villa Felicitas. (Foto aus dem Schratt-Nachlaß)

Der Kaiser in der Ischler Sommerfrische (Foto aus dem Schratt-Nachlaß)

Die große heimliche Liebe: Viktor Kutschera, hier als Anzengrubers »Pfarrer von Kirchfeld«, und Katharina Schratt 1892

Die erklärte Feindin: die jüngste Kaisertochter Erzherzogin Marie Valerie mit ihrer Kinderschar (Foto aus dem Schratt-Nachlaß)

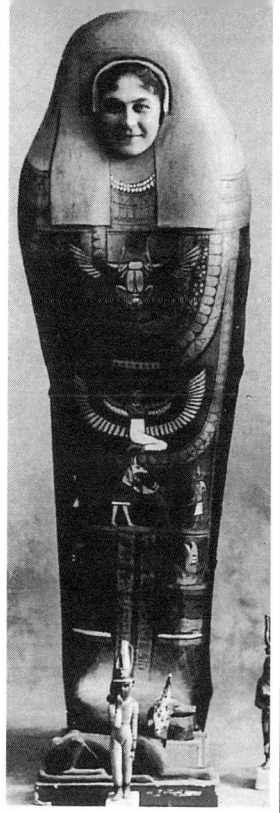

Erinnerungsfoto an die Ägyptenreise 1904

Katharina Schratt als Maria Theresia. Ihr außerordentlich wertvoller Schmuck, den sie in dieser Rolle trug, erregte Aufsehen – so auch der riesige Brillantring. (Fotos aus dem Schratt-Nachlaß)

»Meine liebe gute Freundin. Schon wieder sitze ich im Morgengrauen am Schreibtische, um einige Zeilen an Sie zu richten und dabei habe ich das Gefühl, daß ich Ihnen mit meinen häufigen und doch recht inhaltslosen Briefen zur Last fallen muß. Allein erstens sind meine Gedanken beständig bei Ihnen und ich möchte denselben Ausdruck geben...« (Cap Martin, den 9. März 1896)

Privatfoto Katharina Schratts nach ihrer Pensionierung (beide: Schratt-Nachlaß)

Ischl, den 3. Juli 1898: »... Ich bin sehr betrübt, daß Ihnen Kissingen so mißfällt, daß Ihnen die dortige Luft so sehr schadet und daß Ihre Nerven so angegriffen sind. Vielleicht gehört dieser Zustand aber zur Cur und ist zum Schluße der Erfolg derselben dann um so besser. Darum sollten Sie, nachdem Sie schon einmal in Kissingen sind, mit Geduld die Cur bis zu Ende gebrauchen und das Projekt eines Ausfluges in das Hochgebirge aufgeben. Übrigens wie Sie wollen, denn des Menschen Wille ist sein Himmelreich, oder wie das Sprichwort lautet. Ich bin déspérat, daß wir Ihnen Kissingen gerathen haben und daß unser Rath einen so ungünstigen Erfolg gehabt hat. Ich fürchte, daß ein Hauptgrund Ihrer Nervosität in der Langweile liegt, welche Sie bei dem Mangel Ihrer gewohnten Gesellschaft und vielleicht auch der Ihnen bereits unentbehrlichen Hetze empfinden. Hoffentlich werden Sie den beabsichtigten Tag Ihres Eintreffens in der Felicitas, den 18. einhalten und ich werde dann trachten durch Ruhe, Liebenswürdigkeit und durch Bemeisterung meiner trüben Stimmung, Sie, wenn auch nicht aufzuheitern, doch möglichst ins Gleichgewicht zu bringen...

Hier trafen wir bei momentan schönen und sehr heißen Wetter ein, wegen des unglückseeligen Jubeljahres von Behörden, Corporationen, Vereinen, weißgewaschenen Mädchen, viel hundert köpfiger Schuljugend, die bis zur Villa Spalier bildete, von den Curgästen und Musick feierlich empfangen. Es war ein Mordspektakel und eigentlich sehr hübsch...«

Ischl, den 8. Juli 1898: »... Beiliegenden Zeitungsausschnitt[1] hat mir die Kaiserin gegeben und ich finde die in demselben enthaltene Nachricht so amusant und so schmeichelhaft, daß ich mir gleich vornahm, Ihnen das Blatt zu schicken...«

Ischl, den 10. Juli 1898: »... Gestern Nachmittag um 4 Uhr war im Theater eine Vorstellung der hiesigen Schulkinder mit Deklamation, Gesang und Tableaux, wieder zur Feier des entsetzlichen Jubiläums. Im letzten Augenblicke und mit Rücksicht auf das Regenwetter,

---

1 Die Notiz besagte, daß die Exfürstin de Chimay, die den Zigeunerprimas Rigo geheiratet hatte, in Budapest einen Sohn geboren und ihm zu Ehren des Kaiserjubiläums den Namen Franz Joseph gegeben hatte.

entschloß ich mich, Valérie und Franz in das Theater zu begleiten, welches recht voll war, besonders viele Kinder in den Logen. Die Vorstellung war recht hübsch und sehr patriotisch, die Chöre der Kinder sehr gut gesungen, die Deklamationen waren weniger gelungen ...«

Schönbrunn, den 28. Juli 1898: »... War auch mein heuriger Aufenthalt im lieben Ischl nicht so ruhig und heiter wie sonst, war ich auch viel mißgestimmter und langweiliger und Sie nervoser, so denke ich doch mit Sehnsucht an die letztverflossenen Wochen zurück, denn im Vergleiche mit meiner hiesigen Einsamkeit und meiner jetzigen Arbeit, war es doch eine gute Zeit. Das Lamentiren nützt aber nichts und ist auch nicht ganz begründet, denn in der mich vor Allem beschäftigenden ungarischen Ausgleichsangelegenheit zeigt sich eher eine kleine Besserung, wenngleich dieselbe mir noch viel zu thun gibt ...« (B)

Katharina Schratt hatte am Burgtheater unter der neuen Direktion Schlenther große Probleme. Für die naturalistischen Stücke von Hauptmann und Ibsen, die nun im Mittelpunkt standen, war sie als Typ der Naiven oder der Salondame nicht gut einzusetzen. Bisher hatte sie unter der neuen Direktion noch keine einzige Premiere gehabt. Sie flüchtete sich in Krankheiten, beanspruchte übermäßig lange Urlaube für Kuraufenthalte – und lieferte ihren Feinden Gründe, sie um so weniger einzusetzen.

Der Kaiser wollte nicht persönlich im Burgtheater für die Freundin eingreifen und wählte den Weg über Obersthofmeister Fürst Rudolf Liechtenstein. Dieser bat Direktor Schlenther (laut Schnitzler-Tagebuch vom 6. September 1898), »ob nicht möglich, Schratt zu beschäftigen, der Kaiser hatte zu Liechtenstein gesagt: Die Frau Schratt will ihren Abschied – Das wäre das schrecklichste was mir in meinem Jubiläumsjahr passieren könnte, wenn die Frau Schratt wegginge.« Schlenther fragte daraufhin Schnitzler wegen einer Rolle in dessen neuem Stück »Das Vermächtnis«. Sie vereinbarten, die Schratt in diesem Stück einzusetzen, das Ende November Premiere haben sollte.

Der Kaiser sorgte sich weiter um den Gemütszustand seiner Frau.

Schönbrunn, den 30. August 1898: ».. . Von der Kaiserin erhielt ich Gestern einen Brief vom 28., der sehr melancholisch klingt. Sie behauptet, daß die ermattende Luft von Nauheim ihr ganz die Nerven ruinirt hat und daß sie wahrscheinlich ihren Aufenthalt in Caux wird verlängern müssen, um sich zu erholen. Von Ihnen schreibt sie: ›Wenn nur die Freundin ihre Bergtour mit Vorsicht und Vernunft macht.‹ Hören Sie?!...«

»Schönbrunn den 10. Septbr. 1898

Meine liebe gute Freundin,

diesen Brief beginne ich, ohne zu wissen, wohin ich ihn adressiren soll, aber hoffend, daß ich Heute von Ihnen eine Antwort auf meine gestrige nach Zell am See gerichtete telegraphische Anfrage wegen der Adresse erhalten werde. Diese Unwissenheit Ihres jeweiligen Aufenthaltes ist auch der Grund, warum ich Ihnen so unendlich lang nicht geschrieben habe, aber meine Gedanken waren sehr viel bei Ihnen und wie lieb ich Sie habe, habe ich jetzt wieder recht durch die Angst gefühlt, welche ich ausgestanden habe, als ich Sie am Sonnblick vermuthete, ohne Nachricht von Ihnen zu haben. Ich bin neugierig zu hören, warum Sie von dort nicht telegraphiren konnten. Mein aus Buzias am 7. expedirtes, auf den Sonnblick gerichtetes Telegramm mit meiner Geburtstags-Gratulation haben Sie daher wohl auch nicht erhalten. Innigsten Dank für Ihre Telegramme und besonders für das Gestrige aus Ferleiten, welches mir die Beruhigung gab, daß Sie aus allen Gefahren und Anstrengungen heraus sind, aber nach Zell müssen Sie in finsterer Nacht sehr spät gekommen sein. Ich möchte auch den Grund wissen, warum Sie Ihre Gletschertour im Vergleiche mit der Tageseintheilung, welche Sie mir in Ischl angegeben haben, um zwei Tage schneller und daher viel anstrengender gemacht haben, auch zerbreche ich mir darüber den Kopf, was Sie nun von Zell aus weiter unternehmen werden. Nur keine Gletscherbesteigungen mehr! Sehr lieb war es von Ihnen, daß Sie mir, trotz unserer Ischler Verabredung und trotz meiner Bitte in meinem letzten Briefe, weder Ihre Abreise von Ischl, noch Ihre Ankunft in Gastein telegraphirt haben. Da Sie die anstrengende Tour durchgeführt haben, scheint es mit Ihrem Knie besser oder gut zu gehen und ich hoffe, daß Sie Sich auch im Übrigen wohl fühlen, so wie, daß Ihre Nerven sich in der reinen Gletscherluft eher beruhigt, als aufgeregt haben. Wenn Sie mir vielleicht wieder einmal schreiben, so bitte ich *mir recht genau zu sagen wie es Ihnen geht* und auch, ob Toni Sie begleitet hat und wie er die anstrengenden Märsche ausgehalten hat. War Frau Eisenmenger auch in Ihrer Begleitung? Ehe Sie in die Gloriette Gasse zurückkommen, bitte ich mich *schriftlich oder telegraphisch den Tag und die Tageszeit Ihres Eintreffens wissen zu lassen,* damit ich das von mir so unendlich ersehnte Wiedersehen mit Ihnen vereinbaren könne.

Von der Kaiserin habe ich, Gott lob, recht gute Nachrichten. Vom schönsten Wetter begünstigt, genießt sie die herrliche Lage des Hotel de Caux und die kräftige, reine Bergluft, sie macht Spaziergänge, ohne sich zu überanstrengen und auch weitere Ausflüge, die Stimmung ist gehobener und trotz des Abscheues vor Nauheim, ist sie entschlossen, nächstes Jahr dahin zurückzukehren. Valérie ist mit den Kindern seit 7. in Wallsee, wohin sie von Linz per Dampfschiff fuhren.

Mir geht es gut und ich habe die erste Manöver Serie ganz gut überstanden. Freilich war das Wetter das denkbar günstigste, immer gleich schöne Tage und etwas Luftzug ohne Hitze, mit kalten Morgen und Abenden. Dagegen war der Reitboden der härteste und schlechteste, der mir noch bei Manövern vorgekommen ist. Die Gegend von Buzias ist sehr häßlich, aber günstig zum Manövriren, da sie gute Stellungen und sehr viel Übersicht gewährt. Buzias selbst ist ein Badeort (Wasser à la Franzensbad) mit einigen besseren Häusern, einem Park und einer ausgedehnten, gedeckten Wandelbahn. Ich war sehr gut und bequem bewohnt, die sehr zahlreichen Diners und Soupers fanden in dem großen Manöver Zelte statt. Die Manöver fielen befriedigend aus, die Truppen waren schön, gut ausgebildet und ausdauernd, ich war zufrieden und froh, meine Gedanken einige Tage in einer anderen Richtung fesseln zu können, als in der gewohnten, trüben. Auch hier fand ich das herrlichste Herbstwetter, Vorgestern blieb ich den ganzen Tag in Schönbrunn, Gestern war ich von 8 bis ½3 Uhr in der Stadt und Heute gedenke ich bis zu meiner Abends erfolgenden Abreise nach Leutschau, hier in Schönbrunn zu bleiben. Gestern Nachmittag war ich im Thiergarten, wo ich in der Umgebung der Villa spaziren ging. Vorgestern habe ich in der 7 Uhr Messe besonders für Sie gebetet und auch jetzt wiederhole ich meine innigsten Glück- und Segenswünsche zum Geburtstage mit der schönen Bitte, daß Sie mir Ihre Freundschaft auch künftig erhalten mögen. *Lassen Sie mich nicht ohne Nachricht von Ihnen* und denken Sie manchmal an Ihren, Sie innigst liebenden und sich nach Ihnen sehnenden   Franz Joseph

Schönbrunn den 10. ½1 Uhr
Ihr heutiges Telegramm so eben mit innigstem Danke erhalten und expedire daher diesen Brief nach Zell am See. Hoffentlich benützen Sie die 3–4 Tage Ihres dortigen Aufenthaltes nicht zu halsbrecherischen Gletscherbesteigungen.
Tausend herzliche Grüße   FJ«

Am selben Tag wie der Freundin schrieb der Kaiser auch seiner Frau nach Genf: »Sehr erfreut hat mich die bessere Stimmung, die Deinen Brief durchweht... Daß Du dennoch eine Art Heimweh nach unserer lieben Villa Hermes gefühlt hast, hat mich gerührt... Von der Freundin erhielt ich Gestern ein Telegramm von Ferleiten 6 Uhr 10 M. Nachmittag. Sie war dort vom Glocknerhause angekommen und wollte noch Gestern nach Zell am See fahren, wo sie gewiß spät eingetroffen sein wird. Warum sie ihre Gebirgstour so gehetzt und mit so starken Tagesleistungen gemacht hat, ist mir nicht klar.« Wie gewöhnlich, sprach Franz Joseph seine Frau auch in diesem Brief mit dem ungarischen: »Édes szeretett lelkem« – »meine süße Seele« – an und unterschrieb mit: »Isten veled szeretett angyalom (Adieu, schöner, guter, süßer Engel). Dich von ganzem Herzen umarmend, Dein Kl(einer).«

Diesen Brief erhielt die 60jährige Kaiserin Elisabeth nicht mehr. Sie wurde an diesem 10. September 1898 nach 1 Uhr mittags auf der Uferpromenade des Genfer Sees von einem italienischen Anarchisten mit einer Feile erstochen.
Sofort nach Bekanntwerden der Todesnachricht eilte Katharina Schratt nach Wien zurück.

»Schönbrunn, den 11. September 1898

Theuerste Freundin,

Das ist schön von Ihnen, daß Sie gekommen sind, mit wem kann ich besser von der Verklärten sprechen, als mit Ihnen. Ich erwarte Sie von 11 Uhr an und bitte nicht durch den Garten, sondern durch meine Kammer zu kommen. Auf Wiedersehen!

Ihr Franz Joseph« (B)

Der Schock über den gewaltsamen Tod der Kaiserin ließ Katharina Schratt eine Zeitlang den Groll auf den Kaiser vergessen.

Elisabeths Hofdame Gräfin Irma Sztáray bei ihrem Bericht über die letzten Stunden der Kaiserin

Teil III
Das Alter (1898–1916)

Meine liebe gute Freundin,

Obwohl wir erst Vorgestern Abschied genommen haben, will ich doch schon Heute einige Zeilen an Sie richten, da es mir in meiner traurigen Stimmung ein Trost ist, wenn es schon nicht mündlich sein kann, wenigstens schriftlich mit Ihnen zu sprechen, auch hoffe ich durch meinen Brief eine Antwort zu provociren und dadurch eine Nachricht von Ihnen und von Ihrem Befinden zu erhalten.

Nach demselben erlaubte ich mir Gestern nach meiner Ankunft in Gödöllö anzufragen und ich hoffe vielleict Heute eine telegraphische Antwort von Ihnen zu erhalten. Hoffentlich hat Ihr Schnupfen nicht zugenommen und haben Sie ohne Fieber bessere Nächte gehabt. Ich habe auf der Eisenbahn nicht gut, hier aber, die letzte Nacht, recht gut geschlafen und mein Befinden ist immer körperlich das gleich gute.

Der gestrige Tag war für mich wieder ein besonders trauriger, da ich so vieles wiedersah, was mich schmerzlich, aber doch auch mit einer Art wehmüthiger Befriedigung an unsere theuere Verklärte erinnerte. In Ofen habe ich alle ihre Zimmer im ersten Stocke und zu ebener Erde durchwandert. Es war Alles wie sonst zu ihrem Empfange bereit, jeder Gegenstand an seinem Platze, auch die Wage, auf welcher sie täglich ihr Gewicht messen ließ. Der neue Balkon mit der schönen Aussicht auf Pest und auf die Donau, der sie voriges Jahr so freute, war mit allen éléganten Meubeln geziert und doch Alles leer, ohne Leben und keine Hoffnung auf Wiedersehen in diesem Leben!

Das Wetter war Gestern auch recht melancholisch, denn bereits Vormittag begann es nach einigen sonnigen Momenten, stark zu regnen und regnete fort bis Abends. Bei meiner Ankunft in Buda-Pest waren nur 3° Wärme. Ich blieb in Ofen bis zur Abfahrt zu Hause, wurde bei meiner Ankunft von Eh. Joseph empfangen, sah später Bánffy und den Corps Commandanten Fürsten Lobkowitz und fuhr um 2 Uhr auf den Bahnhof, wo ich Leopold fand, der 20 Minuten früher von München eingetroffen war. Mit ihm fuhr ich hierher, wo uns im Schlosse der schlaue Italiener[1] nicht sehr gut am Stocke

---

1 Großherzog Ferdinand IV. von Toscana

gehend, erwartete. Um 4 Uhr war das Diner mit allen Herrn nach welchem, wie immer, am Kamine geraucht wurde. Später saß ich noch in Leopolds Wohnung mit ihm und dem Großherzoge zusammen und sehr früh ging ich ins Bett. Beim Diner bemerkte ich ganz unerwartet Seitz[1], der servirte, der recht gut aussieht und sagt, daß es ihm gut geht. Sie können sich denken, welchen wehmüthig schmerzlichen Eindruck mir dieses Wiedersehen machte.

Heute Nachmittag will ich versuchen zu einer Wildschwein Schütte zu gehen. Vielleicht zerstreut mich die Jagd ein wenig, obwohl ich eigentlich nicht glaube, daß der hiesige Aufenthalt eine Änderung in meiner Stimmung bewirken wird. Am wohlsten ist es mir doch in Ihrer Gesellschaft, da ich mit Ihnen so gut von der Unvergeßlichen sprechen kann, die wir Beide so geliebt haben und da ich Sie so lieb habe. Ich sehne mich schon nach unserem Wiedersehen und freue mich auf Anfang November.

Nächsten Donnerstag will ich mit den regelmäßigen Audienzen beginnen und so komme ich nach und nach in das frühere Leben hinein. Indem ich Sie bitte mir manchmal Nachricht zu geben und das Repertoire des Burgtheaters nicht zu vergessen, bleibe ich mit den herzlichsten Grüßen und mit der innigsten Dankbarkeit für Ihre Güte, Fürsorge und Nachsicht, Ihr Sie innigst liebender

Franz Joseph«

»Gödöllö den 18. Oktober 1898.

Meine liebe gute Freundin,

Innigsten Dank für Ihre beiden Telegramme, deren gestriges mich etwas erschreckte, denn daß Ihr Schnupfen zugenommen hat, die stille Woche viel zu früh eingetreten ist und Sie doch mit so vielen Umzügen spielten, ist nicht gut. So sehr ich mich auch auf den versprochenen Brief freue, so mache ich mir doch jetzt Skrupeln, daß ich durch mein unbescheidenes Drängen Sie zum schreiben veranlaßt habe, wo Ihnen doch vollkommene Ruhe im Bette viel nothwendiger wäre. Wenn Sie nur nicht krank werden und recht bald wieder Nervenberuhigung, volle Gesundheit und guten Schlaf erreichen könnten!

---

1 Der Zuckerbäcker Gustav Seitz hatte die Kaiserin auf vielen Reisen begleitet.

Viel früher als ich erwartete, hoffe ich Sie wiederzusehen, da ich nächsten Freitag den 21. Früh zu dreitägigem Aufenthalte in Wien einzutreffen beabsichtige. Es kommt nemlich der russische Minister des Äußeren Graf Murawiew, der ursprünglich erst Ende des Monates kommen sollte, bereits am 21. Abends nach Wien und da es mir jetzt unbequem wäre, ihn in Buda-Pest zu empfangen, so habe ich mich entschlossen, nach Wien zu fahren. Der Minister hat von seinem Kaiser den Auftrag, mir aufzuwarten und auch ich finde, daß es gut ist, wenn ich ihn spreche und so unternehme ich die Fahrt, bei welcher mir als einziger Lichtpunkt die Freude winkt, Sie wiedersehen zu können. Ich weis noch nicht, ob ich wegen den Arbeiten an der elektrischen Beleuchtung, werde in Schönbrunn wohnen können, oder ob ich gezwungen sein werde, in der Burg abzusteigen. Für den ersten Fall würden Sie wohl erlauben, daß ich Ihnen Freitag Früh einen Besuch in der Gloriette Gasse abstatte, während es mir, wenn ich in der Burg wohnen muß, wegen Zeitmangel kaum möglich sein würde am Freitag nach Hietzing zu fahren. Vielleicht könnten Sie mich, wenn Sie vollkommen hergestellt wären, in der Burg besuchen oder daselbst mit mir speisen. Ob letzteres möglich wäre, hängt wohl auch vom Repertoire des Burgtheaters ab, obwohl Sie vielleicht auch noch nach dem Essen zu rechter Zeit ins Theater kommen könnten. Darüber, ob Sie gegebenen Falles kommen könnten, bitte ich mich bei meiner Ankunft in Wien mit zwei Zeilen zu verständigen, worauf ich Ihnen das Nähere, auch die Stunde, sogleich vorschlagen würde.

Von hier kann ich nicht viel berichten: Stimmung gleich traurig, Wetter schlecht, regnerisch, finster und melancholisch, dabei warm, Heute Früh bei 12° Wärme aufgeheiterter Himmel. Vorgestern war ich, nachdem ich Ihnen geschrieben hatte, zweimal in den Zimmern der Kaiserin, wo ich Alles unverändert fand, sogar mit Blumen geschmückt wie ehemals, sie könnte gleich einziehen. Es war recht wehmütig und doch eher wohlthuend. Nach dem gemeinschaftlichen Déjeuner, welches immer um 1 Uhr stattfindet, fuhr ich zu einer Schweineschütte in St. György, wo ich in Gedanken versunken so lange saß, als es zum Schiessen Licht genug gewesen wäre, aber gar nichts zu sehen bekam. Um ½7 Uhr wird gespeist und dann noch am Kamine geraucht, worauf für mich der schönste Moment kommt, das Schlafengehen mit dem zeitweisen Vergessen der trüben Gedanken.

Gestern bin ich Nachmittag wieder ausgefahren, um eine Schütte zu besuchen, es goß aber so und meine Jagdpassion ist so gering, daß ich umkehrte und wieder nach Haus fuhr. In meinem letzten Briefe vergaß ich Ihnen zu schreiben, daß in Buda-Pest alle Gassen noch immer mit Hunderten von Trauerfahnen und viele Häuser mit schwarzen Verzierungen geschmückt sind.

Von Wallsee habe ich, Gott lob, immer gute Nachrichten. Valérie hat jetzt den Besuch von Amélie Urach mit zwei Töchtern im Alter von Franz Carl und Hubert und dadurch Erheiterung und Trost.

Mit der Hoffnung Sie bald in besserem Wohlsein wiederzusehen und mit den herzlichsten Grüßen, bleibe ich, theuerste Freundin, Ihr Sie innigst liebender

Franz Joseph«

In jedem seiner Briefe dieser Zeit drückte der Kaiser seine Dankbarkeit aus. Gödöllö, den 8. November 1898: »...Übermorgen werde ich Sie in Gedanken in die Gruft an den Sarg der theuren, geliebten, unvergeßlichen begleiten und mich mit ihren Gebeten vereinigen. Ich danke Ihnen von ganzem Herzen, daß Sie unserer lieben Verklärten ein so treues Andenken bewahren...« (B)

Gödöllö, den 19. November 1898, am Namenstag der Kaiserin: »...An dem heutigen, schmerzlichen Erinnerungstage werden unsere Gedanken und Gebete sich vereinen, unsere beständigen Gedanken an die theuere Unvergeßliche, unsere Gebete für ihr Seelenheil. Sie glauben gar nicht, wie dankbar ich Ihnen für Ihre fortgesetzte Anhänglichkeit an das Andenken der Verklärten und für die Liebe bin, welche Sie ihr bewahren. Gestern habe ich mit Gisela wieder ihre hiesigen Zimmer besucht und Heute werden wir zusammen um 8 Uhr die Messe hören. Gisela ist Gestern nach 3 Uhr von Wien gekommen, wo sie mit Valérie Vorgestern die Andenken für Verwandte und Bekannte ausgesucht hat, wozu sie den ganzen Tag brauchten.« (Katharina Schratt erhielt als Andenken an die Kaiserin eine Brosche mit einem goldenen Georgstaler, also eine sehr bescheidene Gabe.)

Gödöllö, den 22. November 1898: »...Gott beschütze Sie, Er verleihe Ihnen Gesundheit und mehr Ruhe und vergelte Ihnen die Güte und Liebe, welche Sie mir schon so lange, besonders aber wieder bei dem letzten entsetzlichen Schlage erwiesen haben, der uns getroffen hat, ich sage uns, weil Sie bei dieser traurigen Gelegenheit wieder gezeigt haben, wie sehr Sie zu uns gehören...«

Katharina Schratt genügten freilich diese privaten Dankbezeugungen nicht. Sie erwartete einen öffentlichen Dank in Form eines hohen Ordens, und zwar des Elisabethordens. Dieser neue Orden sollte aus Anlaß des 50jährigen Regierungsjubiläums von der Kaiserin an verdiente Damen der Monarchie übergeben werden. Wie Katharina Schratt ihren Bekannten erzählte, hatte die Kaiserin ihr diesen Orden versprochen. Nun aber, nach Elisabeths Tod, als der Kaiser selbst die Verleihung vornahm, war eine derartig hohe Auszeichnung an die »Freundin des Kaisers« kaum ohne Peinlichkeit möglich. Der in dieser Hinsicht sehr feinfühlige Kaiser nahm also die Freundin – entgegen ihrer festen Erwartung – nicht in die Liste der Ausgezeichneten auf, was er ihr vorsichtig brieflich ankündigte:

»Gödöllö den 25. Novbr. 1898.
Meine liebe gute Freundin,
Innigsten Dank für Ihren lieben, langen Brief vom 21., der mich sehr glücklich machte und dann nochmals am heutigen hohen Namenstage meine herzlichsten, tiefgefühlten Glückwünsche. Gott segne Sie! Eben habe ich auch ein Gratulationstelegramm für die Gloriette Gasse aufgesetzt. Obgleich Sie diese Zeilen nicht lange vor unserem Wiedersehen erhalten werden, so möchte ich doch einen Augenblick freier Zeit, ehe ich zur Jagd fahre, benützen, um Ihnen noch Nachricht zu geben und Ihnen zu wiederholen, wie sehr ich mich auf Übermorgen freue und wie viel ich an Sie denke. Von Herzen danke ich Ihnen für Ihr Gebet in der Stephanskirche am 19. Ihren Dank für das Andenken an unsere liebe Unvergeßliche habe ich Gisela ausgerichtet und werde dasselbe in Wallsee thun. Die viele Neugierde Ihrer Bekannten wegen der Jubiläumsauszeichnungen kann ich jetzt nicht befriedigen, ich fürchte aber, daß der 2. Dezbr.

eine Enttäuschung sein wird.[1] Noch froher wie Sie, werde ich sein, wenn dieser entsetzliche Tag überstanden sein wird, von welchem ich nur Arbeit und Plage habe. Jetzt bin ich mit den Auszeichnungen ziemlich in Ordnung, ich bin aber seit meinem letzten Briefe, hier zwei Tage nicht aus dem Zimmer gekommen, habe die Jagden versäumt und war Gestern von 6 ½ bis 4 Uhr in der Stadt, wo ich 36 Audienzen hatte und Bánffy, Fejerváry und Goluchowski bei mir sah. In Buda-Pest waren recht aufgeregte Tage, die mich wieder recht ärgerten, im Ganzen bin ich aber doch zufrieden, weil die Regierung energisch ist und weis was sie will. Meine Herrn haben Dinstag und Mittwoch Treibjagden gehabt, welche aber durch Nebel und den gefrorenen Anrein an den Bäumen und Sträuchern sehr beeinträchtigt waren. Nach ziemlicher Kälte, ist es seit Gestern viel wärmer geworden, aber der Himmel ist immer grau und melancholisch mit vielem Regen. Heute werde ich fast den ganzen Tag auf der Jagd zubringen und mich endlich wieder einmal auslüften, Morgen werde ich fleißig arbeiten und Übermorgen Früh ist der herrliche Augenblick des Wiedersehens. Da ich nicht weis, ob Sie mir über den Ort und die Art desselben noch eine Mittheilung zukommen lassen werden, so möchte ich zur Vermeidung einer Confusion nur melden, daß ich für den Fall, als Sie um ½ 8 Uhr nach Schönbrunn kommen sollten, Sie wie gewöhnlich im kleinen Garten erwarten werde, um Ihnen die Thüre aufzusperren. Natürlich bin ich aber auch ganz bereit, in die Gloriette Gasse zu kommen, wenn Ihnen das lieber wäre. Sie sollten Sich wirklich wegen Ihrer Wohnung nicht gar so viel ärgern, denn das ist gewiß nicht gesund und auch nicht hübsch. Sie sollten wegen der Wohnung die Vorstellungen des Herrn Kainz[2] nicht versäumen, da Sie gar so sehr von ihm entzückt sind. Gestern haben Sie einen glücklichen Abend gehabt, da Sie mit dem großen Künstler und idealen Manne spielten.

Es ist Zeit, daß ich zurück komme! Die Schriftentasche aus dem

---

1 An diesem 50. Jahrestag der Thronbesteigung wurde die Liste der Ordensverleihungen veröffentlicht.

2 Gödöllö, den 22. November 1898: »... In der Zeitung las ich auch das Eintreffen in Wien des Herrn Kainz, für Sie eine große Freude, für mich weniger...«

Kabinete kommt so eben, daher Adieu, auf baldiges Wiedersehen und herzlichste Grüße von Ihrem, Sie innigst liebenden

Franz Joseph«

Ihre Riesenenttäuschung, daß nicht sie, sondern Elisabeths Hofdame, Gräfin Irma Sztáray, den ersehnten Elisabethorden erhielt (immerhin hatte diese die Kaiserin in den letzten dramatischen Lebensstunden in Genf begleitet und war auch in der Todesstunde bei ihr), verbarg Katharina Schratt nicht und antwortete geradezu beleidigend kühl: »Danke herzlichst für die schnelle und gnädige Beantwortung meiner Anfrage. Es war mir, wie Euer Majestät leicht errathen werden sehr schwer der Gräfin[1] eine solche Auskunft ertheilen zu müßen und sie selbst war natürlich davon aufs Schmerzlichste berührt. So sehr mich die ›lieben Stellen‹ im Schreiben Eurer Majestät erfreut haben, so hat dasselbe doch wieder das Gefühl der Gekränktheit in mir wach rufen müßen und ich hätte mir gewünscht daß Euer Majestät auch für mich dasselbe entscheidende Intereße an den Tag gelegt hätte, welche Euer Majestät in diesem Falle in so wirksamer Weise der Frau G. Sztáray zugewendet haben. Bei den Empfindungen, die *ich* für Euer Majestät hege, kommt mir der Gedanke beinahe unmöglich vor, daß ich nicht sofort Alles aufwenden würde falls es in meiner Macht stünde um Euer Majestät aus einer peinlichen Lage zu reißen...«.

Mehr und mehr hatte die Schratt das Gefühl, vom Kaiser nicht genügend gewürdigt zu werden. Sie blieb unversöhnlich, wendete wieder ihr erprobtes Druckmittel, eine Krankheit, an und ließ den ratlosen, einsamen Kaiser klagen. Schönbrunn, den 16. Januar 1899: »... Hoffentlich hat sich Ihr vorgestriges Leiden gebessert, hat Ihnen die Anstrengung in der Widerspänstigen nicht geschadet und haben Sie in Bewunderung des herrlichen Mahler[2] einen genußreichen

---

1 Wahrscheinlich ist Gräfin Nora Fugger gemeint, der die Schratt die bevorstehende Auszeichnung bereits angekündigt hatte.
2 Das 5. Philharmonische Konzert Gustav Mahlers für die Armen Wiens am 14. Januar 1899 wurde nach Protesten des Bürgermeisters Lueger gegen den »Juden« Mahler von antisemitischen Tumulten gestört.

Abend durchlebt. Meine Gedanken sind sehr viel bei Ihnen, meine Stimmung ist dunkelgrau, fast schwarz...« (B)

»Wien, den 17. Jänner 1899.

Meine liebe gute Freundin,

So eben erhalte ich Ihre Zeilen, welche mich um so mehr betrüben, als ich fürchte, daß ich an Ihrer Nervenherabstimmung schuld bin und doch meine ich es so gut mit Ihnen und habe Sie so unaussprechlich lieb. Hoffentlich beruhigen Sie sich bald und geht es auch mit Ihren Unterleibszuständen besser, so daß ich Sie recht bald wiedersehen darf, denn die Stunde, die ich mit Ihnen zubringe, ist meine einzige Erheiterung, ist mein Trost in meiner traurigen, sorgenvollen Stimmung. Mit der innigen Bitte, mich noch ein wenig lieb zu haben und Sich nicht zu sehr über mich zu ärgern, bleibe ich Ihr treu ergebener   Franz Joseph«

Schönbrunn, den 23. Januar 1899: »...Einen frohen Augenblick muß der geplagte Mensch doch haben! Sollte ich Heute wieder absagen müssen, so nehmen Sie es mir nicht übel und bedauern Sie mich.

Mit den herzlichsten Grüßen Ihr Sie innigst liebender, sehr trauriger   Franz Joseph«

Noch bevor das Zerwürfnis wegen der ausgebliebenen Ordensverleihung beigelegt war, folgte ein zweites, weit ernsteres: Die jüngste Kaisertochter Marie Valerie und ihr Ehemann, Erzherzog Franz Salvator, zeigten moralische Bedenken gegen die Beziehung des Kaisers zu Katharina Schratt. Jedenfalls verhielten sie sich distanziert und mißbilligend, was die Schratt sehr kränkte.

Marie Valerie war, wie man ihren Tagebuchaufzeichnungen entnehmen kann, schon lange gegen die enge Bindung des Kaiserpaares zur Schratt gewesen, hatte sich aber aus Rücksicht auf die Kaiserin zurückgehalten. Nun hatte die junge, überaus fromme Erzherzogin freies Feld – und sie wußte sich einig mit manchen ihrer Familienmitglieder und ihrem Beichtvater, dem Jesuitenpater Heinrich Abel, der eine wichtige Rolle bei den Christlichsozialen spielte. Schon einige

Tage nach Elisabeths Tod, am 22. September 1898, nahm sich die Erzherzogin in ihrem Tagebuch vor: »Ich will mich jedenfalls passiv verhalten, kann mich in Anbetracht Papas wahrer Freundschaft für sie nicht kalt gegen sie benehmen, fände es unrecht und grausam, Papa diesen Trost zu verbittern – aber mitzuhelfen, finde ich nicht meine Pflicht.«

Der deutsche Botschafter Graf Eulenburg beobachtete die Rivalität zwischen der Erzherzogin und der Schratt aus politischen Gründen sehr genau und wertete den wachsenden Einfluß der jüngsten Kaisertochter als Stärkung der »Klerikalen« am Hof. Am 20. Februar 1899 schrieb er an Kaiser Wilhelm II.: »Die Schratt in ihrer stets mir gegenüber zunehmenden, offenen, vertraulichen Art (denn sonst ist sie sehr vorsichtig!) erzählte mir, daß der Kaiser unter diesem ›frommen Druck‹ zu leiden habe. Dreimal habe er bereits in diesem Jahr gebeichtet (jetzt sind wir im Februar), und sonst beichtet er nur dreimal während des ganzen Jahres!« Es gebe Intrigen gegen die Schratt – und Pläne, den Kaiser zu verheiraten. Die Schratt habe dem Kaiser von solchen Gerüchten erzählt, er aber habe dementiert, was sich in den Worten der Schratt gegenüber Eulenburg so liest: »Möglich is schon, daß die was woll'n, aber i will nix.« Eulenburg: »Und dennoch kann, wenn die tatsächlich an Einfluß zunehmenden Beichtväter sich mit der Familie verschwören und eine Frage der Pflicht und des Wohles des Vaterlandes daraus machen, der Kaiser schwach werden – trotz Frau Kathi« (II, 220 f.).

Auch brieflich dementierte der Kaiser eine angebliche »Verschwörung«, in die nach den Ermittlungen Eduard Palmers sogar Außenminister Goluchowski einbezogen war (der immer wieder dem anspruchsvollen und schwierigen Schratt-Ehemann neue Stellen besorgen mußte).

»Schönbrunn den 24. Febr. 1899.
Meine liebe gute Freundin,

Sie können Sich wohl denken, wie betrübt ich war, als ich Gestern die telegraphische Nachricht erhielt, daß Sie an starker Grippe erkrankt sind und nicht kommen können. Grippe und Influenza ist ungefähr dasselbe und so ängstige ich mich natürlich und dabei sehne ich mich sehr nach Ihnen und der Wiederkehr der einzigen Stunde im Tage, in welcher meine trübe Stimmung etwas heller wird. Obwohl Sie Vorgestern über Ihr Befinden klagten, so waren Sie doch ziemlich gut gelaunt und sahen auch nicht übel aus, so daß ich dieses Mal nicht dachte, daß Ihr Befinden sich so rasch verschlimmern würde. Hoffentlich werden Sie Sich recht schonen und Sich endlich einmal Ruhe vor den beständigen Besuchen und Nervenaufregungen verschaffen, denn Beruhigung ist für Sie die Hauptsache.

Auch bitte ich Sie recht schön, den Weisungen Dr. Stanieks zu gehorchen, überhaupt eine recht brave Kranke zu sein. Wenn ich nur genau wüßte, wie es Ihnen eigentlich geht und was der Arzt sagt. Vielleicht schicken Sie mir einmal Netti mit Nachricht. Gestern bin ich zur gewöhnlichen Stunde in die Stadt gefahren, des abscheulichen Wetters wegen im geschlossenen Wagen, Vormittags hatte ich Besuche von, zum Leichenbegängnisse[1] eingetroffenen Erzherzogen, auch machte ich dem schlauen Italiener und seiner Gemalin meine Visite. Um 4 Uhr war die Beisetzung bei den Kapuzinern in der gewöhnlichen Art und dieses mal besonders rasch. Das wiederholt sich jetzt so oft, daß man ganz abgestumpft wird. Meine Gedanken waren mehr in der Gruft bei der, die wir Beide so sehr geliebt haben, als bei der, welche in die Kirche getragen wurde.

Nachdem ich mich in der Burg umgezogen hatte, fuhr ich nach Schönbrunn, wo ich um ½6 Uhr allein speiste, da Valérie noch zur Vigil um 6 Uhr in die Burgkapelle ging und dann mit ihren Verwandten im Palais in der Alleegasse soupirte. Heute ist um 11 Uhr das Seelenamt in der Burgkapelle.

Gestern kam Fürst Liechtenstein mit mir wieder auf die von Palmer mitgetheilte Intrigue zu sprechen und gab mir beruhigende Auskünfte. Von einer Theilnahme Goluchowskis an der Verschwörung kann keine Rede sein und auch mein Schwiegersohn scheint unschuldig zu sein, so daß an dem, was Palmer erfahren hat, nur wenig richtig zu sein scheint. Übrigens was immer an der Sache sein mag, mich

---

1 Valeries Schwiegermutter, Erzherzogin M. Immaculata, wurde am 23. Februar 1899 beigesetzt. Sie war mit Karl Salvator, dem jüngeren Bruder des »schlauen Italieners«, Großherzog Ferdinand IV., verheiratet.

werden alle etwaigen Intriguen und Verschwörungen an meiner treuen Freundschaft für Sie und in meiner unauslöschlichen Dankbarkeit nicht irre machen.

Fürst Liechtenstein erzählte mir auch, daß der Hofrath Slatin vom Oberststallmeisteramte, der ein Wohnungsnachbar der Devrients ist, eine 3 stündige Besprechung mit Frau Babette hatte, aus welcher er die sichere Erwartung schöpfte, daß die beiden ehemaligen Eheleute recht gut zusammen am Burgtheater werden wirken können. Schön finde ich das nicht, aber praktisch vom Standpunkte des Theaters. Mein Tratsch ist zu Ende und so schliesse ich mit 1000 herzlichsten Grüßen als Ihr, Sie innigst liebender   Franz Joseph«

Der Groll der Freundin gegen den Kaiser war inzwischen so groß, daß sie von ihren Reisen keine Briefe mehr schrieb und statt dessen ihre Gesellschafterin Frau Eisenmenger beauftragte, dem Kaiser in ihrem Namen zu schreiben. Mit großer Geduld versuchte Franz Joseph in langen Briefen, den Frieden wiederherzustellen, was freilich ganz und gar nicht gelang:

»Schönbrunn den 29. März 1899.

Meine liebe gute Freundin,

Sie müssen es schon ertragen, daß ich Ihre Ruhe schon wieder mit diesen Zeilen störe, allein in den nächsten Tagen der Charwochen Feierlichkeiten werde ich nicht so leicht zum schreiben kommen und es ist mir ein wahres Bedürfniß, die Verbindung mit Ihnen nicht ganz abzureißen und von Zeit zu Zeit wenigstens schriftlich mit Ihnen zu sprechen, wenn auch wenig zu melden ist, da eben jetzt gar nichts Interessantes geschieht. Gestern erhielt ich beim Erwachen Ihr liebes Telegramm von Vorgestern, welches mich recht traurig stimmte, da Ihr Befinden noch immer nicht gut ist. Wenn ich nur Genaueres über dasselbe wüßte und ob Sie in Gossensaß einen Arzt haben. Frau Eisenmenger schreibt gewiß sehr schön und gut; vielleicht könnte sie mir, wenn auch nicht in Form eines Briefes, sondern nur auf einem Zettel aufgeschrieben, Nachricht von Ihnen geben: wie Sie schlafen, essen, ob Sie noch Fieber haben, wie Sie bewohnt sind, ob Sie in Gossensaß zufrieden sind, ob Sie spazieren gehen etc. Da, wie Sie telegraphiren, das Wetter schön ist, so hoffe ich doch, daß Sie mit Ruhe und Geduld Sich in der gewiß guten Luft bald erholen werden. Hier haben wir recht wechselndes, meistens aber helles und noch immer eher kaltes Wetter. Vorgestern regnete es den ganzen Tag ziemlich ausgiebig, so daß der lästige Staub etwas gelöscht wurde. Gestern Früh war es bei hellem Himmel fest gefroren, der Tag war schön und warm, Heute Früh ist wieder nur 1° über Null, dabei werden die Sträucher langsam immer grüner. Sonntag war die 7 Uhr Messe wegen Passion ziemlich lang, Gisela war befriedigt von Znaim zurückgekehrt, erst um 9 Uhr fuhr ich in die Stadt, um 5 Uhr speiste ich hier mit Gisela und den Suiten und um 8 Uhr Abend reiste sie nach München.

Vorgestern hatte ich wenige Audienzen, um 1 Uhr kam Eulenburg zu mir, um mir im Auftrage seines Kaisers ein Album mit Photographien der Parade des Kaiser Franz Regimentes zur Feier meines Jubiläums zu übergeben. Er blieb ziemlich lange bei mir. Vorgestern und Gestern speiste ich hier allein. Gestern war ich wie gewöhnlich in der Stadt, Minister Präsident Széll und später Graf Thun waren ziemlich lange bei mir. Fürst Liechtenstein erzählte mir, daß Hartmann die Köchin seiner Tochter heirathen soll!!!

Meine Enkeln sind, Gott lob, sehr wohl, sehr lustig und lärmend und viel im Freien. Für mich sind sie eine Erheiterung und ein Trost. Valérie soll mit Franz, der ganz hergestellt ist, Heute Abend von Enns kommen. Jetzt habe ich nur noch zu melden, daß ich Gestern Früh eine lange Promenade im großen und Tiroler Garten, so wie in der Ménagerie machte und auch Heute einen Spaziergang vor habe. Verdächtige Begegnungen fanden nicht mehr statt. Und nun Adieu, theuerste Freundin und Verzeihung für den confusen und schlampeten Styl, Folge des Alters und des geschwächten Denkvermögens. Mit der Bitte um Nachrichten und mit 1000 herzlichsten Grüßen, Ihr Sie innigst liebender   Franz Joseph«

Schönbrunn, den 4. April 1899: »... Daß es mit dem Schlafe nicht besser werden will, ist besonders fatal, da in Folge dessen auch keine Beruhigung der Nerven eintritt. Zu Ihrem Troste kann ich Ihnen melden, daß auch mein Schlaf noch manches zu wünschen übrig laßt...« Daß die Freundin trotz ihrer Leiden und ohne ihn vorher zu informieren nach Monte Carlo reiste, enttäuschte den Kaiser tief.

>>Schönbrunn den 8. April 1899.
Meine liebe gute Freundin,
Gestern brachte Netti Ihren lieben Brief aus Riva vom 5. in die Burg, für welchen ich ebenso innig danke, wie für Ihr Telegramm vom selben Tage. Netti erzählte mir, daß Sie mit dem Umzuge sehr beschäftigt ist und daß sie Sie am 15. oder 16. erwartet. Gott gebe es! daß Sie wirklich bis dahin wohl und in besserer Stimmung zurückkehren.

Meine Sehnsucht ist groß, aber Ihre Gesundheit ist die Hauptsache und ich bitte Sie daher so lange auf Reisen zu bleiben, als es Ihnen gut thut. Als wir uns trennten dachte ich nicht, daß es für so lange Zeit sein würde, denn erst durch Hawerda und Netti erfuhr ich, daß es schon damals Ihre Absicht war, 3 Wochen auszubleiben. Daß Sie mir das verschwiegen haben, war nicht schön von Ihnen und daß Sie mir immer nur Ihre nächste Nachtstation telegraphirt haben, Riva, Genua statt mir gleich zu sagen, daß es nach Monte Carlo geht, was ja doch zu erwarten war und so natürlich ist, hat mich gekränkt. Hoffentlich ist Ihre gehetzte Reise, statt der beabsichtigten Ruhe in hoher Gebirgsluft, ein Zeichen Ihres zunehmenden Wohlseins und nicht eine Folge nervöser Unruhe. Jedenfalls sind Sie jetzt an Ihrem Lieblingsaufenthalte und ich hoffe nur, daß Ihnen die Luft in den Spielsäälen besser anschlagen wird, als die reine Gebirgsluft. Ich beneide Sie um Ihren Ausflug an die Riviera, denn mit schmerzlicher Befriedigung würde ich so gerne alle die Orte und Plätze wiedersehen, an denen ich mit unserer theueren Verklärten so gute Stunden zubrachte.

Es ist vielleicht sonderbar, aber Alles was mich an sie erinnert, ist mir ein Trost. Vorgestern hat Palmer ein sehr hübsches, langes Telegramm an Liechtenstein gesendet, mit der Beschreibung der Einweihung des Monumentes der Kaiserin in Cap Martin, wofür ich ihm sehr dankbar bin.

Ich schreibe diesen Brief wieder auf risico, hoffe aber Heute in der Stadt durch Netti Ihre Adresse in Monte Carlo zu erfahren und ihn dann expediren zu können. Daß Sie noch wallfahren wollen, ist sehr schön, vorausgesetzt, daß die weite, lange Reise Ihnen nicht schadet. Ich bitte für mich zu beten. Daß Frau Eisenmenger, die ich bestens grüße, krank war, haben Sie mir nicht geschrieben. Hoffentlich war es nichts Bedeutendes und hat sich der Mangel einer Hebamme in Ihrer Begleitung nicht fühlbar gemacht. An diese Bemerkung anknüpfend, theile ich Ihnen unter dem Siegel der Verschwiegenheit mit, daß Valérie wieder in der Hoffnung ist und gegen Ende Oktober die Familie um ein fünftes Kind zu vermehren beabsichtigt. Wenn das die arme Kaiserin erlebt hätte!! wie sie sich geängstigt hätte! Ich finde das freudige Ereigniß sehr unnöthig und wünsche nur, daß Alles gut vorüber gehe. Valérie ist glücklich. Um in diesen Tagen nicht zu reisen, hat sie die Übersiedlung nach Wallsee bis nächsten Donnerstag verschoben.

Morgen haben wir wieder eine Beisetzung bei den Kapuzinern,[1] die fünfte in einem Jahre! Es wird in der Gruft kaum mehr Platz sein. Dinstag Früh bin ich richtig geritten und ich war mit dem Erfolge über Erwarten zufrieden, nur war ich diese Tage recht steif und that mir Alles weh. Heute will ich wieder reiten und so kann ich der, nächsten Samstag stattfindenden Parade mit Beruhigung entgegen sehen.

Bei der vorgestrigen Audienz war auch Dr. Schott aus Nauheim, der mir viel von der Kaiserin erzählte. Er ist aber kein sympathischer Mensch, vollkommenes Judengesicht und großer Plauscher, behandelt hat er aber die arme Kaiserin gut.

Jetzt muß ich endlich schliessen, denn ich habe die Besorgniß Sie mit meinem Geschreibsel nervos zu machen. Ich habe überhaupt seit einiger Zeit das Gefühl, Ihnen oft zur Last zu fallen und Sie ebenso nervos zu irritiren, wie der Herr Gemahl. Ich werde eben mitunter von schwarzen Gedanken geplagt, auch Nervosität und Folge des Alters.

Wenn Sie wieder in der Gloriette Gasse sein werden, wird das besser werden und ich werde mir Mühe geben, Sie nicht aufzuregen.

Auf nicht zu fernes Wiedersehen hoffend und Sie von ganzem Herzen grüßend, Ihr Sie innigst liebender   Franz Joseph

---

1 Der 74jährige Erzherzog Ernst war am 4. April gestorben.

Ich habe Gestern nach Genua an die mir von Netti angegebene Adresse telegraphirt, fürchte aber, daß das Telegramm Sie nicht mehr erreicht hat.«

Schönbrunn, den 17. April 1899: »...Da Sie von der Reise sehr ermüdet sein werden und es Ihnen, wie ich höre, leider nicht gut geht, so bitte ich Sie, im Bette zu bleiben, was für Sie sehr nützlich wäre und mich freuen würde, denn neben Ihrem Bette zu sitzen und ruhig mit Ihnen zu plaudern, finde ich äußerst gemüthlich. Zu schwätzen wird es genug geben, aber ruhig und *ohne Aufregung*...«

Einer der Gründe für die Nervosität der Schratt war wieder einmal der Ehemann Nikolaus von Kiss, der verschuldet in Wien zu bleiben drohte und die Kreise seiner Gattin erheblich störte. Wieder einmal mußte Eduard Palmer als Helfer einspringen. Er verhandelte mit Außenminister Graf Goluchowski, die Stellensuche für Kiss im diplomatischen Dienst zu beschleunigen, um ihn möglichst bald ins Ausland zu bringen. Daß auch Hofrat Hawerda, der Vizedirektor der kaiserlichen Vermögensverwaltung, in die Angelegenheit einbezogen war, deutet auf die Zahlung einer hohen Geldsumme hin.

Gödöllö, den 1. Mai 1899: »...Hawerda berichtete mir über seine Besprechung mit Palmer, welcher eine Unterredung mit dem Grafen Goluchowski gehabt hatte. Palmer wird Ihnen wohl das Resultat derselben mitgetheilt habe, welches darin besteht, daß Kiss als Vize Konsul nach Barcelona gehen soll, mit der Aussicht bald Consul und bald definitiv zu werden, was jetzt wegen der anderen, bereits länger dienenden Mitglieder der Consular Branche noch nicht gleich möglich ist. Es kommt nun darauf an, ob der Herr Gemahl diesen Vorschlag, der mir zweckmässig und billig scheint, annehmen wird. Hoffentlich ja, damit Ihre armen Nerven wenigstens in dieser Beziehung etwas Ruhe erhalten...«

Gödöllö, den 5. Mai 1899: »... Hawerda hat mir berichtet, daß Ihre *viel schlechtere* Hälfte den angebotenen Dienstposten mit den vom Minister vorgeschlagenen Modalitäten angenommen hat, daß aber sein Abgang auf den Posten selbst, erst im Laufe des Monats Juni stattfinden kann. Das ist noch lang und ich werde das Ganze erst wirklich glauben, wenn Kiss[1] in Barcelona eingetroffen sein wird...«

Immer wieder war es die Erinnerung an die Kaiserin, die einen versöhnlichen, herzlichen Ton in die arg strapazierte Beziehung zwischen Franz Joseph und der Freundin brachte. Ofen, den 9. Mai 1899: »...Morgen sind es schon 8 Monate! eine lange Zeit, die doch so unglaublich schnell verging. Meine Gedanken werden Sie Morgen in die Gruft begleiten, die Sie wohl besuchen werden, obwohl es für Ihre Gesundheit und Stimmung besser wäre es zu unterlassen.

Als ich am letzten Freitage Nachmittag ohne Jagderfolg in Babat war, hörte ich Heuer den ersten Kukuk rufen; den Letzten hatte ich mit der Kaiserin in der Villa Hermes gehört. Sie hatte eine solche Passion für den Ruf dieses Vogels und im ersten Augenblicke kam mir wieder der Gedanke, ich müsse es ihr schreiben, dann aber erschien mir der gar nicht aufhörende Ruf des Kukuks wie ein Gruß von ihr...«

Wie in den früheren Jahren üblich, wollte die Schratt auch diesmal den Kaiser kurz in Ungarn besuchen. Doch mußte er schweren Herzens absagen: Ohne die Kaiserin, die als Freundin der Schratt einem solchen Besuch jede Zweideutigkeit genommen hatte, war ein Treffen des Paares in Ungarn nicht möglich, zumal sich der Kaiser gerade in dem kleinen Jagdschloß Gödöllö aufhielt. Von hier dankte

---

1 Die Abreise verzögerte sich. Am 24. September 1899 berichtete Franz Joseph, er habe Außenminister Graf Goluchowski »wegen Kiss« gefragt: »Er sagte mir, daß er bereits sein Dekret erhalten habe und glaubte ihn abgereist. Ich bat Goluchowski sich um ihn zu erkundigen, habe aber seitdem nichts mehr gehört.«

er der Freundin am 14. Mai 1899 für die gute Absicht als »Beweis, daß Sie mich noch immer lieb haben und ihre Ausführung, wenn sie möglich gewesen wäre, hätte mich unendlich gefreut. Aber so leicht ein Besuch im Ofner Schloße gewesen wäre, so schwer ausführbar, ja unmöglich ist er hier in dem kleinen Schloße, wo meine Herrn so enge mit mir bewohnt sind, sich außer den alten Extraweibern kein weibliches Wesen befindet, in dem kleinen Orte, wo die Fahrt jeder neuen Person vom Bahnhofe in das Schloß ein Ereigniß ist. Es hätte einen großen Tratsch gegeben, der auch Ihnen nicht angenehm gewesen wäre und besser zu vermeiden war. Glauben Sie mir, es ist gewiß in unserem beiderseitigen Interesse besser, wenn wir uns jetzt die Freude des Wiedersehens versagen und dieselbe bis zum 10. aufsparen. Heute wäre es auch eine kurze Hetze gewesen, während es hoffentlich in der Gloriette Gasse ein ruhiges, gemüthliches und befriedigendes Wiedersehen sein wird...«

Ofen, den 16. Mai 1899: »...Ein bischen fürchte ich mich auf das Wiedersehen, da ich nicht weis, ob Sie nicht böse sind, daß ich Ihren Wunsch wegen des Besuches in Gödöllö nicht erfüllen konnte. Doch Sie werden gut und lieb sein wie immer und mich gnädig aufnehmen...«

Zu allen Schwierigkeiten kam noch, daß Ida Ferenczy, die engste Vertraute der Kaiserin, voller Zorn über die neuen Wiener Verhältnisse 1899 zurück nach Ungarn übersiedelte. Damit verlor Katharina Schratt ihren Stützpunkt in der Hofburg. Denn die Kaiserin hatte ja arrangiert, daß sich das Paar, meist mittags gegen 1 Uhr zu einem kleinen Imbiß oder nur zu einem Glas saurer Milch, in der Privatwohnung der Ferenczy in der Hofburg treffen konnte. Nun, da diese Möglichkeit ebenso wegfiel wie die Mittagessen zu dritt mit der Kaiserin, war jeder Besuch der Schratt in der Hofburg unangenehm.

Erzherzogin Marie Valerie, die als einzige helfend hätte einspringen können, hielt sich zurück. Als sich die Beziehung des Paares im Sommer 1899 in Ischl zu harmonisieren schien, arbeitete die Erzherzogin energisch dagegen – vor allem deshalb, weil sie einen ungünstigen moralischen Einfluß auf ihre kleinen Kinder befürchtete. Am 4. Juli 1899 schrieb sie in Ischl in ihr Tagebuch: »...so beginnt wieder

der alte Ischl-Turnus mit Ausnahme der Besuche in der Villa Felicitas, statt welcher die Schratt Papa hier aufsuchen kommt, was mich
öfteres Zusammensein mit den Kindern befürchten läßt.«

Es war ihr »peinlich, der Schratt immer zu begegnen, sie mit Papa
am Spielplatz der Kinder sitzen zu finden, von wo ihn dann unser
Erscheinen entweder... verdrängt oder er vielleicht auch manchmal
sitzen bleiben wird zum Schaden der Kinder (!!?). Was tun? Es
hinnehmen... oder ihn durch Andeutung meiner Mißbilligung kränken, ohne die Sache wesentlich zu ändern? Lossagen wird er sich nie
und nimmer von ihr, und heiraten kann er sie ja leider nicht, denn sie
ist ganz rechtmäßig verheiratet... Ists da sehr unrecht, wenn ich die
einzige Ehe, die mir nach Papas Geschmack und Gewohnheiten
möglich erschiene – nämlich eine Ehe mit Tante Spatz – als Erlösung
ersehne?... Wäre es nicht doch etwas weniger Ärgernis, wenn die
Schratt eben wieder die ›Freundin von Papas Frau‹ wäre.«

Wieder wurde der Beichtvater befragt: »Wenn er es nicht unrichtig
findet, möchte ich Papa proponieren, Tante Spatz hierher einzuladen« (11. Juli 1899). »Tante Spatz« war die verwitwete Gräfin Mathilde Trani, eine jüngere Schwester Elisabeths, die ein gutes Verhältnis zur Schratt hatte. Doch der Beichtvater hielt diese eigenartige
Heiratsidee nicht für gut und riet ab.

Dabei war der jungen Frau sehr wohl klar, daß sie kaum mit der
Schratt beim Vater konkurrieren konnte, und notierte am 11. Juli:
»Die Schratt trifft es wohl besser, ihn zu unterhalten, denn nach ihren
Besuchen ist er immer heiterer.« Das bestätigte auch der scharf
beobachtende deutsche Botschafter Graf Philipp Eulenburg: »Aber
merkwürdigerweise ist der Umgang der Tochter mit dem Vater gar
nicht der harmlose, kindliche, wie man anzunehmen geneigt ist. Trotz
aller Begabung und trotz allen Verstandes, den die Erzherzogin
unzweifelhaft besitzt, die sie zu einer anziehenden Erscheinung machen, kann sie ein Gefühl der Scheu nicht überwinden, das ihr der
Kaiser als solcher einflößt. Sie wird dadurch nicht amüsanter – und da
der alte Herr nicht zu den Unterhaltenden gehört, so trägt dieser
Verkehr den Stempel größter Langeweile. Es dürfte diese Langeweile
nicht dadurch gemindert werden, daß die Erzherzogin ihren Vater
durch allerhand Sorgen, das ewige Seelenheil der ermordeten Kaiserin

betreffend, quält. Das nicht fortzuschaffende Faktum, daß die Kaiserin auf dem Wege vom Dampfboot zum Gasthaus starb und weder beichten konnte noch versehen wurde, ängstigt die fromme Tochter auf das Furchtbarste« (II, 215). Und: »Nichts Fürchterliches soll es geben als die Familiendiners, wo alles feierlich herumsitzt, niemand den Mund aufmacht und nachher ein steifer Cercle stattfindet wie unter Fremden« (II, 219).

Die Schratt floh aus diesen widrigen Zuständen nach Bad Kissingen, wo sie den Brief vom 25. August 1899 aus Ischl erhielt: »...Wie gerne wäre ich bei Ihnen, um in Ihrer Gesellschaft in dem Orte, welchen unsere theuere Verklärte so liebte, in wehmüthiger Erinnerung die Plätze zu besuchen, welche ich noch voriges Jahr mit ihr befahren und begangen habe. Sie werden Heute gewiß viel an sie denken. Vielleicht schreiben Sie mir einmal einen kurzen Brief und sagen mir, wie es Ihnen geht, wie Ihre Stimmung ist, ob Ihnen Kissingen Heuer nicht zu sehr mißfällt, ob Sie radeln und ob der Jüngling[1] Ihnen, wie ich kaum bezweifle, gefolgt ist.«

Aus Schönbrunn, den 5. September 1899, berichtete er, die böhmischen Manöver seien »sehr befriedigend ausgefallen und auch der Empfang in der ganz *deutsch*böhmischen Gegend war sehr herzlich und durchaus loyal. Auch auf der Reise von Ischl nach Reichstadt und von dort hierher wurde ich überall feierlich, herzlich und lärmend begrüßt. Besonders Vorgestern mußte ich in vielen čzechischen Stationen anhalten, was recht mühsam war und eine ziemliche Verspätung meiner Ankunft in Wien zur Folge hatte... Hoffentlich ist auch Ihre Nase wieder in der normalen, schönen Gestalt. Der Wespenstich muß recht wehe gethan haben, jedenfalls

---

1 Der »Jüngling« hieß Felix Weiner, folgte der Schratt, als hartnäckiger Verehrer und offensichtlicher Psychopath, auf Schritt und Tritt. Dazu am 14. September 1899: »Ich hoffe auch, daß der unverschämte Jüngling Kissingen wirklich verlassen hat *und bitte darüber um Nachricht und Beruhigung.*« Es war durchaus nicht ungewöhnlich, daß sich arme Jünglinge an reiche ältere Damen heranmachten und sie um Aufmerksamkeit anflehten – man denken nur an die Erlebnisse der Kaiserin Elisabeth mit Alfred von Gurniak zehn Jahre zuvor (Hamann, Elisabeth, 407–410).

mehr als jener unserer lieben Ischler Bremsen. Wie hätte es mich interessirt, Sie mit der geschwollenen Nase zu sehen!...«

Schönbrunn, den 7. September 1899: »... Sie schreiben mir fast nur von Scheusal, Oberengel, sogar Erzengel, aber nichts vom Wespenstiche und seinen Folgen, was mich viel mehr interessirt hätte, als wie Ihre Selbstanklagen und die Verherrlichung meiner altersschwachen Person. Daß Sie oft an unsere Verklärte denken, ist so gut von Ihnen und ich danke Ihnen. Am 10. werde ich mit Gisela meine Andacht verrichten und dann werden Sie mich um 8 Uhr in Gedanken in die Gruft begleiten...

Um ½ 12 Uhr machte ich in russischer Uniform der alten Großfürstin[1] im Hofwartesalon des Westbahnhofes meine Aufwartung. Sie ist gerade so alt wie ich, ich muß aber selbst zugeben, daß ich weniger alt aussehe, wie sie. Sie schwätzte unaufhörlich, und war eigentlich rührend. Bald darauf machte sie mir hier eine Visite, von welcher sie sich nicht hatte abbringen lassen, welche aber zum Glücke nicht zu lange ausfiel.« (B)

Während Katharina Schratt von Bad Kissingen zur Nachkur nach Biarritz reiste, spitzte sich die politische Lage in dem nur mühsam mit Notverordnungen regierten westlichen Teil der Donaumonarchie zu. Vor allem die Nationalitätenkämpfe in Böhmen und Mähren waren nicht einzudämmen. Nach einer deutlichen Kritik des Kaisers trat Ministerpräsident Graf Franz Thun-Hohenstein zurück.

Schönbrunn, den 24. September 1899: »... Seit der langen Zeit, die ich mit Ihnen in Correspondenz zu stehen das Glück habe, ist in derselben keine so lange Unterbrechung eingetreten, wie seit meinem letzten Briefe vom 14., aber auch selten war ich so gehetzt, wie in dieser Zeit und selbst Gestern, am Morgen nach meiner Rückkehr, konnte ich nicht zum schreiben kommen, da ich viele Arbeit und viele Sorgen fand und mich Mitten in einer von mir selbst eingeleiteten Ministerkrisis befinde. Sie werden mir daher meine lange Faulheit verzeihen...

---

1 Großfürstin Alexandra, die zum Besuch ihrer Schwester, der Ex-Königin von Hannover, nach Gmunden in Oberösterreich reiste.

Die österreichisch-ungarische Monarchie wird bald schön ausschauen.

Die Donaumonarchie wird vom Nationalismus der Deutschen, Tschechen, Slowenen, Kroaten, Polen und Ungarn (dies vertreten durch den Ministerpräsidenten Bánffy) in Stücke gerissen. Karikatur aus »Glühlichter«, 19. Januar 1899

Die Fahrt von Klagenfurt nach Meran war ziemlich ermüdend, da in vielen Stationen feierlicher Empfang war, die Herzlichkeit der Bevölkerung und die patriotische Stimmung aber, wohlthuend. Der Empfang in Meran und der folgende Tag in Passeier waren glänzend, vollkommen gelungen und unendlich echt österreichisch, tirolerisch patriotisch... Die Feier beim Sandhofe[1] schön und das Bild der tausenden von Schützen in den verschiedensten Nationaltrachten malerisch und imposant. Am Abende meiner Ankunft in Meran, wohnte ich einer Vorstellung im Bauerntheater bei, welche mich sehr interessirte und welche sehr gelungen war. Spiel der Einzelnen war sehr gut und die Inscenirung effektvoll und besonders präcis. Meran, das ich durch die vielen Neubauten nicht zu seinem Vortheile verändert fand, erweckte in mir recht wehmüthige Erinnerungen an vergangene, bessere Zeiten...«

»Schönbrunn den 30. Septbr. 1899.
Meine liebe gute Freundin,

Jetzt hoffe ich wirklich, daß das ersehnte Wiedersehen nicht mehr gar so ferne ist. Wenn Sie wirklich nur 10 Tage in Biarritz zubringen wollen und von dort nicht etwa noch eine längere Rückreise unternehmen, so müssen Sie ja bald in der Gloriettegasse eintreffen. Ich weis auch nicht, ob diese Zeilen Sie noch erreichen werden, ich schreibe aber doch auf risico, da ich wieder durch einige Tage gar keine Zeit hatte und Ihnen den Beweis liefern will, daß ich beständig an Sie denke. Innigsten Dank für Ihre, in den täglichen Telegrammen, für welche ich auch schönstens danke, angekündigten Briefe, von welchen ich wohl jenen vom 27. Heute erhalten werde.

Das ist ja eine schöne Geschichte mit dem verlorenen portemonaie. So was kann nur Ihnen passiren, hätte ich bald gesagt. Hoffentlich haben Sie nicht Ihre ganze Barschaft verloren. Für alle Fälle werde ich gleich in der Stadt Hawerda kommen lassen, um durch ihn Palmer zu ersuchen, daß er Ihnen schleunigst auf die beste Art und auf meine Rechnung aus der Verlegenheit helfe. Sehr erfreut war ich aus Ihrem vorgestrigen Telegramme zu ersehen, daß es Ihnen besser geht, so daß

---

1 zu Ehren des Tiroler Freiheitshelden Andreas Hofer

ich hoffe, daß Sie recht frisch und in guter Stimmung zurückkehren werden. Wann Sie mich dann etwas aufheitern könnten, wäre ich Ihnen sehr dankbar, denn ich bin recht trübe gestimmt und ermüdet von der langen Ministerkrise und den vielen Besprechungen mit allen möglichen Leuten und Abgeordneten aller Nuancen. Wären Sie aber auch mißgestimmt, so wird das auch nichts machen, denn dann werden wir *zusammen* Trübsal blasen, was auch ein Trost ist.

Der Bulgare brachte richtig den 26. und einen Theil des 27. in Wien zu. Er wurde feierlich am Bahnhofe empfangen und wohnte im Radetzky Appartement in der Burg. Er machte mir in der Stadt seine Aufwartung, worauf ich ihm die Visite zurückgab und um 5 Uhr gab ich ihm in Schönbrunn ein größeres Diner. Er war sehr befriedigt, dankbar und machte die schönsten Phrasen. Er ist recht dick geworden mit krankhaft aufgedunsenem Gesichte. Die Rückkehr nach Sofia wurde ihm recht schwer.

Am 27. bin ich nach 1 Uhr nach Berndorf gefahren und von dort nach 8 Uhr zurückgekommen. Das Etablissement Krupps[1] ist großartig und sehr interessant, der Empfang und das ganze Arrangement war glänzend, einige Tausend Arbeiter und Arbeiterinnen, alle gut gekleidet und in bester Stimmung und vom Fabriksherrn in jeder Beziehung gut versorgt, machen einen erfreulichen Eindruck. Das für die Arbeiter neu erbaute Theater ist sehr hübsch und die Vorstellung war zwar lang, aber gut. Es wurde ein neues Stück von Karlweis ›Der kleine Mann‹, welches zeitgemäß und amusant ist, von den Mitgliedern des deutschen Volkstheaters vortrefflich gespielt, Girardi, die Glöckner etc –. Zum Beginn sprach Girardi einen einfachen, taktvollen Prolog sehr gut und zum Schluße defilirten alle tausend Arbeiter über die Bühne.

Das Wetter war herrlich, die Gegend ist freundlich. Vorgestern und Gestern war ich fast den ganzen Tag in der Stadt, Vorgestern war in früher Morgenstunde mein Enkel Georg auf der Durchreise von Gödöllö nach München zwei Stunden hier, sehr befriedigt von seinen Jagderfolgen und Heute Abend kommt Leopold um Morgen mit Franz und einigen Herrn nach Mürzsteg zu fahren. Ich werde wohl

---

1 Die Metallwarenfabrik Arthur Krupps in Berndorf in Niederösterreich

auf die Jagden verzichten müssen, da ich in diesem Augenblicke kaum von hier werde abkommen können. Heute oder Morgen hoffe ich mit dem neuen Ministerium zu Stande zu kommen. Nach langen Verhandlungen wird es ein Übergangs Ministerium von Beamten[1] werden.

So, jetzt habe ich genug geschrieben und ich schliesse mit der Hoffnung auf *baldiges* Wiedersehen. Mit den herzlichsten Grüßen, Ihr Sie innigst liebender

Franz Joseph«

»Gödöllö den 29. Oktober 1899.

Meine liebe gute Freundin,

Innigsten Dank für Ihren lieben, langen und interessanten Brief vom 27., den ich Gestern erhielt. Leider geht es Ihnen mit Gesundheit, Nerven und Stimmung noch immer nicht besser, aber ich hoffe, daß Sie doch den, Ihnen von Frau Janisch empfohlenen Magnetiseur nicht aufsuchen werden. Das fehlte noch! Ich bin neugierig, von Ihnen zu hören, was es eigentlich mit Palmer ist und ich hoffe nur, daß Sie mit ihm nicht brouillirt sind. Wie in der letzten Zeit gewöhnlich, habe also ich wieder recht gehabt und Sie in Ihrer Güte und kindlichen Auffassung sich abermals geirrt, denn der Jüngling ist richtig erschienen. Mit diesem Kerl nützt nur mehr die Polizei.[2]

Da Sie, wie ich aus der Zeitung ersehe, nächsten Dinstag spielen, so werde ich, wenn Sie erlauben, Mittwoch um 8 Uhr, nach der Messe in die Gloriette Gasse kommen. Donnerstag Früh werde ich in die Gruft gehen und kann daher nicht zu Ihnen kommen. Vielleicht darf ich an diesem Tage bei Ihnen speisen? Ich fürchte, daß ich während den wenigen Tagen meines Wiener Aufenthaltes sehr gehetzt sein werde und daß ich auch mit Stéphanies Angelegenheit Unannehmlichkei-

---

1 Dieses Beamtenministerium unter Graf Manfred Clary-Aldringen regierte mit kaiserlichen Notverordnungen (dem berühmten § 14), da das Parlament durch die Obstruktion der Deutschen lahmgelegt war. Clary trat am 21. Dezember 1899 wieder zurück, nachdem er die umstrittenen Sprachverordnungen aufgehoben hatte. Die Folge war, daß nun zwar nicht mehr die deutschen, aber die tschechischen Abgeordneten durch ihre Obstruktion das Parlament arbeitsunfähig machten.
2 Felix Weiner

ten haben werde[1] und doch wäre ich so glücklich, wenn ich recht viele Stunden mit Ihnen ruhig zubringen könnte.

Wir haben noch immer das schönste, recht kühle Wetter, aber die Bäume werden schon recht kahl. Vorgestern war die Jagd recht gelungen und Gestern habe ich Nachmittag bei einer Schütte auf 4 Schweine geschossen, von welchen vor der Hand nur eine Bache liegt. Heute Abend reist Leopold nach München zurück. Er wird mir hier sehr abgehen. Heute muß ich früher schliessen, als gewöhnlich, da mehr Cabinetsarbeiten als sonst bereits auf meinem Tische liegen.

Daher Adieu *liebe, liebe* Freundin und auf hoffentlich baldiges Wiedersehen. Herzlichste Grüße von Ihrem, Sie innigst liebenden

Franz Joseph«

Am Burgtheater spitzte sich die Lage für die Schratt weiter zu. Direktor Schlenther pochte auf seine Rechte und dachte nicht daran, sich von der Schratt herumdirigieren zu lassen, wie es sein Vorgänger Burckhard getan hatte. Die Schratt wiederrum kritisierte die neuen Stücke, den unwienerischen Ton im Burgtheater, die angeblich rüden preußischen Manieren des Direktors – und sammelte die Unzufriedenen und durch die neue Ära Benachteiligten im »alten« Ensemble um sich. Schließlich versuchte sie im Herbst 1899, Schlenther unter Druck zu setzen: »Um schweres Geld« (so Schlenther an Friedjung) »kaufte sie in Paris ein schales französisches Ausstattungsstück« (so Thimig), forderte dessen sofortige Aufführung, mit

---

1 Die Witwe des Kronprinzen Rudolf, eine Tochter König Leopolds II. von Belgien, wollte den nicht ebenbürtigen ungarischen Grafen Lónyay heiraten. Gödöllö, den 27. Oktober 1899: »Vorgestern habe ich endlich die Antworten der belgischen Majestäten erhalten, welche geschraubt und unangenehm klingen, die beiden Eltern wollen Stéphanies Heirath vollkommen ignoriren, sind sehr beleidigt, da Stéphanie ihnen während ihres Besuches in Belgien nichts gesagt hat und sie die ganze Sache durch die Zeitung erfahren, brechen jeden Verkehr mit ihrer Tochter ab, verbieten ihr das Überschreiten der belgischen Gränze und haben sogar Stéphanies Schwester Clementine verboten künftig mit ihr zu correspondiren. Recht liebevoll! aber wenigstens klar. Vielleicht wird Stéphanie einsehen, daß sie nur mehr auf mich angewiesen ist und hoffentlich weniger schwer zu behandeln sein.«

K. k. Hof- Burgtheater.

Repertoire: vom *19* ten _____ bis *28* ten *Februar* 189*9*

Monats-Regisseur: Herr *Hugo Thimig*

Tage	Vorstellungen	Proben
Sonntag 19.	Mittags: Uriel Acosta Abends: Krieg im Frieden	
Montag 20.	Fuhrmann Henschel	10 grüner Kakadu
Dienstag 21.	Das Loos	10 Paracelsus 12 Gräfin
Mittwoch 22.	Jungfrau v. Orleans	10 Paracelsus 11 Gräfin 12 grüner Kakadu
Donnerstag 23.	versunkene Glocke	dto.
Freitag		

Das »Repertoire«, die wöchentliche Vorstellungs- und Probenliste des Burgtheaters mit Hauptmanns »Fuhrmann Henschel« und Schnitzlers Einaktern »Paracelsus«, »Die Gräfin« und »Der grüne Kakadu«

417

einem luxuriösen Ausstattungsetat von 20.000 Gulden, und reklamierte selbstverständlich auch die Hauptrolle für sich.

Nach Lektüre des Stückes verweigerte Schlenther die Aufführung, zumal das Stück Zensurschwierigkeiten garantierte: Es ging darin um Napoleon und seine erste Frau Joséphine. Die zweite Frau, die Habsburgerin Marie Louise, erschien in sehr ungünstigem Licht, und das Stück war voller Ausfälle gegen die Habsburger. »Als Schlenther das der Schratt vorstellte, sagte sie, lassen Sie mich das nur machen« (laut Gesprächsprotokoll Heinrich Friedjungs).

Was die Schratt dabei nicht bedacht hatte: Fürst Alfred Montenuovo, seit kurzem als stellvertretender Obersthofmeister für das Burgtheater verantwortlich, war ein Enkel dieser Marie Louise aus deren zweiter, nicht standesgemäßer Ehe mit dem Grafen Neipperg (italienisiert: »Montenuovo«). Er widersetzte sich vehement dem Schratt-Plan und wurde um so wütender, je fordernder die Schauspielerin auftrat. In Montenuovo hatte Katharina Schratt ihren mächtigsten Feind gefunden – und dies zu der Zeit, als ihr Stern am Burgtheater im Sinken war. Denn mit 46 Jahren war sie für ihre Paraderollen als jugendliche Naive zu alt, und ihre Launen, ihre Herrschsucht und ihre häufigen Absagen verloren ihre einschüchternde Wirkung.

Nur bei Kaiser Franz Joseph konnte sie sich dieser Wirkung unvermindert sicher sein. Seine hilflosen Versuche, sie zu besänftigen, verpufften. Gödöllö, den 14. November 1899: »... Ich freue mich sehr auf das Wiedersehen und hoffe, daß Ihre Stimmung nicht zu schwarz sein wird. Hoffentlich werden Sie wegen dem Theater keinen unüberlegten Entschluß fassen. Ihre Nerven müssen wirklich recht angegriffen sein, da Sie Sich so lange nicht entschliessen konnten meinen letzten Brief zu öffnen. Haben Sie denn erwartet, etwas gar so Schreckliches in demselben zu finden?... Herrn von Szemere[1] finde ich unausstehlich und ich hoffe, daß Sie das Rennpferd definitiv ausgeschlagen haben. Das fehlte noch!...«

---

1 Über ihren Reitlehrer, Kavallerie-Oberst Nikolaus von Szemere schrieb die Schratt an den Kaiser: »Herr von Szemere war auch bei mir, er hat schon ein Pferd für mich gekauft etc. – ich sagte ihm aber es wäre unmöglich. Dann machte er mir noch andere Vorschläge die ich ebenfalls rapportiren werde«.

Eigens um die Schratt gnädig zu stimmen, setzte Schlenther Mitte Dezember 1899 Raimunds »Verschwender« in einer Neuinszenierung auf den Spielplan. In der Rolle der »Rosel« hatte die Schratt neben Josef Kainz wirklich großen Erfolg und wurde sogar von Hugo Thimig in seinem Tagebuch anerkannt (17. Dezember 1899): »Die Rosel ist das Beste, was die Schratt zu geben hat: lieb, hübsch, naturwüchsig, mit vollem Erdschollengeruch.«

Ihr Selbstbewußtsein war gestärkt. Um Schlenthers Kündigung zu erreichen, setzte sie den Kaiser unter Druck, stellte ihre Besuche ein, holte noch nicht einmal ihre Weihnachtsgeschenke ab:

»Schönbrunn den 23. Dezbr. 1899.

Theuerste Freundin,

Da ich Ihnen Heute leider nicht in gewohnter Art meine Weihnachtsgeschenke selbst übergeben darf, so muß ich mich schriftlich mit der Bitte an Sie wenden, dieselben freundlich annehmen zu wollen. Zugleich wünsche ich Ihnen von ganzem Herzen recht glückliche Feiertage und hoffe, daß Sie Morgen einen recht frohen Weihnachtsabend feiern werden. Ich werde Morgen Früh nach Wallsee fahren und beabsichtige Dinstag den 26. Abends in die Burg zurückzukehren. Dann werde ich in Geduld abwarten, bis Sie soweit beruhigt und mir freundlicher gesinnt sein werden, um mich durch einen Besuch zu erfreuen.

Ich werde in Wallsee wenig heitere Tage zubringen, da meine Gedanken mit Wehmuth bei Ihnen sein werden. Wenn Sie ein wenig gnädig sein wollen, so haben Sie vielleicht die Güte, mir in die Burg telephoniren zu lassen, wie es Ihnen geht, denn ich ängstige mich und sehne mich nach Nachricht.

In unwandelbarer treuer Anhänglichkeit Ihr, Sie innigst liebender

Franz Joseph

Von Gisela erhielt ich Gestern einen Brief in welchem sie schreibt: Frau Schratt wünsche ich recht glückliche Feiertage und danke ihr nochmals für die ausgezeichneten Photographien.«

Wien, den 27. Dezember 1899: »...Es ist für mich so unendlich traurig, nach unserer neulich so schmerzlichen Trennung nichts bestimmtes und genaues von Ihnen und Ihrem Befinden erfahren zu können. Wenn Sie mir ein wenig freundlicher und milder gesinnt sind, so haben Sie vielleicht die große Güte Netti zu mir zu schicken, welche mir mündlich Auskunft über Ihren körperlichen Gesundheitszustand geben könnte. In Wallsee fand ich, Gott lob, Alle sehr wohl. Valerie, welche sich nach Ihnen erkundigte, sieht sehr gut aus und die Kinder, welche wirklich reitzend sind und sich täglich im Schlittschuh laufen üben, sind frisch und kräftig entwickelt, auch der kleine Theodor[1] gedeiht, unberufen, bei Amme und Liebig Suppe in erfreulicher Weise. In Mitte der heiteren Kinderschaar waren meine Gedanken in Wehmuth bei Ihnen...«

Inzwischen hatte die Schratt ihren Erfolg im »Verschwender« gegen die Direktion auszunützen versucht und am 26. Dezember ihren Auftritt ganz kurzfristig abgesagt, so daß in aller Eile ein anderes Stück gegeben werden mußte. Thimig am 27. Dezember: »Das Haus blieb trotzdem ganz voll« – und das wegen Josef Kainz, der in der »Jüdin von Toledo« den Alfons spielte. Der spektakuläre Schachzug der Schratt verfehlte somit die beabsichtigte Wirkung.

Ihr Zorn auf das Burgtheater und den Kaiser, der sie ihrer Meinung nach nicht genug unterstützte, wuchs. Sie schrieb keine Briefe mehr – und bedankte sich nicht einmal persönlich für die kostbaren Weihnachtsgeschenke. Nach einigem Drängen Franz Josephs schickte sie schließlich ihr Dienstmädchen in die Hofburg mit dem Auftrag, dem Kaiser über das Befinden im Hause Schratt zu berichten. Selbst hierfür war der Kaiser dankbar und schrieb aus Wien, den 29. Dezember 1899: »...Daß Sie meine Bitte erfüllt und mir Netti geschickt haben, glaube ich als ein Zeichen betrachten zu können, daß Sie mir nicht mehr so sehr grollen und so hoffe ich, daß es Ihnen nicht unangenehm ist, wenn ich manchmal einige Zeilen an Sie richte, um Ihnen zu sagen, daß ich beständig mit Sehnsucht und Besorgniß an Sie denke...«

Zu allen dienstlichen Problemen der Schratt müssen auch schwere persönliche Differenzen gekommen sein. Das Trauerjahr Franz Jo-

---

1 Das fünfte Kind Marie Valeries, geboren am 9. Oktober 1899 in Wallsee

sephs war inzwischen abgelaufen, und offenbar sah die Schratt nun keinen Grund mehr, sich zurückzuhalten. Die Schratt-Nichte Katharina Hryntschak überlieferte durchaus glaubhaft: »Die Frau ist innerlich zugrund gegangen. Sie hat sich angetragen als Verhältnis, nachdem die Kaiserin Elisabeth tot war. Und er hat gesagt, es existiert nur eine Frau für mich, und das war die Elisabeth. Sie ist aber innerlich zugrund gegangen, daß die Leute geglaubt haben, sie hat ein Verhältnis mit dem Kaiser, und hatte es nicht. Er hat sich verweigert« (Kindermann). Wie dem auch immer sein mochte: Unübersehbar war bei dem nun im 70. Lebensjahr stehenden Kaiser eine große Müdigkeit. Geradezu hilflos stand er den riesigen Problemen des auseinanderbrechenden Vielvölkerreiches gegenüber, die mit den gewohnten Regierungsmethoden – fleißigem Aktenstudium – längst nicht mehr zu bewältigen waren. Er sehnte sich nach nichts als Ruhe – und ein wenig menschlicher Anteilnahme der Freundin. Doch diese blieb – trotz aller Geschenke und flehender Briefe – unerbittlich.

»Wien den 1. Jänner 1900.

Meine liebe gute Freundin,

Innigsten Dank, daß Sie Sich Gestern der Mühe unterworfen haben, mir zu schreiben. Ihre Zeilen geben mir den Trost in diesen trüben Tagen, daß Sie mich nicht ganz verlassen wollen und daß ich hoffen kann, daß nach unserer beiderseitigen Rückkehr nach Wien, das alte, glückliche Verhältniß wieder hergestellt wird. Ich will so gerne vergessen, wie wehe Sie mir gethan und wie hart und ungerecht Sie mich behandelt haben und auch Sie werden hoffentlich nach der langen Trennung die Kraft über Ihre Nerven gewinnen, um mir endlich zu verzeihen, wenn ich Sie beleidigt habe. Wir wollen dann von dem Geschehenen nicht mehr sprechen und die jahrelang bewährte Freundschaft wieder herstellen. Es hätte mich unendlich glücklich gemacht, Ihnen meine aus tiefsten Herzen kommenden Glück- und Segenswünsche zum beginnenden Jahre und Jahrhunderte persönlich aussprechen zu können, Ihnen sagen zu können, wie ich zu Gott bete, daß er Sie beschütze und erhalte, Sorge und Kummer von Ihnen abwende und Ihnen an Toni nur Freude erleben lasse. Sie selbst aber bitte ich so innig als ich bitten kann, daß Sie mir Ihre Güte und Freundschaft auch in diesem Jahre und in der kurzen Spanne Zeit, welche ich noch in dem neuen Jahrhundert zu leben habe, erhalten und es bei dem Kummer des Jahresbeginnes bewenden lassen. Nachdem ich aus Ihren Zeilen ersehen habe, daß es Ihnen lieber ist, mich Heute nicht zu besuchen, so denke ich auch, so schwer es mir auch wird, daß es so besser ist. Hoffentlich wird Ihnen die Ruhe und die frische Luft in Reichenau gut thun und werden Sie gestärkt und in wenigstens halberter Stimmung zurückkommen. Ich bitte Sie nur recht schön, keine Bergbesteigungen zu versuchen, denn diese sind im Winter, wegen Kälte Schnee und Lawinengefahr besonders bedenklich. Ich habe Gestern Netti gebeten, mir Ihre Reichenauer Adresse zu verschaffen, da es mir eine Beruhigung wäre, wenigstens die Möglichkeit zu haben, mich mit Ihnen in Verbindung zu setzen. Mit Briefen werde ich Sie nicht belästigen. Die selbe Bitte, *wegen Mittheilung der Adresse* richte ich auch an Sie; vielleicht *könnten Sie mir dieselbe nach Radmer bei Eisenerz telegraphiren.*

Ich gebe Heute noch ein zahlreiches Familien Diner, Morgen werde ich meine Andacht verrichten und nach 2 Uhr fahre ich nach Radmer, von wo ich Freitag abend zurückkehre, worauf ich mich anfragen werde, wann ich Sie wiedersehen darf. Ich hoffe, daß die Bewegung in frischer Luft auch mir gut thun wird, denn der Kummer und das viele Sitzen haben mich etwas angegriffen. Ich hatte Gestern Früh einen Brief an Sie angefangen, mußte aber das schreiben aufgeben, da ich einen jener Anfälle von Geistesstörung bekam, von welchen ich jetzt schon lange verschont war.[1] Derselbe dauerte zum Glücke nicht lang. Schuld an demselben war wohl die Verschwender Vorstellung in welcher Sie ausgezeichnet spielten und über meine Erwartung gut sangen, welche aber doch für mich eine Qual war, da es mir so unendlich wehe that, Sie nach so langer, schmerzlicher Trennung, so von Weitem, auf der Bühne wiedersehen zu müssen, wo wir uns doch bisher so nahe gestanden waren. Wie ich auf dem, Gestern Netti mitgegebenen Bleistiftzettel anmerkte, haben meine

---

1 Ein weiterer Hinweis auf solche Störungen auf S. 458. Bei Bourgoing ist keiner von beiden zu finden.

Töchter Ihnen zum neuen Jahre herzlichste Grüße gesendet. Gisela schrieb mir es und Valérie beauftragte mich mündlich. Und nun Adieu, theuerste Freundin, Gott sei mit Ihnen! Mit der Bitte, Toni meine besten Neujahrswünsche auszusprechen und auf die Wiederkehr guter Tage und Stunden hoffend, bleibe ich auch im neuen Jahre Ihr Sie innigst liebender   Franz Joseph«

Dazu Hugo Thimig in seinem Tagebuch am 7. Januar 1900: »Als der Kaiser (mit dem König von Serbien) bei der letzten Aufführung des Verschwender zum erstenmal nach dem Tod der Kaiserin wieder in seiner Loge erschien, hat sie [die Schratt] ihm nicht die gewohnte und gewünschte Aufmerksamkeit von der Bühne herab erwiesen.« Die Unstimmigkeiten zwischen dem Kaiser und Katharina Schratt waren dadurch allgemein bekannt geworden.

Thimig weiter: »Die Schratt äußerte sich in dem Sinn, daß sie ernstlich gesonnen sei, die bestehenden Beziehungen zum Kaiser zu lockern; sie sei der ewigen ›Hab Acht Stellung‹ müde. Nun handelt es sich darum, wer siegt: Das Theater, resp. Schlenther, oder die Schratt. Ist die Macht Kathi's auf unseren alten Kaiser so stark, daß er diese Lockerung des gewohnten lieben Verkehrs nicht ertragen kann, so steht das arme Burgtheater vor einem schweren Schlage, der es ganz daniederwerfen kann; siegt die correcte und in solchen Auflehnungsfragen sehr empfindliche Anschauung des Monarchen, so fällt die Schratt, was der schönste und reinste Segen für unser Theater wäre.«

Wieder rief Franz Joseph den bewährten Palmer zu Hilfe und schickte ihn als Vermittler zu Schlenther. Palmer »beschwerte sich im Namen der Schratt, und Schlenther war froh, daß er Palmer sagen konnte, er möchte ja gerne einen Wunsch von ihr erfüllen. Darauf kündete ihm Palmer an, sie wolle die Cyprienne[1] spielen. Darauf ging Schlenther ein, machte das Stück beim Raimundtheater frei und setzte es an. Die Probe wurde angesetzt, alles war anwesend – Frau Schratt erschien nicht. Man telephoniert, man fragt an, es heißt, sie sei krank. Dr. Staniek, ihr Arzt, meint aber zu Schlenther, sie sei seit 8 Tagen

---

1 Lustspiel von Sardou und Najac mit einer alten Erfolgsrolle der Schratt

stets in Gesellschaft gewesen und habe aber nicht studiert. Auch nach 8 Tagen bei der Probe liest sie sehr schlecht« (laut Schlenthers Aussagen zu Friedjung).

»Wien den 22. Jänner 1900.

Theuerste Freundin,

Da Morgen die Militär Sitzung wegen nothwendigen Vorarbeiten erst um 1 Uhr bei mir stattfinden kann und da Sie Abends spielen, auch Valérie gegen 5 Uhr ankommt, bin ich so unbescheiden mich anzufragen, ob Sie mich vielleicht Morgen um 11 Uhr besuchen könnten. Verzeihung, aber jeder Tag an welchem ich Sie nicht sehe, ist für mich ein recht trauriger, fast ein verlorener. Bitte um telephonische Antwort. Ihre lieben Hände küssend, Ihr Sie innig liebender

Franz Joseph«

»Ofen, den 17. Febr. 1900

Meine liebe gute Freundin,

Sehr gefreut und gerührt hat es mich, daß Sie Vorgestern noch an mich gedacht und mir einen telephonischen Abschiedsgruß geschickt haben. Für denselben nochmals, so wie für Ihr gestriges Telegramm meinen herzlichsten Dank. Es war mir Vorgestern besonders hart, noch den ganzen Tag so nahe von Ihnen gewesen zu sein, ohne Sie sehen zu können. So gerne wäre ich in die Elisabethstrasse[1] gekommen, aber ich wollte es Abends nicht wagen, da Sie gewiß eine Menge Besuche hatten und ich Ihnen hätte lästig fallen können. Aber meine Gedanken waren bei Ihnen und ebenso Gestern, wo hier meine Stimmung besonders trüb war. Ich fühlte mich so einsam und allein und auch das rauhe Wetter mit umzogenem Himmel trug nicht zur Erheiterung bei.

Hoffentlich wird mich ein für Morgen Nachmittag geplanter Ausflug nach Gödöllö zum Besuche von Wildschweinschütten, in bessere Laune versetzen. Daß Ihr Befinden und Ihre Stimmung wieder einmal

---

1 Von 1898 bis 1904 bewohnte die Schratt im Winter eine Mietwohnung in der Elisabethstraße.

unter halbert ist, betrübt mich sehr und ich hoffe nur, daß Sie Sich bis Morgen wieder ober halbert, also eigentlich normal befinden, um bei der Vorlesung und Übermorgen bei der Première von Ciprienne[1] in gewohnter Weise glänzen zu können. An beiden Abenden werde ich viel an Sie denken. Hoffentlich hat Sie die gestrige Probe nicht zu sehr ermüdet.

Ich denke, daß der unerwartete und unerwünschte Besuch des Herrn Gemahls zum großen Theile an Ihrer üblen Stimmung Schuld ist und hoffe nur, daß er seinen Wiener Aufenthalt nicht in gewohnter Weise zu sehr in die Länge zieht und daß es ohne Nerven aufregende Stürme abgeht. Sie sind nicht nur ein Oberengel, sondern wirklich auch eine Schmerzensreiche!

Bald nachdem wir Mittwoch Abschied genommen hatten, war Burkhardt bei mir, mit dem ich festsetzte, in welchem Sinne Palmer der Frau Brucks[2] zu schreiben habe. Donnerstag beauftragte ich Hawerda dieses Palmer mitzutheilen, *ohne Burkhardt zu nennen* und so hoffe ich, daß er, meinem Wunsche entsprechend, geschrieben hat.

Auf dem Balle der Stadt sah ich Palmer, hatte aber keine Gelegenheit mit ihm zu sprechen. Ich war erstaunt, daß er dieses antisemitische Fest[3] besucht hat, finde aber, daß er recht hatte. Der Ball war viel mehr besucht, als vor zwei Jahren und eigentlich recht schön. Eine Quadrille in altwiener Toiletten war sehr gut und gracios ausgeführt, aber leider waren die meisten mitwirkenden Damen nicht hübsch. Gut angezogen und gut frisirt waren sie Alle. Gräfin Kielmannsegg stellte mir richtig die ganze Liste von Damen vor, welche Sie gelesen haben und ich muß sagen, daß ich sehr aimable war. Ich glaube, daß

---

1 Dazu Ofen, den 20. Februar 1900: »Ich bin schon neugierig in den Zeitungen über die Vorlesung sowohl, als über Ciprienne zu lesen. Bis jetzt fand ich nur im Fremdenblatte einen Feuilleton über die Proben von Ciprienne, in welchem gesagt ist, daß Sie Ihre eigenen Möbel Style Empire dem Theater, in Ermangelung vorhandener, geeigneter, geliehen haben.«

2 Es handelt sich um einen neuerlichen Erpressungsversuch der Gräfin Marie Larisch, nunmehrige Frau Brucks (s. S. 433 ff.).

3 Der Einladende war Bürgermeister Lueger und die christlichsoziale Partei, damals die führenden antisemitischen Kräfte. Eduard Palmer war konvertierter Jude.

der ganze Blödsinn, den ich gesprochen habe, in der Zeitung stand. Gelesen habe ich es nicht, um mich nicht zu ärgern.

Vorgestern hatte ich nur 27 Audienzen, dann war der Botschafter Graf Deym aus London bei mir, der durch den Tod seines Bruders sehr angegriffen ist, um ½1 Uhr machte ich dem Prinz von Baden im Hôtel Imperial einen Abschiedsbesuch und um 6 Uhr speiste ich allein. Gestern bin ich hier über eine Stunde im Garten spazieren gegangen, es war zwar gesund, aber nicht angenehm und dann war Széll bei mir. Um 5 Uhr speiste ich allein. Heute werde ich mit meinen Herrn speisen, Montag ein Minister Diner geben und während Valéries Anwesenheit werden 3 Damen Diners stattfinden. Vielleicht werde ich früher, als ich dachte nach Wien zurückkehren, da Stéphanie *jetzt* beabsichtigt, in der ersten Hälfte März zu heirathen und einige Tage vorher in Miramar zuzubringen, so daß ich, um von ihr Abschied zu nehmen, nach Wien käme. Ob es aber dabei bleibt, kann nach den gemachten Erfahrungen Niemand wissen. Jedenfalls hoffe ich Sie in nicht gar zu ferner Zeit in Wien oder hier wiederzusehen.

Jetzt schliesse ich diesen ziemlich langen, aber nicht sehr interessanten Brief, indem ich Ihnen tausend herzliche Grüße sende. Ihr Sie innigst liebender und sich nach Ihnen sehnender

Franz Joseph«

Wie schwierig es in dieser Zeit war, mit Katharina Schratt auszukommen, zeigt auch Franz Josephs Brief aus Ofen, den 23. Februar 1900: »... Ich bedaure sehr, daß Sie außer der normalen Hetze und Nerven angreifenden Unruhe, auch noch eine Scene mit Frln. Netti hatten, bin aber glücklich, daß die Sache wieder beigelegt ist, denn einen definitiven Bruch mit dieser langjährigen, doch sehr brauchbaren und vertrauten Dienerin kann ich mir gar nicht vorstellen...«

Die bevorstehende Hochzeit seiner Schwiegertochter Stéphanie mit dem Grafen Elémer Lónyay gab dem Kaiser einen willkommenen Anlaß, Budapest früher als geplant zu verlassen. Ofen, den 25. Februar 1900: »... Stéphanie hat sich endlich, nach langem hin und her schwanken und nach verschiedenen anderen, von mir nicht angenommenen Projekten, entschieden, mit Erzsi am 4. März nach Miramar zu reisen. Am 16. soll ihre Verlobung publicirt werden und am selben Tage die Kleine nach Gries reisen, worauf am 19. die Vermählung in Miramar statt finden würde. Hoffentlich bleibt es jetzt endlich dabei und da ich von Stéphanie noch Abschied nehmen will, so habe ich mich entschlossen, früher nach Wien zu kommen und zwar schon am 1. März Früh, um Ihnen die Hierherreise zu ersparen und doch die Freude zu haben, in alter Gewohnheit aus besseren Zeiten, persönlich die lieben Märzveilchen aus Ihren Händen zu empfangen...«

Wenn er der Freundin zuliebe auch nicht den »preußischen« Burgtheaterdirektor Schlenther entlassen wollte, so äußerte der Kaiser doch Kritik, so aus Wien, den 5. März 1900: »...dann war ich im Burgtheater, wo ich das nicht üble Stück viel zu lang fand und eigentlich betrübt war über die ganz berlinerische Vorstellung. Wohin kommt es auf diese Art mit unserem schönen Burgtheater Deutsch?« (B) Auch dadurch ließ sich die Schratt nicht besänftigen.

»Wien, den 7. März 1900.

Meine liebe gute Freundin,

Eigentlich weis ich nicht, ob ich diese Worte noch gebrauchen darf, oder ob ich nicht schreiben sollte: ›Gnädige Frau‹, allein ich kann die Hoffnung nicht aufgeben, daß die gestrige schwarze Gewitterwolke sich verziehen und das alte, glückliche Freundschaftsverhältniß wieder hergestellt wird.

Sie haben meine dringenden, gut gemeinten und in unserem beiderseitigen Interesse gelegenen Vorstellungen und Bitten so hartnäckig und leidenschaftlich abgewiesen, daß ich mich zu einer Heftigkeit hinreissen ließ, die ich bereue und wegen welcher ich Sie aus vollem Herzen um Verzeihung bitte. Auch will ich die rasche, kränkende und mich tief schmerzende Art Ihres gestrigen Abschiedes vergessen. Lassen Sie aber auch die Stimme Ihres so guten Herzens sprechen, überlegen Sie die Lage in Ruhe und Sie werden finden, daß wir uns gar nicht trennen können, daß wir uns wiederfinden müssen.

Denken Sie an die langen Jahre unserer ungetrübten Freundschaft, an Freud und Leid das wir theilten, leider mehr Leiden, welche Sie mir tragen halfen, denken Sie an die theuere Unvergeßliche, welche wir Beide so liebten und welche als Schutzengel über uns schwebt und dann werden Sie hoffentlich zur Versöhnung gestimmt sein. Ich bin namenlos traurig, denn der Gedanke, daß ich bei meinem vielen Kummer meinen Trost, diejenige, die mich aufrecht erhaltet, mit der ich Alles besprechen konnte, verlieren soll, ist zu schrecklich. Früh Morgens beim Aufstehen waren Sie immer mein erster Gedanke, die Aussicht, Sie im Laufe des beginnenden Tages sehen zu können, brachte meine Stimmung in das richtige Gleichgewicht, wenn Kummer und Sorge mich bedrückte, so war die Hoffnung, Sie zu sehen, so war Ihre liebe Gesellschaft der Trost, welcher mir Kraft gab und welcher mich aufrecht erhielt und nun sollte das Alles anders werden, ich soll in meinen alten Tagen einsam weiter leben. Das können Sie nicht wollen, Ihr gutes Herz wird es nicht zugeben. Die Art wie Sie mich Gestern verlassen haben, erweckt in mir leider den Zweifel, ob Sie mich noch lieb haben, aber wenn Sie noch etwas von der alten Freundschaft für mich fühlen, so denken Sie, wie schrecklich für mich die Ungewißheit ist, wie schrecklich, nichts von Ihnen zu wissen und geben Sie mir ein Zeichen, das mich hoffen laßt, daß noch Alles wieder gut werden kann, daß wir uns in einiger, hoffentlich nicht gar zu langer Zeit entweder bei mir oder in Ihrer Wohnung wiedersehen werden.

Gott beschütze Sie und lenke Ihr Herz zur Milde und Versöhnung. Meine Gefühle für Sie blieben immer die gleichen treuester Anhänglichkeit und erfüllt von denselben, bleibe ich Ihr Sie innigst liebender

Franz Joseph«

»Wien, den 8. März 1900.

Meine liebe gute Freundin,

Sie müssen mir schon erlauben, auch Heute einige Zeilen an Sie zu richten, um Ihnen herzlichst zu danken, daß Sie mir Gestern Früh mündliche Mittheilung über Ihr Befinden und die Zusage einer späteren Antwort zukommen liessen. Es war dieses für mich ein erfreuliches und tröstendes Zeichen, daß wir uns wieder finden werden und daß Alles wieder gut werden kann. Ich erwarte in Geduld, oder eigentlich mit Ungeduld den Augenblick des Wiedersehens. Daß Sie Gestern nach der schlechten Nacht und mit Kopfschmerzen spielen könnten, hätte ich nicht gedacht. Es ist ein Beweis

Ihrer Willenskraft und Ihres Pflichtgefühles. So sehr ich mich schon lange gefreut hatte, Sie in Ciprienne zu bewundern, so konnte ich mich Gestern nicht entschliessen in das Theater zu gehen, denn nach dem was vorgefallen ist, wäre mir das erste Wiedersehen von Weitem zu schmerzlich gewesen. Hoffentlich werden Sie ja bald wieder gut sein und dann wird die nächste Vorstellung von Ciprienne für mich eine große Freude sein. Leben Sie wohl, theuerste Freundin, schonen Sie Sich, beruhigen Sie Sich und senden Sie in nicht gar zu ferner Zeit eine frohe Botschaft, Ihrem Sie innigst liebenden

Franz Joseph«

»Wien, den 10. März 1900.

Meine liebe gute Freundin,

Da ich so gut weis, wie unangenehm Ihnen das schreiben, besonders aber bei Ihrem jetzigen Unwohlsein ist, so bin ich Ihnen doppelt dankbar für Ihre lieben Zeilen von Vorgestern. Auch danke ich herzlichst, daß Sie Netti geschickt haben, so wie für die Aufträge, welche Sie Hawerda für mich ertheilt haben. Ich bin nun darüber beruhigt, daß Alles wieder gut werden kann und habe nur die größte Sehnsucht nach einem nicht zu fernen Wiedersehen. Da Sie, wie es scheint, leider recht leidend sind, Sich schonen sollten und daher wohl nicht so bald ausgehen können, so frage ich mich an, ob Sie vielleicht gestatten, daß ich Ihnen Morgen, Sonntag um 7 Uhr Abend, bei meiner Rückfahrt von Schönbrunn einen Besuch mache? Heute und Montag gebe ich Diners und könnte daher nicht kommen. Vielleicht haben Sie die Güte mir Netti mit der Antwort, ob ich kommen darf oder nicht, Heute oder Morgen zu schicken. Hawerda sagte mir, daß Sie die Absicht haben, Heute im Hüttenbesitzer zu spielen und da bitte ich recht schön, es nicht zu thun und ja gewiß abzusagen, denn die Anstrengung müßte Ihnen schaden und Ihre Wiederherstellung länger hinausschieben. Heute ist wieder ein 10.,[1] schon 18 Monate, eine lange Zeit und doch ist der Schmerz, wenn auch gemildert, doch noch derselbe.

Ich war jetzt täglich um 5 Uhr in Schönbrunn, wo ich mit Valérie

---

1 Am 10. September 1898 war Kaiserin Elisabeth ermordet worden.

allein speiste, da Franz in Enns ist. Dann blieb ich noch mit Valérie und den Kindern, die mich erheitern und vor 7 Uhr war ich wieder in der Burg. Vorgestern Abend ist also Stéphanie mit Érzsi wirklich nach Miramar abgereist und auch Gestern Früh glücklich dort eingetroffen. Ich war noch um 2 Uhr bei ihr und nach 8 Uhr am Bahnhofe, um Abschied zu nehmen. Die Stimmung war ruhig und es ist Alles gut gegangen.[1] Am 16. soll die Kleine von Miramar abreisen und über Venedig, Padua, wo sie den heiligen Antonius besuchen will nach Trient reisen, von wo sie Ausflüge nach Verona und an den Garda See machen soll, worauf sie einen Séjour in Gries macht. Zu Ostern wird sie hierher kommen und dann in Gries mit ihrer Mutter zusammen treffen.

Gestern bin ich auf der Reitschule geritten und Heute werde ich um 11 Uhr im Salon Pisko eine Ausstellung von Bildern dänischer Künstler ansehen, welche mir von der Herzogin von Cumberland empfohlen wurde und dann im Museum die Medaillen Ausstellung besuchen.

So, jetzt habe ich Sie genug gelangweilt, ich fürchte überhaupt, Ihnen mit meinen häufigen Briefen zur Last zu fallen, daher Adieu, theuerste Freundin und hoffentlich baldiges Wiedersehen. Mit den herzlichsten Grüßen, Ihr Sie innigst liebender

Franz Joseph«

»Wien den 11. März 1900.

Theuerste Freundin,

Ich habe wirklich Pech! Ich hatte mich schon so gefreut, Sie nach so langer Zeit Heute Abend wiederzusehen und nun meldet der Polizei Präsident, daß Heute der Zug der Arbeiter zum Grabe der Märzgefallenen auf dem Central Friedhofe[2] stattfindet und daß ich bei meiner Rückfahrt von Schönbrunn mit den vom Friedhofe zurückkehrenden

---

1 Wie schwierig das Verhältnis Franz Josephs zu seiner Ex-Schwiegertochter war, zeigt auch sein Brief vom 23. Oktober 1900: »Von Schönbrunn aus muß ich Stéphanie in Kalksburg einen Besuch machen, da ich sie seit ihrer Heirath nicht gesehen habe. Diese Zusammenkunft dürfte vielleicht nicht angenehm werden.«
2 In Erinnerung an den Ausbruch der Revolution am 13. März 1848

Arbeitern in der Babenberger Strasse zusammentreffen kann. Ich kann daher leider nicht zu Ihnen kommen und melde nur für den Fall, als Sie mich mit einem Besuche beglücken wollten und Ihre Gesundheit und Stimmung es Ihnen erlauben sollte, daß ich Heute und Morgen um 1 Uhr zu Hause sein werde.

Die bevorstehende stille Woche muß Ihnen wohl auch Vorsicht auferlegen. Mit dem innigsten Dank dafür, daß Sie Gestern doch in der Gruft waren, Ihr Sie innigst liebender und sich nach Ihnen sehnender

Franz Joseph

Verzeihung wegen der schlechten Schrift, allein die Eile und Hetze war groß.«

»Wien den 12. März 1900.

Meine liebe gute Freundin,

Ich bin ganz von dem Gefühle durchdrungen, Ihnen mit meinen beständigen Briefen unendlich lästig zu fallen und bitte Sie daher um Verzeihung, daß ich wieder diese Zeilen an Sie richte. Allein ich bin so namenlos traurig, sehne mich so sehr nach Ihnen und möchte so gerne etwas Genaueres von Ihrem Befinden erfahren. Gestern Früh war ich noch glücklich, da ich hoffte, Sie am Abende endlich wiedersehen zu können, da kam die Polizei Meldung dazwischen und seitdem ist meine Stimmung mehr als grau. Morgen sind es schon acht Tage, daß ich Sie nicht gesehen habe, für mich eine Ewigkeit. *Vielleicht könnten Sie mir Heute Netti schicken,* die mir von Ihrem Befinden genau berichten könnte und durch die Sie mir sagen zu lassen die Güte hätten, ob Sie morgen in Ciprienne spielen werden und ob ich, wenn dieses nicht der Fall wäre, Sie Morgen um 7 Uhr Abends bei meiner Rückkehr von Schönbrunn besuchen darf, oder ob es Ihnen lieber wäre, wenn ich Heute nach meinem militärischen Diner, also erst nach ½8 Uhr Abends zu Ihnen käme. Hoffentlich macht Morgen, da es der 13. ist, die Polizei nicht wieder einen Strich durch die Rechnung, was ich aber kaum glaube, da die Arbeiter schon Gestern ihre Demonstration gehabt haben. Jedenfalls bitte ich Sie, wenn Sie liegen, ja nicht wegen mir aufzustehen, sondern mich nach alter, lieber Gewohnheit im Bette zu empfangen.

Vorgestern war ich nach meinem Diner im Burgtheater, kam daher erst nach dem ersten Akte von College Crampton[1], ein entsetzliches und eigentlich auch langweiliges Stück, ohne rechte Handlung, ohne Intrigue. Gimnig und Treßler spielten sehr gut, Letzterer machte einen ausgezeichneten Voltigir Sprung über die Lehne einer Chaise longue, ganz à la Bonn. Eigentlich wollte ich nur endlich einmal Frln. Häberle sehen. Sie spielte recht gut, aber besonders hübsch fand ich sie nicht. Das Theater war sehr leer. Gestern habe ich um 5 Uhr mit Valérie und Franz, der für 2 Tage aus Enns gekommen war, in Schönbrunn gespeist. Bei der Rückfahrt fand ich in der Babenberger Strasse, des Sonntags und des schönen Wetters halber, viele Leute und stärkere Abtheilungen Sicherheitswache, der Arbeiterzug kam aber, laut Meldung der Polizei, erst um ½8 Uhr in diese Gegend.

Nochmals, theuerste Freundin, Verzeihung wegen dieser schriftlichen Belästigung, aber ich habe Sie halt gar so lieb. Wenn Sie mich nur die Hälfte, oder noch weniger, so gerne hätten, so könnte ja alles wieder in das alte, gute, liebe Geleise kommen. Mit diesem innigen Wunsche und der Hoffnung baldigen Wiedersehens, bleibe ich Ihr, Sie von ganzem Herzen liebender

Franz Joseph«

»Wien den 14. März 1900.

Meine liebe gute Freundin,

Verzeihen Sie mir, daß ich Sie mit diesen Zeilen belästige, allein ich muß Ihnen, ehe ich es mündlich thun kann, schon jetzt in früher Morgenstunde schriftlich sagen, wie sehr ich Ihr gestriges Spiel und Ihre, trotz doppeltem Unwohlsein frische Lebhaftigkeit bewundert habe. Das war wirklich eine ganz außergewöhnliche Leistung und ich kann nur innigst wünschen, daß Ihnen die Anstrengung nicht geschadet hat und daß der heutige im Bette zuzubringende Tag zur Besserung Ihres Befindens beitrage. Nur finde ich, daß Sie mit Hartmann gar zu zärtlich waren und zu viele Küsse an ihn verschwendet haben. Das gab mir immer einen Stich ins Herz und erweckte meine

---

1 Stück von Gerhart Hauptmann

Eifersucht.[1] Innigsten Dank, daß Sie Sich am Fenster zeigten, was mich ebenso freute, wie calmirte.

Auf Heute Abend 7 Uhr freue ich mich enorm. Da Sie in Ihrer Güte mich wieder in Gnaden aufgenommen haben, so hoffe ich eine frohe, gute, friedliche Stunde mit Ihnen zubringen zu können. Auf Wiedersehen, theuerste Freundin und 1 000 herzlichste Güße von Ihrem, Sie innigst liebenden

Franz Joseph«

Vielfältig waren die Sorgen, die den Kaiser im Frühjahr 1900 drückten, zunächst der geplante Besuch bei Wilhelm II. in Berlin. Franz Joseph am 7. April 1900: »Der Ausflug nach Berlin wird entsetzlich mühsam und unangenehm sein, aber er ist leider nicht zu vermeiden.« Am 9. April kündigte er an, »am 3. Mai die Reise nach Berlin anzutreten, wo ich den 4., 5. und 6. zubringen würde. Der Gedanke daran bedrückt mich wie ein Alp.«

Seit Monaten schon drängte Thronfolger Franz Ferdinand auf kaiserliche Eheerlaubnis mit der ehemaligen Hofdame Gräfin Sophie Chotek. Der Kaiser zögerte die Entscheidung hinaus. Er war nicht bereit, für seinen ungeliebten Neffen die alten habsburgischen Ehegesetze zu ändern, die ebenbürtige Ehen nur mit Angehörigen souveräner Häuser erlaubten. Eine morganatische Ehe würde auch unendliche politische Schwierigkeiten nach sich ziehen, vor allem die Thronfolge betreffend. Am 10. November 1889 erwähnte Franz Joseph »eine lange mühsame Unterredung mit meinem Neffen Franz« in Budapest, am 9. April 1900: »...dann überraschte mich mein Neffe Franz mit einer flehenden und drängenden Visite.«

Und wieder einmal machte Gräfin Marie Larisch, nunmehrige Frau Brucks, trotz ihrer hohen Abfertigung und trotz eines gültigen Vertrages Schwierigkeiten und drohte, ein neues Enthüllungsbuch über Kaiserin Elisabeth herauszugeben. Wien den 7. April 1900:

---

1 Ähnlich am 7. April 1900, als der Kaiser ein Einverständnis der Freundin mit Ferdinand von Bulgarien vermutete: »Sind Sie nicht auf der Eisenbahn mit dem Bulgaren zusammengetroffen, der am selben Tage mit der Südbahn nach San Remo gefahren ist?«

»...Gestern brachte mir Hawerda von Palmer einen Brief der Frau Bruks, der mich sehr geärgert hat, da man aus demselben ersieht, daß ihr neues Buch im Gegensatze zu ihren Verpflichtungen recht unangenehm und bedenklich werden dürfte. Mir macht ihr Vorgehen den Eindruck einer neuen Erpressung und es wird wohl endlich nichts anderes übrig bleiben, als mit ihr vollkommen abzubrechen.«

Am 9. April 1900: »...Um 11 Uhr kam Palmer zu mir, den ich ersuchen mußte mit Burkhardt nach München zu fahren, um in einer mündlichen Auseinandersetzung mit Frau Bruks zu einem Abschlusse oder definitiven Bruche zu kommen, da auf schriftlichem Wege, bei ihren Winkelzügen und ihrer immer klareren Niederträchtigkeit nichts herauskommt. Palmer ist jetzt auch so geladen, daß ich hoffe, daß er, besonders von Burkhardt unterstützt und gekräftigt, mit der nöthigen Festigkeit auftreten wird...«

»Wien den 13. April 1900.

Meine liebe gute Freundin,

Ihr vorgestriges Telegramm, für welches ich hiermit auch schriftlich herzlichst danke, hat mich erschreckt, denn obwohl ich überzeugt war, daß Herr Felix Weiner bald auf der Mendel[1] eintreffen würde und ich leider auch dieses Mal recht behalten habe, so ängstigte ich mich doch sehr, um so mehr, als ich auf meine gestrige telegraphische Bitte um Nachricht, von Ihnen keine Antwort erhielt. Dieser Mensch ist von einer namenlosen Frechheit und Sie ihm gegenüber ohne Schutz in dem engen Raume des Hotels zu wissen, ist wirklich beängstigend. Er ist im Stande Sie zu attakiren, in seinem Wahnsinne Ihnen etwas anzuthun, jedenfalls Sie zu molestiren und Ihre ruhebedürftigen Nerven anzugreifen. Ich fürchte, daß ihre Bemerkung ›Befinden nervös‹ in dem vorgestrigen Telegramme sich auf die Erregung in Folge des Erscheinens Felix Weiners bezieht. Da Sie mir wieder einen Brief ankündigen, so freue ich mich natürlich unendlich auf denselben, obwohl es eigentlich besser wäre, wenn Sie jetzt nicht schreiben und nur die gute Gebirgsluft genießen würden.

Palmer und Burkhardt gehen erst nach Ostern nach München, weil

---

1 Berg bei Bozen, wo sich die Schratt aufhielt

der Advokat der Frau Bruks von dort abwesend ist und erst nach den Feiertagen zurückkehrt. Gestern schickte mir Palmer wieder einen langen Brief der Frau Bruks und für Heute 1 Uhr habe ich ihn zu mir gebeten, um den Inhalt des Briefes mit ihm zu besprechen.[1] Vorgestern sind Valérie und ihr Mann in die Stadt herein gezogen, um den Charwochen Gottesdienst bequemer zu haben und seit Vorgestern speise ich um 6 Uhr mit ihnen in ihrer Wohnung.

Vorgestern war ich in der ganzen Vorstellung der Gioconda[2] mit der Duse. Das Theater war ausverkauft, das Publikum sehr élégant, die Vorstellung eigentlich sehr gut, wenn man sich an manches für uns fremdartiges gewöhnt, die Duse eher alt, ungeschminkt mit graumélirten Haaren, ohne Corset, spielt bemerkenswerth gut und vielleicht übertrieben natürlich. Ich habe den Schlaf bekämpft und war schon nach ½ 10 Uhr zu Hause.

Gestern war die Fußwaschung wie gewöhnlich, nur wegen umzogenem Himmel, Regen und Nebel, bei elektrischer Beleuchtung, was sich recht gut machte. Die 4 Kinder[3] haben auf der Gallerie zugesehen und waren dann einen Augenblick bei mir. Die Herumrutscherei beim Fußwaschen hat meinem Rücken nicht geschadet und auch Prälat Marschall, der das Wasser aufgoß, hat weniger gekeucht, wie sonst. Montag werde ich meine Andacht verrichten und dabei recht für Sie beten. Hoffentlich ist das Wiedersehen nicht mehr gar zu ferne und zu Ihrer Rückkehr das Wetter besser wie jetzt, obwohl die

---

1 Die Affäre um die Larisch-Memoiren zog sich hin. 4. Juni 1900: »In der Bruks-Wallerseeischen Angelegenheit gibt es nichts Neues und wir erwarten das Erscheinen des angekündigten Buches, um über das weitere Vorgehen zu entscheiden.« Palmer reiste wieder als Unterhändler nach München und handelte mit dem Vertrag vom 9. Juli 1900 den Abkauf der Urheberrechte und der bereits gedruckten Auflage des Buches gegen die sofortige Auszahlung von 107.000 Mark, einem Erbe für den Larisch-Sohn von weiteren 60.000 Mark und der Aufstockung der bereits 1898 ausgemachten Leibrente aus. Im September 1900 kamen die Papiere in Wien an und wurden vom Kaiser persönlich verbrannt (s. S. 445). Marie Brucks versuchte jedoch weitere Erpressungen (Sokop, 271 ff.).

2 In dem Stück von Gabriele d'Annunzio gab die 41jährige Eleonore Duse mit ihrer Truppe ein gefeiertes Gastspiel am Burgtheater.

3 Die vier ältesten Kinder der Erzherzogin Marie Valerie: Elisabeth, Franz Karl, Hubert und Hedwig.

letzten Tage schon wärmer waren. Adieu theuerste Freundin und herzlichste Grüße von Ihrem Sie innigst liebenden

Franz Joseph«

Ofen, den 13. Mai 1900: ».. . Ich danke Ihnen, daß Sie mich nach unserem Abschiede durch das Guckerl des Wagens noch angelächelt haben; ich verfolgte mit meinen Blicken Ihren Wagen in der Maxinger Strasse, bis er verschwand. Jetzt bleibt mir nichts übrig, als recht viel an Sie zu denken und mich auf das, leider noch ferne Wiedersehen zu freuen. Ich habe vergessen, Sie zu bitten, mir zu telegraphiren sobald Herr Felix Weiner in Carlsbad eintrifft. Vielleicht haben Sie die Güte meine Neugierde, oder eigentlich mein Interesse zu befriedigen. Freilich wäre das beste, wenn er in Wien bliebe und Sie endlich nicht mehr belästigen würde. Da ich während Ihrer Cur auf keinen Brief von Ihnen hoffe, Sie nur der Ruhe zu pflegen und nicht zu schreiben haben, so bitte ich Sie recht schön, mir recht oft telegraphische Nachricht zu geben...

Dann kam noch Eulenburg zu mir, um mir im Auftrage seines Kaisers ein Étui zu bringen, in welchem sich das kleinwinzige Modell des deutschen Armee Gewehres befindet. Andenken an Jütebork.[1] Es wurde dann mehr politisirt als getratscht... Goluchowski... sagte mir, daß der Vortrag wegen Kiss bereits zu mir unterwegs ist...«

Und immer noch sorgte sich der Kaiser um den psychopathischen Jüngling.

Gödöllö, den 15. Mai 1900: ».. . Felix Weiner ist wohl auf dem selben Train mit Ihnen nach Carlsbad gefahren, oder Ihnen gleich gefolgt, jedenfalls war er über Ihre Reiseprojekte gut informirt. Palmer hat ihn wohl noch nicht vornehmen können, wird es aber hoffentlich nicht unterlassen, sobald der freche Jüngling wieder in Wien eintrifft. Hoffentlich ist Ihre Zuversicht begründet, daß er nicht in Ihre Nähe gelassen wird und ist überhaupt für Ihre Sicherheit hinreichend gesorgt. Das Beste wäre, wenn Herr Weiner gleich von Carlsbad abgeschafft würde...«

Ofen, den 18. Mai 1900: ».. . Aber Ihre Stimmung dürfte nicht die

---

1 Dort hatten deutsche Manöver in Anwesenheit Franz Josephs stattgefunden.

glänzendste sein, um so mehr als Schnee und die noch immer andauernde Anwesenheit Felix Weiners nicht erheiternd wirken können und beides auch auf die Gesundheitspromenaden störend einwirken muß. Thut denn die Polizei dem Jünglinge gegenüber ihre Schuldigkeit und läßt sich derselbe von Carlsbad nicht entfernen?...

Gestern Abend muß Franz Ferdinand[1] wegen der Parade angekommen sein und ich bin neugierig, ob ich von ihm drangsalirt werde...«

In Gödöllö, den 23. Mai 1900, hoffte Franz Joseph, daß die »Abreise Weiners beruhigend auf Ihre Nerven einwirken wird. Daß der freche Mensch noch immer in Prag sein soll, ängstigt mich, da ich fürchte, daß er abermals nach Carlsbad kommen könnte. Ich wäre entsetzlich neugierig näheres über seinen Aufenthalt in Carlsbad, über alle Unannehmlichkeiten, die er Ihnen verursacht hat und über die Haltung der Polizei zu erfahren...

Um ½5 Uhr besuchte ich die Hundeausstellung und um 5 Uhr fuhr ich hierher, wo ich um 6 Uhr mit den Herrn speiste. In der Ausstellung waren sehr viele und zum Theile sehr schöne Hunde aller möglichen Racen, das Ganze aber doch eigentlich eine rechte Thierquälerei, besonders aber die Produktion eines Dachsschliefens, wobei ein junger Fuchs von einem Dachshunde und dann noch von einem Foxterrier attakirt und zerbissen wurde. Natürlich wurden die Hunde auch gebissen. Grauslich und gar nicht interessant...« (B)

Ofen, den 29. Mai 1900: »...Für die Mittheilung von Palmers Brief, welchen ich beischliesse, danke ich bestens. Über den Inhalt des Letzteren habe ich mich natürlich auch sehr geärgert. Das ist wirklich eine charmante Familie, diese Weinerischen! Ich habe nun, dank der Ausführlichkeit Ihres Briefes, eine Vorstellung von dem, was Herr Felix in Carlsbad getrieben hat, bin aber doch auf Ihre versprochenen mündlichen Ergänzungen sehr neugierig. Vor Allem ist mir nicht klar, ob Sie selbst bei den verschiedenen Auftritten in Mitleidenschaft gezogen wurden, oder ob es gelungen ist, Sie vor einer persönlichen Belästigung zu bewahren. Sollte der ›Frechling‹ nach Ihrer Rückkehr

---

1 Dazu am 20 Mai: »Ich war recht froh, daß es zu keiner Auseinandersetzung kam« (B). Es ging immer noch um die Heiratserlaubnis für den Thronfolger.

STRANGE LOVE STORY
OF AUSTRIA'S AGED
EMPEROR

AND KATTI SCHRATT,
BEAUTIFUL VIENNESE
ACTRESS

Um die Jahrhundertwende, nach dem Tod der Kaiserin Elisabeth, war die Beziehung zwischen Franz Joseph und Katharina Schratt ein beliebtes Illustriertenthema in den USA.

in die Gloriette Gasse noch keine Ruhe geben, so wird man doch endlich energischere Maßregeln ergreifen müssen...«

Gödöllö, den 1. Juni 1900: »...Die stille Woche scheint nach meiner Berechnung nur um einen Tag zu früh eingetreten zu sein, was ein gutes Zeichen wäre. Hoffentlich sind Sie mit Toni zufrieden und ist er gesund und abgemagert von der Waffenübung gekommen, deren längere Dauer für ihn gewiß vortheilhaft gewesen wäre... Die beiden Delegations Diners in Ofen am Dienstag und Mittwoch sind glücklich überstanden und waren nicht sehr ermüdend. Ich war höflich aber nicht geistreich, auch steht von dem was ich gesprochen *habe* oder *haben soll*, weniger in der Zeitung als sonst.

Dinstag Vormittag habe ich in Pest eine neuerbaute geologische Anstalt mit sehr reichen Sammlungen angesehen und dann war ich in der umgebauten Universität, wo alle Professoren und viele, recht ordinär aussehende Studenten versammelt waren. Hier hatte ich Gelegenheit die ersten Studentinnen zu sehen und zu sprechen. Sie sahen sehr anständig und bescheiden aus...«

Am 29. Juni 1900 spielte Katharina Schratt ihre letzte Vorstellung im Burgtheater als Isabella in »Schach dem König«, einem ihrer altbewährten Lustspiele. Dann reiste sie nach Paris und schrieb von dort an Direktor Schlenther, daß sie ihren Vertrag nicht verlängere und zum fälligen Termin, dem 7. Oktober, in Pension gehen wolle – ganz offensichtlich in der Überzeugung, daß der Kaiser diese Kündigung nie und nimmer unterschreiben würde, im Gegenteil, sie zum Verbleib im Burgtheater überreden – und damit ihre Position gegenüber Schlenther entscheidend stärken würde. Diese Taktik wurde freilich von Schlenther wie Liechtenstein und Montenuovo durchschaut. Sie ließen das Gesuch erst einmal liegen. Niemand protestierte gegen die geplante Pensionierung der Schratt.

In höchster Nervenanspannung reiste die Schratt im August nach Ischl, wo am 18. August Franz Josephs 70. Geburtstag gefeiert wurde. Ausgerechnet in der Vorbereitung dieses Tages kam es zu einer neuerlichen Krise zwischen dem Kaiser und der Freundin, ausgelöst wieder einmal durch Erzherzogin Marie Valerie. Wie Schlenther dem Historiker Heinrich Friedjung erzählte, erklärte die Kaisertochter, »sie werde nicht kommen, wenn die Schratt da sei. Die Schratt erhielt keine Einladung; aber sie glaubte, es sei nur ein Versehen, und sie sagte zum Kaiser, sie werde selbstverständlich kommen; da meinte der Kaiser: Sie legen ja, gnädige Frau, keinen Wert auf solche offiziellen Dinge, wir sehen uns ja ohnedies. (ungefähr so). Aber sie war gekränkt.«

In dieser Zeit legte Montenuovo dem Kaiser das Pensionsgesuch der Schratt zur Unterschrift mit der Bemerkung vor, Katharina Schratt habe »offensichtlich vom Theaterspielen genug«. Wohl auch eingedenk der ständigen gesundheitlichen Probleme der Freundin und ihrer übergroßen Nervosität schien dem Kaiser dieses Argument durchaus logisch zu sein. Er dachte nicht daran, daß das alles nur eine Taktik sein könnte – und unterschrieb die Kündigung wohlmeinend. Das war der Bruch.

Am 28. August besuchte Franz Joseph die Freundin noch einmal in Ischl, teilte aber seiner Tochter Marie Valerie vorher »in sehr schmerzlichem Ton« mit, dies sei ein »Abschied auf Nimmerwiedersehen«. Marie Valerie schrieb an diesem Tag in ihr Tagebuch: »Ich war über diese Nachricht wie aus den Wolken gefallen, ja hatte wirklich das Gefühl, ein Wunder erlebt zu haben, so wenig hatte ich je an eine Möglichkeit gedacht, daß dies Verhältnis *sie* lösen könne. Auf meine Frage nach näherer Erklärung sagte Papa fast mit Tränen, sie arbeite schon seit Mamas Tod an diesem Entschluß, da sie das Gefühl habe, seither nicht mehr gehalten zu sein, ihre Stellung sei keine richtige. Papa hofft zwar, sie werde von ihrem Entschluß noch abkommen. Doch sei ihre Absicht einstweilen feststehend, weder nach Wien noch nach Ischl zurückzukehren. – Für die ›gute Sache‹ sollte ich mich nun wohl dieser Lösung freuen, die auch, wenn sie aufrichtig gemeint ist, woran ich keinen Grund habe zu zweifeln, sehr für den Charakter der Frau Schratt spricht. Wenn man aber weiß, was dieses Losreißen wieder an Schmerz für Papa bedeuten muß, so kann man es doch nicht ohne Wehmut dahin kommen sehen und auch nicht ohne Bangigkeit, wie sich die Zukunft bei noch größerer Vereinsamung gestalten soll.«

Die Erzherzogin, die ihren Teil der Schuld an allen Differenzen durchaus einsah, versuchte immerhin, dem tief gebeugten Vater ihre »Theilnahme zu zeigen, die ja wirklich die innigste ist. Es rührt mich tief, daß Papa mir auch nicht den leisesten Vorwurf zu verstehen gibt, da es doch sicher ist, daß ein größeres Entgegenkommen meinerseits Frau Schratt nicht so sehr das Gefühl der Unnatürlichkeit ihrer Stellung gegeben hätte. Wieder sagte Papa fast mit Tränen: ›Das war ein harter Abschied.‹«

In der Öffentlichkeit kursierten bald Gerüchte über die Gründe, die die Schratt zur Trennung vom Kaiser veranlaßt hatten. Hugo Thimig faßte in seinem Tagebuch am 27. September 1900 zusammen:

440

»Natürlich sollte wohl Schlenther wieder alles ausbaden, weil er sie so schlecht behandelt habe. Die Schratt hat dies aber beim Fürsten Liechtenstein, der sie in Ischl aufsuchte, selbst dementirt. Dann erzählte man sich, es sei von clericaler Seite, incl. der Erzherzogin Valerie, beim Kaiser eingewirkt worden, daß er die Beziehungen zur Schratt löse. Der Umgang, den ihm die Schratt verschaffe, habe in diesen Kreisen verschnupft. Daß der Kaiser mit Palmer, Priester, Dr. Schulz, Ferstel und anderen Intimen der Schratt Tarock spiele[1] habe verschnupft. Auch der Sohn der Schratt, der Anlage zum Streberthum zeige, soll der Mutter nahegelegt haben, daß ihre Stellung als Schauspielerin seiner Carriere schaden könne. Und andere Versionen mehr.«

Dies wird wohl alles gestimmt haben. Den Hauptgrund sah Thimig freilich bei der Schratt selbst: »Die Schratt ist wahrscheinlich von einem krankhaften (oder wohl recht gesunden) Freiheitshunger befallen worden; denn die Sclaverei an der goldenen Günstlingkette scheint ihre Nerven ganz heruntergebracht zu haben. Nach einigen ungebundenen Monden kommt sie vielleicht wieder.« Über die Pensionierung der Schratt: »Für's Theater ein Segen Gottes, wenn mit ihr diese mächtige Protectionsintendanz erlischt!«

Am 29. August 1900, einen Tag nach dem »Abschied auf Nimmerwiedersehen«, verließ die Schratt Ischl und fuhr zur Kur nach Gastein.

»Ischl, den 30. August 1900.

Meine liebe gute Freundin,

Erschrecken Sie nicht, wenn ich Sie schon so bald mit diesen Zeilen belästige, allein ich kann eben Heute die Zeit um welche ich bis jetzt zu Ihnen zum Frühstücke ging benützen, um Ihnen zu schreiben, während ich nicht weis, ob ich nicht Morgen Früh in Folge des heutigen Traunkirchner Ausfluges, werde arbeiten müssen und dann möchte ich Ihnen so bald als möglich für Ihre lieben Zeilen danken, die ein Trost in meinem tiefen Kummer sind. Daß Sie noch vieles gerne

---

[1] In den Quellen ist auch nicht der geringste Hinweis auf Tarockpartien mit dem Kaiser zu finden.

gesagt und gefragt hätten, kann ich mir denken; mir geht es auch nicht anders. Vielleicht werden Sie mir das Alles einmal schreiben, wenn Ihre Nerven und Ihr Kopf in Ordnung sein werden, was mit Gottes Hilfe hoffentlich in nicht zu ferner Zeit der Fall sein wird. Für die Aussicht, daß ich auch künftig von Ihnen liebe, liebe Briefe erhalten werde, meinen heißen Dank, ebenso dafür, daß Sie mir Gestern nach der Trennung, welche einer der schmerzlichsten Augenblicke meines Lebens war, so lange nachgesehen haben. So eben schlägt die Thurm-uhr 6 Uhr. Vor 24 Stunden verließ ich mein Zimmer zum letzten Gange zu Ihnen, mein heißgeliebter Engel! Nachdem Sie Gestern meinen Blicken entschwunden waren, begegnete ich einem Rauch-fangkehrer, der bei der Schmiede stand. Sie halten so etwas für ein Glückszeichen, vielleicht bringt mir diese Begegnung Glück und Glück heißt für mich: Wiedersehen. Über meine Stimmung kann ich nicht schreiben, denn das ginge über meine Kraft und dann wäre es zu traurig, während Sie beruhigt und aufgeheitert werden sollen. Ruhi-ger, dumpfer Kummer ist das Einzige, was ich sagen kann. Ich glaube zu träumen.

Der gestrige Tag ist programmmäßig verlaufen, aber meine Gedan-ken waren bei Ihnen, meine Sehnsucht begleitete Sie. Ich hatte viele Arbeit, von 11–12 Uhr war Goluchowski bei mir, um 2 Uhr empfing ich den König von Rumänien am Bahnhofe und begleitete ihn in die Elisabeth, um ½ 4 war das Diner, um ½ 6 Uhr fuhr ich mit dem Könige allein über den Ferdinands Morgenweg gegen Goisern und auf der Poststrasse zurück und um ½ 9 Uhr war die Soirée bei Gisela, welche bis 10 Uhr dauerte. Die Luft war kalt, der Himmel umzogen ohne Regen. Heute nur 8° und wieder umzogener Himmel.

Hoffentlich haben Sie Gestern nicht zu sehr gefroren und sind Sie glücklich in Gastein eingetroffen, wo Sie ausruhen, mit Vorsicht baden und hoffentlich von Felix Weiner nicht belästigt werden. Meinen Töchtern habe ich Ihre Grüße ausgerichtet, Valérie hat mich beauftragt Sie herzlichst zu grüßen und sie bedauert sehr, Sie nicht mehr gesehen zu haben. Jetzt Adieu, theuerste Freundin; denken Sie manchmal, aber nicht zu oft, denn das würde Sie traurig stimmen, an Ihren, Sie innigst, ewig und unaussprechlich liebenden

Franz Joseph«

»Jetzt Adieu, theuerste Freundin; denken Sie manchmal, aber nicht zu oft, denn das würde Sie traurig stimmen, an Ihren, Sie innigst, ewig und unaussprechlich liebenden Franz Joseph« (3. September 1900)

»Schönbrunn den 5. Septbr. 1900.

Meine liebe gute Freundin,

Da Netti Ihnen erst Morgen nachreist, so kann ich es nicht unterlassen, ihr einige Zeilen für Sie mitzugeben. Innigsten Dank für Ihr liebes Telegramm vom 3., welches mir wieder ein Beweis ist, daß Sie an mich denken. Das ist ja der einzige Trost in meinem immer zunehmenden Kummer, daß die Verbindung zwischen uns, wenn leider auch nur von Weitem, aber doch fortbesteht, daß ich durch Ihre Güte doch manchmal etwas von Ihnen höre. Meine Gedanken sind beständig bei Ihnen und im Geiste rufe ich alle frohen und traurigen Augenblicke, welche wir gemeinsam zugebracht haben, zurück. Ich bedaure sehr, daß Sie in Gastein so schlechtes Wetter hatten und hoffe nur, daß Ihre Weiterreise mehr begünstigt sein wird,

443

daß Sie Zerstreuung und Erheiterung finden werden. Daß Sie in dieser vorgerückten Jahreszeit viele Bekannte in Gastein getroffen haben, wundert mich, aber ich bin froh, daß Sie doch Gesellschaft und vielleicht etwas Tratsch gefunden haben. Hier hat es auch geregnet, aber seit Gestern ist schönes, kühles, bereits vollkommen herbstliches Wetter. Ich bin froh, daß Herr Felix Weiner Sie in Gastein nicht belästigt hat. Wie mir Fürst Liechtenstein sagte, kommt das daher, daß der freche Jüngling kein Geld mehr hat, so daß er in den letzten Tagen in Ischl Baierl[1] anpumpen wollte. Wirklich eben so frech, wie naiv.

Endlich erhielt ich Gestern das Manöver-Programm, welches ich beilege. Dasselbe ist dieses Mal kürzer als sonst ausgefallen, da nur an einem Orte große Manöver ohne sonstige Festlichkeiten statt finden.

Von Gisela erhielt ich Gestern einen Brief aus München. Sie war am 2. in Tölz, wo sie Spatz und Mädi[2] besuchte, bei ihnen speiste und dann mit ihnen zu den luxemburgischen Herrschaften nach Hohenburg fuhr. Ich hatte Gisela gebeten, dem Spatz meinen Kummer mitzuteilen, da sie ja auch so viel Freundschaft für Sie hat. Gisela schreibt: ›Sie theilt unsern Kummer über Frau Schratt's Entschluß, war sehr erstaunt darüber und hofft, daß er noch nicht unwiderruflich sein möge.‹

Valérie ist mit den Kindern nach einer warmen Eisenbahn- und einer angenehmen Dampfschifffahrt am 1. glücklich in Wallsee eingetroffen. Die beiden Buben haben einen Hofmeister bekommen, einen Gymnasiallehrer mit dem wenig poetischen Namen Schmalzhofer. Ich lebe jetzt hier gleichmäßig und traurig so ziemlich einen Tag wie den anderen. Um ½8 oder 8 Uhr fahre ich in die Stadt, wo ich bis ½5 Uhr bleibe, um 5 Uhr speise ich hier allein und gehe früh ins Bett, welches ich um 4 Uhr verlasse. Vorgestern Früh habe ich drei neue Pferde in der Reitschule im kleinen Garten geritten, was zu meiner vollen Befriedigung ausfiel und Gestern Früh bin ich im großen und im botanischen Garten, auch im oberen Theile, wo Ihnen das lange Gras immer so gut gefallen hat, spazieren gegangen, an bessere Zeiten

---

1 Polizeiagent, der für die Bewachung des Kaisers zuständig war
2 Gräfin Mathilde Trani und ihre Tochter Marie Therese

zurückdenkend. In der Ménagerie besuchte ich mit Krauß die neuen Volièren im Entenhofe, in welchen sich eine Unzahl der schönsten in- und ausländischen Vögel befinden und wo ich auch den berühmten Paradiesvogel sah, der wirklich sehr schön ist. Dann gingen wir noch zu den Elefanten, wo ein neuer, junger, ganz kleiner afrikanischer Elefant zu sehen ist.

In der Stadt hatte ich natürlich verschiedene Leute zu sehen und Gestern hatte ich eine 2stündige Berathung mit Goluchowski, Kállay, Széll und Körber.

Vorgestern und Gestern verbrannte ich mit Hilfe Schießls im Ofen meines Schreibzimmers in der Stadt alle Papiere, Schriften und Druckexemplare, welche Palmer und Burghardt gebracht hatten.[1] Es war eine lange und heiße Arbeit. Jetzt bleibt noch der Inhalt der Kiste zu verbrennen, welche bei Chertek deponirt war und wohl nur aus Druckexemplaren des früheren Romanes besteht.

Ich weis nicht, ob ich Ihnen in meinem letzten Briefe gemeldet habe, daß Gisela mir noch in Ischl aufgetragen hat, sie herzlichst zu grüßen.

Den 6. Septbr. Ich setze mein Schreiben Heute fort und werde es um ½8 Uhr Netti übergeben, welche ich Gestern telephonisch habe bitten lassen mich in Schönbrunn zu besuchen. Wie beneide ich sie, die das Glück haben wird, Sie so bald zu sehen! Gestern waren es schon acht Tage seit dem traurigen Abschiede und welcher trostloser Ausblick in die Zukunft.

Täglich sehe ich in der Stadt den Zettel des Burgtheaters an, um Ihren lieben Namen zu lesen, der noch immer unter den Beurlaubten steht. Gestern Früh bin ich wieder im großen und im botanischen Garten spazieren gegangen. Die Blumen auf allen Parterren sind jetzt besonders farbenprächtig, die Bäume aber schon recht dürr und gelblich oder braun. Um ½8 Uhr bin ich in die Stadt gefahren, wo ich

---

1 Franz Joseph erwähnte noch einmal am 12. Februar 1907, daß »Palmer durch Schießl drei Briefe der Frau Bruks zum lesen schickte, voll Klagen, Beschuldigungen, Verzweiflung, Bitten etc – etc, welche Briefe Palmer nicht mehr beantwortete, da er nun wie es scheint jede Verbindung abgebrochen hat. Ubrigens scheint bis jetzt das Theater in Metz ganz gut zu gehen.« (Otto Brucks hatte dieses Theater gepachtet.)

bis ½5 Uhr blieb und einige Leute sah, auch mein Neffe Franz brachte mir, auf meine Einladung, seine Frau.[1] Es ging ganz gut, sie war natürlich und bescheiden, sieht aber nicht mehr jung aus. Er scheint vor der Hand sehr zufrieden zu sein. Nun schliesse ich meinen ziemlich langen Brief mit den innigsten Segenswünschen zu Ihrem bevorstehenden Geburtstage. Gott beschütze und erhalte Sie, Er gebe Ihnen Zufriedenheit, Ruhe des Gemüthes, Gesundheit, beruhigte Nerven und die ehemalige Heiterkeit. Ich werde übermorgen recht für Sie beten und an diesem Tage, wo möglich, noch mehr an Sie denken, wie gewöhnlich.

Adieu, theuerste Freundin und herzlichste Grüße von Ihrem, Sie innigst liebenden

Franz Joseph«

Schönbrunn, den 9. September 1900: »... Ich sah auch die Alraundln, welche Sie so gerne haben und dachte natürlich gleich an Sie, wie denn überhaupt meine Gedanken beständig in Trauer und Sehnsucht bei Ihnen sind. Fast jede Nacht träume ich von Ihnen... Morgen werden sich unsere Gedanken im Schmerze und im Gebete für die Unvergeßliche vereinen. Wenn auch leider getrennt, werden wir hoffentlich immer in geistiger, enger Verbindung bleiben...«

Schönbrunn, den 23. September 1900: »... Wir haben noch den Schah[2] in Wien, aber Morgen Vormittag verläßt er uns, um nach Buda-Pest und Constantinopel zu reisen. Da er ein kranker Mann ist und sehr viel Ruhe bedarf, so ist sein Besuch weniger mühsam, als ich fürchtete. Er versteht ganz gut französisch und kann auch einzelne französische Worte ausstossen, das Übrige geht per Dolmetsch. Seine Ankunft am 20. gegen 6 Uhr Abend war sehr feierlich, die ganze Garnison auf der Ringstrasse aufgestellt und eine Masse jubelnden und sehr anständigen Publikums. Um ½8 Uhr war Diner in der Burg.

---

1 Erzherzog Franz Ferdinand hatte nach langem erbittertem Ringen Gräfin Chotek am 1. Juli 1900 mit kaiserlicher Erlaubnis in nicht standesgemäßer Ehe geheiratet. Seine Frau wurde keine Erzherzogin, aber vom Kaiser zur Fürstin Hohenberg erhoben (1909 zur Herzogin).
2 Muzaffer ed Din (1853–1907), Schah seit 1896

Vorgestern war um 5 Uhr großes Diner im neugebauten Saale der Burg mit Musick und Toast, ich französisch, er persisch und um ½8 Uhr Theater paré in der Oper mit 2 Balleten. Gestern speiste der Schah bei meinem Neffen Franz im Belvedere und dann kam er wieder in die Oper, wo Excelsior[1] gegeben wurde. Ich war auch dort und blieb nur bis 9 Uhr, da ich ohnehin an den vorhergehenden Abenden sehr spät nach Schönbrunn gekommen war. Heute soll um 6 Uhr hier großes Diner und dann Beleuchtung des Parterres und der Gloriette und Feuerwerk stattfinden. Vorgestern habe ich im Belvedere der Fürstin Hohenberg meine Visite gemacht und bei dieser Gelegenheit die neu hergerichtete sehr schöne Wohnung gesehen. Später war ich bei der Gräfin Harrach, die mir viel von Genf und Territet, wo sie im Juli war, erzählte. Sie hofft es zu ermöglichen, daß an der Stelle des Unglückes in Genf ein einfacher Stein als Erinnerung angebracht werde . . .

Der Schah leidet beständig an Hitze, trinkt unausgesetzt Limonade und Eiswasser und fächelt sich mit Fächern, welche ihm die Damen leihen müssen, oder mit Theater- und Speisezetteln . . .«

Schönbrunn, den 26. September 1900: ». . . Da ich Heute Früh Zeit habe, kann ich es nicht unterlassen die Gelegenheit zu benützen, um wieder einige Zeilen an Sie zu richten, obwohl ich eigentlich die Besorgniß habe, daß meine häufigen Briefe Ihnen lästig werden und Sie nervös machen könnten. Ich möchte kein Felix Weiner werden . . .

Vorgestern begleitete ich den Schah vor 11 Uhr auf den Staatsbahnhof, von wo er in einem enorm langen Train in 8 Stunden nach Buda-Pest fuhr. Er kann nemlich das schnelle Fahren weder auf der Eisenbahn, noch im Wagen vertragen, laßt auch manchmal den Train mitten auf der Strecke halten, um auszuruhen. Überhaupt scheint das Ausruhen seine Hauptbeschäftigung zu sein . . .«

Schönbrunn, den 28. September 1900: ». . . Schon wieder bekommen Sie einen Brief von mir, es muß Ihnen wirklich schon zu viel werden! . . . Vorgestern waren es schon 4 Wochen, daß wir Abschied genommen haben. Ihr liebes Bild schwebt mir immer vor Augen, wie Sie mir auf dem Fußpfade von der Felicitas von weitem folgten und mir noch zum Abschiede winkten . . .

---

1 Ballett nach Musik von R. Marenco

Netti wieder zu sehen, hat mich sehr gefreut, sie ist ja von Ihnen gekommen. Sie mußte mir viel erzählen und brachte mir doch nicht gar so schlechte Nachrichten von Ihrem Befinden und behauptet, daß Sie nicht schlecht aussehen...

Für Heute 8 Uhr habe ich Toni[1] zu mir gebeten und ich hoffe, daß er gesprächig sein wird. So bleibe ich doch immer mit Ihnen und den Ihren in Verbindung, ein Trost in meinem Kummer...«

»Schönbrunn den 10. Oktober 1900.

Meine liebe gute Freundin,

Nach langer Unterbrechung kann ich Ihnen erst Heute wieder schreiben und Ihnen für Ihre vielen Telegramme herzlichst danken. In Radmer war es mir nicht möglich einen Brief zu Stande zu bringen, da die frühen Morgenstunden durch arbeiten und die Tage durch jagen in Anspruch genommen waren und so werden Sie mir mein langes Schweigen verzeihen. Vielleicht waren Sie sogar froh einige Zeit von meiner Schreiberei Ruhe zu haben. Ihr gar so liebes Telegramm zu meinem Namenstage hat mich glücklich gemacht und sehr gerührt war ich, daß Sie auch in der Ferne nicht vergaßen mich durch Blumen zu erfreuen. Es war ein großer Korb mit den verschiedensten wundervollen Blumen und ein großes Rosenbouquet, beides ganz frisch in Radmer angekommen.

Innigsten Dank für die Blumen und auch für den besonders guten, milden Cognac, den ich gleich bei meinen Frühstücken vor den Jagden benützte. Daß Sie an mich denken, ist mir ein großer Trost in meiner traurigen Stimmung. Meine Gedanken sind beständig in Sehnsucht bei Ihnen und in der letzten Zeit träume ich besonders oft von Ihnen. Heute sind es gerade 6 Wochen seit dem schmerzlichen Abschiede!

---

1 Immer wieder versuchte Franz Joseph, über den inzwischen 20jährigen Schratt-Sohn Kontakt zu halten, so auch am 23. Oktober 1900: »Wenn es mir möglich sein wird, werde ich während meines Aufenthaltes in Schönbrunn, Toni zu mir bitten lassen. Es entspricht das Ihrem Wunsche und es ist für mich ein Trost, wenigstens ihn zu sehen, der Ihnen so nahe steht.« Dazu Hugo Thimig in seinem Tagebuch: »Der Kaiser verkehrt hier mit dem Sohn der Schratt, welcher Letztere das Verhalten seiner Mutter mißbilligt« (31. Dezember 1900).

Unendlich bedauere ich, daß es mit Ihrem Befinden noch immer nicht besser geht und daß Sie noch keinen Ihren Wünschen entsprechenden Ort gefunden haben, wo Sie in Ruhe und guter Luft Ihre Nerven herstellen können. Daß Sie Vorgestern im Bette liegen mußten, war hoffentlich nur Folge der stillen Woche.

Mein Ausflug nach Radmer war in jeder Beziehung vom herrlichsten Wetter begünstigt, welches auch jetzt noch andauert. Während der Hinreise hatten wir im Ennsthale ein starkes Gewitter, dann noch Regen in der Nacht, von da an war aber ein Tag schöner wie der andere, die Luft rein und erfrischend, die Sonne noch recht warm, Bäume und Wiesen viel grüner, als sonst in dieser Jahreszeit. Am 4. und am Sonntage waren wir in der Messe, täglich war ein Trieb mit Ausnahme des Sonntages, an dem meine Gäste nur Nachmittag pirschten, während ich zu Hause arbeitete. Die Jagden sind sehr befriedigend ausgefallen und es wurden recht viele besonders starke Hirsche erlegt. Vorgestern Abends sind wir zurückgekehrt, mein Schwiegersohn Franz ist noch in Eisenerz auf dem Gebirge geblieben, um auf Hirsche zu pirschen, Leopold und Georg haben hier übernachtet und sind Gestern Früh nach Gödöllö gefahren, wohin ich ihnen in einigen Tagen folgen werde. Auf der Fahrt nach Radmer habe ich in Amstetten meine 3 älteren Enkeln gesehen, welche Valérie zu meiner Begrüßung von Wallsee geschickt hatte. Sie sehen, Gott lob, sehr gut aus.

Gestern bin ich nicht in die Burg gefahren, um hier ruhig arbeiten zu können und ich war nur um 1 Uhr im Hôtel Meißl, um meine Schwägerin Trani zu besuchen, welche Vorgestern Abend nach einem Besuche in Wallsee in Wien angekommen war und bereits Gestern Abend nach Tölz zurückgekehrt ist. Sie war noch vor ihrer Abreise hier bei mir. Wir sprachen natürlich viel von Ihnen und sie bedauert mich in meiner Einsamkeit auf das theilnahmsvollste. Als ich sie hier Gestern Abend zum Wagen begleitete, fand ich am Fuße der Treppe Frau von Ferenczy mit Frln. Schmidt im Gespräche, weis aber nicht, wie sie daher gekommen ist. Sie sagte mir nur, daß sie aus Ungarn komme und früher in Ischl war, wo sie den 10. September zubrachte. Nachdem der Spatz weggefahren war, sprach ich noch einige Zeit mit Frau v. Ferenczy, welche sich gleich nach Ihnen erkundigte, vieles wissen wollte und das Meiste nicht begreifen kann. Auch sie ist voll Theilnahme. Ich hoffe, daß mein letzter Brief vom 2. Sie noch in Stuttgart erreicht hat und bitte im so erfreulichen Fleiße des telegraphirens nicht nachzulassen, besonders wie bisher Ihre jeweilige Adresse bekannt zu geben. Sie werden wohl wissen, daß Burckhard wegen Neurasthenie in Pension gegangen ist.[1] Schade um diese Arbeitskraft.

Jetzt Adieu liebe, liebe Freundin, und herzlichste Grüße von Ihrem Sie innigst und ewig liebenden

Franz Joseph«

Gödöllö, den 14. Oktober 1900: »...Wie ich Ihnen Gestern telegraphirte, wollte ich meinen heutigen Brief noch nach Luzern adressiren, nun weis ich aber nicht, wie derselbe Sie am sichersten erreichen kann und so werde ich ihn Hawerda nach Wien schicken, welcher wohl in der Gloriette Gasse oder durch den aus Luzern zurückkehrenden Palmer am genauesten Ihre jetzige Adresse erfahren kann. Letzterer wird Ihnen meine Grüße, welche ich ihm bei einem Besuche, den er mir am 11. in Wien machte, auftrug, ausgerichtet haben. Mit Ungeduld sehe ich seiner Rückkehr entgegen, um endlich wieder einmal genauere Nachrichten von Ihrem Befinden und von Ihrer Stimmung zu erhalten. Die meine ist beständig recht traurig und meine Gedanken sind immer bei Ihnen. Ich wiederhole Ihnen eigentlich in jedem Briefe das Nemliche und muß denken, daß Ihnen das sehr langweilig wird. Ich bedaure, daß Sie noch immer in der Suche eines geeigneten Aufenthaltes herumreisen müssen und daher nicht zu der, Ihnen so nothwendigen Ruhe kommen. Ich höre, daß Frln. Rosen bei Ihnen war, oder noch ist. Wie beneide ich sie und Palmer um das Glück in ihrer Nähe sein zu dürfen!...«

Gödöllö, den 21. Oktober 1900: »...Die Nachrichten, welche Palmer von Ihnen brachte, sind leider nicht günstig. Ihr Befinden scheint sich noch nicht gebessert zu haben und die Stimmung ist noch immer trüb. Wie traurig mich das macht, können Sie Sich denken. Ich bin sehr melancholisch gestimmt und sehe mit Besorgniß den endlo-

---

1 Burckhard war erst 46 Jahre alt.

sen Wintermonaten entgegen. Sonst freute ich mich von hier nach
Wien zurückzukehren, da ich wußte, Sie dort zu finden und jetzt
erwartet mich dort die trostloseste Einsamkeit... Im Fremdenblatte
las ich, daß Sie Sich in Leoni am Starnberger See ankaufen wollen.
Das glaube ich aber nicht...«

Gödöllö, den 17. November 1900: Franz Joseph unter dem Deckna-
men »Megaleotis« (griech. »hoher Herr«) sorgt sich wegen des die
Freundin verfolgenden Narren Felix Weiner (»W«).

Gödöllö, den 27. November 1900: »...meine schriftlichen innigsten, heißesten Wünsche zum Kathitage. Der liebe Gott beschütze
Sie, Er gebe Ihnen Ruhe, Gesundheit und Heiterkeit wieder und
dadurch auch mir das schmerzlich entbehrte Glück. Das war wieder
von mir sehr egoistisch gesprochen, aber seien Sie überzeugt, daß ich
Ihnen alles erdenklich Gute wünsche, auch wenn ich nichts davon
hätte, denn ich habe Sie unendlich lieb...

Hawerda mußte mir in Wien lange, viel und genau berichten, leider
fast nur Betrübendes, er behauptet aber bestimmt, daß Sie nach
Neujahr nach Wien kommen werden. Gott gebe es! Entsetzt war ich
über Alles, was er mir von den unglaublichen Frechheiten Felix

Weiners erzählte. Der Mensch muß wirklich ein Narr sein, der aber auch gefährlich werden könnte. Nach Ihrem Telegramme scheint er bis zu Ihrer Abreise in St. Gallen geblieben zu sein und ich hoffe nur, daß er Sie nicht auch in Paris oder München belästigt und daß es Hawerda, dem ich in dieser Beziehung sehr zugeredet habe, gelingen wird, ihn unschädlich zu machen...

Meine beiden Töchter haben sich sehr nach Ihnen erkundigt und Beide haben die Hoffnung ausgesprochen, daß Sie doch vielleicht wieder zurückkehren werden. Samstag und Sonntag habe ich in der Burg zugebracht und am Sonntag (Kathi) in der 7 Uhr Messe recht für Sie gebetet...«

Wien, den 9. Dezember 1900: »... so will ich Ihnen Heute schon melden, daß Netti Gestern Früh bei mir war und mir eingehend berichtet hat, erfreuliches und trauriges. Erfreulich vor Allem, daß es mit Ihrer Gesundheit, besonders mit den Nerven besser geht und daß Sie bestimmt nach Neujahr zu, wahrscheinlich nur kurzem Aufenthalte hierher kommen werden, traurig, daß Ihr Gemüth noch immer leidend ist, daß Sie beständig Kummer und Sorge haben und daß Sie die schreckliche Absicht haben, nach Egypten zu reisen. Ich kann Ihnen nicht sagen, wie glücklich ich über die Gewißheit bin, Sie in nicht gar zu ferner Zeit wiederzusehen. Wenn es aber dann nur auch möglich wäre, Sie hier zurückzuhalten und Ihrem Nomadenleben ein Ende zu machen, wenn sich nur ein Mittel fände, welches auch ausführbar wäre, um Ihren leider unbekannten Wünschen zu entsprechen und Sie zu beruhigen. Fürst Liechtenstein wird sich darüber den Kopf zerbrechen und auch Hawerdas erfindungsreichen Geist werde ich in dieser Richtung in Anspruch nehmen. Ihre Reise nach Egypten sollten Sie aber auf alle Fälle aufgeben und dabei doch ein wenig an mich, an meinen Kummer, an meine Sorge um Sie denken, wenn Sie so weit entfernt sein würden und ich ohne Nachricht von Ihnen wäre...«

Hawerdas Anstrengungen konzentrierten sich wie gewöhnlich auf Geldgeschenke, Rudolf Liechtenstein machte Vermittlungsversuche beim Burgtheaterdirektor und bei Erzherzogin Marie Valerie. Hugo Thimig schrieb am 31. Dezember 1900 in sein Tagebuch: »Die Schratt-Affaire spitzt sich, wie es scheint, unangenehm zu. Schlenther wurde zum Fürsten Liechtenstein berufen. Dieser theilte ihm mit, daß sich die ganze Wuth der Schratt jetzt auf das Burgtheater zu concentriren scheine.« Schlenther solle der Schratt nach Rom schreiben und um ein baldiges Gespräch bitten. »Schlenther erwiderte, daß er dies soweit, als er sich nichts damit vergäbe, thun wolle, daß er aber fürchte, die Schratt könne sich dadurch bewogen fühlen, vielleicht wieder eintreten zu wollen. Der Fürst hielt diese Gefahr für ausgeschlossen. Schlenther schrieb nach Rom zwei Zeilen, ob er die Gnädige hier [also in Wien] sprechen könne, es seien Gerüchte im Umlauf, die vom besonderen Zorn gegen seine Person sprächen; er wünsche Aufklärung. Die Schratt telegraphierte zurück: Wenn Sie selbst mich wirklich sprechen wollten, so wäre vor drei Monaten der Zeitpunkt dazu gewesen. Jetzt folgen Sie nur höherem Wunsche, was für mich zwecklos ist!

Fürst Montenuovo meinte, das ungefähr hätte er vorausgesehen und mißbilligte die dies veranlassende Intention Liechtensteins. Nun steht die Sache für Schlenther so: er sieht die Brücke zu einem leidlichen Einverständnisse mit der Schratt gänzlich abgebrochen. Will die Schratt wieder an unser Theater, so wird sie in günstiger Kaiserstunde die Bedingung stellen: ein anderer Director. Dringt sie damit durch, ist Schlenther geliefert. Schlenther selbst sieht die Situation klar und wird das Prävenire spielen: Er wird die Cabinettsfrage stellen, sobald ein Wiedereintritt der Schratt befohlen wird. Die Sache steht also klipp und klar: Schlenther oder Schratt. Siegt die Schratt, so ist der letzte Rettungsversuch des Burgtheaters, an den ich so vieles gesetzt habe, gescheitert, wir gehen dann einer Opportunitätswirtschaft entgegen, die ohne Beispiel ist. Auch für mich wird dann die Frage des Gehens oder Bleibens lebendig; denn der Ekel würde mich gänzlich vergiften.«

Die zweite Aktion Liechtensteins galt der Erzherzogin Marie Valerie. Er fragte brieflich einen ihrer Vertrauten (laut Tagebuch der Erzherzogin von Mitte Dezember 1900), »inwieweit der Wallseer Hof mitwirke, um Papa die in Sachen Schratt stets wiederkehrenden Aufregungen zu ersparen«. Marie Valerie schickte ihren Vertrauensmann nach Wien zu Liechtenstein, »um zu erfahren, worum es sich handle? Fürst L. wußte selbst nicht, was Schratt wolle, beständiges

Hin und Her, ob sie zurückkehre oder nicht, ersteres wahrscheinlicher, wenn ich mich weniger ablehnend gegen sie verhielte. So steht er auf der Seite des Mitleids für Papa... Wenn ich schon nicht entgegenarbeite, kann ich mich doch nur passiv verhalten... Wirrsal... Entweder Fortsetzung des Verhältnisses, das zwar unschuldig ist und immer war, aber doch so viel Ärgernis gibt durch den Schein – oder mehr denn je Vereinsamung und Leere, die wir trotz all seiner Liebe für uns nie werden ausfüllen können.«

Auch die Öffentlichkeit beschäftigte sich eingehend mit den Privatproblemen des alten Kaisers. In der Neuen Freien Presse erschien ein Inserat, das Graf Eulenburg (II, 225) dienstbeflissen an Wilhelm II. schickte:

Kathi
kehre zurück – alles geordnet – zu
Deinem unglücklich verlassenen
Franzl.

Der Burgtheaterdramaturg Alfred von Berger nahm in München mit der Schratt Kontakt auf und berichtete Eulenburg in einem Brief vom 4. Dezember 1900: »Über die Ursache der Kränkung, die sie empfindet, sprach sie sich in folgender drastischer und urwienerischer Weise aus: ›Jeder kleine Bub' läßt sich gutwillig den Wurschtl, an dem er seine Freud' hat und mit dem er spielt, nicht wegnehmen, er schlagt wenigstens nach denen, die ihm sein geliebtes Spielzeug wegnehmen. Er aber tut das nicht.‹ Verstimmt ist sie, wie sie aus dem Theater entfernt wurde... Seit dem Tode einer allerhöchsten Dame hätte überdies eine Nuance gefehlt, die bis dahin alles anders, vornehmer, gestaltet hätte. – Sie würde, wenn ihr gewisse Genugtuungen geboten würden, wohl sogleich zurückkehren... Die Aufopferung eines Gegners würde sie zurückführen. Dieses Resultat entnehme ich einem Wirrsal von ernst- und scherzhaften Hin- und Widerreden« (Eulenburg, II, 225 f.).

Freilich: an die »Aufopferung eines Gegners«, vor allem Schlenthers oder Montenuovos, dachte der Kaiser nicht. Immer noch glaubte er, wie Gräfin Fugger berichtete, die Freundin werde die Kränkung bald überwinden. »Doch da irrte er sich: sie ist darüber nie hinweg gekommen, nicht so sehr, weil ihr Ehrgeiz verletzt war, als deshalb, weil der Kaiser nicht offen ihre Partei genommen hatte« (Fugger, 404).

Weihnachten 1900 verbrachte sie schmollend in Rom, während Franz Joseph seine Tochter Marie Valerie in Wallsee besuchte.

Wien, den 14. Dezember 1900: »... Ich traue der Genauigkeit der italienischen Post nicht viel und noch weniger der Sicherheit der dortigen Eisenbahnen, auf denen so viel gestohlen und geraubt wird und darum werde ich mein Weihnachtsgeschenk hier zurückbehalten und Ihnen dasselbe bei Ihrer Ankunft in Wien übergeben. Jetzt ist die Zeit, wo ich in allen vergangenen Jahren die Kleinigkeiten für Ihren Weihnachtsbaum und gleichzeitig für jenen in Wallsee aussuchte. Heuer gibt es bei Ihnen keinen Weihnachtsbaum und so habe ich nur die Sendung für Wallsee zusammen zu stellen und dabei werde ich recht schmerzlich an Sie denken. Ich werde täglich trauriger, auch thut mir die beginnende Winterkälte wehe und so führe ich ein recht melancholisches Leben mit der Aussicht auf den endlosen Winter, den nur Ihr Besuch in Wien aufhellen wird. Wenn sich dieser nur verlängern ließe! Das ist wieder Egoismus, aber etwas von diesem Fehler muß der Mensch doch haben, sonst erreicht er gar nichts...

Am 9. war Eulenburg eine ganze Stunde bei mir, um mir für meine Gratulation zu seiner silbernen Hochzeit zu danken und mir sehr viel und recht Interessantes von Berlin zu erzählen. Den Tag darauf war Kiss bei der Audienz in schöner, neuer Consuls Uniform. Ich finde, daß er noch dicker und auch älter geworden ist. Bei dieser sehr zahlreichen Audienz war auch die Witwe des in Peking gefallenen Fregatten Capitäns Thomann[1], eine hübsche Frau mit bescheidener, ruhiger und interessanter Haltung voll tiefem Schmerze. Sie kommt aus einer Nerven Heilanstalt, in welche sie freiwillig gegangen war, um ihren erschütterten Gesundheitszustand herzustellen, was auch vollkommen gelungen ist... Es erschienen auch Hartmann und Thi-

---

1 Eduard Thomann von Montalmar war im Juli 1900 während des »Boxeraufstandes« bei der Verteidigung des Gesandtenviertels in Peking gefallen.

mig, um sich für eine Unterstützung des Theater Pensionsfondes zu bedanken und erzählten mir, daß in der Orestie von Äschillos, die jetzt im Burgtheater aufgeführt wird, zwei Hofschimmeln, mit welchen ich früher gefahren bin, in einen Wagen eingespannt, ihre Rolle sehr gut und ruhig spielen... Die Abende bringe ich auch immer allein zu Hause zu. In das einst so liebe Burgtheater zu gehen, kann ich mich nicht entschliessen und die Oper interessirt mich nicht sehr...«

Wien, den 19. Dezember 1900: »...Von hier kann ich, wie gewöhnlich, nicht viel melden; obwohl wir schon mitten in den Wahlen für den Reichsrath sind, welche bis jetzt, unberufen, recht ruhig verlaufen und in Galizien sehr günstig ausgefallen sind. Überhaupt habe ich schon lange keine politisch so ruhige Zeit gehabt, wie die letzt verflossene. Wenn der Reichsrath beginnt, wird es wohl anders werden. Fürst Liechtenstein erhielt vor einigen Tagen einen Brief von Lutschi Wutschi[1], der ihm schreibt, daß er Sie in einem Gewölbe in München begegnete, daß Sie famos aussehen und daß Sie sagten, daß Ihnen der Schreck über dieses Zusammentreffen in die Füße gefahren sei. Wie beneide ich die glücklichen Menschen, welche Sie sehen dürfen, während mir nur die Sehnsucht bleibt...

Vorher mußte ich im Atelier Angelis in der Kunstakademie dem Maler Temple eine Sitzung zu einem Bilde geben, welches er für Krupp malt und welches die Eröffnung des Theaters in Berndorf vorstellt. Wie dachte ich in diesem Raume an die längstvergangene Zeit unserer beginnenden Bekanntschaft, als wir dort zusammen trafen...«

»Wien den 31. Dezbr. 1900.

Meine liebe, gute Freundin,

So eben, beim Erwachen, erhielt ich Ihr gestriges Telegramm, für welches ich herzlichst danke. Ich war so lange ohne Nachricht von

---

1 Gemeint ist der jüngste Bruder des Kaisers, Erzherzog Ludwig Viktor. Er fuhr nach Weihnachten 1900 zu Erzherzogin Marie Valerie, »um mir von der Schratt Angelegenheit den Kopf voll zu reden«, wie die Kaisertochter in ihr Tagebuch schrieb (28./29. Dezember 1900).

Ihnen, daß ich besorgte, Sie hätten meinen Brief aus Wallsee nicht erhalten, um so mehr, als mir Hawerda Gestern sagte, er glaube, daß Sie Rom bereits verlassen hätten und daß Sie auf der Hierherreise Sich noch in Florenz oder Venedig aufhalten würden. Auch in Ihrem Hause habe man keine Nachricht von Ihnen. Ich war wieder sehr traurig wie immer wenn ich nichts von Ihnen weis, wie überhaupt meine trübe Stimmung wieder im Zunehmen ist. Erst in Eisenerz ist mir eingefallen, daß ich in meiner mit dem Alter zunehmenden Zerstreutheit, in meinem letzten Briefe ganz vergessen habe, Ihnen auch schriftlich für die wunderschönen Weihnachtsgeschenke, welche mich sehr freuen, innigst zu danken. Sie haben mich wieder mit viel zu vielen und viel zu kostbaren Sachen überschüttet, aber, daß Sie noch immer bei jeder Gelegenheit an mich denken und dabei auch für meine praktischen Bedürfnisse besorgt sind, macht mich glücklich. Meine Neujahrswünsche kommen mit diesem Briefe verspätet, allein dessen ungeachtet muß ich Ihnen am heutigen, letzten Tage des Jahres für alle mir im Laufe desselben erwiesene Güte und Freundschaft innigst danken. Waren auch die letzten Monate des scheidenden Jahres für mich unendlich traurige und schmerzliche, so will ich die Hoffnung nicht aufgeben, daß es im kommenden Jahre besser werde. Für dieses wünsche ich Ihnen aus tiefstem Herzen den Segen des Himmels, Glück, Gesundheit, Beruhigung der Nerven und Kraft zur Überwindung derselben. Mir wünsche ich durch Ihre Freundschaft und Güte, durch mildere und gerechtere Auffassung der Verhältnisse noch ein wenig Glück und noch einige frohe Stunden in meinen einsamen, alten Tagen. Darf ich Sie bitten auch meiner Schwägerin Trani[1], Frln. Schmidt und Ihrer Schwägerin meine Neujahrswünsche auszurichten. Zu meiner Freude habe ich gehört, daß Sie bei meiner Schwägerin einen Weihnachtsbaum gehabt haben.

---

1 Gräfin Mathilde Trani, die jüngere Schwester der Kaiserin Elisabeth, suchte in Rom mit der Schratt um eine päpstliche Audienz an. Graf Eulenburg hörte dazu von Rudolf Liechtenstein: »Man hat zuerst die Audienz beim Heiligen Vater unter allerhand Ausflüchten hingehalten. Der Papst glaubte ernsthaft an eine Bitte für definitive Lösung der getrennten Ehe Kiss–Schratt, um den Kaiser heiraten zu können. Als man erfuhr, daß nichts als eine gewöhnliche Audienz verlangt wurde, hat man Frau Kathi sehr gnädig empfangen« (II, 232).

In Eisenerz, von wo ich Vorgestern Abend ½8 Uhr zurückgekommen bin, waren wir vom Wetter begünstigt, nur fehlte der Schnee, der die Jagden noch ergiebiger gemacht hätte. Der erste und zweite Tag war sonnig, in den Morgenstunden geringer Frost, dann recht warm, die Berge waren herrlich. Den dritten Tag schneite und stürmte es etwas, der Schnee verschwand aber in den tieferen Lagen bald.

An diesem dritten Tage blieb ich zu Hause, zum Theile weil ich vor der Rückkehr nach Wien aufarbeiten wollte, zum Theile weil ich in Folge anstrengenden Aufstieges am zweiten Tage einen, zum Glücke nicht starken Anfall meiner, so unangenehmen Gedankenstörung hatte, welche aber nach einer guten Nacht vollkommen gewichen war. Den ersten Tag haben wir hinter dem Leopoldsteiner See, den zweiten Tag hinter Radmer gejagt und am dritten Tage machten meine Gäste einen Trieb in der Ramsau hinter Eisenerz, nach welchem um ½3 Uhr die Abreise erfolgte. Im Ganzen wurden 58 Stücke erlegt, von welchen ich 10 Thiere, ein Kalb und einen schneeweißen Alpenhasen schoß.

Auf der Fahrt zum Bahnhofe begegnete ich Ihre Cousine mit ihrem unförmlich dicken Manne. Auch sie scheint nicht magerer geworden zu sein.

Gestern war ich den ganzen Tag in meinem Zimmer und empfing den Besuch von Lutschi Wutschi, welcher bereits in die Stadt eingerückt ist und später von Erzsi, welche von Gries zurückgekehrt ist. Ihre Mutter ist bereits in Cannes. Morgen werde ich meine Andacht verrichten und dabei recht für Sie beten.

Jetzt Adieu theuerste Freundin und auf hoffentlich nicht zu fernes Wiedersehen. Mit den herzlichsten Grüßen Ihr Sie innigst liebender
Franz Joseph«

Anfang Januar 1901 schickte der Kaiser wieder einmal seinen Vermögensverwalter Franz von Hawerda zu Katharina Schratt, diesmal nach Venedig, um sie mit Geld zu versorgen. Wien, den 7. Januar 1901: »... Natürlich beneide ich Hawerda um das Glück, Sie um einige Tage früher sehen zu dürfen, aber ich bin doch froh, daß sie ihm die Reise nach Venedig gestattet haben. Daß ich mich sehr, sehr freue, Sie nach einer Trennung von fast 5 Monaten wiederzusehen, brauche ich Ihnen wohl nicht zu sagen. Hoffentlich werde ich Sie nicht nervos machen und nicht ärgern und werden Sie mild und nachsichtig gestimmt sein, so daß ich nach der langen einsamen und kummervollen Zeit, glückliche Augenblicke erleben werde...«

»Wien den 18. Jänner 1901.

Ich frage mich an, ob Sie mit Rücksicht auf die stille Woche, Heute um 1 Uhr in Schönbrunn spazieren gehen wollen, oder ob ich Sie um 4 Uhr besuchen darf. Da Sie mir nicht mehr schreiben wollen, lege ich zwei Antworten bei, von welchen ich bitte, jene für welche Sie Sich entscheiden, in einem Couvert dem Überbringer dieser Zeilen zu übergeben. Herzlichste Grüße und hoffentlich auf baldiges Wiedersehen. Franz Joseph«

Wie ein Lauffeuer verbreitete sich am Hof die Nachricht, daß der Kaiser wieder mit der Schratt zusammentraf. Erzherzogin Marie Valerie schrieb am 22. Januar 1901 in ihr Tagebuch: »Die Schratt seit einiger Zeit also hier... Papa über ihre Pläne unklar, will sie lieber gar nicht danach fragen. Scheint sehr froh und besucht sie wohl täglich in ihrer Wohnung. Leider scheint Papa gar nicht mehr ins Burgtheater gehen zu wollen, seit die Freundin dasselbe verlassen hat.«

Harmonisch freilich verliefen die Begegnungen des Paares nicht. Eulenburg: »Die Dame ist noch immer schwer gekränkt und Argumenten von Vernunft schwer zugänglich... Im wesentlichen zürnt sie dem Kaiser selbst. Er hebe nicht den Arm, um sie zu schützen. Früher sei die Kaiserin für sie eingetreten, jetzt habe sie keinen Schutz. Der Kaiser könne sich nicht entschließen, ein einziges energisches Wort für sie zu sprechen.« Über das erste Wiedersehen habe die Schratt ihm »alle Details« erzählt, schrieb Eulenburg am 18. Januar 1901 an Wilhelm II., so zum Beispiel: »Gut und lieb wie immer war er, aber immer hat er g'sagt: ›Sein Sie aber bös'!‹ – ›Ja‹, hab' ich g'sagt, ›bös bin i und i werd' auch sag'n warum.‹ – ›Lassen's doch das!‹ hat er immer g'sagt, aber i hab g'sagt: ›Nein, Majestät, wenn zwei Freund' miteinander red'n, so müssen's sich halt aussprechen, und i geb net nach!‹« Wieder hielt Eulenburg gute Ratschläge bereit und schlug dem Obersthofmeister Liechtenstein vor, man solle die Schratt mit einem ganz besonderen, sehr kostspieligen Geschenk überraschen. Denn sie habe ihm gesagt: »Ich will nicht ins Theater zurück, aus dem man mich hinausgeärgert hat, ich will auch sonst gar nichts – mich haben überhaupt im Leben nur die Überraschungen gefreut« (II, 228ff.). Daß die kaiserliche Beziehungskrise vor allem mit Geld geregelt werden könne, meinten freilich auch andere. Einzelheiten über die Höhe der Aufwendungen wissen wir nicht.

Trotz aller Bemühungen aber verließ Katharina Schratt schon nach einigen Tagen wieder Wien, von wo Franz Joseph ihr am 11. Februar 1901 schrieb: »...Ihr Telegramm ist mir ein mich erfreuendes Zeichen, daß Sie an mich denken und daß Sie mir gerne Freude machen. Dasselbe war auch meine einzige Freude seit Ihrer Abreise. Ich bin jetzt unendlich traurig, denke beständig mit Schmerz an Sie und nach dem kurzen, beglückenden Zusammensein fühle ich mich jetzt doppelt einsam und verlassen. Innigst danke ich Ihnen aber für die guten Stunden, welche Sie mir durch Ihren Besuch in Wien bereitet haben. Nun ist meine ganze Hoffnung auf die Gloriette Gasse gerichtet, da ich an dem Glauben unerschütterlich festhalte, daß ich Sie dort in nicht gar zu entsetzlich langer Zeit wiedersehen darf... König Milan von Serbien liegt hier in seiner Privat Wohnung sterbend, ist vielleicht in diesem Augenblicke schon todt. Er erkrankte an Influenza aus welcher eine Lungen Entzündung entstanden ist. Das wird eine große Leiche mit Verkühlungsgelegenheit geben! Boris von Bulgarien ist in Philippopel mit Bauch Typhus recht krank. Ich habe Gestern an den Bulgaren meine Theilnahme mit der Bitte um Nachricht telegraphirt und eine sehr gerührte Antwort erhalten...«

Wien, den 14. Februar 1901: »...Am 11. bin ich richtig in Schönbrunn ganz einsam spazieren gegangen; ich war recht melancholisch und dachte an Sie und an unsere gemeinsamen Promenaden. Es war nicht sehr kalt, aber windig und es schneite mitunter. Ich war im Tiroler Garten und erkundigte mich in der Ménagerie nach dem Rhinoceros, welchem es besser geht.

Vormittag hatte ich eine mittelstarke Audienz, aber mit vielen hohen Herrn gehabt und um 6 Uhr gab ich ein Diner.

Nachmittag erhielt ich die Meldung vom eben eingetretenen Tode Milans und bald darauf brachte mir Goluchowski ein Schreiben desselben, welches er in Todesahnung im August im Ministerium des Äußeren deponirt hatte in in welchem er bittet, ja nicht in Serbien, sondern in unserer Monarchie, wo möglich in einem der serbischen Klöster in der Fruska Gora in Syrmien begraben zu werden. Da von diesen das Kloster Krušedol das Geeigneteste ist, so wird er dorthin gebracht werden. König Alexander, dem dieses sehr fatal ist und der seinen lieben Vater in Belgrad beisetzen wollte, setzte Alles in Bewegung, um seinen Willen durchzusetzen, Telegramme, Drängen des hiesigen serbischen Gesandten und endlich Hersendung seines General Adjutanten, den ich in Folge eines directe an mich gerichteten telegraphischen Ansuchens des Königs Gestern Früh empfing und der mir auch den dringenden Wunsch des Königs vorzutragen hatte. Da ich es aber als Pflicht betrachte, den letzten Wunsch eines Verstorbenen in Erfüllung zu bringen und nebenbei König Alexander in Folge seiner ganzen Haltung und seines Benehmens gegen seinen Vater gar keine Rücksicht verdient, wies ich Alles ab und es bleibt bei der Beisetzung in Krušedol. Heute Abend wird die Leiche aus der Wohnung in die serbische Kirche am Rennwege, Veithgasse, gebracht und Morgen um 4 Uhr ist dort die feierliche Einsegnung mit königlichen Ehren, zu welcher ich auch gehen werde. Gleich darauf wird die Leiche in feierlichem Zuge zum Staatsbahnhofe gefahren, von wo sie gleich mit Extra Zug abgeht. Von der Kirche bis zum Bahnhofe wird ein Truppen Spalier stehen...«

Wien, den 17. Februar 1901: »...Da ich nur auf Ihre Telegramme angewiesen bin und wo möglich doch etwas mehr von Ihnen wissen möchte, so suche ich in den Zeitungen nach Nachrichten von Ihnen und da habe ich gefunden, daß Sie neulich in einer Première im Lessing Theater ›Die Zwillingsschwestern‹ nur wenige Sitze von Schlenther entfernt gesessen sind. Hoffentlich hat diese Begegnung Ihr Interesse an der Vorstellung nicht gestört...«

Wien, den 21. Februar 1901: »...Ein Fräulein, welches ein Gesuch um Heirathsbewilligung mit einem Regiments Arzte übergab, kniete sich vor mir nieder, küßte mir die Hand und fiel dann ihrer ganzen Länge nach in Ohnmacht, so daß ich sie hinaus tragen lassen mußte. Da sie aber gar nicht blaß wurde, sondern die schönste rosige Gesichtsfarbe behielt, so erschien mir das Ganze mehr wie eine gut gespielte Komödie. Sie erholte sich auch bald und der herbeigerufene Arzt erklärte es als einen leichten Herzkrampf...

Gestern war eine sehr stürmische, pöbelhafte Sitzung im Abgeordneten Hause und dasselbe scheint leider nach den ersten, verhältnißmäßig ruhigen Sitzungen in die alten, schlechten Gewohnheiten zu verfallen...«

Lärmszenen im österreichischen Reichsrat um 1900

Von einer wirklichen Versöhnung des Paares konnte nicht die Rede sein. Neuen Verdruß gab es, als die Schratt in Berlin in einem Interview mit dem »Berliner Lokalanzeiger« freimütig über ihre Beziehung zum Kaiser sprach. (Anlaß für das Interview waren übrigens Gerüchte über ihre angeblichen Versuche, ihre Ehe mit Kiss vom Papst lösen zu lassen, um Kaiser Franz Joseph zu heiraten.) Wieder einmal stand Kaiserin Elisabeth im Mittelpunkt. Die Schratt sagte unter anderem: »Diese hochsinnige und edle Frau war meine huldvollste Protektorin und Freundin. In ihrer durch seelische und körperliche Leiden hervorgerufenen Ruhelosigkeit war es ihr ein Trost zu wissen: Da ist eine gemütvolle und frohherzige Frau, die ihren Gatten aufheitert und ihm manche harmlos vergnügte Stunden durch Plaudern und Erzählen von Anekdoten und Geschichten aller Art verschafft, die ihn auf seinen Morgenspaziergängen im Schönbrunner Park begleitet, während er sein Karlsbader Wasser trinkt, und die dabei ihre außergewöhnliche Stellung nie dazu mißbraucht, um Intrigen zu spinnen oder Vorteile für Schützlinge herauszuschlagen. Die Kaiserin selber hat in ihrer Abneigung gegen das steife Hofleben meine Stellung geschaffen, welche ich dann dank dem gütigen Vertrauen und der Erkenntlichkeit des Kaisers weiterbehielt. Eine Kaiserin, mag sie auch noch so hochsinnig sein, bleibt in gewissen Fragen dennoch vor allem Frau, und sollte man wirklich glauben, daß mich die Kaiserin mit ihrer Huld und ihrem Vertrauen in so außerordentlichem Maße beehrt hätte, wenn für ihr Denken auch nur die leiseste Möglichkeit vorhanden gewesen wäre, ich könnte nach ihrem Tode den Kaiser heiraten?«

Der Kaiser schrieb dazu aus Wien, den 27. Februar 1901: »...Sie haben also Ihren Berliner Aufenthalt verlängert und ich bin neugierig, wo Sie dann hinwandern werden. Ich weis leider so wenig von Ihnen und erhalte so selten eine Nachricht, daß natürlich meine Stimmung eine sehr trübe ist. Einiges erfuhr ich durch Hawerda, der mit Frln. Rosen gesprochen hat, leider auch, daß Sie Sich richtig, wie Sie mir es vorher sagten, mit Spiritismus und Hipnotisiren abgeben. Das kann Ihnen nur schaden und muß Ihre Nerven noch mehr angreifen. Etwas davon zu hören, würde mich aber doch interessiren. Leider erfahre ich aber nichts mehr von Ihnen. In den Zeitungen, in welchen ich nach Nachrichten von Ihnen forsche, fand ich ein Interview, welches ein Berliner Journalist mit Ihnen hatte. Sie haben ihm mehr gesagt, als gut und nützlich war...«

In seinem nächsten Brief (Wien, den 4. März 1901) beeilte sich Franz Joseph, die über seine Rüge verärgerte Freundin zu beruhigen, und entschuldigte sich: »...Es thut mir unendlich leid, daß meine

Bemerkung in meinem letzten Briefe Sie betrübt hat und ich bitte Sie nochmals um Verzeihung. Sie müßen aber bedenken, daß ich ja so wenig von Ihnen erfahre, daher leider auf die Zeitungen angewiesen bin und da frappirt einen leicht etwas, was man unvermittelt liest, auch enthielt das Interview so viel wahres und richtiges. Ich hoffe also, daß Sie mir meine unüberlegte Bemerkung nicht nachtragen werden...«

Wien, den 9. März 1901: »...Ich weis nicht, ob Sie in Frankfurt eingetroffen sind, oder wo Sie Sich sonst aufhalten und da ich auch Ihre Frankfurter Adresse nicht kenne, so kann ich Ihnen weder telegraphiren, noch einen Brief an Sie absenden. Natürlich bin ich beängstigt und doch ein wenig gekränkt, daß Sie mich so ganz ohne Nachricht lassen... Bis hierher habe ich Früh Morgens geschrieben, später ließ ich mich bei Netti erkundigen, ob Sie etwas von Ihnen weis, und so erfuhr ich, daß Sie seit Gestern in München, Hotel Continental sind. Ich expedire daher diesen Brief dahin, obwohl ich fast fürchten muß, daß es Ihnen unangenehm sein könnte, nachdem Sie in den letzten Tagen den gewohnten directen Verkehr mit mir abgebrochen und mich im Unklaren über Ihren Aufenthalt und Ihre Projekte gelassen haben« (B).

»den 17. März 1901.

Meine liebe gute Freundin,

Ihre gestrigen Zeilen haben mich sehr geschmerzt. Ich werde Sie weder mit Schreiben noch mit Anfragen belästigen und in Geduld abwarten, ob sich nicht Ihre Stimmung so weit beruhigt, daß Sie mir gestatten wollen Sie zu sehen. Für diesen Fall, der mich gewiß unendlich beglücken würde, bitte ich mich in Kenntniß zu setzen. Auch werden Sie vielleicht so barmherzig sein, mich vor Ihrer Abreise von Wien von Ihrem Reiseziele in Kenntniß zu setzen und mich wissen zu lassen, ob ich Ihnen noch schreiben darf, oder ob Ihnen meine Briefe unangenehm sind. Außer aller Verbindung mit Ihnen zu bleiben und gar nichts mehr von Ihnen zu hören, wäre doch gar zu hart.

Mit den herzlichsten Grüßen Ihr Sie innigst liebender

Franz Joseph«

Zu dieser neuerlichen Beziehungskrise ihres Vaters bemerkte Erzherzogin Marie Valerie am 24. März 1901 in ihrem Tagebuch: »Papa gedrückt. Schratt wieder in Wien, will ihn aber nicht sehen. Was sie nur eigentlich wollen mag?« Wie tiefgreifend sich das Verhältnis geändert hatte, ersieht man auch daraus, daß der Kaiser auf einen Brief der Freundin vom 5. April erst am 11. Mai antwortete:

»Gödöllö, den 11. Mai 1901.

Meine liebe gute Freundin,

Für ihre letzten Zeilen vom 5. April konnte ich Ihnen bis jetzt nicht danken, da Sie, als ich dieselben erhielt, bereits abgereist waren, ich während Ihrer Reise Ihre jeweilige Adresse nicht genau kannte, auch einen Brief den orientalischen Posten nicht anvertrauen wollte und ich in diesen letzten Tagen, seit Ihrer Rückkehr in die Gloriette Gasse, wegen Geschäften und Feierlichkeiten keine Zeit zum schreiben finden konnte. Den heutigen ruhigen Morgen benütze ich aber, um Ihnen endlich zu danken, daß Sie mir Ihre Abreise mitgetheilt haben. Ihre Schlußbemerkung: ›Warum hat Alles so kommen müßen?‹ scheint mir doch anzudeuten, daß es Ihnen leid ist, daß es so gekommen ist. Wenigstens glaube ich es so auslegen zu können. Ich möchte aber Ihre Frage an Sie richten, denn Sie haben ja selbst gewollt, daß es so komme.

Zu meiner Freude höre ich, daß Sie sehr wohl sind und vortrefflich aussehen, auch, daß Sie sehr heiter und befriedigt von Ihrer interessanten Reise zurückgekehrt sind. Während derselben hörte ich nur manchmal durch Hawerda etwas von Ihnen, aber meine Gedanken begleiteten Sie beständig in Sorge und Sehnsucht. Überhaupt denke ich so viel an Sie, an die vergangenen guten Zeiten, mit Dank an alles das liebe und gute, das Sie mir in diesen Jahren erwiesen haben. Sie haben noch eine schöne, frohe Zukunft vor sich, können noch heiter in das Leben sehen, mit welchem ich so ziemlich abgeschlossen habe. Meine Stimmung ist eine unendlich traurige in meiner trostlosen Einsamkeit, das Alter macht sich, besonders in der letzten Zeit, immer fühlbarer und ich bin sehr müde.

Ich war so naiv zu hoffen, daß Sie mir beim Tode meiner armen kleinen Urenkelin, in Erinnerung an 15jährige, treue Freundschaft, ein Zeichen von Theilnahme geben würden.[1] Auch darin habe ich mich getäuscht und das hat mir sehr wehe gethan. Nun etwas mehr oder weniger Kummer ändert nichts an der Sache und man muß es eben tragen. Jetzt habe ich Ihnen aber schon genug vorgerauntzt und will Sie nicht länger mit meinem Schmerze langweilen. Ich will kein Mepistopelos oder Felix Weiner werden und so schliesse ich mit dem Gebete, welches ich so oft an Gott richte, daß Er Sie erhalte, beschütze und recht glücklich mache und wenn Sie es noch erlauben, bleibe ich Ihr Sie ewig innigst liebender

Franz Joseph«

Schönbrunn, den 3. Juni 1901: ».. . Netti sagte mir, daß Sie nächstens an den Chiemsee fahren, um einen Besitz anzusehen, nachdem Ihnen das Schloß in Oberösterreich nicht convenirte. Vielleicht sind Sie so gut, mich durch Hawerda es wissen zu lassen, sobald Sie bestimmte Pläne für diesen Sommer gefaßt haben, denn, wenn ich Sie auch nicht sehen darf, so ist es mir doch ein großer Trost in meiner trüben Stimmung, wenigstens zu wissen, was mit Ihnen geschieht. Mit meinen Klagen und meinem Schmerze will ich Sie nicht weiter belästigen, auch bin ich pressirt, da ich in die Stadt fahren muß, um den Großherzog von Weimar am Nordwestbahnhofe zu empfangen .. .«

Nach über zehn Monaten sah der Kaiser die Freundin zufällig auf dem Weg in die Stadt wieder:

»Schönbrunn, den 10. Juni 1901.

Verzeihen Sie, theuerste Freundin, daß ich Sie belästige, aber ich muß es Ihnen sagen, wie sehr mich die heutige Begegnung ergriffen hat, was es mir war, Ihr liebes, leider nicht freundliches Gesicht nach langen Monaten endlich wieder einmal zu erblicken. Heute ist der 10. und so bilde ich mir ein, daß Sie am Wege zur Gruft waren, um so mehr, da Sie schwarze Toilette trugen. Sollte ich mich nicht geirrt haben, so empfangen Sie meinen heißesten Dank für die Anhänglich-

---

1 Die fünfjährige Gisela, Tochter Erzherzog Josefs und der Kaiserenkelin Auguste, war plötzlich in Ungarn gestorben.

keit, welche Sie unserer theueren Verklärten bewahren. Der Gedanke an dieselbe, die Liebe zu ihr ist das Letzte, was uns noch verbindet. Gott gebe, daß dieses Bindeglied nicht zerrissen werde. Mehr als je denke ich jetzt an die Unvergeßliche, aber in Wehmuth begleiten auch Sie stets meine Gedanken. Gott beschütze Sie, das ist mein tägliches Gebet. In treuer Anhänglichkeit, Ihr Sie innigst liebender

Franz Joseph«

»Schönbrunn, den 20. Juni 1901.

Meine liebe gute Freundin,

Hawerdas, mir Gestern Abend erstattete Meldung, daß ich Sie besuchen darf, macht mich glücklich und so würde ich, wenn Sie nichts dagegen haben und mich nichts Anderes wissen lassen, Heute um 6 Uhr Nachmittag zu Wagen in die Gloriette Gasse kommen. Früher kann ich Sie nicht besuchen, da ich in der Stadt Audienzen habe und dann Fürst Eulenburg zu mir kommt. Wie ich mich auf das Wiedersehen nach so langer Trennung freue, können Sie Sich denken, ich werde aber sehr ruhig sein und Sie nicht aufregen. Haben wir uns doch so Vieles zu erzählen und hoffe ich von Ihnen Manches von Ihren interessanten Reisen zu hören.

Also hoffentlich auf baldigstes Wiedersehen und bis dahin 1000 herzlichste Grüsse von Ihrem, Sie innigst liebenden

Franz Joseph«

Noch am selben Tag schrieb Hugo Thimig in sein Tagebuch: »Schlenther theilt mir mit, daß der Fürst Liechtenstein ihm befohlen, der Schratt wieder goldene Brücken ins Burgtheater zu bauen: ihr Bild soll für die Ehrengalerie gemalt und ihr ein Ehrengastspiel angeboten werden.« Nachsatz: »Wenn aus diesem Ehrengastspiel ein Definitivum wieder werden sollte, so bedeutet dies eine Katastrophe für unser Institut. Fürst Montenuovo dürfte dann gewiß die Sache niederlegen und Schlenther muß meiner Überzeugung nach entschieden demissioniren.«

Schönbrunn, den 2. Juli 1901: »Ihre lieben Zeilen haben mit in meiner tiefen Trauer sehr wohlgetan. Innigsten, heißesten Dank, auch für die Stunden, welche ich in den letzten Tagen mit Ihnen zubringen durfte. Ich glaube nicht, daß Alles so kommen mußte und kann die Hoffnung noch immer nicht aufgeben, daß mit der Zeit und wenn in Ihr doch eigentlich so gutes Gemüth mehr Ruhe und Billigkeit zurückgekehrt sein wird, Vieles besser werden wird. Meine Gedanken werden in Liebe immer bei Ihnen sein und ich hoffe noch immer und bitte recht schön, daß Sie mich in Kenntniß setzen werden, wohin sich diese meine Gedanken richten sollen. Durch Hawerda, wäre es so leicht, es zu bewerkstelligen. Mir wäre es ein großer Trost und für Sie nicht gar so schwer, denn ich werde Sie gewiß nicht unnöthig belästigen.

Mit der Bitte manchmal in Milde an mich zu denken und mit dem inbrünstigen Gebete, daß Gott Sie beschütze, bleibe ich
Ihr Sie ewig innigst liebender Franz Joseph« (B)

Im Sommer kam Katharina Schratt zunächst nicht nach Ischl. Der Kaiser war mit der Familie seiner Tochter Marie Valerie allein. »Papa scheint guter Stimmung, trotzdem er es gewiß sehr empfindet, daß die ›Freundin‹, wie es scheint, wirklich nicht mehr kommen will«, schrieb Valerie am 3. Juli 1901 in ihr Tagebuch. Am 4. Juli: »Nachmittags mit Papa am Cottage sitzend und stets denkend: ›wie muß ihm Schratt abgehen.‹« Am 13. Juli: »Papa wieder mehr Freude an der Pirsch . . . so gut gestimmt, daß ich wünsche, es möchten die Beziehungen [zur Schratt] abgebrochen bleiben.«

Ischl, den 10. Juli 1901: ». . . Meine Stimmung ist recht traurig, ich lebe in der Erinnerung an schöne hier verlebte Tage, an welche mich Alles mahnt und meine Gedanken sind viel in der Gloriette Gasse. Meine einzige Erheiterung sind die Kinder, mit denen ich viel beisammen bin und in deren Gesellschaft ich mehr und mehr in das kindische Alter verfalle. Am zweiten Morgen nach meiner Ankunft ging ich den gewohnten Weg gegen die Felicitas in der Hoffnung vielleicht dort eindringen zu können, um den sonst in so freudiger Stimmung betretenen Ort wieder zu sehen.

Obwohl der frühere Steg über die Ischl nicht mehr besteht, so liegen doch noch über die Pfeiler einige Bretter mit Eisenbahn Schienen zum Transporte des Materials beim Dammbaue und auf diesem provisorischen Stege kam ich an das andere Ufer und dann auf

dem gewöhnlichen Privatwege bis zur Gitterthüre bei Ihrem Wasch-
häusel, welche offen war, so daß ich den Garten betreten konnte, in
welchem alle Fußwege viel besser gehalten sind als sonst. Alle frisch
besandet. Natürlich beging ich Alle und besah mir das liebe Haus von
Außen und blickte durch das Fenster in die Bauernstube. Es ist noch
Alles so, als wenn Sie dort wohnen würden, in der Veranda hängen
noch alle Bilder und sogar die Kukuruzkolben von vorigem Jahre. Ich
sprach Herrn und Frau Strodl[1]; letztere sieht entsetzlich aus, klagt
über ihren elenden Zustand und dürfte kaum mehr lange machen. Die
großartigen Steindammbauten sind fertig, verschönern aber nicht die
Gegend. Jetzt wird die Arbeit beim Pfandl fortgesetzt.

Am folgenden Morgen bin ich in das Jainzenthal gegangen und
habe den Platz besucht, wo wir mit und ohne Hunden so oft gesessen
sind. Doch ich komme immer mehr ins Plauschen und mein Brief
wird zu lang, was Sie langweilen muß. Daher Adieu theuerste Freundin und mit den herzlichsten Grüßen für Sie und Toni, bleibe ich
Ihr Sie innigst liebender Franz Joseph«

Ischl, den 24. Juli 1901: »...Innigsten Dank, daß Sie am 10. wieder
unsere unvergeßliche Verklärte besucht haben. Ich denke, daß Sie in
Salzburg ihr Monument[2] angesehen haben und möchte so gerne
wissen, wie es Ihnen gefallen hat. Mich hat es sehr befriedigt und zu
Thränen gerührt, denn, wenn es natürlich auch nicht ganz ähnlich ist,
so finde ich doch, daß es einen sehr angenehmen Eindruck macht...«

Ischl, den 5. August 1901: »...Ihre Theilnahme an dem Tode des
armen Widerhofer hat mich dankbar gerührt. Es ist für uns ein
wahrer Verlust, besonders aber für Valérie wegen den Kindern. Er
war ein so braver guter Mensch, ein so sicherer, sorgsamer, nur
manchmal zu ängstlicher Arzt...

Ich freue mich für Sie, daß Sie St. Moritz wunderschön finden und
hoffe, daß Ihr dortiger Aufenthalt Sie befriedigen wird. Aber Ischl ist
gewiß noch schöner und wäre es besonders, wenn Sie noch hier
weilen würden! Hoffentlich unternehmen Sie keine zu gefährlichen
Gletscher Partieen und leben vor Allem Ihrer Gesundheit. Wie gerne

---

1 Hausmeister-Ehepaar der Villa Felicitas
2 Das Marmorstandbild der Kaiserin Elisabeth von Edmund von Hellmer

wüßte ich, was für Ausflüge Sie von Zell am See aus unternommen haben, ob Sie am Moserboden und vielleicht auch auf Ihrem geliebten Sonnblick waren. Vielleicht bringt Netti hierüber Nachricht...

Vor einigen Tagen ging ich über den provisorischen Steg wieder in die Felicitas, wohin die Erinnerung an bessere Zeiten mich lebhaft zog. Ich getraute mich nicht in die Nähe des Hauses, da ich nicht wußte, wer Alles dort wohnt. Im Garten begegnete ich aber die Abwascherin oder die Wäscherin (ich kenne die beiden alten Damen nicht gut auseinander) und die erzählte mir, daß nur Frln. Rosner nebst der Dienerschaft im Hause wohne, aber ausgegangen sei. Am folgenden Tage ging ich mit Gisela und ihrer Familie längst der Ischl zum Pfandl, um das in Folge des inzwischen eingetretenen Regens bedenklich angeschwollene Wasser anzusehen und da war der provisorische Steg über die Ischl verschwunden, so daß man nunmehr in die Felicitas nur von der Strasse gelangen kann und meine Versuche, den lieben Ort zu besuchen, sehr erschwert sind...«

»Ischl, den 17. August 1901.

Meine liebe gute Freundin,

Nochmals schriftlich meinen innigsten Dank für Ihre lieben Zeilen vom 12., vor Allem aber dafür, daß Sie hierher kommen, was mich unendlich glücklich macht. Wenn Sie erlauben, werde ich Morgen Früh um 7¼ Uhr in die Felicitas kommen und zwar zu Wagen, da die Übergänge über die Ischl verschwunden sind.

Eigentlich ist diese Stunde eine zu frühe, denn Sie sollten nach der Reise ausruhen, aber ich muß um ½9 Uhr die Gratulationen meiner Familie entgegen nehmen, um 9 Uhr haben wir die Messe im Hause und nach dem Hochamte in der Pfarrkirche muß ich meine Herrn empfangen. Auch dachte ich, daß Sie mich auch ehemals an diesem Tage sehr frühe zu erwarten so gütig waren und daß es so schön wäre, wenn auch in diesem Jahre Ihre Glückwünsche die ersten wären.

Und nun tausend herzlichste Grüße zu Ihrem Einzuge in die Felicitas und auf baldiges Wiedersehen!

Ihr Sie innigst liebender
Franz Joseph«

Erzherzogin Valerie notierte am 21. August 1901 in ihrem Tagebuch: »Leider ist seit 17. die Schratt wieder hier und merkwürdigerweise Papas Stimmung seither auffallend gedrückter. Jetzt hat sich
aber meine frühere gute Meinung von ihr gründlich geändert, denn
meinte sie es ehrlich, so müßte sie entweder ganz ein Ende machen
oder ganz geblieben sein. Dies Hinhalten und sich precios machen
scheint ein klarer Beweis irgendwelcher interessierter Absichten. Es
ist recht abscheulich... Peinlich, sie heute nachmittag mit Gisela im
Garten sehen zu müssen. Aber was konnte ich tun, da Papa Gisela vor
mir gesagt hatte: ›Um wieviel Uhr willst Du also Frau Schratt sehen?‹
Es war mehr als ungemütlich.«

>>Schönbrunn, den 31. August 1901.
Meine liebe gute Freundin,
Schon Gestern wollte ich Ihnen schreiben, bin aber nicht dazu
gekommen, da ich zu thun hatte und den ganzen Vormittag mit der
Cavallerie Division am Marchfelde beschäftigt war. Es ist mir zu spät
und erst nach unserer Trennung eingefallen, daß ich Ihnen nicht dafür
gedankt habe, daß Sie nach Ischl gekommen sind und mir durch Ihre
Güte so schöne, glückliche Stunden in Ihrer Gesellschaft geworden
sind. Erlauben Sie, daß ich Ihnen nachträglich meinen innigsten Dank
ausspreche. Unendlich freue ich mich auf das Wiedersehen in Hietzing, Ende September. Beiliegend erlaube ich mir 200 fl für den
Pfarrer in Wolfgang, oder als Ersatz der von Ihnen vorgeschossenen
Summe zu schicken. Ich kann nicht zugeben, daß Sie Sich auch bei
dieser Gelegenheit wegen mir in Unkosten versetzen und so bringe
ich die Sache, die mich sonst drücken würde, in Ordnung.
Ich denke viel an das liebe Ischl zurück, wo es so schön, so grün ist,
während es hier recht herbstlich ist, die Bäume gelb, der Rasen
verbrannt, dabei in den letzten Tagen ein scharfer, kalter Wind. Ich
denke an unsere Besteigung des Jainzen, an unseren letzten Spaziergang in das Jainzenthal, ich denke vor Allem an Sie, theuerste
Freundin, und ängstige mich wegen Ihren Gebirgstouren, welche Sie
hoffentlich nicht bis auf den Dachstein ausdehnen werden und vor
Allem wegen Felix Weiner, der Ihnen wirklich gefährlich werden
kann und der Sie jedenfalls sehr unangenehm belästigt. Ich möchte so

gerne etwas darüber hören, überhaupt Nachricht von Ihnen haben. *Vielleicht darf ich auf ein Telegramm hoffen.*

Von hier kann ich nicht viel berichten. Vorgestern bin ich, nachdem meine Enkel gegen 9 Uhr weiter gereist waren, den ganzen Tag hier in meinem Zimmer geblieben und habe mehrere Herrn aus der Stadt zu mir kommen lassen.

Gestern bin ich um ½8 Uhr mit meinem Neffen Franz, einigen höheren Generalen und meinen Herrn per Nordbahn nach Wagram gefahren, wo wir die Pferde bestiegen. Dann wurde durch einige Stunden manövriert und nach Gänserndorf geritten, wo der Train wartete. Um ½1 Uhr war ich wieder in Schönbrunn. Der längere Ritt, fast immer Trabb und Galopp, hat mich nicht zu sehr angestrengt und ging gut, die Regimenter waren schön und haben mich befriedigt, der Wind war unangenehm und kalt, der Staub entsetzlich und so dicht, daß man oft gar nichts sah, auch waren wir Alle mit einer schwarzen Staubdecke bis zur Unkenntlichkeit bedeckt. Deßhalb bin ich nicht ganz sicher, ob ich Sándor beim Defiliren wirklich erkannt habe.

Gleich nach meiner Rückkehr restaurirte ich mich mit einem Glase Ihres excellenten, alten Cognacs, für welchen ich erneuert danke und dann gab es eine ausgiebige Wascherei. Heute werde ich den Tag in der Stadt zubringen und erst zum einsamen Diner um 6 Uhr heraus kommen.

Schluß und herzlichste Grüße für Sie und Toni von Ihrem Sie innigst liebenden   Franz Joseph«

Im Oktober 1901 gab die Schratt nach langer Bühnenpause zwei Gastspiele am Theater an der Wien. Gödöllö, den 23. Oktober 1901: »...Aus Ihren beiden lieben Telegrammen, für welche ich innigst danke, ersehe ich mit Betrübniß, daß Ihr Husten noch andauert, und daß Cyprienne, wie leider zu erwarten, denselben noch verschlimmert hat. Da wird der baldige Meineidbauer Ihr Unwohlsein noch verschlimmern und ich hoffe nur, daß Sie Sich nach diesen Anstrengungen gründlich schonen werden. Sehr erfreut bin ich, daß Sie mit dem Erfolge Ihres Wiederauftretens nach so langer Unterbrechung zufrieden waren und ich bin neugierig in den Heute eintreffenden Zeitungen die Berichte über die Vorstellung zu lesen...«

K. K. priv. Theater an der Wien

→» Direction: Wilhelm Karczag und Georg Lang. «←

Montag den 21. Oktober 1901.

Zum Besten des Journalisten- und Schriftsteller-Vereines „Concordia"

unter gefälliger Mitwirkung von

Frau Katharina Schratt

k. k. Hof-Schauspielerin

der Herren k. k. Hof-Schauspieler **Ernst Hartmann, Arnold Korff** und **Otto Treßler**
und der Mitglieder des Deutschen Volkstheaters: Fr. **Gribl,** Frl. **Joseffy,** Fr. **Ujhazy,**
Frl. **Wallentin** und der Herren **Broda, Eppens, Frink, Materna, Meixner**
und **Retty.**

CYPRIENNE

(Divorçons)

Lustspiel in drei Akten von Sardou und E. de Najac. Bearbeitet von Oscar Blumenthal.

Herr v. Prunelles	,	,	,	,	Hr. **Hartmann.**
Cyprienne, seine Gattin	,	,	,	,	Fr. **Schratt.**
Abhémar v. Gratianan, ihr Cousin	,	,	,	,	Hr. **Korff.**

Gödöllö, den 1. November 1901: »...Die Triumphe, welche Sie bei beiden Vorstellungen gefeiert haben, haben mich sehr gefreut und ich habe die Beschreibung derselben mit Entzücken in der Zeitung gelesen. Ich denke, daß auch Ihre Stimmung eine rosigere sein wird. Von mir kann ich nicht dasselbe sagen... Morgen werden sich unsere Gedanken wieder im Gebete für unsere unvergeßliche, theuere Verklärte vereinigen. Die Zeit vergeht, der Schmerz bleibt...«

»Wien, den 25. Jänner 1902.

Meine liebe gute Freundin,

Jetzt sind es leider schon über acht Tage, daß ich Sie nicht gesehen habe. Ich habe aber in dieser langen Zeit viel an Sie gedacht und hoffe innigst, daß Sie, durch die gute Gebirgsluft vollkommen hergestellt, bald nach Wien zurückkehren werden. Ich hoffe dieses um so mehr, als die Zeit des Wiedersehens eine sehr kurze sein wird, wenn Alles

473

was in der Zeitung über Ihren Ausflug nach Berlin und über Ihre baldige Abreise zu der unglückseeligen amerikanischen Tournée steht, richtig ist. Ich muß auch schon am 4. Februar nach Ofen reisen, um dort einige Zeit zuzubringen und so wäre es mir schrecklich und zu traurig, wenn ich Sie, theuerste Freundin, vor der langen Trennung nicht noch einige Male besuchen könnte.

Ich hätte Ihnen gerne schon früher geschrieben, allein ich konnte leider in diesen letzten Tagen keinen freien Augenblick finden. Die Hetze war zu groß: Sitzungen, Bälle, die Hochzeitsfeierlichkeiten nahmen meine ganze Zeit in Anspruch und wenn ich Abends später ins Bett kam, schlief ich Morgens länger, was mein zunehmendes Alter leider erfordert. Die Hochzeit[1] ging gut von statten, die Braut sah sehr hübsch und glücklich aus und war bei der Renunciation, der Soirée und der Trauung sehr gut und élégant angezogen. Der Abschied am Bahnhofe war gar nicht traurig, das neuvermählte Paar sah nur glückstrahlend aus. Meine Töchter verlassen mich heute mit dem Orientzuge. Mit ihnen war ich nach unendlich langer Zeit wieder einmal im Theater und zwar in Hoffmanns Erzählungen im Opernhause. Die Vorstellung war vortrefflich. Heute setze ich meine Diners fort, deren noch einige vor meiner Abreise stattfinden werden.

Wenn Sie recht gut sein wollen, so haben Sie die Güte *mir zu telegraphiren wie es Ihnen geht* und mir seiner Zeit wissen zu lassen, an welchem Tage und zu welcher Stunde Sie wieder hier eintreffen werden. Ich werde mich dann schriftlich um eine Audienz bewerben. Und nun Adieu und auf hoffentlich nicht gar zu fernes Wiedersehen. In treuer Freundschaft und mit 1000 herzlichsten Grüßen Ihr Sie innigst liebender   Franz Joseph«

Daß freilich auch der Amerika-Plan nichts als ein Druckmittel der Freundin war, um eine größere Geldsumme zu bekommen, verstand der Kaiser nicht. Immerhin schaltete die Schratt ihre Freundin Nora Fugger als Vermittlerin ein. Gräfin Fugger versuchte den Kaiser dazu

---

1 Franz Josephs Lieblingsenkelin, die 18jährige Erzherzogin Elisabeth (»Erzsi«), das einzige Kind des Kronprinzen Rudolf, heiratete den um zehn Jahre älteren, nicht ebenbürtigen Prinzen Otto Windischgraetz.

zu bewegen, die geplante Tournee der Schratt zu verhindern, zunächst mit dem Argument: »Wenn sie mit allem ihrem Schmuck dort auftritt, werden alle Zeitungen davon voll sein, die Leute werden Reklame machen und ich fürchte, sie wird nicht nur als Künstlerin gefeiert werden!« Der Kaiser verständnislos: »Versuchen Sie nur, ihr das zu sagen!«

Gräfin Fugger, nun deutlicher: »Amerika ist nun einmal das Land der Sensationen, man wird sie, noch bevor sie dort eintrifft, durch Plakate – nun stockte ich etwas, bevor ich die nächsten Worte herausbrachte – als das ankündigen – was sie bei Eurer Majestät nie gewesen ist.« Der Kaiser, nervös, aber nach wie vor nicht begreifend: »Ja, ja, Sie können recht haben, aber wie soll man das verhindern?« – »Majestät brauchen doch nur zu sagen, daß Sie ihr Hierbleiben wünschen und dann wird sie es tun.« Franz Joseph: »Da kennen Sie sie schlecht!«

Die Gräfin versuchte nun im Beisein des Kaisers die Schratt zu überreden, in Wien zu bleiben: »Doch sie entgegnete immer wieder, der Kaiser brauche sie nicht mehr. Nun blickte ich zum Kaiser, der stumm auf meiner anderen Seite stand. Ich hoffte, er würde irgend etwas Nettes sagen, um sie von ihrem Vorhaben abzubringen. Was sagte er aber? ›Sie haben ja doch gar keinen Impresario.‹« Gräfin Fugger: »Diese Worte wirkten wie eine kalte Dusche... Ich zog mich mit dem Gefühl zurück, daß seine Majestät kein homme à femme sei« (Fugger, 400 ff.).

Sehr unwirsch reagierte der Kaiser aus Ofen, den 6. Februar 1902, auf die für ihn unverständlichen Vermittlungsversuche: »...Das an mich gerichtete Schreiben der Gräfin Fugger beweist, daß sie sich mit dem besten Willen und mit Feuereifer Ihrer Klagen, Vorwürfe und Wünsche annimmt und Alles was sie in Ihrer Wohnung mit mir besprochen hat, als feststehend betrachtet, während ich sie nur anhörte und nur im Allgemeinen auf ihre Vorschläge antwortete. Ich muß mir daher vorbehalten, diese Punkte nach meiner Rückkehr nach Wien mit Ihnen zu besprechen, da ich bestimmt hoffe, Sie, nach Aufgeben Ihrer Amerika Reise, dort zu finden. Seien Sie überzeugt, daß ich immer Ihr Bestes erreichen möchte, wenn Sie es einem auch nicht immer leicht machen, und daß ich so gerne Alles was möglich und was in Ihrem eigenen Interesse gelegen ist thun möchte, um Sie zufrieden zu machen und Ihre Stimmung zu beruhigen...«

Wieder einmal trat nun Eduard Palmer als rettender Engel auf und sagte deutlich, um was es eigentlich ging: »Wenn Frau von Kiss-Schratt es aufgeben würde, ginge ein großer Gewinn für sie verloren, mit dem sie ihre Finanzen in Ordnung bringen wollte... Der Kaiser... erklärte sich unter dem Eindrucke meiner energischen Intervention sofort bereit, die finanzielle Ordnung selbst zu übernehmen, wenn Frau Schratt in Wien bliebe« (Fugger, 401).

In dieser Zeit wurde die Schratt Eigentümerin eines vierstöckigen Hauses am Anfang der Mariahilferstraße, also in bester Geschäftsgegend, laut Eulenburg ein »Millionenobjekt« (II, 233).

Sie gab zwar die Amerikareise auf, war aber keineswegs versöhnt. Immer noch wollte sie das Haus in der Gloriettegasse aufgeben und sich dafür in der Gegend von Salzburg ansiedeln. Franz Joseph traurig aus Ofen, den 11. März 1902: »...Ich denke so viel mit Sehnsucht an Sie, denke viel über vergangene, bessere Zeiten nach, fühle mich so einsam und bin überhaupt in recht trüber Stimmung. Ihre unerwartete Flucht von Wien hat mich der Freude und der Möglichkeit beraubt, mit Ihnen zu sprechen, aber es war vielleicht besser so, denn in den wenigen Tagen, welche ich gelegentlich der goldenen Hochzeitsfeier[1] in Wien zubrachte, hatte die Hetze einen so hohen, nie dagewesenen Grad erreicht, daß es mir kaum möglich gewesen wäre, einen Augenblick zu finden, um Sie zu besuchen. Dieser gänzliche Mangel an Zeit ist auch schuld, daß ich Ihren lieben Brief nicht beantworten konnte, so lange Sie noch in Europa erreichbar waren.

Aus Ihrem Briefe und aus dem, was ich durch Palmer erfahren habe, ersehe ich, daß Sie den Entschluß gefaßt haben, in Ihre finanziellen Verhältnisse Ordnung zu bringen, was ich nur vollkommen billigen kann. Ich habe darüber gelegentlich meines Aufenthaltes in Wien eingehend mit Palmer gesprochen, der Ihnen, wie ich glaube, hierüber geschrieben hat.

Ich bedauere, daß Sie bei Salzburg wieder keinen passenden Besitz

---

1 des Ehepaares Erzherzog Rainer am 21. Februar 1902

gefunden haben und finde es sehr zweckmäßig, daß Sie bei etwaigem Ankaufe eines solchen sehr vorsichtig zu Werk gehen. Aber die liebe Villa in der Gloriette Gasse sollten Sie nicht aufgeben. Sie haben diesen kleinen Besitz, wie ich glaube, gern und ich hätte die Möglichkeit Sie dort öfters zu besuchen. Ich hoffe ja, daß, wenn sich auch Manches leider geändert hat, unsere gute, treue Freundschaft fortbestehen wird und daß ich noch immer manchmal in Ihrer lieben Gesellschaft einen der wenigen Lichtpunkte meiner trüben Existenz finden werde...« (B)

Ofen, den 12. Mai 1902: »...Hoffentlich sind Sie dann so lieb und gut wie vor Ihrer Abreise von Wien und ich kann hoffen einige glückliche Augenblicke in Ihrer Nähe zuzubringen. Ich bedarf derselben und einiger Erheiterung so sehr, denn ich bin besonders melancholisch und müde und Sie werden mich recht gealtert und geistig geschwächt finden. Ich denke viel über die Vergangenheit nach und viel an die traurige, hoffnungslose Zukunft und an den Tod, Letzteres ist nützlich, denn man kann sich auf den letzten Augenblick nicht genug vorbereiten.

Sie werden gewiß sehr viel Interessantes von Ihrer weiten Reise[1] zu erzählen haben. Recht schmerzlich war es, so unendlich lang fast nichts von Ihnen zu erfahren und ich war so froh als ich Sie endlich in Lissabon wußte..

Meine einzige Freude während Ihrer Abwesenheit waren meine 7 Enkelkinder, welche mit Valérie einige Wochen in Schönbrunn zubrachten. Mit dem Alter wird man kindisch und so passe ich immer mehr zu ihnen und in ihre Gesellschaft, nemlich in jene der Kinder...« (B)

Ischl, den 4. Juli 1902: »...Vorgestern ist meine Herreise programmäßig verlaufen. Ich brachte zwei Stunden in Mauer Öhling zu, das ein sehr schönes, in schönem Walde gelegenes mit allen Erfindungen der Neuzeit ausgestattetes Établissement ist mit Wirtschaftshof, Maierei, Feldern, Werkstätten etc – alles zum Besten der Narren. Es muß ein Hochgenuß sein, dort eingesperrt zu sein. Platz ist auf 1000 bis 1500 Geisteskranke, bis jetzt sind aber erst 400 dort und da das

---

1 Die Schratt bereiste die Kanarischen Inseln.

Ganze erst im Beginne ist, so bekam ich die Narren nur von Weitem zu sehen. Offenbar sind sie noch nicht in der gehörigen Disciplin...

Gestern Früh habe ich eine einsame Promenade hinter den Jainzen zu der Bank gemacht, auf welcher wir in besseren Zeiten so oft gesessen sind, bei der Quelle, in welcher Ihr Trinkbecher liegt, begegnete ich ein Reh, die liebe Felicitas sah ich von Weitem liegen und dabei dachte ich an Sie...«

»Ischl den 28. Juli 1902.

Meine liebe gute Freundin,

So eben, beim Erwachen, erhielt ich Ihren lieben Brief, nach so langer Zeit wieder einmal Ihre theuere Handschrift. Innigsten Dank. Ich bin so glücklich, daß Sie mich nicht vergessen haben und daß Sie mir so vieles und mich interessirendes erzählen. Sie schreiben ganz wie in früheren Zeiten und das laßt mich hoffen, daß Ihre Stimmung doch etwas ruhiger und besser geworden ist. Ich habe Ihnen jetzt lange keine Nachricht von hier gegeben, da Sie so gar nichts von Sich hören ließen und ich daher nicht wußte, ob Ihnen meine Briefe angenehm wären. Eben Heute Früh wollte ich wegen Absage in Folge Regenwetters einer Jagd in Aurach, die freie Zeit benützen, um Ihnen doch wieder einmal zu schreiben, als ich Ihren lieben Brief auf meinem Schreibtische fand und daher gleich diesen beantworten kann.

Mit Ihnen freue ich mich über die Gewichts Abnahme Tonis, der, wenn das so weiter geht, ganz schlank zurückkehren wird. Die erwartete Rückkehr Ihres Gemahles bedauere ich innigst, da Sie leider wieder manche Unannehmlichkeit haben werden.

Durch Fürst Liechtenstein, der Heute hier eintreffen soll, hoffe ich etwas über Ihr Aussehen und Ihr Befinden zu erfahren. Daß Barker[1] hierher kommen soll, hat mir Valérie bereits Gestern erzählt. Ich freue mich ihn wiederzusehen, denn auch er ist eine Erinnerung an vergangene Zeiten, an welche man so gerne in Wehmuth zurückdenkt und welche in jeder Beziehung besser waren, als die Gegenwart.

Es ist sehr schön von Ihnen, daß Sie die armen Narren so oft durch

---

1 Frederic Barker war Griechischlehrer der Kaiserin Elisabeth gewesen.

Ihren Besuch[1] erfreuen, aber zur Erheiterung Ihrer Stimmung kann es nicht beitragen. Auch meine Stimmung ist nicht heiter, kann es wohl auch nicht sein und so freue ich mich nur an den Kindern und gehe zur Abwechslung manchmal auf die Jagd, seltener ins Theater. Seit einigen Tagen ist mein Schwiegersohn Leopold mit seinem Sohne Georg hier und Gestern Abend ist Gisela gekommen, welche Konrad noch so lange in München Gesellschaft geleistet hat, bis er mit der Kriegschule zur Übungsreise abgegangen ist. Sie hat in letzter Zeit an einem hartnäckigen Husten gelitten, sieht aber ganz gut aus.

Vor einigen Tagen war der Kronprinz von Sachsen[2] hier, um die Thronbesteigung seines Vaters zu notificiren. Wir unternahmen mit ihm eine Fahrt auf den Schafberg, an welcher auch Valéries vier größere Kinder theilnahmen, welche sich sehr gut unterhielten. Die Aussicht war leider wegen dunstiger Luft sehr beschränkt, allein während der Dampfschiff Überfahrt und bei der Fahrt mit der Zahnradbahn konnte ich Frauenstein, den dahin führenden Weg, den ich so oft ging, die Badehütte, die Schiffhütte und von oben auch zwischen den Bäumen das Haus sehen und dabei an die glücklichen Tage unserer beginnenden Freundschaft denken. An Besuchen fremder hoher Herrschaften fehlt es Heuer leider nicht und es ist durch dieselben besonders Leopold unangenehm berührt, weil einige Jagdtage verloren gehen. Am 3. kommt der König von Rumänien und bleibt zwei Tage, was recht mühsam sein wird, besonders wenn das Wetter schlecht wäre.

Am 8. und 9. soll in Radmer gejagt werden und am 10. ist dort das feierliche 300jährige Jubiläum der Kirche, welche ich jetzt glänzend renoviren ließ. Am 25. hatte ich hier Goluchowski, Körber und Ihren Freund Széll zu mühsamer Arbeit und dann war noch Körber den folgenden Tag lange bei mir. Am 15 und 16. August kommen die beiden Minister Präsidenten wieder hierher und außerdem sind die laufenden Arbeiten stärker als sonst und dann soll mein hiesiger Aufenthalt ein Erholungs Urlaub sein!

---

1 Auch mit ihren häufigen Besuchen in Irrenhäusern imitierte Katharina Schratt die Kaiserin.

2 Kronprinz Friedrich August, Sohn König Georgs von Sachsen

Doch jetzt will ich Sie nicht länger mit meinen Klagen belästigen und nur die Hoffnung aussprechen, daß ich Sie vielleicht in nicht gar zu ferner Zeit in Hietzing wiedersehen kann, da ich vom 5. bis 11. September in Schönbrunn sein werde. Gott sei mit Ihnen, liebe gute Freundin und denken Sie freundlich an Ihren, Sie innigst liebenden

Franz Joseph«

»Ischl, den 5. August 1902.

Theuerste Freundin,

Obwohl Sie Gestern noch nicht eingetroffen sind, will ich doch, hoffend daß Sie heute kommen, diese Zeilen in die Felicitas senden, damit dieselben Sie dort herzlichst begrüßen und um Ihnen bestens für Ihr, durch Netti überbrachtes Schreiben zu danken. Leider kann ich Sie erst Morgen Nachmittag besuchen, da ich Heute und Morgen Früh mit dem Könige von Rumänien vollauf beschäftigt bin, der uns erst Morgen um 10 Uhr verläßt. Wenn Sie erlauben und Ihnen die Stunde bequem wäre, werde ich Morgen Nachmittag um 4 Uhr in die Felicitas kommen und bitte mir die gewohnte kleine Gartenthüre aufsperren zu lassen, oder mir den Schlüssel derselben zu schicken. In froher Erwartung des Wiedersehens bleibe ich mit 1000 herzlichsten Grüßen Ihr Sie innigst liebender

Franz Joseph«

»Schönbrunn, den 21. Septbr. 1902.

Meine liebe gute Freundin,

Endlich kann ich wieder einige Zeilen an Sie richten, um Ihnen auch schriftlich für Ihren lieben, ausführlichen Brief vom 10., für Ihr Telegramm vom 18. herzlichst zu danken und beiliegenden amusanten Brief zurückzustellen, auch Ihnen Nachricht von mir zu geben, da Sie noch immer freundlichen Antheil an meinen Schicksalen nehmen.

Die Beschreibung Ihrer Jainzen Besteigung hat mich sehr interessirt und danke innigst, daß Sie am 10., trotz stiller Woche, in der Kirche waren. Gewiß waren unsere Gedanken an diesem schmerzlichen Tage vereint. Ich habe in Schönbrunn meine Andacht verrichtet, war dann in der Gruft, wo viele Kränze auf dem theuren Sarge lagen und um 11 Uhr war das Requiem mit feierlichem Kirchengange, an welchem viel mehr Leute theilnahmen, als ich erwartet hatte. Ich bedauere sehr, daß Sie mit Ihrem Befinden nicht vollkommen zufrieden sind und daß Ihre Laune noch immer trüb ist, was bei dem herrlichen Wetter in den lieben Bergen nicht der Fall sein sollte. Wie beneide ich Sie um den Ischler Aufenthalt und doch bedauere ich, daß Sie denselben auf unbestimmte Zeit verlängern, da ich Ihre liebe Gesellschaft vermissen muß.

Ich kann mir denken, wie viel Frau Dahn wieder getratscht haben wird, was Sie durch einige Zeit erheitert haben wird, aber auf die Länge doch ermüdend ist und so hoffe ich, daß sie nicht zu lange geblieben ist.

Gleich beim Beginne dieses Briefes hätte ich sagen sollen, warum ich erst Heute schreibe. Während der Manöver war es mir unmöglich, denn die Hetze, die Anstrengung war groß und die Ermüdung dem entsprechend und hier brachte ich die bisherigen Tage arbeitend und Leute sehend in der Stadt zu und die frühen Morgenstunden, in welchen ich hätte schreiben sollen, bin ich im Garten spazieren gegangen, was mir bei dem herrlichen, sehr kühlen Wetter sehr wohl that und was Sie daher hoffentlich verzeihen werden.

Heute bleibe ich in Schönbrunn und gedenke gegen Abend in den Thiergarten zu fahren, wo ich auch vor meiner Reise nach Sassin war und das Haus besichtigt habe, in welchem gearbeitet wird, um Alles für Valérie und Familie herzurichten.[1] Einige Zimmer sind ganz ausgeräumt und dieser Anblick berührte mich recht schmerzlich, läßt sich aber nicht vermeiden, viele Zimmer, darunter meine Wohnung, sind ganz unberührt geblieben. Der Thiergarten ist noch schön grün, auch die Wiesen. Dasselbe ist im Hietzinger Garten der Fall. Das Wetter ist wunderbar schön mit sehr kalten Morgen, Heute kaum 4°. Es ist mir nicht ganz recht, denn ich fürchte den Rückschlag nach dieser unendlich langen schönen Zeit für unsere bevorstehenden Jagden in Eisenerz, zu welchen wir am 28. abfahren sollen.

Zu den Manövern hatten wir unausgesetzt das denkbar beste, *kühle* Wetter, was bei den anstrengenden Märschen für die Truppen sehr

---

1 Die Erzherzogin hatte von ihrer Mutter Elisabeth die Hermesvilla in Lainz geerbt und ließ sie nun für ihre Bedürfnisse umbauen.

vortheilhaft war. Ich habe noch nie so gelungene Manöver gesehen, der deutsche Kronprinz[1] war charmant und gar nicht störend, auch sehr befriedigt, ich war viel und lange im Sattel, habe es ausgehalten, war aber mit meinem Reiten nicht immer zufrieden.

Die Wohnungen im großen Schloße waren sehr bequem. Mit der jungen, hübschen Julie Apponyi, welche das Bouquet ohne Rede sehr gracios überreichte, war ich nach Möglichkeit aimable, habe ihr aber von den Holicser Jagden nichts gesagt, da ich doch nicht die Finanz Maßregeln von Alex Taxis stören kann. Während den Manövern sah ich Mutter und Tochter Apponyi nur von Weitem zu Pferde. Übermorgen kommen die ungarischen Minister und da geht die mühsame Arbeit wieder an, welche jetzt hoffentlich zu einem Endresultate führen wird.

Ich bedauere den armen Palmer! Welche unglaubliche Defraudation bei der Länderbank!![2] In der Zeitung las ich, daß Nyáry in Hietzing gestorben ist. Es ist wohl eine Erlösung für den armen Mann. Ich habe genug geschrieben, daher Adieu, theuerste Freundin und auf hoffentlich nicht gar zu fernes Wiedersehen. Mit den herzlichsten Grüßen bleibe ich Ihr Sie innigst liebender   Franz Joseph«

»Schönbrunn den 25. Novbr. 1902.

Nur wenige Zeilen, um Ihnen, theuerste Freundin, meine innigsten Glückwünsche zum heutigen Tage auszusprechen. Gott segne und beschütze Sie. Er verleihe Ihnen Gesundheit, eine bessere Stimmung, mehr Ruhe und weniger Sorgen, Kummer und Ärger.

Gestatten Sie mir, daß ich Ihnen für Ihre Güte und für Ihre wohlthuende Freundschaft während dieser ganzen letzteren Zeit, besonders aber seit mich die Schmerzen plagen, von ganzem Herzen danke. Mit diesem Briefe werden Ihnen meine Namenstag Geschenke übergeben werden, welche ich Sie bitte, in Gnaden entgegen zu nehmen. Es ist mir ein wahrer Schmerz, daß ich sie nicht selbst in die Gloriette Gasse bringen kann. Hoffentlich hat Sie die gestrige Vorlesung nicht zu sehr ermüdet und können Sie jetzt einige Tage vollständiger Ruhe genießen.

---

1 Der älteste, 1882 geborene Sohn Wilhelms II., Friedrich Wilhelm

2 Eduard Palmer war Generaldirektor der Österreichischen Länderbank.

Valérie, die Gestern pünktlich angekommen ist und, Gott lob, nicht in der Hoffnung ist, grüßt Sie herzlichst.

Da ich melden soll, wie es mir geht, kann ich nur sagen, daß der gestrige Tag passabel war, wenige Schmerzen, guter Appetit, Mittags ½stündiger Spaziergang im kleinen Garten, um 5 Uhr Diner mit Valérie. Gegen Abend etwas häufigere Schmerzen und in der Nacht mehr Schmerzen, als in den vorhergehenden Nächten. Es will halt nicht recht besser werden und man muß Geduld haben.

Jetzt Adieu, liebe Freundin und auf hoffentlich nicht zu fernes Wiedersehen. Mit tausend herzlichsten Grüßen, Ihr Sie innigst liebender Franz Joseph«

Ofen, den 5. Februar 1903: »... Jetzt wird Sie wohl die stille Woche bald an das Bett fesseln und so werden Sie nicht so bald zur großen Fahrt nach dem Süden reisefähig sein. Ich will Sie nicht alle Tage mit einer telegraphischen Anfrage nach Ihrem Befinden belästigen, hoffe aber sehr, daß Sie mir nach Eintreffen dieses Briefes ein Telegramm senden.

Zu berichten habe ich eigentlich nichts, ich schreibe aber doch, weil es mich sehr freut ein wenig, wenn auch leider aus der Ferne, mit Ihnen zu plauschen, weil ich denke, daß es Ihnen vielleicht doch angenehm ist, etwas von mir zu hören und weil ich Ihnen beweisen will, daß meine Gedanken bei Ihnen sind. Ich fühle mich hier sehr einsam, die Stimmung ist trüb und ich schlafe schlecht. Gestern war ein besonders melancholischer, regnerischer Tag, an dem ich nicht aus meinem Zimmer kam; die Temperatur ist gleich mit Wien. Vor meiner Abreise von dort, waren noch Franz und Valérie mit 5 Kindern bei mir. Theodor brachte mir schöne, gelbe, selbstgepflückte Primeln aus dem Thiergarten. Er war sehr lustig und erfreut meine Zimmer genauestens besichtigen zu können. Natürlich unterhielten sich die Kinder wieder mit *Ihren* Lieblings Spielsachen, dem elektrischen Cigarren Anzünder und der gewißen alten Bürste.

Vorgestern war ich bei sehr warmer Luft und schönem Wetter im Garten spazieren, wo ich meine 3 Urenkel begegnete...«

Ofen, den 7. Februar 1903: »...Gegen 8 Uhr Abends kamen Gestern Otto und Marie Josepha und bleiben hier bis Mittwoch. Sie erzählten mir viel von Dresden, wo sie eben einige Tage zugebracht hatte und von dem traurigen Skandale,[1] welcher auch in den Zeitungen zu keinem Ende kommt...«

Ofen, den 9. März 1903: »...Das miserable Wetter bedauere ich auch sehr, da dasselbe Sie melancholisch stimmen wird. Hier hatten wir Gestern, nach einer Reihe schöner, sonniger Tage, ziemlich starken Regen, welcher die Theilnehmer an einer großen Volksversammlung mit dem Demonstrations Umzuge naß machte, was nicht schadete...«

Ofen, den 19. März 1903: »...Innigsten Dank, daß Sie am 10. am Sarge unserer theuren Unvergeßlichen auch für mich gebetet haben. Ich kann es brauchen, denn meine Stimmung ist immer eine recht düstere, wie es wohl auch nicht anders sein kann bei dem vielen Ärger, besonders hier in Ungarn. In Wien geht es, Gott lob, besser und jedenfalls hoffe ich dort eine ruhigere Zeit zu finden.

Wie schön und interessant muß der Ausbruch des Vesuv sein! Wie glücklich sind Sie, gerade zu diesem Schauspiele nach Neapel gekommen zu sein. Hoffentlich werden Sie in Ihrer Wißbegierde und Tollkühnheit sich den gefährlichen Stellen nicht zu sehr nähern...«

Ofen, den 8. April 1903: »Obwohl ich noch keine Nachricht von Ihrem Eintreffen an der Riviera habe und trotzdem Sie mir schrieben, daß Sie nach Mentone gehen, so adressire ich doch diesen Brief nach Monte Carlo, da man mir auf Anfrage in Ihrer Wohnung Ihre Adresse: Monte Carlo Hotel Metropole bekannt gab und es mir ganz wahrscheinlich scheint, daß Sie Sich in der Nähe Ihrer theuern Spielsäle niedergelassen haben, wo Sie nun wohl auch Toni in die Freuden des Rouge et noir einweihen; eine jedenfalls gelungene Erziehungs Methode...

Wie beneide ich Sie um den Besuch der Riviera und wie glücklich wäre ich, Alle die bekannten Orte wiederzusehen, an denen ich in definitiv begrabenen, besseren Zeiten frohe und auch beängstigende

---

1 Es handelte sich um Kronprinzessin Louise von Sachsen, eine Tochter Großherzog Ferdinands IV. von Toscana, die mit dem Französischlehrer ihrer Kinder in die Schweiz geflohen war und dort im Mai 1903 ein Mädchen zur Welt brachte. Erzherzogin Maria Josepha war eine Schwester des Kronprinzen.

Stunden zubrachte und dort wehmüthige Erinnerungen wieder zu erwecken...«

Im Sommer 1903 spitzte sich wieder die Lage in Ungarn zu. Das Abgeordnetenhaus wurde durch Obstruktion der Radikalen lahmgelegt, das Budget verweigert, wieder einmal die Einheit der k.u.k. Armee in Frage gestellt. Schließlich mußte Ministerpräsident Koloman von Széll zurücktreten.

Schönbrunn, den 1. Juli 1903: »...Wenn Sie jetzt hier gewesen wären, hätte ich Sie nur ganz wenig besuchen können, denn ich habe kaum einen freien, ruhigen Augenblick und fahre immer schon sehr früh in die Stadt. Seit ich wieder in Schönbrunn bin, war ich erst ein einziges Mal im Garten und einmal in der Villa Hermes. Dabei ist die Stimmung den Umständen angemessen, die trübste, die Nerven sind angegriffen und ich fühle mich sehr müde. Alles das wird mich hoffentlich in Ihren Augen entschuldigen, daß ich so lange nicht geschrieben habe. Die einzigen Lichtpunkte in dieser düsteren Zeit waren meine Truppenbesichtigungen, die bisher ganz besonders befriedigend ausgefallen sind. Sowohl die Parade in Ofen, als eine Übung im Prater und besonders die zweitägige Inspicirung in Bruck vorigen Donnerstag und Freitag waren sehr erfreulich und auch vom Wetter sehr begünstigt... Palmer habe ich wegen Mangel an Zeit noch nicht gesehen, ich werde ihn aber in den nächsten Tagen, Ihrem Wunsche gemäß, zu mir bitten lassen...«

»Ofen, den 26. August 1903.

Meine liebe gute Freundin,

Nach der mir schon sehr lange vorkommenden Trennung, während welcher ich leider gar nichts von Ihnen gehört habe, sende ich Ihnen endlich einige Zeilen, um Ihnen zu zeigen, daß ich an Sie denke und um Ihnen die Manöver Eintheilung zu schicken. Ob ich übrigens alle beabsichtigten Manöver mitmachen werde, oder ob ich nicht gezwungen sein werde, wieder hierher zu kommen, um ein definitives Ministerium zu Stande zu bringen, weis ich noch nicht. Ich hätte Ihnen schon früher schreiben sollen, bin aber nie recht dazu gekommen, hätte auch gar nichts interessantes zu melden gehabt. Ich führe hier die traurigste, monotonste und dabei doch aufregendste Existenz, die sich denken laßt. Ich bin nur zweimal aus dem Hause gekommen, am 20., um zur Stephansfeier in die Mathiaskirche zu fahren und Gestern, um im Rochus Spitale die Verletzten vom entsetzlichen Brande zu besuchen, der Vorgestern Abend ein Haus ganz zerstört und zwei Andere beschädigt hat, wobei leider 13 Menschen, hauptsächlich durch Springen aus den Fenstern, den Tod fanden. Ich gehe manchmal in den Garten, aber immer nur auf kurze Zeit, da die Hitze längeres Gehen zu ermüdend macht. Seit dem 20., wo es noch sehr kühl war, ist eine fortgesetzte, ununterbrochene Reihe sonniger Tage mit noch immer zunehmender Hitze eingetreten, welche sehr lästig ist. Besonders meine Zimmer sind entsetzlich heiß und in Folge dessen, so wie der andauernden Nerven Aufregung sind die Nächte sehr unruhig. Seit ich hier bin, habe ich täglich einige der sogenannten maßgebenden Politiker empfangen. Gescheidter bin ich dadurch nicht geworden, aber der Eckel über diese Zerfahrenheit und Feigheit hat nur zugenommen. Einigen Erfolg soll die Äußerung meines Willens doch gehabt haben. Ich habe hauptsächlich das Gefühl: Aussi möcht ich und nächsten Samstag werde ich demselben Folge geben, da ich zum Empfange des Königs von England nach Schönbrunn reisen werde.

Meine Enkelin Auguste und ihr Mann sind die ganz Zeit hier, sie ist aber leider seit einigen Tagen gezwungen zu liegen, wegen Schmerzen im Unterleibe, die sich Dr. Kerzel noch nicht recht zu erklären weis.

Von meinen Töchtern habe ich, Gott lob, gute Nachrichten. Valérie und besonders Ella und Hedwig sind von ihrem Aufenthalte in Württemberg bei Amélie Urach sehr befriedigt. Morgen reisen sie zu Trani nach Tölz, von dort zu Taxis nach Garatshausen bei Possenhofen und am 31. trifft Valérie, nachdem sie alle Kinder nach Wallsee begleitet haben wird, zum Empfange des Königs von England in Wien ein. Sie hat Mädi Hohenzollern, die sie nach 6jähriger Trennung in München wiedersah, gealtert gefunden. Gisela kommt für den 10. Septbr. nach Wien. Hoffentlich geht es Ihnen gut und ich vermuthe, daß das Wetter in Ischl schön ist. Gräfin Fugger nimmt Sie gewiß stark in Anspruch und vielleicht ist es ihr doch gelungen Sie mit der Gräfin Mier zusammen zu bringen. Vielleicht bekomme ich doch bald ein Lebenszeichen von Ihnen, wenn es auch nur ein Telegramm ist.

In der Zeitung habe ich gelesen, daß Sie im Oktober im deutschen Volkstheater die Kaiserin Maria Theresia spielen werden. Ist das wahr?

Jetzt habe ich genug geschwätzt, daher Adieu, theuerste Freundin. Mit nochmaliger, dringender Warnung vor den Gefahren der Gletscher und mit den allerherzlichsten Grüßen, Ihr Sie innigst liebender
Franz Joseph
Toni herzliche Grüße.«

Die Nachricht, daß die Schratt als Maria Theresia in einem Lustspiel von Franz von Schönthan, »Die Kaiserin«, auftreten werde, war eine Sensation. In früheren Jahren hätte freilich eine besorgte Anfrage des Kaisers wie diese zu einer Änderung der Pläne geführt. Jetzt aber probte die Schratt ungerührt weiter. Sie war blendender Stimmung und sah für ihr Alter von fünfzig Jahren außerordentlich gut und strahlend aus. Als Pikanterie für Eingeweihte stand Viktor Kutschera als Kaiser Franz I., geliebter Ehemann Maria Theresias, neben ihr auf der Bühne. Die Beziehung war in dieser Zeit auf ihrem Höhepunkt. Laut Schratt-Nichte Katharina Hryntschak habe die Schratt den um zehn Jahre jüngeren verheirateten Kutschera, Vater zweier Kinder, sogar heiraten wollen (ein Indiz dafür, daß sich die Liebe bis nach 1909, dem Todesjahr des Schratt-Ehemanns hinzog?). Hryntschak: »Er hätte sich müssen trennen von der Frau, und sie (die Schratt) hätte müssen die Frau und die Kinder erhalten« (Kindermann). Das allerdings wäre dem Kaiser als dauerndem Geldgeber wohl kaum zuzumuten gewesen. Offenbar hatte er keine Ahnung von diesem gefährlichsten aller Nebenbuhler. In den vorliegenden Briefen kommt der Name Kutschera jedenfalls nicht vor.

»Ofen den 5. Septbr. 1903.

Meine liebe gute Freundin,

Für Ihren lieben, langen interessanten Brief danke ich nochmals schriftlich von ganzem Herzen, ebenso für Ihr gestriges Telegramm. Daß Ihr Befinden *ziemlich gut* ist, haben Sie schon seit langer Zeit nicht mehr gesagt, dasselbe muß also vortrefflich sein, was mich natürlich sehr freut und beruhigt. In Ihre Besteigung des Jainzen habe ich mich so recht hineingedacht. Wie schön muß es oben gewesen sein und wie gerne hätte ich mich mit Ihnen, wenn ich überhaupt noch hinauf käme, an die früheren, nie mehr wiederkehrenden, viel, viel besseren Zeiten erinnert und an die Unvergeßliche, welche diesen Berg so gerne und so viel bestiegen hat.

Da Sie die Güte haben, in Ihrem Telegramme die Hoffnung auszusprechen, daß ich mich wohl befinde, so melde ich, daß es mir eigentlich körperlich gut geht, bis auf abwechselnde hemeroidalische Störungen, aber die Nerven sind recht herunter und die Stimmung ist sehr trübe, auch bin ich recht müde. Leider habe ich die Manöver bei Arad aufgeben müssen und nun sitze ich wieder hier in den heißen Zimmern um wo möglich ein Ministerium zu Stande zu bringen, was aber sehr schwer geht, da ich in der Armeefrage in Nichts nachgebe.[1] Am 9. werde ich jedenfalls nach Wien reisen, um den 10. dort die Gruft zu besuchen und das Requiem mit zu machen. Meine Töchter kommen auch für diesen Tag nach Wien. Dann werde ich ganz nach dem Manöver Programme nach Galizien reisen. Am 18. kommt Kaiser Wilhelm von Béllye nach Wien zu dreitägigem Aufenthalte (wird auch eine Hetze werden) und am 30. der Kaiser von Rußland, der gleich, nach einem Déjeuner in Schönbrunn, mit mir nach Mürzsteg zu dreitägiger Jagd fahren wird, von wo er directe nach Darmstadt abreisen wird. Sie sehen also, daß meine Zeit gut in Anspruch genommen sein wird und doch hoffe ich Sie bei Ihrer Rückkehr in die Gloriette Gasse endlich wiederzusehen und einige Male besuchen zu können. Der Besuch des Königs von England ist gut vorübergegangen, war aber für mich um so ermüdender, als ich nach den Abendunterhaltungen immer nach Schönbrunn fuhr und daher wenig Zeit zum schlafen hatte. Freilich machte das keinen großen Unterschied, denn

---

1 Es ging weiterhin um die von den Ungarn bedrohte Einheit der k.u.k. Armee. Am 16. September 1903 erließ der Kaiser bei den Manövern bei Chlopy in Galizien einen energischen Armeebefehl, der seine Meinung öffentlich bekräftigte und großen Widerhall fand: »Gemeinsam und einheitlich, wie es ist, soll Mein Heer bleiben.« Der Kaiser setzte sein Vertrauen in den neuen ungarischen Ministerpräsidenten Graf Stephan Tisza, doch auch diesem gelang es nicht, die Lage zu entspannen.

ich schlafe noch immer schlecht mit zu frühem Erwachen und dann auftretenden schwarzen Gedanken.

In der Oper sah ich Gräfin Fugger mit Tochter und Sohn und Gräfin Mier, so daß Sie hoffentlich von einem Theile Ihrer Plagegeister befreit sind. Da ich nicht weis, ob ich später zum schreiben kommen werde, wünsche ich Ihnen schon Heute von ganzem Herzen Glück und Segen zum Geburtstage[1], gute Gesundheit und heitere, mir geneigte Stimmung. Mit meinem altersschwachen Gedächtnisse war ich nicht sicher, welcher Tag des Septembers eigentlich Ihr Geburtstag ist und so wendete ich mich an Hawerda, der mich versicherte, daß es der 11. sei. An diesem Tage werde ich versuchen, Ihnen zu telegraphiren, weis aber nicht, ob mein Glückwunsch Sie noch in Ischl erreichen wird. Meine Geschenke muß ich mir wohl vorbehalten Ihnen erst in Hietzing zu übergeben. Wegen Ihren Geldangelegenheiten hat Hawerda in meinem Auftrage mit Palmer gesprochen und die Sache in Ordnung gebracht.

Jetzt muß ich schliessen, um zu arbeiten. Daher Adieu, theuerste Freundin, geben Sie bei Ihren Gletschertouren recht acht und denken Sie manchmal an Ihren Sie innigst liebenden und Sie herzlichst grüßenden   Franz Joseph«

Nach einem beispiellosen Reklamefeldzug hatte das Lustspiel aus dem kaiserlichen Familienleben, »Maria Theresia« (immerhin war der ursprüngliche Titel »Die Kaiserin« umgeändert worden), am 17. Oktober 1903 im Deutschen Volkstheater Premiere. Katharina Schratt trug echte Juwelen, die die Sensation erhöhten. Denn jedermann wußte, daß es Geschenke Kaiser Franz Josephs waren. Der Programmzettel bestand aus silbernem Glanzstoff. Bis zum letzten Moment glaubten die Freunde der Schratt nicht daran, daß diese große Peinlichkeit wirklich in Szene gehen würde. Karl Kraus schrieb in der »Fackel« von einem »Gipfel der Geschmacklosigkeit«: »Dies wertvolle Stück Privatleben könne, so hoffte man, eine in gesellschaftlichen Höhen lebende, durch erlauchten Verkehr geadelte Künstlerin der Kulissensensation nicht opfern, allem Spieldrang zum Trotz nicht

---

1 Katharina Schratt wurde fünzig Jahre alt.

eine Spekulation auf die widerlichste Anzüglichkeit unterstützen, nicht die schlechteste Gelegenheit ergreifen, um vor einem nach Klatsch, nicht nach Kunst geilen Publikum die leeren Kassen eines Geschäftstheaters füllen zu helfen.« Und: »Welch eine Premiere! Was Wien an Schäbigkeit der Gesinnung und Noblesse der Erscheinung, an Glanz und Schwindel aufzuweisen hat, war erschienen, um dem seltenen Spektakel beizuwohnen« (»Fackel« 145, 28. Oktober 1903).

Bühnenhuldigung für die Schratt als Kaiserin Maria Theresia. Links stehend in der Rolle Kaiser Franz I.: Viktor Kutschera

Andere Zeitungen, so die Österreichische Illustrirte Zeitung, streuten der Schratt Rosen: »Aber alles ist nur auf eines gespannt, den Moment, wo die Kaiserin die Bühne betreten wird. Man kündigt sie laut an und da ist sie endlich. Nicht imposant, nicht blendend, im ersten Moment sogar einen müden, nervösen Zug um den Mund, den man früher nicht an ihr kannte; aber dann, wie sie die wärmeren, die Gemütstöne anschlagen darf – eine siegreiche Künstlerin. Sogar der prachtvolle Schmuck hat ein wenig enttäuscht, in dieser Welt des Scheins machen Simili-Brillanten, die man beliebig groß machen lassen kann, beinahe mehr Effekt. Doch allmählich beginnt es uns zu erfreuen, daß an unserer Kathi manches nicht so blendend, aber dafür echt ist – ihr Schmuck, ihr Herz, und ihr natürliches Spiel« (25. Oktober 1903).

Karl Kraus dagegen trocken: »Nun, Frau Schratt füllt ihren künstlerischen Platz aus, weil sie einen, wenngleich weder Geist noch Sinne sonderlich aufregenden Typus österreichischer Weiblichkeit verkörpert.«

Franz Josephs Reaktion ist mit Briefen nicht zu belegen: Es liegt kein Brief aus dem Zeitraum zwischen dem 5. September und dem 29. Dezember 1903 vor. Das Lustspiel »Maria Theresia« wurde weiterhin mit großen Erfolg beim Publikum gegeben.

»Wien den 29. Dezbr. 1903

Theuerste Freundin,

Ich melde, daß ich Gestern Abend hier eingetroffen bin und mich schon sehr freue Sie wiederzusehen. Jedoch bin ich Heute weder zu einem Spaziergange in Schönbrunn, noch zu einem abendlichen Besuche bei Ihnen geeignet, letzterer wäre auch ausgeschlossen, da ich vermuthe, daß Sie heute spielen. Ich bin nemlich in Wallsee über die Treppe herunter gefallen und durch diesen Sturz haben meine Rückenschmerzen zugenommen und sind durch den Nerven choc, wie Kerzel meint, gewiße nothwendige Funktionen seit 3 Tagen ganz unterblieben, so daß ich Heute nach fruchtlosen Versuchen eine Wirkung von rückwärts zu erzielen, Ricinus einnehmen soll. Sollten Sie Zeit und Lust haben, mich durch einen Krankenbesuch zu beglükken, so erlaube ich mir anzudeuten, daß die Zeit zwischen 12 und 2 Uhr die geeignetste wäre, eventuell wenn Sie nicht spielen sollten und es Ihnen bequemer wäre, um 6 Uhr.

Auf baldiges Wiedersehen hoffend und mit den herzlichsten Grüßen Ihr   Franz Joseph

Nochmals innigsten Dank für die schönen Geschenke.«

Im Frühjahr 1904 machte die Schratt eine Ägyptenreise. Der immer noch tief gekränkte Kaiser war mit Briefen zurückhaltend – was die Freundin prompt ärgerte. Sie schrieb (laut eigenhändigem Konzept): »Erst jetzt komme ich dazu den angekündigten Brief zu schreiben. Da die Sehnsucht nach Wien nach dieser Epistel nicht groß gewesen sein dürfte, so drückt mich die Verzögerung nicht *zu* stark. Bitte aber um Entschuldigung! Melde, daß sich meine Flucht *nach* Ägypten, kaum dort gelandet – in eine Jagd *durch* Ägypten verwandelt hat. Die alten Tempel Mocheen Gräber haben sich in Kopf und Magen breit gemacht und drücken und drücken – Leider hat die englische Civilisation die Menschen so verwandelt, daß sie nur noch in der Haut Farbe anders aussehen – – sich aber fast europäisch benehmen, was mir gar nicht behagt, sogar die Tracht leidet – man sieht viele Schwarze welche über ihr blaues oder weißes Hemd ein modernen Herrn Rock tragen – scheußlich. Alles Opfer der Cultur. Aber warum soll ich mit Beschreibungen von Land und Leuten langweilen. Euer Majestät haben dieses Land ja viel, viel intereßanter kennen gelernt...[1] Jetzt danke ich noch vielmals für die drei Telegramme, welche mir Euer Majestät nach Cairo gesendet – zu viel haben mich Euer Majestät mit Nachricht nicht verwöhnt. Wenn nicht Palmer welcher trotz taubengrauer Handschuhe edel ist, gewesen wäre, hätte ich gar nicht gewußt was in Wien vorgeht. Nun reisen wir... nach Messina Tunis Algier – Heute landeten wir in Malta – dürfen aber nicht ans Land, weil wir alle die Pest (aus Ägypten) in der Tasche haben – und die könnte davonlaufen. Meine beiden Damen[2] sind elend fix und fertig – ich nenne die Marienbaderin auch Dame – denn sie seufzt liegt den ganzen Tag – behauptet sich elend zu fühlen und läßt sich bedienen auch von mir – sobald wir festes Land unter den Füßen haben weiß sich die Lady in ihre frühere Gestalt zurück verwandeln... Nun fürchte ich aber schon zu langweilen – werde daher da ich nichts zu beantworten habe schließen. Küße vielmals die Hände, auch die welche mir nicht geschrieben hat, was gar nicht schön von dieser Hand ist...«

---

1 Der Kaiser hatte 1869 an der festlichen Eröffnung des Suezkanals teilgenommen.
2 Die Schratt reiste in Begleitung von zwei Gesellschafterinnen.

Von ganzem Herzen begrüße ich Sie, liebe, gute Freundin, bei Ihrer endlichen Rückkehr und danke Ihnen innigst für Ihren lieben, ungnädigen Brief, so wie für Ihre Telegramme. Ihre Vorwürfe habe ich nicht verdient, denn, da mir Ihr jeweiliger Aufenthalt und Ihre Fahrten und Ausflüge, so wie der Zeitpunkt derselben nicht bekannt waren, wußte ich nicht, wohin ich Briefe mit Sicherheit adressiren könne.

Da ich mich natürlich nach dem Wiedersehen sehne, werde ich, wenn Sie es erlauben, Sie Morgen Früh um 7 Uhr besuchen. Verzeihung wegen der frühen Stunde, allein da Morgen Audienzen sind

Der Kaiser beim Aktenstudium (Gemälde von Franz Matsch)

und ich gerade jetzt von Geschäften erdrückt bin, ist es mir nicht möglich zu einer späteren Stunde zu kommen. Leider muß ich Montag nach Ofen ziehen, so daß ich Ihre Gesellschaft nur wenig werde genießen können. Und wir hätten uns doch so vieles zu erzählen. Hoffentlich sind Sie von Ihrer Reise befriedigt und in brillantem Gesundheitszustande und heiterer Stimmung.

Mich auf das hoffentlich baldige Wiedersehen unendlich freuend, Ihr Sie innigst liebender   Franz Joseph«

»Schönbrunn den 12. Septbr. 1904.

Meine liebe gute Freundin,

Ihr lieber Brief aus Ischl vom 7. hat mich unendlich gefreut, er war ein Lichtstrahl in meinem einsamen, recht melancholischen Leben und ich danke Ihnen innigst für denselben. Ich konnte ja nicht ein Schreiben von Ihnen erwarten und besonders nicht so bald nach unserer Trennung, da ich weis, wie zuwider Ihnen das schreiben ist. Ich bin beschämt, daß Sie mir mit ihrem lieben Briefe zuvorgekommen sind; ich wollte Ihnen schon lange schreiben, fand aber leider keine Zeit, besonders weil ich in den frühen Morgenstunden auf Drängen Dr. Kerzels im Garten einen einsamen und nicht eben heiteren Spaziergang machen muß.

Der Ton Ihres Briefes laßt eher auf eine gute Stimmung schliessen und hoffe ich sehr, daß dieselbe während Ihrer Kur anhält, so wie, daß Sie dieselbe mit Vorsicht und Unterbrechungen gebrauchen werden. Dann werden Sie auch von dem Schlage nichts zu befürchten haben. Zu Ihrer Beruhigung verspreche ich Ihnen übrigens, daß ich bei Toni Ihre Stelle vertreten werde. Hoffentlich lassen die Schmerzen in den Beinen nach und werden Sie dieselben nicht durch anstrengende Gebirgstouren wieder ruiniren.

Ich hoffe sehr, daß Sie nicht gar zu spät in die Gloriette Gasse zurückkehren werden, so daß ich Sie noch vor meiner Übersiedelung nach Ofen oder Gödöllö wiedersehen kann. Am 29. beabsichtigte ich mit meiner Jagdgesellschaft nach Radmer zu gehen und dort 6–7 Tage zuzubringen, wenn die Wallseer Taufe[1] nicht dazwischen kommt.

---

1 Erzherzogin Valerie erwartete ihr achtes Kind, Clemens.

Von dort habe ich, Gott lob, die besten Nachrichten, so wie auch von München und von den Enkeln in Amerika.[1]

Der neueste Louisen Skandal[2] hat mich nicht afficirt, ich weis nur was in den Zeitungen steht und da die Sache mich eigentlich gar nichts angeht, auch meine Mitwirkung nicht in Anspruch genommen wurde, so kann ich Alles ruhig dem bedauernswerthen Philipp Coburg überlassen. Vielleicht werde ich etwas Neues in dieser Angelegenheit vom Bulgaren erfahren, der Heute um 1 Uhr zu mir kommt und um 6 Uhr in Schönbrunn bei mir speisen wird.

Von hier kann ich nicht viel melden. Ich fahre alle Tage um 8 Uhr in die Stadt und speise um 5 Uhr allein in Schönbrunn. So ist bisher ein Tag wie der Andere vergangen. Einmal bin ich nach dem Essen in den Thiergarten gefahren und Gestern war ich um 4 Uhr beim Maler Matsch, der mich eingeladen hatte, seine Bilder anzusehen. Den schmerzlichen 10. brachte ich wie gewöhnlich traurig zu. Um 7 Uhr habe ich hier meine Andacht verrichtet, dann bin ich in die Gruft gefahren, wo der theure Sarg von einer Menge Kränze bedeckt war und um 11 Uhr war das Requiem mit Kirchendienst. Man glaubt es kaum, daß schon 6 Jahre vorbei sind! Die 4 größeren Kinder sind noch am Tage meiner Abreise von Ischl Nachmittag mit der Gräfin Bombelles auf den Jainzen gestiegen. Sie sind wohl wegen der stillen Woche nicht mehr dazu gekommen.

Das Wetter ist hier mitunter wunderschön, mitunter ein wenig regnerisch, eher kühl, die Bäume sind sehr vertrocknet, der Rasen frisch grün. Ich besorge, daß Sie in den Bergen viel von Regen und Kälte zu leiden haben.

Jetzt Adieu theuerste Freundin. *Geben Sie mir telegraphisch Nachricht von Ihrem Befinden* und denken Sie manchmal an Ihren Sie innigst liebenden

Franz Joseph«

---

1 Die Söhne der Prinzessin Gisela von Bayern machten gerade eine Reise durch die USA.

2 Prinzessin Louise von Coburg, Schwester der ehemaligen Kronprinzessin Stephanie und Ehefrau Philipps von Coburg, seit drei Jahren wegen Ehebruchs in einer Nervenheilanstalt eingesperrt, war mit Hilfe ihres Liebhabers Geza von Mattachich geflohen. Philipp Coburg war der ältere Bruder Ferdinands von Bulgarien.

Schönbrunn, den 17. September 1904: »...Der Presscongreß ist auch mir als ein großer Pflanz erschienen. Die Herrn haben so salbungsvoll, so idealistisch, so moralisch gesprochen, während die Zeitungen in ihrer Gemeinheit, Lüge und verleumderischen Hetze fortfahren (siehe Louisen Skandal). Der arme Philipp Coburg war Gestern bei mir. Er ist sehr gedrückt aber ziemlich ruhig und ganz korrekt. Der Bulgare war charmant, ruhiger und natürlicher wie ehemals; was er sagte war befriedigend und ich kann nur wünschen, daß seine Thaten seinen Worten entsprechen werden und daß er meine Ermahnungen und milden Vorwürfe beherzige. Beim Diner war er mit allen Leuten sehr aimable und gesprächig...«

Gödöllö, den 29. Oktober 1904: »...Ich war in letzter Zeit von Arbeiten fast erstickt, November Avancement, diplomatische Berichte und die entsetzlichen Zeitungen, die man lesen muß, um zu wissen, was in der Welt vorgeht und das ist jetzt Vieles!«

Seit Oktober 1903 war Graf Stephan Tisza, Sohn Koloman Tiszas, Ministerpräsident von Ungarn. Er hatte – ähnlich wie sein cisleithanischer Amtskollege – große Probleme mit dem Parlament, das von der radikal-ungarischen Opposition vor allem in der Armee-Frage lahmgelegt wurde. Diese Obstruktion führte ebenso wie in Wien zur Schließung, dann zur Auflösung des Parlamentes, des Reichstags.

Gödöllö, den 12. November 1904: »...Mit der hiesigen Regierung bin ich sehr zufrieden und hoffe ich mit Zuversicht, daß Tisza den heftigen Kampf im Reichstage siegreich bestehen wird. Heute vor 8 Tagen habe ich noch das Militär Seelenamt mitgemacht und hatte meine Freude an den dabei ausgerückten Truppen, dann empfing ich Minister, besuchte den König von Griechenland und reiste um ½4 Uhr nach Ofen, wo ich Auguste mit Familie fand und bis Montag 5 Uhr Nachmittag blieb. Meine Urenkel sehen, Gott lob, sehr gut aus und der Jüngste, Mathias, ist ein starkes, schönes Kind...

Nun schliesse ich diese Zeilen, in welchen ich Alles wie Kraut und Rüben durcheinander geworfen und recht schülerhaft stylisirt habe und bleibe mit den herzlichsten Grüßen für Sie und Toni, so wie mit der Hoffnung auf baldige Nachricht, Ihr Sie innigst liebender

Franz Joseph«

Meine liebe gute Freundin,

Vor Allem meinen innigsten Dank für Ihren lieben, langen und interessanten Brief vom 14. so wie für Ihre beiden Telegramme, deren zweites mich darüber aufklärte, daß das große Industrie Unternehmen, welches Sie nach der Zeitungsnachricht planen, dasselbe Tabackgeschäft ist, von dem Sie mir in Hietzing sprachen. Ich dachte damals nicht, daß es Ihnen mit der Sache ernst ist und von einer Reise nach Westindien war gar nicht die Rede. Als ich die Mittheilung im Fremdenblatte las, gab es mir einen Nerven choc, da ich mir gar nicht vorstellen konnte, daß Sie Sich in ein großartiges Schwindelunternehmen einlassen würden. Und auch das Geschäft in welches Sie Tewele hinein ziehen will, ist gewiß nur eine Art Schwindel, bei welchem Sie Ihr Vermögen riskiren und viele Unannehmlichkeiten und Enttäuschungen erleben würden. Ihr weiser Sohn, der immer die correctesten Ansichten und die nüchternsten, richtigsten Anschauungen hat, hat auch gewiß in diesem Falle vollkommen recht, wenn er sich dem Geschäfte gegenüber ablehnend verhält. Die Reise nach Westindien ist ein Unsinn, würde Ihrer Gesundheit schaden und ich weis wirklich nicht, was Sie dort machen wollen, da Sie gewiß einen recht schlechten Kaufmann abgeben würden. Ich hoffe daher, daß Sie das gefährliche Projekt aufgeben und Tonis Rath befolgen werden. Wie ich nicht bezweifle, hat er seine Prüfung glänzend bestanden und einen schönen diplomatischen Aufsatz geliefert, so daß Sie wenigstens von dieser Sorge befreit sind.

Ich kann mir denken, wie Sie Ihre Wohnungsfrage[1] und besonders die Unterbringung Ihrer Kunstschätze, Bilder, Möbel und des vielen Krafelwerkes beschäftigt. Das muß wie ein Alp sein und ich kann nur hoffen, daß Sie bald eine beruhigende Lösung finden. Der arme dicke Springer muß doch viele Freunde gehabt haben, da die Versammlung bei seiner Einsegnung so zahlreich war. Die sächsische Louise war natürlich nicht in Wien, wird auch nicht kommen. Da haben Sie Sich wieder einmal einen Bären anhängen lassen. Die Sache ist zwar auch

---

1 Die Schratt zog bald aus ihrer Wohnung in der Elisabethstraße in ihre Sommervilla Gloriettegasse 9 um, die sie bis 1908 ganzjährig bewohnte.

in der Zeitung gestanden, aber eben so wenig wahr, wie viele andere Zeitungsnachrichten. Daß Sie jetzt zur Abwechslung ohne Wage nichts essen, ist auch nicht recht und nur ein Ausfluß Ihrer Eitelkeit. Es ist gar nicht nothwendig, daß Sie mager werden und Sie wissen doch aus vielen traurigen Beispielen, daß so eine Kur sehr gefährlich ist. So, jetzt habe ich genug geraunzt und nun zu etwas Anderem. Ich erwarte täglich ein Telegramm mit der Nachricht Ihrer Ankunft in Buda-Pest. Daß ich mich auf das Wiedersehen sehr freue, ist selbstverständlich. Ich mache Sie aufmerksam, daß ich immer Montag und Donnerstag in die Stadt komme und bitte Sie, *mir das Hôtel bekannt zu geben,* in welchem Sie absteigen.

Ich glaube Ihnen in meinem letzten Briefe gemeldet zu haben, daß am 11. Auguste mit ihrem Manne per Automobil hierher gekommen sind. Am 12. war eine sehr gelungene Treibjagd an welcher Joseph August und auch ich theilnahmen und nach dem Diner fuhren Auguste und Mann in finsterer, regnerischer Nacht per Automobil nach Ofen zurück, was ich etwas riskirt fand. Leopold ist leider am 13. nach München zurückgekehrt und so bin ich jetzt hier ziemlich allein. Auch habe ich seitdem keiner der Treibjagden beigewohnt, welche meine Herrn abhielten. Dafür habe ich an zwei Abenden je ein Wildschwein bei den Schütten erlegt und noch zwei angeschossen. Ich schiesse leider recht schlecht. Wir hatten in der letzten Zeit sehr kaltes Wetter (bis 10° unter Null) und einen ziemlich ausgiebigen Schneefall. Seit Gestern ist es milder, aber der Schnee liegt noch.

Am gestrigen traurigen Erinnerungstage[1] werden sich wohl unsere Gedanken und Gebete begegnet haben. Ich blieb den ganzen Tag im Zimmer und war nur in der Messe.

Da ich nicht weis ob es mir möglich sein wird, Ihnen zum 25. noch schriftlich zu gratuliren, so gestatten Sie mir, Ihnen schon Heute meine innigsten, herzlichsten Glück- und Segenswünsche auszusprechen. Gott verleihe Ihnen Gesundheit, Zufriedenheit und vor Allem Ruhe. bewahren Sie mir Ihre theuere, nachsichtige Freundschaft. Das wünscht mit den herzlichsten Grüßen und mit der Bitte, Toni bestens von mir zu grüßen Ihr Sie innigst liebender   Franz Joseph«

---

1 Der 19. November war der Namenstag der Kaiserin Elisabeth.

»Wien den 29. Jänner 1905.

Meine liebe gute Freundin,

Da ich wegen Schnupfen und Husten nicht nach Schönbrunn fahren kann und obwohl ich eigentlich wegen vielem Schneuzen recht grauslich bin, erlaube ich mir doch, auf Ihre gewohnte Nachsicht rechnend, die Anfrage, ob Sie vielleicht Morgen um 1 Uhr bei mir frühstücken, oder lieber um 6 Uhr speisen wollen. Ich bitte ganz nach Ihrer Bequemlichkeit zu entscheiden, oder ganz abzusagen, da ich Ihnen vor Allem nicht lästig fallen, oder zudringlich erscheinen möchte. Sie haben wohl die Güte auf einen Zettel zu schreiben: *1 Uhr,* oder *6 Uhr,* oder: komme nicht.

Mit der Versicherung, daß ich sehr glücklich wäre Sie wiederzusehen   Ihr Franz Joseph«

»Wien, den 7. März 1905.

Theuerste Freundin,

Mit dem innigsten Danke für Ihre lieben Zeilen, die Ihnen gewiß viele Mühe gekostet haben, nehme ich mit Freude Ihre gütige Einladung zum Speisen an. Ich werde Morgen um 6 Uhr erscheinen und bitte um ein Fasten Diner, da ich glaube, daß sich dieses am Ascher Mittwoche schickt. Obwohl Sie gegen Ihre Köchin nicht immer gerecht sind, bin ich überzeugt, daß auch das morgige Essen sehr gut sein wird. Nur nicht zu viele Speisen, wenn ich bitten darf, denn mein Apetit ist in Folge von Sorgen, Plage und Nervosität jetzt nicht brillant. Auch bitte ich in vorhinein um Verzeihung wenn mein Humor nicht zu Ihrer Erheiterung beitragen wird.

Mit den herzlichsten Grüßen Ihr   Franz Joseph«

499

Theuerste Freundin,

Sehr betrübt war ich Gestern zu hören, daß Sie wieder leidender waren und ich hoffe nur, daß es Ihnen Heute besser geht. Ich fürchte sehr, daß es Ihnen geschadet hat, als Ihr gutes Herz und Ihr Bestreben, mir Freude zu bereiten, Sie Dinstag zu mir geführt hat.

Auch ich leide seit Vorgestern Abend an Rückenschmerzen (Hexenschuß), welche bei Bewegungen in der Nacht und Gestern beim Aufstehen ziemlich heftig waren, im Laufe des gestrigen Tages bedeutend abnahmen, so daß ich die Audienzen ertheilen, Tisza empfangen und noch eine Sitzung abhalten konnte. Heute geht es mir wieder besser, ich muß mich aber noch schonen und werde Heute zu Hause bleiben, um so mehr als ich Gestern beschlossen habe, Sonntag Nachmittag nach Ofen zu fahren. Es ist der letzte Versuch zur Entwirrung der dortigen Zustände[1] und ich kann noch nicht berechnen, wie lange mein Buda-Pester Aufenthalt dauern wird. Hoffentlich nicht lange.

Jedenfalls möchte ich von Ihnen Abschied nehmen und da ich beabsichtige wo möglich Morgen in Lainz zu speisen, um die Kinder noch zu sehen, so würde ich mir erlauben *Morgen um ½7 Uhr* Abend zu Ihnen zu kommen und ich bitte Sie, wenn Sie noch liegen sollten, ja nicht wegen mir aufzustehen.

Sie können wohl denken, daß meine Stimmung nicht rosig ist, da ich in Ungarn recht schweren, unangenehmen und anstrengenden Tagen entgegen gehe.

In treuester Freundschaft und mit den herzlichsten Grüßen Ihr

Franz Joseph«

---

1 Die Reichstags-Wahlen im Januar 1905 hatten der liberalen Partei des Ministerpräsidenten Tisza eine verheerende Niederlage gebracht und die Unabhängigkeitspartei mit ihren radikalen nationalistischen Forderungen gestärkt. Die Einheit der österreichisch-ungarischen Monarchie war aufs höchste bedroht. Tisza trat zurück, der Kaiser berief zur allgemeinen Überraschung Géza von Fejérváry, einen Infanteriegeneral und bisherigen Honved-Minister, zum Nachfolger, damit die politischen Parteien ausschaltend. Dies wiederum heizte die ohnehin sehr gefährliche Stimmung derartig auf, daß mit einem nationalistischen Aufstand in Ungarn und einem nötigen Einsatz cisleithanischer Truppen gerechnet wurde.

FRANÇOIS-JOSEPH Iᵉʳ — LE « VIEUX »

HONGRIE

Französische Karikatur: Kaiser Franz Joseph »der Alte« balanciert auf dem nur notdürftig geknüpften Seil zwischen den beiden Reichshälften Cisleithanien und Ungarn.

Ofen, den 26. März 1905: »... Meine Stimmung ist die schwärzeste und ich habe nur eine Sehnsucht: ›Aussi möcht i‹. Ja, nur bald weg von hier und zurück nach Wien, wo man zwar auch nicht auf Rosen gebettet ist, aber doch unvergleichlich ruhiger leben kann. Ich bin manchmal recht müde, die Nerven lassen auch mitunter zu wünschen übrig, obwohl diese zu früheren Zeiten noch schlechter waren, als jetzt, ich schlafe meistens unruhig und mein Rücken (Hexenschuß) will nicht besser werden und thut mir oft recht wehe... Ich kann leider noch gar nicht bemessen, wann ich von hier wegkommen werde, da die hiesige Krisis sich nicht lösen will, ich auf meinem Standpunkte fest bleibe, die Leute zerfahren, stützig und frivol sind und ein entsetzlicher Mangel an brauchbaren und halbwegs couragirten Menschen ist...«

Schönbrunn, den 29. Mai 1905: »...Ich habe einmal im Prater inspicirt und war durch 1½ Tage in Bruck bei günstigem Wetter. Die Truppen haben mich sehr befriedigt; das ist ja das Einzige was einem noch freuen kann. Das Reiten ging gut über Erwarten. Gestern habe ich hier den Regenten von Baiern[1], der zu kurzem Besuche bei seiner Schwester, der Herzogin von Modena in Wien weilt, ein größeres Diner gegeben. Im Juni stehen mir eine ganze Reihe von Ermüdungen bevor, Truppen Besichtigungen, Abendempfänge eines Fischerei und eines Botaniker Kongresses, Kirchen Grundsteinlegung in Florisdorf, Donaufahrt nach Schloßhof zur Besichtigung der neuen Dämme und ein dreitägiger feierlicher Besuch des Schah von Persien. Wenn ich dann nur im Juli nach Ischl abkommen kann, was mit Rücksicht auf die ungarischen Zustände noch gar nicht sicher ist. Ich fühle, daß ich eine Zeit der verhältnißmäßigen Ruhe sehr nothwendig hätte...«

»Schönbrunn den 13. Juni 1905.

Meine liebe gute Freundin,

Endlich wieder einige Zeilen, um Ihnen von ganzem Herzen für Ihren lieben Brief vom 8. und für Ihre Telegramme zu danken und Sie zu versichern, daß ich, wenn ich auch leider selten schreibe, doch viel an Sie denke und mich nach Ihrer Rückkehr sehne.

Sehr betrübt und beängstigt bin ich durch die jammervolle Beschreibung, welche Sie von Ihrer Gesundheit entwerfen und ich hoffe nur, daß die Nerven, welche gewiß, ebenso wie bei mir, die Hauptursache Ihrer Leiden sind, sich durch Ruhe, Vermeidung aller Aufregung und durch die Ischler Luft bald bessern werden und daß auch die Karlsbader und Marienbader Kuren einen guten Erfolg haben werden. Ich sehne mich auch enorm nach Ruhe und bin recht müde, hoffe nur nach Ischl zu kommen, fürchte aber, daß auch dort die Ruhe keine vollkommene sein wird. Der Monat Juni ist Heuer für mich besonders anstrengend, bereits überstanden ist der Besuch des Fürsten von Montenegro[2] und des Khedive[3] mit Diner in Schön-

---

1 Prinzregent Luitpold. Seine Schwester Adelgunde lebte als Witwe in Wien.
2 Nikita I. von Montenegro
3 Abbas II., Khedive von Ägypten

brunn, Grundsteinlegung der Kirche in Florisdorf, Abendempfang in der Burg des Fischerei Congresses und vorigen Samstag recht gelungene Fahrt auf der Donau zur Besichtigung der neuen Dämme in der Gegend von Hainburg, dann Besichtigung bei Gewitter und strömendem Regen des Reit- und Fahrlehrer Instituts in Schloßhof; sehr befriedigend und wunderschönes Etablissement. Heute Abend habe ich den Empfang in der Burg des botanischen Congresses, am 17. kommt der Schah von Persien und bleibt bis 20. Vormittag. Er hat ein Gefolge von über 40 Herrn, ohne die Dienerschaft zu rechnen und das wird Alles in der Burg untergebracht. Es wird 3 Diners, wovon eines in Schönbrunn, Ballet Vorstellung in der Oper und Besuch des Circus Schumann geben.

Am 20. oder 21. kommen für einen Tag auf der Rückreise aus Sigmaringen von der Beisetzung des Fürsten von Hohenzollern, der König von Rumänien[1] mit Carmen Sylva, am 23. und 24. werde ich in Bruck, am 27. im Prater und am 28. auf der Simmeringer Haide Truppen besichtigen. Morgen vor 11 Uhr reist Valérie mit den Kindern in das Seebad Lapanne und wird noch vorher den Eh. Clemens[2] hier installiren. Dieser Jüngling wird für die nächste Zeit meine einzige Gesellschaft sein.

Es scheint, daß Palmer Ihnen über die Besprechung welche ich mit ihm hatte, berichtet hat, warum confus weis ich nicht. Mit Goluchowski habe ich wegen Kiss gesprochen und ich hoffe, daß Sie zufrieden sein werden.

Es freut mich, daß Rosel[3] bei Ihnen ist, denn diese Gesellschaft ist Ihnen gewiß angenehm. Ich lasse schönstens grüßen.

Jetzt Adieu liebe gute Freundin und auf hoffentlich nicht gar zu fernes und nicht zu melancholisches Wiedersehen. Mit den herzlichsten Grüßen Ihr Sie innigst liebender

Franz Joseph«

---

1 König Carol I. von Rumänien war ein Sohn des verstorbenen Fürsten Leopold von Hohenzollern-Sigmaringen.
2 Der acht Monate alte Erzherzog Clemens
3 Rosa Eisenmenger, geb. Schlesinger, die langjährige Gesellschafterin und Freundin der Schratt

Die nun schon Monate dauernde politische Krise in Ungarn hielt an. Ministerpräsident Fejérváry konnte sich mit der starken Opposition der Unabhängigkeitspartei nicht einigen, trat zurück, und der Kaiser berief am 25. September 1905 die führenden ungarischen Politiker zu sich. Schließlich wurde Fejérváry ein zweites Mal berufen. Sein Innenminister Kristoffy hielt die Opposition mit der Drohung in Schach, das allgemeine Wahlrecht einzuführen, was die nationalistische und feudale Opposition stark geschwächt hätte. Denn die bisher von den Magyaren unterdrückte nicht-magyarische Bevölkerung hätte damit politische Mitsprache erhalten. (Während das allgemeine Wahlrecht in Cisleithanien 1907 eingeführt wurde, wehrten sich die Magyaren dagegen erfolgreich bis zum Ende der Monarchie.)

Der Kaiser schrieb der wieder einmal kränkelnden Freundin aus Schönbrunn, den 26. September 1905: »...So viel meine ganz von Ungarn, von Sorgen, von Kummer und von Ärger absorbirten Gedanken mir dazu Zeit liessen, habe ich mit Sorge an Sie gedacht und recht für Sie gebetet... Diese Zeilen sammt Beilage, welche Sie jetzt wahrscheinlich gut brauchen werden, überbringt Ihnen Kerzel, mit dem Sie wohl auch noch Ihre weiteren Projekte besprechen und hoffentlich meinen Rath befolgen werden... Von mir kann ich nicht viel melden, nur versichern, daß ich eine schwere, sorgenvolle Zeit durchmache, daß meine Stimmung die schwärzeste ist und meine Nerven recht erregt sind...«

Schönbrunn, den 2. Oktober 1905: »...Nachmittag, während ich in der Stadt war, sind meine Jagdgäste nach Mürzsteg abgereist, wo sie durch 5 Tage jagen werden. Ich muß leider hier bleiben und mich wegen Ungarn ärgern und bekümmern, nachgeben werde ich aber nicht...«

Schönbrunn, den 11. Oktober 1905: »...Von mir kann ich melden, daß es mir körperlich unglaublich gut geht. Ich bin selbst erstaunt, daß ich die beständigen Sorgen, den vielen Ärger und die Nerven Aufregungen so gut aushalte...«

Schönbrunn, den 24. Oktober 1905: »...Sie können wohl denken, wie unendlich ich mich auf das Wiedersehen nach so langer Trennung freue, besonders nach Allem, was wir Beide in dieser Zeit durchgemacht haben. Ihre liebe Gesellschaft wird mir wieder Trost und Erheiterung in meiner traurigen Einsamkeit bieten...«

»Schönbrunn den 6. Febr. 1906.

Meine liebe gute Freundin,

Seit wir uns trennten ist es, wie ich glaube, Heute der erste Tag, welchen ich nicht in der Stadt zubringe und diesen benütze ich, um Ihnen endlich wieder zu schreiben und Ihnen auch schriftlich innigst für Ihren lieben Brief vom 24. Jänner zu danken. Seither habe ich keine Nachricht, außer Ihrem Telegramme vom 25. und ich sehne mich sehr danach, doch etwas von Ihnen zu erfahren. Vielleicht könnten Sie doch manchmal telegraphiren, denn auf einen Brief kann ich kaum hoffen, da ich ja weis, wie ungerne Sie schreiben und da Monte Carlo in Ihrer Nähe liegt. Ich habe jetzt noch weniger freie Zeit als gewöhnlich und bin nicht ein einziges Mal im Garten gewesen. Viele Sorge, viel Kummer und viel Ärger nehmen die Nerven stark her und die Hämerhoiden plagen mich auch immer mehr. Jetzt hatte ich mit Andrássy zu thun, natürlich ohne Erfolg und nun ist es mit dem Verhandeln aus, trotz dem Staatsmanne Palmer, der noch immer von ungarischer Seite in Anspruch genommen wird. Er war Vorgestern bei mir, aber ich sprach kein Wort von Ungarn, sondern nur von den traurigen Vermögensangelegenheiten des Eh. Joseph,[1] zu deren Rettung er sehr verdienstlich mit zu wirken bereit ist. Er hatte keine taubengrauen, sondern recht benützte dunkelbraune Handschuhe.

Ich hoffe, daß Ihnen die gute Luft von Beaulieu wohl thut, daß Ihre Laune trotz Unglück im Spiele gut ist und daß Kiss Ihnen nicht zu lange Gesellschaft geleistet hat. Von Goluchowski, bei dem ich mich erkundigte, erfuhr ich, daß Kiss jetzt keinen neuen Posten bekommt, sondern ganz gerne noch in Algier bleibt und so hoffe ich, daß er Ihnen während Ihres Aufenthaltes an der Riviera keinen weiteren Besuch abstatten wird.

Auf dem Hofballe habe ich Gräfin Nora Fugger und Tochter Riki gesprochen, welch Letztere trotz Zahnschmerzen sehr eifrig tanzte und recht hübsch aussah, aber lange nicht so hübsch, wie ihre ganz reizende Cousine Lónyay, die zum ersten Male erschien.

---

1 Der mit der Kaiserenkelin Auguste verheiratete Erzherzog hatte, vor allem nach wilden Geldspekulationen seiner Mutter Clotilde, riesige Schulden aufgehäuft und mußte vom Kaiser saniert werden.

Am 10. sollte Valérie mit Familie in die Thiergarten Villa übersiedeln, aber nun ist der Tag wieder zweifelhaft, da die beiden großen Mädchen Katarh mit etwas Fieber hatten und Ella ihre zweite stille Woche erwartet!! Also schon ein großes Fräulein!

Besten Dank für Ihre Gratulation zum erwarteten neuen Erzherzog. Zum Gratuliren ist kein Anlaß, denn ich finde die Sache nicht erfreulich und warum es gerade ein Erzherzog sein soll ist mir auch nicht klar, denn es kann eben so gut ein Mädchen werden, was freilich noch bedauerlicher wäre.[1]

Von Gisela habe ich auch immer gute Nachrichten. Vorgestern sind ihre Söhne von der Hochzeitsfeier in Madrid[2] zurückgekehrt, von wo sie noch eine Tour über Lissabon, Sevilla, Granada, Gibraltar, Tanger dann zur See nach Marseille und über die Riviera machten, welche sie sehr befriedigte.

Gestern ist der Infant Don Carlos, Schwager des Königs von Spanien nach dreitägigem Aufenthalte abgereist. Er war mit großer Suite und einer Deputation meines neuverliehenen spanischen Regimentes hierher geschickt worden und wurde nach Möglichkeit fétirt. Leider konnte der Ball bei Hofe wegen dem Tode des Königs von Dänemark nicht stattfinden und wurde derselbe auf den Fasching Dinstag verschoben. Ich konnte mich wegen Mangel an Zeit meinem Gaste nicht so widmen, wie es sich gehört hätte, ich machte aber doch ein Familien Diner in der Stadt und ein größeres Diner in Schönbrunn mit. So, jetzt schliesse ich und werde endlich einmal einen Spaziergang im Garten versuchen. Es liegt Schnee bei Null Grad und war es überhaupt diese ganze Zeit nicht kalt, mitunter sogar unnatürlich warm.

Adieu liebe Freundin, denken Sie manchmal an Ihren geplagten, Sie innigst liebenden   Franz Joseph«

In diesem Februar 1906 trieben die Differenzen zwischen Österreich-Ungarn und Serbien einem Höhepunkt zu: Außenminister Goluchowski forderte die serbische Regierung auf, ihre eben mit

---

1 Das neunte Kind Marie Valeries wurde ein Mädchen: Mathilde.
2 König Alfons XIII. von Spanien heiratete Prinzessin Viktoria von Battenberg.

Bulgarien vereinbarte Zollunion sofort rückgängig zu machen. Auf das serbische Zögern antwortete Wien mit einem Handelsembargo, dem sogenannten »Schweinekrieg«: Die Monarchie sperrte ihre Grenzen für den, für die serbische Wirtschaft lebenswichtigen Viehexport und schädigte damit Serbien schwer. Der Haß auf Österreich-Ungarn in Serbien wuchs und gab der südslawischen Bewegung weiteren Auftrieb.

Schönbrunn, den 13. Februar 1906: »... Ihre Besorgniß, daß ich während Ihres *Fernseins* zu lustig werden könnte, ist ganz unbegründet, denn meine Stimmung ist gleich düster, wie es unter den gegebenen Verhältnißen nicht anders sein kann, aber an Sie denke ich oft mit Sehnsucht. Im Fremdenblatte las ich, daß Sie mit Blumenthal zusammen ein Stück dichten, welches in Monte Carlo spielt. Das wird gewiß sehr interessant. Ich bin neugierig, ob Palmer wirklich in Monte Carlo war. Mir sagte er, daß er noch nicht wisse, ob es ihm möglich sein würde, von Paris aus an die Riviera zu gehen. Wegen Kiss können Sie, wie ich glaube, beruhigt sein, außer er fahrt ohne Urlaub zu Ihnen. Wie mir Goluchowski, der sich, nebenbei gesagt, mit Serbien und Bulgarien nicht blamirt hat, sagte, bleibt Kiss vorläufig in Algier bis er einen anderen Posten bekommt, was gewiß nicht vor Frühjahr der Fall sein wird.

Der Russe mit dem Revolver macht mir Sorgen, denn er könnte Ihnen in Liebesraserei mit dieser Waffe gefährlich werden. Man hört ja öfter von ähnlichen Fällen. Jedenfalls muß er ein zudringlicher Mensch sein...«

Mittlerweile spitzte sich auch die Krise in Ungarn derartig zu, daß Franz Joseph keine andere Lösung mehr wußte, als von seinem verfassungsmäßigen Recht als König Gebrauch zu machen und den Reichstag mit Polizei- und Militärgewalt aufzulösen. Er kündigte der Freundin diesen seinen dramatischen Schritt zwei Tage vorher an. Schönbrunn, den 17. Februar 1906: »... Ich bin übrigens ganz zufrieden, daß Sie eben jetzt nicht in Buda-Pest sein werden, da Übermorgen der Reichstag aufgelöst wird und es da vielleicht etwas lebendig zugehen kann. Alle Versuche zur Verständigung sind gescheitert, es ist auf friedlichem Wege nichts zu erreichen und es ist Zeit Ernst zu machen. Wir gehen schwereren Zeiten entgegen. Haben Sie die Liebenswürdigkeiten gelesen, welche mir Ihr ehemaliger Freund Sternberg[1] im Reichsrathe gesagt hat?

Einen rothen Strumpf kann ich Ihnen nicht schicken, denn ich besitze keinen solchen, auch kleines Geld habe ich nicht bei der Hand, auch wäre es von mir unmoralisch das Laster des Spieles noch zu unterstützen...«

Schönbrunn, den 27. Februar 1906: »...Ich bedauere unendlich, daß Ihr Befinden noch immer zu wünschen laßt und freue mich nur, daß der böse Weisheitszahn glücklich beseitigt ist. Die Operation muß sehr schmerzhaft gewesen sein und ich bewundere Ihren Muth. Eigentlich scheint es doch um diesen Zahn schade, der ebenso schön war, wie alle übrigen, herrlichen, die Ihren lieben Mund zieren. Mit etwas Geduld und Sorgfalt wäre er vielleicht zu erhalten gewesen. Trotz der so andauernden stillen Woche scheinen Sie Sich doch nicht zu schonen, da Sie wieder über Ihr Unglück in Monte Carlo klagen, also wieder dort gespielt haben. Sie verlangen von mir ›ein selbstberührtes Almosen‹ und wenn ich das recht verstanden habe, so handelt es sich um ein Geldstück, welches Ihnen Glück bringen soll und nicht um eine größere Summe, die bestimmt wäre Ihre Spiel Leidenschaft zu unterstützen. Um Ihren dringenden Wunsch zu erfüllen und obwohl es eigentlich unmoralisch ist, lege ich hier eine kleine Münze bei, bitte Sie aber freundschaftlichst nicht zu große Summen zu verlieren und lieber, wenn Ihnen einmal das Glück lächelt, das Spiel aufzugeben und die gewonnene Summe für Battaglia[2] und für die Rückreise zu benützen. Daß Sie bei dieser Gelegenheit *Ihren* Rußen erwähnen, hat mich erschreckt und recht eifersüchtig gemacht, da es scheint, daß Sie mit diesem Revolver bewaffneten, neuen Verehrer Freundschaft geschlossen haben. Wie herrlich muß es jetzt an der Riviera sein und wie gerne wäre ich dort, vor Allem sehne ich mich aber nach Ihnen...«

---

1 Graf Adalbert Sternberg, der im Hause Schratt verkehrte, hatte am 13. Februar im Parlament Kaiser Franz Joseph persönlich sehr scharf angegriffen, unter anderem beklagt, »wie tief dieses Reich und der Beherrscher dieses Reiches gesunken sind«, und ihn zur Abdankung aufgefordert. Der Schratt gelang es, den verärgerten Kaiser so weit zu besänftigen, daß er Sternbergs Entschuldigung annahm.

2 Das nächste Reiseziel der Schratt

Schönbrunn, den 7. März 1906: »...Daß Sie schon jetzt im Meere baden, finde ich recht unvorsichtig, doch hoffe ich, daß Ihre gute Natur auch das ertragen wird. Ich wünsche, daß Ihnen mein miserables Geldstück in Monte Carlo Glück bringt und daß Sie bei den Versuchen zum Hereinbringen der, wie es scheint, bedeutenden Verluste nicht noch tiefer in das Unglück gerathen.« Dann berichtete er, daß »Erzsi Morgen um 9 Uhr im Sanatorium Löw durch Professor Hoheneck am Blinddarm operirt wird. Sie nimmt die Sache sehr leicht und couragirt und wird nach einiger Zeit aus dem Sanatorium hierher zurückkehren. Die letzten Faschingstage hat sie in Erwartung der Operation fast jede Nacht getanzt.« Und voll Großvaterstolz auf die 23jährige Enkelin am 12. März 1906: »Jetzt geht es ihr schon so gut, daß ich sie bereits Morgen im Sanatorium besuchen darf. Sie hat einen hohen Grad von Courage und Entschlossenheit bewiesen. Sie ist nicht umsonst die Enkelin unserer theueren Unvergeßlichen...«

Katharina Schratt hatte sich mittlerweile in Monte Carlo in einen wahren Spielrausch versetzt, verlor riesige Summen und mußte wegen eines nervösen Hautausschlages den Arzt konsultieren: »Diesen Ausschlag habe ich, so meinte er, Monte Carlo zu verdanken – die Verluste sind mir erst in den Magen dann in die Nerven und endlich in die Haut gefahren. Gott! hätte Euer Majestät doch auch die Spielader von den Urahnen (Franz Stefan) geerbt – Euer Majestät würde dann viel begreifen – aber so muß ich gegenwärtig mit Ausschlag verschandelt und unverstanden durch das Leben wandern. Wenn ich nur noch eine rothe Serie erwischen kann, dann will ich nicht mehr klagen.«

Darauf antwortete der Kaiser aus Schönbrunn, den 16. März 1906: »...Die medizinische Wissenschaft hat durch Ihre Krankheit offenbar eine neue Entdeckung gemacht, denn von einem durch Unglück im Spiele herbeigeführten Ausschlage habe ich noch nie etwas gehört. Es sollte eine Warnung für Sie sein, künftig Monte Carlo zu meiden und Sich nicht in neue Verluste zu stürzen, welche Ihre Nerven wieder aufregen würden, wo Ihnen doch Ruhe vor Allem noth thut. Doch ich weis, daß ich da umsonst predige und ich verlaße daher dieses Kapitel... Gestern war der Botschafter Calice, der mit kurzem Urlaube von Constantinopel gekommen ist, bei mir und ich ließ mir von ihm über Toni berichten. Es geht ihm sehr gut und er macht sich sehr gut, ist fleißig und beliebt bei seinen Collegen und seine Schrift bessert sich...«

Schönbrunn, den 3. April 1906: »...Ich hoffe, daß Ihre Schwägerin und deren hochgebildete Tochter[1] Sie zerstreuen und Ihre Gedanken, welche wie es scheint ausschließlich von dem unglücklichen Spiele erfüllt sind, wieder in normale Bahnen lenken werden. Schon die Schrift Ihres letzten Briefes zeigte mir sogleich wie angegriffen Ihre Nerven sind und Sie selbst sind überzeugt, daß Ihnen dieser Zustand der Spielwuth schadet, Sie sprechen von Dummheit, Negerarbeit etc – und haben doch nicht die moralische Kraft, damit ein Ende zu machen. Der Aufenthalt an der Riviera sollte nach Ihrer schweren Krankheit Ihre Gesundheit wieder vollkommen befestigen und Ihre Nerven beruhigen und nun zerstört Monte Carlo den erhofften Erfolg vollkommen. Das ist traurig. Hoffentlich werden Sie Sich bald zur Abreise nach Battaglia aufraffen und nicht erst das ersehnte Glück im Spiele, welches gewiß ausbleiben wird, abwarten. Ihre Rückkehr in die Gloriette Gasse würde sich in das unendliche hinausziehen und wenn dieselbe gewiß nicht vor dem Eintritte sicheren, warmen Frühlings Wetters stattfinden darf, so sehne ich mich doch sehr nach einem nicht in das Unendliche hinausgeschobenen Wiedersehen...«

Nach langem Tauziehen gelang es Anfang April 1906 in Ungarn endlich, ein neues Kabinett unter Alexander Wekerle zu installieren. Gyula Andrássy jun. übernahm das Innen-, Franz Kossuth das Handelsministerium. Der Kaiser schrieb aus Schönbrunn, den 11. April 1906: »...Allein ich war gerade jetzt mit der vorübergehenden Lösung der ungarischen Krisis sehr in Anspruch genommen und bin recht müde und die Nerven können nicht zur Ruhe kommen. Gott wird weiter helfen, aber ich sehe noch vielen Kämpfen entgegen. Aufgegeben habe ich nichts, aber Vertrauen in die Zukunft kann ich unter den gegebenen Umständen schwer fassen.

Mit Beängstigung ersehe ich aus Ihren Mittheilungen, daß es Ihnen

---

1 Bei dieser Nichte handelt es sich um die damals 13jährige Katharina Schratt, spätere Hryntschak, die bis zum Tod ihrer Patentante in deren engster Umgebung war.

noch immer nicht gut geht; also hat der Aufenthalt an der herrlichen Riviera nicht den erhofften Erfolg gehabt. Da ich nicht weis, was Ihnen eigentlich fehlt, so denke ich, daß Sie hauptsächlich an der Monte Carlo Krankheit leiden und da scheint leider keine Besserung eingetreten zu sein... Am 6. hatte ich mit Andrássy und Kossuth eine kurze Verhandlung, die ganz glatt ging, da Fejérváry mit eben so viel Aufopferung als Festigkeit und Geschicklichkeit die Wege geebnet hatte. Am 7. wurde das neue Ministerium gemacht und am 8. leistete dasselbe bereits bei mir den Eid. Am 9. verabschiedeten sich die bisherigen Minister von mir. Sie haben unter den denkbar schwersten Verhältnissen ihre Schuldigkeit gethan. Das ist Alles überraschend schnell gegangen, aber anstrengende Tage waren es...«

Dieser kurzfristigen Beruhigung in Ungarn folgte eine Regierungskrise in Cisleithanien im Kampf um die Einführung des allgemeinen Wahlrechtes. Ministerpräsident Gautsch wurde Anfang Mai durch den bisherigen Statthalter von Triest, Prinz Konrad Hohenlohe-Schillingsfürst, ersetzt, dieser wiederum nach nur vier Wochen durch Max Freiherr von Beck, dem schließlich die Wahlrechtsreform gelang.

Schönbrunn, den 2. Mai 1906: »... In diese letzten Wochen fiel die sogenannte Lösung der ungarischen Krise mit der Ernennung des neuen Ministeriums, welches Ihnen nicht gefällt (mir auch nicht) aber nachdem diese Leute meine Forderungen angenommen haben, mußte ich ihnen die Durchführung derselben übertragen. In den letzten Tagen kam noch der Abgang des Minister Präsidenten Gautsch und sein Ersatz durch Hohenlohe sowie eine recht schwierige Situation im hiesigen Reichsrathe...«

»Schönbrunn den 18. Mai [1906; dazugeschrieben]
Meine liebe gute Freundin,
Von ganzem Herzen begrüße ich Sie in der Gloriette Gasse und freue mich enorm auf das Wiedersehen nach so langer Trennung; ein Lichtstrahl in meiner trüben Existenz!
Leider muß ich den Vormittag in der Stadt zubringen und so kann ich erst, wenn Sie erlauben und mir nicht absagen, Heute um 6 Uhr, nach meinem Speisen zu Ihnen kommen und zwar zu Wagen. Da Sie von der Reise ermüdet und wahrscheinlich von der stillen Woche

Mit der Thronrede des Königs von Ungarn wurde im Mai 1906 im Thronsaal der Ofner Burg der ungarische Reichstag eröffnet. Dieser feierliche Akt beschloß die großen politischen Differenzen der vorausgegangenen Monate.

heimgesucht sein werden, so bitte ich Sie mich im Bette zu erwarten.

Neben demselben sitzend plauscht es sich so gemüthlich und es wird so viel zu erzählen geben. Sie werden lieb sein ich werde glücklich sein und so werden wir hoffentlich ein frohes Wiedersehen feiern. Vor der Hand mit den herzlichsten Grüßen Ihr Sie innigst liebender Franz Joseph«

Für den Fall, daß Sie es nicht schon wissen, melde ich, daß der alte Fürst Fugger gestorben ist. Über den neuen Fürsten[1] wird man sich in Baiern nicht stark freuen.«

---

1 Carl, der Ehemann der nunmehrigen Fürstin Nora, stand wegen Überschuldung unter Kuratel (laut Auskunft seines Enkels, Fürst Karl Heinrich von Hanau-Schaumburg).

Aus den folgenden Monaten sind nur wenige und kurze Briefe erhalten. Ende Januar 1907 reiste die Schratt wieder nach Monte Carlo. Schönbrunn, den 3. Februar 1907: »... Leider sagen Sie in dem Telegramm daß Sie nicht *bienportant* sind (warum auf einmal französisch??), hoffentlich ist es nur die stille Woche und nichts bedenkliches... Ich bewundere Ihre Vorsicht in Monte Carlo und hoffe nur, daß diese weise Einsicht von Dauer sein wird. Wie herrlich muß es jetzt an der Riviera sein!...«

Schönbrunn, den 12. Februar 1907: »... Ich freue mich, daß Sie von so vielen Bekannten an der Riviera umgeben sind und Sich daher gewiß gut unterhalten. Daß Sie auch für Devrient Platz im Bamboux fanden, hätte ich kaum gedacht. Das Bambus Haus muß ja recht geräumig sein. Was wird die Unholdin[1] dazu sagen? Sie wird gewiß toben und nicht ganz mit Unrecht. Hoffentlich werden Sie Sich künftig nicht wieder einen Ritter zum Spiele in Monte Carlo aussuchen und Sich lieber auf Ihre *eigene* Weisheit und Vorsicht verlassen. Meran[2], den Vater so vieler Kinder, hätte ich für solider gehalten. Ich hoffe von ganzem Herzen, daß die zweitägige Bettruhe Sie vollkommen hergestellt und das Ende der stillen Woche bewirkt hat und daß im übrigen Ihre Gesundheit nichts zu wünschen übrig laßt...«

Anfang März 1907 unterbrach Katharina Schratt ihren Riviera-Aufenthalt für drei Tage, um in Wien das riesige Ringstraßenpalais Kärntner Ring 4 (ehemals Palais Königswarter) zu kaufen. Der Kaiser allerdings glaubte, die Freundin wäre seinetwegen nach Wien gereist. Schönbrunn, den 9. März 1907: »... Wenn Sie wirklich diese anstrengende und ermüdende Hin- und Herreise hauptsächlich unternommen haben, um mich wiederzusehen, so ist das für mich ein beglückendes Zeichen, daß Sie mich ein wenig lieb haben und ich bin tief gerührt. Ich denke beständig an die drei frohen Tage, an denen ich Sie hier sehen durfte und sehne mich sehr nach dem leider noch so fernen Wiedersehen.« Hawerda »hat mir vor einigen Tagen über ihren Hauskauf und Bau Angelegenheit berichtet und ich hoffe, daß er und Palmer dieselbe mit Eifer betreiben werden...«

---

1 Gemeint ist die geschiedene Frau Max Devrients, Babette Reinhold.
2 Graf Franz Meran, der Sohn des Erzherzogs Johann und Anna Plochls

Ganz erhebliche Geldsummen müssen in dieser Zeit an die Schratt gelangt sein. Außerdem stellte Ehemann Kiss hohe Ansprüche. Einen Gesandten-Posten, den er erwartete, konnte der Kaiser ihm allerdings nicht bewilligen, wie er der Freundin aus Schönbrunn, den 18. März 1907 erklärte: »...Vor Allem muß ich trachten, Sie wegen Kiss zu beruhigen. Ohne gegen Andere ungerecht zu sein und bei der kurzen Dienstzeit konnte man jetzt Kiss noch keinen selbständigen Posten, daher auch nicht jenen von Algier verleihen. Es ist im Ministerium beabsichtigt, Trojan vorläufig nicht nach Algier zu dirigiren und Kiss die Gerenz[1] des dortigen Amtes bis zu seinem üblichen Sommerurlaube zu belassen. Dann wird erst Trojan das Amt übernehmen. Nach seinem Urlaube soll Kiss noch einige Zeit mit Trojan in Algier bleiben und wenn er weiter gut entspricht, so würde ihm ein selbstständiger Posten verliehen werden. Kiss hat also keinen Grund gekränkt zu sein, denn billiger Weise und ohne zu auffällige Protektion kann er doch nicht Anderen, viel länger dienenden vorgezogen werden und so hoffe ich, daß er keinen unüberlegten coup de tête und Ihnen nicht neue Sorgen machen wird...

Daß Sie ein Automobil[2] gemiethet haben, freut mich weniger, da man sich beständig ängstigen muß...

Neulich war der Bulgarenfürst auf seiner Durchreise nach Sofia incognito bei mir, unmittelbar nach der Ermordung seines Minister Präsidenten. Er war sehr erschüttert und besorgt für seine und seiner Kinder Zukunft. Ich habe ihm und, wie ich glaube, nicht ohne Erfolg Muth zugesprochen. Es scheint, daß er in Sofia richtig und mit Entschiedenheit vorgeht...«

Schönbrunn, den 7. April 1907: »...Sehr erfreut war ich, daß Ihr Schreiben trotz Ihres leider noch immer andauernden Unwohlseins und trotz, wie es scheint und wie zwischen den Zeilen zu lesen ist, Unglück im Spiele, so heiter ist. Hoffentlich geht es jetzt mit Ihrer Gesundheit besser und wird der Versuch, mit Hilfe Palmers Ihre

---

1 »Gerenz« – in der österreichischen Amtssprache für »Ausübung«

2 Dazu Schönbrunn, den 23. März 1907: »...Sie scheinen Ihr Automobil in großem Style und auf weite Distanzen zu benützen. Wenn es, wie ich innigst hoffe, kein Malheur gibt, will ich nichts sagen, aber heimlich ist die Sache doch nicht...«

Spielverluste herein zu bringen, Sie nicht noch tiefer ins Unglück stürzen. Sie sind doch leider sehr leichtsinnig und alle meine guten Lehren nützen nichts. Spielen Sie künftig vorsichtig und suchen Sie ja nicht durch hohes und gewagtes Spiel das Verlorene hereinzubringen. Daß Sie auch einen Autounfall hatten ist auch beängstigend, war aber vorauszusehen.

Denken Sie Sich, daß Kaiser Wilhelm jetzt plötzlich das Achilleon[1] in Corfu doch von Gisela kauft um eine Million Mark. Die Sache ist so gut wie abgeschlossen zur Befriedigung Giselas und zur minderen Freude Wedels und der Berliner kaiserlichen Umgebung...«

Schönbrunn, den 14. April 1907: »...Von hier ist nicht viel zu melden, was eigentlich erfreulich ist. Auch Kipfeln und Semmeln bekommt man wieder, nachdem man sich während dem langen Bäckerstreik mit recht minderen Streikwecken behelfen mußte...

In der Angelegenheit Ihres Hauskauf und Baus habe ich leider nichts gehört und hoffe nur, daß Palmer bald etwas erfreuliches berichten kann, was ich innigst wünsche...«

Aus dem »Jubeljahr« des Kaisers 1908, als er sein 60jähriges Regierungsjubiläum feierte, stammen nur mehr spärliche Briefe des 78jährigen, sehr müden und oft depressiven Franz Joseph an die Freundin. Immer noch ging es um Forderungen des Schratt-Ehemannes, diesmal an Außenminister Aehrenthal, der freilich in der Vorbereitung der Annexion Bosniens und der Herzegowina und der Verhinderung eines sich daraus ergebenden Krieges alle Hände voll zu tun hatte – ebenso wie der alte Kaiser:

»Schönbrunn den 21. Mai 1908.
Meine liebe gute Freundin,
Ich muß leider um Nachsicht bitten, daß ich Heute absolut nicht in der Lage bin Sie zu bitten, mich Heute oder Morgen zu besuchen, da ich in der Sorge, Aufregung und Hetze dieser Tage, an welchen die

---

1 Das dem Achill geweihte prächtige Haus der Kaiserin Elisabeth auf Korfu war laut Testament ihrer älteren Tochter Gisela von Bayern zugefallen.

Die kaiserliche Familie gratuliert dem 78jährigen Franz Joseph zum 60jährigen Regierungsjubiläum am 2. Dezember 1908.

wichtigsten Fragen verhandelt und vielleicht entschieden werden, keinen Augenblick bezeichnen kann, an welchem ich ruhig mit Ihnen sprechen könnte. Sobald für mich etwas Ruhe eintritt, werde ich Sie gleich telephonisch bitten lassen, mich zu besuchen. Recht inständig bitte ich Sie, Sich nicht zu sehr aufzuregen und zu bedenken, wie sehr Ährenthal gerade in diesen Tagen von den dringendsten und schwierigsten Angelegenheiten in Anspruch genommen ist, worauf ich Sie bereits mündlich aufmerksam gemacht habe.

Sobald es ruhiger geworden sein wird, wird es an der Zeit sein, Ihre Angelegenheit wieder in Angriff zu nehmen und hoffentlich in die Ordnung zu bringen. Ich habe noch immer etwas Schnupfen, aber sonst geht es mir ziemlich gut.

Verzeihen Sie das Gekritzel; ich kann die Feder nicht mehr führen.

Mit den herzlichsten Grüßen und auf baldiges Wiedersehen hoffend, Ihr Sie innigst liebender   Franz Joseph

Für die Mittheilung der Beilagen danke ich bestens.«

»Schönbrunn den 26. Jänner 1909.

Theuerste Freundin,

Auf Ihren Befehl und nicht ohne Mühe richte ich diese Zeilen an Sie, um Sie in Ihrem Hause[1] mit dem innigsten Wunsche herzlichst zu begrüßen, daß Sie nach so vielem Ärger und Aufregung, in Ihrem neuen Heime Glück, Zufriedenheit, Ruhe und Freude finden möchten.

Mit den herzlichsten Grüßen Ihr Sie innigst liebender

Franz Joseph«

»den 21. Mai [1909]

Meine liebe, gute Freundin,

Nur wenige Zeilen um Ihnen meine herzlichste Theilnahme an dem Tode des armen Kiss auszusprechen. Trotz Allem wird es Ihnen doch nahegehen und jedenfalls Ihre Nerven angreifen. Mich hat das doch schneller als erwartet eingetretene Ereigniß recht traurig gestimmt.

Ich glaube, daß Sie kaum dazu aufgelegt sein werden Morgen, wie verabredet, bei mir zu speisen, frage mich aber doch um Ihre Befehle an, die ich bitte mich wissen zu lassen. Mit den herzlichsten Grüßen Ihr Sie innigst liebender Franz Joseph«

»Schönbrunn den 24. Mai 1909

Theuerste Freundin,

Ich weis nicht ob es schon jetzt recht ist, wenn ich mich anfrage, ob ich Sie vielleicht Heute um 6 Uhr besuchen kann. Sollte ich Ihnen im geringsten zur Last fallen, sollte Ihnen mein Besuch jetzt noch unangenehm und Ihre Stimmung noch zu traurig sein, so werde ich warten bis Sie mich wissen lassen, daß Ihnen meine Gesellschaft erwünscht ist. Sollten Sie mich Heute sehen wollen, so bitte ich telephoniren zu lassen, daß Sie mich erwarten. Wenn keine Nachricht von Ihnen kommt, so weis ich, daß ich Heute nicht in die Gloriette Gasse kommen soll.

Meine Gedanken sind beständig bei Ihnen und besonders Gestern Nachmittag dachte ich an die schmerzlichen Augenblicke, die Sie

---

1 Die Schratt hatte ihr Palais am Kärntner Ring bezogen.

durchleben mußten.[1] Abends brachte mir Kerzel genau Nachricht von Ihnen, von Ihrem Befinden und von der Beisetzung.

Mit den innigsten Grüßen Ihr Sie innigst liebender

Franz Joseph«

»Buda-Pest den 26. Mai 1910

Meine liebe gute Freundin,

Freudig überrascht wurde ich Heute durch Ihre lieben Zeilen und danke ich Ihnen für dieselben von ganzem Herzen. Sehr traurig und bekümmert bin ich aber durch ihre Mittheilung von Ihrem Gesundheitszustande, welcher auch in Ihren Schriftzügen zum Ausdrucke kommt. Hoffentlich wird der kurze und wohl auch *ruhige* Aufenthalt in Marienbad Ihnen neue Kraft geben und werde ich Sie bald viel wohler wiedersehen.

Ich bin so glücklich und dankbar, daß Sie schon am 5. Juni in die Gloriette Gasse zurückkommen wollen, aber nur unter der Voraussetzung, daß die baldige Unterbrechung der Marienbader Kur die Besserung Ihres Befindens nicht stört. Mir geht es auch nicht famos, ich bin oft entsetzlich müde und fühle das hohe Alter täglich mehr. Der hiesige Aufenthalt war auch nicht besonders angenehm.

Einige sehr warme Tage mit drückender Luft, viel Arbeit, lange Audienzen, aber doch weniger Ärger wie bei früheren hiesigen Aufenthalten. Hoffentlich wird es in Bosnien nicht zu heiß sein und

---

1 Die Beisetzung von Nikolaus Kiss auf dem Hietzinger Friedhof. Nun, da beide Partner verwitwet waren, wäre eine Heirat möglich gewesen. Es gab auch Versuche, eine solche »Gewissensehe« im nachhinein mit Hilfe längst verstorbener Zeugen zu konstruieren, die freilich nicht die angebliche Heirat selbst, sondern nur eine mysteriöse Eintragung in einem nicht mehr vorhandenen Buch bezeugen konnten (Markus, 9–19). Die Familie Schratt jedoch bezeichnete die Gerüchte um eine angebliche Ehe des fast 80jährigen Kaisers als »völlig absurd« (so die Nichte Katharina Hryntschak und Großnichte Johanna Ingalls Cooper). Quellenbeweise liegen keine vor. Auch die Briefe Franz Josephs bringen keinen, auch nicht den geringsten Hinweis – ganz im Gegenteil: Die Beziehung zur Freundin war nun schon sehr locker, Briefe selten und – verglichen mit früheren Jahren – recht förmlich. Die Besuche der Schratt beim alten Kaiser hatten mehr und mehr karitativen Charakter.

werde ich die ganze Sache gut überstehen. Aus dem Programme, das ich Ihnen, Ihrem Wunsche gemäß, sende, werden Sie ersehen, daß die Hetze ärger sein könnte und daß auf meine Altersschwäche Rücksicht genommen wird. Innigst danke ich Ihnen, daß Sie für mich beten wollen und empfehle ich mich während der ganzen bosnischen Expedition in Ihr Gebet.

In Gedanken bei Ihnen und mit den herzlichsten Grüßen bleibe ich Ihr Sie innigst liebender

Franz Joseph«

»Schönbrunn den 31. Dezember 1910.

Meine liebe gute Freundin,

Nur wenige Zeilen, um Ihnen meine innigsten, herzlichsten Glückwünsche zum beginnenden Jahre, nebst der Bitte auszusprechen, daß Sie mir auch in demselben Ihre Freundschaft, Güte und Nachsicht bewahren. Gott segne und beschütze Sie und gebe Ihnen bald volle Gesundheit wieder. Mein letzterer Wunsch ist auch ein egoistischer, denn ich sehne mich unendlich nach Ihnen, Ihre liebe Gesellschaft geht mir sehr ab und ich habe mich in letzter Zeit recht einsam gefühlt. Jetzt ist es etwas besser, da Valérie und die Kinder mich theilweise erheitern.

Obwohl ich ein nicht zu fernes Wiedersehen sehnlichst wünsche, bitte ich Sie doch, sich jetzt vor Allem gründlich zu schonen und Sich vor Verkühlung in acht zu nehmen. Durch Kerzel habe ich täglich Nachricht von Ihnen, wofür ich ihm sehr dankbar bin. Ihre lieben, so nützlichen Geschenke sind bereits alle placirt mit Hilfe Ketterls, der mir die Bestimmung jeden Gegenstandes bezeichnete. Der schöne Teppich ersetzt jenen, der immer Ihr Mißfallen erregte, die goldenen Tatzen schmücken meine beiden Schreibtische und die Bürste ist mir besonders willkommen, da eine solche bisher auf dem Schreibtische im großen Zimmer fehlte. Der Moses fand einen Platz im Schlafzimmer. Nun leben Sie wohl, theuerste Freundin und ich schliesse mit tausend herzlichsten Grüßen als Ihr, Sie innigst liebender

Franz Joseph«

Weihnachten 1908.

*Geschenke für Allerhöchst
Sr. k. k. apostol. Majestät.*

*Pelzdecke sehr leicht f. geschl. Wagen
Vasen (Metall oder Glas 15 Ctm. hoch
Zeiss. Feldstecher für Manöver
Zigarrentasche zum schieben
für 5 Stück Zigarren (60 Jub.)
Kognak*

Liste des kaiserlichen Leibkammerdieners Eugen Ketterl mit dem
Vorschlag nützlicher Weihnachtsgeschenke für den Kaiser: »Pelzdecke
sehr leicht f. geschl. Wagen, Vasen (Metall oder Glas 15 Ctm. hoch),
Zeiss-Feldstecher für Manöver, Zigarrentasche zum schieben für 5
Stück Zigarren (60. Jub(iläum)), Kognak«. Solche Listen verfaßte
Ketterl für Katharina Schratt vor allen anfallenden Feiertagen.

»Schönbrunn, den 29. April 1911

Theuerste Freundin,

Nur mit wenigen Worten, denn ich bin jetzt sehr gehetzt, will ich Sie von ganzem Herzen, nach der so entsetzlich langen Trennung, in der Heimath begrüßen. Hoffentlich sind Sie ganz wohl und nicht zu ermüdet in der Gloriette Gasse eingetroffen.

Da ich wegen meinem hartnäckigen Rachenkatarrh nicht zu Ihnen kommen kann und Sie an den wenigen Tagen vor meiner am 3. stattfindenden Abreise so viel als möglich sehen möchte und da Gisela, die jetzt hier ist, Morgen mit Ihnen bei mir speisen möchte, so frage ich mich an, ob Sie Morgen um 5 Uhr zum Diner kommen wollen. Sehr glücklich wäre ich aber, wenn ich das Wiedersehen mit Ihnen allein und daher schon früher feiern könnte.

Sollte es Ihnen möglich und von mir nicht zu viel verlangt sein, wenn Sie mich Morgen um 1 Uhr besuchen würden. Da hätte ich hoffentlich einen freien Augenblick. Ich bitte mich nur wissen zu lassen, ob Sie um 1 Uhr zum Wiedersehen und um 5 Uhr zum Essen kommen wollen.

Endlich ein Lichtpunkt in meinem traurigen Leben! und mit den allerherzlichsten Grüßen Ihr Sie unendlich liebender

Franz Joseph«

Im November 1911 wies Kaiser Franz Joseph den Generaldirektor seines Privat- und Familienfonds, Franz von Hawerda, an, Katharina Schratt den Betrag von zweieinhalb Millionen Kronen »zu freien Händen« auszuzahlen. Eine Woche später, mit Datum vom 20. November 1911, verfaßte Hawerda eine Abschrift der kaiserlichen Testamentsregelung vom 2. März 1889, wonach damals 500.000 Gulden (= 1 Million Kronen)[1] für die Schratt als Erbe vorgesehen war. (Dieses Dokument hat sich im Schratt-Nachlaß erhalten.) Offensichtlich wurde diese Summe (mit aufgelaufenen Zinsen) gegen die Schenkung aufgerechnet, denn die Schratt galt damit als abgefun-

---

1 Laut Auskunft des Österr. Statist.Zentralamtes entsprach 1991 der Wert einer Krone von 1911 90,75 öS. Die Schenkung belief sich also auf über 200 Millionen Schilling (30 Millionen DM), auch für kaiserliche Verhältnisse eine außerordentliche Summe.

den. (Das hinderte sie aber nicht daran, weiter auf ein erhebliches Erbe zu hoffen.)

»Schönbrunn den 7. Mai 1912.

Meine liebe gute Freundin,

Nur wenige Zeilen, denn das schreiben wird mir recht schwer, um Sie nach der langen Trennung bei Ihrer Rückkehr in die Gloriette Gasse von ganzem Herzen zu begrüßen. Wie ich mich auf das endliche Wiedersehen freue brauche ich Sie eigentlich nicht zu versichern, wenn Sie mir es auch nicht glauben wollen.

Hoffentlich geht es mit Ihrem Befinden gut und in dieser Voraussetzung frage ich mich an, ob Sie Morgen um 5 Uhr bei mir speisen wollen? Am liebsten wäre ich Morgen Vormittag zu Ihnen gekommen, allein ich habe zu viel Arbeit und muß Leute empfangen, auch bin ich noch nicht aus dem kleinen Garten heraus gekommen, in dem

Der Kaiser mit seiner Tochter Marie Valerie und den Enkeln Mathilde und Clemens in Wallsee/Niederösterreich

522

ich einige Male eine halbe Stunde spazieren gegangen bin. Der Beantwortung meiner Anfrage entgegen sehend, mit den herzlichsten Grüßen Ihr Sie innigst liebender Franz Joseph«

»Schönbrunn den 2. Juni 1912
Leider muß ich Ihnen, theuerste Freundin, melden, daß ich Morgen nicht, wie ich hoffte, mit Ihnen speisen kann, da Valérie unerwartet mit Ella hier eintrifft und Beide mit mir essen wollen. Sobald ich wissen werde, wann ich Dienstag mit Ihnen zusammentreffen kann, entweder um 1 Uhr oder zum Speisen, werde ich es melden.

Gestern Abend war ich sehr müde, sonst ist aber Alles mit dem Bulgaren sehr gut gegangen. In der frohen Erwartung baldigen Wiedersehens, Ihr Franz Joseph«

»[Ischl] 9. Juli 1913.
Theuerste Freundin,
Nur wenige Zeilen, um Sie bei Ihrem Einzuge in die Felicitas zu begrüßen, um Ihnen von ganzem Herzen zu danken, daß Sie trotz Kälte und Unwetter gekommen sind, um mich zu trösten und zu erheitern und mich anzufragen, ob ich Morgen in gewohnter Art um 7 Uhr Früh zu Ihnen kommen darf. Keine Antwort ist mir ein Zeichen, daß Sie mich erwarten und so werde ich Morgen Früh je nach dem Wetter telephonisch melden, ob ich zu Fuß oder zu Wagen komme. Im ersteren Falle bitte ich das kleine Thürl aufsperren zu lassen.

In froher Erwartung des ersehnten Wiedersehens Ihr Sie innigst liebender Franz Joseph«

In den hektischen Wochen des Juli 1914 zwischen der Ermordung des Thronfolgerpaares und dem Ausbruch des Weltkrieges war Katharina Schratt in der Nähe des Kaisers in Ischl. Leider hinterließ sie keine schriftlichen Äußerungen über diese politisch so wichtige Zeit. Will man den Erzählungen der (nicht immer verläßlichen) Bertha Zuckerkandl glauben, so hatte die Schratt nach Eintreffen der Meldung vom gewaltsamen Tod des Thronfolgerpaares dem kaiserlichen Generaldjutanten Graf Paar über Erzherzog Franz Ferdinand gesagt:

»Jetzt wird er ihn [den Kaiser] nicht mehr quälen können. Es war ja schon nicht mehr zum Aushalten! Erbarmungslos hat er dém alten Herrn Szenen gemacht. Und als der Leibarzt Dr. Kerzl gebeten hat, man solle ihn nicht aufregen, hat es der Thronfolger justament darauf ankommen lassen. Damit den Kaiser der Schlag trifft. Glauben Sie, Graf Paar, ich wüßte nicht, daß, so oft der Kaiser einen Schnupfen gehabt hat, die Herrschaften oben im Belvedere Bittmessen haben lesen lassen – daß er nicht gesund wird?« (Zuckerkandl, 113).

Seriöser ist jedenfalls, was Josef Redlich am 29. Dezember 1914 über ein Gespräch mit dem Schratt-Vertrauten Wilhelm Singer vom »Neuen Wiener Tagblatt« in sein Tagebuch schrieb: »Er erzählt mir, daß Frau Schratt ihm gesagt habe, der Kaiser habe in Ischl nur an einen serbischen Krieg geglaubt (!!) und habe ihr gesagt: ›da brauche ich nicht nach Wien fahren.‹ Als dann von Deutschland her die Kriegserklärung an Rußland erfolgte, sei er sehr überrascht gewesen.«

»Den 4. April. [1915]

Innigsten Dank theuerste Freundin für die schönen Blumen und für die guten Wünsche, welche ich von ganzem Herzen erwidere. Gott erhalte und beschütze Sie in diesen schweren Zeiten und bewahre mir Ihre Freundschaft. Hoffentlich auf Wiedersehen Morgen um 1 Uhr. Mit den herzlichsten Grüßen

Ihr Sie innigst liebender   Franz Joseph«

Dies ist der letzte erhaltene Brief Kaiser Franz Josephs an Katharina Schratt. Sie setzte die Besuche beim vereinsamten, kränkelnden Kaiser selbstverständlich fort. Am 19. November 1916 – Elisabeths Namenstag – besuchte sie ihn zum letzten Mal in der Hofburg. Am 21. November 1916, mitten im Weltkrieg, der das Ende der Donaumonarchie besiegelte, starb Franz Joseph im Alter von 86 Jahren.

Im Kreis der kaiserlichen Familie durfte »die Freundin« am Totenbett Abschied nehmen und dem Kaiser zwei weiße Rosen in die Hände geben, mit denen er in den Sarg gelegt wurde. Bei der Beisetzung aber fehlte sie: Der Hof hatte keinen Platz für sie reserviert. Sie blieb betend in ihrer Wohnung, während der prunkvolle Trauerzug durch Wien ging und Kaiser Franz Joseph in der Kapuzinergruft zwischen den Särgen seiner »Engels-Sisi« und seines Sohnes Rudolf beigesetzt wurde.

Zu ihrer großen Enttäuschung hatte der Kaiser die Freundin im Testament nicht bedacht, ihr auch keine Rente ausgesetzt. Sie bat deshalb den jungen Kaiser Karl um finanzielle Unterstützung – die ihr nicht gewährt wurde. Ausschlaggebend für diese Entscheidung war ihr langjähriger Vertrauter Franz von Hawerda, Generaldirektor des kaiserlichen Privat- und Familienfonds, der in der Gunst des jungen Kaisers stand und im November 1917 dessen Kabinettsdirektor wurde. Er kannte wie kein anderer die jahrelangen hohen Zuwendungen an die Schratt, wußte auch von der Abfindung mit 2,5 Millionen Kronen 1911. Jetzt widersetzte er sich – im dritten Kriegsjahr – dem Obersthofmeister Prinz Konrad Hohenlohe, der für Großzügigkeit plädierte (Redlich, 21. November 1917).

So ging Katharina Schratt leer aus. Sie bekam nur einen Orden, der sie (nach Aussage ihrer Nichte Hryntschak) nicht freute. Freilich, wenn die Legende um eine Geheimehe Wahrheit gewesen wäre, wäre die Schratt juristisch erbberechtigt gewesen und hätte an die Familie Habsburg Ansprüche stellen können. Denn in Cisleithanien wurde jede kirchliche Ehe automatisch vom Staat anerkannt. (Eine obligatorische Zivilehe gab es nur in Ungarn.) Rechtsansprüche an die Familie Habsburg standen aber bei der Schratt auch nach 1918 (ebenfalls nach Aussagen ihrer Nichte) nie zur Diskussion.

Nach ihrem zwiespältigen Triumph als Maria Theresia am Volkstheater 1903 spielte sie nur noch selten, gab aber hin und wieder Lesungen für wohltätige Zwecke. Sie reiste viel und liebte weiterhin Gesellschaft, die Hochachtung und Verehrung genießend, die ihr als »Freundin des Kaisers« entgegengebracht wurde. Ihr Lebensstil war auch in schlechten Zeiten glanzvoll. Ihre Großnichte Johanna Ingalls Cooper: »Selbst bei Einladungen im engeren Familienkreis ist es wie bei Hof zugegangen, jeder Gang war ein richtiges Zeremoniell, ich erinnere mich, daß selbst die Hundeschüsseln auf weißen Servietten serviert wurden. Die Konversation bei Tisch fand prinzipiell nur in französischer Sprache statt – was für meine Schwester und mich eine Qual war, weil wir kein Wort verstanden« (Markus, 226).

Sie finanzierte diesen Lebensstil mit dem allmählichen Verkauf ihrer Liegenschaften, ihres Schmucks, ihrer Antiquitäten. Denn ihr Ruhegehalt vom Burgtheater, das sich auf beachtliche 12.000 Gulden jährlich belief (Holub, 94), war ab 1918 stark entwertet. Trotz finanzieller Probleme widerstand sie aber allen lukrativen Angeboten, sensationelle Interviews zu geben oder ihre Memoiren zu diktieren.

Das Alter verbrachte sie, inzwischen sparsam geworden, umgeben von Sohn, Schwiegertochter, Schwägerin, Nichte Katharina Hryntschak, engagierte sich für den Tierschutz und füllte ihre Tage mit dem Legen von Puzzles, für deren Unterbringung sie einen eigenen Raum brauchte. Sie wurde, ebenso wie Kaiser Franz Joseph, 86 Jahre alt und starb am 17. April 1940 in ihrem Palais am Kärntner Ring an Altersschwäche. Neben ihrem Ehemann Nikolaus Kiss von Ittebe wurde sie auf dem Hietzinger Friedhof in Wien begraben.

Nachwort: Die politische Bedeutung Katharina Schratts

Kaiser Franz Joseph, Herrscher seit seinem 18. Lebensjahr, war stets bemüht, sich keiner unerwünschten politischen Einflußnahme auszusetzen. Prinzipiell erlaubte er jedem Menschen seiner Umgebung nur bestimmte Themenkreise im Gespräch und beschränkte somit von vornherein dessen Einfluß. Minister durften zum Beispiel ausschließlich über ihr Fach, nicht über allgemeine politische Themen oder andere Ressorts sprechen. Auch die kaiserliche Familie (immer mit der großen Ausnahme der Kaiserin, die sich fast alles erlauben konnte) war dieser strikten Regel unterworfen. Sogar der politisch ehrgeizige Kronprinz Rudolf hatte keine Möglichkeit, mit dem Vater über Politik zu sprechen. Es gab auch für ihn bestimmte Themenkreise: Familie, Jagd und Armee. Überdies mußte der Kronprinz warten, was der Vater ihn fragte, und durfte nur antworten.

Was er seinem Sohn nicht erlaubte, gestand er auch den Freundinnen nicht zu: Bei Anna Nahowski nahm er sich kaum die Zeit zu einigen höflichen Floskeln und hielt sich mit Gesprächen nicht auf. Katharina Schratt war ihm zwar weit vertrauter, aber auch die Gesprächsthemen mit ihr beschränkten sich auf bestimmte Gebiete: Gesellschafts- und Theatertratsch, gelegentlich Interventionen für ihre Schützlinge, Gesundheit und die Regelung ihrer stets desolaten Finanzen. Ansonsten hatte die Freundin die Sorgen des Kaisers anzuhören, vor allem die um die Kaiserin. Außerdem klagte er gerne über die Mühsal und Plage der Regierungsarbeit, besonders wenn es um Ungarn ging.

Katharina Schratt fügte sich sehr rasch in diese Bedingungen. Sie war ohnehin an Politik nicht interessiert, las den politischen Teil der Zeitungen nicht, wußte kaum, was vorging, und hatte keinerlei politischen Ehrgeiz. So kann ihr Zurückhaltung in dieser Hinsicht kaum schwergefallen sein – ganz abgesehen davon, daß diese ein

Gebot der Klugheit war. Und dumm war Katharina Schratt sicherlich nicht. Der Schratt-Freund Adalbert Sternberg schrieb: »Wenn Frau Schratt irgendeine Taktlosigkeit begangen hätte, wäre das freundschaftliche Verhältnis mit dem Kaiser sofort gelöst worden. Nur weil sie sich nie in die Politik mischte, konnte sie sich in ihrer Vertrauensstellung erhalten« (Neues Wiener Journal, 19. Juli 1934).[1]

Freilich fehlte es nicht an Versuchen, über die Schratt Einfluß auf den Kaiser zu nehmen. Fürst Ferdinand von Bulgarien zum Beispiel kam damit nicht weit und wurde von der Schratt mit den Worten abgewiesen: »Von Politik will ich nichts wissen. Ich kann doch dem Kaiser die Ruhe, die er bei mir sucht, nicht vergällen. Mir tut er so leid. Er soll bei mir vergessen, daß er regieren muß« (Zuckerkandl, 111).

Subtilere Methoden der Einflußnahme wandte der deutsche Botschafter Graf Philipp Eulenburg an. Er machte sich bei der Schratt mit witzigen Histörchen unentbehrlich, baute im Laufe der Zeit eine recht enge Beziehung auf und suchte so unauffällig wie möglich politischen Einfluß im deutschfreundlichen Sinn zu nehmen – freilich vergeblich, wie er betonte: »Daß ich jemals mit Frau Kathi große auswärtige Politik gemacht hätte, trifft nicht zu, das verbot sich schon aus dem Grunde, weil ihr das Verständnis hierzu völlig fehlte« (II, 234). Die Schratt habe geschickt abgewehrt: »Man will den armen Herrn, der soviel Ärger und Sorgen hat, nicht auch bei diesem gemütlichen Verkehr mit Politik langweilen« (II, 215).

Aber Eulenburg versuchte immer wieder sein Glück, so auch gegen die starke »klerikale« Strömung in Wien, und berichtete am 10. Januar 1899 nach Berlin: »Ich stellte ihr nunmehr sehr deutlich die Gefahren dar, welche bei der Fortführung des jetzigen Systems drohten, und gab ihr einige Schlagwörter mit auf den Weg, den sie ja so häufig an der Seite des alten Herrn im Schönbrunner Park wandelt – aber ich erwarte leider nicht viel Wirkung davon« (II, 216 f.).

---

1 Auf dem Höhepunkt der Debatte um die ungarischen Ehegesetze schrieb Franz Joseph etwas gereizt an die Freundin: »Daß ich mich nebenbei auch viel geärgert habe, können Sie Sich denken, wenn Sie ausnahmsweise eine Zeitung angesehen oder sonst wie über ungarische Vorgänge gehört haben« (24. März 1894).

Ein anderes Beispiel: Der österreichische Diplomat Ludwig Freiherr von Flotow berichtete, wie Katharina Schratt 1907 »von ihr befreundeten Personen bestürmt wurde«, den Kaiser über das Resultat seines hochpolitischen Treffens mit König Eduard VII. von England zu befragen, ging es darin doch immerhin um eine mögliche Neuorientierung der österreichisch-ungarischen Bündnispolitik. Flotow: »Da sie in ihren Unterhaltungen mit dem Monarchen grundsätzlich politische Themen nicht berührte, weigerte sie sich anfänglich, gab aber schließlich dem wiederholten Drängen nach, und auf einem Spaziergang mit dem Kaiser warf sie die Frage hin: ›Was hat eigentlich der König von England in Ischl gewollt?‹ Der Kaiser antwortete vorerst nicht, dann wandte er sich lächelnd seiner Begleiterin zu und sagte: ›Der König wollte sich – ebenso wie Sie – in etwas einmischen, was nur mich angeht‹« (Flotow, 231). Freilich bleibt dabei die Frage offen, ob das wirklich Franz Josephs Worte waren oder ob die Schratt die Neugierigen nicht mit einer solchen Bemerkung in ihre Schranken weisen wollte. Jedenfalls kann man ihr eine große Geschicklichkeit in solchen heiklen Fragen nicht absprechen.

Die besten Möglichkeiten, wenigstens bestimmte politische Informationen an den Kaiser gelangen zu lassen, hatten die beiden engsten Schratt-Vertrauten Dr. Paul Schulz und Eduard Palmer. Über Paul Schulz berichtete Josef Redlich: »Noch als ganz junger Beamter zur Arbeiterschutzkonferenz 1889 nach Berlin entsendet, schrieb Schulz ausführliche Berichte an Frau Schratt, die diese dann dem Kaiser vorlas, der dann den Handelsminister Marquis Bacquehem mit seiner genauen Information in Verlegenheit setzte« (Redlich I, 290). Auch Eduard Palmer schrieb lange Briefe offiziell an die Freundin, in Wirklichkeit aber an den Kaiser adressiert. Ein zehnseitiger Palmer-Brief über die »Bankenfrage in Ungarn« mit starker Kritik an Finanzminister Bilinski und Ministerpräsident Thun hat sich im Schratt-Nachlaß erhalten. Über den Erfolg solcher Aktionen ist freilich nichts bekannt.

Die politische Bedeutung der Schratt liegt weniger im direkten Einfluß als darin, dem Kaiser mit ihren Geschichterln Informationen über das Leben der Menschen außerhalb des Hofes gegeben zu haben.

Die immer undurchdringlicher werdende Isolation des Kaisers wurde etwa ab der Jahrhundertwende von Nichthöflingen als überaus ärgerlich empfunden, so auch von dem sicherlich loyalen Politiker Dr. Joseph M. Baernreither, der Anfang 1913 in sein Tagebuch schrieb: »Ein Wall von Vorurteilen schließt den Kaiser von allen freien politischen Persönlichkeiten ab. Nicht nur jeder atmosphärische, sondern auch jeder frische politische Luftzug wird durch den obersthofmeisterlichen, hausmilitärischen und medizinischen Ring, der den Monarchen umgibt, von ihm ferngehalten. Das mit Macht dahinflutende Leben unserer Zeit dringt kaum wie ein fernes Rauschen an das Ohr unseres Kaisers. Jede wirkliche Teilnahme an diesem Leben ist ihm versperrt, er versteht die Zeit nicht mehr, und die Zeit geht über ihn hinweg« (Fragmente eines politischen Tagebuches, Berlin 1928, 210). Auch bei seinen häufigen Reisen kreuz und quer durch die Donaumonarchie von Lemberg bis Innsbruck, von Triest bis Prag lernte Franz Joseph nicht das alltägliche Leben seiner »Völker« kennen. Er begnügte sich überall damit, Manöver abzuhalten (und genauestens die korrekte Adjustierung der Soldaten wahrzunehmen), feierliche Aussprachen hoher Würdenträger anzuhören und sich mit Chorgesang und Blumengebinden der obligaten weißgekleideten Mädchen huldigen zu lassen.

Die Schratt war die einzige, die den Kaiser mit anderen, auch oppositionellen Meinungen konfrontierte – und machte sich am Hof entsprechend unbeliebt. Die Schratt-Nichte Katharina Hryntschak führte die offene Feindschaft des Obersthofmeisters Graf Montenuovo auch darauf zurück, und Graf Sternberg meinte, die Schratt habe mit ihren Geschichterln die »Lügen der Hofkamarilla« korrigiert: »Auch wollte der Kaiser von jemandem die ungeschminkte Wahrheit hören, und zwar das, was die Leute im allgemeinen sagten, um es mit den Ansichten der Kamarilla vergleichen zu können.« Ähnliches berichtete Franz Josephs Leibkammerdiener Eugen Ketterl, ein glühender Verehrer der »gnädigen Frau«.

Sicher war, daß der Kaiser über die Freundin mit Menschen in Verbindung kam, die den Hofkreisen völlig fernstanden. Die Freunde der sehr geselligen Schratt waren geradezu Antipoden zur höfischen Gesellschaft. Sie waren Künstler (Burgtheaterkollegen, Schriftsteller,

Maler, Musiker bis zum Hofoperndirektor Gustav Mahler), hohe Beamte wie Paul Schulz und Ferdinand Gorup, Ringstraßenbarone, Bankiers und Industrielle wie Nathaniel Rothschild, Nikolaus Dumba, Eduard Palmer, »Plapperello« Heinrich Stametz-Maier, Baron Königswarter, Baron Springer und prominente Gesellschaftslöwen und Sportler wie die Brüder Baltazzi und Viktor Silberer. Jedenfalls gehörten fast alle Schratt-Freunde (außer den Aristokraten Wilczek, Sternberg, Nora Fugger und natürlich Ferdinand von Bulgarien) der sogenannten Wiener »zweiten Gesellschaft« an, die bis heute das Bild Wiens um 1900 weit mehr prägt als das altmodische, starr und immer verstaubter wirkende höfische System. Allerdings war es auch jene Gesellschaftsschicht, die durch ihren überaus hohen Anteil an Juden und Freidenkern von Antisemiten am heftigsten angegriffen wurde.

Der Kaiser nahm zwar an keinem der vielen geselligen Abende im Haus der Schratt teil, ließ sich aber ausführlich über deren Verlauf und über die Gespräche erzählen – und berichtete auch der Kaiserin gelegentlich, so am 29. Januar 1896: Die Freundin gebe am Abend ein »Diner von 18 Personen, Eulenburg zu Ehren. Nebst ihm kommen Fürstin Fugger, Nathaniel Rothschild mit seinem Sekretär Schuster, Palmer, die Ehepaare Hartmann, Devrient, Lewinsky, Thimig und Reimers und vielleicht Graf Wilczek. Ich wünsche nur, daß die Köchin einer solchen Leistung gewachsen sei.«

Zwei Tage später, am 31. Januar 1896, berichtete der Kaiser seiner Frau: »Die Freundin mußte mir genauestens über ihr vorgestriges Diner berichten, das ganz gut ausgefallen ist. Eulenburg war sehr liebenswürdig, Reimers deklamierte nach Tisch Gedichte und Erzählungen des Botschafters. Die sogenannten Grinzinger, vier Musikanten und Volkssänger, spielten und sangen wienerische Weisen, was Eulenburg besonders gut gefiel. Die Gäste entfernten sich erst gegen ½2 Uhr.«

Der Kaiser wußte sich der Schratt-Freunde zu bedienen, wenn es um diskrete Dienste ging, die er den Hoffunktionären nicht anvertrauen wollte: so zum Beispiel die Verhinderung der Larisch-Enthüllungen über die Kaiserin mit Hilfe von Palmer, Wilczek und Burckhard. Finanzielle Rettungsaktionen im kaiserlichen Dienst organisierte der Bankier Palmer nicht nur für die gemeinsame Freundin Schratt und deren Ehemann Kiss, sondern auch für habsburgische Verwandte wie Erzherzog Joseph.

Die (wenn auch nur auf dem Umweg über die Schratt bestehenden) ungewöhnlichen Beziehungen des Kaisers erregten natürlich am Hof und in der kaiserlichen Familie Argwohn und Mißtrauen – ebenso wie am Burgtheater. Burgtheaterdirektor Schlenther zum Beispiel fühlte sich zurückgesetzt und erzählte dem Historiker Friedjung im März 1901, er habe nur »ein einziges Mal beim Kaiser Audienz gehabt. Es berührt ihn offenbar, daß der Kaiser jüngst Burckhard kondolierte anläßlich des Todes seiner Mutter – eben hat der Kaiser sich, als Mahler krank war, nach dessen Befinden erkundigen lassen.« Freilich reichte der Einfluß der Schratt nicht aus, um den Kaiser zu einer Intervention im Burgtheater (also zu Schlenthers Kündigung) zu bewegen, obwohl er dieses Theater aus seiner Privatschatulle finanzierte. Jedenfalls gab es nach 1918 weit mehr politische Interventionen am (inzwischen durch Steuergelder finanzierten) Burgtheater als zu Franz Josephs Zeiten.

Die meisten Diskussionen gab es um die eigenartige Stellung des Schratt-Vertrauten Eduard Palmer. Der Industrielle und Bankier spielte über dreißig Jahre von allen Schratt-Freunden beim Kaiser die größte Rolle.[1] Er war der wichtigste Helfer und Vermittler in den zahlreichen Beziehungskrisen des Paares, dem Kaiser und Katharina Schratt gleichermaßen in Verehrung ergeben. Eulenburg: »Übrigens waren die Beziehungen Palmers zu Frau Kathi völlig einwandfrei. Der ältere Mann, der sich ihrer väterlich annahm, trug ... eine sentimentale, treue, hoffnungslose Liebe für Kathi in seinem alten Herzen. Er gehörte überhaupt zu den sentimentalen Vertretern seiner Standesgenossen. Kathi verkehrte achtungsvoll scherzend mit ihm, und er lächelte traurig, wahrscheinlich auch dann, wenn er wieder

---

1 In der bisherigen Literatur ist dieser so wichtige Mann nicht existent. Hoffnungen auf reiche Quellenfunde in Palmers Nachlaß haben sich allerdings nicht erfüllt: Laut freundlicher Auskunft seines Großneffen Leopold Eichner hat seine Nichte Rosa Eichner nach dem Zusammenbruch der Monarchie 1919 etwa 300 Briefe Kaiser Franz Josephs an Palmer auf Wunsch des (1914 gestorbenen) Adressaten verbrannt.

einmal die in Unordnung geratenen Finanzen Kathis zu ordnen hatte« (II, 304). Jedenfalls zeigte der Kaiser auf den drei Jahre jüngeren Palmer keine Eifersucht, was außergewöhnlich war.

Nach anfänglicher Skepsis über den »konfessionslosen Beichtvater« der Schratt und dessen jüdische Abstammung lernte der Kaiser Palmer und dessen informationsreiche Briefe bald schätzen, schrieb zum Beispiel am 23. Juni 1889: »Auch in diesem Schreiben wirkt Palmers ruhiges, klares Urtheil wohlthuend. Er muß ein ganz gescheidter Mann sein, der in Fragen bei welchen es sich nicht um Religion handelt, und in diesen brauchen Sie keinen Rath, Ihnen gewiß immer ein guter Rathgeber sein wird.« Bald ließ Franz Joseph die Freundin Palmers Rat einholen, so fragte er am 5. Februar 1891, »was Direktor Palmer zum neuen Finanzminister sagt? Das interessiert mich.« Immer häufiger bat er Palmer in die Hofburg zu vertraulichem Gespräch.

Palmers Loyalität war unerschütterlich. Die Pazifistin Bertha von Suttner lernte ihn 1905 in Gesellschaft kennen und notierte über ihn im Tagebuch: »Ein sympathischer Mensch – so ruhig, freundlich – etwas konservativ, aber vornehm...« Palmer habe folgende Anekdote erzählt: »Sagte zum Kaiser auf dessen Frage, zu welcher Partei er gehöre: zu derjenigen, die nur aus einem Anhänger besteht, der ich bin. – Und das ist? – Die österreichische. – Na, und ich?« erwiderte der Kaiser.[1]

In der Badeni-Krise von 1897 soll Palmer die Position des deutschen Bürgertums eingenommen haben, das heißt, für die Beibehaltung des Deutschen als Staatssprache und damit gegen die neuen Sprachverordnungen Stellung bezogen haben. In dieser Zeit der größten Nationalitätenkrawalle wurde dem Kreis um Katharina Schratt massiver politischer Einfluß (gegen Badeni, gegen dessen Nachfolger Thun) nachgesagt. Jedenfalls erhielt der Kaiser in dieser Zeit in der Öffentlichkeit den bösen Namen »Herr Schrattenbach« (s. S. 371f).

Am verhaßtesten machte sich Palmer (und mit ihm die anderen Schratt-Freunde) allerdings in seiner unerbittlichen Abneigung gegen

---

1 Genf, UN-Archiv, Suttner-Fried-Collection, Tagebuch vom 13. August 1905

die Christlichsozialen und Antisemiten unter Dr. Karl Lueger. Wie weit dabei sein Einfluß beim Kaiser ging und ob er wirklich dazu beitrug, daß Franz Joseph dreimal Lueger als Bürgermeister ablehnte, ist nicht bekannt. Tatsache aber ist, daß Antisemiten und Christlichsoziale in ihm einen gefährlichen Feind sahen.

Der Kaiser wußte sich jedenfalls in der bedrückenden Luegerkrise mit der Freundin völlig einer Meinung und schrieb ihr zum Beispiel am 5. März 1896 (nachdem er zum zweiten Mal Luegers Bestellung zum Wiener Bürgermeister verweigert hatte und sich einer wütenden klerikalen Opposition auch am Hof und innerhalb der kaiserlichen Familie gegenübersah): »Ihre Ansicht über das Vorgehen gegenüber den Wiener Wahlen, hat mich als neuer Beweis Ihres klaren richtigen politischen Urtheiles, sehr gefreut. Wenn nur mehr Leute so denken würden! Ich bin neugierig, in welcher Stimmung ich die Minister finden werde und jedenfalls sehe ich in Wien schweren und anstrengenden Tagen entgegen. Da werden Sie mein Trost sein.«

Diese politische Komponente vertiefte den ohnehin großen Konflikt zwischen der Schratt und der Kaisertochter Marie Valerie entscheidend. Denn die Erzherzogin, unter dem Einfluß ihres christlichsozialen Beichtvaters Abel stehend, war eine glühende Lueger-Verehrerin und als »Klerikale« eine erbitterte Gegnerin der »liberalen« Freidenker und Juden um die Schratt.

Der deutsche Botschafter Eulenburg schrieb am 4. Februar 1897 an Wilhelm II.: »Die Widerstandsfähigkeit des Kaisers hat nachgelassen, und er merkt es nicht, daß er mehr unter den Einfluß der Frau Kathi gekommen ist als früher. Die politischen Kreise munkeln von Einflüssen, die sich sogar in dieser Hinsicht Geltung verschaffen... Die sich steigernde Stimmung in hohen und aristokratischen Kreisen gegen Frau Kathi ist bemerkenswert, als Symptom dafür, daß es nicht mehr ist wie es war – und daß der Kaiser alt wird« (II, 206 und 208). Und am 20. Juni 1897: »Hier drängt leider die Lage langsam immer mehr dem klerikalen Fahrwasser zu... Die Erzherzogin Valerie hat allmählich den Verkehr mit Frau Schratt aufgegeben... Der Grund, der Schratt entgegenzutreten, ist in dem Beichtvater der Erzherzogin, dem sehr genialen, aber sehr gefährlichen Pater Abel, zu suchen, der Jesuit ist. Da Frau Schratt (auch die Kaiserin) ungarische Attachen[1] haben und deshalb gegen Lueger, d. h. gegen die Christlich-Sozialen sind, hat Pater Abel versucht, die Erzherzogin von der Schratt zu trennen und durch sie auf den Kaiser zu wirken, wenn er allein bei ihr ist, was jetzt häufig der Fall ist. Es führen die Fäden der zunehmenden Wendung des Kaisers zu den Klerikalen auf diesen Verkehr mit der Tochter. Pater Abel feiert heimliche Triumphe. Natürlich bedeutet eine solche Wendung keineswegs eine Abwendung von der Schratt, die dem Kaiser für den persönlichen Verkehr unentbehrlich ist. Es zeigt sich nur darin, daß der alte Herr mehr und mehr in Abhängigkeit gerät und in diesem Falle der Einfluß der Tochter stärker geworden ist als derjenige der Freundin« (II, 208 f.).

Von dieser Zeit an gab es immer wieder Diskussionen über den angeblichen politischen Einfluß der Schratt auf den Kaiser. In einem Geheimbericht schrieb der deutsche Diplomat Graf Wedel zum Beispiel am 10. November 1902 nach Berlin: »Es ist zu hoffen, daß die bevorstehende Debatte über die Erhöhung der Civil Liste gewissen Elementen nicht den erwünschten Anlaß bieten wird, um diese intimen Vorgänge im Kaiserhause vor die Öffentlichkeit zu zerren; die Befürchtung liegt jetzt umso näher, als vor zwei Jahren bereits ohne äußere Veranlassung im Reichsrathe eine Interpellation eingebracht wurde, welche die Beziehungen des Kaisers Franz Joseph zu Frau von Schratt und deren angeblichen politischen Einfluß zum Gegenstande hatte; dank der Energie des Reichsraths Präsidenten konnte diese Interpellation damals noch im letzten Augenblick zurückgehalten werden.«[2]

Burgtheaterdirektor Schlenther erzählte dem Historiker Friedjung im März 1901 von Versuchen der Schratt, bei ihrer Romreise die Gegner zu versöhnen: »Die Gräfin Trani, die Schwester der Kaiserin, ging in deren Intentionen ein und führte die Schratt selbst in Rom ein, um die Klerikalen für sie zu gewinnen. Diese aber sind gegen das Verhältnis, weil die Schratt doch von ›verdächtigen‹, von ›Juden‹

---

1 Diese können sich kaum auf nationale Sympathien beziehen, sondern vielmehr auf politische – das heißt liberale und antiklerikale Überzeugungen, die die Ungarn in dieser Zeit geschlossener vertraten als die Österreicher.

2 Bonn, Archiv des Auswärtigen Amtes, Öst. BG Nr. 1 secr.

umgeben sei, welche den Kaiser doch auch durch die Schratt beein-flussen lassen.« Und wieder fiel der Name Palmer.

Palmer spielte auch in einer der gefährlichsten Krisen der Monar-chie 1906 in Ungarn eine bislang nicht aufzuklärende Rolle als Vermittler des Kaisers zu Ministerpräsident Andrássy d. J. Darauf läßt die kurze Bemerkung Franz Josephs vom 6. Februar 1906 schlie-ßen: »Jetzt hatte ich mit Andrássy zu thun, natürlich ohne Erfolg und nun ist es mit dem Verhandeln aus, trotz dem Staatsmanne Palmer, der noch immer von ungarischer Seite in Anspruch genommen wird.«

Je älter und schwermütiger Kaiser Franz Joseph wurde, desto schwächer wurde er gegenüber politischem Einfluß – desto größer wurde aber auch der Widerstand gegen Katharina Schratt am Hof. Moralische Gründe wurden oft nur vorgeschoben. In Wirklichkeit ging es um Politik, bei der Kaisertochter Marie Valerie ebenso wie bei dem Hauptfeind der Schratt, Obersthofmeister Fürst Montenuovo. Bisweilen arbeiteten diese beiden mächtigen Persönlichkeiten ge-meinsam gegen den hinderlichen Einfluß der Schratt. Josef Redlich notierte am 12. Dezember 1915 in sein Tagebuch, Montenuovo habe »den Kaiser für drei Tage von dem Einflusse der Frau Schratt befreit... Man berief nämlich für drei Tage die Erzherzogin Valerie hieher; da kam Frau Schratt nicht nach Schönbrunn. In diesen drei Tagen sei dann die Auswechslung der drei Portefeuilles-Inhaber vor sich gegangen.«

Vieles mag Tratsch sein, üble Nachrede, bessere Quellen sind kaum vorhanden. Auch Franz Josephs Briefe an die Freundin sind in den letzten Jahren politisch wenig ergiebig. Eines aber ist sicher: Der alte Kaiser hatte die Politik nicht mehr in der Hand. Er wurde wie eine Schachfigur von den sich befeindenden politischen Gruppen hin- und hergeschoben. Katharina Schratt hatte jedenfalls weder Interesse noch Fähigkeit, noch Ehrgeiz, noch Macht, sich in diesem Intrigenspiel zu behaupten.

Anhang

Österreichische Ministerpräsidenten

Aug. 1879–Nov. 1893	Eduard Graf Taaffe
Nov. 1893–Juni 1895	Alfred Fürst zu Windisch-Grätz
Juni–Sept. 1895	Erich Graf Kielmannsegg
Sept. 1895–Nov. 1897	Kasimir Graf Badeni
Nov. 1897–März 1898	Freiherr Dr. Paul Gautsch v. Frankenthurn
März 1898–Okt. 1899	Franz Graf Thun-Hohenstein
Okt.–Dez. 1899	Manfred Graf Clary-Aldringen
Dez. 1899–Jan. 1900	Dr. Heinrich Ritter von Wittek
Jan. 1900–Dez. 1904	Dr. Ernst von Koerber
Jan. 1905–April 1906	Gautsch II.
Mai 1906	Konrad Prinz Hohenlohe-Schillingsfürst
Juni 1906–Nov. 1908	Freiherr Dr. Max W. von Beck
Nov. 1908–Jan. 1911	Freiherr Dr. Richard v. Bienerth
Jan.–Juni 1911	Bienerth II.
Juni–Okt. 1911	Gautsch III.
Nov. 1911–Okt. 1916	Reichsgraf Dr. Karl Stürgkh
Okt.–Dez. 1916	Koerber II.

Ungarische Ministerpräsidenten

Okt. 1875–März 1890	Koloman Graf Tisza
März 1890–Nov. 1892	Julius Graf Szapáry
Nov. 1892–Jan. 1895	Alexander Wekerle
Jan. 1895–Febr. 1899	Desider Freiherr von Bánffy
Febr. 1899–Juni 1903	Koloman Széll
Juni–Nov. 1903	Karl Graf Khuen-Héderváry
Nov. 1903–Juni 1905	Stefan Graf Tisza
Juni 1905–April 1906	Geza Freiherr v. Fejérváry
April 1906–Jan. 1910	Wekerle II.
Jan. 1910–April 1912	Khuen-Héderváry II.
April 1912–Juni 1913	Ladislaus von Lukács
Juni 1913–Juni 1917	Stephan Tisza II.

Direktoren des k.k. Hofburgtheaters

Nov. 1881–Juni 1887	August Wilbrandt
Juni 1887–Okt. 1888	1. Provisorium Adolf v. Sonnenthal
Nov. 1888–Dez. 1889	Dr. August Förster
Dez. 1889–Mai 1890	2. Provisorium Sonnenthal
Mai 1890–Feb. 1898	Dr. Max Burckhard
Jan. 1898–Febr. 1910	Dr. Paul Schlenther
März 1910–Aug. 1912	Baron Dr. Alfred von Berger

Albach-Retty	Rosa Albach-Retty, So kurz sind hundert Jahre. München 1978
Benedikt	Heinrich Benedikt, Damals im alten Österreich. Wien 1979
Berg	Erich Alban Berg, Der unverbesserliche Romantiker. Alban Berg. Wien 1985
Bourgoing	Jean de Bourgoing (Hg.), Briefe Kaiser Franz Josephs an Frau Katharina Schratt. Wien 1949
Elisabeth	Brigitte Hamann (Hg.), Kaiserin Elisabeth. Das Poetische Tagebuch. Wien 1984
an Elisabeth	Georg Nostitz-Rienek (Hg.), Briefe Kaiser Franz Josephs an Kaiserin Elisabeth. 2 Bände, Wien, München 1966
Eulenburg	Philipp Fürst zu Eulenburg-Hertefeld, Erlebnisse an deutschen und fremden Höfen. 2 Band, Leipzig 1934
Flotow	Erwin Matsch (Hg.), November 1918 auf dem Ball-hausplatz. Erinnerungen Ludwigs Freiherrn von Flotow. Wien 1982
Fugger	Nora Fürstin Fugger, Im Glanz der Kaiserzeit. Wien 1932
Friedjung	Stadtbibliothek Wien, Handschriftensammlung. Nachlaß Heinrich Friedjung, Aufzeichnung seiner Besprechung mit Dr. Paul Schlenther im März 1901
Hamann	Brigitte Hamann, Elisabeth. Kaiserin wider Willen. Wien 1981
Holub	Hannelore Holub, Katharina Schratt. Diss. Wien 1967
Ketterl	Eugen Ketterl, Der Kaiser, wie nur Einer ihn sah. Neuauflage Wien 1980
Kielmannsegg	Erich Graf Kielmannsegg, Kaiserhaus, Staatsmänner und Politiker. Wien 1966

Kindermann	Dieter Kindermann, Kronen-Zeitung, Tonbandprotokoll eines Interviews mit Katharina Hryntschak, geb. Schratt (1982)
Markus	Georg Markus, Katharina Schratt. Die heimliche Frau des Kaisers. Wien 1982
Monts	Erinnerungen und Gedanken des Botschafters Anton Graf Monts. Berlin 1932
Redlich	Fritz Fellner (Hg.), Das politische Tagebuch Josef Redlichs. 2 Bände, Graz, Köln 1953/1954
Nahowski	Friedrich Saathen (Hg.), Anna Nahowski und Kaiser Franz Joseph. Wien 1986
Schnitzler	Arthur Schnitzler, Tagebuch 1879–1892. Österreichische Akademie der Wissenschaften. Wien 1987
Sokop	Brigitte Sokop, Jene Gräfin Larisch. Wien 1985
Sonnenthal	Hermine von Sonnenthal (Hg.), Adolf von Sonnenthal, Briefwechsel. Stuttgart 1912
Stephanie	Prinzessin Stephanie von Belgien, Fürstin von Lónyay, Ich sollte Kaiserin werden. Leipzig 1935
Thimig	Franz Hadamowsky (Hg.), Hugo Thimig erzählt. Graz 1962
Valerie	Bayerische Staatsbibliothek München, Handschriftensammlung, Nachlaß Richard Sexau. Abschriften aus dem Tagebuch der Erzherzogin Marie Valerie
Zuckerkandl	Bertha Zuckerkandl, Österreich intim. Frankfurt 1970

Außer den üblichen Nachschlagwerken vor allem: Otto Rub, Das Burgtheater. Statistischer Überblick. Wien 1913

Die Signaturen der Briefe im Besitz der Österreichischen Nationalbibliothek

Alle Briefe Franz Josephs an Katharina Schratt, die sich in der Handschriftensammlung der ÖNB befinden, haben Signaturen mit dem Zusatz »Autogr« vor der jeweiligen Nummer. Briefe, die am Schluß die Bezeichnung »B« tragen, sind nicht in die ÖNB gelangt und konnten nur nach der Bourgoing-Edition zitiert werden.

6. 6. 1886:	960/1–1
7. 7. 1886:	610/8–2
14. 8. 1886:	960/1–2
4. 10. 1886:	610/8–3
23. 11. 1886:	610/8–4
25. 12. 1886:	960/1–3
1. 1. 1887:	960/2–1
18. 1. 1887:	960/2–2
2. 2. 1887:	960/2–3
7. 2. 1887:	960/2–4
21. 3. 1887:	960/2–5
27. 4. 1887:	960/2–6
19. 5. 1887:	960/2–7
30. 5. 1887:	960/2–8
6. 6. 1887:	713/1–2
14. 6. 1887:	610/8–5
21. 6. 1887:	960/2–9
31. 7. 1887:	960/3–1
21. 8. 1887:	713/1–3
13. 9. 1887:	960/3–4
5. 10. 1887:	960/3–5
15. 1. 1888:	668/1–1
20. 1. 1888:	668/1–3
28. 1. 1888:	668/1–4
2. 2. 1888:	668/1–5
6. 2. 1888:	960/4–2
11. 2. 1888:	960/4–3
14. 2. 1888:	960/4–4
18. 2. 1888:	960/4–5

23. 2. 1888:	668/1–6
28. 2. 1888:	610/9–1
5. 3. 1888:	610/9–3
15. 3. 1888:	610/9–4
4. 4. 1888:	610/9–5
15. 4. 1888:	960/4–7
30. 4. 1888:	960/4–8
4. 5. 1888:	713/2–1
9. 5. 1888:	960/5–1
15. 5. 1888:	960/5–2
20. 5. 1888:	713/2–2
24. 5. 1888:	713/2–3
28. 5. 1888:	960/5–3
1. 6. 1888:	960/5–4
7. 6. 1888:	960/5–5
15. 6. 1888:	713/3–1
21. 6. 1888:	960/5–6
1. 8. 1888:	960/6–2
29. 8. 1888:	713/3–4
1. 9. 1888:	960/6–5
16. 9. 1888:	960/6–6
1. 10. 1888:	713/3–5
5. 10. 1888:	960/7–1
10. 10. 1888:	960/7–2
14. 10. 1888:	960/7–3
24. 10. 1888:	960/7–4
1. 11. 1888:	668/2–1
6. 11. 1888:	668/2–2
11. 11. 1888:	668/2–3

14. 11. 1888:	668/2–4
16. 11. 1888:	668/2–5
22. 11. 1888:	668/2–7
30. 11. 1888:	960/7–6
3. 12. 1888:	960/7–7
6. 12. 1888:	668/2–9
24. 12. 1888:	960/7–10
27. 12. 1888:	960/7–12
31. 12. 1888:	960/7–13
7. 1. 1889:	713/4–2
11. 1. 1889:	960/8–1
14. 1. 1889:	960/8–2
15. 1. 1889:	960/8–3
26. 1. 1889:	713/4–3
27. 1. 1889:	668/3–1
5. 2. 1889:	668/3–3
12. 2. 1889:	668/3–4
16. 2. 1889:	668/3–5
24. 2. 1889:	668/3–6
28. 2. 1889:	960/8–4
2. 3. 1889:	960/9–1
5. 3. 1889:	960/9–2
o.D.	610/5–6
10. 3. 1889:	960/9–3
12. 3. 1889:	960/9–4
12. 3. 1889:	713/4–4
16. 3. 1889:	960/9–5
23. 3. 1889:	960/9–8
28. 3. 1889:	713/4–5
31. 3. 1889:	960/9–9
8. 4. 1889:	713/4–6
11. 4. 1889:	961/1–2
21. 4. 1889:	961/1–4
24. 5. 1889:	961/1–7
5. 9. 1889:	668/4–1
10. 9. 1889:	961/2–6
23. 9. 1889:	668/4–4
26. 9. 1889:	713/5–3
29. 9. 1889:	713/5–4
20. 10. 1889:	961/3–2
23. 10. 1889:	961/3–3
26. 10. 1889:	961/3–4
3. 11. 1889:	713/5–6

5. 11. 1889:	961/3–5
12. 11. 1889:	961/4–2
16. 11. 1889:	713/6–1
18. 11. 1889:	713/6–2
20. 11. 1889:	713/6–3
29. 11. 1889:	610/9–7
6. 12. 1889:	713/6–5
10. 12. 1889:	610/9–8
12. 12. 1889:	961/4–7
14. 12. 1889:	961/4–8
16. 12. 1889:	713/6–6
23. 12. 1889:	668/4–5
25. 12. 1889:	668/4–6
1. 1. 1890:	713/7–1
6. 2. 1890:	961/5–2
12. 2. 1890:	668/5–1
13. 2. 1890:	668/5–2
16. 2. 1890:	1012/52–3
19. 2. 1890:	668/5–3
21. 2. 1890:	961/5–3
23. 2. 1890:	961/5–4
26. 2. 1890:	961/5–5
3. 3. 1890:	961/5–6
6. 3. 1890:	668/5–4
9. 3. 1890:	610/10–3
11. 3. 1890:	610/10–4
4. 4. 1890:	713/7–2
6. 6. 1890:	713/7–4
7. 6. 1890:	961/6–1
10. 6. 1890:	961/6–2
16. 6. 1890:	961/6–3
18. 6. 1890:	713/7–5
20. 6. 1890:	961/6–4
22. 6. 1890:	961/6–5
25. 6. 1890:	961/6–6
28. 6. 1890:	668/5–5
30. 6. 1890:	668/5–6
4. 7. 1890:	961/6–7
7. 7. 1890:	668/5–8
31. 8. 1890:	668/6–1
5. 9. 1890:	961/7–1
11. 9. 1890:	668/6–4
14. 9. 1890:	668/6–5

29. 10. 1893:	963/3–6	
3. 11. 1893:	963/4–1	
5. 11. 1893:	963/4–2	
21. 1. 1894:	668/9–6	
29. 1. 1894:	668/9–9	
1. 2. 1894:	668/9–10	
2. 3. 1894:	668/10–1	
4. 3. 1894:	668/10–2	
6. 3. 1894:	668/10–3	
8. 3. 1894:	668/10–4	
10. 3. 1894:	963/5–4	
25. 3. 1894:	963/5–7	
30. 3. 1894:	668/10–5	
1. 4. 1894:	668/10–6	
6. 6. 1894:	963/6–1	
8. 6. 1894:	963/6–2	
10. 6. 1894:	963/6–3	
18. 6. 1894:	610/11–2	
23. 6. 1894:	963/6–4	
26. 6. 1894:	713/11–2	
29. 6. 1894:	963/6–5	
6. 7. 1894:	713/11–3	
9. 9. 1894:	963/6–6	
13. 9. 1894:	963/6–7	
12. 10. 1894:	963/7–1	
18. 10. 1894:	668/10–7	
23. 10. 1894:	668/10–9	
26. 10. 1894:	1012/52–2	
28. 10. 1894:	963/7–2	
23. 12. 1894:	963/7–7	
29. 12. 1894:	963/7–8	
7. 1. 1695:	963/8–1	
9. 1. 1895:	963/8–2	
12. 1. 1895:	973/8–3	
14. 1. 1895:	963/8–4	
17. 1. 1895:	963/8–5	
23. 1. 1895:	963/8–6	
13. 2. 1895:	963/9–1	
16. 2. 1895:	713/11–5	
18. 2. 1895:	963/9–2	
22. 2. 1895:	55/41–38	
27. 2. 1895:	963/9–3	
4. 5. 1895:	964/1–2	

8. 9. 1895:	964/1–5	
14. 9. 1895:	964/1–6	
20. 9. 1895:	964/1–8	
9. 10. 1895:	964/2–1	
11. 10. 1895:	964/2–2	
18. 10. 1895:	668/11–1	
14. 12. 1895:	964/2–6	
25. 2. 1896:	964/3–3	
27. 2. 1896:	964/3–4	
29. 2. 1896:	964/3–5	
5. 3. 1896:	668/12–2	
7. 3. 1896:	668/12–3	
9. 3. 1896:	668/12–4	
11. 3. 1896:	668/12–5	
17. 3. 1896:	668/12–6	
9. 4. 1896:	668/13–2	
14. 4. 1896:	668/13–3	
30. 4. 1896:	668/13–4	
2. 5. 1896:	964/4–1	
10. 5. 1896:	964/4–3	
10. 6. 1896:	713/12–1	
13. 6. 1896:	964/5–1	
18. 6. 1896:	964/5–3	
23. 6. 1896:	964/5–5	
26. 6. 1896:	964/5–6	
1. 7. 1896:	964/6–1	
7. 7. 1896:	713/12–2	
11. 7. 1896:	964/6–3	
31. 8. 1896:	668/6–1	
1. 9. 1896:	964/6–6	
2. 10. 1896:	964/7–1	
8. 10. 1896:	964/7–3	
16. 10. 1896:	964/7–6	
23. 10. 1896:	964/7–7	
20. 2. 1897:	964/8–2	
3. 3. 1897:	964/8–3	
4. 3. 1897:	964/8–4	
5. 3. 1897:	964/8–5	
6. 3. 1897:	964/8–6	
10. 3. 1897:	964/8–7	
14. 3. 1897:	610/11–3	
2. 4. 1897:	965/1–1	
6. 4. 1897:	668/13–5	

7.	4. 1897:	965/1–2
13.	4. 1897:	668/13–6
18.	4. 1897:	965/1–4
23.	4. 1897:	965/1–5
19.	5. 1897:	713/12–4
21.	5. 1897:	965/1–6
26.	5. 1897:	965/1–7
5.	7. 1897:	965/2–1
7.	8. 1897:	965/2–2
6.	9. 1897:	965/2–4
22.	9. 1897:	713/12–5
26.	9. 1897:	965/2–5
1.	10. 1897:	965/3–1
12.	10. 1897:	965/3–2
19.	10. 1897:	965/3–4
28.	11. 1897:	965/4–2
30.	11. 1897:	965/4–3
18.	1. 1898:	965/5–1
18.	2. 1898:	965/5–3
22.	2. 1898:	965/5–4
24.	2. 1898:	965/5–5
28.	2. 1898:	965/5–6
6.	3. 1898:	713/13–1
8.	3. 1898:	713/13–2
11.	3. 1898:	965/6–2
13.	3. 1898:	965/6–3
14.	3. 1898:	713/13–3
26.	4. 1898:	668/14–1
2.	5. 1898:	619/12–1
26.	6. 1898:	668/14–2
30.	6. 1898:	965/7–1
3.	7. 1898:	965/7–2
8.	7. 1898:	668/14–4
10.	7. 1898:	668/14–5
30.	8. 1898:	965/7–4
10.	9. 1898:	668/14–9
16.	10. 1898:	610/12–2
18.	10. 1898:	610/12–3
19.	11. 1898:	965/7–5
22.	11. 1898:	713/13–5
25.	11. 1898:	965/7–6
17.	1. 1899:	965/8–1
23.	1. 1899:	965/8–3

24.	2. 1899:	965/8–5
29.	3. 1899:	669/1–1
4.	4. 1899:	965/9–1
8.	4. 1899:	713/14–1
17.	4. 1899:	965/9–2
1.	5. 1899:	713/14–2
5.	5. 1899:	669/1–4
9.	5. 1899:	669/1–5
14.	5. 1899:	669/1–7
25.	8. 1899:	965/9–4
5.	9. 1899:	610/13–1
14.	9. 1899:	610/1–7
24.	9. 1899:	669/1–9
30.	9. 1899:	965/9–5
27.	10. 1899:	965/10–4
29.	10. 1899:	713/14–4
14.	11. 1899:	610/13–3
23.	12. 1899:	965/10–6
27.	12. 1899:	610/2–1
29.	12. 1899:	610/2–2
1.	1. 1900:	966/1–1
22.	1. 1900:	610/2–3
17.	2. 1900:	713/15–1
20.	2. 1900:	966/1–2
23.	2. 1900:	966/1–3
25.	2. 1900:	713/15–2
7.	3. 1900:	966/1–4
8.	3. 1900:	966/1–5
10.	3. 1900:	713/15–3
11.	3. 1900:	713/15–4
12.	3. 1900:	713/15–5
14.	3. 1900:	966/1–6
7.	4. 1900:	669/2–1
9.	4. 1900:	610/13–4
13.	4. 1900:	966/2–1
13.	5. 1900:	610/13–6
15.	5. 1900:	966/2–3
18.	5. 1900:	966/2–4
26.	5. 1900:	966/2–5
29.	5. 1900:	966/2–6
1.	6. 1900:	610/13–7
4.	6. 1900:	713/16–2
30.	8. 1900:	966/2–8

5.	9. 1900:	669/2–2	5.	2. 1903:	966/8–3
6.	9. 1900:	669/2–2	9.	3. 1903:	966/8–4
9.	9. 1900:	966/3–1	19.	3. 1903:	966/8–5
23.	9. 1900:	966/3–3	8.	4. 1903:	966/9–1
26.	9. 1900:	966/3–4	26.	8. 1903:	966/9–4
28.	9. 1900:	966/3–5	5.	9. 1903:	966/9–5
10.	10. 1900:	966/3–6	29.	12. 1903:	669/5–5
14.	10. 1900:	966/3–7	27.	4. 1904:	610/14–2
21.	10. 1900:	966/3–8	12.	9. 1904:	967/2–1
23.	10. 1900:	966/3–9	29.	10. 1904:	713/17–5
17.	11. 1900:	1018/23–4	12.	11. 1904:	967/2–3
27.	11. 1900:	966/4–2	20.	11. 1904:	713/17–6
9.	12. 1900:	966/4–4	29.	1. 1905:	967/3–2
14.	12. 1900:	966/4–5	7.	3. 1905:	967/4–2
19.	12. 1900:	669/2–3	17.	3. 1905:	967/4–5
31.	12. 1900:	669/2–4	26.	3. 1905:	967/4–7
7.	1. 1901:	669/3–1	13.	6. 1905:	669/6–3
18.	1. 1901:	966/5–1	26.	9. 1905:	967/6–2
11.	2. 1901:	966/5–5	2.	10. 1905:	967/6–3
14.	2. 1901:	966/5–6	11.	10. 1905:	967/6–4
17.	2. 1901:	966/5–7	24.	10. 1905:	610/14–4
21.	2. 1901:	966/5–8	6.	2. 1906:	967/7–2
27.	2. 1901:	669/3–3	13.	2. 1906:	967/7–3
4.	3. 1901:	669/3–4	17.	2. 1906:	713/18–1
17.	3. 1901:	669/3–5	7.	3. 1906:	713/18–3
11.	5. 1901:	966/6–1	12.	3. 1906:	967/7–4
3.	6. 1901:	669/3–6	16.	3. 1906:	713/18–4
10.	6. 1901:	966/6–2	3.	4. 1906:	967/7–5
20.	6. 1901:	966/6–3	11.	4. 1906:	610/15–1
10.	7. 1901:	669/4–1	2.	5. 1906:	967/8–1
24.	7. 1901:	669/4–2	15.	5. 1906:	967/8–2
5.	8. 1901:	669/4–3	3.	2. 1907:	714/1–2
17.	8. 1901:	669/4–4	12.	2. 1907:	967/9–2
31.	8. 1901:	669/4–5	9.	3. 1907:	967/9–6
23.	10. 1901:	669/4–6	18.	3. 1907:	714/1–3
1.	11. 1901:	669/4–7	7.	4. 1907:	967/9–7
25.	1. 1902:	966/7–2	14.	4. 1907:	714/1–5
6.	2. 1902:	966/7–4	21.	5. 1908:	610/15–3
4.	7. 1902:	966/7–6	26.	1. 1909:	610/15–6
28.	7. 1902:	966/7–7	21.	5. 1909:	968/1–2
5.	8. 1902:	610/2–4	24.	5. 1909:	968/1–3
21.	9. 1902:	610/2–5	26.	5. 1910:	714/2–1
25.	11. 1902:	669/5–1	31.	12. 1910:	714/2–2

7. 5. 1912: 968/1–4   9. 7. 1913: 968/1–7
2. 6. 1912: 968/1–5   4. 4. 1915:

Die Konzepte der Schratt-Briefe an den Kaiser haben die Sammel-
nummer:

Autogr. 969/Mappe 5–10

Die Fotos aus dem Schratt-Nachlaß befinden sich in der Handschriftensammlung als Beilage zu:

Ser. nova 22.558–22.571

Register

Bildnachweis